汉英对照

中国反垄断执法年度报告

（2019）

Annual Report of Anti-monopoly Law Enforcement in China (2019)

国家市场监督管理总局反垄断局　编

法律出版社
LAW PRESS·CHINA

前言

反垄断是社会主义基本经济制度的重要内容，做好反垄断工作对推动经济高质量发展，建设现代化经济体系、高标准市场体系和更高水平开放型经济新体制，实现国家治理体系和治理能力现代化具有重要意义。中国高度重视反垄断工作。党的十九大指出，要打破行政性垄断，防止市场垄断。党的十九届三中全会深化党和国家机构改革，要求加强和优化政府反垄断职能，实现反垄断统一执法。党的十九届四中全会要求建设高标准市场体系，完善公平竞争制度；强化竞争政策基础地位，落实公平竞争审查制度，加强和改进反垄断执法；健全反垄断审查制度，赋予了反垄断工作新目标、新使命、新任务。党的十九届五中全会将公平竞争制度更加健全作为“十四五”经济社会发展重要目标，要求打破行业垄断和地方保护，形成国民经济良性循环；建设高标准市场体系，健全公平竞争审查机制，加强反垄断执法。

2008 年《中华人民共和国反垄断法》施行，确立了市场竞争的基本原则和规则，是中国特色社会主义市场经济体制和法律体系不断完善的里程碑。在党中央、国务院领导下，中国反垄断执法机构奋发开拓、锐意进取，着力完善反垄断法律制度，扎实推进反垄断执法，不断深化反垄断国际合作，大力提升全社会公平竞争意识，中国反垄断工作走上了法治化、规范化、国际化、常态化的轨道，取得了举世瞩目的成就，为建设统一开放、竞争有序市场体系，推动经济高质量发展和保护消费者利益作出了积极贡献。2018 年，中国组建国家市场监督管理总局，承担反垄断统一执法职责，开启了中国反垄断事业新的历史篇章。

2019 年是中国反垄断执法机构改革后的开局之年。市场监管总局坚持以习近平新时代中国特色社会主义思想为指导，贯彻落实党的十九大和十九届二中、三中、四中、五中全会精神，按照党中央、国务院决策部署，担当作为、改革创新，着力完善反垄断法律规则，构建反垄断统一执法的制度基础；着力加强和改进反垄断执法，更大发挥反垄断执法在深化供给侧结构性改革、推动经济高质量发展和维护消费者利益的作用；着力强化竞争政策基础地位，保障市场在资源配置中起决定性作用，更好发挥政府作用；着力推动竞争规则的制度型开放，促进更高水平开放型经济新体制建设，反垄断工作迈上了新台阶，反垄断统一执法的制度优势，正在转化为更好的治理效能。

编撰发布中国反垄断执法年度报告，是市场监管总局贯彻落实党的十九届四中全会要求，加强和改进反垄断执法，切实提高反垄断执法透明度的一项重要举措。这有利于保障人民群众对反垄断执法的知情权和监督权，推动严格规范公正文明执法；有利于维护政府公信力，营造更加公开透明、规范有序、公平高效的法治环境；还有利于强化竞争宣传倡导，进一步扩大反垄断工作社会影响力，提升全社会的公平竞争意识。年度报告从反垄断立法执法、竞争政策实施、国际合作交流、竞争宣传倡导等方面，全景式展现了中国反垄断工作的进展和成效，对国内外各方面进一步了解中国反垄断工作，促进提升中国反垄断执法水平，具有重要意义。

市场监管部门将坚持以习近平新时代中国特色社会主义思想为指导，认真贯彻落实习近平总书记关于竞争政策和反垄断工作的指示批示精神，按照党的十九大和十九届二中、三中、四中、五中全会决策部署，坚持以人民为中心的发展思想，以服务改革发展大局为目标，以新发展理念为引领，以保护市场公平竞争为己任，不断完善公平竞争制度，着力强化竞争政策基础地位，切实加强和改进反垄断执法，为推进国家治理体系和治理能力现代化、推动经济高质量发展和满足人民群众日益增长的生活需要，作出新的更大贡献。

目　录

第一章

工作综述

致力公平竞争　服务改革发展

2019年是新中国成立70周年，是以坚持和完善中国特色社会主义制度、推进国家治理体系和治理能力现代化为主轴，系统性、整体性、协同性全面深化改革的一年。这一年，党的十九届四中全会对反垄断工作作出全面部署，工作方向、目标和任务更加清晰；这一年，反垄断执法机构改革成效全面彰显，反垄断统一执法的制度优势正在转化为更好的治理效能，为中国第二个十年的反垄断执法奠定了良好开局；这一年，我们坚持以习近平新时代中国特色社会主义思想为指导，坚持以人民为中心的发展思想，坚持贯彻落实新的发展理念，全面推进反垄断各项工作，有力保护公平竞争，在改革发展中的作用越发突出。

强基固本，着力建立与统一执法相适应的制度规则体系

机构改革实现反垄断统一执法，掀开中国反垄断事业新的历史篇章。统一执法，需要建立统一的工作制度规则，塑造统一的执法理念和文化，形成统一的监管思路，锤炼统一的工作作风。2019年，反垄断工作突出制度建设主线，整合优化机构改革前不同部门的法律规定和工作制度，建立起与统一执法相适应的制度规则体系。

统一反垄断配套指南和规章。国务院反垄断委员会印发《关于汽车业的反垄断指南》等4部指南，阐释反垄断执法思路，增强反垄断法律制度的可操作性和可预期性，为市场主体建立公开透明的制度规则。市场监管总局制定《禁止垄断协议行为暂行规定》《禁止滥用市场支配地位行为暂行规定》《制止滥用行政权力排除限制竞争行为暂行规定》3部规章，统一反垄断执法程序、尺度和标准。组织召开反垄断配套规章专题新闻发布会，发表规章解读文章，在全国市场监管系统反垄断工作会议、市场主体反垄断培训班等场合，对指南和规章进行全面解读，

促进经营者提高守法意识，为规范执法和引导守法创造更好的制度环境。

统一反垄断工作制度规则。适应机构改革实现反垄断统一执法要求，制定《国务院反垄断委员会工作规则》等6项规则，进一步完善国务院反垄断委员会工作制度。组建新一届国务院反垄断委员会专家咨询组，建立市场监管总局反垄断专家库，推动反垄断理论研究不断深入，反垄断工作智力支持更加有力。制定涉及案件调查、经营者集中审查、垄断案件处罚等各个方面，覆盖业务全流程和案件调查审查全过程的27项工作制度，印发反垄断执法文书格式范本，实现反垄断各项工作有章可循、统一规范。

有序推进《反垄断法》修订。以增强反垄断法律制度的科学性、前瞻性和有效性为目标，分7个专题深入开展《反垄断法》修订理论研究，系统梳理比较成熟市场经济国家做法，充分借鉴反垄断领域前沿理论研究成果，为实现科学立法奠定坚实的理论基础。坚持开门立法的基本原则，广泛征求国务院反垄断委员会成员单位，地方市场监管部门，国有、民营、外资等各类市场主体和专家学者意见，与欧盟、美国、德国、英国等主要司法辖区反垄断执法机构围绕修法中的重点、难点问题面对面深入交流，并于2020年1月将《反垄断法》修订草案在市场监管总局官网公开征求社会公众意见。从反馈情况看，修订草案得到国内外各方面高度肯定和广泛关注。

切实提升反垄断执法能力。建立反垄断大讲堂制度，全年举办“大讲堂”40期，邀请反垄断理论研究和实务人员走上讲台，强化干部交流，拓宽干部视野，提升业务能力。组织编写全国统一的《中国反垄断立法与执法实践》培训教材、执法手册和2019年反垄断规章指南汇编，为建设高素质专业化反垄断执法队伍，提升全国反垄断执法人员的执法能力和水平奠定坚实基础。建立全国反垄断执法人员集中培训制度，2019年举办全国市场监管部门反垄断业务骨干培训班，通过培训促进全国反垄断执法队伍加快实现全面融合、深度融合，提高全系统的反垄断执法能力和水平。

精准出击，着力提升反垄断执法威慑力

执法是反垄断工作的重中之重。2019年，反垄断人以敢于担当的意识、敢为人先的精神和敢闯敢干的气魄，坚持以保护市场公平竞争和维护消费者利益为主线，坚持严格规范公正文明执法，突出重点、克难攻坚，扎实推进反垄断执法工作。2019年共立案调查垄断案件103件，结案46件，罚没金额3.2亿元。其中立案调查垄断协议案件28件，作出行政处罚12件；立案调查滥用市场支配地位案件15件，作出行政处罚4件；办理滥用行政权力排除、限制竞争案件84件，其中立案调查24件，纠正12件；调查经营者集中未依法申报案件36件，作出行政处罚18件。

收到经营者集中申报503件，立案462件，审结465件。反垄断执法始终利剑高悬，形成强大威慑力，有力促进全国统一开放、竞争有序市场体系建设。

着力深化供给侧结构性改革。坚持深化经济分析，在深入研究集中对市场竞争影响的基础上，附条件批准半导体、船舶、医药、汽车等行业经营者集中案件5件，有针对性设置救济措施，保护了相关市场公平竞争，促进相关行业和企业持续健康发展。围绕经济发展大局，进一步提高经营者集中审查效率，降低企业制度性交易成本，推动经济转型升级。经营者集中反垄断审查工作得到企业充分肯定和高度赞赏，来自国有、民营、外资等领域的市场主体向执法机构赠送锦旗4面，对执法机构科学、精准和高效的执法工作表示感谢。

着力保护消费者利益。坚决落实党中央、国务院决策部署，针对人民群众反映强烈的原料药垄断问题，重拳出击、积极作为，组织召开原料药反垄断执法专题会，部署开展原料药反垄断集中执法。市场监管总局对“葡萄糖酸钙原料药垄断案”直接立案调查，严格遵循“事实清楚、证据确凿、定性准确、处理恰当、手续完备、程序合法”的原则，扎实推进执法工作，科学制定处理方案。组成专案组开展原料药反垄断执法专项督导，督促地方反垄断执法机构抓紧开展线索核查，依法立案调查原料药垄断案件，形成对原料药垄断行为的全面打击态势，有效遏制垄断行为多发态势。积极创新执法方式，在切实加强反垄断执法的基础上，组织召开建材领域垄断行为告诫会，查处垄断案件4件，指导全行业开展自查自纠，全面规范企业生产经营行为，进一步提升反垄断执法效能。切实加强公用事业领域反垄断执法，查处垄断案件4件，及时制止侵害消费者利益的垄断行为，有力保护消费者合法权益。

着力维护全国统一大市场。进一步深化滥用行政权力排除、限制竞争反垄断执法，围绕执法中发现和社会各方面反映的突出问题，聚焦重点领域，进一步加大执法力度、提升执法精度。以医药、建筑、交通、招投标与政府采购等为重点，部署开展滥用行政权力排除、限制竞争专项执法行动，坚决防止和制止政府对市场活动的不当干预，破除地方保护和市场分割，维护全国统一市场。

改革开拓，着力强化竞争政策基础地位

强化竞争政策基础地位是党中央作出的重大决策部署，对加快完善社会主义市场经济体制，推动经济高质量发展，具有十分重要的战略意义。反垄断执法机构肩负统筹实施竞争政策的重要职责，坚决贯彻落实党中央决策要求，从统一认识、政策研究、完善制度、探索实践多个方面，改革创新、综合施策，着力提升竞争政策的科学性、针对性和有效性，大力推动竞争政策落实落地。

全面落实公平竞争审查制度。切实加强对公平竞争审查制度落实情况的督促

检查，2019 年 9 月顺利实现国家、省、市、县四级政府全覆盖，为从源头规范政府行为提供了有力的制度保障。切实强化公平竞争审查制度威慑力，公布 30 起违反公平竞争审查标准的典型案例，组织开展 2019 年公平竞争审查督查，推动将公平竞争审查纳入市县法治政府建设示范指标体系，不断增强制度刚性约束。经国务院批准，市场监管总局等 4 部委印发《关于开展妨碍统一市场和公平竞争的政策措施清理工作的通知》，对县级以上地方各级人民政府及其所属部门和国务院部门在 2019 年 12 月 31 日前制定的规章、规范性文件和其他政策措施中，妨碍统一市场和公平竞争的各种规定和做法进行全面清理。总结制度实施经验，制定《公平竞争审查第三方评估实施指南》，鼓励和支持政策制定机关引入第三方评估，提高审查质量，确保审查效果，推动公平竞争审查制度不断完善。

大力推动竞争政策在自贸区先行先试。自贸试验区的功能定位与实施竞争政策高度契合。在自贸试验区深入实施竞争政策将推进制度创新，在促进自贸试验区快速发展的同时，也可以为强化竞争政策基础地位探索有效路径。2019 年 4 月，市场监管总局批复支持中国（海南）自贸区实施强化竞争政策试点，确定强化竞争政策实施的 18 项具体措施，着力探索竞争政策实施的有效路径。指导中国（海南）自贸区成立反垄断委员会，确定先行先试的重点内容和方向，为全国竞争政策实施积累可复制、可推广的经验。推动进一步扩大自贸试验区开展强化竞争政策试点范围，用自贸试验区试点的“星星之火”，推动强化竞争政策实施在中国形成“燎原之势”。

着力深化竞争政策理论研究。理论是行动的先导。对强化竞争政策基础地位这一理论性、实践性和创新性都很强的工作而言，深化理论研究具有十分重要的意义。2019 年，深入开展竞争政策实施总体框架、强化竞争政策基础地位思路和保障措施等重大课题研究，通过理论研究深化认识、澄清误解，化解争议、统一思想。将调查研究作为谋事之基、成事之道，围绕强化竞争政策基础地位，面向国有、民营和外资企业等各类市场主体，中央和地方政府部门、专家学者等开展深入调研，广泛听取各方面意见，了解竞争政策制定和实施中面临的主要问题，寻求问题解决路径。进一步完善中国总体市场竞争状况评估报告，开展航空制造、航空运输、保险、原料药 4 个行业市场竞争状况评估，为增强竞争政策的科学性、针对性和有效性提供有效支撑。

切实提升全社会公平竞争意识。增强各类市场主体的公平竞争意识，是竞争政策得以有效实施的社会基础。2019 年，市场监管总局以“更高水平开放与竞争政策”为主题，成功举办第八届中国竞争政策论坛，这是论坛举办以来第一次由反垄断执法机构直接主办，280 余名执法机构官员、专家学者、企业和律师代表出席，各方交流了思想、凝聚了共识，广泛宣传了机构改革以来中国反垄断立法和执法成就，扩大了中国在国际反垄断领域的影响力。组织编写《公平竞争审查制度学习读本》，开辟聚焦公平竞争审查制度专栏，加强公平竞争审查制度的深度解读和实践指引。与国务院国有资产监督管理委员会等有关部门联合举办反垄断法专题培训班，切实增强市场主体自觉遵守反垄断法律制度的意识和能力，促进竞争文化广泛传播，使公平竞争理念更加深入人心。

开放共赢，着力参与全球竞争治理

反垄断的市场化法治化国际化程度很高。在经济全球化、企业竞争国际化的大背景下，强化反垄断领域的国际交流合作，加强全球竞争治理，保护全球市场公平竞争，对深化国际经贸合作，实现全球共同繁荣进步，具有十分重要的意义。2019 年，围绕建设更高水平开放型经济新体制的发展目标，反垄断领域国际交流合作进一步发力，在实现规则等制度型开放中展现出更大作为。

切实深化常态化制度化机制建设。市场监管总局秉持开放理念，围绕开放大局，不断加强与其他国家和地区反垄断执法机构的合作机制建设。2019 年，与欧盟、日本、韩国等国家和地区签署反垄断合作备忘录 13 件，合作范围进一步拓展，合作内容进一步深化。与欧盟竞争总司成功举办第 12 次中欧竞争政策对话，举行第十八届、第十九届中欧竞争政策周研讨会，就双方共同关心的话题进行深入研讨。与韩国公平交易委员会、摩洛哥竞争委员会举行年度交流，与葡萄牙竞争委员会研讨建立合作机制。积极参加第六届金砖国家竞争大会，自大会举办以来，中国代表团首次在会议所有环节发言，充分彰显中国深度参与国际竞争事务管理、主动对接引领国际竞争规则的大国风范。

积极引领和参与制定国际竞争规则。将竞争政策和反垄断议题作为多双边自贸协定中的重要内容，已经是自贸谈判中的基本共识。2019 年，在《中新自由贸易协定升级议定书》中增设竞争政策和反垄断执法议题，深度参与中日韩、中秘、中挪、中以等多双边自贸协定谈判，为保护投资和贸易自由化成果提供规则保障。深入研究加入国际竞争网络和竞争执法程序合作框架，积极参与反垄断国际合作规则的讨论和制定，在全球竞争治理中发出中国声音，贡献中国智慧。建立中国企业境外反垄断应对机制，强化企业反垄断意识，保护企业从“走出去”中的合法权益。

不断扩大中国反垄断工作国际影响力。密切反垄断执法机构的日常交流合作，围绕反垄断执法中面临的共同问题进行深入交流研讨，对维护全球市场公平竞争具有重要意义。2019 年，市场监管总局在十余起重大案件中与美国、欧盟等反垄断执法机构加强沟通交流，分享执法经验，协调反垄断执法立场和尺度。积极参加联合国、OECD、APEC 等国际组织和美国、德国、俄罗斯、新加坡等举办的反垄断国际会议，深入宣传中国反垄断机构改革进展和工作成效，展示中国法治化专业化反垄断执法形象，不断提升中国在全球竞争治理舞台上的地位和作用。

2019年成绩斐然，2020年更加可期。党的十九届四中全会指出，要建设高标准市场体系，完善公平竞争制度；强化竞争政策基础地位，落实公平竞争审查制度，加强和改进反垄断执法；健全反垄断审查制度，进一步明晰了反垄断努力方向，增强了反垄断工作信心。新的一年里，我们将继续坚持以习近平新时代中国特色社会主义思想为指导，贯彻落实党的十九大和十九届二中、三中、四中全会精神，坚持新发展理念，准确把握反垄断工作面临的新形势新任务新要求，切实提高政治站位，强化使命担当，把坚持党的领导和反垄断事业统一起来；强化发展站位，把政府有为和市场有效统一起来；突出法治站位，把制度建设和依法行政统一起来；强调民生站位，把公平竞争和人民福祉统一起来；注重专业站位，把健全体系和能力建设统一起来，努力保护公平竞争，为推动经济高质量发展、满足人民对美好生活新期待作出新的更大贡献。

第二章

执法成效

一、数据概览

2019 年，市场监管部门坚持以保护市场公平竞争和维护消费者合法权益为主线，扎实推进反垄断执法，大力查处垄断协议和滥用市场支配地位案件，依法加快审查经营者集中案件，有效制止滥用行政权力排除、限制竞争行为，始终保持对垄断行为的强大威慑力，有力保护市场公平竞争，维护消费者合法权益。2019 年，共立案调查垄断案件 103 件，结案 46 件，罚没金额 3.2 亿元；收到经营者集中申报 503 件，立案 462 件，审结 465 件（见图 2–1、图 2–2）。

（一）垄断协议执法

立案调查垄断协议案件 28 件，结案 12 件，罚没款 2.77 亿元（见表 2–1）。

（二）滥用市场支配地位执法

立案调查滥用市场支配地位案件 15 件，结案 4 件，罚没款 3387 万元（见表 2–1）。

（三）经营者集中反垄断审查

收到经营者集中申报 503 件，立案 462 件，审结 465 件。其中，附条件批准 5 件（见图 2–2）。

对 36 件违法实施集中案件开展调查，对 18 件公开作出行政处罚，合计处罚金额 725 万元（见表 2–1）。

监督附条件执行案件 28 件，解除 2 起附条件案件执行。

（四）滥用行政权力排除、限制竞争执法

办理滥用行政权力排除、限制竞争案件 84 件，其中立案调查 24 件，纠正滥

用行政权力排除、限制竞争行为 12 件（见表 2-1）。

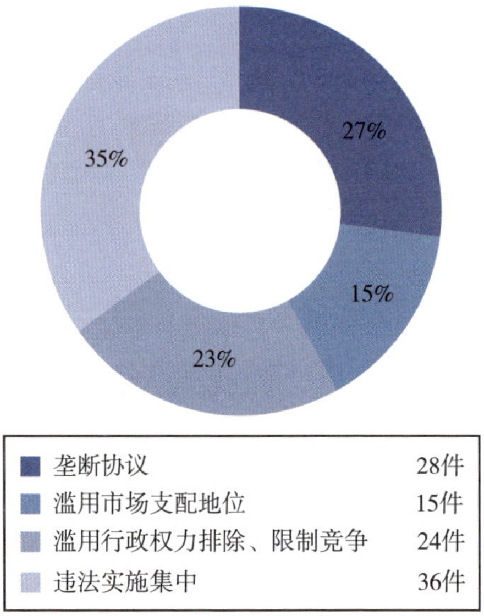

图 2-1　2019 年垄断案件立案数据

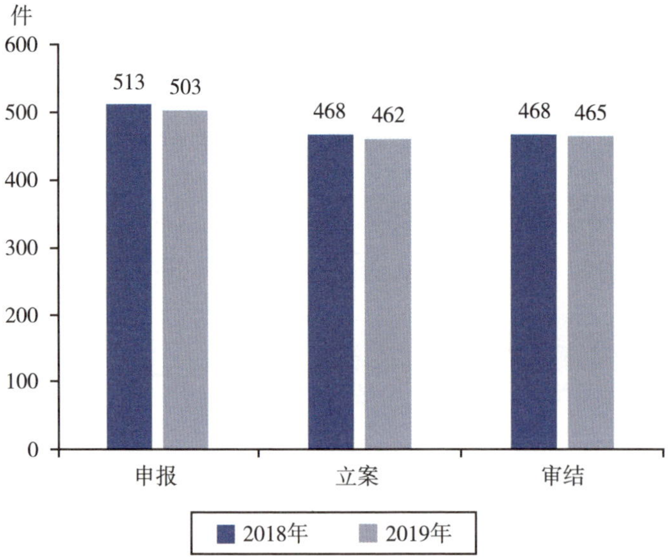

图 2-2　2019 年经营者集中反垄断审查数据

表 2-1 2019 年垄断案件结案数据

案件类型	结案数量（件）	罚没金额（万元）
垄断协议	12	27,713
滥用市场支配地位	4	3387
违法实施集中	18	725
滥用行政权力排除、限制竞争	12	—
合计	46	31,825

2019 年是反垄断执法机构改革后的第一年，反垄断统一执法的制度优势，正在转化为更好的治理效能。反垄断执法呈现以下突出特点：

一是执法力度进一步加大。始终将执法作为反垄断工作的重中之重。2019 年，全国垄断协议和滥用市场支配地位行为案件立案 43 件，结案 16 件，罚没金额 3.1 亿元；立案数量与 2018 年相比同比增长 19.4%，结案数量与 2018 年持平，罚没金额同比增长 11.9%，反垄断执法形成常态化局面（见图 2–3）。

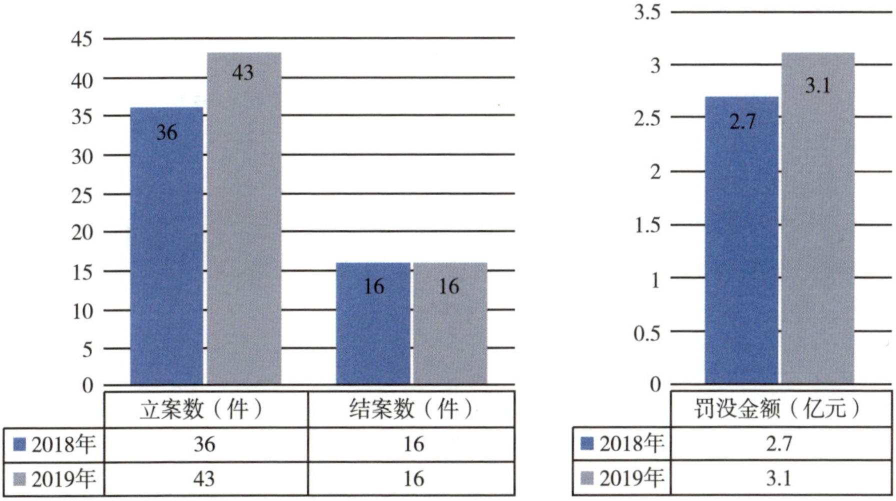

图 2–3 垄断协议和滥用市场支配地位案件统计

二是执法为民更加突出。在 2019 年查办的案件中，建材领域 18 件，公用事业领域 17 件，原料药行业 6 件、通信行业 4 件，均是与民生密切相关的领域，不少案件社会关注度高，人民群众反响好。特别是组织开展对原料药、建材领域反垄断集中执法，有效遏制了这些领域垄断行为多发态势，有力维护了市场公平竞争，保护消费者利益，增强了人民群众获得感和幸福感。

三是执法程序进一步规范。在对省级市场监管部门进行普遍授权后，市场监管总局通过建立并严格执行案件处理前报告制度、立案和案件处理后的备案机制，切实加强对省级市场监管部门反垄断执法的指导；通过案件处理后的信息公开制度进一步提升了反垄断执法的公平公正性、规范性和透明度；通过印发《反垄断案件专用文书格式范本》，规定了14种反垄断执法行政处理程序适用的文书格式范本，实现了反垄断执法文书有章可循；反垄断执法有序开展，形成了统一规范的反垄断执法新格局。

四是执法标准明确统一。市场监管总局对垄断行为处罚裁量作出明确规定，要求省级市场监管部门在作出中止调查决定、终止调查决定或者行政处罚告知前，或者对行政性垄断案件提出依法处理的建议或结束调查前，向市场监管总局报告，在全国范围内统一反垄断执法尺度和标准，为市场主体确立统一明确的竞争规则。

五是执法思路更加清晰。2019年市场监管总局制定出台《禁止垄断协议暂行规定》《禁止滥用市场支配地位行为暂行规定》《制止滥用行政权力排除、限制竞争行为暂行规定》3部规章，明确和细化《反垄断法》规定的垄断协议、滥用市场支配地位和滥用行政权力排除、限制竞争各类垄断行为的认定因素，为反垄断执法提供更加清晰的执法思路。

六是系统合力不断增强。机构改革后，市场监管总局对省级市场监管部门进行普遍授权，赋予省级市场监管部门在查处和启动反垄断调查时更多的自主权，进一步增强省级市场监管部门执法主动性，既充实了反垄断执法力量，也有利于提高执法效率。执法过程中，市场监管总局充分调动省级市场监管部门执法力量，在原料药、建材等领域开展反垄断集中执法，形成上下联动、协调配合的良好工作局面，建立了优化协同高效的反垄断执法体制。

二、垄断协议执法

垄断协议是对市场竞争危害性较为严重，也是包括中国在内的世界各国和地区反垄断执法机构的重点监管内容。自2008年8月1日《反垄断法》实施以来，反垄断执法机构一直把对垄断协议的执法作为重点常抓不懈。至2018年年底，反垄断执法机构围绕企业和消费者反映强烈的突出问题，严厉查处燃气、药品、汽车零部件、乳粉等领域垄断协议行为，查处垄断协议案件 172 件，累计罚没款金额 41.92 亿元。2013 年查处五粮液公司限定最低转售价格案、婴幼儿乳粉价格垄断案，恢复了品牌内竞争，保护了消费者权益。2014 年查处日本 8 家汽车零部件企业垄断协议行为，维护了下游汽车生产商的利益。2016 年、2018 年先后查处艾司唑仑药品垄断案、美敦力医疗器械垄断案和冰醋酸原料药案，规范了药品领域公平竞争秩序，保护了患者和相关经营者的合法权益。2018 年，查处山东 6 家商场垄断协议案，有效阻止了联合抵制交易行为；查处深圳港区拖轮公司垄断协议案、天津港口岸堆场垄断案，理顺港口各环节竞争状况，维护港口运营秩序；查处哈大齐地区压缩天然气垄断协议案，恢复了天然气产品的市场竞争。反垄断执法机构通过 10 年的垄断协议执法，对违法者形成有力震慑，保护了市场公平竞争，保障和改善了民生，净化了市场环境。

2019 年，市场监管总局重点围绕价格垄断协议、群众关切的民生领域和建材行业垄断协议案件执法，实现了“查处一案件，规范一行业”的执法效果。全年立案 28 件，同比增长 47.4%；结案 12 件，同比增长 9.1%，其中处罚 11 件，作出终止调查决定 1 件。罚没款 2.77 亿元，同比增长 79.9%（见图 2–4）。对 1 件垄断协议案件作出中止调查决定。案件主要分布在建材、餐饮、汽车销售、机动车检测、燃气等领域，涉及 2 个行业协会和 56 家企业。

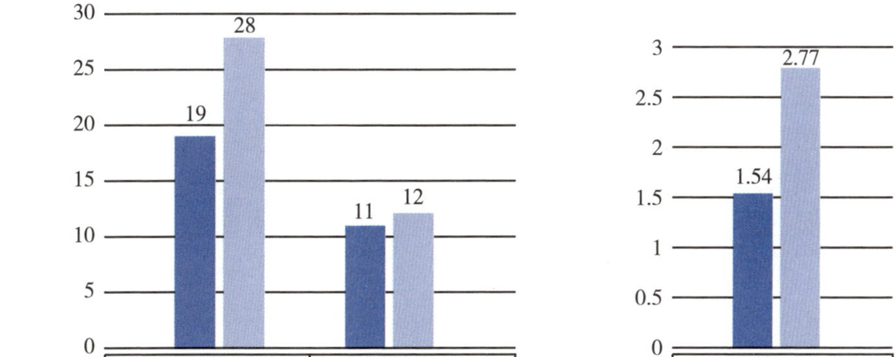

	立案数（件）	结案数（件）
2018年	19	11
2019年	28	12

	罚没金额（亿元）
2018年	1.54
2019年	2.77

图 2–4　垄断协议案件

（一）重点查处价格垄断协议，促进经济高质量发展

价格垄断协议是对竞争危害最严重的垄断协议，使市场无法有效配置资源，

严重妨碍市场机制正常发挥作用，阻碍经济健康发展。2019年，市场监管部门将价格垄断协议作为执法重点，处罚的11件垄断协议案件中有7件涉及价格问题，占比63.6%。其中5件为横向垄断协议，涉及经营者之间固定或变更商品价格；2件为纵向垄断协议，涉及经营者与交易相对人固定或者限定向第三人转售商品的价格或最低价格。通过查处价格垄断协议，恢复价格信号功能，优化资源配置，促进经济发展。

在湖北省咸宁市3家机动车安全技术检测企业垄断协议案中，3家涉案企业进行意思联络并保持机动车安全技术检验费价格一致的行为，排除、限制了经营者之间的竞争，违反《反垄断法》第十三条第一款第一项禁止经营者之间达成固定或者变更商品价格的垄断协议的规定。湖北省市场监督管理局依法对3家涉案企业作出行政处罚决定，责令停止违法行为、没收违法所得并处2018年度销售额5%罚款，合计没收违法所得96.91万元，罚款22.51万元。

（二）突出民生领域执法，增进人民福祉

市场监管部门持续关注、严肃查处民生领域中的垄断协议行为。2019年，查处长安福特实施纵向垄断协议案、丰田汽车（中国）投资有限公司垄断案、张家界市永定区7家瓶装液化石油气垄断案、湖北省咸宁市3家机动车安全技术检测企业固定价格案、菏泽汽车行业协会联合抵制交易案等一批民生案件。通过执法，打破了汽车销售、燃气、机动车检测等领域的垄断联盟，保护了相关领域竞争，使相关商品和服务价格恢复竞争水平，维护了人民群众切身利益。

在丰田汽车（中国）投资有限公司垄断案中，2015年6月至2018年2月丰田汽车通过召开经销商会议、巡店、微信通知等方式，统一江苏省内经销商在互联网平台销售雷克萨斯汽车的网络报价并限定部分车型整车转售价格，要求经销商不得降低报价。丰田汽车的行为限制了经销商间的价格竞争，剥夺了经销商自主定价权，损害了消费者的合法权益，违反《反垄断法》第十四条禁止固定或限定向第三人转售商品价格或最低价格的规定。江苏省市场监督管理局依法作出行政处罚决定，责令丰田汽车停止违法行为并处其上一年度销售额2%罚款，合计8761.31万元。

（三）集中查处建材行业违法行为，推动供给侧结构性改革

近年来，建材行业产能过剩问题较为突出，在“去产能”过程中，部分地区出现了垄断协议问题，社会各界对此意见较大。2019年，市场监管总局和省级市场监管部门对此集中力量开展执法，共查处建材领域垄断协议案件4件，涉案企业32家，实施经济处罚1675.12万元（见表2-2），有效遏制了建材行业垄断

协议行为愈演愈烈的态势，提升了企业合规意识，推动了供给侧结构性改革。

表 2-2 2019 年处罚的建材行业垄断协议案件

案件名称	罚没金额（元）	执法机构
重庆市烧结砖生产经营行业垄断协议案	3,869,791.56	重庆市市场监督管理局
延安市混凝土企业垄断协议案	4,922,907.73	陕西省市场监督管理局
浙江衢州商品混凝土有限公司等 8 家公司垄断协议案	7,708,477.00	浙江省市场监督管理局
山西运城永济市 5 家混凝土企业垄断协议案	250,000.00	山西省市场监督管理局

浙江衢州商品混凝土有限公司等 8 家公司垄断协议案是 2019 年建材行业垄断协议案件中处罚金额第一大案。8 家混凝土生产企业以《行业自律公约》形式达成并实施了垄断协议，在 2018 年 5~7 月实施限制预拌混凝土生产数量及销售数量等行为，获取了对衢州市区预拌混凝土市场的绝对控制权，排除、限制了市场竞争。相关行为违反了《反垄断法》第十三条第一款第二项禁止经营者之间达成限制商品的生产数量或者销售数量的垄断协议的规定，浙江省市场监督管理局依法对 8 家涉案企业作出行政处罚决定，责令停止违法行为并处上一年度销售额 1% 罚款，合计罚款 770.85 万元。

（四）首次查处买方垄断协议，全方位监管经营者市场行为

《反垄断法》实施 11 年来，执法机构查处的垄断协议案件几乎均为相关商品或服务的卖方之间达成垄断协议行为。2019 年查处了首例买方垄断协议案件，即内蒙古赤峰市巴林左旗餐饮行业垄断协议案，是买方之间以联合抵制交易形式达成垄断协议。本案中，巴林左旗餐饮行业商会组织会员单位对啤酒、白酒、粮油、肉、调味料等部分餐饮服务用量较大商品实行“捆绑式招标采购”制度，要求会员单位不得从非中标单位以外的经营者中购买同类商品，中标单位也不得以低于中标价格向非会员单位销售合同约定商品。会员单位的行为消除了他们在购买商品过程中的竞争，通过联合增强了买方市场力量从而控制商品供应商或降低购买商品价格，构成了买方垄断协议。相关行为违反了《反垄断法》第十三条第一款第五项禁止经营者之间达成联合抵制交易的垄断协议和第十六条“行业协会不得组织本行业的经营者从事本章禁止的垄断行为”的规定，内蒙古自治区市场监督局依法对巴林左旗餐饮行业商会处以 20 万元罚款，并对其余 4 家涉案企业处以上一年度销售额 3% 罚款，合计罚款 45 万元。

三、滥用市场支配地位执法

我国《反垄断法》实施以来，反垄断执法机构积极有效开展滥用市场支配地位反垄断执法，取得了显著成效，有力保护了市场公平竞争，维护了消费者利益，营造了公平有序的市场环境。2008~2018 年，反垄断执法机构共查处滥用市场支配地位案件 58 件，实施行政处罚 70 多亿元，调查处理的案件涉及半导体、通信、化工、医药、交通、公用事业等几十个行业和领域，查办了高通公司滥用市场支配地位案、利乐公司滥用市场支配地位案等重大典型的案件，产生了广泛而深远影响。经过 10 年的执法，反垄断执法机构树立了执法权威，进一步明确了滥用市场支配地位反垄断执法的基本原则和思路，逐步优化了执法程序，不断提升滥用市场支配地位反垄断执法的质量和水平。2018 年机构改革后，市场监管总局反垄断局设立专门处室负责滥用市场支配地位案件的调查处理，并授权省级市场监管部门开展执法，完善了执法机制、执法程序和组织保障，持续加大执法力度，进一步推动反垄断执法在滥用市场支配地位中取得新成效。

2019 年，市场监管总局持续加大滥用市场支配地位反垄断执法力度，突出执法重点、回应社会关切、提升办案质量，有力维护市场公平竞争，保护消费者利益，营造良好的市场环境，执法取得积极成效。2019 年，市场监管部门立案调查滥用市场支配地位案件 15 件，其中公用事业领域 7 件，原料药领域 4 件，其他领域 4 件。办结滥用市场支配地位案件 4 件，罚没款 3387 万元，涉及没有正当理由限定交易、附加不合理交易条件等滥用市场支配地位行为（见图 2-5）。

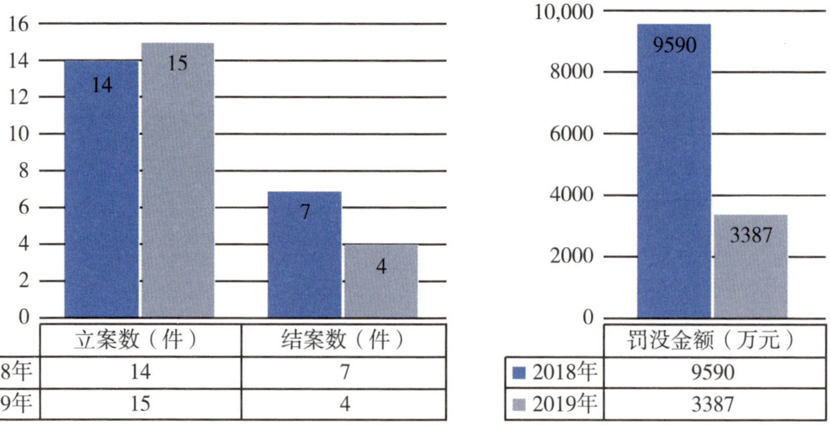

	立案数（件）	结案数（件）
2018年	14	7
2019年	15	4

	罚没金额（万元）
2018年	9590
2019年	3387

图 2-5 滥用市场支配地位案件

从 2019 年总体执法情况来看，市场监管部门在滥用市场支配地位反垄断执法方面进一步加大力度、突出执法重点，紧紧围绕民生领域和社会关注开展执法，着力查处原料药、公共事业等领域滥用市场支配地位案件，着力推进重大滥用市场支配地位案件的调查工作，有力推动滥用市场支配地位反垄断执法取得新进展。

（一）有力推进原料药领域反垄断执法

近年来，我国原料药领域垄断涨价行为频发，损害了市场公平竞争和患者利益，社会各方面高度关注。2019 年，市场监管总局将原料药领域反垄断执法作为工作的重中之重，全面打击原料药领域垄断行为。

一是直接查办葡萄糖酸钙原料药垄断案。2019 年 5 月，根据举报，市场监管总局依法对山东康惠医药有限公司、潍坊普云惠医药有限公司、潍坊太阳神医药有限公司 3 家公司涉嫌实施葡萄糖酸钙原料药垄断行为立案调查。现场调查过程中，康惠公司、普云惠公司不配合调查，切断公司办公系统网络，删除电脑文件资料，拒不提供有关资料，拒绝、阻碍执法。康惠公司法定代表人组织、指挥公司员工及社会闲散人员暴力抢夺证据材料，不顾执法人员阻拦，将有关证据材料强行隐匿、转移。执法人员责令停止违法行为时，康惠公司法定代表人指挥相关人员对执法人员进行暴力阻挠，造成部分执法人员受伤。2019 年 7 月，市场监管总局依据《反垄断法》对康惠公司、普云惠公司拒绝、阻碍调查行为分别处以罚款 100 万元；对两公司法定代表人分别处以罚款 10 万元；对相关人员分别处以 2 万 ~5 万元不等的罚款。相关涉事人员已移交司法机关依法追究刑事责任。

调查认为，3 家涉案企业滥用市场支配地位，实施了以不公平的高价销售商品、没有正当理由附加不合理交易条件行为，排除、限制了市场竞争，导致葡萄糖酸钙原料药价格上涨，提高了下游企业生产成本，损害了患者利益。2020 年 4 月，市场监管总局依法对涉案企业作出行政处罚决定，没收违法所得 1.21 亿元，对康惠公司、普云惠公司、太阳神公司分别处以 2018 年度销售额 10%、9%、7% 的罚款，计 2.045 亿元，罚没金额合计 3.255 亿元。

二是开展原料药反垄断集中执法。2019 年 6 月，市场监管总局召开原料药反垄断执法专题工作会，部署在全国开展集中执法行动，甘霖副局长出席会议并对原料药集中执法工作提出明确要求。市场监管总局反垄断局先后将 49 条原料药涉嫌垄断线索交相关省级市场监管部门核查，部署加强原料药反垄断执法工作。2019 年，有关省（自治区、直辖市）市场监管部门立案调查 6 个品种原料药领域涉嫌垄断案件。其中，硫酸阿米卡星、樟脑、左卡尼汀、苯酚原料药涉嫌垄断案调查工作基本完结。有关省级市场监管部门正在抓紧核查其他案件线索，涉嫌构成垄断行为的将及时立案调查。2019 年在全国形成了原料药反垄断集中执法的局面，加大力度打击原料药垄断行为。

三是加强原料药反垄断执法督导。市场监管总局反垄断局成立 3 个专案组，组织、协调原料药反垄断执法工作，加强对省级市场监管部门开展执法督导，督促加快推进原料药垄断案件查办和线索核查。专案组对有关省（自治区、直辖市）市场监管部门开展专项督导，对重点和线索办理进行现场督办，对跨省调查的案件和线索进行协调。建立多部门执法协调机制和原料药反垄断执法月报制度，有效推进原料药反垄断执法工作，进一步提升原料药反垄断执法效能。

（二）积极开展公用事业领域反垄断执法

公用事业直接关系人民群众切身利益。近年来，公用事业领域部分企业利用市场支配地位，实施不公平高价和限定交易等行为，损害了市场竞争秩序和消费者利益。2019 年，市场监管总局积极开展公用事业领域滥用市场支配地位反垄断执法，加大执法办案力度。

一是部署开展公用事业领域反垄断执法。为推动公用事业领域滥用市场支配地位反垄断执法全面开展，2019 年 4 月，市场监管总局办公厅印发《关于督促做好公用事业领域反垄断执法工作的通知》（市监反垄断〔2019〕24 号），对开展公用事业领域反垄断执法作出安排和部署，要求各省、自治区、直辖市市场监管部门加快办理已立案的公用事业领域涉嫌垄断案件，对已掌握的线索尽快开展核查，在全国范围开展公用事业领域反垄断执法。

二是加强公共事业领域重点案件查办。市场监管总局反垄断局加强对各省、自治区、直辖市市场监管部门执法办案的督导，统一执法标准和尺度，提升执法质量。2019 年 5 月，天津市市场监督管理委员会办结天津市自来水集团滥用市场支配地位案，处以罚款 743.86 万元；9 月，江苏省市场监督管理局办结宿迁正源自来水有限公司滥用市场支配地位案，罚没 205 万元。

三是推动新立案调查公用事业领域垄断案件。2019 年，各省级市场监管部门加大公共事业领域滥用市场支配地位反垄断执法力度，积极开展举报和发现线索的核查，对涉嫌构成滥用市场支配地位行为的，及时立案调查。2019 年，全国立案调查公用事业领域涉嫌滥用市场支配地位案件 7 件，涉及供水、天然气供应等领域。

（三）大力推进重点滥用市场支配地位案件办理

重大典型的滥用市场支配地位案件是反垄断执法的重要内容。2019 年，市场监管总局反垄断局大力推进重点滥用市场支配地位案件办理，取得阶段性进展。

一是推动已立案重点涉嫌滥用市场支配地位案办理。在前期工作的基础上，着力推进三星、海力士、美光公司涉嫌滥用市场支配地位案的调查工作，委托第三方对本案相关法律问题进行专题论证，并组织召开专家论证会对案件进行研究论证。大力推进杜邦公司垄断案调查和论证工作，梳理分析相关证据，并开展研究论证，推进案件办理。

二是对重大涉嫌滥用市场支配地位案立案调查。根据举报和外围调查，爱立信公司涉嫌滥用在无线通信标准必要专利市场支配地位，实施滥用市场支配地位行为。2019 年 4 月，市场监管总局依法立案调查，并对有关经营者开展调查取证。同时，指导各省、自治区、直辖市市场监管部门立案调查滥用市场支配地位案件 14 件。

三是研究重点行业和领域竞争规制问题。市场监管总局反垄断局切实加强重点行业和领域竞争问题研究，开展原料药行业市场竞争状况评估，为推进原料药领域反垄断执法、规制原料药垄断行为提供支撑。开展互联网领域竞争问题专题调研，对相关法律问题进行研究论证。在《禁止滥用市场支配地位行为暂行规定》中规定了认定互联网领域经营者具有市场支配地位考虑的因素，加强对互联网领域的竞争监管，维护市场公平竞争。

（四）2019 年滥用市场支配地位反垄断执法的主要特点

回顾总结 2019 年滥用市场支配地位反垄断执法工作，主要有四方面的特点：

一是突出执法重点，体现执法为民。《反垄断法》的制度目标是保护市场公平竞争和维护消费者利益。2019 年，市场监管总局和各省、自治区、直辖市市场监管部门在滥用市场支配地位反垄断法执法中，坚持执法为民理念，进一步突出执法重点，根据反映和举报，紧紧围绕人民群众关心的原料药和公用事业领域，组织开展集中执法行动，加大执法力度，有力维护市场公平竞争和消费者利益。

二是坚持问题导向，回应社会关切。反垄断执法旨在保护市场公平竞争，为我国经济发展营造更加优化的营商环境。从执法实践来看，我国市场上滥用市场支配地位行为仍呈多发态势，损害公平竞争的市场秩序。2019 年，我们坚持问题导向，着力解决社会热点、企业难点、民生痛点问题，回应社会各方面关切的竞争问题，通过对滥用市场支配地位行为开展反垄断执法，进一步释放经济活力，为我国经济社会发展保驾护航。

三是加强分析论证，提升办案质量。滥用市场支配地位反垄断执法涉及相关市场界定、市场支配地位认定、竞争损害分析等，执法难度大、要求高，需要以大量的经济和法律分析为基础。2019 年，市场监管总局及各省、自治区、直辖市市场监管部门在执法办案中更加注重加强经济分析和法律论证，确保滥用市场支配地位反垄断执法的科学性、准确性和规范性，着力提升执法质量和水平。

四是坚持上下联动，形成执法合力。目前，我国滥用市场支配地位行为呈现点多面广的特点，有效规制滥用市场支配地位行为需要充分发挥各省、自治区、直辖市市场监管部门的力量。2019 年，市场监管总局积极调动各省、自治区、直辖市市场监管部门反垄断执法力量，推动开展集中执法行动，加强监督和指导，统一滥用市场支配地位反垄断执法的标准、尺度，形成了上下联动、协调配合的良好工作局面。

四、经营者集中反垄断执法

经营者集中反垄断审查作为反垄断执法事前监管手段，防止通过集中扭曲市场竞争结构，产生排除、限制竞争效果，是反垄断执法机构强化竞争政策基础性地位的重要抓手。自 2008 年 8 月 1 日《反垄断法》实施至 2018 年年底，反垄断执法机构共审结经营者集中申报超过 2500 件，处罚违法实施集中案件 32 件，合计处罚金额 1085 万元，禁止可口可乐公司收购中国汇源公司，马士基、地中海航运、达飞设立网络中心 2 件经营者集中申报，附加限制性条件批准陶氏化学公司与杜邦公司合并案、诺基亚收购阿尔卡特朗讯股权案、联合技术公司收购罗克韦尔柯林斯公司股权案等 39 件经营者集中申报，并通过后续监督确保所附加限制性条件有效执行，对赛默飞世尔案、西部数据案等 3 起违反公告义务案件公开作出行政处罚，有效维护了反垄断法权威，保障医药、农化、航空、日用消费等诸多国计民生领域市场公平竞争和消费者利益。

（一）经营者集中反垄断审查

2019 年，市场监管总局着力健全经营者集中审查制度，扎实开展经营者集中审查工作，不断提高审查效率，提升审查质量，积极营造公平竞争市场环境。全年共收到经营者集中申报 503 件，立案 462 件，审结 465 件，其中附条件批准 5 件，有效消除潜在竞争问题，维护市场公平竞争和广大消费者利益。

1. 经营者集中反垄断审查案件主要特点

（1）从交易主体来看，境内企业集中和境外企业集中数量均有所增长，境内外企业间的集中减少；国有企业参与的集中增加，民营企业参与的集中减少。境内企业间集中 162 件，同比增长 32%；境外企业间集中 195 件，同比增长 2%。境内外企业间集中 108 件，同比减少 29%。其中境内收购境外企业 18 件，同比减少 49%；境外收购境内企业 35 件，同比增长 9%；境内外企业合营 55 件，同比减少 36%。国有企业参与集中 138 件，同比增加 14%；民营企业参与集中 132 件，同比减少 15%。

（2）从行业分布来看，大多数并购发生在实体经济领域。制造业案件 223 件，占比 48%，仍居各行业首位，但同比减少 12%，其中涉及汽车及零部件案件最多，达 69 件，占制造业总案件数的 31%，同比增长 13%。交通运输及仓储业案件 42 件，占比 9%，同比增长 50%。房地产业案件 34 件，占比 7%，同比增长 3%。批发零售业案件 13 件，占比 3%，同比减少 69%。

（3）从交易类型和模式特点来看，混合集中增长迅速，股权收购仍为主要交易模式。从交易类型来看，横向集中 206 件，占比 44%，同比减少 17%；纵向集中 94 件，占比 20%，同比减少 4%；混合集中 165 件，占比 36%，同比增长 35%。从交易模式看，股权收购 312 件，占比 67%，同比增长 11%；组建合营企业 120 件，占比 26%，同比减少 23%；资产收购 25 件，占比 5%；通过合同取得控制权 6 件，占比 1%；企业合并 2 件，占比 0.4%。

（4）从交易规模来看，大型交易数量和总交易金额有所下降。2019 年交易金额过百亿元的案件 44 件，同比减少 29%；交易金额过千亿元的案件 2 件，同比减少 75%。受大型交易数量下降影响，审查案件交易总金额 2.74 万亿元，同比减少 45%。

2. 经营者集中反垄断审查工作新进展

（1）完善审查规则与程序

经过 11 年经营者集中反垄断审查实践和发展，我国已形成由法律、行政法规、反垄断指南、部门规章、规范性文件等组成的多层次、全覆盖的经营者集中反垄断审查法律规则体系。市场监管总局反垄断局制定了《案件审查工作规则》等 10 余件内部工作规则，有效规范和约束自由裁量权。此外，为适应经济发展和反垄断审查面临的新形势，市场监管总局正在对《反垄断法》进行修订，并整合有关经营者集中反垄断审查规章及规范性文件，制定《经营者集中审查暂行规定》，进一步完善申报程序，适应审查实践需求，明确规则指引，解决实践中遇到的困难和问题，不断推进审查规则体系现代化。

各类市场主体审查适用相同规则、程序，均以保护市场公平竞争和维护消费者利益为出发点，对各类企业一视同仁，公平公正执法，坚持实体、程序公正并举，严格按照各项程序规定，保护当事人知情权与申辩权，保护经营者合法商业秘密，充分听取相关方意见，实现执法程序制度化规范化。经营者集中反垄断审查透明度进一步提高，无条件批准案件从每季度公示加快为每周公示。在重大案件审查上，综合运用调查问卷、座谈会、实地调研等多种方式，倾听各利益相关方意见。组织召开加强和改进经营者集中案件审查研讨会，听取行业协会、企业和律师事务所意见，不断提升经营者集中案件审查透明度与参与度。

（2）提高审查效率与质量

经营者集中审查工作，既要坚决防止通过集中产生排除、限制竞争效果，扭曲市场竞争结构，又要对不影响市场竞争的集中便利企业申报，提高审查效率，尊重企业市场行为，进一步激发市场活力。2019 年，各环节审查用时进一步缩短，效率进一步提升。全年审结经营者集中申报 465 件，与 2018 年基本持平，较 2017 年增长 34%；申报到立案（包含申报方补充材料时间）平均 24 个自然日，较 2018 年加快 8%，较 2017 年加快 21%；立案到审结（包含附加限制性条件案件）平均 28.3 个自然日，较 2018 年和 2017 年加快 13%。

重大案件审查不断攻坚克难，创新执法实践。一是重大案件经济分析常态化。在重大案件中加强经济学分析方法运用，为案件审查提供量化支撑，进一步提高审查科学性和可靠性。**二是妥善解决垄断协议和经营者集中审查竞合问题。**在浙江花园生物高科股份有限公司与皇家帝斯曼有限公司新设合营企业案中，就垄断协议查处和经营者集中审查竞合问题进行探讨，通过事前预防和修改交易条件等方式，既消除竞争不利影响，又有利于实现集中在改进生产技术、保护环境等方面可能产生的效率，稳定国内维生素 D3 市场供应，保障下游饲料加工生产企业、农民和养殖户等终端消费者利益。**三是审慎考虑新技术新业态。**在科天公司收购奥宝科技有限公司股权案中，充分考虑技术更迭对市场潜在竞争的影响以及中国市场现阶段的竞争状况，通过合理附加限制性条件，有力维护了沉积、蚀刻设备市场的公平竞争环境。

不断提升案件审查能力，增强执法权威。继续加强市场份额数据辨别能力，综合运用局内行业分类数据库、既往案件比对、行业协会核实、竞争者信息调查、公开信息获取等手段核查申报数据信息，确保真实反映市场状况；继续开展重点行业研究，运用外部智库，对汽车流通、航空、保险等领域开展行业竞争研究，及时把握执法领域竞争现状；结合具体案件加强问题研究，就关联交易、集团内部重组、控制权等常见难点问题进行内部研讨，形成解决同类问题的统一做法，提升解决问题的质量和效率。

（3）充分发挥反垄断监管合力

强化事前、事后协同监管。以机构改革为契机，统一执法标准，理顺执法职责，加强深度融合，将经营者集中事前审查与禁止垄断协议、禁止滥用市场支配地位事中事后监管结合，打出反垄断执法“组合拳”。在湖南尔康制药股份有限公司收购河南九势制药股份有限公司案中，交易方未达申报标准但可能产生排除、限制竞争效果。经营者集中审查与滥用市场支配地位执法协同发力，与当事方多次进行商谈和沟通，提醒其不得违反《反垄断法》规定实施集中。通过反复沟通，当事方放弃交易，将事前防范与事后监管更好结合起来，充分发挥执法合力，更好保护市场公平竞争。

加强中央地方联动监管。在保护申报方商业秘密的前提下，充分调动地方市场监管部门参与案件的积极性，协助了解案件所涉行业数据信息等。在诺贝丽斯公司收购爱励公司股权案及华润雪花啤酒有限公司收购喜力香港有限公司等 7 家公司股权案中，地方市场监管局协助核实案件信息，为案件审查打下坚实基础。

深化国际交流合作。与欧盟竞争总司签署《关于经营者集中案件审查合作的实务指引》《关于在〈中欧竞争政策对话框架协议〉设立联合工作组的指令》等合作协议，进一步健全经营者集中反垄断审查合作机制。个案执法交流合作进一步深化，形成国际反垄断审查合力，开展重大跨国并购案执法沟通与合作，共同维护国际市场公平竞争。在诺贝丽斯公司收购爱励公司股权案、英力士企业控股有限公司收购亚什兰全球控股公司部分业务案、波音公司收购巴西航空工业公司部分业务案、卡哥特科集团收购德瑞斯集团部分业务案等重大案件中，与欧盟、美国、韩国等国家和地区反垄断执法机构保持密切交流，沟通案件进展，共同维护公平竞争市场秩序。

（二）附加限制性条件监督执行

2019 年，市场监管总局附加限制性条件批准经营者集中案件 5 件，解除限制性条件 2 件。《反垄断法》实施以来，累计附加限制性条件批准经营者集中案件 44 件，目前正在监督执行案件 28 件（见图 2–6）。

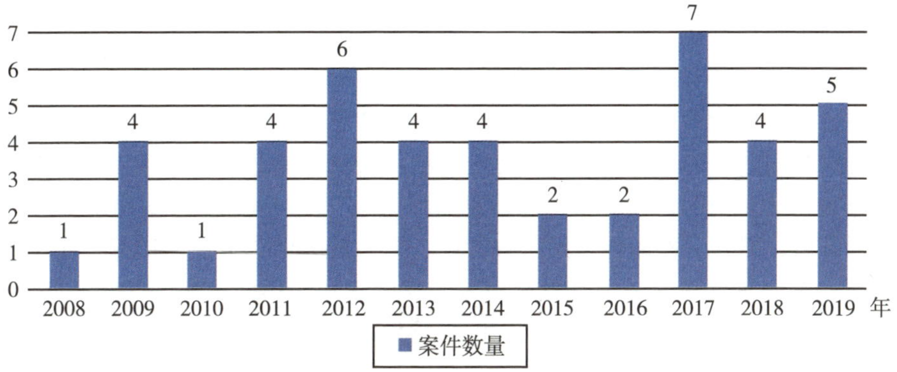

图 2–6　历年附条件案件数量

附加限制性条件案件均为对市场竞争具有重要影响的案件。做好附加限制性条件的监督执行是经营者集中全链条监管的重要环节，是保护市场公平竞争的有力抓手，是维护审查决定权威、切实解决竞争关注的着力点和落脚点。2019 年，市场监管总局反垄断局通过委托监督受托人、赴现场监督、第三方访谈等方式加大现场监督力度，深入行业调研，优化监督程序，找准监督重点，提高监督工作质量，有效维护市场公平竞争秩序。

1. 充分发挥监督受托人作用，全面开展监督执行工作

目前正在监督执行的附加限制性条件案件中，有 25 起案件委托监督受托人。监督受托人对执法机构负责并报告工作。通过监督受托人对当事方进行监督，是附加限制性条件案件最主要的监督执行方式，既能降低行政成本，也可以确保审查决定得到全面落实。市场监管总局反垄断局高度重视监督受托人选任和管理工作，确保监督受托人专业高效开展监督工作。2019 年，市场监管总局反垄断局完成 5 起案件的监督受托人选任工作，依法审查 5 起案件的《委托协议》《履行方案》《监督计划》，对 28 起案件当事方提交的履行义务报告和监督受托人监督报告认真审核，指导监督受托人对当事方履行义务情况进行全面监督检查，及时发现和纠正案件执行中存在的问题，调查核实举报投诉事项，严格防止当事方违反审查决定。

2. 加大现场监督力度，确保限制性条件履行到位

2019 年，市场监管总局反垄断局赴上海、江苏、广州、深圳等地对西部数据收购日立存储案、卡哥特科收购德瑞斯部分业务案等多起案件开展现场监督工作。在现场监督期间，市场监管总局反垄断局与监督受托人对当事方进行面对面的指导，详细核查有关线索，听取当事方陈述意见，深入了解有关问题产生的背景原因，掌握了大量第一手资料。通过实地监督，有效确保限制性条件实施，提高当事方对限制性条件的重视程度和合规意识，进一步明确未来方向和路径，优化监督执行工作。

3. 深入行业调研，掌握市场最新竞争状况

2019 年，市场监管总局反垄断局针对博通收购博科案、安谋、捷德、金亚拓组建合营企业案等案件，与主要竞争者、下游客户、行业专家等开展访谈，针对监督执行期间出现的新情况新问题进行深入交流。通过一线调研，一方面了解当事方履行义务情况，有利于拓宽信息获得渠道；另一方面加深对行业最新竞争状况的理解，减轻对书面材料的依赖程度，为做好案件后续监督执行工作奠定扎实基础。在调研过程中，广泛听取相关方对行业发展和反垄断工作的意见建议，有利于提升对特定行业执法的理解，提高后续监督针对性和有效性。

4. 强化制度建设，规范监督工作程序

市场监管总局反垄断局在相关法律法规基础上，深入总结工作实践，借鉴欧美司法辖区的相关做法，不断完善工作流程。在监督工作中，做好审查批准和监督执行衔接，根据具体案件情况和条件类型选任监督受托人，加强《委托协议》《履行方案》《监督计划》文本审核，明确监督受托人工作纪律，严格评估批准剥离资产或业务的买方，完善涉嫌违反限制性条件的调查处理规则，依法做好限制性条件的变更和解除。通过规范工作程序、完善监督制度，提高监督执行效率，确保限制性条件有效实施。

5. 及时总结监督经验，突出监督执行重点

从目前附加限制性条件批准的 44 起案件来看，适用限制性条件种类呈现多样化的特点，既包括剥离资产和业务等结构性条件，也包括分持、限制价格、维持供应等行为性条件，还有二者结合的综合性条件。市场监管总局反垄断局根据以往案件监督执行情况，及时总结经验，开展附条件审查决定执行效果评估项目研究。一方面评估限制性条件是否得到有效实施，是否实现了经营者集中审查目的；另一方面评估附条件批准后相关市场竞争状况，总结附加限制性条件所用分析工具和路径，致力于改善未来的经营者集中竞争分析。在总结监督经验的基础上，厘清监督工作重难点，提升监督执行效果。

（三）违法实施经营者集中执法

依法查处违法实施经营者集中案件是加强反垄断执法和新时代市场监管的重要内容，是确保反垄断法律制度执行的重要手段，也有利于增强市场主体和社会公众的竞争法律意识，营造有利于公平竞争的良好社会氛围。2019 年，市场监管总局反垄断局继续对违法实施集中案件保持高压执法态势，进一步规范执法标准和程序，违法实施集中案件查处工作取得新成效新进展新突破，处罚数量和金额均创历年新高。

1. 继续加大执法力度，进一步提高执法效率

市场监管总局坚持依法履职尽责，不断加大违法实施集中案件查处力度。2019 年，市场监管总局反垄断局重拳出击，依法调查违法实施集中案件 36 起，立案 18 起；11 起案件经调查后认定不构成违法实施集中；对 18 起案件 23 家企业作出处罚决定，同比增长 20%（见图 2-7），占反垄断法实施以来违法实施集中处罚案件总数之比超 35%；合计处罚金额 725 万元人民币，同比增长 24%，处罚数量和金额均为历年之最（见图 2-8）。与机构改革前对违法实施经营者集中案件多处以 15 万 ~20 万元罚款相比，2019 年对大部分违法实施经营者集中案件均处以 30 万 ~40 万元罚款，处罚力度显著提升，进一步强化法律威慑力。不断提升执法效率，案件的平均调查时间同比缩短 8%，降低当事方时间成本；提高案件材料审核效率，事先告知当事方材料要求，尽量减少补充材料次数；进一步加强调查程序和处罚程序衔接，依法做好查处工作。

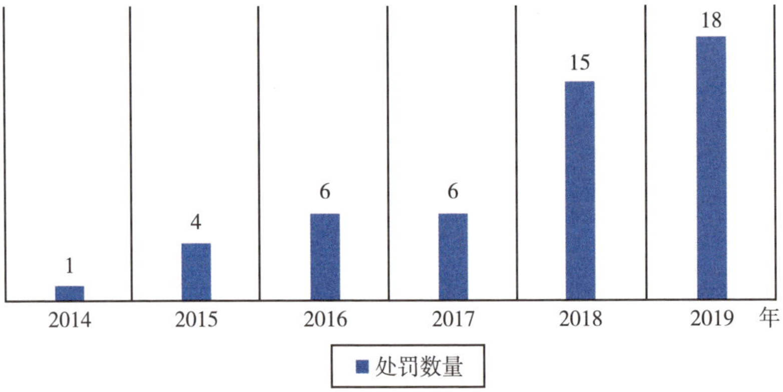

图 2-7　历年违法实施经营者集中案件处罚数量

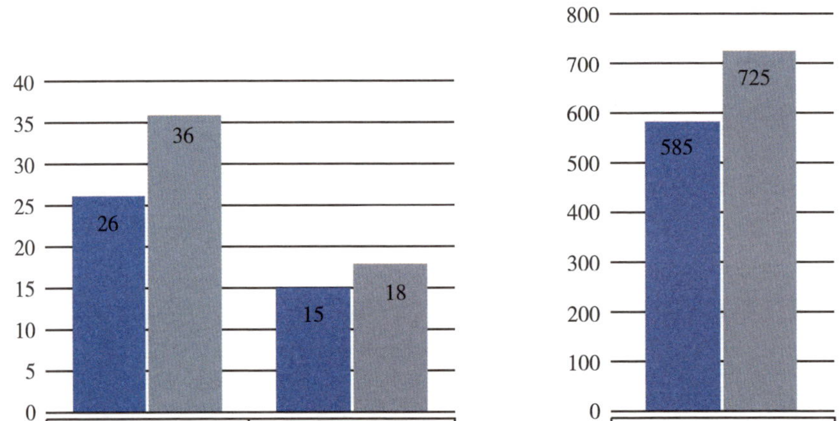

	调查数（起）	处罚数（起）
2018年	26	15
2019年	36	18

	处罚金额（万元）
2018年	585
2019年	725

图 2-8　违法实施经营者集中案件

2. 所涉行业及主体广泛，有效维护消费者利益

违法实施集中案件查处是实现全行业全链条反垄断监管的重要环节，是树立反垄断法权威的有力抓手，是有力保护市场公平竞争的重要途径。2019 年查处案件，涉及港口、化工、物流、医药、汽车服务、房地产、零售等众多行业。被处罚对象主体多样，既有内资企业，也有外资企业；既有国有企业，也有民营企业；既有上市公司、也有非上市公司等，取得了良好的执法效果（见图 2-9）。

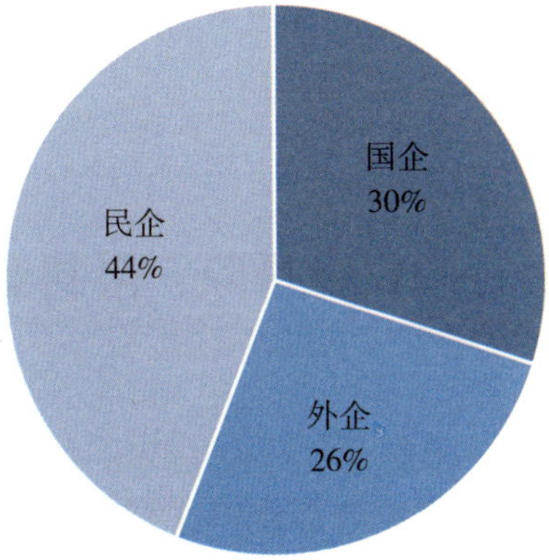

图 2-9 2019 年未依法申报处罚主体类别

3. 提升执法透明度，引导经营者提高合规意识

依法公开行政处罚决定书，注重以案释法，进一步提升社会各界对公平竞争意识的感知和认同，增强市场主体的反垄断合规意识和维护市场公平竞争的自觉性，营造良好的社会氛围。从近年来经营者违法实施集中原因来看，大部分申报义务人对交易是否构成经营者集中、营业额是否达到申报标准、应该何时进行申报等存在错误理解，从而导致违法实施集中行为发生，并因此受到法律制裁，对经营者信誉及未来经营发展造成不良影响。通过在市场监管总局官网公开行政处罚决定书全文，以案释法，既能为经营者提供明确法律指引，又是竞争倡导的有效路径，有利于增强市场主体和社会公众的竞争法律意识，提高社会各界对竞争政策基础性地位的认识。自机构改革以来，经营者合规经营意识显著提高。2018~2019 年查处的 33 起违法实施集中案件中，有 17 起案件系经营者主动报告涉嫌违法行为，占比约 52%，较 2018 年前增长 11%，充分彰显了违法实施集中执法的指引效果。

4. 扎实做好调查研究，提高执法能力和水平

不断丰富执法方式，深入开展调查研究，坚持具体案件具体分析，依法做好案件调查处理工作。随着市场经济的发展，违法实施经营者集中行为隐蔽性和多样性增强。对于长期存在的控制权争议、营业额计算等疑难问题，通过专家论证、征求全国人大常委会法工委和司法部等部门意见、实地调研、地方协助调查等方式，反复研究论证，确保事实清楚、证据确凿、定性准确、程序合法，夯实案件调查基础，查办经得出考验的铁案。例如，在佳能收购东芝医疗未依法申报违法实施集中案中，中国反垄断执法机构深入研究国内外反垄断规则，在 2016 年年底率先对佳能作出行政处罚；美、欧经过长达 3 年调查时间，于 2019 年先后对佳能作出巨额处罚。中国反垄断执法机构为国际竞争规则制定和执行做出贡献，进一步彰显了中国反垄断执法国际影响力。

五、滥用行政权力排除、限制竞争执法

制止滥用行政权力排除、限制竞争行为是我国《反垄断法》规定的一项重要制度，是保护市场公平竞争、维护消费者利益的重要抓手。2008~2018 年，反垄断执法机构认真履行法定职责，积极开展滥用行政权力排除、限制竞争执法，共查处滥用行政权力排除、限制竞争案件 223 件，营造了公平竞争的市场秩序，优化了市场营商环境，取得积极成效。一是涉案主体多元，覆盖省、市、县（区）三级人民政府及其所属部门和法律法规授权的具有管理公共事务职能的组织。二是影响领域广泛，涉及建筑、医药、交通、教育等 30 余个与保障和改善民生、优化营商环境密切相关的行业。三是违法行为形式多样，涵盖《反垄断法》规定的 6 类滥用行政权力排除、限制竞争行为。四是当事人主动整改，在调查过程中，多数当事人能够积极整改，主动消除违法行为对市场竞争产生的不利影响。其中，内蒙古自治区公安厅滥用行政权力排除限制竞争案、北京市公安局公安交通管理局滥用行政权力排除限制竞争案、12 个省区市政府部门“新居配”建设领域滥用行政权力排除限制竞争案等的查办，有效保护了市场公平竞争，取得良好社会反响。

2019 年，市场监管部门按照党的十九大提出“打破行政性垄断”要求，制定出台《制止滥用行政权力排除、限制竞争行为暂行规定》，紧紧围绕优化营商环境、保障和改善民生等重点问题，加强上下联动，优化执法资源，形成执法合力，认真履职尽责，增强执法效能，依法查处滥用行政权力排除、限制竞争行为，调查滥用行政权力排除、限制竞争案件 84 件，其中立案 24 件，办结 12 件，促进政府职能转变，营造良好营商环境，切实维护了市场公平竞争和广大消费者利益。

（一）滥用行政权力排除、限制竞争案件主要特点

1. 违法行为以限定交易为主

2019 年办结的 12 件滥用行政权力排除、限制竞争案件中，8 件涉及限定或变相限定交易行为，占比 67%；3 件涉及制定含有排除、限制竞争内容规定行为，占比 25%；1 件涉及妨碍商品在地区之间自由流通行为，占比 8%（见图 2–10）。

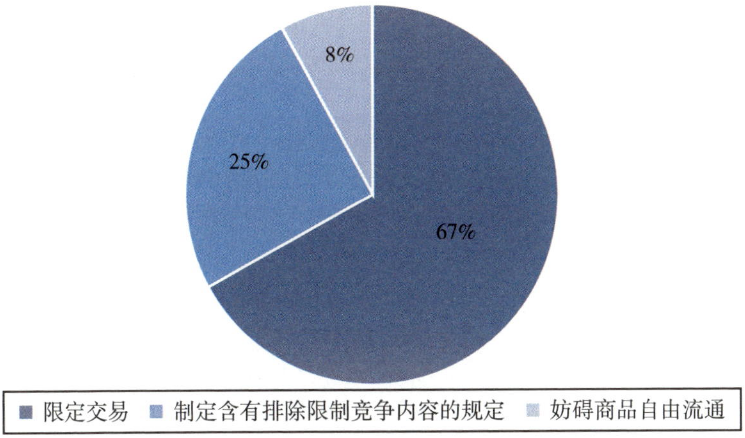

图 2-10 办结案件涉及违法行为类型

2. 聚焦民生领域

切实加大民生领域执法力度，督促有关单位及时纠正滥用行政权力排除、限制竞争行为，消除不良影响。2019 年办结案件中，5 件涉及交通领域，占比 42%；2 件涉及建筑领域，占比 16%；其他领域 5 件，占比约 42%（见图 2-11）。此外，市场监管部门还对医药、教育、餐饮等与民生密切相关领域的涉嫌滥用行政权力排除、限制竞争行为展开了调查。

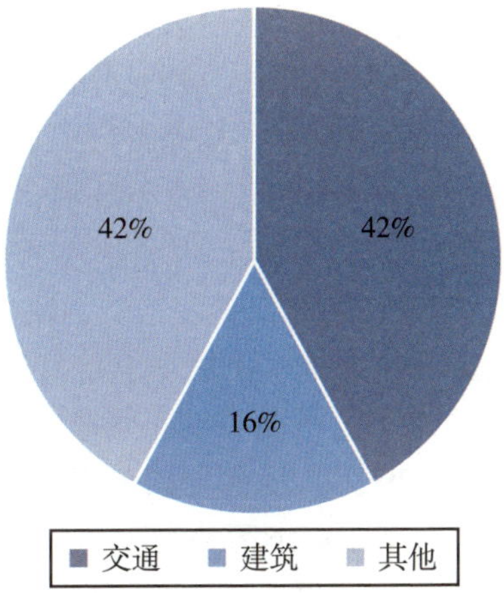

图 2-11 办结案件影响主要领域

3. 涉案主体主要为市级政府所属部门

在 2019 年办结的滥用行政权力排除、限制竞争案件中，涉案主体是省级人民政府所属部门的案件 2 件，占比 16%；涉案主体是市级人民政府的案件 2 件，占比 16%；涉案主体是市级人民政府所属部门的案件 5 件，占比 43%；涉案主体是管理公共事务职能的组织的案件 3 件，占比 25%（见图 2–12）。

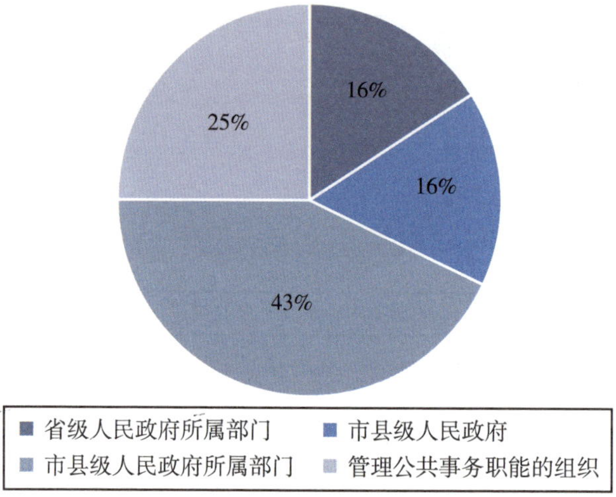

图 2–12　办结案件涉案主体类型

（二）开展专项执法行动，持续加大执法工作力度

滥用行政权力排除、限制竞争行为影响市场竞争机制正常发挥作用，妨碍全国统一开放、竞争有序市场体系建设，也侵害了经营者和消费者的合法权益。依法加强滥用行政权力排除、限制竞争执法，是充分发挥市场在资源配置中的决定性作用，更好发挥政府作用的有力抓手，是完善公平竞争制度、强化竞争政策基础地位的内在要求，对营造公平有序的市场竞争环境，维护消费者合法权益具有重要意义。

为深入贯彻党的十九大和十九届二中、三中、四中全会精神，落实全国市场监管工作会议确定的重点工作安排，强化竞争政策基础地位，推动统一开放、竞争有序的市场体系建设，维护公平竞争的市场秩序和消费者合法权益，市场监管总局于 2019 年 9 月至 2020 年 1 月在全国范围内组织开展滥用行政权力排除、限制竞争行为专项执法行动（以下简称专项执法行动），重点聚焦交通、建筑、医药、公章刻制、招投标与政府采购 5 个违法行为较为多发的领域，推动执法工作全面深入开展。专项行动期间，市场监管部门对涉及上述五个领域的 50 余件案件开展调查，并对 80 条案件线索进行核查，滥用行政权力排除、限制竞争行为得到及时纠正，执法能力水平得到锻炼提升，市场营商环境进一步优化完善。

（三）聚焦重点领域突出问题，切实保护市场公平竞争

1. 纠正交通领域滥用行政权力行为

交通领域存在的滥用行政权力排除、限制竞争问题一直受到社会关注，也是专项执法行动的重点领域之一。2019 年，市场监管总局在广泛调研基础上，指导各省、自治区、直辖市市场监管部门扎实推进案件调查，办结交通领域滥用行政权力排除、限制竞争案件 5 件，有效维护了市场公平竞争，保护了经营者和消费者的合法权益。其中，青海省市场监督管理局推动西宁市交通运输局及时废止规定出租车智能设备补装、维修价格，限定出租车司机与指定的维修服务商交易的相关文件；黑龙江、辽宁、山东等省市场监督管理局及时制止和纠正了有关交通及出租汽车管理部门指定网络预约出租汽车安装特定公司车载终端设备等做法，恢复了公平有序的市场竞争环境。

2. 整治建筑领域滥用行政权力问题

针对近年来建筑领域涉嫌滥用行政权力排除、限制竞争问题社会关注度较高的情况，市场监管部门结合专项执法行动，开展重点查办工作。其中，山东省市场监督管理局推动部分地市人民政府及时纠正指定供电公司等专业经营单位为新建居民小区内供电等配套设施的独家施工方的行为。山西省市场监督管理局指导忻州市人民政府办公室及时纠正限定燃气用户安装、改装、拆除户内燃气设施只能与燃气供应企业交易的做法，并公开废止相关文件。

3. 推动医药领域排除、限制竞争执法

医药领域存在的滥用行政权力排除、限制竞争问题直接关系民生，受到社会广泛关注。2019 年，市场监管总局反垄断局先后赴河南、广东开展调研，推动案件调查工作，并组织开展医疗采购领域滥用行政权力问题研究项目，广泛征求地方卫生健康和医保等部门、医药生产企业、配送企业和公立医疗机构等意见，为做好医药领域滥用行政权力排除、限制竞争执法工作提供重要参考。重庆市市场监督管理局指导重庆市医疗保障局纠正指定超声检查类项目使用产品及收费标准的行为，删除文件中相关表述。江西省市场监督管理局通过调查新余市原卫生计生委在遴选招标文件中限定投标人所在地、设置差异化指标条件的做法，推动当事方及时终止遴选。湖南省市场监督管理局对永州市生态环境局、永州市卫生健康委员会以文件形式规定未受污染的一次性输液瓶（袋）处置方式的行为进行调查，推动当事方公开废止相关文件。

4. 规范招投标、公章刻制等领域滥用行政权力问题

全国市场监管部门贯彻落实《国务院办公厅关于印发全国深化“放管服”改革优化营商环境电视电话会议重点任务分工方案的通知》（国办发〔2019〕39 号）

的要求，依法对招投标和政府采购领域滥用行政权力排除、限制竞争案件进行调查，进一步规范政府组织招投标和开展政府采购的有关行为。目前，安徽、湖北、云南、甘肃等省市场监管部门正在对 4 件招投标及政府采购领域涉嫌滥用行政权力排除、限制竞争案件进行调查。此外，市场监管总局反垄断局先后赴广东、河北等地调研公章刻制领域排除、限制竞争问题，积极指导湖南、山西等地加快案件办理。2019 年，河北省、广东省市场监督管理局分别与省公安厅联合发文开展公章刻制领域集中整治，保护市场公平竞争，取得良好成效。

5. 查处其他领域滥用行政权力案件

2019 年，山东省市场监督管理局纠正菏泽市牡丹区盐务局阻碍外地企业公平参与本地食盐市场竞争和临沂市政务服务中心管理办公室指定国有资金项目委托和中选模式的有关行为，恢复相关市场公平竞争秩序。吉林省市场监管厅指导辽源市商务局及时修订对二手车流通企业备案设置不必要占地面积条件的有关规定。浙江省市场监督管理局对浙江省气象局在防雷装置检测资质审批中对民营防雷检测机构和该部门所属的国有防雷检测企业实施差别化待遇有关问题进行调查，推动相关部门进行整改。海南省市场监督管理局纠正海南省教育局在组织考试过程中限定考生只能使用指定银行卡支付考试费用的行为，推动其修改并公开发布新的报考须知和报考流程图。

（四）立足滥用行政权力排除、限制竞争案件特点，不断提升执法工作效能

1. 有力保护市场公平竞争

持续推进滥用行政权力排除、限制竞争行为执法，既有利于促使有关部门及时纠正阻碍市场公平竞争的行为，增强反垄断法权威，提升行政主体法治意识，又有利于改善交通、医药、建筑等领域的市场竞争环境，构建统一开放、竞争有序的市场体系。例如，浙江省市场监督管理局经调查发现，浙江省气象局在防雷装置检测资质审批中，存在对民营防雷检测机构和气象部门所属的国有防雷检测企业实施差别化待遇，设置不平等的市场准入条件的行为，通过执法指导当事方积极整改，维护了公平竞争的市场秩序。

2. 切实维护消费者利益

坚持以人民为中心的执法理念，在滥用行政权力排除、限制竞争行为执法工作中，紧紧围绕关系民生和社会反映的突出问题，切实维护消费者的公平交易权和自主选择权，不断提升人民群众获得感和满意度。例如，海南省市场监督管理局经调查发现，海南省考试局在组织 2019 年春季、秋季海南省高等教育自学考试过程中，存在限定考生只能通过工商银行网上银行缴纳考试报名费的行为。通

过执法指导当事方及时整改，重新开发自学考试网上报名系统，实现通过银联、支付宝等各种渠道缴纳费用，保护了考生的自主选择权，维护了消费者合法利益。

3. 积极促进政府职能转变

处理好政府与市场之间的关系，推动政府职能真正调整到依法实施经济调节、市场监管、公共服务和社会管理上来，是解决滥用行政权力排除、限制竞争问题的治本之策。为此，市场监管部门注重查办案件与宣传教育有机结合，推动有关部门切实转变职能，更好发挥政府作用，不断优化营商环境。例如，重庆市市场监督管理局经调查发现，巫溪县发展改革委以行政行为取代市场行为，超越本级价格主管部门定价目录范围，为巫溪县人民医院制定救护车接送病人收费标准、病房空调费标准等，排除、限制了市场竞争。重庆市市场监督管理局依法指导当事方主动整改，及时废止相关文件，保障市场在资源配置中起决定性作用。

六、2019 年反垄断执法典型案例

丰田汽车（中国）投资有限公司垄断协议案

2017 年 12 月，原江苏省物价局对丰田汽车（中国）投资有限公司（以下简称丰田中国）涉嫌在雷克萨斯品牌汽车销售中存在垄断行为进行调查。经查，2015 年 6 月至 2018 年 2 月，丰田中国区域销售经理通过召开经销商会议、巡店、微信通知等方式，要求江苏省内经销商在互联网平台（汽车之家、易车网）销售雷克萨斯汽车时，统一按照各车型建议零售价进行报价，经销商不得擅自降低网络报价。同时，2016 年至 2018 年 3 月，丰田中国区域销售经理通过召开地区协力会、微信通知等方式限制经销商销售雷克萨斯 ES200、ES300h、NX200、CT200、RX450、NX300、LX570、LS 系列等重点车型最低转售价格。

此外，丰田中国还通过多项管理措施实施价格控制，且经销商也执行了相关的价格要求。其中包括：将统一网络报价作为区域经理考核指标；从 2016 年起要求经销商上传发票至当事人销售管理系统，组织专门人员对上传的发票进行检查，超出限价要求的，经销商必须说明原因；对低价销售的经销商，当事人区域销售经理通过协会、微信群和电话的方式告知会被削减下月相关车型配车。

江苏省内各经销商自 2015 年 6 月起均按照丰田中国要求在汽车之家、易车网等网站将网络销售价格统一为各车型建议零售价。结合各地区经销商实际销售数据分析，虽然经销商销售价格不尽相同，但优惠幅度在每次限价要求后整体出

现下降。当事人区域销售经理要求经销商相互监督销售价格，发现低价销售行为可以向其投诉举报，并进行干预，从而实施对经销商整车销售价格控制。

江苏省市场监督管理局认为，丰田中国对江苏省内经销商作出的统一网络报价和对部分车型整车转售价格的限定，具有较强的约束力，其行为排除、限制了市场竞争，损害了消费者利益，违反了《反垄断法》第十四条“禁止经营者与交易相对人达成下列垄断协议：（一）固定向第三人转售商品的价格；（二）限定向第三人转售商品的最低价格”的规定。2019 年 12 月，江苏省市场监督管理局依法作出行政处罚决定，对丰田中国处 2016 年度销售额 2% 罚款，计 8761.3 万元。

延安市 10 家混凝土企业垄断协议案

2018 年 9 月，根据举报，原陕西省工商行政管理局对延安市 10 家混凝土企业涉嫌达成并实施垄断协议的行为依法立案调查。

经查，2018 年 7 月 10 日，延安市宝塔区 10 家混凝土企业以沙石、水泥等原材料价格上涨为由，在延安市某酒店商议，决定各标号混凝土价格均上调 60 元 / 立方米，制作统一涨价的《关于调整混凝土价格的联合声明》，并将联合申明和统一涨价告知下游企业用户。10 家混凝土企业是具有竞争关系的经营者，通过协议的形式统一上调混凝土销售价格，排除、限制了相关市场竞争，违反了《反垄断法》第十三条第一款第（一）项“禁止具有竞争关系的经营者达成下列垄断协议：（一）固定或者变更商品价格”的规定。

原陕西省工商行政管理局开展调查后，混凝土企业陆续停止联合涨价行为，实施垄断协议时间约为 1 个月。同时，当事人提出如下陈述意见：一是上游原材料成本大幅上升。近年来，环境治理日趋严紧，黄河砂场停业导致砂石采购价格攀升。同时，上游水泥企业连续大幅涨价，严重挤压混凝土企业原有利润空间。二是混凝土企业普遍经营困难。目前当地商砼市场供大于求，竞争激烈，且该行业回款周期长，垫资金额高，企业经营状况普遍较为低迷。三是涉嫌违法时间较短。在执法机关介入调查后，相关混凝土企业普遍认识到行为违法并及时纠正，停止统一涨价行为。

鉴于调查期间当事人积极配合，主动停止违法行为，且违法行为持续时间较短，对市场竞争损害程度较轻，同时由于混凝土销售结算周期不固定，财务管理不规范，导致垄断协议实施后的违法所得难以计算，陕西省市场监督管理局依据《中华人民共和国反垄断法》第四十六条第一款、第四十九条和《中华人民共和国行政处罚法》第二十七条第（一）项规定作出行政处罚决定，责令 10 家当事人停止违法行为，并处 2017 年度销售额 1% 罚款，计 492.29 万元。

长安福特汽车有限公司垄断协议案

2015 年 8 月，国家发展和改革委员会根据外围调查情况约谈长安福特汽车有限公司（以下简称长安福特），要求长安福特就相关经营行为开展自查。2017 年 12 月，依法对长安福特开展反垄断调查。

经查，2013 年至 2017 年，长安福特在重庆地区销售“福特”牌汽车时，通过制定并下发《价格表》，要求经销商签订《长安福特重庆地区经销商价格规范自律协议》，制定车展期间价格政策以及限制经销商网络最低报价等方式，限定下游经销商向第三人转售整车的最低价格。调查显示，下游经销商基本执行了长安福特最低转售价格的要求；对不执行最低转售价格要求的经销商，长安福特进行了处罚。

调查认为，长安福特的上述行为剥夺了经销商的定价自主权，限制了经销商通过降价与品牌内其他经销商进行竞争、争夺客户的机会，削弱了品牌内的竞争，违反了《反垄断法》第十四条“禁止经营者与交易相对人达成下列垄断协议：（二）限定向第三人转售商品的最低价格”的规定。

考虑到长安福特积极配合调查并及时整改，综合长安福特违法行为的性质、程度和持续时间等因素，2019 年 5 月 22 日，市场监管总局依据《反垄断法》第四十七条、第四十九条的规定作出行政处罚决定，责令长安福特停止限定经销商向第三人转售商品最低价格的违法行为，并处以 2016 年度重庆地区销售额 40.7 亿元 4% 罚款，计 1.628 亿元。

伊士曼（中国）投资管理有限公司滥用市场支配地位案

2017 年 8 月，原上海市工商行政管理局对伊士曼（中国）投资管理有限公司（以下简称伊士曼公司）涉嫌滥用市场支配地位行为立案调查。

根据《反垄断法》第十二条及《国务院反垄断委员会关于相关市场界定的指南》规定，本案相关市场界定为中国大陆醇酯十二成膜助剂市场。醇酯十二是应用于水性建筑涂料（包括乳胶漆、真石漆、多彩涂料等）领域的一种主要成膜助剂，为相关涂料生产企业的必要原料。上海市市场监督管理局首先分析了醇酯十二与非醇酯类成膜助剂的替代性，其次从产品特性、用途、价格、需求者依赖程度、经营者转产成本及难易程度等方面考察了不同醇酯类成膜助剂之间，即醇酯十二与醇酯十六的替代性，并引入假定垄断者测试，运用临界损失经济分析方法来测试两种成膜助剂之间的需求弹性关系。测试结果表明在 2013~2016 年，如果所有醇酯十二由假定垄断者销售，相对于样本内的价格平均值涨价 5% 或 10%

都是有利可图的，且该涨价行为可维持。综合上述因素判定，将醇酯十二成膜助剂界定为本案相关商品市场。从需求方面来分析，中国大陆水性建筑涂料及乳液生产商对醇酯十二有长期而稳定的需求；从供给方面分析，醇酯十二的供应也有明显的地域性，因此将相关地域市场界定为中国大陆市场。

根据《反垄断法》第十八条、第十九条规定，认定伊士曼公司在中国大陆醇酯十二成膜助剂市场上具有市场支配地位：一是中国大陆醇酯十二成膜助剂市场的集中度较高，伊士曼公司在相关市场具有较高市场份额，基本维持在50%以上；二是伊士曼公司具有较强的销售市场控制能力，其醇酯十二销售均价高于行业平均价格以及其他供应商平均价格，且当竞争对手调整价格时，伊士曼公司不会调整自身价格，表明其醇酯十二价格未受到市场竞争的明显约束；三是伊士曼公司在财力及技术条件等方面具有明显优势，客户对其醇酯十二成膜助剂产品存在高度依赖，且醇酯十二成膜助剂行业进入壁垒较高。

经查，2013~2015年，伊士曼公司实施了没有正当理由限定交易的滥用市场支配地位行为。伊士曼公司与国内相关涂料企业签订并实施了含有限制最低采购数量条款和照付不议条款的排他性协议，并以最低采购数量为生效条件，签订实施了含有"最惠国待遇"等条款的排他性协议。上述排他性协议促使交易相对方向伊士曼公司及其关联公司购买大部分甚至全部醇酯十二成膜助剂，限制了交易相对方与伊士曼公司竞争对手的交易，使交易相对方在转换供应商方面存在明显困难，在相关市场内产生了严重的市场封锁效果，损害了相关市场的竞争，其负面效应远大于经济效率，违反了《反垄断法》第十七条第一款第（四）项"禁止具有市场支配地位的经营者从事下列滥用市场支配地位的行为：（四）没有正当理由，限定交易相对人只能与其进行交易或者只能与其指定的经营者进行交易"的规定。2019年4月，上海市市场监督管理局依据《反垄断法》第四十七条、第四十九条的规定作出行政处罚决定，对伊士曼公司处以上一年度（2016年）销售额5%的罚款，计2437.9万元。

天津自来水集团有限公司滥用市场支配地位案

2016年，原天津市市场和质量监督管理委员会在监督检查中发现天津市自来水集团涉嫌从事垄断行为，随即开展前期核查。2017年11月，原天津市市场和质量监督管理委员会对天津市自来水集团涉嫌滥用市场支配地位行为立案调查。

天津市城区居民生活用水来源主要为城市公共自来水，桶装水、瓶装水仅作为生活饮用水，在价格和便利性上无法替代城市公共自来水，自建取水设施不具备可行性，也无法替代城市公共自来水。城市公共自来水通过市政管网统一输送，天津市市南主城区用户仅能使用本地供水企业提供的供水服务。因此本案相关市场界定为天津市市南主城区内城市公共自来水供水服务市场。天津市自来水集团是天津市市南主城区内城市公共自来水供水服务唯一经营者，市场份额为100%，本地用户对其供水服务具有完全依赖性，因此，天津市自来水集团在相关市场具有市场支配地位。

经查，天津市自来水集团利用在公共自来水供水服务市场上的市场支配地位，在供水服务经营过程中，强制房地产开发企业签订建设委托书和《新建二次供水设施自行建设保证书》等文件，要求房地产开发企业自行建设二次供水设施时，必须使用其指定企业生产的智能电控柜和远程监控子站。二次供水设施是指为二次供水设置的水箱、水泵、闸阀、气压罐、电控装置、水处理设备、消毒设备、供水管道、泵房等设施，是城市高层建筑供水的必备设施。天津市自来水集团在其供水范围内独家提供自来水供水服务，掌握二次供水设施验收。为确保工程工期和顺利验收，按时向购房人交房，房地产开发企业不得不按照天津市自来水集团的要求，在二次供水设施建设中使用其指定企业生产的产品。

调查认为，天津市自来水集团上述行为没有正当理由，在交易过程中附加不合理交易条件，限制房地产开发企业对二次供水设施材料设备采购的自主选择权，排除、限制了二次供水工程中其他合法经营者参与竞争，阻碍了市场公平竞争，违反了《反垄断法》第十七条第一款第（五）项“没有正当理由搭售商品，或者在交易时附加其他不合理的交易条件”的规定。2019 年 5 月，天津市市场监管委作出行政处罚决定，对天津市自来水集团处以 2016 年度销售额 3% 罚款，计 743.86 万元。

宿迁正源自来水有限公司滥用市场支配地位案

2017 年 5 月，根据举报线索，原江苏省工商行政管理局对宿迁正源自来水有限公司（以下简称正源自来水公司）涉嫌滥用市场支配地位行为立案调查。

宿迁市城区及乡镇居民生活用水来源主要为城市公共自来水。少数农村居民通过自建设施取水作为生活用水，而桶装水价格过高，使用不便，两者均无法替代城市公共自来水。宿豫城区公共自来水通过市政管网统一输送，其他地区的公共自来水无法替代本地供应。本案相关市场界定为宿迁市宿豫城区公共自来水供水服务市场。正源自来水公司是宿豫城区唯一的自来水供给企业，负责宿豫城区的自来水生产、经营管理，房地产开发企业对其供水服务具有完全的依赖性。正源自来水公司在相关市场具有市场支配地位。

经查，正源自来水公司在房地产企业向其就新建住宅小区提出用水申请时，将自来水用水申请和自来水安装工程申请合并设置，强制要求自来水安装工程交由其工程部负责施工，否则不予供水、立户，并要求房地产企业必须在供水前办理完安装费用结算手续。同时，工程所涉材料供应商由正源自来水公司决定，房地产企业在施工单位选择、设备材料采购等方面均无自主选择权。

调查认为，正源自来水公司作为承担城市供水服务的公用企业，利用市场支配地位强制要求房地产企业将小区自来水安装工程交由其施工，没有正当理由限定房地产企业只能与其进行交易，排除、限制了其他经营者的竞争，损害了公平竞争的市场秩序，违反了《反垄断法》第十七条第一款第（四）项“没有正当理由，限定交易相对人只能与其进行交易或者只能与其指定的经营者进行交易”的规定。2019 年 9 月，江苏省市场监督管理局作出行政处罚决定，对正源自来水公司没收违法所得 117.64 万元，并处以 2016 年度销售额 4% 罚款，计 87.76 万元，总计 205.4 万元。

浙江省气象局滥用行政权力排除、限制竞争案

2019 年 3 月，浙江省反垄断执法机构依法对浙江省气象局开展反垄断调查。

经查，浙江省气象局在防雷装置检测资质审批中，存在对民营防雷检测机构和气象部门所属的国有防雷检测企业实施差别化待遇，设置不平等市场准入条件的行为。《雷电防护装置检测资质管理办法》（中国气象局令第 31 号）第四条规定防雷装置检测资质等级分为甲、乙两级，同时规定申请防雷装置检测甲级资质的单位应当具备的条件。但在 2016 年 11 月 7 日浙江省气象局向中国气象局报送的《浙江省气象局深化防雷减灾体制改革方案》（浙气发〔2016〕76 号）及具体执行中，浙江省气象局对不符合甲级资质条件的省气象局和 11 个市气象局所属的防雷装置检测企业审批了甲级资质，对民营的防雷装置检测企业则严格按照《雷电防护装置检测资质管理办法》规定审批检测资质。

浙江省气象局上述行为违反了《反垄断法》第三十七条关于“行政机关不得滥用行政权力，制定含有排除、限制竞争内容的规定”的规定。调查期间，浙江省气象局于 2019 年 6 月 14 日、8 月 2 日两次向浙江省市场监管局报送整改情况，目前已整改到位。

哈尔滨市交通运输局滥用行政权力排除、限制竞争案

2019 年 8 月，黑龙江省反垄断执法机构依法对哈尔滨市交通运输局开展反垄断调查。

经查，2018 年 2 月 11 日，哈尔滨市交通运输局发布《关于公布首批哈尔滨市网络预约出租汽车车载卫星定位装置专用设备厂家和型号的通知》，规定深圳锐明技术股份有限公司生产的 C6D 型和河南速恒物联网科技有限公司生产的 SH-VST601 型车载卫星定位装置为哈尔滨市网约车车载卫星定位装置的指定厂家及型号，哈尔滨市 4500 余台网约车安装了该两种型号定位装置。

哈尔滨市交通运输局指定网约车车载设备厂家和型号的行为违反了《反垄断法》第三十二条关于"行政机关不得滥用行政权力，限定或变相限定单位或者个人经营、购买、使用其指定的经营者提供的商品"的规定。在调查过程中，哈尔滨市交通运输局主动废止《关于公布首批哈尔滨市网络预约出租汽车车载卫星定位装置专用设备厂家和型号的通知》，并予以公示。

高意股份有限公司收购菲尼萨股份有限公司股权案

2018 年 11 月 7 日，高意股份有限公司（以下简称高意）与菲尼萨达股份有限公司（以下简称菲尼萨）达成《合并协议及计划》，高意以支付现金和换股的方式收购菲尼萨 100% 股权，对其实现单独控制，交易金额 221 亿元。2018 年 12 月 29 日，市场监管总局收到本案经营者集中反垄断申报，并于 2019 年 2 月 20 日予以立案审查。2019 年 8 月 14 日，进一步审查延长阶段届满时，申报方申请撤回案件，并得到市场监管总局同意。2019 年 8 月 20 日，市场监管总局对申报方的再次申报予以立案审查。

本案涉及光通信器件市场，具体包括波长选择开关、光收发模块等 11 个相关商品市场，适用非简易程序。经审查，市场监管总局认为此项集中对波长选择开关市场可能具有排除、限制竞争效果：一是集中将增强交易双方在波的市场控制力，大幅提升相关市场的市场集中度；二是集中消除了高意和菲尼萨在波长选择开关市场的紧密竞争关系；三是集中增加了波长选择开关市场企业间相互协调的可能性；四是市场进入壁垒高，短期内难以出现新进入者，无法对集中后实体形成有效的竞争约束。

2019 年 9 月 18 日，市场监管总局附加限制性条件批准本项集中，具体条件包括：一是高意与菲尼萨保持波长选择开关业务相互独立并继续开展市场竞争，包括管理独立、财务独立、人事独立、研发独立、销售独立、定价独立、生产独立及采购独立。二是为确保上述业务相互独立并保持竞争，高意和菲尼萨就相关人员、竞争性敏感信息、办公场所和办公信息系统等设置防火墙，制定详细的防火墙指南手册并开展培训，要求相关人员严格遵守公告承诺义务。三是高意与菲尼萨继续以公平合理的条款供应波长选择开关。没有正当理由，不得在价格、交货期、售后服务等交易条件上对客户实行差别待遇。按照公平合理的价格供应产品。自批准决定公告之日起3年后，集中后实体可以向市场监管总局申请解除上述承诺措施，市场监管总局将基于申请及市场竞争状况作出决定。解除上述承诺的决定作出前，集中后实体应继续履行上述承诺。

浙江花园生物高科股份有限公司与皇家帝斯曼有限公司新设合营企业案

2018年4月12日，市场监管总局收到浙江花园生物高科股份有限公司（以下简称花园）与皇家帝斯曼有限公司（以下简称帝斯曼）新设合营企业案的经营者集中反垄断申报，交易双方拟在浙江省设立一家合营企业，从事7-脱氢胆固醇生产。花园和帝斯曼将对合营企业实施共同控制，交易金额约0.8亿元。2018年5月2日，市场监管总局对本案予以立案审查。2018年10月24日，进一步审查延长阶段届满时，申报方申请撤回案件并得到市场监管总局同意。2018年12月21日，申报方再次申报。2019年4月30日，市场监管总局对申报方的再次申报予以立案审查。

花园主要从事维生素D3、胆固醇、羊毛精制脂、羊毛酸、羊毛油、羊毛蜡等产品生产销售。帝斯曼主要从事生命科学和材料科学业务，包括营养、性能材料和新兴业务3个领域。花园和帝斯曼在兽用维生素D3和人用维生素D3市场存在横向业务重叠，并在NF级胆固醇市场存在纵向业务关系。本案相关商品市场界定为兽用维生素D3、人用维生素D3以及NF级羊毛脂胆固醇市场，上述商品的相关地域市场界定为全球，同时考察中国市场情况。

经审查，市场监管总局认为此项集中对全球和中国兽用维生素D3、人用维生素D3及NF级羊毛脂胆固醇市场，可能具有排除、限制竞争效果。一是在全球和中国兽用维生素D3市场，交易将进一步增强集中双方市场控制力，提高相关市场集中度，并增强相关市场竞争者协调价格的动机和能力；二是在全球和中国人用维生素D3市场，交易将进一步增强集中双方市场控制力，提高相关市场集中度；三是在上游全球和中国NF级羊毛脂胆固醇市场和下游兽用、人用维生素D3市场，集中双方在上下游均具有市场控制力，集中可能导致原材料和客户封锁。同时，上述市场的进入壁垒均较高，市场进入难度大，短期内难以出现新的有效竞争者。

2019年10月16日，市场监管总局依法作出《关于附加限制性条件批准浙江花园生物高科股份有限公司与皇家帝斯曼有限公司新设合营企业案反垄断审查决定的公告》，附条件批准此项经营者集中，要求花园、帝斯曼和合营企业履行如下义务：一是保持相关业务独立；二是合营企业独立运营；三是合营企业不得从事DHC生产业务以外的任何业务；四是价格保密。本决定附加的限制性条件自公告之日起生效，并于5年后自动解除。

诺贝丽斯公司收购爱励公司股权案

2018年8月31日，市场监管总局收到诺贝丽斯公司（以下简称诺贝丽斯）收购爱励公司（以下简称爱励）股权案（以下简称本案）的经营者集中反垄断申报，诺贝丽斯拟收购爱励100%股份，对其实现单独控制。申报方以简易案件进行申报，2018年9月30日立案，公示期内第三方提出异议，经审查，市场监管总局认为本案不符合简易案件适用标准，2018年10月26日撤销立案，并要求申报人按非简易案件重新申报。2018年11月1日，申报方以非简易案件重新申报。2018年12月13日，市场监管总局对本案予以立案审查。2019年6月6日，进一步审查延长阶段届满时，申报方申请撤回案件，并得到市场监管总局同意。2019年6月12日，申报方再次申报。2019年6月14日，市场监管总局对申报方的再次申报予以立案审查。2019年12月6日，进一步审查延长期届满时，申报方再次申请撤回案件并得到市场监管总局同意，当日，申报方再次申报。2019年12月12日，市场监管总局对申报方的申报予以立案审查。

经审查，诺贝丽斯和爱励在中国汽车车身铝薄板内板和汽车车身铝薄板外板市场存在横向重叠。本案相关商品市场界定为汽车车身铝薄板内板市场和汽车车身铝薄板外板市场。上述商品的相关地域市场界定为中国。

市场监管总局认为，此项集中对中国汽车车身铝薄板内板和汽车车身铝薄板外板市场可能具有排除、限制竞争效果。一是集中进一步提升了相关市场的市场集中度，增强了集中后实体在相关市场的控制力；二是集中将消除相关市场中的重要竞争约束，进一步加强了集中后实体单方面排除、限制竞争的可能性；三是集中进一步减少下游汽车企业的选择范围，增加采购风险；四是集中加强了集中后实体与竞争者共同排除、限制竞争的可能性；五是相关市场进入困难，集中进一步提高相关市场的进入壁垒。

2019年12月20日，市场监管总局依法作出《关于附加限制性条件批准诺贝丽斯公司收购爱励公司股权案反垄断审查决定的公告》，附条件批准此项经营者集中，要求诺贝丽斯、爱励及集中后实体履行如下义务：一是剥离爱励在欧洲经济区内全部的汽车车身铝薄板内板和外板业务，剥离内容包括相关设施、人员、知识产权和其他有形及无形资产。二是在中国，集中后实体将不会向任何在汽车车身铝薄板市场开展业务的竞争者供应冷轧板。该限制性条件自生效日起10年有效，并将于 10 年后自动终止。自生效日起的 10 年内，如果相关市场的竞争状况发生重大改变，或本次交易的交易双方情况发生重大变更，集中后实体可向市场监管总局申请解除该限制性条件。本决定自公告之日起生效。

第三章

行业执法

一、医药行业

（一）行业总体案件数量和类型分布

2019 年，市场监管部门办理医药行业垄断案件 31 件，其中立案调查垄断协议及滥用市场支配地位案件 8 件，中止调查 1 件；立案调查滥用行政权力排除、限制竞争案件 6 件；审结医药行业经营者集中反垄断审查案件 16 件；立案调查违法实施集中案件 1 件，处罚金额 30 万元人民币。此外，还对涉及原料药垄断及医药集中采购等问题线索开展了核查（见图 3–1）。

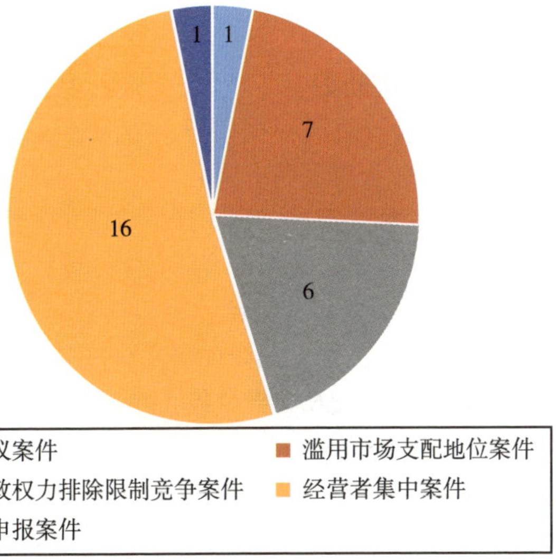

图 3–1　医药行业案件类型

2019 年医药行业 8 件垄断协议案件和滥用市场支配地位案件均涉及原料药

领域，其中垄断协议案件 1 件，滥用市场支配地位案件 7 件。垄断协议案件涉嫌违反《反垄断法》第十三条规定，实施固定商品价格、分割销售市场等行为；滥用市场支配地位案件涉嫌违反《反垄断法》第十七条规定，实施以不公平高价销售商品、拒绝交易、附加不合理交易条件等行为。

6 件医药行业涉嫌滥用行政权力排除、限制竞争案件，主要涉及医药集中采购、指定体检机构、违规制定医疗收费标准等行为。其中 4 件涉嫌违反《反垄断法》第三十二条规定，限定或变相限定交易；1 件涉嫌违反《反垄断法》第三十四条规定，排斥外地经营者参加招投标；1 件涉嫌违反《反垄断法》第三十七条规定，制定含有排除、限制竞争内容的规定。

审结经营者集中反垄断审查案件 16 件，交易总金额 5347 亿元，主要涉及医药和医疗器械生产销售、医疗服务等领域。其中附条件批准 1 件，为浙江花园生物高科股份有限公司与皇家帝斯曼有限公司新设合营企业案。从申报程序来看，12 件案件适用简易程序，4 件案件适用非简易程序。从交易形式来看，12 件为股权收购，2 件为资产收购，2 件为新设合营企业。

对 1 件医药行业未依法申报案件作出处罚，即苏州全亿健康药房连锁有限公司收购苏州健生源医药连锁有限公司未依法申报违法实施经营者集中案。该案涉及药品零售领域，经评估，交易不会产生排除、限制竞争的效果，市场监管总局依法对当事人苏州全亿健康药房连锁有限公司处以 30 万元罚款。

（二）典型案例

1. 葡萄糖酸钙原料药垄断案

2019 年 5 月，市场监管总局根据举报，依法对山东康惠医药有限公司（以下简称康惠公司）、潍坊普云惠医药有限公司（以下简称普云惠公司）、潍坊太阳神医药有限公司（以下简称太阳神公司）涉嫌实施垄断行为立案调查。在现场调查过程中，康惠公司、普云惠公司不配合调查，切断公司办公系统网络，删除电脑文件资料，拒不提供有关资料，拒绝、阻碍执法。康惠公司法定代表人组织、指挥公司员工及社会闲散人员暴力抢夺证据材料，不顾执法人员阻拦，将有关证据材料强行隐匿、转移。执法人员责令停止违法行为时，康惠公司法定代表人指挥相关人员对执法人员进行暴力阻挠，造成部分执法人员受伤。2019 年 7 月，市场监管总局依据《反垄断法》第五十二条对康惠公司、普云惠公司拒绝、阻碍调查行为分别处以罚款 100 万元；对两公司法定代表人分别处以罚款 10 万元；对相关人员分别处以 2 万 ~5 万元不等的罚款。相关涉事人员已移交司法机关依法追究刑事责任。

从需求替代和供给替代的角度来分析，本案相关商品市场为注射用葡萄糖酸钙原料药销售市场。相关地域市场为中国。经调查，康惠公司与普云惠公司、太阳神公司（上述3公司，以下简称当事人）分工协作、密切配合，在中国注射用葡萄糖酸钙原料药销售市场共同实施了垄断行为。当事人通过达成包销协议、大量购买、签订不对外销售协议等方式控制了注射用葡萄糖酸钙原料药销售市场。2015年8~12月、2016年、2017年，当事人在中国注射用葡萄糖酸钙原料药销售市场上的份额分别为94%、91%、87%，同时，考虑到当事人具有控制销售市场的能力、下游制剂生产企业对当事人依赖程度较高、其他经营者进入相关市场的难度较大等因素，根据《反垄断法》第十八条规定，市场监管总局认定当事人在中国注射用葡萄糖酸钙原料药销售市场具有市场支配地位。

当事人滥用市场支配地位，实施了以下垄断行为：一是以不公平的高价销售商品。当事人以不公平的高价对外销售注射用葡萄糖酸钙原料药，获得了高额垄断利润。注射用葡萄糖酸钙原料药价格上涨达19~54.6倍。二是没有正当理由附加不合理交易条件。当事人强制要求制剂生产企业将生产出的葡萄糖酸钙注射液回购给当事人，或者作为当事人的代工厂，按照其指令销售葡萄糖酸钙注射液，否则不供应注射用葡萄糖酸钙原料药。

注射用葡萄糖酸钙原料药是生产葡萄糖酸钙注射液的基本原料。葡萄糖酸钙注射液是国家基本药物、临床必需药品，也是常用的低价药。当事人的行为严重排除、限制了注射用葡萄糖酸钙原料药和注射液市场竞争，损害了葡萄糖酸钙注射液生产企业利益，推高了葡萄糖酸钙注射液的市场价格，增加了国家医保支出，造成葡萄糖酸钙注射液市场供应短缺，严重损害了患者利益。当事人的上述行为违反了《反垄断法》第十七条第一款“禁止具有市场支配地位的经营者从事下列滥用市场支配地位的行为：（一）以不公平的高价销售商品或者以不公平的低价购买商品；……（五）没有正当理由搭售商品，或者在交易时附加不合理的交易条件”的规定，构成滥用市场支配地位的垄断行为。2019年12月19日，市场监管总局依据《反垄断法》第四十七条规定，向当事人发出《行政处罚事先告知书》。2020年4月5日，依法对当事人作出行政处罚决定，罚没金额3.255亿元。

2. 浙江花园生物高科股份有限公司与皇家帝斯曼有限公司新设合营企业案

详情见本报告第二章2019年反垄断执法典型案例。

3. 苏州全亿健康药房连锁有限公司收购苏州健生源医药连锁有限公司违法实施经营者集中案

2019年4月19日，市场监管总局对苏州全亿健康药房连锁有限公司（以下简称苏州全亿）收购苏州健生源医药连锁有限公司（以下简称苏州健生源）涉嫌违法实施经营者集中案进行立案调查。

2018 年 1 月 11 日，苏州全亿签署股权转让协议，收购邹永星持有的苏州健生源 90% 股权，交易金额 10.35 亿元。交易后，苏州全亿取得苏州健生源单独控制权。2018 年 2 月 22 日，完成股权变更登记。

经调查，苏州全亿收购苏州健生源股权并取得控制权，属于《反垄断法》第二十条规定的经营者集中。双方在全球和中国营业额均达到《国务院关于经营者集中申报标准的规定》第三条规定的申报标准，属于应当申报的情形。2018 年 2 月 22 日，交易双方完成股权变更登记，此前未依法申报，违反《反垄断法》第二十一条规定，构成未依法申报的经营者集中。市场监管总局对苏州全亿收购苏州健生源股权对市场竞争的影响进行了评估，认为该项经营者集中不会产生排除、限制竞争的效果。

基于上述调查情况和评估结论，考虑苏州全亿主动报告并承认违法、积极配合调查等因素，2019 年 9 月 29 日，市场监管总局根据《反垄断法》第四十八条、第四十九条和《未依法申报经营者集中调查处理暂行办法》第十三条规定，决定对苏州全亿处以 30 万元人民币罚款的行政处罚。

4. 来宾市卫生健康委员会滥用行政权力排除、限制竞争案

根据举报，2019 年 7 月，广西壮族自治区市场监督管理局对来宾市卫生健康委员会（以下简称来宾市卫健委）违反《反垄断法》的行为进行了调查。经调查，2019 年 4 月 10 日，来宾市卫健委召集来宾市人民医院等 5 家市直医疗机构、武宣县等 6 县（市、区）卫健局及广西铭磊阳光药业有限公司（以下简称广西铭磊公司）相关负责人，召开关于广西铭磊公司进入来宾市医药和医疗器械流通市场专题协调会议。会议形成《广西铭磊公司进入本地医药和医疗器械流通市场专题协调会议纪要》（以下简称《会议纪要》），要求各县（市、区）卫健局市直各医疗机构及时召开相关单位、部门、科室会议，安排人员对接联系，落实广西铭磊公司配送业务。广西铭磊公司可在市、县两级公立医疗保健机构的大输液、抗生素、2018 版“685”基药、急抢救用药目录产品、中药配方颗粒 5 个领域集中配送。市直各医疗机构与广西铭磊公司的合作协议于 2019 年 4 月 20 日前签订，县直各医疗机构于 2019 年 5 月 30 日前签订。

广西壮族自治区市场监督管理局认为，来宾市卫健委作为管理当地各医疗机构单位和医药企业的行政机构，通过会议纪要指定市、县两级公立医疗保健机构的大输液、抗生素、2018 版“685”基药、急抢救用药目录产品、中药配方颗粒五个领域由广西铭磊公司集中配送，违背了市场竞争的公平、公正原则，剥夺了其他医药和药械配送企业公平地参与来宾地区医药配送市场竞争的权利。广西铭磊公司在法定配送协议框架外与市、县两级公立医疗保健机构签订《补充协议》，违反了国家、自治区医疗机构药品统一招标采购相关规定以及《关于进一步改革完善药品生产流通使用政策的若干意见》(国办发〔2017〕13号)。依据《反垄断法》第三十二条和第三十七条规定，来宾市卫健委构成滥用行政权力，排除、限制竞争行为。

调查期间，来宾市卫健委于2019年10月21日下发《关于废止〈广西铭磊公司进入本地医药和医疗器械流通市场专题协调会议纪要〉的通知》，废止《关于广西铭磊公司进入本地医药和医疗器械流通市场专题协调会议纪要》，消除了限制市场主体公平竞争的社会后果，规范了行政行为。

（三）案件特点及行业主要竞争问题分析

医药行业关系民生，与百姓生活密切相关。2019年，市场监管总局和各省、自治区、直辖市市场监管部门将医药行业作为反垄断执法重点，全面加强对医药行业竞争行为的事前、事后监管，保持原料药领域执法高压态势，结合滥用行政权力排除、限制竞争行为专项执法行动，纠正医药领域违反《反垄断法》的行为，依法开展医药行业经营者集中反垄断审查，查处有关未依法申报案件，打出了执法“组合拳”，有力保护了市场公平竞争，维护了消费者合法权益。从2019年反垄断执法情况来看，医药行业主要存在以下竞争问题：

一是原料药行业垄断问题突出。目前，原料药行业垄断问题多发，主要表现为滥用市场支配地位以不公平高价销售商品、拒绝交易、附加不合理交易条件等。原料药行业垄断行为实施主体多为小规模医药销售公司或自然人，违法手法隐蔽多样，查处难度较大。原料药垄断问题的产生，既来源于不法商人利欲熏心，置国家、人民和患者利益于不顾，对原料药上下游进行控销，攫取巨额利益，又来源于近年来原料药的供应失衡，来源单一且无法科学、有效供给，致使大量原料药供需矛盾突出，许多品种只有一家或者两家企业生产，较为容易控制。下一步，既要持续加大反垄断执法力度，加强与公安、税务、银行等相关部门合作，从严从重惩处一批违法企业和人员，坚决遏制原料药垄断多发态势，形成反垄断执法的有效震慑，保护市场公平竞争，维护消费者利益，又要解决原料药供给短缺问题，保障原料药行业有充足的货源、适当数量的生产厂家和有效的市场竞争，解决长期存在的供需矛盾。

二是医药集中采购领域滥用行政权力排除、限制竞争问题有待破解。近年来，医药集中采购领域已成为滥用行政权力排除、限制竞争的热点难点问题，主要表现为限定或者变相限定交易、实施地方保护等行为。我国医药集中采购仍处于试点先行和改革探索阶段，发展过程中可能出现政府过度干预市场问题，例如，限制公立医疗机构只在某一平台采购、指定药品配送企业、在配送企业招标中实施地方保护等，既违反有关政策规定，又涉嫌滥用行政权力，排除、限制相关市场竞争。在医药集中采购推广过程中，一方面应坚持市场在资源配置中起决定性作用和更好发挥政府作用的原则，理顺政府与市场的关系，以公平竞争机制保障医药集中采购科学推进，更好促进医药集中采购改革健康发展；另一方面依法查办案件，及时制止滥用行政权力排除、限制竞争行为，充分发挥《反垄断法》在医药集中采购改革和政策推行过程中规范行政行为的作用，依法依规调查处理案件，维护医药集中采购领域公平竞争的市场秩序。

三是经营者集中全链条监管仍需加强。近年来，全球医药领域的并购规模越来越大，集中度越来越高，跨界并购、跨境并购提速，有的境外公司经营者集中案件交易金额高达数千亿元，例如，美国艾伯维公司收购欧洲艾尔建公司，交易金额达 4335 亿元。同时，国内主要企业产品竞争力相对较弱，行业集中度较低，医药行业体量和并购规模较小，营收和市场集中度仍低于国际水平。因此，要进一步加强医药行业经营者集中反垄断审查全链条监管，依法做好经营者集中反垄断审查，加大附条件案件监督执行和未依法申报案件查处力度，保护医药行业公平竞争市场秩序，维护消费者合法权益，促进行业持续健康发展。

二、公用事业行业

（一）行业总体案件数量和类型分布

2019 年，市场监管部门立案调查公用事业行业涉嫌垄断案件 7 件，其中供气行业 5 件，供水行业 2 件；结案 2 件，分别为天津市自来水集团滥用市场支配地位案和宿迁正源自来水有限公司滥用市场支配地位案，违反了《反垄断法》第十七条规定的从事限定交易、搭售和附加不合理交易条件等行为。2 件经营者集中案件，交易总金额 61.55 亿元。从适用程序来看，均适用非简易程序。从集中性质来看，1 件为横向集中，1 件为纵向集中。从交易形式来看，1 件为股权收购，1 件为业务收购。

公用事业直接关系人民群众的日常生活和切身利益。为进一步规范公用事业行业经营者行为，2019 年市场监管部门将公用事业作为反垄断执法重点，并于 4 月印发《市场监管总局办公厅关于督促做好公用事业领域反垄断执法工作的通知》（市监反垄断〔2019〕24 号），督导各省级市场监管部门加强公用事业反垄断执法。2019 年 9 月 1 日起施行的《禁止滥用市场支配地位行为暂行规定》，针对公用事业领域滥用市场支配地位行为作出专门规定：“供水、供电、供气、供热、电信、有线电视、邮政、交通运输等公用事业领域经营者应当依法经营，不得滥用其市场支配地位损害消费者利益”，进一步明确了公用事业行业经营者不得实施滥用市场支配地位行为，警示相关经营者依法合规经营。

（二）典型案例

1. 天津市自来水集团滥用市场支配地位案

详情见本报告第二章 2019 年反垄断执法典型案例。

2. 宿迁正源自来水有限公司滥用市场支配地位案

详情见本报告第二章 2019 年反垄断执法典型案例。

（三）案件特点及行业主要竞争问题分析

公用事业是指面向社会提供的与人民群众日常生活密切相关的基础公用产品或公共服务，通常包括供水、供电、供气、供热、电信、有线电视、邮政、公共交通运输等行业。从 2019 年反垄断执法情况来看，公用事业行业案件和竞争问题主要有以下三方面特点：

一是公用事业行业市场集中度普遍较高。随着我国市场化改革的深入推进，公用事业行业的上游生产环节市场竞争已较为充分，但公用事业行业多具有自然垄断属性，市场集中度普遍较高。从 2019 年反垄断执法情况来看，公用事业行业是垄断案件集中的行业之一，其中供水和供气行业尤为突出。2019 年立案调查的 7 件公用事业领域涉嫌垄断案件，全部为供气和供水行业案件。

二是市县一级公用事业经营者滥用市场支配地位案呈多发态势。2019 年，各省、自治区、直辖市市场监管部门立案调查公用事业行业涉嫌垄断案件 7 件，作出行政处罚 2 件。上述案件，除天津市自来水集团滥用市场支配地位案外，均发生在市、县地区。由于市县一级公用事业经营者往往是相关行业唯一经营者，具有市场支配地位，易发生滥用市场支配地位排除、限制竞争行为。近年来，为提高公用事业管理和服务水平，一些地方政府陆续以特许经营的方式将公用事业授权给民营企业或外资企业，经营者自负盈亏，更易产生实施垄断行为获得更高利润的冲动。同时，市县一级公用事业经营者往往对《反垄断法》缺乏理解和认识，依法合规经营意识较弱。在执法过程中，当事人多在知晓《反垄断法》规定后，主动承认违法行为并进行整改。

三是公用事业行业排除、限制竞争行为较为典型。从执法情况来看，公用事业领域排除、限制行为主要集中在以下 4 个方面：1. 强制或变相强制申请办理水、电、气、热入户的经营者或消费者购买其提供的设备和材料；2. 强制或变相强制用户接受其指定经营者提供的设计、安装、施工等配套工程服务；3. 向用户滥收费用，例如对用户强制或变相强制收取最低用水（电、气、热）费用，强行向用户收取押金、保证金或强行指定、收取“预付水（电、气、热）费”的最低限额，对新建小区用户强制收取入户费（管网建设费）、超范围配套工程安装费等；4.向用户搭售相关产品或设备，如水表、燃气表、燃气灶具等。上述行为使用户无法获得价廉质优的公共资源服务，直接损害其他经营者或消费者利益。同时，强制用户购买指定供应商的材料和设备、强制用户接受指定配套工程服务等行为，剥夺了用户的选择权，排除、限制了相关市场经营者的有效竞争，损害了当地材料设备供应市场和配套工程服务市场的公平竞争秩序。

三、建筑和房地产行业

（一）行业总体案件数量和类型分布

建筑和房地产行业包括建筑业、房地产业、建筑材料的生产与销售等。2019年，市场监管部门立案调查建筑和房地产行业垄断协议案件17件，作出行政处罚4件，没收违法所得193.13万元，罚款1481.99万元；审结经营者集中案件21件；查处违法实施集中案件1件，罚款30万元。

查处垄断协议案件4件，涉案企业32家。从表现形式上看，4件均为横向垄断协议案件，涉及固定商品价格、限制商品数量等行为。其中2件违反《反垄断法》第十三条第一款第一项“固定或者变更商品价格”规定，1件违反《反垄断法》第十三条第一款第二项“限制商品的生产数量或者销售数量”规定，1件同时违反《反垄断法》第十三条第一款第一项、第二项规定。从垄断协议达成和实施情况来看，3件为达成并实施垄断协议，1件为达成未实施。涉案商品涉及水泥制品制造和砖瓦、石材等建筑材料制造，其中3件为混凝土，1件为烧结砖。

审结建筑和房地产行业经营者集中案件21件，交易总金额1234.04亿元，全部无条件批准，其中17件案件涉及房地产业，2件涉及建筑业，2件涉及水泥制造和水泥制品制造。从申报程序来看，16件案件适用简易程序，1件案件适用非简易程序。从交易形式来看，16件为股权收购，3件为设立合营企业，1件为通过合同方式取得控制权，1件为国有资产无偿划转。

查处建筑和房地产行业未依法申报经营者集中案件1件，为西藏德锦企业管理有限责任公司收购上海汇通能源股份有限公司股权未依法申报案，涉及房地产业。经评估，该项经营者集中不会产生排除、限制竞争的效果，市场监管总局对当事人西藏德锦企业管理有限责任公司依法处以30万元罚款。

（二）典型案例

1. 延安市 10 家混凝土企业垄断协议案

详情见本报告第二章 2019 年反垄断执法典型案例。

2. 中国联合水泥集团有限公司与河南投资集团有限公司新设合营企业案

2019 年 8 月 6 日，市场监管总局收到中国联合水泥集团有限公司（以下简称中联水泥）与河南投资集团有限公司（以下简称河南投资）新设合营企业案的经营者集中申报，于 8 月 29 日立案审查。

中联水泥于 1999 年在北京注册成立，主要从事水泥、熟料和商品混凝土的生产与销售。河南投资于 1991 年在河南注册成立，主要从事电力、造纸、水泥、基础设施、金融等产业。双方商议设立合营企业整合河南地区水泥和熟料产能，实现优势互补，交易金额 92 亿元。

本案相关商品市场界定为通用水泥、通用水泥熟料和商品混凝土市场。通用水泥相关地域市场为水泥厂周边 200 公里区域；通用水泥熟料相关地域市场为熟料厂周边 200 公里区域；商品混凝土的相关地域市场界定为城市市场。

市场监管总局根据《反垄断法》第二十七条规定，从参与集中的经营者在相关市场的市场份额及其对市场的控制力等方面，分析了此项经营者集中对市场竞争的影响。经审查，中联水泥与河南投资在各相关市场均面临有效竞争约束，集中不会对相关市场竞争产生不利影响，市场监管总局无条件批准此项交易。

（三）案件特点及行业主要竞争问题分析

2019 年，该行业的案件和竞争问题主要有以下特点：

一是并购活动较为活跃，主要交易方式为股权收购。2019 年共有 21 件经营者集中案件，平均交易金额为 61.07 亿元，其中软银集团股份有限公司收购 The We Company 股权案交易金额较大，为 628.1 亿元，多数案件交易额在 50 亿元以下（见图 3-2）。行业竞争激烈，大部分并购交易各方市场份额不高，适用简易程序审查；仅中国联合水泥集团有限公司与河南投资集团有限公司新设合营企业案在部分相关市场份额到达 20% 左右，适用非简易程序进行审查。在大部分案件中，交易双方通过并购行为实现优势互补。如新加坡企业（私人）有限公司收购汉威重庆房地产开发有限公司股权案，收购方希望通过交易扩大在中国的业务规模，而被收购方希望提升开发实力和管理水平。

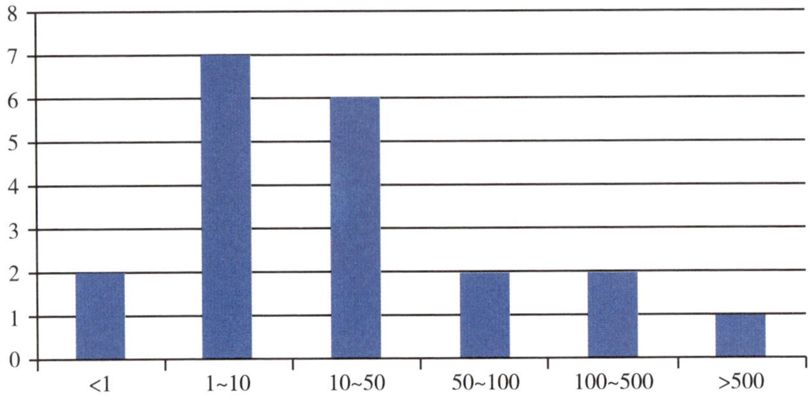

图 3-2　2019 年建筑和房地产行业并购交易金额分布情况

二是案件相关地域市场具有较强的区域性特点。建筑业、房地产业、水泥制造和水泥制品制造等行业的商品和服务均体现出较强的区域性特点。不同城市土地供应情况、房地产价格（包括开发和租赁）等存在较大差异，同时下游客户对相关商品和服务的选择也受到地域范围的限制，因此，通常情况下，房地产业和建筑业的相关地域市场界定为区域（城市）市场。水泥、混凝土等建筑材料受制于其产品特性和施工要求均有其特定的销售半径，如水泥的公路运输距离一般不超过 200 公里，混凝土不超过 50 公里等，此类建筑材料相关地域市场一般以其售半径为范围。

三是相关行业产品同质化程度高，市场竞争激烈。水泥、玻璃、混凝土等建筑材料同质化程度高且持续处于产能严重过剩状态，水泥、玻璃均为供给侧结构性改革中的重点“去产能”行业。行业内各企业生存压力较大且竞争主要体现在产品价格上，市场竞争十分激烈。在房地产开发、房地产租赁、物业管理行业中，经营者提供的服务同质化较高，主要竞争集中于价格、规模、品牌等方面。建筑业和建材生产领域技术较为成熟稳定，产品标准化程度高，主要竞争集中于价格、规模、售后服务等方面。

四是水泥制造，水泥制品制造，砖瓦、石材等建筑材料制造业垄断协议行为频发。2019 年共处罚 4 件相关行业垄断协议案件，均为违反《反垄断法》第十三条第一款规定的横向垄断协议案件，涉及固定商品价格、限制商品数量、划分市场等垄断行为。从垄断协议组织形式来看，案件均为经营者自发组织，没有行业协会参与；涉案当事人共 32 家，案件调查处理工作量较大。建筑材料生产与销售领域多发垄断协议案件的主要原因包括：1. 部分地域建筑材料行业产能过剩，行业去产能压力大且因产品同质化程度高，竞争主要体现在价格方面，近年来价格呈下降趋势，经营者有动机通过达成垄断协议（如固定价格或者分配产能）降低竞争压力。2. 水泥、混凝土等产品的相关地域市场范围较小，相关市场经营者之间透明度高，易于达成垄断协议，同时也为垄断协议参与者之间监督背离行为提供了便利。3. 下游客户对相关商品的需求弹性较低，不存在其他可替代产品，为建材行业经营者协同涨价提供了较大空间。

四、石油化工行业

（一）行业总体案件数量和类型分布

在石油化工行业，2019 年市场监管总局共查处滥用市场支配地位案件 1 件，即伊士曼（中国）投资管理有限公司滥用市场支配地位案。审结经营者集中案件 59 件，交易总金额约 7600 亿元，均为无条件批准。从行业类型来看，涉及化学工业案件 38 件，其中基础化学原料 20 件，合成材料 6 件，日用化学品 5 件，专用化学品 4 件，涂料 2 件，化肥 1 件；涉及石油加工业的案件 9 件；涉及原油天然气开发及供应的案件 10 件，其他案件 14 件。从申报程序来看，44 件案件适用简易程序，15 件案件适用非简易程序。从交易形式来看，39 件为股权收购，1 件为资产收购，19 件为新设合营企业。查处未依法申报经营者集中案件 2 件。

（二）典型案例

1. 伊士曼滥用市场支配地位案

详情见本报告第二章 2019 年反垄断执法典型案例。

2. 沙特阿拉伯国家石油公司收购沙特基础工业公司股权案

2019 年 5 月 31 日，市场监管总局收到沙特阿拉伯国家石油公司（以下简称沙特阿美）收购沙特基础工业公司（以下简称沙特基础工业）股权案申报，并于 2019 年 9 月 4 日予以立案审查。

收购方沙特阿美于 1988 年在沙特阿拉伯设立，主要从事原油勘探、生产和销售以及部分石化产品生产和销售。被收购方沙特基础工业于 1976 年在沙特阿拉伯设立，在沙特证券交易所上市，在石化产品、农业营养素等领域从事业务。根据交易协议，沙特阿美收购沙特基础工业 70% 股份，交易金额约 4700 亿元。

本案为横向与纵向集中，沙特阿美和沙特基础工业均从事部分化工产品的生产和销售，存在横向重叠；沙特阿美从事原油供应，原油是化工产品的基础原料，存在纵向关联。根据《反垄断法》第十二条及《国务院反垄断委员会关于相关市场界定的指南》规定，本案相关市场涉及石化产业链众多产品，包括原油、乙二醇、对二甲苯、聚乙烯、聚丙烯、乙烯、丙烯等商品。根据《反垄断法》第二十七条规定，经审查，沙特阿美在上游原油市场面临俄罗斯石油、伊朗国家石油等竞争者的有效竞争约束，沙特阿美和沙特基础工业在下游化工品市场份额均有限，不具有市场控制力。市场监管总局认为本项集中不会对相关市场产生排除、限制竞争的效果，于2019年12月25日无条件批准本交易。

（三）案件特点及行业主要竞争问题分析

一是相关市场界定遵从个案分析。石化行业经营者集中审查相关市场界定具有以下特点：从相关商品市场来看，石化产品专业性较强，但彼此间成分差别较大且功能用途相对单一，比较容易通过需求替代界定市场，如乙二醇、丙烯、乙烯、烧碱、聚丙烯、高密度聚乙烯、硫黄等，但也有部分石化产品需要进行深入分析。例如，在伊士曼滥用市场支配地位案中，执法机构在对醇酯十二和醇酯十六成膜助剂进行替代性分析时运用了假定垄断者测试方法。从相关地域市场来看，多数产品进口量大，世界上的主要竞争者在中国市场都有大量存在，需求替代性强，所以界定为全球市场，例如，我国原油和天然气对外依存度分别为70.8%和43.2%、乙二醇、硫黄、高密度聚乙烯进口比例在60%左右。但也有一些产品国内需求主要由在国内设厂生产的企业满足，竞争情况与国际市场差别较大，价格等差异也较大，需求替代性差，因此界定为中国市场，如烧碱。

二是部分石化产品市场集中度较高。石化行业产业链长，涉及产品种类繁多。通常情况下，大宗石化产品的市场结构较为分散，如丙烯、高密度聚乙烯、对二甲苯、聚丙烯、乙二醇、苯等相关市场的市场集中度均不高。但也有部分石化产品市场集中度较高，这些石化产品相对于大宗产品通常用途较为单一，市场规模有限，基于技术、成本或历史等多种原因，导致市场竞争者数量较少，执法机构对这些市场应给予关注。例如，在伊士曼滥用市场支配地位案中，中国大陆醇酯十二成膜助剂市场集中度高，伊士曼、润泰、德纳三家企业销售量之和占醇酯十二市场总量的95%左右；在巴斯夫股份公司收购布塔米尼公司股权案中，己二腈和己二胺用途单一，多为企业自用且市场规模不大，市场进入意愿不强，因此相关市场集中度较高。

三是通过纵向整合进一步拓展业务趋势明显。石化产业拥有很长的产业链，包括油气开发、原油加工、化学工业等多个领域。伴随国际原油天然气市场的震荡，上游油气开发企业开始向下游炼化产业寻求发展，以摆脱对资源的过度依赖，同时下游化工企业也在更多参与油气资源开发，以获得更稳定的供应。从经营者集中性质来看，2019 年，纵向集中案件有 27 件，占案件总数的 45.8%。其中，沙特阿拉伯国家石油公司收购沙特基础工业公司股权案、埃尼公司与奥地利国家石油公司收购阿布扎比炼油公司股权案、北方华锦化学工业集团有限公司与沙特阿美亚洲有限公司等新设合营公司案、沙特阿美海外公司收购韩国现代炼油公司股权案等均为纵向集中，相关市场同时涉及上游的原油开发供应和下游的加工炼化业务，纵向整合趋势明显。

四是通过项目合营分摊经营成本和风险。在石化行业，从上游的原油天然气勘探开采，到下游的炼化和供应，都需要大量资金，环保等领域的高要求进一步提升了生产成本，企业面临生产安全、市场疲软等诸多风险因素，经营风险大。因此，石化企业间通常以合营方式共同经营项目，以达到分摊成本和风险的目的。从交易形式来看，2019 年，新设合营案件有 19 件，占案件总数的 32.2%，而在股权收购案件中也有很多目标公司是合营企业。例如，在埃尼公司与埃克森美孚石油公司等经营者新设合营企业案中，各合营方共同经营莫桑比克某天然气资源开发项目。在埃尼公司与奥地利国家石油公司收购阿布扎比炼油公司股权案中，埃尼公司与奥地利国家石油公司通过股权收购成为目标公司的合营方，为目标公司业务提供进一步支持。

五是油气市场将进一步开放竞争。2019 年，我国多措并举，进一步开放油气市场，促进市场竞争。首先，放开石油和天然气勘探开发领域对外资的限制，具体举措包括将“石油、天然气的勘探、开发限于合资、合作”从《外商投资准入特别管理措施（负面清单）》中移除，同时将“石油、天然气的勘探、开发和矿井瓦斯利用”以及“石油勘探开发新技术的开发与应用”列入《鼓励外商投资产业目录》。其次，自然资源部于 2019 年 12 月 31 日印发《关于推进矿产资源管理改革若干事项的意见（试行）》，全面开放油气勘查开采市场，允许民企、外资企业等社会各界资本进入油气勘查开发领域。根据该意见，在中华人民共和国境内注册，净资产不低于 3 亿元人民币的内外资公司，均有资格按规定取得油气矿业权。最后，国家石油天然气管网集团有限公司于 2019 年 12 月 9 日正式挂牌成立，将进一步推动形成上游油气资源多主体多渠道供应、中间统一管网高效集输、下游销售市场充分竞争的油气市场体系。

五、汽车行业

（一）行业总体案件数量和类型分布

2019 年市场监管部门查处垄断协议案件 2 件，审结经营者集中案件 72 件，查处违法实施集中案件 2 件。从行业分布来看，涉及整车制造行业的案件 12 件，占全部案件数量的 16%；涉及汽车零部件行业的案件 59 件，占全部案件数量的 77%；涉及汽车销售及其他行业的案件 5 件，占全部案件数量的 7%。

2 件垄断协议案件均为纵向垄断协议，涉及汽车销售行业，违反《反垄断法》第十四条禁止经营者与交易相对人达成固定或者限定向第三人转售商品的价格或者最低价格的垄断协议的规定。

经营者集中案件 72 件，交易总金额 1526 亿元人民币，均无条件批准。从申报程序来看，63 件案件适用简易程序，9 件案件适用非简易程序。从交易形式来看，32 件为股权收购，9 件为资产收购，31 件为新设合营企业。

（二）典型案例

1. 丰田汽车（中国）投资有限公司垄断案

详情见本报告第二章 2019 年反垄断执法典型案例。

2. 宝马股份公司收购华晨宝马汽车有限公司股权案

2019 年 3 月 8 日，市场监管总局收到宝马股份公司（以下简称宝马）收购华晨宝马汽车有限公司（以下简称华晨宝马）股权案申报，3 月 11 日予以立案审查。根据交易协议，宝马拟从华晨集团进一步收购 25% 股权，取得其单独控制权。根据《外商投资准入特别管理措施（负面清单）》（2019 年版），2022 年我国将解除对内燃机乘用车的外资 50% 股比限制。宝马表示，一旦政府如期取消相关限制，申报方将完成拟议交易。

交易方在豪华品牌普通乘用车、豪华品牌中级乘用车、豪华品牌高级乘用车市场存在横向重叠。根据排量、品牌等级两个维度，结合申报方业务范围，本案相关商品市场界定为双方存在横向重叠的豪华品牌普通乘用车、豪华品牌中级乘用车、豪华品牌高级乘用车；相关地域市场均界定为中国。经审查，在中国豪华品牌普通乘用车市场，华晨宝马、宝马合计份额为 35%~40%，虽然市场份额排名第一，但是受到奥迪（30%~35%）、奔驰（20%~25%）等实力相近竞争者有效竞争约束。在中国豪华品牌中级乘用车市场，华晨宝马、宝马合计市场份额为

15%~20%，受到奥迪（20%~25%）、奔驰（20%~25%）等实力相近甚至更强竞争者的有效竞争约束。在中国豪华品牌高级乘用车市场，华晨宝马、宝马合计市场份额为 25%~30%，市场上存在奔驰（20%~25%）、奥迪（20%~25%）实力相近竞争者的有效竞争约束。

此外，本交易为合营企业由宝马和华晨集团共同控制变为宝马单独控制。华晨集团除华晨宝马外本身不在豪华品牌乘用车市场从事业务，宝马对华晨宝马已享有控制权，进一步收购华晨宝马股份，没有消除豪华品牌乘用车市场上任何现有独立竞争者，基本没有改变相关市场的竞争结构，交易不会产生排除、限制竞争效果。2019 年 6 月 27 日，市场监管总局无条件批准此项交易。

（三）案件特点及行业主要竞争问题分析

一是汽车产业竞争格局面临调整。在国际环境复杂多变、宏观经济下行压力增大背景下，汽车产业进入深度调整期，持续发展面临较大挑战。取消外资持股比例限制和合资企业数量限制等开放措施，将深度改变汽车产业的竞争形态。未来市场的产品种类将更加丰富，竞争也将日趋激烈。汽车业市场结构依然处于不断调整阶段，在市场容量变化不大的情况下，国内的龙头企业通过兼并、收购等方式逐渐提高市场集中度。汽车行业的智能化、网联化、电动化变革仍在深入，整个行业正加快从传统燃油车向下一代智能及新能源汽车升级。整车技术结构的变化，迫使上游汽车零部件企业加速转型，汽车产业竞争格局正在调整。

二是汽车流通领域的纵向限制行为仍需规范。目前，我国汽车流通领域广泛实行以 4S 店为主的品牌销售模式。由于汽车供应商（包括制造商和总经销商）在这一模式中处于相对优势地位，对汽车经销商的纵向限制十分普遍。这不仅损害了汽车流通市场的竞争秩序，也严重侵害了消费者的合法权益。汽车流通领域的纵向价格限制主要包括固定授权经销商和维修商的新车和配件销售价格、限定授权经销商和维修商的新车和配件的最低销售价格两种。此外，还存在独家购买协议、区域限制协议和搭售协议等纵向非价格限制行为。在加强反垄断执法、有效预防和制止垄断行为的同时，也要借鉴国际经验，从平衡汽车厂商与经销商的关系入手，对有关规定进行修改完善，为我国汽车流通行业营造公平有序的竞争环境。

三是汽车行业的经营者集中呈现新趋势。2019 年，涉及汽车的经营者集中案件较 2018 年有所下降。汽车行业出现较多新兴投资并购热点，除新能源汽车外，在共享汽车、汽车金融等行业均有集中案件发生。随着产业格局的深度调整，为了能在未来市场竞争中占据有利地位，汽车零部件市场的并购比较活跃，集中案件明显增加。汽车流通行业面临利润下滑、产能过剩、运营成本过高等多重挑战，经营压力明显加大，并购意愿明显下降，集中案件明显减少。

六、航空行业

（一）行业总体案件数量和类型分布

航空行业产业链长、辐射面宽，以航空制造和航空运输为主。2019 年，航空制造业审结 5 件经营者集中案件，交易总金额约 600 亿元。无垄断协议、滥用市场支配地位案件。航空运输业无垄断协议、滥用市场支配地位案件或经营者集中申报，航空运输业并购不活跃。

5 件航空制造业经营者集中案件以飞机制造商并购较为突出，包括波音公司收购巴西航空工业公司部分业务案、三菱重工业株式会社收购庞巴迪公司部分业务案。其他案件主要涉及零部件制造（派克汉尼汾公司收购洛德公司股权案、德国汉莎技术集团与 LG 电子公司新设合营企业案）和发动机维修（通用电气公司与新航工程有限公司新设合营企业案）。5 件案件均无条件批准。从申报程序来看，1 件案件适用简易程序，4 件案件适用非简易程序。从交易形式来看，1 件为股权收购，2 件为业务收购，2 件为新设合营企业。

（二）典型案例

1. 波音公司收购巴西航空工业公司部分业务案

2019 年 3 月 15 日，市场监管总局收到波音公司（以下简称波音）收购巴西航空工业公司部分业务（以下简称目标业务）案申报，5 月 20 日予以立案审查。波音于 1916 年在美国设立，在商用飞机生产和销售等领域从事业务，在售商用飞机机型包括 737MAX 系列、777 系列、787 系列等。巴西航空工业公司于 1969 年在巴西设立，在商用飞机生产和销售等领域从事业务，在售商用飞机机型包括 E195 E2、E190 E2 等。本交易中，巴西航空工业拟将全部商用飞机业务（包括 E-Jets 飞机 E1、E2 系列以及对该等飞机平台和项目的所有形式的支持和其他售后服务）注入一家子公司，波音拟收购该子公司 80% 股权，从而取得巴西航空工业全部商用飞机业务单独控制权。交易方主要在全球单通道大型商用飞机市场存在横向重叠。本案相关商品市场界定为单通道大型商用飞机，相关地域市场界定为全球。经评估，虽然单通道大型商用飞机构成一个统一的市场，但根据招投标数据，单通道大型商用飞机内部各机型之间竞争紧密程度存在明显差异。目标业务与波音既有业务不具有紧密竞争关系，与空客对标业务竞争关系更为紧密，竞争对手相关业务近年表现和市场力量远强于目标业务，能够构成有效竞争约束。即使从单通道大型商用飞机整体来看，根据市场份额数据，竞争对手空客力量越发强劲，波音力量日益减弱，737MAX 坠机事件进一步影响波音市场力量，空客若一家独大，不利于下游客户选择和议价。此外，就单通道大型商用飞机与支线飞机捆绑搭售问题，经济分析表明经济合理性不高，经营者不可能放弃在高利润、高销量市场的销售而寻求增加在低利润、低销量市场的销量。因此，本案不会产生排除、限制竞争效果，市场监管总局于 2019 年 11 月 9 日无条件批准本交易。

2. 三菱重工业株式会社收购庞巴迪公司部分业务案

2019 年 10 月 25 日，市场监管总局收到三菱重工业株式会社（以下简称三菱重工）收购庞巴迪公司部分业务案申报，11 月 8 日予以立案审查。三菱重工于 1950 年在日本设立，在电力、工业设备、航空制造等领域从事业务，目前正在研发生产支线涡扇飞机。根据协议，三菱重工拟收购庞巴迪 CRJ 系列飞机业务，涵盖与 CRJ 飞机业务有关的维护、支持、翻新、市场营销和销售，不包括 CRJ 制造厂。交易后，庞巴迪将代表三菱重工就当前积压订单继续生产飞机，积压订单生产预计将于 2020 年结束，庞巴迪将继续就 CRJ 向三菱重工供应备件。

交易方主要在全球支线涡扇飞机市场存在横向重叠。出于审慎，本案相关商品市场界定为支线涡扇飞机，相关地域市场界定为全球。本交易有利于新进入者进入市场，促进竞争。目标业务所涉飞机制造本身即将退出市场，其售后和客户服务能力可促进三菱支线涡扇飞机更好地满足客户需求，成功进入市场，促进市场竞争。因此，本案不会产生排除、限制竞争效果，市场监管总局于 2019 年 12 月 25 日无条件批准本交易。

（三）案件特点及行业主要竞争问题分析

一是航空业案件根据所涉具体领域呈现不同的竞争格局。对于航空制造业，在主体上，民用航空制造业有三类市场参与者：一是飞机制造商，负责飞机的整体设计、综合协调和总装；二是系统级供应商，负责飞机各系统的研发和集成；三是零部件供应商，负责为系统级供应商和飞机制造商提供各零部件。一般来说，飞机制造商和系统级供应商力量相对较强。在市场结构上，航空制造业整体集中度较高，但各航空产业板块的市场结构并不相同。干线飞机制造呈现非常明显的双寡头特征；支线飞机和航空发动机制造的集中度虽然没有达到干线飞机市场的程度，但大多数的市场份额也把持在少数两三家企业手中，是典型的寡头市场；机体部件和机载系统涵盖的子市场众多，市场结构有所区别，但总体表现出较高的市场集中度。

对于航空运输业，航空资源具有稀缺性，空域、机场、航线、初始投资、运行成本等限制了航空市场的规模。由于航空运输业具有规模经济和范围经济的特征，大公司具有较为显著的优势。同时，航空运输业产品同质性和竞争性亦较大，航空公司很难建立自己的品牌和特色，即使推出一些特色服务项目，也很容易被其他航空公司效仿。此外，航空产品边际成本极低，增加一位乘客或一单位货物，增加的成本几乎为零，这更容易使航空公司将价格竞争作为重要竞争手段，吸引价格敏感旅客，以提高客座率或载运率。

二是在相关市场界定上需要深入研究行业规律。在相关市场界定上，民用航空制造业主要涉及整机、发动机及其他零部件。整机可以进一步划分为单通道大型商用飞机、双通道大型商用飞机等。就零部件而言，由于制造一架完整的民用飞机需要上万个不同的零部件或系统，而这些零部件或系统绝大多数都具有独特的工艺属性和独特功能，不能被其他零部件所代替，不可或缺，很多零部件或系统都能够构成独立的相关商品市场。在地域上，民用航空制造业是典型的全球性市场。民航运输业分为客运和货运予以考察。航空客运相关市场界定涉及的因素较多，相关商品市场界定中一般会从旅客类型、服务质量、距离、时间和价格等多方面考虑细分市场的替代性问题；相关地域市场一般界定为城市对航线市场。航空货运服务具有较强的时间敏感性和专业性要求，需求的可替代性较小。相对客运，货运航线服务的地域范围更大，相关市场通常界定在区域、国别乃至洲际之间的航线。

三是在竞争分析时需要充分考虑行业特点。航空制造业市场集中度较高有行业原因。较大资金投入、较强技术密集性、较长产业链以及高风险等特征，都在一定程度上促使企业集合资源，抵御研发投入的前期风险。因此，在分析并购等相关行为时，较高市场集中度虽然容易引起警觉，但不代表必然存在竞争问题，需要在具体案件中根据案情进行全面具体分析。对民航运输业而言，航空公司除价格等主要竞争手段以外，还有一些具有行业特色的市场竞争，如航线、时刻等资源获取。同时，由于民航业的战略性和外部性，影响航空公司市场竞争的因素不仅是供需状况，还包括安全运营、综合交通和行业管制等方面。安全运输是航空公司最核心的竞争力，是决定航空公司能否持续运营的基本条件，对航空公司获得时刻、航线和航权等资源具有重要影响。在综合交通层面，高铁网络逐步形成并完善，对民航市场影响在逐步增强，高铁的班次和票价水平与相应的航班频次供给和票价都有一定的影响。因此，对航空运输业并购等相关行为进行分析，需要综合考虑多种因素，进行全面分析。

七、信息通信行业

（一）行业总体案件数量和类型分布

2019 年审结经营者集中案件 28 件，正在对 2 件涉嫌滥用市场支配地位案件进行调查。

市场监管总局审结信息通信行业案件经营者集中案件 28 件，交易总金额 1167.8 亿元。其中，半导体行业 22 件，电子元器件制造行业 1 件，信息技术服务业 5 件。从申报程序来看，适用简易程序 25 件，适用非简易程序 3 件。从交易形式来看，18 件为股权收购，2 件为资产和业务收购，8 件为新设合营企业。从审查结果来看，无条件批准 26 件，附加限制性条件批准 2 件。

（二）典型案例

1. 科天公司收购奥宝科技有限公司股权案

2018 年 3 月 18 日，科天公司（以下简称科天）与奥宝科技有限公司（以下简称奥宝科技）签署协议，科天以现金和换股形式收购奥宝科技全部股份，交易金额 229.6 亿元。交易完成后，奥宝科技成为科天的全资子公司。2018 年 4 月 28 日，市场监管总局收到本案经营者集中反垄断申报，并于 2018 年 6 月 26 日予以立案审查。2018 年 12 月 18 日，进一步审查延长阶段届满时，申报方申请撤回案件并得到市场监管总局同意。2018 年 12 月 20 日，市场监管总局对申报方的再次申报予以立案审查。

本案涉及半导体工艺控制设备市场、沉积和蚀刻设备市场，适用非简易程序。经审查，市场监管总局认为：一是集中后实体在工艺控制设备市场上具有市场支配地位，有能力实施纵向封锁、捆绑搭售行为。集中后实体在全球和中国工艺控制设备市场份额远高于其他竞争者，其他竞争者难以对其形成有效的竞争约束；沉积和蚀刻设备制造商、半导体器件制造商和封装企业高度依赖科天设备，使其有能力实施纵向封锁或者捆绑搭售行为；工艺控制设备市场进入壁垒高，潜在竞争者很难在短期内进入市场。二是集中后实体具有排除、限制沉积和蚀刻设备市场竞争的动机和条件。与工艺控制设备市场相比，沉积、蚀刻设备具有更大规模；特种应用和先进封装沉积、蚀刻设备发展前景广阔，且集中后实体获得了拓展沉积、蚀刻设备市场的条件。三是集中可能在沉积、蚀刻设备市场产生排除、限制竞争的效果。交易后，集中后实体既是沉积和蚀刻设备制造商的上游供应商，又是下游市场参与者，可能通过实施纵向封锁、捆绑搭售、交易敏感信息等行为，赋予奥宝科技有别于其他竞争者的竞争优势，从而对沉积、蚀刻设备市场竞争产生不利影响。

2019 年 2 月 13 日，市场监管总局附加限制性条件批准本项集中，具体条件包括：一是科天、奥宝科技及集中后实体应本着公平、合理、无歧视的原则，继续向中国市场上的沉积和 / 或蚀刻设备制造商稳定提供半导体工艺控制设备及有关服务。二是对于向中国市场供应的半导体工艺控制设备与沉积和 / 或蚀刻设备，没有正当理由，科天、奥宝科技及集中后实体不得以任何方式进行搭售或捆绑销售，或者附加其他不合理的交易条件。三是科天、奥宝科技及集中后实体应与中国市场上的沉积和 / 或蚀刻设备制造商及其客户配合，对中国市场上的沉积和 / 或蚀刻设备制造商的信息采取保护措施，确保奥宝科技不会获得该等信息。上述限制性条件自决定生效之日起 5 年内有效，期限届满时终止。

2. 高意股份有限公司收购菲尼萨股份有限公司股权案

详情见本报告第二章 2019 年反垄断执法典型案例。

（三）案件特点及行业主要竞争问题分析

1. 市场集中度和市场进入壁垒较高，较易引发竞争关注。信息通信行业特别是在半导体领域资本和技术高度密集，相关市场集中度一般较高。例如，在科天公司收购奥宝科技有限公司股权案中，科天在全球和中国工艺控制设备市场份额分别为 50%~55%、55%~60%，均排名第一位，市场上排名第二位、第三位的竞争者市场份额仅在 10% 左右；在高意股份有限公司收购菲尼萨股份有限公司股权案中，高意和菲尼萨在全球和中国波长选择开关市场份额分别为 30%~35%、10%~15%，交易后实体所占市场份额达到 45%~50%，主要竞争者由 3 家减少为 2 家。在市场高度集中的情况下，市场还存在较高的进入壁垒，新进入者需要投入大量资金，并面临技术研发上的较大风险，进入市场的难度很大。同时，新进入者即使获得相关专利技术，也需要投入资金和时间进行试产以保证良品率，并得到下游客户认可和接受，这需要较长时间。因此，一般而言，潜在竞争难以对市场在位者产生足够的竞争约束。在此情况下，经营者的生产经营行为更易对市场竞争产生不利影响，需要高度重视竞争合规工作，注重保护和促进市场公平竞争。

2. 相关商品市场界定需要充分考虑行业特点及发展趋势。信息通信行业具有极强的专业性，行业分工复杂，即使同一个类别的不同产品，在特性、用途方面也会存在较大差异，因此，需要在充分理解具体产品生产过程、运作原理和实际用途的基础上，准确界定相关市场。例如，在高意股份有限公司收购菲尼萨股份有限公司股权案中，执法机构考察了垂直腔面发射激光器（VCSELs）市场，根据应用领域的不同，将其进一步细分为数据通信 VCSELs、近距离传感 VCSELs、泛光照明 VCSELs 与点阵投射 VCSELs 4 个相关商品市场。同时，由于信息通信行业具有技术进步较快的特点，在相关市场界定中也需要对这一因素予以考虑。例如，在科天公司收购奥宝科技有限公司股权案中，执法机构虽然考察了半导体制造和封装工艺技术中的前沿应用、特种应用和先进封装设备之间的差异，但由于该领域技术更新快，上述设备之间的界限并非一成不变，难以彼此割裂和固化。为适应这一特性，无论是否细分均不影响对交易双方市场力量的认定，执法机构在考察特种应用和先进封装设备市场的同时，也考察交易对前沿应用设备市场的潜在影响。

3. 信息通信行业市场竞争国际化特点明显。信息通信行业在工艺技术、制造设备、原料采购、产品销售、人才管理、产业组织、投资方式和融资渠道等方面，具有明显的国际化特点，企业在全球市场上开展竞争。因此，相关地域市场大部分界定为全球市场。在 2019 年审结的 28 起经营者集中案件中，共涉及 52 个相关商品市场，其中 39 个相关地域市场界定为全球市场，占比 75%。与此同时，由于不同国家和地区产业发展阶段和特点不同，反垄断执法机构也需要重视案件对中国市场的影响。在科天公司收购奥宝科技有限公司股权案中，虽然半导体设备在全球范围内供应和采购，设备制造商在全球范围内展开竞争，不存在明显阻碍半导体设备跨境贸易的壁垒，但考虑中国半导体设备需求高度依赖进口，进口比例超过 80%，案件在考察全球市场的同时，也重点考察了对中国市场的影响。

4. 经营者集中案件中混合并购呈现较大比例。从经营者集中案件来看，市场上主要竞争者开始加快布局新兴市场，在细分领域寻找新的业务增长点。在 2019 年市场监管总局审结的 28 件案件中，混合并购案件 12 件，占比 46%。其中，围绕半导体设备、物联网、自动驾驶、数据中心、人工智能等领域的混合并购日趋活跃。如科天通过收购奥宝科技进入沉积、蚀刻设备市场，以获得更广阔的市场发展空间；恩智浦半导体有限公司收购美满电子科技公司无线网络逻辑集成电路业务，进一步拓展物联网市场；安森美半导体公司收购宽腾达通讯有限公司股权，实现蓝牙芯片和 WiFi 芯片整合。在混合并购案件中，同一供应商提供的互补型产品增加，需要高度关注集中后实体通过捆绑搭售、拒绝供应等方式，排除和限制相关市场竞争的风险。

八、港口及相关行业

（一）行业总体案件数量和类型分布

在港口、船舶制造、船运及配套物流领域，2019 年度反垄断执法以经营者集中反垄断审查和未依法申报调查为主。审结经营者集中案件 23 件，交易总金额 85.58 亿元。其中无条件批准 22 件，附加限制性条件批准 1 件；从申报程序来看，适用简易程序 12 件，适用非简易程序 11 件。对 2 件未依法申报案件依法作出处罚。从细分行业来看，港口整合类案件 14 件，船舶制造及配套设备案件 3 件，船运及配套物流服务案件 8 件。从交易形式来看，20 件为股权收购，5 件为设立合营企业。总体来看，港口整合案件数量创历年新高，审结经营者集中案件中非简易案件占有较高比例，占比达到 47.8%。

（二）典型案例

1. 卡哥特科集团收购德瑞斯集团部分业务案

2018 年 2 月 8 日，卡哥特科集团（以下简称卡哥特科）旗下收购实体与德瑞斯集团（以下简称德瑞斯）签署协议，拟由卡哥特科收购德瑞斯从事的舱口盖、商船滚装设备、商船起重机、商船锚绞车等产品销售和服务业务，交易金额 6.76 亿元。2018 年 6 月 15 日，市场监管总局收到该案经营者集中反垄断申报，并于 2018 年 7 月 26 日予以立案审查。2019 年 1 月 11 日，进一步审查延长阶段届满时，申报方申请撤回案件，并得到市场监管总局同意。2019 年 1 月 14 日，市场监管总局对申报方的再次申报予以立案审查。

经审查，市场监管总局认为此项集中对中国舱口盖、商船滚装设备、船货起重机市场具有或可能具有排除、限制竞争效果。一是交易后实体在上述 3 个相关市场所占市场份额均超过 50%，交易将显著增强交易双方在相关市场的市场力量，大幅提升相关市场的市场集中度。二是交易将消除双方在相关市场作为紧密竞争者之间的竞争，减少下游用户的选择。三是交易可能导致相关产品价格上涨，损害下游用户企业利益。四是集中双方市场认可度较高，下游用户黏性较强，相关市场存在一定的潜在进入，但无法对交易后实体形成有效的竞争约束。

2019 年 7 月 5 日，市场监管总局附加限制性条件批准该案，具体条件包括：一是自决定公告之日起 2 年内，卡哥特科与德瑞斯就中国市场舱口盖业务、商船滚装设备业务和商船起重机业务保持相互独立并继续开展市场竞争，包括管理独立、财务独立、人事独立、定价独立、研发设计和生产独立、销售独立及采购独立等。二是自决定公告之日起2年内，为确保实现上述业务相互独立并保持竞争，卡哥特科和德瑞斯就相关人员、竞争性敏感信息和办公场所等设置防火墙，制定详细防火墙指南手册并开展培训，要求相关人员严格遵守公告承诺义务。三是自决定公告之日起5年内，卡哥特科在中国销售的舱口盖、商船滚装设备及商船起重机产品价格不高于其有中国市场订单的最近3个日历年度的平均供货价格。四是自决定公告之日起5年内，除非有正当理由，卡哥特科不得拒绝、限制或恶意拖延供应相关产品。相关业务保持相互独立的限制性条件自公告之日起2年后自动终止；有关不涨价和不拒绝供应的限制性条件，自公告之日起5年后卡哥特科可以向市场监管总局申请解除，市场监管总局将根据市场竞争状况决定是否解除。

2. 山东省内沿海港口系列整合案

2019年，市场监管总局先后无条件批准青岛港集团收购威海港集团股权案、山东省港集团收购青岛港集团股权案、山东省港集团收购日照港集团股权案、山东省港集团收购烟台港集团股权案、山东省港集团收购山东渤海湾港口集团股权案5件经营者集中案件。交易以股权无偿划转的方式进行，由不同主体之间分别签署多项不具备关联关系的交易协议，整合青岛、日照、烟台、威海、潍坊、滨州、东营等山东省内主要沿海港口的股权，由省港口集团统一持股运营。参与集中的各个港口在集装箱、干散货、液体散货三类港口码头服务市场存在横向重叠，在部分市场的市场份额约占40%。在充分考虑省内不同港口间竞争关系基础上，重点结合港口腹地交叉和重叠情况，考虑山东省内沿海港口与环渤海、长江三角洲地区沿海港口群体之间的竞争关系，市场监管总局认为上述交易不会对相关市场竞争产生不利影响，无条件批准该系列集中，为我国沿海港口群发展营造了公平竞争的市场环境。

3. 中远海运（香港）有限公司收购海南港航控股有限公司股权案

2019年5月18日，海南省国务院国有资产监督管理委员会、中国远洋海运集团有限公司（以下简称中远海运）及关联实体签署无偿划转协议。海南省国务院国有资产监督管理委员会以无偿划转方式将其持有的海南港航45%股权划转给中远海运（香港）有限公司的全资子公司。2019年5月24日，市场监管总局收到该案经营者集中反垄断申报，并于2018年7月9日予以立案审查。经审查，这是一起下游船公司向上游港口延伸业务的纵向整合。被收购方海南港航作为海南省内主要的港口运营实体，在海南省内集装箱港口码头服务市场所占份额超过50%，中远海运实际运营进出海南省内港口的集装箱班轮航线，双方业务存在纵向关联。在全面审查相关航线设置、不同航线市场竞争状况、集装箱货物来源地数据的基础上，充分考虑中转箱与本地箱之间不同的竞争模式，双方的实际纵向关系以及下游船公司对的买方力量，市场监管总局认为双方不具备实施纵向封锁的动机和能力，本交易不会对相关市场竞争产生不利影响，于 2019 年 8 月 28 日无条件批准该项集中。

（三）案件特点及行业主要竞争问题分析

1. 港口行业区域竞争特征明显，市场集中度进一步提升。港口是国民经济和社会发展的重要基础设施，是水运的关键节点。从需求替代角度来看，不同地理位置的港口对应不同的经济腹地，腹地内货物经本地港口运输最具经济合理性，不同沿海港口主要围绕货源开展竞争。因此，通常将港口周边一定区域界定为相关地域市场，重点考察特定区域内、水位条件相近、交叉腹地重合的港口群之间的竞争，以准确反映港口面临的竞争态势。在相关区域内，由于港口行业在岸线水位条件、基础设施建设要求、资金投入等方面有较高要求，有明显的规模经济和范围经济特点，市场进入壁垒较高，市场集中度相对较高。2019 年，有 7 件与沿海港口整合相关的经营者集中案件，均适用非简易程序。从案件审查情况来看，全国沿海港口加速整合，区域市场集中度进一步提升，基本形成“一省一港”的市场竞争格局，推动港口由分散竞争向区域协同合作发展，强化规模效应，提高港口运营效率，加快推进港口枢纽化、集约化、现代化发展。例如，辽宁港口集团整合大连、营口等沿海港口业务，山东省港集团通过多起交易实现对省内沿海港口的统一经营，在环渤海地区形成辽港集团、天津港集团、山东省港集团三足鼎立的局面。

2. 上、下游合作进一步深化，纵向一体化成为新的发展方向。传统上，在集装箱航运领域，船公司在中转箱航线设置方面具有较大的话语权，是约束港口竞争行为的重要买方力量。从 2019 年经营者集中案件来看，港口行业上、下游纵向一体化的发展态势逐步显现。地方港口集团更加重视与船公司、货主的合作，通过稳定和增加货源提升自身业务竞争力，如湛江港与招商局、海南港航与中远海运之间的集中，是典型的区域性沿海港口与大型船公司之间开展的合作。在 2019 年审查的此类纵向集中中，考虑港口通常面临来自其他区域港口较强的竞争约束，有关船公司在各个主要航线也不具有较强市场力量，并未产生竞争关注，相关案件均为无条件批准。

3. 船舶运输、港口配套物流行业市场结构相对分散，竞争较为充分。2019 年度审结案件中，船运、港口配套物流行业案件以横向和纵向集中为主，包括船公司与货运代理服务商之间的纵向并购、船运联盟与区域性港口的纵向并购、大型国际货运代理服务商之间的横向并购等。从竞争状况角度来看，在船运领域，主要集装箱班轮航线呈现寡头垄断的市场竞争格局，全球主要的船公司和航运联盟是最主要的竞争者；区域性的散杂货、液体散货航线市场结构相对分散，竞争较为充分。在海上货运代理及配套物流领域，船公司、国际货运代理服务商更加注重通过并购整合货源渠道和运输资源，国别市场竞争者众多，市场结构分散，竞争较为充分。

4. 船舶制造及配套设备领域主要竞争者整合加快，可能引发竞争关注。在2019年度审结案件中，船舶及配套设备制造行业案件以横向集中为主，全球主要船舶制造企业通过并购、合营等方式，在船舶配套设备、整船制造、船舶销售渠道方面进行整合。在船舶制造领域，全球主要造船厂通过并购或合营方式在船舶制造方面开展合作。在船舶配套设备领域，整体上全球船舶配套设备行业处于不景气区间，主要竞争者整合步伐加快，市场集中度进一步提升，可能对中国境内市场、下游用户产生不利影响。2019年，市场监管总局立足中国市场竞争状况，附加限制性条件批准卡哥特科集团收购德瑞斯集团部分业务案，有效维护了中国船舶配套设备市场上的有效竞争格局，保护了市场公平竞争。

第四章

竞争政策

一、强化竞争政策基础地位理论研究

2018年12月中央经济工作会议要求，强化竞争政策基础性地位，创造公平竞争的制度环境。2019年10月，党的十九届四中全会进一步指出，要建设高标准市场体系，完善公平竞争制度；强化竞争政策基础地位，落实公平竞争审查制度，加强和改进反垄断执法；健全反垄断审查制度。市场监管总局坚持以习近平新时代中国特色社会主义思想为指导，坚决贯彻落实党中央国务院决策部署，坚持新发展理念，切实深化竞争政策理论研究，加强反垄断立法，为强化竞争政策实施奠定坚实基础。

（一）我国竞争政策发展的基本历程

我国市场经济体制改革的进程，是引入竞争、促进竞争、规范竞争和保护竞争的过程。随着市场化改革不断深化，我国竞争政策体系不断完善，竞争政策实施的体系架构逐步健全，竞争政策执行力度和水平不断提升。竞争政策的建立和完善成为推动市场化改革进一步深化的重要力量，特别是在改善营商环境、维护市场竞争秩序等方面成效显著。总体来看，竞争政策的形成和发展大致可分为3个阶段。

1. 探索形成阶段（1978~2007年）：竞争概念的提出和初步形成

这一阶段竞争政策伴随改革政策和措施，以分散、渐进、持续的方式出现在各个改革领域：1980年，国务院颁布《关于开展和保护社会主义竞争的暂行规定》，首次就竞争作出规定；1987年，国务院颁布《价格管理条例》，制止企业之间或者行业组织商定垄断价格的行为；1992年，党的十四大首次明确提出我国经济体制改革的目标是建立社会主义市场经济体制；1993年9月，第八届全国人大常委会第三次会议审议通过《反不正当竞争法》，这是我国第一次以法律形式鼓励和保护公平竞争，为规范市场主体的竞争行为、保护经营者和消费者合法权益提供了法律保障；同年 11 月，党的十四届三中全会提出，“发挥市场机制在资源配置中的基础性作用，必须培育和发展市场体系。创造平等竞争的环境，形成统一、开放、竞争、有序的大市场”。1997 年，第八届全国人大常委会通过《价格法》，明确提出国家支持和促进公平、公开、合法的市场竞争，维护正常的价格秩序。2003 年，党的十六届三中全会提出，“更大程度地发挥市场在资源配置中的基础性作用。建设统一开放竞争有序的现代市场体系”。

2. 全面形成阶段（2007~2018 年）：竞争政策进入法治化轨道并加快实施

2007 年《反垄断法》经第十届全国人大常委会通过，《反垄断法》第九条明确规定国务院反垄断委员会负责“研究拟定有关竞争政策”，竞争政策正式以法律形式走上历史舞台。2008 年 8 月 1 日，《反垄断法》开始施行。《反垄断法》和反垄断执法是竞争政策的核心内容和工具，从法律层面对保护和促进市场竞争作出了规定，体现了市场经济的本质要求，有利于打破体制性障碍、促进优化资源配置，对预防和制止垄断行为、保护市场公平竞争、维护消费者利益和社会公共利益、促进社会主义市场经济健康发展，具有重大深远的意义。《反垄断法》的颁布实施是我国竞争立法的重要里程碑，为确立竞争政策基础地位奠定了法律基础。

党的十八大以来，竞争政策的地位和作用更加得到中央高度重视，党中央和习近平总书记多次就建设健全市场经济体系、发挥竞争政策作用作出重要论述。2013 年 11 月，党的十八届三中全会指出，“建设统一开放、竞争有序的市场体系，是使市场在资源配置中起决定性作用的基础”，要求竞争政策在市场经济体制改革中发挥更大作用。2014 年 10 月，党的十八届四中全会明确，“依法加强宏观调控、市场监管，反对垄断，促进合理竞争，维护公平竞争的市场秩序”。2015 年 10 月，中共中央、国务院印发《关于推进价格机制改革的若干意见》，明确提出要“逐步确立竞争政策的基础性地位”。2017 年 10 月，党的十九大报告明确提出“打破行政性垄断，防止市场垄断”。

在这一阶段，我国确立了竞争政策的另一个重要政策工具：公平竞争审查制度。公平竞争审查制度是党中央、国务院深化经济体制改革的重大决策部署。在近年来我国市场经济体系逐步完善，市场竞争环境不断优化的大趋势下，一些体制机制性障碍仍然存在，一些地区和行业行政性垄断问题仍然较为突出，扭曲了市场资源配置、提高了制度性交易成本、抑制了市场活力，降低了经济运行效率。为从源头上预防和制止行政性垄断，2016 年 4 月 18 日，习近平总书记主持召开中央全面深化改革领导小组第 23 次会议，审议并批准在我国建立公平竞争审查制度。2016 年 6 月，国务院印发《关于在市场体系中建立公平竞争审查制度的意见》，对建立和实施公平竞争审查制度作出全面部署，要求政府部门防止出台排除、限制竞争的政策措施，逐步清理废除妨碍全国统一市场和公平竞争的规定和做法。公平竞争审查制度为协调竞争政策和产业政策提供了制度性安排，是我国确立并不断强化竞争政策基础地位的关键举措。

3. 强化实施阶段（2018 年至今）：强化竞争政策基础地位

2018 年年底，中央经济工作会议明确要求“强化竞争政策的基础性地位，创造公平竞争的市场环境”。2019 年年底，党的十九届四中全会提出，强化竞争政策基础地位，落实公平竞争审查制度，加强和改进反垄断和反不正当竞争执法，标志着我国竞争政策实施进入新阶段。这一阶段又可以细分为以下几个阶段：

一是加强和优化反垄断执法机构。2018 年新一轮国家机构改革后，成立了国家市场监管总局，承担统一的反垄断执法职能，消除了原来三家反垄断执法机构存在的职能交叉问题，反垄断监管体制机制的顶层设计进一步完善，反垄断执法统一性得到增强。总局内设反垄断局，具体负责反垄断工作。

二是出台修订配套法律法规。机构改革后，总局积极推动《反垄断法》修订，出台反垄断配套立法和指南，为执法和守法提供明确指引。2019 年 6 月，总局出台了《禁止垄断协议暂行规定》《禁止滥用市场支配地位暂行规定》《禁止滥用行政权力排除、限制竞争行为暂行规定》，整合原有部门规章，统一执法程序和标准，积极回应市场竞争中出现的新现象、新问题，有效缓解立法滞后于实践的矛盾，进一步提升反垄断执法的公正性和规范性，竞争政策法律体系进一步完善。

三是推动全面实施公平竞争审查。《国务院关于在市场体系建设中建立公平竞争审查制度的意见》（国发〔2016〕34 号）印发以来，在各地区、各部门的共同努力下，公平竞争审查制度实施取得了积极成效，机制建设全面推开，文件审查有序开展，规范行政行为、保障公平竞争的作用不断显现。先后出台了《公平竞争审查制度实施细则（暂行）》《公平竞争审查第三方评估实施指南》等文件，并将公平竞争审查纳入《优化营商环境条例》，进一步强调制定与市场主体生产经营活动密切相关的行政法规、规章、行政规范性文件，应当按照国务院的规定进行公平竞争审查。截至 2019 年第三季度，公平竞争审查制度已实现国家、省、市、县四级政府全覆盖，及时发现和纠正了一批违反审查标准的政策措施，有力地维护了市场公平竞争秩序，促进了统一开放、竞争有序的市场体系建设。

（二）建立健全强化竞争政策基础地位理论框架

为探索强化竞争政策实施的可行路径，研究建立符合中国发展阶段的竞争政策框架，2019 年 3 月，市场监管总局反垄断局委托国务院发展研究中心市场经济研究所，就竞争政策实施总体框架开展专项课题研究，厘清与中国经济发展阶段相适应的竞争政策内涵，探索中国强化竞争政策基础地位的科学路径和有效方式。

在竞争政策实施总体框架课题研究的基础上，为切实落实中央经济工作会议精神，厘清竞争政策的内涵，研究竞争政策实施的重点难点问题，提出进一步强化竞争政策基础地位的政策建议，2019 年 9 月，市场监管总局反垄断局会同总局有关司局，向社会公开征集课题研究单位开展相关课题研究，得到国内众多科研机构和高等院校积极响应，共收到课题申报书 26 份。经评审，确定由中国社会科学院工业经济研究所负责，开展进一步强化竞争政策基础地位的思路和保障措施研究。课题将在深入研究中国经济发展特点和需要的基础上，明确新时代强化竞争政策基础地位的主要任务，并提出相关政策建议，为增强中国竞争政策实施的科学性、针对性和有效性，奠定坚实理论基础。

二、强化竞争政策实施的实践探索

竞争政策具有很强的实践性。为聚焦当前市场竞争、竞争政策实施中面临的主要问题，探索与中国经济发展相适应的竞争政策实施路径，市场监管总局对有关部门、企业和地方开展广泛深入调研，指导在自贸试验区开展竞争政策试点，努力推动竞争政策落实落地。

（一）坚持问题导向广泛开展调研

1. 切实加强实地调研

聚焦强化竞争政策实施、反垄断法修订中的重点问题，2019 年 6 月、7 月、8 月和 11 月，市场监管总局甘霖副局长先后赴广东、云南、江苏、山东、上海、山西等地开展实地调研，主持召开座谈会，深入了解地方市场监管部门和其他有关政府部门为落实竞争政策开展的有关工作，并听取强化竞争政策基础地位的意见和建议。

2. 开展境外立法调研

2019 年 5 月、8 月和 9 月，甘霖副局长在赴韩国、日本、菲律宾、塞尔维亚、摩洛哥、葡萄牙、俄罗斯和白俄罗斯等国访问期间，对竞争政策实施和反垄断立法、执法情况进行调研，为修订完善《反垄断法》、强化竞争政策基础地位提供有益借鉴。11 月，市场监管总局反垄断局会同市场监管总局法规司、全国人大法工委经济法室等，赴美国、德国、英国和比利时开展立法调研，吸收借鉴其反垄断立法和执法的做法和经验，促进完善我国反垄断法律制度，切实强化竞争政策实施。

3. 面向不同类别经营者开展调研

为了解经营者生产经营过程中面临的公平竞争问题，市场监管总局反垄断局突出问题导向和目标导向，针对不同市场主体分别组织召开座谈会，邀请数十家民营企业、国有企业和外资企业等企业代表参加，听取对《反垄断法》修订和竞争政策实施的意见和建议，努力为企业发展营造公平公正的市场竞争环境。

4. 充分听取专家学者意见

围绕强化竞争政策基础地位的主要思路、丰富竞争政策实施的政策工具、吸收借鉴其他国家竞争政策实施经验等问题，市场监管总局反垄断局多次组织召开国务院反垄断委员会专家咨询组会议，充分发挥专家咨询组的智力支持作用，支持和鼓励专家学者对强化竞争政策实施建言献策。

（二）扎实推进自贸区竞争政策试点工作

甘霖副局长在第八届中国竞争政策论坛上指出，自贸区的功能定位与实施竞争政策高度契合，在自贸区探索更广范围、更大深度实施竞争政策，将深入推进自贸区制度创新，促进自贸区发展，为强化竞争政策基础地位探索路径，推动中国新一轮全面深化改革。

2019 年 4 月，市场监管总局批复中国（海南）自由贸易试验区开展强化竞争政策试点，积极发挥海南自贸区先行先试、探索开拓的作用，在竞争政策实施总体框架和丰富竞争政策工具方面进行有益尝试。海南自贸试验区强化竞争政策试点坚持尊重市场、竞争优先，立足全局、统筹兼顾，突出重点、分步实施，完善机制、强化监督的原则，围绕努力把中国特色自由贸易港打造成全球公平竞争新高地的目标，从 18 个方面提出具体举措，包括组建中国（海南）自由贸易试验区反垄断委员会、组建委员会专家咨询组、彻底清理废除妨碍统一市场和公平竞争的规定和做法、切实放开行业准入、严格落实公平竞争审查制度、统一实行公平竞争审查评估制度、加快建立竞争政策与产业政策的协调机制、强化公平竞争执法，制定配套法规规章，提升社会公平竞争意识、加强竞争人才引进培养，加强国际交流合作等。

在市场监管总局指导下，海南省市场监督管理局以强化组织领导建设、强化体制机制创新、强化规则体系完善、强化专题调研评估、强化自查结果运用“五个强化”为抓手，以“强化竞争政策”试点工作为中心，在全省印发强化竞争政策实施方案，全面推进强化竞争政策实施试点的各项工作。将落实强化竞争政策情况、公平竞审查制度情况列入海南省“法治政府”评估项目和省级各部门、各市县政府绩效考核内容，保障试点工作有力实施。部署全省开展滥用行政权力排除、限制竞争行为的检查督导，加快推进清理废除妨碍统一市场的规定和做法。切实加强反垄断执法，部署全省开展公用事业领域排除、限制竞争专项整治。组织开展3次全省规模的强化竞争政策实施、公平竞争审查与反垄断执法培训，提升公平竞争意识。深入开展强化竞争政策试点整体思路、试点工作路径、试点工作任务清单、竞争政策与产业政策协调研究、海南营商环境优化5项课题研究，强化竞争政策实施的理论基础。

2019年12月，中国（海南）自由贸易试验区反垄断委员会成立，由分管省领导担任主任。反垄断委员会代表省政府在职责范围内开展相关工作，履行公平竞争审查厅际联席会议制度牵头职能，统筹协调、指导推进强化竞争政策实施和公平竞争审查厅际联席会议制度的各项工作。

2019年7月，国务院常务会议要求在自贸试验区开展强化竞争政策试点，营造公平竞争市场环境。市场监管总局正在按照国务院要求，抓紧推进自贸区强化竞争政策试点工作。在海南试点基础上，结合区域经济状况和发展定位，指导山东自贸试验区、上海自贸试验区、粤港澳大湾区等制定完善强化竞争政策试点实施方案，推动有条件的地方开展强化竞争政策试点，进一步扩大试点范围，支持自贸区在强化竞争政策实施上迈出新步伐，探索更多可复制、可推广的经验。

（三）组织开展市场竞争状况评估

市场竞争状况评估是《反垄断法》赋予国务院反垄断委员会的重要职责，是研究制定竞争政策、反垄断立法和指南、开展反垄断执法和竞争倡导的重要基础。市场竞争状况评估分为市场总体竞争状况评估（以下简称总体评估）和重点行业市场竞争状况评估（以下简称行业评估）。自国务院反垄断委员会成立至2018年年底，国务院反垄断委员会办公室两次开展总体评估，并先后对互联网、电力、汽车、钢铁、半导体、农药、通信设备、中高端医疗设备8个重点行业开展评估。2019年，国务院反垄断委员会办公室分别对民航运输、航空制造、保险、原料药4个重点行业开展评估。市场竞争状况评估包含行业概述、相关市场界定、市场结构考察与分析、市场进入考察与分析、高风险竞争行为分析与评估、经营者集中分析与评估、域外比较研究、主要结论和政策建议等内容，为相关行业反垄断执法和市场化改革提供有益参考。

三、全面落实公平竞争审查制度

2016年6月，国务院印发《关于在市场体系建设中建立公平竞争审查制度的意见》（国发〔2016〕34号），标志着公平竞争审查制度正式建立。这是中国继颁布《反垄断法》之后就市场公平竞争问题作出的又一重大制度性安排，对正确处理政府和市场关系，保障市场在资源配置中起决定性作用和更好发挥政府作用具有重大而深远的意义。自公平竞争审查制度建立以来，反垄断执法机构积极履行牵头职责，各级联席会议充分发挥统筹协调作用，推进制度落地生根、深入实施，形成政府推动、部门协同、社会监督的良好工作格局。目前，公平竞争审查工作已在全国范围全面推开，实现四级政府全覆盖；审查规则不断完善，先后出台实施细则、第三方评估指南等配套文件，为审查工作提供明确指引；审查效果逐步显现，三年多来全国共审查新出台文件68万份，对2600余份涉嫌违反审查标准的文件进行了修改调整，对82万份存量文件进行了清理，废止或修订涉及指定交易、地方保护、市场壁垒等内容的文件2万余份，有力地促进了统一开放、竞争有序的现代市场体系建设。

2019年是公平竞争审查制度发展极为重要的一年。党的十九届四中全会作出《关于坚持和完善中国特色社会主义制度、推进国家治理体系和治理能力现代化若干重大问题的决定》，明确提出“落实公平竞争审查制度”。一年来，在公平竞争审查工作部际联席会议（以下简称联席会议）的统筹协调下，在联席会议办公室的大力推动下，各地区、各部门坚决落实党中央、国务院决策部署，坚持科学谋划、改革创新、狠抓落实，实现公平竞争审查制度在国家、省、市、县四级政府全覆盖，全国共对25万件新出台的政策措施进行公平竞争审查，对其中300余件进行修改完善，及时制止和纠正了一批妨碍统一市场和公平竞争的政策措施，审查权威和效能进一步提升，为优化营商环境、推动高质量发展、推进国家治理体系和治理能力现代化提供了有力支撑。

（一）优化顶层设计，明确发展方向

2019年，市场监管总局将公平竞争审查工作放在更加突出的位置，站在坚持和完善中国特色社会主义制度的高度进行研究、谋划和部署，推动纳入全面深化改革、推进国家治理体系和治理能力现代化的重要内容，优化顶层设计，进一步明确制度发展方向。

1. 纳入推进国家治理体系和治理能力现代化谋篇布局

2019 年 10 月，党的十九届四中全会作出《关于坚持和完善中国特色社会主义制度、推进国家治理体系和治理能力现代化若干重大问题的决定》，明确提出“强化竞争政策基础地位，落实公平竞争审查制度，加强和改进反垄断和反不正当竞争执法”，为公平竞争审查制度实施提供了政治保障和基本遵循。

2. 纳入政府全面工作安排部署

2019 年《政府工作报告》提出，“改革完善公平竞争审查和公正监管制度，加快清理妨碍统一市场和公平竞争的各种规定和做法”。2019 年 3 月，李克强总理主持召开国务院常务会议，专题研究部署公平竞争审查工作，强调“加快清理修改相关法规制度，对妨碍公平竞争、束缚民营企业发展、有违内外资一视同仁的政策措施应改尽改、应废尽废，年底前实现公平竞争审查制度在国家、省、市、县四级政府全覆盖，今后涉企规章、规范性文件和其他政策措施都要进行公平竞争审查”，高位推动公平竞争审查制度深入实施。

3. 纳入深化改革的重要内容推动落实

2019 年 8 月，国务院办公厅印发《全国深化“放管服”改革优化营商环境电视电话会议重点任务分工方案》（国办发〔2019〕39 号），要求“修订《公平竞争审查制度实施细则（暂行）》，组织各地区、各部门完成存量文件专项清理，修改、废止一批不利于公平竞争的政策措施，加快研究制定实施竞争政策的指导意见”。2019 年 12 月，中共中央、国务院印发《关于营造更好发展环境支持民营企业改革发展的意见》，强调“强化公平竞争审查制度刚性约束。坚持存量清理和增量审查并重，持续清理和废除妨碍统一市场和公平竞争的各种规定和做法，加快清理与企业性质挂钩的行业准入、资质标准、产业补贴等规定和做法。推进产业政策由差异化、选择性向普惠化、功能性转变。严格审查新出台的政策措施，建立规范流程，引入第三方开展评估审查。建立面向各类市场主体的有违公平竞争问题的投诉举报和处理回应机制并及时向社会公布处理情况”，全力推进公平竞争审查制度落实。

（二）加强统筹协调，实现全面覆盖

按照国务院“2019 年年底前实现国家、省、市、县四级政府全覆盖”的要求，市场监管总局会同有关部门，及早部署、精准发力，通过督查督办、调研指导等方式，推动尚未实现全覆盖的 12 个省（区、市）高质量完成任务。2019 年 9 月，全国县级以上地方各级政府均印发相关文件，建立联席会议制度，提前实现国家、省、市、县四级政府全覆盖。其中，辽宁、江西、宁夏等省（自治区）明确政府分管负责人担任联席会议召集人，协调力度进一步加大。特别是海南省还成立了

由分管副省长任主任的反垄断委员会，协调指导公平竞争审查工作。机构改革后，各地、各部门迅速调整职能，保证各项工作有序衔接、稳步推进。2019 年年底，31 个省级联席会议均按机构改革要求全部调整到位，26 个省（区、市）联席会议召开了调整后第一次全体会议。

（三）完善审查规则，夯实制度基础

为更好适应公平竞争审查工作实际需要，及时总结各地区、各部门有效做法，借鉴国际先进经验，进一步完善审查规则，为公平竞争审查制度深入实施奠定坚实基础、提供重要保障。

1. 制定发布《公平竞争审查第三方评估实施指南》

2019 年 2 月，经联席会议第二次全体会议审议通过，市场监管总局发布《公平竞争审查第三方评估实施指南》（市场监管总局公告 2019 年第 6 号），明确第三方评估的适用范围、程序方法、成果运用及第三方机构的基本条件等，为在公平竞争审查中引入第三方评估提供明确指引，促进审查质量不断提高。

2. 研究制定《关于进一步推进公平竞争审查工作的通知》

按照党中央、国务院关于改革完善公平竞争审查制度、强化公平竞争审查制度刚性约束等一系列决策部署，市场监管总局会同国家发展改革委、财政部、商务部，研究制定《关于进一步推进公平竞争审查工作的通知》（以下简称《通知》），从审查范围、审查标准、审查方式等方面进一步优化制度规则，建立健全定期评估清理、政策措施抽查、举报处理回应、监督考核等工作机制，加快构建全面覆盖、规则完备、权责明确、运行高效、监督有力的审查制度体系。

3. 推进修订《公平竞争审查制度实施细则（暂行）》

按照党中央、国务院有关任务部署，结合工作实践需要，扎实推进《公平竞争审查制度实施细则（暂行）》修订工作，坚持问题导向与目标导向，全面梳理当前公平竞争审查工作的“难点”“堵点”“痛点”，进一步明确审查范围，细化审查标准，严格例外规定，规范审查流程，强化程序监督，切实补短板强弱项，增强制度的科学性和可操作性。目前，修订工作已取得阶段性成果，拟于 2020 年年底前完成。

（四）坚持审纠并重，提升工作效能

一年来，各地区、各部门积极创新工作机制，扎实开展增强文件审查，不断提升审查质量和效果。同时，坚持清理存量与审查增量并举，市场监管总局会同国家发展改革委、财政部、商务部联合部署存量政策措施全面清理工作。

1. 持续优化审查机制和流程

结合工作实际，创新审查机制，改进审查流程，提高审查的规范性和专业性。市场监管总局建立业务司局自我审查、反垄断局专业支持、办公厅程序把关相结合的内部审查机制，并优化办文系统将公平竞争审查作为发文必经流程。国家发展改革委、财政部、商务部、国家卫生健康委在内网发文管理系统中增加“公平竞争审查”选项，从文件批转程序上强化程序把关。工业和信息化部建立由业务司局初审、产业政策与法规司复核的双重审查机制，并制定《政策文件公平竞争审查办法（试行）》，编发《公平竞争审查工作手册》，有针对性地指导全系统开展审查工作。交通运输部、税务总局、国家新闻出版广电总局将公平竞争审查作为发文必要环节，纳入本部门规章、规范性文件制定管理办法。安徽、山东建立重大文件联合审查机制，对以省政府名义出台的文件由市场监管部门会同起草部门进行联合审查。江苏建立专业协查机制，由联席会议办公室协助各地各部门审查疑难文件。山西太原建立审查结论备案制度，要求政策制定机关将公平竞争审查结论提交本级联席会议办公室进行备案。

2. 深入开展重点行业领域专项整治

突出重点行业领域，开展专项整治，提高审查的针对性和有效性。国家发展改革委、财政部在工程项目招投标、政府采购领域深入实施公平竞争审查，出台专项整治方案，要求对相关政策措施严格进行公平竞争审查。市场监管总局部署开展滥用行政权力排除、限制竞争行为专项执法行为，重点查处医药、建筑、交通、招投标与政府采购、公章刻制等领域滥用行政权力排除、限制竞争行为。浙江开展滥用行政权力排除、限制市场准入行为专项整治，重点整治省级部门和市、县政府及所属部门滥用行政权力排除、限制市场准入行为。

3. 全面清理存量政策措施

2019 年 12 月，经国务院同意，市场监管总局、国家发展改革委、财政部、商务部联合印发《关于开展妨碍统一市场和公平竞争的政策措施清理工作的通知》（国市监反垄断〔2019〕245 号），部署各地区、各部门对 2019 年 12 月 31 日前出台的政策措施进行全面清理，坚决废除妨碍平等市场准入和退出、限制商品要素自由流动、违法违规实行区别性和歧视性优惠政策、不当干预市场主体生产经营行为等方面的规定和做法，进一步优化营商环境，加快建设统一开放、竞争有序的现代市场体系。清理工作将于 2020 年 6 月底前完成。

4. 积极推行第三方评估

积极借助第三方专业机构力量，协助开展公平竞争审查，提高审查的质量和效果。市场监管总局邀请外部专家，对重点督查发现的涉嫌违反审查标准的政策文件进行分析论证。国家药监局充分发挥公职律师作用，严格做好相关文件审查，并委托第三方机构对 2019 年出台的政策措施实施效果进行后评估。浙江省委托第三方机构对全省落实公平竞争审查制度情况开展综合评估，编制评估指标体系，对每个市进行量化打分，并出具评估报告，强化跟踪问效和结果运用。重庆由市联席会议办公室委托第三方机构，对 4 个市级部门现行有效的政策措施进行外部评估，并将评估结果通报市级各部门、各区县。海南由省委依法治省办、司法厅对全省各级政府部门推进竞争政策、落实公平竞争审查制度情况开展第三方评估。北京市财政局委托第三方机构对全市财税政策进行评估清理，切实保障清理质量和效果。安徽芜湖、浙江丽水建立公平竞争审查专家库，邀请专家对有关政策措施进行审查，提供书面审查建议。

（五）强化监督考核，增强刚性约束

坚持自我审查与外部监督并重，在规范指导政策制定机关开展审查的同时，综合运用督查、抽查、通报、考核等手段，不断强化外部监督，增强制度的刚性约束。

1. 及时公布 2018 年重点督查典型案例

全面梳理 2018 年重点督查情况，对督查发现的 30 件违反公平竞争审查标准的政策文件，督促有关地方进行整改，纠正了部分地方政府部门指定施工图审核机构、对外地机器人产品实行歧视性补贴、设置不合理的血液透析机构准入资质条件等一批妨碍统一市场和公平竞争的规定和做法，并将有关情况向社会公布，充分发挥典型案例的警示教育作用，提高公平竞争审查制度的威慑力和透明度。

2. 组织开展 2019 年重点督查

推动将公平竞争审查督查纳入 2019 年市场监管综合性督查考核评议计划，在要求各地区全面自查基础上，对北京、山西、安徽、山东、湖南、四川、云南、宁夏 8 个省（区、市）开展重点督查，扩大文件抽查覆盖面，共抽查文件 420 件，对涉嫌指定交易、设置不合理准入条件、违法给予特定经营者优惠政策等问题的 12 件政策文件进行深入研究、督促整改。同时，指导各地开展督查工作，层层传导压力、推动落实，其中河北、山西、内蒙古、辽宁等将公平竞争审查列入省政府重大督查事项。

3. 大力推动将公平竞争审查纳入相关考核评价体系

在联席会议的统筹协调下，司法部、市场监管总局分别将公平竞争审查纳入市县法治政府建设示范指标体系、质量工作考核体系。黑龙江、浙江、安徽、广东、广西、贵州、重庆、甘肃等纳入依法行政、法治政府考核评价体系。辽宁在“12315”投诉举报平台增设公平竞争审查专栏，进一步畅通投诉举报渠道，强化社会监督。湖南探索公平竞争审查约谈机制，由省联席会议办公室对违反公平竞争审查制度的相关单位进行约谈并督促整改。

（六）注重宣传培训，促进能力提升

结合公平竞争审查制度概念较新、建立时间短、涉及面宽等特点，积极加大宣传培训力度，加快推进能力建设，不断提高队伍业务水平。

1. 加强政策宣传解读

2019 年 4 月，联席会议副召集人、市场监管总局甘霖副局长出席国务院政策例行吹风会，详细介绍公平竞争审查制度实施最新进展和下一步工作安排，扩大制度影响力。通过刊发“聚焦公平竞争审查制度”系列文章、编写出版《公平竞争审查制度学习读本》等方式，对公平竞争审查制度进行解读和释义，提高社会认知度和审查队伍业务水平，营造良好的政策环境和工作氛围。

2. 多形式开展业务培训

市场监管总局举办全国反垄断执法骨干培训班，对公平竞争审查制度进行深入培训，提高全系统政策水平。积极支持各地开展培训活动，派员参加上海、江苏等 15 个省（区、市）公平竞争审查培训班，讲解主要规则、工作要求和典型案例，提升审查工作能力。工业和信息化部、民政部、商务部、卫生健康委、人民银行、国资委、医保局、民航局等部门将公平竞争审查纳入系统培训重点内容，提高全系统对公平竞争审查制度的理解和认识。

3. 深化公平竞争审查国际合作

深化中欧公平竞争审查和国家援助制度对话机制，与欧盟委员会竞争总司签署《关于在公平竞争审查制度与欧盟国家援助控制制度领域建立对话机制的谅解备忘录》和《关于在公平竞争审查制度与欧盟国家援助控制制度对话机制设立指导小组的指令》，成功举行第二次对话，联合举办两届中欧竞争周。加强与英国、经济合作组织、世界银行等国家和国际组织沟通交流，深入探讨公平竞争审查国际合作事宜。

第五章

法治建设

反垄断法是市场经济国家政府发挥作用的重要政策工具。自 2008 年 8 月 1 日中国《反垄断法》实施以来，我国着力推进反垄断领域的法治建设，逐步建立了中国特色的竞争政策和反垄断制度规则体系。国务院出台《关于经营者集中申报标准的规定》，反垄断执法机构出台《经营者集中审查办法》《反价格垄断规定》《禁止垄断协议行为的规定》等 12 件部门规章、4 件规范性文件、10 件办事指南和指导意见，切实提高了法律的可操作性，推动反垄断工作全面纳入法治轨道，为法律的有效实施和依法行政提供了制度保障。国务院反垄断委员会颁布了《关于相关市场界定的指南》，体现了执法机构的执法思路和原则，分享了执法经验，给予经营者更清晰的指引。我国用 10 年时间，走完了欧美国家历经数十年甚至百年的反垄断法治建设之路。反垄断法及其配套规章的有效实施，为保护市场公平竞争，提高经济运行效率，维护消费者利益和社会公共利益，促进社会主义市场经济健康发展发挥了重要作用。2019 年是反垄断执法机构改革后的开局之年，反垄断法治建设取得了新成绩、新进步。

一、积极推进《反垄断法》修订

2018 年 9 月，第十三届全国人大常委会立法计划将《反垄断法》修订列入二类立法项目。市场监管总局高度重视《反垄断法》修订工作，成立《反垄断法》修订立法项目起草领导小组（以下简称领导小组），积极推进法律修订工作，取得阶段性成果。

（一）修订必要性

反垄断法是保护市场公平竞争，保障市场在资源配置中起决定性作用的基础性法律制度。《反垄断法》自2008年施行以来，取得了诸多开创性成就，对预防和制止垄断行为，保护市场公平竞争，提高经济运行效率，维护消费者利益和社会公共利益，促进社会主义市场经济健康发展，发挥了重要作用。随着我国经济快速发展、经济体制改革持续深入和对外开放水平不断提高，现行法中的部分条款已经不能完全适应经济高质量发展和参与国际竞争的需要。全面贯彻落实党的十九大和十九届二中、三中、四中全会精神，有必要作出修订。

一是坚持和完善中国特色社会主义法治体系的需要。党的十九届四中全会要求加强重要领域立法，以良法保障善治。《反垄断法》是对经济生活的深度干预，与经济发展关系十分密切，需要根据经济发展情况及时作出调整。这也是其他国家和地区反垄断执法机构的普遍做法。《反垄断法》实施12年来，我国经济体量、经济结构、企业规模等发生很大变化，有必要及时修订《反垄断法》，更好适应建设统一开放、竞争有序市场体系需要，推动经济高质量发展。同时，也需要通过法律修订，健全权威高效的法律制度执行机制，增强法律制度威慑力和执行有效性，提升法律的可操作性和可预期性，进一步强化制度执行力。

二是坚持和完善社会主义基本经济制度的需要。党的十九届四中全会要求建设高标准市场体系，完善公平竞争制度。《反垄断法》是公平竞争制度的重要内容。通过法律修订，既可以将《反垄断法》实施以来取得的宝贵经验上升到制度层面，完善法律规定，巩固改革开放成果，也可以推动进一步深化经济体制改革，处理好政府和市场之间的关系，为建设高标准市场体系、完善社会主义市场经济体制，提供坚强的法律保障。

三是推动经济高质量发展的需要。党的十九大报告指出，我国经济已由高速增长阶段转向高质量发展阶段，正处在转变发展方式、优化经济结构、转换增长动力的攻关期。市场经济的核心是公平竞争，公平竞争是实现资源有效配置和企业优胜劣汰、推动经济高质量发展的基础前提。需要通过法律修订，进一步完善市场主体竞争规则，营造各种所有制主体依法平等使用资源要素，公开、公平、公正参与竞争，同等受到法律保护的市场环境，激发各类市场主体活力和经济发展的内生动力，推动经济高质量发展。

四是建设更高水平开放型经济新体制的需要。我国对外开放进入新阶段，要推动由商品和要素流动型开放向规则等制度型开放转变。当前，竞争政策和反垄断议题在多双边自贸协定谈判中占有越来越重要的位置。通过修订《反垄断法》，进一步借鉴和对标国际先进经验，营造更加市场化、法治化、国际化的营商环境，并逐步推动全球竞争治理体系朝着更加公正合理有效的方向发展，是建设更高水平开放型经济新体制的必然要求。

（二）修订的指导思想和基本原则

修订工作坚持以习近平新时代中国特色社会主义思想为指导，全面贯彻落实党的十九大和十九届二中、三中、四中全会精神，紧紧围绕统筹推进“五位一体”总体布局和协调推进“四个全面”战略布局，坚持“两个毫不动摇”，坚持稳中求进工作总基调，坚持新发展理念，增强“四个意识”，坚定“四个自信”，做到“两个维护”，进一步提升反垄断法律制度的科学性、针对性和可操作性，切实保护市场公平竞争，提高经济运行效率，维护消费者利益，促进社会主义市场经济健康发展。修订过程中主要把握以下原则：

一是坚持立足国情的基本定位。将中国特色社会主义道路、理论体系、制度作为法律修订的根本遵循，坚持从我国基本国情出发，同改革开放不断深化相适应，深入总结《反垄断法》实施以来取得的宝贵经验，健全适应中国经济发展阶段和水平的反垄断法律制度。

二是坚持服务发展的主要目标。将促进深化经济体制改革、推动经济高质量发展作为《反垄断法》修订的出发点和落脚点，深入分析我国改革发展开放需要和经济发展特点，强化竞争政策基础地位，为推动经济发展质量变革、效率变革、动力变革，构建市场机制有效、微观主体有活力、宏观调控有度的经济体制，增强我国经济创新力和竞争力，奠定坚实的法律基础。

三是坚持问题导向的工作方法。对地方市场监管部门、不同所有制市场主体等广泛开展调研，深入总结强化竞争政策实施和反垄断执法中面临的实际问题和困难，把工作的着力点放在最突出、最迫切的矛盾和问题上，有针对性地予以回应和解决。适应经济生活多样性、多变性和复杂性的特点，在规范执法机构自由裁量权的同时，保持法律的适度灵活性，提升法律制度的科学性和执行力。

四是坚持博采众长的开放态度。加强法律修订重点问题研究，吸收反垄断理论研究的最新成果。与其他国家和地区反垄断执法机构保持密切交流，就法律修订的重点问题加强沟通，合理借鉴成熟市场经济国家的有益做法和经验，做到为我所用。坚持开门立法，在法律修订过程中充分听取其他政府部门、市场主体、专家学者等各方面意见，切实提高立法质量。

（三）主要修订工作

2018 年全国人大常委会将《反垄断法》修订列入二类立法计划。市场监管总局认真落实党中央、国务院决策部署，从 2019 年开始启动修订工作。为落实科学立法、民主立法、依法立法的要求，市场监管总局委托国务院反垄断委员会专家咨询组部分专家成立课题组，开展《反垄断法》修订研究工作。在课题组提交的《反垄断法》研究报告和修订草案基础上，市场监管总局通过召开专题研讨会、实地调研、征求意见等形式，深入研讨法律修订相关问题，广泛吸纳国务院反垄断委员会成员单位、地方市场监管部门等意见建议，起草了《反垄断法》修订草案。

2020 年 1 月 2 日至 31 日，市场监管总局通过官网就《〈反垄断法〉修订草案（公开征求意见稿）》向社会公众广泛征求意见。征集意见期间共收到 75 位社会公众提出的 265 条反馈意见。意见主要集中在立法目的、竞争政策实施、公平竞争审查、垄断协议、滥用市场支配地位、经营者集中申报制度、滥用行政权力排除限制竞争，对涉嫌违法行为的调查与强化反垄断法律责任等方面。市场监管总局对征集到的意见进行了认真梳理和研究论证，采纳了大部分合理建议。下一步，市场监管总局将根据有关意见对修订草案进一步修改完善，继续推进《反垄断法》修订工作，不断提升立法工作质量。

二、完善反垄断指南体系

2019 年 1 月，国务院反垄断委员会印发《关于汽车业的反垄断指南》《关于知识产权领域的反垄断指南》《横向垄断协议宽大制度适用指南》《垄断案件经营者承诺指南》4 部反垄断指南。

（一）关于汽车业的反垄断指南

我国是全球重要的、快速增长的汽车市场。为给经营者提供明确指引，平衡汽车业上中下游经营者的合法权益，合理界定经营者合同自由和意思自治的边界，有效预防和制止汽车业的垄断行为，降低行政执法和经营者合规成本，促进形成统一开放、竞争有序的汽车市场，国务院反垄断委员会制定出台《关于汽车业的反垄断指南》（以下简称《汽车业指南》）。《汽车业指南》充分考虑我国汽车市场发展阶段、条件和特点，既立足国情，考虑我国汽车业的发展水平和执法实践经验，关注新技术、新业态，又合理借鉴欧美发达国家汽车业竞争规则的成熟做法。具体来看，《汽车业指南》的主要制度设计主要包括以下几个方面。

1. 相关市场界定问题

《汽车业指南》围绕汽车业普遍存在的竞争问题明确了一系列相关概念，并对汽车业中常见的相关市场界定问题予以明确。《汽车业指南》界定的关键概念包括汽车供应商、配件供应商、汽车经销商、汽车维修商、最终用户、配件、维修技术信息等。关于相关市场界定，由于汽车业产业链长，上中下游业务类型多样，界定相关商品市场和地域市场应遵循《反垄断法》和《国务院反垄断委员会关于相关市场界定的指南》所确定的一般原则和方法，同时考虑汽车业的特点，结合个案具体分析。根据汽车业特点，《汽车业指南》梳理了相关商品市场、相关地域市场的界定思路，辨析了汽车经销与汽车售后市场界定需要考虑的具体因素。

2. 垄断协议问题

该问题是《汽车业指南》的重点内容，主要包括垄断协议禁止与豁免的关系、汽车业横向垄断协议、汽车业纵向垄断协议三部分。关于垄断协议的反垄断规制，《反垄断法》确立了“禁止 + 豁免”的基本制度框架。《反垄断法》第十三条和第十四条通过列举方式，禁止若干类严重限制竞争的横向和纵向垄断协议，同时，以兜底条款禁止经营者达成国务院反垄断执法机构认定的其他垄断协议。如果经营者能够证明其协议符合《反垄断法》第十五条规定的豁免条件，则该协议不适用第十三条或第十四条的禁止性规定。结合当前汽车业竞争状况，《汽车业指南》明确了推定豁免的条件和常见行为类型，列出了可能产生效率、促进竞争的横向协议、纵向协议适用推定豁免的市场份额标准，以及经营者基于《反垄断法》第十五条主张个案豁免的纵向协议的常见类型。

关于横向垄断协议，汽车业在适用《反垄断法》第十三条和第十五条时与其他行业并无显著差别。因此，《汽车业指南》对汽车业横向垄断协议的竞争分析未加以详细阐述。汽车业纵向协议的反垄断规制在各大经济体均是重点和难点。汽车市场产业链长、附加值高，从初装、新车经销、售后、到二手车流通涉及利益方众多。加之汽车作为大宗耐用品在售出后对客户产生显著的锁定效应，汽车市场纵向垄断协议适用《反垄断法》第十四条和第十五条通常会涉及复杂的法律、经济和事实分析，因而成为《汽车业指南》的重点关注对象，起草过程中受到各方的重大关切。

关于纵向垄断协议，《汽车业指南》指出，分析和评估纵向垄断协议，需要首先判断一项协议是否构成《反垄断法》第十四条所规制的垄断协议。其次，评估该协议能否根据《反垄断法》第十五条适用推定豁免。如果该协议不能被推定豁免，则需要评估该协议能否被个案豁免。反垄断执法实践显示，不具有显著市场力量的汽车业经营者设置的具有经济效率和正当化理由的地域限制和客户限制，通常能够符合《反垄断法》第十五条的规定，可以推定适用第十五条规定的豁免。对不符合直接豁免条件的行为，《汽车业指南》通过给出具体引导，帮助企业进行自我评估判断其行为能否适用个案豁免。

3. 滥用市场支配地位行为问题

《汽车业指南》重点关注汽车配件生产与流通以及汽车售后市场上的滥用市

场支配地位行为。汽车制造是汽车业发展的核心，具有显著的规模经济和范围经济效应，是整个产业链的最关键环节。因此，汽车市场客观上形成了以汽车供应商为核心的生态圈，汽车供应商天然处于强势地位，汽车经销商和配件供应商处于从属地位。目前，我国新车销售市场竞争较为激烈，但汽车售后市场客观存在的锁定效应和兼容性问题可能限制和削弱有效竞争、损害消费者利益。执法实践与理论研究表明，在新车销售市场上不具有市场支配地位的汽车供应商，在其品牌汽车售后市场上有可能被认定为具有市场支配地位。

为此，《汽车业指南》明确在个案中界定汽车售后市场，汽车品牌是需要考虑的一个重要相关因素。根据《反垄断法》第十七条对市场支配地位的界定，以及第十八条关于认定经营者具有市场支配地位应当依据的因素，在新车销售市场上不具有支配地位的汽车供应商，在其品牌汽车售后市场上有可能被认定为具有支配地位。《汽车业指南》进而阐述了汽车业常见的3类滥用市场支配地位行为，明确提出汽车供应商无正当理由，不应限制配件制造商生产双标件；不应限制经销商和维修商外采和外销售后配件；不应限制售后维修技术信息、测试仪器和维修工具的可获得性。

以双标件为例，《汽车业指南》规定，除根据代工协议生产的配件之外，在其品牌汽车售后市场上具有支配地位的汽车制造商没有正当理由，不应限制为初装汽车配套的配件供应商生产双标件。即汽车制造商不应禁止为其提供初装零部件的配件供应商在相关初装零部件上加贴自有商标、标识和零件代码。《汽车业指南》对双标件的生产给出指引，旨在提高消费者和维修商辨识同质配件的能力，促进汽车售后市场有效竞争。但必须注意的是，双标件的生产和流通涉及反垄断和知识产权保护的平衡，配件制造商和汽车制造商的合法权益均应获得保障。因此，《汽车业指南》在附则部分对代工协议的认定给出说明，补充加强了有关双标件的规定。

关于无正当理由不得限制授权经销商外采配件，《汽车业指南》明确汽车供应商可以依法要求其授权体系成员仅使用原厂配件和同质配件，该授权体系成员应当依法保证消费者的知情权和配件可追溯性。《汽车业指南》关注反垄断、消费者权益保护、民事权利的多方平衡，指出汽车供应商可以依法要求，仅当消费者知情并明确选择且保证配件可追溯性的条件下，授权体系成员才可以在维修工作中使用再制造件和回用件。《汽车业指南》进而强调，上述情形不影响授权经销商、授权维修商和配件供应商的民事责任。

4. 滥用行政权力排除、限制竞争问题

《汽车业指南》强调，行政机关和法律、法规授权的具有管理汽车流通事务职能的组织不应违反《反垄断法》规定实施排除、限制竞争的行为。《汽车业指南》

指出，汽车交易中的滥用行政权力排除、限制竞争行为，阻碍汽车市场健康发展，损害消费者利益。《汽车业指南》列举了汽车业常见滥用行政权力排除、限制竞争行为，特别是当前二手车交易中存在限制外地车辆迁入等滥用行政权力排除、限制竞争行为，明确指出该类行为不利于绿色循环消费和汽车市场可持续发展，还限制了汽车所有人的物权处置权益，延长消费者换车周期，间接影响新车销售市场。

5. 其他竞争问题

关于汽车业经营者集中的反垄断审查，《汽车业指南》指出对于经营者集中的竞争分析，汽车业与其他行业并无显著差别，由执法机构依据《反垄断法》等法律规定依法处理。此外，《汽车业指南》还对配件代工协议的评估作了说明，提出了评估和认定真实代工协议时应当考虑的相关因素，辅助执法机构和经营者评估配件供应和流通中的垄断行为，便于配件生产和流通中滥用市场支配地位行为的界定和评估。

（二）关于知识产权领域的反垄断指南

随着知识经济和经济全球化深入发展，知识产权日益成为国家发展的战略性资源和国际竞争力的核心要素。为给经营者提供明确的指引，有效预防和制止知识产权领域的垄断行为，降低行政执法和经营者合规成本，立足中国国情，严格以《反垄断法》为依据，充分吸纳我国知识产权领域反垄断法治实践经验和最新研究成果，国务院反垄断委员会制定出台《关于知识产权领域的反垄断指南》（以下简称《知识产权指南》）。

1. 总体分析思路和考量因素

总则强调了反垄断与保护知识产权具有保护竞争和鼓励创新的共同目标，阐明了对滥用知识产权排除、限制竞争行为适用《反垄断法》的总体原则、分析思路、考量因素等共性问题。

一是明确《知识产权指南》的目的和依据。《知识产权指南》对滥用知识产权行为适用《反垄断法》提供指引，提高反垄断执法工作的透明度。根据《反垄断法》和《关于相关市场界定的指南》，制定本《知识产权指南》。

二是阐述了知识产权领域反垄断规制的分析原则。第一，将知识产权和其他财产权利同等对待，在确认行使知识产权行为是否违反反垄断法时，反垄断执法机构将知识产权与其他财产性权利适用统一的标准，既不因为知识产权固有的独占性而对知识产权行使加以特别的约束，也不因为法律保护知识产权而对知识产权行使网开一面。**第二，**对经营者不因拥有知识产权而当然推定其具有市场支配地位，即一般不会仅因为某个企业拥有知识产权就认为具有市场支配地位。**第**

三，充分考虑知识产权的特点，在具体实践中结合具体案情和特定市场情况进行分析。

三是确立了知识产权领域反垄断规制的一般分析思路。第一，判断可能的行为类型，分析滥用知识产权排除、限制竞争行为的特征和表现形式，判断可能构成的垄断行为。**第二，**界定相关市场，遵循相关市场界定的基本依据和一般方法，同时强调知识产权作为新型财产权的特殊性。**第三，**分析行为的竞争影响。根据市场竞争状况，考量行为对市场竞争产生的排除、限制竞争影响。**第四，**分析行为对创新和效率的积极影响。

四是阐明知识产权领域相关市场界定问题。由于知识产权本身的属性，其在性质上属于技术市场，但也可构成商品市场、开发创新市场。知识产权相关市场界定要考虑哪些交易活动会受到知识产权行为的影响，通常需要界定相关商品市场和相关地域市场，特殊情况下可能还需要界定相关技术市场。

五是细化了评估竞争影响的考量因素。分析行为对市场竞争产生的排除、限制影响，通常先分析相关市场竞争状况，再对具体行为的影响进行分析。《知识产权指南》详细列举了 6 项市场竞争状况评估的考量因素和 7 项分析行为竞争影响的考虑因素。

六是认定行为对创新和效率的积极影响的要件。需要同时满足因果关系、最小损害、不会严重损害竞争和创新、消费者能够分享利益等 5 个方面的要件。

2. 可能排除、限制竞争的知识产权协议问题

本章对涉及知识产权的协议，特别是联合研发、交叉许可等进行了较为详细的阐释。

一是对涉及知识产权的协议的积极影响进行了描述，同时明确如果涉及知识产权的协议产生排除、限制竞争影响，应当适用《反垄断法》第二章规定。

二是对联合研发、交叉许可、排他性回授和独占性回授、不质疑条款、标准制定等内容进行了简明扼要的阐述，对可能影响竞争的知识产权协议行为进行了明确界定，详细列举了对这 5 种涉及知识产权的协议进行竞争分析时可以考虑的因素。

三是列举了经营者许可知识产权可能涉及的其他限制，如限制使用领域、销售或传播渠道、商品数量等，通常情况下这些限制行为具有商业合理性，但也可能对市场竞争产生排除、限制影响，对此类行为进行竞争分析列举了 5 项考虑因素。

四是为提高执法效率，参考国际惯例及我国执法实践，设立涉及知识产权的协议安全港规则，列举了安全港的标准，明确了经营者达成的涉及知识产权的协议如果符合安全港条件之一的，通常不将该协议认定为垄断协议；如具有竞争关系的经营者市场份额合计不超过 20% 或者经营者与交易相对人在任一相关市场的份额不超过 30% 等，增强了经营者对知识产权相关协议的预判。

3. 滥用市场支配地位行为问题

本章对涉及知识产权的滥用市场支配地位行为进行了阐述。

一是明确了涉及知识产权的滥用市场支配地位行为，应当适用《反垄断法》第三章规定。

二是对此类案件的反垄断执法分析思路进行了阐释，即界定相关市场，分析行为主体在相关市场是否具有市场支配地位，再根据个案情况对具体行为进行分析。

三是进一步澄清了知识产权与市场支配地位的关系，明确提出经营者拥有知识产权不意味着其必然具有市场支配地位，应当依据《反垄断法》有关规定进行分析，同时结合知识产权的特点，对知识产权相关的市场支配地位认定的其他考虑因素进行了阐述。

四是在具体条文中，列举了以不公平的高价许可知识产权、拒绝许可知识产权、涉及知识产权的搭售、涉及知识产权的附加不合理交易条件和涉及知识产权的差别待遇 5 种行为，对这 5 种行为的内涵进行了简要分析，并详细列举了这 5 种行为是否构成滥用市场支配地位排除、限制竞争可以考虑的分析因素。

4. 经营者集中问题

本章对涉及知识产权的经营者集中的特殊性作了较为深入的阐述。

一是明确涉及知识产权的经营者集中，应当适用《反垄断法》第四章规定。

二是阐明了涉及知识产权的经营者集中的特殊性主要体现在构成集中的情形、审查考虑因素和附加限制性条件等方面。

三是明确了涉及知识产权的交易取得对其他经营者的控制权或者能够对其他经营者施加决定性影响的，可能构成经营者集中，并列举了是否构成集中可能考虑的 3 个因素。

四是明确对涉及知识产权的经营者集中进行反垄断审查时，既要考虑《反垄断法》第二十七条规定的因素，也要充分考虑知识产权的特点。

五是阐述了如果一项涉及知识产权的经营者集中需要附加限制性条件时，既可以附加结构性条件，也可以附加行为性条件，或者附加综合性条件。同时，本章还明确了涉及知识产权的结构性条件、行为性条件和综合性条件的具体内容，如剥离知识产权或者知识产权所涉业务、保持知识产权相关业务的独立运行、收取合理的许可使用费等，为经营者提出救济方案提供有效参考。

5. 其他情形

本章明确部分涉及知识产权的情形可能构成不同类型的垄断行为，也可能涉及特殊主体，需要根据个案情况分析适用《反垄断法》。

一是阐述了专利联营、标准必要专利涉及的特殊问题和著作权集体管理3种情形，考虑到上述情形在结构上不宜纳入其他章节，统一在本章进行阐述和分析。

二是对专利联营的定义和联营的具体方式进行了说明，阐释了专利联营一般可以降低交易成本，提高许可效率，促进竞争，但同时也提出了分析专利联营是否排除、限制竞争时可以考虑的6点因素，包括经营者市场份额、控制力、可替代技术、限制许可等。

三是详细列举了认定拥有标准必要专利的经营者是否具有市场支配地位可以考虑的4点因素，包括标准的市场价值、应用范围和程度、是否存在具有替代关系的标准或者技术、行业对相关标准的依赖程度，明确了拥有市场支配地位的标准必要专利权人申请禁令救济迫使被许可人接受其提出的不公平高价许可费或者其他不合理的许可条件，也可能排除、限制竞争，本章对此提出了具体分析时可以考虑的5点因素，如谈判双方的行为表现及真实意愿、谈判双方提出的许可条件、禁令救济对许可谈判的影响等。

四是对著作权集体管理进行了梳理，既肯定了著作权集体管理通常具有积极意义，也指出可能构成滥用知识产权排除、限制竞争，需要反垄断执法机构根据行为特征和表现形式加以认定。

（三）横向垄断协议宽大制度适用指南

宽大制度已经成为世界大多数司法辖区查处垄断协议案件的重要途径。《反垄断法》第四十六条关于宽大制度的规定较为原则，为进一步加强和完善反垄断执法体系，建立更加细化、可操作性强的宽大制度，预防和制止横向垄断协议行为，降低行政执法成本，给经营者提供明确指引，提高执法机构工作的统一性、规范性和高效性，国务院反垄断委员会根据《反垄断法》，制定《横向垄断协议案件宽大制度适用指南》（以下简称《宽大指南》）。《宽大指南》仅适用于横向垄断协议案件，既明确了经营者应当如何申请宽大以及如何配合执法机构调查，也明确了执法机构应当如何适用宽大制度给予经营者减免，提供了双向的行为指南。总的来说，《宽大指南》包含以下几方面内容。

1. 明确减免标准，鼓励经营者及早申请宽大

经营者越早向执法机构坦白违法行为，越有利于瓦解垄断协议，恢复市场竞争。因此，执法机构鼓励横向垄断协议的参与者在认识到自身的违法行为后能够主动向执法机构报告，争取减轻或免除处罚的机会。《宽大指南》多处设计对此均有所体现。

一是区分减免梯度。对越早申请宽大的经营者，执法机构可以酌情给予减轻处罚的幅度就越大。对第一个申请并获得宽大的经营者，执法机构可以对其免除全部罚款或按照不低于 80% 的幅度减轻罚款。如果该经营者是在执法机构立案前或启动调查程序前就提出申请，那么执法机构将免除其全部罚款。对于后序顺位的经营者，至多可以获得 50% 的减轻幅度。“先到先得”是宽大制度的最大特点。

二是设立登记制度。具体是指执法机构收到经营者提交的关于垄断行为有关情况的报告及重要证据后，将向经营者出具书面回执，明确收到的时间及材料清单。该制度明确了执法机构的义务，使双方对申请宽大的时间形成统一认知，有力保障了经营者的合法权益。同时，登记制度为第一个申请宽大的经营者提供了最长不超过 60 日的“先占期”，即如果第一个申请宽大的经营者能够提供符合要求的报告却暂时无法提供全部证据，那么执法机构可以以经营者首次提交报告的时间作为其申请宽大的时间，并给予其宽限期以补齐证据。宽限期一般不超过 30 日，特殊情况下可延长至 60 日。该制度鼓励经营者尽早报告，为那些较早具有坦白意愿的经营者获得更大减轻幅度的机会提供了制度保障。

2. 阐明获得宽大的条件，细化报告和重要证据要求

依据《反垄断法》，经营者获得宽大的前提是主动向执法机构报告并提供重要证据，但关于报告内容及重要证据的判定标准未做明确规定。经营者和执法机构双方对报告及重要证据可能存在不同解释，从而增加了经营者获得宽大的不确定性。为此，《宽大指南》详细规定了经营者可以申请宽大的时间、报告所需涵盖的信息、重要证据的标准以及经营者应当履行的义务等内容，为经营者和执法机构提供了明确指引，增加了透明度和可操作性。这部分内容主要体现在《宽大指南》的第四条至第十条。总体来看，经营者获得宽大需要履行的义务为：

一是及时提出宽大申请。《宽大指南》指出，经营者提交宽大申请不必等待执法机构正式立案后，可以在执法机构立案前甚至是启动调查前提交。经营者也可以在执法机构已经发现违法行为并立案后提交，但最晚不迟于执法机构作出行政处罚告知前。经营者提交宽大申请可以是口头或者书面形式。在申请宽大前，经营者可以匿名或者实名与执法机构进行沟通以增进了解。

二是按要求提交与垄断协议有关的报告及重要证据。《宽大指南》第六条和第八条详细列举了第一个和之后申请宽大的经营者提交报告所需包含的主要信息及重要证据的认定标准，一方面对经营者申请宽大提出了基本要求，避免因材料不清造成执法效率减损；另一方面有利于经营者在申请宽大时参照准备相关材料。需要指出的是，对于第一个和之后的申请者，所需提供的报告和证据分别有所侧重。对于第一个申请者，侧重要求提供垄断协议达成和实施的基本事实及参与人信息，重在全面、及时、准确，且是执法机构尚未掌握的内容，而对于之后的申请者，侧重要求证据材料具有更大证明力和补充证明价值。

三是全面配合执法机构的调查工作。《宽大指南》要求，申请宽大的经营者除应提交相关材料之外，还需要全面配合执法机构的调查工作才能够获得宽大。具体包括：停止涉嫌违法行为，不得隐匿、销毁、转移证据或者提供虚假材料、信息，不对外披露相关情况等。依据《反垄断法》有关规定，配合执法机构调查是任何当事人、利害关系人、其他有关单位或者个人的义务。《宽大指南》将经营者配合调查程度作为获得宽大的考量因素，一方面再次突出了其重要性，另一方面在体现执法宽容性的同时也强调了执法的严肃性。

3. 为执法机构提供行动指南，提出一般性原则和参照标准

宽大本质上是执法机构在确定处罚幅度时的酌定情节。为提升执法透明度，统一执法尺度和标准，保护当事人的合法权益，《宽大指南》提出了执法机构应遵循的一般原则、考虑的主要因素和执法义务等，主要体现在《宽大指南》第十一条至第十六条。

一是确立了总体原则。《宽大指南》提出，给予经营者宽大的额度应当与经营者协助执法机构查处横向垄断协议案件的贡献程度相匹配。也就是说，经营者的坦白程度与其获得的处罚程度密切相关。该原则为执法机构在相应区间内确认具体的减免幅度提供了裁量依据。所谓“贡献程度”主要体现在经营者报告垄断协议有关情况的时间、提供证据的重要程度、配合调查的程度等方面。同时，由于减免处罚属于酌定情节，该原则也为执法机构的自由裁量权提供了一般性约束。

二是明晰了确定宽大顺位的依据。由于经营者的宽大顺位将直接决定其可以获得的减免幅度，明确考量依据有助于增加经营者的可预期性，约束执法机构的自由裁量权。《宽大指南》明确，经营者申请宽大的时间先后是确定宽大顺位的唯一依据。同时《宽大指南》第六条、第八条分别就不同顺位经营者提供材料的义务进行了明确规定，从而保障不同顺位经营者的适格性。仅以时间作为考量标准，一方面使判定更加客观公正，增加执法透明度；另一方面也充分体现了鼓励经营者尽早宽大的态度。

三是说明了具体审理审查过程。执法机构给予宽大的一般程序是：首先，调查认定垄断协议行为成立；其次，根据经营者违法情节的轻重，综合考虑除宽大申请以外所有情节确定对经营者的处罚金额；再次，根据经营者配合调查情形等分别作出是否给予宽大的决定；最后，根据符合宽大要求经营者的顺位及贡献程度确定具体的减免幅度。《宽大指南》明确，一般情况下，执法机构在同一垄断协议案件中最多给予三个经营者宽大，特殊情况下可以考虑给予更多经营者宽大。

上述内容为执法机构的执法实践提供了一般性的参照标准，也增强了经营者对自身行为可否获得宽大及相应减免幅度的可预期性。此外，《宽大指南》还明确了执法机构在保密等方面的责任，有助于在执法过程中切实保障当事人的合法权益，减轻当事人主动坦白的顾虑等。

（四）垄断案件经营者承诺指南

承诺是世界各国在反垄断法实施过程中普遍采用的一项制度，是反垄断执法机构解决反竞争问题的一种有效方式。《反垄断法》第四十五条仅对承诺制度作出了原则性规定，为给经营者提供更有可操作性的指引，提高反垄断执法机构工作的规范性和透明度，在执法实践中更加准确、规范地适用承诺制度，有效发挥承诺制度的功能，国务院反垄断委员会制定出台了《垄断案件经营者承诺指南》（以下简称《承诺指南》）。《承诺指南》主要包括以下四个方面内容。

1. 明确了执法机构鼓励经营者尽早自愿提出承诺的态度

由于承诺制度的主要目的之一就是节省执法资源，提高行政执法效率，因此执法机构鼓励经营者在尽可能早的阶段提出承诺。《承诺指南》中多处制度设计体现了这一原则。

一是规范了承诺提出前的沟通。《承诺指南》鼓励经营者在尽可能早的阶段提出承诺。经营者提出承诺前，可以与执法机构进行必要的沟通。执法机构可以告知经营者涉嫌垄断行为的基本事实以及可能造成的影响，并可以与经营者进行沟通。在沟通基础上，由经营者自愿提出承诺。

二是明确了提出承诺的时间节点。执法机构对涉嫌垄断行为调查核实后，认为构成垄断行为的，应当依法作出处理决定，不再接受经营者提出承诺。提出承诺应该在执法机构核实涉嫌垄断行为之前，经营者在行政处罚事先告知后提出承诺的，执法机构一般不再接受。

2. 进一步明确执法机构适用承诺制度的条件和程序

《反垄断法》中对承诺制度的规定较为原则，《承诺指南》在此基础上进行了细化，增强了承诺制度的可操作性，为经营者提出承诺提供了明确指引。

一是规定了承诺措施的具体类型。承诺的措施可以是结构性措施、行为性措施和综合性措施。承诺的措施需要明确、可行且可以自主实施。如果承诺的措施需经第三方同意方可实施，经营者需要提交第三方同意的书面意见。结构性措施包括剥离有形资产、知识产权等无形资产或者相关权益等；行为性措施包括调整定价策略，取消或者更改各类交易限制措施，开放网络或者平台等基础设施，许可专利、技术秘密或者其他知识产权等。

二是规定了对承诺措施分析审查的考虑因素。为了给执法机构审查承诺措施提供指引，增强执法透明度，《承诺指南》明确了执法机构在对经营者的承诺进行审查时可以综合考虑的因素，包括：经营者实施涉嫌垄断行为的主观态度，经营者实施涉嫌垄断行为的性质、持续时间、后果及社会影响，经营者承诺的措施及其预期效果。

三是规定了经营者提出承诺的形式与载明的事项。经营者应以书面形式提出承诺。承诺通常载明被调查的涉嫌垄断行为及可能造成的影响、承诺采取消除行为后果的具体措施、承诺采取的具体措施能够消除行为后果的说明、履行承诺的时间安排和方式以及需要承诺的其他内容。执法机构在收到经营者承诺后，将向经营者出具书面回执，明确收到承诺的时间及材料清单。

四是规定了承诺履行情况的报告与监督机制。经营者按照中止调查决定书的要求，向执法机构书面报告承诺的履行情况。执法机构应当对经营者履行承诺的情况进行监督。

五是规定了承诺措施的变更。经营者履行承诺过程中，因自身经营状况或者市场竞争状况发生重大变化，可以向执法机构申请变更承诺措施。执法机构将对经营者的变更申请进行审查，并将是否同意变更承诺措施的结果书面告知经营者。

六是规定了执法机构作出终止调查、恢复调查决定等相关程序。经营者履行承诺的，执法机构可以决定终止调查，并制作终止调查决定书。如果出现《反垄断法》第四十五条第三款所规定的情形，执法机构应当恢复对涉嫌垄断行为的调查。执法机构恢复调查后，不再接受经营者提出承诺。但是，依据《反垄断法》第四十五条第三款第二项恢复调查的，执法机构可以基于新的事实接受经营者提出承诺。

3. 充分体现承诺制度的规范性和严肃性

承诺制度虽然不是针对经营者实施垄断行为作出的行政处罚，但其目的是通过纠正经营者行为消除涉嫌垄断行为产生的后果，同样是一项严肃的法律程序。《承诺指南》充分体现了承诺制度的适用具有限制性条件，有利于规范承诺制度在执法实践中的应用，实现承诺制度的目标。

一是明确不适用承诺制度的案件类型。《承诺指南》规定，核心卡特尔行为不能适用承诺制度，主要是具有竞争关系的经营者之间达成的3种横向垄断协议：固定或者变更商品价格，限制商品生产或者销售数量，分割销售市场或者原材料采购市场。对上述垄断协议案件，执法机构不应接受经营者提出承诺实施中止调查。

二是明确了撤回承诺的后果。执法机构在作出中止调查决定前，经营者可以撤回承诺。经营者撤回承诺的，执法机构将终止对经营者承诺的审查，继续对该涉嫌垄断行为进行调查，并不再接受经营者提出的承诺。

三是明确了未履行承诺的后果。如果出现经营者未履行承诺的情况，执法机构应当恢复对涉嫌垄断行为的调查，并且在执法机构恢复调查后，不再接受经营者提出承诺。

4. 充分考虑承诺措施可能对第三方和社会公众造成的影响

承诺制度虽然表现为反垄断执法机构与经营者之间就某种反竞争问题达成一致的解决方式，但是承诺措施的实施是否能够有效消除经营者行为可能造成的排除、限制竞争影响，需要从更广的范围来考量。为了充分保障第三方和社会公众的正当利益，《承诺指南》在制度设计上注重第三方的参与。

一是沟通过程可以邀请第三方参加讨论。在经营者与执法机构就承诺内容进行沟通的过程中，经执法机构和经营者一致同意，可以共同邀请第三方经营者、行业主管部门、行业协会、专家学者等共同参加讨论。

二是审查承诺时可公开征求意见。在执法机构对经营者的承诺进行审查时，如果认为经营者的涉嫌垄断行为已经影响到其他不特定多数经营者、消费者的合法权益或社会公共利益，可以就经营者承诺的措施向社会公开征求意见。征求意见的时间一般不少于 30 日。对社会公众等各方提出的意见，执法机构认为需要采纳的，可以建议经营者对承诺的措施进行修改或者重新提出承诺措施。经营者不愿意对承诺的措施进行修改并且无法给出合理解释或者提出可行替代方案的，执法机构可以终止经营者承诺的审查与沟通程序，继续对涉嫌垄断行为进行调查。

三是承诺措施变更可再次征求意见。如果修改后承诺的措施在性质或者范围上发生了重大改变，执法机构可以再次向社会公开征求意见。

四是第三方可提出恢复调查的建议。在执法机构作出中止调查决定后，如果行业主管部门、消费者或者其他经营者认为经营者出现依法应当恢复调查的情形，可以向执法机构提出恢复调查的建议。

三、制定反垄断部门规章

自 2008 年《反垄断法》实施以来，中国反垄断执法机构认真履行职责，切实开展反垄断执法，为维护市场公平竞争、保护消费者利益、促进中国社会主义市场经济持续健康发展发挥了重要作用。中国反垄断执法机构于 2018 年完成了“三合一”的优化整合，由市场监管总局承担反垄断统一执法的职责。在此背景下，为充分总结执法经验，适应内外市场环境的变化，满足反垄断执法体制改革需要，加快推进反垄断统一执法，市场监管总局制定《禁止垄断协议暂行规定》

《禁止滥用市场支配地位行为暂行规定》《制止滥用行政权力排除、限制竞争行为暂行规定》，于 2019 年 9 月 1 日起施行。3 部规章的出台，实现了反垄断统一执法后垄断协议、滥用市场支配地位和滥用行政权力排除、限制竞争行为规制制度的统一、细化和优化，是我国反垄断法律制度体系发展的重要里程碑。

（一）起草过程

2018 年 10 月，市场监管总局启动三部部门规章的起草工作。在吸收整合国家发展改革委《反价格垄断规定》《反价格垄断行政执法程序规定》和原国家工商行政管理总局《工商行政管理机关禁止垄断协议行为的规定》《工商行政管理机关禁止滥用市场支配地位行为的规定》《工商行政管理机关查处垄断协议、滥用市场支配地位案件程序规定》《工商行政管理机关制止滥用行政权力排除、限制竞争行为的规定》《工商行政管理机关制止滥用行政权力排除、限制竞争行为程序规定》有关内容的基础上，注重继承创新，结合反垄断执法实践要求，起草形成初稿。

修订过程中坚持开门立法原则，通过研讨会、座谈会、书面征求意见等方式，吸收采纳了市场监管总局各司局、各省级市场监管部门、国务院反垄断委员会专家咨询组、高校及研究机构、行业协会商会、中外律师事务所、中外企业的意见后，经修改完善形成征求意见稿，并于 2019 年 1~2 月向社会公开征求意见，并征求了全国人大常委会法工委、最高人民法院以及国务院反垄断委员会 13 家成员单位的意见。根据各方面意见，进一步修改完善征求意见稿，并多次召开立法论证会、修法工作会进行研究论证修订。3 部规章于 6 月 26 日颁布，9 月 1 日起施行。

（二）禁止垄断协议暂行规定

1. 制度设计与条文变化

《禁止垄断协议暂行规定》共 36 条，对授权与管辖、垄断协议认定、立案、调查、豁免、中止调查、终止调查、恢复调查、处罚、宽大处理、公示等实体和程序内容作出了全面规定。《禁止垄断协议暂行规定》的制度设计可以总体归纳为授权（第二条、第三条、第十七条、第十八条、第十九条、第二十九条、第三十一条）、认定（第五条至第十四条）、承诺（第二十一条至第二十五条）、豁免（第二十六条至第二十八条）、罚则（第三十二条）、宽大（第三十三条、第三十四条）六大实体制度和一套程序规定（第十五条、第十六条、第二十条、第三十条、第三十五条）。

总体来看，相较于国家发展改革委《反价格垄断规定》《反价格垄断行政执法程序规定》和原国家工商行政管理总局《工商行政管理机关禁止垄断协议行为的规定》《工商行政管理机关查处垄断协议、滥用市场支配地位案件程序规定》有关内容，《禁止垄断协议暂行规定》的主要变化有七个方面：

（1）统一实体和程序性规定

机构改革前，受职能交叉和习惯做法等因素影响，原反垄断执法机构规制垄断协议的实体和程序内容分属不同部门规章，垄断协议和滥用市场支配地位行为的执法程序置于同一规定中。机构改革完成后，同一垄断行为类型适用不同实体标准和程序规定的情况给执法实践造成了很大困惑，远无法适应反垄断统一执法的工作需要。同时，考虑到反垄断法项下不同类型垄断行为和滥用行政权力排除、限制竞争行为的执法程序均有较大差别，制定统一程序规定的必要性和合理性均显不足。为了系统规制垄断协议，消弭执法疑惑，我们以行为类型作为出发点和分类标准，通过《禁止垄断协议暂行规定》将规制垄断协议的实体性规定和程序性规定合一，从举报、立案、调查到处罚决定、公示等各个环节，作出针对性规定，形成了更加聚焦、系统的程序体系，有利于执法机构和市场主体在实践中执行和把握。

（2）强调平等对待所有经营者

随着我国反垄断执法力度的加大，尤其是一些外国企业成为反垄断调查和处罚的对象，国际上出现了一种声音，质疑中国反垄断执法是专门对付外国企业的，即存在所谓的“选择性执法”和通过反垄断来实现贸易保护和投资保护的问题。在此背景下，《禁止垄断协议暂行规定》有力地回应了各方关切，在第四条中明确，“反垄断执法机构查处垄断协议时，应当平等对待所有经营者”。这一规定既是依法行政的必然要求，也重申和体现了对待内资和外资、国有与民营、大公司与中小企业一视同仁的执法原则，有利于消除外界误解，增进执法机构与各方互信，营造公平竞争的市场环境。

（3）明确授权与管辖

根据我国《反垄断法》第十条规定，反垄断执法属于中央事权，由国务院规定的承担反垄断职责的机构负责反垄断执法工作。这有利于保证反垄断执法的统一性，建设全国统一开放、竞争有序的市场体系。同时，考虑到案件数量多、工作量大，所有案件均由国务院反垄断执法机构直接处理不现实，《反垄断法》同时规定，国务院反垄断执法机构根据工作需要，可以授权省、自治区、直辖市人民政府相应的机构负责有关反垄断执法工作。《禁止垄断协议暂行规定》据此对授权与管辖制度进行了进一步明确。

一是充分发挥地方市场监管部门的积极主动性。考虑到垄断协议案件数量多、危害性大、一线取证要求高，省级市场监管部门执法具有反应迅速、情况熟悉、力量充足等优势，在过去十多年中也积累了较多经验，我们认识到机构整合之前实施的“个案授权”已不适应现阶段执法工作的需要，因此通过《禁止垄断协议暂行规定》明确规定垄断协议案件执法的授权模式为“普遍授权”，这与2019年2月发布《市场监管总局关于反垄断执法授权的通知》（国市监反垄断〔2018〕265号）保持了一致。省级市场监管部门可自行查处规定范围内的垄断行为，并可进一步将执法权委托给下级市场监管部门（后者须在委托范围内，以委托机关的名义实施调查，不得再进一步委托）。此项规定为强化垄断协议领域的执法职能，充实反垄断执法力量提供了保障；同时也充分调动了地方执法力量，鼓励省级相应机构做到守土有责，维护好辖区内的公平竞争市场秩序。

二是加强对省级反垄断工作的指导和监督。中央和地方两级执法的体系必然要求统一执法尺度和标准，建立公平、开放、透明的市场规则，坚决防止和克服地方保护主义和市场分割。因此，《禁止垄断协议暂行规定》明确要求执法机构查处垄断协议时，应当平等对待所有经营者。明确要求省级市场监管部门按照市场监管总局的相关规定查处垄断协议，市场监管总局要加强对省级市场监管部门执法的指导和监督，并规定了报告备案制度，规范了行政处罚决定书的内容。此项规定有利于有序开展垄断协议反垄断执法，推动建设全国统一大市场。

（4）明确和细化垄断协议的认定因素

机构改革前，由于原反垄断执法机构在职能分工上的安排，垄断协议被区分为价格与非价格两类，但在《反垄断法》第二章“垄断协议”规定中并未作此区分。更重要的是，多数类型的垄断协议都是价格与非价格因素并存，在实践中难以截然分开。因此，《禁止垄断协议暂行规定》中垄断协议的概念及认定其他协同行为的考虑因素基本参照《工商行政管理机关禁止垄断协议行为的规定》，仅在措辞和格式上进行了微调，但不再区分价格与非价格垄断协议案件，并对《反垄断法》第十三条、第十四条所列举的固定或变更价格、限制生产销售数量等7种具体垄断协议形式，以及国务院反垄断执法机构认定其他垄断协议的考虑因素进行细化，增强了法律的可操作性，主要体现了以下特点。

一是更加重视对新技术产品和服务的因素考量。这是《禁止垄断协议暂行规定》适应当前经济环境发展变化的重要体现，科技是第一生产力，创新是引领发展第一动力，技术实力对企业竞争力的增强至关重要，尤其是在备受关注的新经济和医药等领域，对技术产品和服务的分析考量日益扮演重要的角色。实践中，违法企业为了长期保持自己在同行或特定领域的竞争优势，采取分割市场、限制购买等方式形成横向垄断，可能阻碍技术创新和传播，损害市场的竞争机制。《禁止垄断协议暂行规定》第九条、第十条都突出体现了这一点。

二是紧密结合横向垄断协议的执法实践。横向垄断协议是中国反垄断执法机构查处最多的垄断案件，主要集中在固定价格和分割市场两类协议中，代表性案件包括日本12家汽车零部件横向价格垄断协议案、安徽信雅达等3家密码器企业垄断协议案、17家保险公司江西分公司涉嫌达成、实施划分销售市场的垄断协议案等。两类垄断协议的修改内容均融入了上述案件的执法经验。

三是强化维持转售价格"禁止+豁免"的执法思路。《禁止垄断协议暂行规定》第十二条将《反价格垄断规定》中"禁止经营者与交易相对人达成下列价格垄断协议"修改为"禁止经营者与交易相对人就商品价格达成下列垄断协议"，同时补充细化了维持转售价格的行为表现。修改内容更加明确地体现出，维持转售价格行为的两种表现形式本身就属于垄断协议，行政执法可推定该行为符合《反垄断法》第十三条所规定的排除、限制竞争的标准，经营者承担不构成"排除、限制竞争"标准或符合豁免情形的举证责任。这种思路实际上对维持转售价格协议的违法性和合理性两方面已经给予了考虑，不是一概予以否定，其普遍违法性通过概括禁止的方式予以表达，而其可能具有的合理性则通过豁免的条件体现出来。在海南省裕泰科技饲料有限公司诉海南省物价局行政处罚一案中，该等分析路径也得到了最高人民法院的认可。

四是增加了认定其他垄断协议的因素。《反垄断法》第十三条、第十四条虽然规定了国务院反垄断执法机构可以认定"其他垄断协议"，但这个条款却因为缺乏细化的规定在实践中很少适用。《禁止垄断协议暂行规定》明确了适用《反垄断法》认定其他垄断协议时需要考量的因素，约束了反垄断执法机构的自由裁量权，也给经营者合规经营以明确的指引。同时，明确了《反垄断法》第十三条、第十四条兜底条款中的其他垄断协议只能由市场监管总局认定，体现了执法机构在此问题上的审慎原则。

（5）明确承诺制度的程序和限制要求

承诺制度是各国反垄断法律体系中一项成熟的制度设计，旨在鼓励违法经营者承诺纠正自身行为并主动采取措施消除行为后果，与反垄断执法机构达成和解。我国《反垄断法》第四十五条借鉴了美国、欧盟、日本等司法辖区的规定，设计了承诺制度，建立了我国反垄断案件调查中的协商与和解程序规则。《禁止垄断协议暂行规定》细化了《反垄断法》第四十五条规定，为被调查的经营者适用承诺制度、依法申请中止及终止调查提供明确的指引。

一是细化承诺制度的程序要求。《禁止垄断协议暂行规定》第二十一条至第二十五条继续明确了《反垄断法》中关于承诺制度"两步走"的步骤，即涉嫌垄断协议的经营者，第一步可以先提出中止调查申请，在满足相关条件后，第二步可以提出终止调查申请。当然，是否中止调查或者终止调查的最终决定权归于反垄断执法机构。此外，《禁止垄断协议暂行规定》进一步明确，"反垄断执法机构对涉嫌垄断协议调查核实后，认为构成垄断协议的，应当依法作出处理决定，不再接受经营者提出的中止调查申请”。这实际上对承诺制度适用的时间点提出了明确要求，通过这种制度设计，鼓励涉嫌垄断协议的参与者尽早整改，尽快消除行为对市场竞争带来的不利影响。这也是反垄断行政执法机构柔性执法的体现。

二是体现垄断协议适用承诺制度的审慎原则。承诺制度有利于节约执法资源，提高执法效率，同时也容易出现以中止代处罚等问题。《禁止垄断协议暂行规定》明确了固定价格、限制商品生产和销售数量、分割市场等严重的垄断协议不适用承诺制度，表明此类严重破坏市场竞争的垄断协议应成为企业严格禁止的“红线行为”。从中国反垄断执法机构的实践经验看，上海市市场监督管理局2019年4月在海昌隐形眼镜公司及上海海俪恩隐形眼镜公司转售价格维持案件中适用了承诺制度，企业通过承诺整改、消除行为不利影响，执法机构对其作出中止和终止调查决定。此举也表明，对市场竞争危害严重的横向垄断协议并没有适用承诺制度的先例。

（6）细化豁免制度规定

豁免是指排除适用《反垄断法》的情形。豁免制度是利益衡量的结果，从经济效果上对排除限制竞争行为的性质和影响进行利益对比，在“利大于弊”时排除适用《反垄断法》的禁止性规定。因此，豁免制度又称“适用除外”或“例外情形”。欧盟及其成员国、日本、韩国等司法辖区《反垄断法》都规定了垄断协议的豁免制度。我国的立法参考了欧盟的做法，《反垄断法》第十五条确立了豁免制度。《禁止垄断协议暂行规定》细化了关于经营者可以依法申请豁免的内容，明确了豁免的申请条件、反垄断执法机构认定符合豁免情形的考量因素、豁免决定的效力等，使《反垄断法》中原则性较强的豁免规定具有了可操作性，也更有利于保护经营者的合法权利。

一是进一步明确豁免的法理逻辑。《禁止垄断协议暂行规定》第七条至第十二条列明了6类垄断协议行为，如果经营者达成或实施上述6类行为，则根据《反垄断法》第十三条、第十四条，应首先推定其违法，除非经营者能够根据《反垄断法》第十五条及《禁止垄断协议暂行规定》相关内容，举证证明相关行为符合豁免条件，方可获得豁免。虽然我国《反垄断法》实施至今，并未公开发布经营者依据《反垄断法》第十五条成功主张豁免的案例，但在执法实践中存在大量的经营者拟申请豁免的情况，特别在航空、航运、保险、烟草等特殊领域，《反垄断法》适用除外的情形得到了尤为广泛的关注。《禁止垄断协议暂行规定》提高了豁免制度的可操作性，为垄断协议豁免实务提供了更充足的空间。

二是确立我国反垄断法项下的个案豁免。《禁止垄断协议暂行规定》第二十七条既是对《反垄断法》第十五条的补充，也明确了我国的垄断协议豁免制度是个案豁免，需要一案一议地对照《反垄断法》第十五条来判断相关行为是否符合其所列条件，并需要分析具体形式和效果、因果关系和必要条件等。我国个案豁免的制度设计参考了欧盟的做法，但与欧盟同时采用集体豁免和个案豁免的结构又有所区别。欧盟建立了将特定类型的垄断协议从《欧盟条约》禁止垄断协议规定中整体豁免出去的制度，涉及对农业、运输、保险等行业部门特定协议类型的集体豁免。但是，欧盟执行集体豁免制度极为严格，对已经授予的集体豁免仍采用一般的审查程序，同时也拥有撤回豁免的权力。我国反垄断立法时间短，执法经验较为缺乏，放弃集体豁免而采用个案豁免是较为现实和稳妥的做法，一方面可以防止垄断协议"漏网"而损害竞争，另一方面可以通过个案豁免审查积累执法经验。

三是有效防止垄断协议豁免职权的滥用。《禁止垄断协议暂行规定》第二十八条规定了豁免决定具有终止调查的效力，同时又明确"终止调查决定书应当载明协议的基本情况、适用反垄断法第十五条的依据和理由等内容"，以及"因情况发生重大变化，导致被调查的协议不再符合反垄断法第十五条规定情形的，反垄断执法机构应当重新启动调查"。这一方面将豁免决定的依据和内容公开公布，以接受社会监督；另一方面建立了对豁免权力的监控机制，对执法机构重新启动调查提出了明确要求，以保证豁免制度的有效执行。

（7）细化宽大制度规定

宽大制度是指对首先主动向反垄断执法机构"投案自首"并配合调查的经营者免予或减轻处罚的制度。宽大制度有力推动了垄断协议案件的调查，促使内部成员主动揭发，大大降低了垄断协议案件的取证难度。美国是最先采用宽大制度的国家，此后欧盟及全球多个司法辖区建立了宽大制度以促进垄断协议案件的调查。我国《反垄断法》第四十六条吸收了这一成功做法，确立了宽大制度，但规定较为概括，不利于执法的实际操作。《禁止垄断协议暂行规定》在吸收《反价格垄断规定》的基础上，对反垄断法中的宽大制度进行了细化。

一是明确"重要证据"的含义。提供重要证据是对违法经营者给予宽大的前提条件。《禁止垄断协议暂行规定》综合了《反价格垄断规定》和《工商行政管理机关查处垄断协议、滥用市场支配地位案件程序规定》关于重要证据的内容并作进一步细化，是指能够对反垄断执法机构启动调查或者对认定垄断协议起到关键性作用的证据，包括参与垄断协议的经营者、涉及的商品范围、达成协议的内容和方式、协议的具体实施等情况。其含义与欧盟委员会《关于卡特尔案件免除和减轻罚款公告》规定较为类似，包括卡特尔目标、活动和运作，有关产品或服务、地理范围、持续时间和受卡特尔影响的市场交易量；卡特尔的具体日期、地点、内容和参与者等。《禁止垄断协议暂行规定》较为细化的内容规定为经营者提供了明确的指引，有利于增强宽大制度的吸引力，推动其有效实施。

二是调整了宽大制度的减免梯度。合理设置处罚减免梯度比例，可以更充分发挥宽大制度对举报和自首的激励作用。《禁止垄断协议暂行规定》将可以获得宽大的经营者数量增加为 3 个，同时调整了依法减轻处罚的幅度，有利于更好地发挥宽大制度的积极作用。《禁止垄断协议暂行规定》对宽大制度的设计参考了《反价格垄断行政执法程序规定》，对于第一个申请依法减轻或者免除处罚的经营者，反垄断执法机构可以免除处罚或者按照不低于 80% 的幅度减轻罚款；对于第二个申请者，可以按照 30%~50% 的幅度减轻罚款；对于第三个申请者，可以按照 20%~30% 的幅度减轻罚款。

2. 衔接与发展

反垄断局是市场监管总局执法部门之一，反垄断执法是市场监管执法体系的重要组成部分，《禁止垄断协议暂行规定》作为部门规章，需要注意与部门规章的衔接和协调，并在未来的执法实践中不断发展完善。

（1）关于程序衔接

反垄断执法机构在基本性质上属于行政机关，反垄断案件的调查也是按照行政程序进行，应适用统一的行政程序法和行政处罚法的规则。反垄断调查程序与《行政处罚法》《行政强制法》《行政许可法》等是特殊法和一般法的关系。《禁止垄断协议暂行规定》是依据《反垄断法》制定的部门规章，对垄断协议行为的调查、处罚程序未作规定的，应符合上述一般法的规定要求，还应依照《市场监督管理行政处罚程序暂行规定》执行，有关时限、立案、案件管辖的规定除外；反垄断执法机构组织行政处罚听证的，依照《市场监督管理行政处罚听证暂行办法》执行。

（2）关于“安全港”条款

在起草过程中，有部分省级市场监管部门和专家学者提出，应参考欧盟关于集体豁免的有关规定，在关于垄断协议认定时增加“安全港”条款。具体规定为“具有竞争关系的经营者达成的协议不属于固定或者变更商品价格，限制商品的生产数量或者销售数量，分割销售市场或者原材料采购市场，限制购买新技术、新设备或者限制开发新技术、新产品，联合抵制交易等情形，且参与协议的经营者在相关市场上的市场份额合计不超过 15% 的，或者经营者与交易相对人达成的协议不属于固定向第三人转售商品的价格，限定向第三人转售商品的最低价格等情形，且参与协议的经营者在相关市场上的市场份额均不超过 25% 的，可以推定协议不会排除、限制竞争，有证据证明该协议排除、限制竞争的除外”。对此我们进行了审慎考量。考虑到现行《反垄断法》并未对“安全港”制度的市场份额等要素作出规定，增加“安全港”条款缺少上位法依据，我们将在以后工作中进一步研究论证。

（3）关于反垄断指南

根据国务院反垄断委员会工作安排，国务院反垄断委员会还将发布《横向垄断协议案件宽大制度适用指南》和《垄断案件经营者承诺指南》，两项指南将分别对宽大制度和承诺制度作进一步细化，为执法机构提供更加明确的指引，为经营者提供更加稳定的预期。指南将与《禁止垄断协议暂行规定》保持较好承继，《禁止垄断协议暂行规定》中两项制度的设计安排，还可通过指南作进一步的优化和细化，更好实现制度的落地和有效实施。

（三）禁止滥用市场支配地位行为暂行规定

1. 制度设计

《禁止滥用市场支配地位行为暂行规定》共 39 条，既总结执法经验，又注重解决现实问题，主要围绕 3 方面内容进行制度设计。

（1）完善执法机制

反垄断执法是中央事权，为了充分调动地方执法力量，《禁止滥用市场支配地位行为暂行规定》适应现实需要，明确了授权省级市场监管部门负责本行政区域内滥用市场支配地位行为的反垄断执法。同时，《禁止滥用市场支配地位行为暂行规定》明确了省级市场监管部门按照市场监管总局的相关规定查处滥用市场支配地位行为，规定了加强对省级市场监管部门执法的监督，建立了严格的监督机制，有利于有序开展滥用市场支配地位反垄断执法，建设全国统一开放、竞争有序的大市场。

（2）明确执法程序

机构改革前，受职能交叉和习惯做法等因素影响，原反垄断执法机构规制滥用市场支配地位的实体和程序内容分属不同部门规章，垄断协议和滥用市场支配地位行为的执法程序置于同一规定中。机构改革完成后，同一垄断行为类型适用不同实体标准和程序规定的情况给执法实践造成了很大困惑，无法适应反垄断统一执法的工作需要。同时，考虑到《反垄断法》规定的不同类型垄断行为和滥用行政权力排除、限制竞争行为的执法程序均有较大差别，我们以行为类型作为出发点和分类标准，根据查处滥用市场支配地位行为案件的主要环节，分别明确了举报、立案、调查、处理等程序性规定，明确了承诺的提出、中止调查决定的作出和恢复调查，并明确了行政处罚决定书的内容及依法向社会公布的要求，进一步提升了反垄断执法的规范性、透明度。

（3）细化相关考虑因素和具体情形

《禁止滥用市场支配地位行为暂行规定》主要针对认定滥用市场支配地位的

考虑因素、滥用市场支配地位行为的具体情形、滥用市场支配地位的处罚等内容作出了细化规定。上述内容在《反垄断法》里均有规定，但较为原则，都是概括性描述，存在可操作性不强、指引性不明等问题。《禁止滥用市场支配地位行为暂行规定》在总结执法经验的基础上，逐一进行了细化，适应现实执法需要。同时，《禁止滥用市场支配地位行为暂行规定》注重与垄断协议、滥用行政权力排除限制竞争等其他制度相衔接，明确了经营者行为的界限，增强了制度的可操作性，有利于执法机构在执法中把握尺度，也有利于市场主体开展合规，加强自律。

2. 条文变化

总体来看，相较于国家发展改革委《反价格垄断规定》《反价格垄断行政执法程序规定》和原国家工商行政管理总局《工商行政管理机关禁止滥用市场支配地位行为的规定》《工商行政管理机关查处垄断协议、滥用市场支配地位案件程序规定》有关内容，《暂行规定》的主要变化有 7 个方面。

（1）强调平等对待所有经营者

随着我国反垄断执法力度的加大，尤其是一些外国企业成为反垄断调查和处罚的对象，国际上出现了一种声音，质疑中国反垄断执法是专门对付外国企业的，即存在所谓的“选择性执法”和通过反垄断来实现贸易保护和投资保护的问题。在此背景下，《禁止滥用市场支配地位行为暂行规定》有力地回应了各方关切，在第四条中明确，“反垄断执法机构查处滥用市场支配地位行为时，应当平等对待所有经营者”。这一规定既是依法行政的必然要求，也重申和体现了对待内资和外资、国有与民营、大公司与中小企业一视同仁的执法原则，有利于消除外界误解，增进执法机构与各方互信，营造公平竞争的市场环境。

（2）完善执法授权与监督机制

根据我国《反垄断法》第十条规定，反垄断执法属于中央事权，由国务院规定的承担反垄断职责的机构负责反垄断执法工作。这有利于保证反垄断执法的统一性，建设全国统一开放、竞争有序的市场体系。同时，考虑到案件数量多、工作量大，所有案件均由国务院反垄断执法机构直接处理不现实，《反垄断法》同时规定，国务院反垄断执法机构根据工作需要，可以授权省、自治区、直辖市人民政府相应的机构负责有关反垄断执法工作。《禁止滥用市场支配地位行为暂行规定》据此完善了针对滥用市场支配地位行为的执法授权和监督机制。

一是明确普遍授权。《禁止滥用市场支配地位行为暂行规定》对滥用市场支配地位行为反垄断执法机制作了系统性规定，明确了普遍授权原则，这与 2019 年 2 月发布的《市场监管总局关于反垄断执法授权的通知》（国市监反垄断〔2018〕265 号）保持了一致。《禁止滥用市场支配地位行为暂行规定》建立了国家和省两级执法机制，规定了市场监管总局负责查处跨省（自治区、直辖市）的、案情较为复杂或者在全国有重大影响的，以及认为有必要直接查处的滥用市场支配地位行为；省级市场监管部门负责本行政区域内滥用市场支配地位行为的反垄断执法工作，并可进一步委托下级市场监管部门进行调查（后者须在委托范围内，以委托机关的名义实施调查，不得再进一步委托）。此项规定为强化滥用市场支配地位领域的执法职能，充实反垄断执法力量提供了保障，同时也充分调动地方执法力量，鼓励省级相应机构做到守土有责，维护好辖区内的公平竞争市场秩序。

二是强化执法监督。滥用市场支配地位案件危害性大、技术要求高、案情复杂，违法经营者通常都是具有强大市场力量的市场巨头，虽然省级市场监管部门执法具有反应迅速、力量充足等优势，但在面对大型企业的执法对抗及抗辩时，执法阻力、难度、能力都面临很大挑战，这就要求央地两级执法机构在滥用市场支配地位案件中必须加强协作、分工负责、合力推进。因此，《禁止滥用市场支配地位行为暂行规定》要求省级市场监管部门按照市场监管总局的相关规定查处滥用市场支配地位案件，并建立案件处理前报告和处理后备案两大制度。案前报告制度明确省级市场监管部门在作出中止调查决定、终止调查决定或者行政处罚告知前，应当向市场监管总局报告。市场监管总局将对案件的事实、法律依据和定性处理等进行分析研究，统一执法尺度。案后备案制度明确省级市场监管部门自垄断案件立案之日起 7 个工作日内，向市场监管总局备案，便于市场监管总局掌握全国案件查办情况，做好监督和指导。省级市场监管部门向被调查经营者送达中止调查决定书、终止调查决定书或者行政处罚决定书后 7 个工作日内向市场监管总局备案，便于市场监管总局掌握案件处理情况，加强执法监督。这些规定有利于有序开展滥用市场支配地位行为执法，保障执法标准和规则的统一性，提高执法的科学性和有效性。

（3）适应新经济业态发展和监管需要

近年来，互联网等新经济领域竞争问题较为突出，各方面反映较多，反垄断执法机构对此问题一直较为关注。从世界各国的反垄断执法实践来看，现代《反垄断法》的基本制度框架，包括关于滥用市场支配地位的分析和认定，同样适用于互联网等新经济领域的经营者。但互联网等新经济业态区别于传统的经济形态，具有动态竞争、创新竞争、跨界竞争等突出特点，相关市场具有双边性或多边性，网络效应明显，给传统反垄断执法思路和分析因素带来了不小挑战。考虑到互联网等新经济业态的特殊性，《禁止滥用市场支配地位行为暂行规定》适应执法需要，基于执法经验和研究，在多个条款中对互联网等新经济业态的相关问题作了规定，是创新执法方式的重要体现。

一是关于认定市场支配地位。《禁止滥用市场支配地位行为暂行规定》第六条首先对市场份额确定的考虑因素进行了扩充，除销售金额、销售数量外，明确了可以考虑“其他指标在相关市场所占的比重”，为认定互联网领域经营者市场份额提供了依据。更为重要的是，《禁止滥用市场支配地位行为暂行规定》第十一条列举了认定互联网等新经济业态经营者具有支配地位时可以考虑的因素，包括“相关行业竞争特点、经营模式、用户数量、网络效应、锁定效应、技术特性、市场创新、掌握和处理相关数据的能力及经营者在关联市场的市场力量等因素”。《禁止滥用市场支配地位行为暂行规定》充分吸纳了我国司法机关有关互联网领域诉讼案件判决的内容，包括奇虎公司与腾讯公司垄断纠纷案等，同时也充分借鉴了其他司法辖区在互联网领域执法的优秀经验和成熟做法，如“用户数量”“掌握和处理相关数据的能力”等，在欧盟处罚谷歌滥用市场支配地位、德国联邦卡特尔局认定 Facebook 滥用市场支配地位等案中，用户数量和大数据都成为执法关注的焦点。上述规定突出体现了互联网等新经济领域的特征，有利于给予经营者明确的指引，判断在执法实践中如何认定互联网领域经营者具有市场支配地位。

二是关于认定“掠夺性定价”的滥用市场支配地位行为。《反垄断法》第十七条第一款第二项对“掠夺性定价”滥用行为作出了规定。近年来，执法机构认识到，此类旨在排挤竞争对手的低价补贴、低价倾销行为在互联网等新经济领域有愈演愈烈之势，不利于相关行业和市场的持续健康发展，从长期来看，也导致消费者的整体福利受到损害。因此，《禁止滥用市场支配地位行为暂行规定》第十五条明确规定，经营者以低于成本的价格销售商品，涉及互联网等新经济业态中的免费模式，应当综合考虑经营者提供的免费商品以及相关收费商品等情况。近年来，埃文斯、梯若尔等经济学家推动“双边市场”理论在反垄断经济学，特别是互联网等新经济领域取得了长足的发展。这一分析思路和考虑因素也得到了欧美等司法辖区执法机构和司法机关的肯定和引用。《禁止滥用市场支配地位行为暂行规定》的表述虽未明确提及“双边市场”，但体现了经济学的分析思路和角度，是对互联网等新经济业态经营特点的充分认识和考量。

（4）细化市场支配地位的认定因素

《禁止滥用市场支配地位行为暂行规定》第六条至第十三条对《反垄断法》第十八条认定经营者具有市场支配地位应当依据的因素进行了进一步细化，为执法实践提供更为清晰的指引。同时需要明确的是，《禁止滥用市场支配地位行为暂行规定》主要是明确了考虑因素的方向和范围。在执法实践中需要根据个案的具体情况，选择因素中的部分或者全部进行具体分析，并不是必须考虑每一个具体因素。

一是关于市场控制力。市场份额、市场竞争状况、控制销售市场和采购市场的能力都是分析经营者市场控制力的评价指标。市场份额是反映经营者市场控制力量最主要的因素。《禁止滥用市场支配地位行为暂行规定》第六条明确了确定经营者在相关市场的市场份额的指标为销售金额、销售数量或者其他指标，规定“其他指标”也将经营者的产能、用户数量等指标囊括在内，在个案中给予执法机构更多维度，能更准确反映经营者的市场份额。分析相关市场竞争状况是判断企业市场控制力的基础。《禁止滥用市场支配地位行为暂行规定》主要明确了市场发展状况、市场结构、产品差异、销售和采购模式等因素，同时考虑市场实际和竞争情况，增加了考虑“创新和技术变化、销售和采购模式”等因素。控制销售和原材料的能力直接反映了经营者控制市场的能力。《禁止滥用市场支配地位行为暂行规定》将销售和原材料扩展至“产业链上下游市场”，增加“需要投入的其他资源的能力”等，更加契合市场实际情况和执法需要。

二是关于经营者市场地位。财力和技术条件、其他经营者的依赖程度都是经营者市场地位的评价指标。财力和技术条件是经营者综合实力、竞争能力的体现。《禁止滥用市场支配地位行为暂行规定》第八条对经营者的财力和技术条件明确了可以考虑的具体因素，财力情况主要考虑资产规模、盈利能力、融资能力等现有和潜在的财力因素；技术条件主要考虑研发能力、技术装备、技术创新和应用能力、拥有知识产权等因素。特别补充了“以及该财力和技术条件能够以何种方式和程度促进该经营者业务扩张或者巩固、维持市场地位等因素”，表明执法机构会综合考虑财力和技术条件向市场力量转化的关联关系。经营者的市场地位一定程度上表现为其他经营者对该经营者的依赖程度。《禁止滥用市场支配地位行为暂行规定》第九条对分析依赖程度明确了可以考虑的具体因素，包括交易关系、交易量、交易持续时间、转向其他交易相对人的难易程度等，核心是分析其他经营者开展经营在何种程度上依赖于该经营者。增加“在合理时间内”的表述，来自执法经验，大量实践表明，转向其他交易相对人的核心困难在于转换时间，时间越长，转换成本越高、难度越大。

三是关于市场进入。市场进入难易决定了一个市场格局的稳定程度和潜在竞争者参与市场竞争的可能性。概括而言，市场进入难度越大，经营者具有市场支配地位的可能性越大，反之，在位经营者会受到潜在竞争者的较大竞争约束。《禁止滥用市场支配地位行为暂行规定》第十条对《反价格垄断规定》和《工商行政管理机关禁止滥用市场支配地位行为的规定》做了较大突破，详细规定了市场进入难易程度的考虑因素，如市场准入、获取必要资源的难度、采购和销售渠道的控制情况、资金投入规模、技术壁垒、品牌依赖、用户转换成本、消费习惯等。从执法实践来看，经营者会对市场进入进行详细分析和评估，执法机构会将市场进入作为重点考察因素。因此，对市场进入的分析因素作出细化规定，可以让经营者获得更加稳定的预期。

四是关于认定知识产权领域经营者具有市场支配地位。 经营者拥有知识产权并不必然具有市场支配地位。《禁止滥用市场支配地位行为暂行规定》第十二条总结执法经验，特别是充分吸收了在查处高通公司滥用市场支配地位案中的执法经验，明确了认定知识产权领域经营者具有市场支配地位可以考虑的特殊因素，包括知识产权的替代性、下游市场对利用知识产权所提供商品的依赖程度、交易相对人对经营者的制衡能力等。同样需要说明的是，分析知识产权领域经营者具有市场支配地位依据同样的分析框架，上述这些因素不是独立于《反垄断法》规定和《禁止滥用市场支配地位行为暂行规定》细化规定的认定经营者具有市场支配地位依据的因素，而是在分析时需要考虑知识产权领域的特殊性。

五是关于认定共同市场支配地位的考虑因素。《反垄断法》第十九条规定了推定 2 个或 3 个经营者具有市场支配地位的市场份额标准，从而引入了共同市场支配地位的概念。执法实践中，由于《反垄断法》对认定 2 个以上的经营者具有市场支配地位没有作出明确规定，被推定具有市场支配地位的经营者如果提出其不具有市场支配地位，反垄断执法机构难以通过分析认定其具有市场支配地位，《反垄断法》规定的市场支配地位推定制度实操性不强，市场主体对此缺乏明确的预期。为了增强制度可操作性，给市场更明确的指引，《禁止滥用市场支配地位行为暂行规定》总结异烟肼原料药案和扑尔敏原料药案等执法经验，并借鉴世界上其他国家的相关制度和做法，明确规定了认定 2 个以上经营者具有市场支配地位考虑的因素，包括市场结构、相关市场透明度、商品同质化程度、经营者行为一致性等。根据经济学理论和执法实践，市场结构越集中、市场透明度越高、商品越同质化、行为越趋于一致，2 个以上的经营者具有市场支配地位的可能性越大。需要说明的是，分析 2 个以上的经营者具有市场支配地位具有不同的分析框架，除依据《反垄断法》规定和《禁止滥用市场支配地位行为暂行规定》细化规定的认定经营者具有市场支配地位依据的因素外，还必须考虑上述列举的具体因素。

（5）细化公平价格的考虑因素

认定“不公平的高价”或者“不公平的低价”一直是反垄断执法实践中的难点问题。总结高通公司滥用市场支配地位案、华为诉交互数字滥用市场支配地位垄断纠纷案等行政执法和司法实践，借鉴其他司法辖区做法，对于价格进行定量分析比较困难，且定量分析不是定性分析的前提。根据《反垄断法》的精神，规制“不公平的高价销售”或者“不公平的低价购买”，关注点不仅在于“高多少”或者“低多少”，更在于是否“不公平”。据此，《禁止滥用市场支配地位行为暂行规定》第十四条重点从是否存在“不公平”进行分析，具体列举了“不公平的高价”和“不公平的低价”的具体表现形式。主要是从横向和纵向两个方面进行比较。

一是横向比较。所谓横向比较，就是在同一时间阶段，将该经营者的价格与其他经营者比较，或者与该经营者在其他区域价格进行比较，上述价格都是静态的，是一种横向比较。具体有两种表现形式：1. 销售价格或者购买价格是否明显高于或者明显低于其他经营者在相同或者相似市场条件下销售或者购买同种商品或者可比较商品的价格；2. 销售价格或者购买价格是否明显高于或者明显低于同一经营者在其他相同或者相似市场条件区域销售或者购买商品的价格。需要注意的是，上述比较都明确了价格差异“明显”，执法实践中，如果通过比较价格差异很微小，或者存在价格差异具有合理性，一般不认定为构成“不公平的高价”或者“不公平的低价”，需要在个案中具体分析。

二是纵向比较。所谓纵向比较，就是不同时间阶段，分析该经营者的价格变化幅度是否正常，上述价格是动态的，是对价格变化的公平性进行分析，是一种纵向比较。具体有两种表现形式：1. 在成本基本稳定的情况下，是否超过正常幅度提高销售价格或者降低购买价格；2. 销售商品的提价幅度是否明显高于成本增长幅度，或者购买商品的降价幅度是否明显高于交易相对人成本降低幅度。同样，上述比较明确了价格差异超过“正常”幅度或者变化幅度“明显”，执法实践中，如果通过比较价格变化幅度正常或者差异不明显，或者存在价格变化具有合理性，一般不认定为构成“不公平的高价”或者“不公平的低价”，需要在个案中具体分析。

（6）明确掠夺性定价的“成本”标准

《反垄断法》第十七条禁止具有市场支配地位的经营者没有正当理由，以低于成本的价格销售商品。虽然实践中还未有执法先例，但近年来互联网企业的免费模式和补贴政策已经引起了执法机构的高度关注。从执法经验来看，依据该条执法的核心在于如何进行“成本”的判定，认定经营者低于成本销售商品构成滥用市场支配地位行为，该“成本”是确定经营者行为是否合法的标准。成本是一个复杂的经济学概念，有总成本、平均成本、边际成本、可变成本等多个成本概念。《禁止滥用市场支配地位行为暂行规定》第十五条在基于国情基础上，充分借鉴其他国家的做法，规定了应重点考虑价格是否低于平均可变成本。平均可变成本是指随着生产的商品数量变化而变动的每单位成本，即多生产一单位商品需要多投入的成本。平均可变成本与平均总成本相比，不包括平摊到每一单位产品的厂房和机器设备等平均固定成本。固定成本是经营者已经投入的沉没成本，与产品生产无关，而可变成本包括原材料成本、人工成本等，是产品生产必须多投入的成本。

《禁止滥用市场支配地位行为暂行规定》明确经营者是否低于平均可变成本

销售商品，判断是否构成滥用市场支配地位行为，理由主要是：经营者如果以低于平均可变成本的价格销售商品，意味着该经营者每多生产和销售一单位商品就要多亏损，违背基本的经济理性，其目的很可能是排挤竞争对手；经营者如果以高于平均可变成本的价格销售商品，意味着经营者在收回平均可变成本的同时有所盈利，很有可能是维持生产经营，具有一定的经济合理性。同时，考虑到互联网等新经济业态中可能存在双边或多边市场交叉补贴的经营模式，在考虑成本时应综合考虑经营者提供的免费商品及相关收费商品等情况。

（7）细化“正当理由”体现科学审慎的认定原则

执法实践中，认定经营者行为构成滥用市场支配地位是一个复杂的过程，有些行为符合滥用市场支配地位的形式要件，但具有商业合理性，不应予以规制。《禁止滥用市场支配地位行为暂行规定》主要通过细化“正当理由”，明确体现执法机构充分考量商业合理性、审慎认定滥用市场支配地位行为的原则。根据《反垄断法》规定，经营者行为构成滥用市场支配地位行为，除具有滥用行为的形式要件外，需要以“没有正当理由”为前提。《禁止滥用市场支配地位行为暂行规定》充分总结执法经验，对以低于成本的价格销售商品、拒绝交易、限定交易、搭售或者附加不合理交易条件、差别待遇等滥用市场支配地位行为可能具有的正当理由进行列举，细化《反垄断法》的规定，增强了执法可操作性和市场预期。

一是关于拒绝交易。《禁止滥用市场支配地位行为暂行规定》第十六条基本沿用了《工商行政管理机关禁止滥用市场支配地位行为的规定》的内容，主要从拒绝现有交易、拒绝新的交易、变相拒绝交易、拒绝提供必需设施四个角度列举了具有市场支配地位的经营者不得实施的拒绝交易行为。但经营者实施了上述行为并不必然构成滥用市场支配地位行为，如果实施上述行为具有正当理由则不构成违法。《禁止滥用市场支配地位行为暂行规定》列举了正当理由的具体情形，包括：1. 因不可抗力等客观原因无法进行交易；2. 交易相对人有不良信用记录或者出现经营状况恶化等，影响交易安全；3. 进行交易将使经营者利益不当减损。上述正当理由充分考虑了实践中经营者行为可能具有的商业合理性，保护经营者的正常商业行为。需要说明的是，在执法实践中，上述正当理由需要由经营者证明。

二是关于限定交易。《禁止滥用市场支配地位行为暂行规定》第十七条对经营者限定只与自身进行交易、限定与特定经营者进行交易、限定不得与特定经营者进行交易 3 种情况限定交易行为作了规定，与《工商行政管理机关禁止滥用市场支配地位行为的规定》基本保持了一致，仅增加了变相限定的表述。在执法实践中，一些经营者的行为较为隐蔽，并不直接提出限定交易对象的要求，而是通过技术手段或合同安排变相达到限定交易的目的，这些变相行为不管方式如何，只要客观上影响了交易相对人自由选择，实质性限定了交易对象，就构成限定交易行为。在“正当理由”方面，《禁止滥用市场支配地位行为暂行规定》修改完善了《反价格垄断规定》的内容，明确正当理由包括为满足产品安全要求所必须、为保护知识产权所必须、为保护针对交易进行的特定投资所必须。上述理由充分考虑经营者限定交易可能具有的合理性，体现了对产品安全、知识产权和促进投资的保护。

三是关于搭售和附加其他不合理交易条件。《禁止滥用市场支配地位行为暂行规定》对搭售行为和附加不合理交易条件的5种情形作出了规定，与《工商行政管理机关禁止滥用市场支配地位行为的规定》基本保持了一致，仅在搭售情形中删除了“强制”的表述。但是，《禁止滥用市场支配地位行为暂行规定》对涉及搭售行为和附加不合理交易条件的“正当理由”做了大幅补充完善，包括符合正当的行业惯例和交易习惯、为满足产品安全要求所必须、为实现特定技术所必须等。这些理由基于商业实践，充分考虑经营者、行业、惯例等普遍做法，承认经营者搭售或者附加有关交易条件具有一定的合理性，突出体现了对滥用市场支配地位行为科学审慎的认定原则。

四是关于差别待遇。《禁止滥用市场支配地位行为暂行规定》第十九条列举了具有市场支配地位的经营者实施的4种具体的差别待遇行为，与《工商行政管理机关禁止滥用市场支配地位行为的规定》和《反价格垄断规定》基本保持了一致。根据《反垄断法》规定，构成差别待遇一个重要前提是交易相对人“条件相同”。《禁止滥用市场支配地位行为暂行规定》对“条件相同”予以明确，即交易相对人之间在交易安全、交易成本、规模和能力、信用状况、所处交易环节、交易持续时间等方面不存在实质性影响交易的差别。同样，《禁止滥用市场支配地位行为暂行规定》也对关于差别待遇的“正当理由”做了大幅补充完善：一是根据交易相对人实际需求且符合正当的交易习惯和行业惯例，实行不同交易条件。这主要是考虑定制化交易的情况，经营者根据交易相对人需求提供不同的商品和交易条件。二是针对新用户的首次交易在合理期限内开展的优惠活动，新用户、首次交易、合理期限需要同时满足。

3. 衔接与发展

反垄断局是市场监管总局执法部门之一，反垄断执法是市场监管执法体系的重要组成部分，《禁止滥用市场支配地位行为暂行规定》作为部门规章，需要注重与其他部门规章的衔接和协调，并在未来的执法实践中不断发展完善。

（1）关于程序

一是与《禁止垄断协议暂行规定》的相关程序规定基本保持一致。《禁止滥用市场支配地位行为暂行规定》对违法行为的发现途径、书面举报的要求、公示等作出了统一规定。在违法行为的发现方面，反垄断执法机构依据职权，或者通过举报、上级机关交办、其他机关移送、下级机关报告、经营者主动报告等途径，发现涉嫌垄断行为。在书面举报的要求方面，一般包括举报人的基本情况、被举报人的基本情况、涉嫌违法的相关事实和证据以及是否就同一事实已向其他行政机关举报或者向人民法院提起诉讼等内容。在信息公示方面，反垄断执法机构作出行政处理决定后，依法向社会公布，其中行政处罚信息应当依法通过国家企业信用信息公示系统向社会公示。

二是与市场监管总局其他程序性规章保持衔接。反垄断案件的调查按照行政程序进行，应适用统一的行政程序法和行政处罚法的规则。《禁止滥用市场支配地位行为暂行规定》是依据《反垄断法》制定的部门规章，对垄断协议行为的调查、处罚程序未作规定的，应符合一般法的规定要求，还应依照《市场监督管理行政处罚程序暂行规定》执行，有关时限、立案、案件管辖的规定除外。反垄断执法机构组织行政处罚听证的，依照《市场监督管理行政处罚听证暂行办法》执行。

（2）关于承诺制度

承诺制度，是指反垄断执法机构对涉嫌垄断行为开展调查时，经营者承诺纠正自身行为，主动采取措施消除行为后果，并且反垄断执法机构认为经营者的承诺能够消除行为可能给市场竞争带来的损害，反垄断执法机构可以决定接受经营者的承诺，中止案件调查。由于多数滥用市场支配地位案件案情复杂、影响巨大、技术要求高、调查难度大，承诺制度得以在滥用市场支配地位案件中得到更加广泛的应用。承诺制度也是世界各国反垄断法普遍采用的一种制度，该制度有利于节约执法资源，提高执法效率，及时消除涉嫌垄断行为产生的不利后果，实现保护市场公平竞争的目的。

我国滥用市场支配地位执法实践中有多起适用承诺制度的案件，包括发展改革委对交互数字涉嫌滥用市场支配地位中止调查、内蒙古自治区工商行政管理局对中国移动涉嫌滥用市场支配地位中止调查等。承诺制度在执法中发挥了积极作用，同时也暴露出程序不够规范、对承诺履行的监督不力、以中止代处罚等问题。为了规范承诺制度的适用、统一执法标准，增强制度的可操作性，《禁止滥用市场支配地位行为暂行规定》第二十九条至第三十三条对滥用市场支配地位案件中承诺制度的适用范围、承诺制度的申请和决定程序、承诺的监督、终止调查和恢复调查的情形四方面内容作出了明确规定。从与《禁止垄断协议暂行规定》比较来看，在滥用市场支配地位领域并不存在不适用承诺制度的“红线行为”，这与国际经验和做法保持了一致，也充分体现了我们过去十多年来的执法经验。

（3）关于法律责任

在法律责任方面，《禁止滥用市场支配地位行为暂行规定》严格地遵循《反垄断法》的规定，体现出了科学审慎的立法态度和监管原则，并没有作出任何突破性规定。《禁止滥用市场支配地位行为暂行规定》第三十七条明确了反垄断执法机构确定具体罚款数额时，应当考虑违法行为的性质、情节、程度、持续时间等因素。更重要的是，对特殊情况下的法律责任作了补充性规定。中国多年的反垄断执法经验表明，经营者从事滥用市场支配地位行为有些是因行政性垄断引起，对于在这种情况下经营者如何承担法律责任，《禁止滥用市场支配地位行为暂行规定》进行了明确：一是一般情况下经营者承担同样的法律责任，执法机构应责令其停止违法行为，没收违法所得，并处上一年度销售额 1% 以上 10% 以下的罚款。二是特殊情况下，可以从轻或者减轻处罚，前提是经营者能够证明其从事的滥用市场支配地位行为是被动遵守行政命令所导致的。关于特殊情况下法律责任的补充规定，充分体现了宽严相济的监管思路和实事求是的执法态度，也体现了行政法上处罚公正的基本原则。

（四）制止滥用行政权力排除、限制竞争行为暂行规定

1. 制度设计

《制止滥用行政权力排除、限制竞争行为暂行规定》共 25 条，对制止滥用行政权力排除、限制竞争行为的执法程序和实体规则作了全面系统的规定，主要包括以下 4 个方面的内容。

一是优化了执法机制。《制止滥用行政权力排除、限制竞争行为暂行规定》对制止滥用行政权力排除、限制竞争行为反垄断执法机制作了系统性规定，明确了普遍授权原则，建立了国家和省两级执法机制，规定了省级市场监管部门负责本行政区域内滥用行政权力排除、限制竞争行为的反垄断执法工作；市场监管总局负责查处在全国范围内有影响的、省级人民政府实施的、案情较为复杂或者认为有必要直接查处的滥用行政权力排除、限制竞争行为。同时，《制止滥用行政权力排除、限制竞争行为暂行规定》还明确了指定管辖、委托调查、协助调查及报告备案等机制，规定市场监管总局应加强对省级市场监管部门的指导和监督，省级市场监管部门应严格按照市场监管总局相关规定调查处理相关案件等，在充分调动央地两级执法机构能动性的同时，统一执法尺度，提高办案质量。

二是明确了执法程序。《制止滥用行政权力排除、限制竞争行为暂行规定》根据制止滥用行政权力排除、限制竞争行为的反垄断执法的主要环节和实际需要，分别明确了案件的举报、受理、立案、调查、处理等程序性规定，明确了书面举报一般包括的内容，规定了省级以下市场监管部门收到举报材料或者发现案

件线索后的处理方式，明确了行政建议书应当载明的事项。同时，《制止滥用行政权力排除、限制竞争行为暂行规定》给予被调查单位和个人陈述意见的权利，反垄断执法机构应当对被调查单位和个人提出的事实、理由和证据进行核实。对于反垄断执法机构认为构成滥用行政权力排除、限制竞争行为的，依法向社会公布，进一步提升了行政性垄断执法的规范性、透明度。

三是细化了滥用行政权力排除、限制竞争行为。《反垄断法》第三十二条至第三十七条明确列举了限定交易，妨碍商品自由流通，招投标中的不当限制，投资或设立分支机构限制，强制经营者从事垄断行为，制定含有排除、限制竞争内容的规定等滥用行政权力排除、限制竞争行为，但规定较为原则。为进一步提高法律的可操作性，在总结执法经验并充分吸收借鉴现有规则的基础上，《制止滥用行政权力排除、限制竞争行为暂行规定》对《反垄断法》规定进行了逐一细化，既有利于指导市场监管部门依法办案，提高执法的透明度和可预见性，又有利于为行政机关和法律、法规授权的具有管理公共事务职能的组织依法行政提供指引，避免滥用行政权力排除、限制竞争。

四是规定了滥用行政权力排除、限制竞争行为的处理。《制止滥用行政权力排除、限制竞争行为暂行规定》对滥用行政权力排除、限制竞争行为的处理作了细化规定，区别了不同情形下的 4 种处理方式，包括对于当事人在立案前的调查期间已采取措施停止相关行为，消除相关后果的，可以不予立案；经调查，认为构成滥用行政权力排除、限制竞争行为的，可以向有关上级机关提出依法处理的建议；调查期间，当事人主动采取措施停止相关行为，消除相关后果的，可以结束调查；经调查，认为不构成滥用行政权力排除、限制竞争行为的，应当结束调查。此外，《制止滥用行政权力排除、限制竞争行为暂行规定》中明确了查处是指调查并提出处理建议，并明确了当事人不配合调查情形下的处理方式等。

2. 条文变化

《制止滥用行政权力排除、限制竞争行为暂行规定》在继承原有制度基础上，注重对已有执法经验的总结，加强制度创新，以期满足新形势下反垄断执法实践需要，以《反垄断法》为依据，对相关制度进行了完善，为制止滥用行政权力排除、限制竞争行为反垄断执法提供明确依据。相较于发展改革委《反价格垄断规定》《反价格垄断行政执法程序规定》和原工商总局《工商行政管理机关制止滥用行政权力排除、限制竞争行为程序规定》《工商行政管理机关制止滥用行政权力排除、限制竞争行为的规定》《制止滥用行政权力排除、限制竞争行为暂行规定》的主要变化体现在 5 个方面。

一是实现了实体性规定和程序性规定合一。机构改革前，发展改革委和原工商总局均是对制止滥用行政权力排除、限制竞争行为的实体和程序内容分别作出规定。为了形成更加全面、完整、统一的系统性规定，《制止滥用行政权力排除、限制竞争行为暂行规定》实现了实体性规定和程序性规定合一，更有利于反垄断执法机构和《制止滥用行政权力排除、限制竞争行为暂行规定》所规制的对象在实践中的执行和把握。

二是统一了授权和管辖范围。对于滥用行政权力排除、限制竞争行为的调查处理，发展改革委和原工商总局分别采取了普遍授权和个案授权两种不同的方式，《制止滥用行政权力排除、限制竞争行为暂行规定》将其统一为普遍授权原则。对于国家和省两级执法机构的管辖范围，发展改革委和原工商总局规定也不尽相同，《制止滥用行政权力排除、限制竞争行为暂行规定》将其统一为本行政区域内的执法工作由省级市场监管部门负责，在全国范围内有影响的等滥用行政权力排除、限制竞争行为由市场监管总局负责。

三是完善了执法办案有关程序内容。相比国家发展改革委和原工商总局关于制止滥用行政权力排除、限制竞争行为的执法程序规定，《制止滥用行政权力排除、限制竞争行为暂行规定》进行了完善和扩充，明确了反垄断执法机构可通过依据职权、举报、上级机关交办、其他机关移送、下级机关报告等途径，发现涉嫌滥用行政权力排除、限制竞争行为，明确了省级以下市场监管部门可以接收举报材料或发现案件线索，完善了对涉嫌滥用行政权力排除、限制竞争行为的立案程序，明确了被调查单位和个人具有陈述意见的权利，规定了调查中不同情形下的四种处理方式。这有利于规范执法程序，进一步提高透明度。

四是丰富了滥用行政权力排除、限制竞争行为表现形式。《制止滥用行政权力排除、限制竞争行为暂行规定》在《反垄断法》规定的 6 种滥用行政权力排除、限制竞争行为基础上，结合反行政性垄断执法实践经验积累，在现有规则基础上，规定了更为细化的滥用行政权力排除、限制竞争行为表现形式，较发展改革委和原工商总局规章内容更为丰富和具体，有利于准确识别滥用行政权力排除、限制竞争行为，进一步增强了执法实践中的可操作性。

五是加强了执法监督。确立了普遍授权的原则后，为加强对省级市场监管部门执法的监督，《制止滥用行政权力排除、限制竞争行为暂行规定》明确了省级市场监管部门要按照市场监管总局的相关规定查处滥用行政权力排除、限制竞争行为，及时向市场监管总局进行备案报告，建立了更为严格的监督机制，有利于有序开展制止滥用行政权力排除、限制竞争行为反垄断执法，形成标准、程序、尺度全面统一的反垄断执法新格局。

第六章

国际合作

《反垄断法》实施以来，中国反垄断执法机构大力开展反垄断国际合作，积极参与全球竞争治理，发出中国声音，贡献中国智慧。广泛建立多双边常态化合作机制，与美国、欧盟、俄罗斯、英国、日本、韩国、巴西、加拿大、南非等 32 个国家和地区反垄断执法机构签署合作备忘录、合作指引等 53 份合作文件，与金砖国家竞争执法机构共同签署《竞争法律与政策领域合作谅解备忘录》，并多次发表联合声明。积极参加多双边自贸协定竞争政策与反垄断执法议题谈判，在目前已经签署的中国与瑞士、韩国等 8 个国家双边自贸协定和欧亚经济联盟经贸合作协议中设立竞争政策与反垄断专章，积极推动中日韩、中挪等多个自贸协定竞争政策与反垄断执法议题谈判，为保护投资和贸易自由化成果提供规则保障。充分借助联合国、经济合作与发展组织、亚太经合组织等多边平台，在国际反垄断领域最佳实践研究中贡献力量。切实加强反垄断执法中的国际合作与协调，与美国、欧盟、德国、俄罗斯、加拿大、印度、南非等司法辖区执法机构就数十起重大跨国并购案件和垄断协议、滥用市场支配地位案件开展了执法合作，相互协调执法立场，共同应对跨国垄断行为，对维护国际市场公平竞争发挥了重要作用。

党的十九届四中全会指出，要推动建立国际宏观经济政策协调机制，建设更高水平开放型经济新体制，推动规则、规制、管理、标准等制度型开放。以《反垄断法》为核心的竞争规则是国际经贸规则的重要组成部分。实施更大范围、更宽领域、更深层次的全面开放，建设更高水平开放型经济新体制，推动我国向规则等制度型开放转变，必须加强国际反垄断规则的有效协调。2019 年，反垄断国际合作领域机构改革成效充分彰显，国际交流合作统一高效开展，合作空间进一步拓展，合作水平进一步提升，在参与全球竞争治理、实现规则等制度型开放中展现出更大作为。

一、切实加强合作机制建设

为适应经济全球化、企业竞争国际化和反垄断国际化趋势，中国反垄断执法机构高度重视反垄断国际合作机制建设。2019 年，市场监管总局不断加强与欧盟、日韩、金砖国家及“一带一路”沿线国家反垄断交流合作，新签及更新反垄断合作文件 13 件，切实深化常态化制度化机制建设。

（一）中欧反垄断合作机制建设取得新突破

2019 年 4 月 7 日，时任市场监管总局局长张茅率团访问欧盟委员会，在中欧领导人见证下，与欧盟委员会竞争事务委员维斯塔格女士共同签署新的《中国与欧盟竞争政策对话框架协议》《关于在公平竞争审查制度和国家援助控制制度领域建立对话机制的谅解备忘录》。2019 年 5 月第八届中国竞争政策论坛期间，甘霖副局长代表总局同欧方签署《关于在〈中欧竞争政策对话框架协议〉下设立联合工作组的指令》《关于公平竞争审查与国家援助谅解备忘录》《关于经营者集中案件审查合作的实务指引》《关于反垄断案件调查合作的实务指引》4 份合作文件。

中欧同为全球重要的反垄断司法辖区，中欧双方通过共同努力，建立了高水平、常态化务实合作机制。其中，《中国与欧盟竞争政策对话框架协议》关于交流内容、执法协助、冲突避免等规定为双方反垄断执法合作提供了基本依据，是我国签署的有关执法合作最为细致全面的双边合作协议。

（二）中日韩反垄断合作机制建设取得新成效

2019 年 5 月，市场监管总局甘霖副局长率团出访韩国期间，代表总局与韩国公平交易委员会委员长金尚祚签署《中韩竞争合作谅解备忘录》。该备忘录旨在促进双方合作与协调，加强双方在竞争政策与反垄断执法领域的有效合作，主要内容包括定期召开联合对话、开展执法技术合作、个案通报与咨询、执法协调等。访日期间，甘霖副局长代表总局与日本公平交易委员会委员长杉本和行签署了《中日反垄断合作备忘录》，该备忘录旨在通过进一步发展合作，促进双方反垄断法的有效实施，主要内容包括年度高层磋商、反垄断工作交流、执法技术合作、案件信息交换等。

2019 年是中日韩领导人会议机制 20 周年，中方担任主席国。20 年来，三国经济总量在全球占比从 17% 提升至 24%。中国反垄断执法机构长期与日本、韩国反垄断执法机构保持密切交流与合作。市场监管总局成立以来，中日韩进一步加强在全球和亚洲竞争政策与反垄断执法领域的合作，合力提升亚洲在国际反垄断领域中的话语权，为促进地区经济增长、引领区域一体化进程营造公平竞争市场环境。

（三）金砖国家反垄断合作机制建设取得新成果

金砖国家竞争政策和反垄断领域合作是落实《金砖国家领导人第七次会晤乌法宣言》的重要举措，在金砖五国反垄断执法机构的共同努力下取得丰硕成果。2019 年 9 月，甘霖副局长率团赴俄罗斯参加第六届金砖国家竞争大会，代表中方与金砖国家反垄断执法机构负责人共同签署《金砖国家竞争机构负责人莫斯科联合声明》，重申金砖五国继续加强反垄断领域合作的决心和意愿，并宣布将在 2020 年启动《金砖国家竞争机构竞争法律与政策领域合作谅解备忘录》延期程序。

（四）“一带一路”沿线反垄断合作机制建设取得新进展

1. 中菲反垄断合作机制建设

菲律宾是“一带一路”重要沿线国家，中菲两国为全面战略合作关系。2019 年 5 月，甘霖副局长率团访问菲律宾期间，双方就签署反垄断合作谅解备忘录进行了磋商。2019 年 11 月，肖亚庆局长率团出访菲律宾，代表总局与菲律宾竞争委员会签署了《中华人民共和国国家市场监督管理总局和菲律宾竞争委员反垄断合作谅解备忘录》。该备忘录是菲律宾竞争委员会对外签署的第一个双边反垄断合作文件。双方将以在竞争政策和反垄断领域建立双边合作机制为目的，通过定期召开联合对话、开展技术合作、交流执法经验、开展执法事前或事后通报、协调执法活动等方式进行合作。

2. 中塞反垄断合作机制建设

塞尔维亚是中国在中东欧地区第一个全面战略伙伴，是“一带一路”倡议的积极参与者和在欧洲的重要落脚点。2019 年 7 月，甘霖副局长率团出访塞尔维亚期间，代表总局与塞尔维亚竞争保护委员会主席米洛耶·奥布拉多维奇签署《中华人民共和国国家市场监督管理总局与塞尔维亚竞争保护委员会反垄断合作谅解备忘录》。该备忘录旨在促进双方合作与协调，加强双方在反垄断法领域的执法交流与合作，主要内容包括定期召开联合对话、开展执法技术合作、个案通报与咨询、执法协调等，为中塞深入开展反垄断合作、加强竞争政策领域交流奠定了坚实基础。

3. 中俄反垄断合作机制建设

2019 年 6 月，习近平主席对俄罗斯进行历史性访问，两国元首将两国关系提升为中俄新时代全面战略协作伙伴关系。中俄关系站在新的历史起点上，两国高层交往频繁，并积极发展“一带一路”建设同欧亚经济联盟对接，双方务实合作不断取得新的重要成果。2019 年 9 月，甘霖副局长率团参加第六届金砖国家竞争大会期间，与俄罗斯联邦反垄断局局长伊戈尔·阿提米耶夫举行工作会谈，续签《关于实施〈中华人民共和国政府和俄罗斯联邦政府关于反垄断与反不正当竞争领域合作交流协定〉的谅解备忘录（2020–2021 年度）》。双方表示，将共同落实《中俄总理第二十四次定期会晤联合公报》要求，加快新签《中华人民共和国政府与俄罗斯联邦政府反垄断执法和反垄断政策领域合作协定》的磋商工作。

4. 中白反垄断合作机制建设

白俄罗斯是中国在欧亚地区和丝绸之路经济带向西延伸的战略支点国家，是共建“一带一路”的坚定支持者和重要参与方。2019 年 9 月，甘霖副局长率团访问白俄罗斯，实现中国反垄断执法机构对白俄罗斯反垄断监管和贸易部的首次访问。甘霖副局长与白俄罗斯反垄断监管和贸易部部长弗拉基米尔·科尔托维奇举行工作会谈，签署《中白竞争与价格政策、消费者权益保护和广告活动监管领域合作备忘录》。该备忘录涉及反垄断执法、反不正当竞争执法、消费者保护和广告监管等多个领域，对开启和不断拓展中白务实合作，共同维护市场公平竞争，保护两国消费者利益具有重要意义。

二、积极开展自贸协定竞争政策（反垄断）议题磋商

加快实施自由贸易区战略是我国新一轮对外开放的重要内容。党的十八大提出加快实施自由贸易区战略，党的十八届三中、十八届五中全会进一步要求以周边为基础加快实施自由贸易区战略。2015 年 12 月 17 日国务院发布《关于加快实施自由贸易区战略的若干意见》（国发〔2015〕69 号）明确提出“加快推进知识产权保护、环境保护、电子商务、竞争政策、政府采购等新议题谈判”，“通过自由贸易区建设进一步促进完善我国竞争政策法律环境，构建法治化、国际化的营商环境”，竞争规则正式成为我国制度型开放的重要内容，开启了区域竞争合作的新篇章。

截至 2019 年年底，中国已与 25 个国家和地区签署了 17 个自贸协定，其中已签署的新西兰、新加坡、秘鲁、哥斯达黎加、瑞士、冰岛、澳大利亚、韩国、

格鲁吉亚 9 个自贸协定和中国东盟全面经济合作框架协议服务贸易协议中包含竞争政策和反垄断议题。目前，已经实质性结束中国与新西兰（升级）自贸协定、中国与海湾阿拉伯国家合作委员会自贸协定以及区域全面经济伙伴关系协定（RCEP）竞争政策（反垄断）议题谈判，正在积极推动与中日韩、挪威、以色列、巴拿马、毛里求斯、摩尔多瓦、秘鲁（升级）7 个自贸协定的竞争政策（反垄断）议题谈判，其中仅 2019 年就开展了 23 次直接谈判，体现了中国积极推动形成全面开放新格局、坚定支持自由贸易和经济全球化的态度和意愿，有力推动国际竞争规则的确立和完善。总体来看，2019 年自贸协定竞争政策（反垄断）议题谈判工作呈现出更广覆盖、更现代化、更高质量的特点。

（一）不断拓展覆盖范围

2019 年，我国正在推进的自贸协定谈判涉及 21 个国家，市场监管总局积极参与竞争政策（反垄断）议题谈判。上述国家覆盖的国际贸易额较大，仅 RCEP 成员国就占全球近 30% 的国内生产总值和 25% 的国际贸易额。自由贸易协定主要目的在于消除贸易壁垒，促进产品与服务在国家和地区间自由流动，推动经济一体化。垄断行为对市场竞争的限制将损害自由贸易所赖以立足的公平市场机制。一方面，国内垄断行为限制了国内市场竞争，损害了稳定、透明、可预期的营商环境；另一方面，国际垄断行为限制了国际市场竞争，损害了世界经济和国际贸易的发展。随着自由贸易的推进，生产要素在全球范围内流动比以往更快更广，流动规模也不断扩大，企业竞争全球化，在推动多双边经济发展的同时也带来了远远超出国家界限的竞争问题，这使加强竞争政策的国际协调成为自由贸易的必要保障。为有效应对国际垄断行为的挑战，营造各国公平竞争的市场环境，竞争政策作为“21 世纪经贸议题”成为自贸协定谈判的现代化议题。《国务院关于加快实施自由贸易区战略的若干意见》（国发〔2015〕69 号）发布前，在我国已签署的 14 个自由贸易协定中，仅有东盟、哥斯达黎加、新加坡、新西兰、冰岛、韩国、澳大利亚 7 个自由贸易协定包含竞争政策条款，其中与东盟、哥斯达黎加、新加坡和新西兰的自贸协定中设置的是竞争条款，2014 年 7 月 1 日生效的中国冰岛自由贸易协定首次设立竞争专章，随后与韩国、澳大利亚的自贸协定都包含竞争政策和反垄断议题。2016 年以来，与各国家、地区的自贸协定谈判全部增加了竞争政策（反垄断）议题。2019 年，市场监管总局根据统一部署，持续跟进与摩尔多瓦、巴拿马、毛里求斯、新加坡的竞争政策（反垄断）议题谈判，与挪威、日本、韩国、以色列、海合会以及 RCEP 等国家地区开展了 23 次竞争政策（反垄断）议题谈判，扩大了竞争政策在自贸协定中的覆盖范围，有力推动了多双边自由贸易协定的进一步深化。

（二）显著提升合作水平

随着国际贸易规则和贸易活动发生深刻变化，竞争规则的国际协调是自由贸易顺利开展的基石，这要求竞争治理的国际合作进一步提升层次、提高水平。

2015 年以前，我国签署的多双边自由贸易协定中普遍缺乏竞争政策条款，数量极少的自由贸易协定包含个别竞争政策条款，但相关规定概括性、原则性较强，仅较为笼统地约定协议各方须维护市场竞争，加强竞争政策领域交流。以中国—东盟全面经济合作框架协议为例，2003 年 7 月 1 日生效的文本中并无竞争政策条款，在 2007 年补充签署的服务贸易协定中，设置了规范“垄断和专营服务提供者”经营行为的条款，以确保“该提供者不滥用其垄断地位在其领土内以与此类承诺不一致的方式行事”。

2015 年以后，我国将竞争政策（反垄断）议题纳入自由贸易协定谈判，反垄断执法机构更加积极地参与竞争政策（反垄断）议题谈判，呈现条款数量增加、合作水平提高、可操作性增强的趋势。2019 年推进的竞争政策（反垄断）议题谈判，既有尚未签订自由贸易协定的挪威、摩尔多瓦、巴拿马、毛里求斯、以色列等，也有对已签订自由贸易协定进行升级的秘鲁、新加坡等，上述协定谈判均单设竞争政策和反垄断议题，主要包括宗旨、竞争法和竞争机构、执法原则、透明度、执法合作、技术合作、竞争执法独立性、争端解决以及定义等条款，既涵盖禁止垄断协议、滥用市场支配地位行为和经营者集中审查等实体性内容，也包含互相通知、信息交换等开展务实合作的程序性规定；既明确了竞争政策的宗旨目标，又建立了必要的协调协商机制。

（三）积极服务改革开放大局

一是加强与我国对外开放重大战略的战略协同。我国自由贸易区战略要求逐步构筑起立足周边、辐射“一带一路”、面向全球的自由贸易区网络。“一带一路”沿线自由贸易区建设是我国进一步优化自由贸易区建设布局的重要内容，目前推进的自贸协定谈判涉及的国家不少也是“一带一路”沿线国家。自贸区网络建设和“一带一路”建设具有很强的战略协同性。2019 年，市场监管总局在积极推动自贸协定谈判的同时，加大与“一带一路”沿线国家的反垄断执法合作，先后与韩国、菲律宾、塞尔维亚等“一带一路”沿线国家签署双边合作备忘录，开展第二届“一带一路”沿线国家反垄断执法官员培训，编译 15 个“一带一路”沿线国家反垄断法法律文本，扩大中国反垄断法律制度和实践对区域竞争规则发展的贡献和积极作用，构建与国际贸易新规则相衔接的合作机制。

二是加强与国内竞争政策和法律体系建设的战略协同。健全完备的国内竞争政策和法律体系是公平国际营商环境的重要基础。2019 年，市场监管总局积极推动《反垄断法》修订，制定禁止垄断协议、滥用市场支配地位和制止滥用行政权力排除限制竞争三部部门规章，指导海南自由贸易试验区等开展强化竞争政策实施试点，探索建立竞争政策实施框架，有力促进了竞争治理体系现代化，为国际自由贸易区建设奠定坚实的政策和法律基础。

三、不断深化执法合作和多双边交流

（一）完善执法合作机制

市场监管总局通过建立执法办案合作机制，不断拓展国际合作深度。在与欧盟、日本、韩国等司法辖区新签署的反垄断合作备忘录中增加深化案件合作和协调执法活动相关内容，进一步完善反垄断交流合作机制，提高双方执法合作水平。第八届中国竞争政策论坛期间，市场监管总局甘霖副局长与欧盟委员会竞争总司卡尔斯·埃斯特万·莫索副总司长签署《关于在〈中欧竞争政策对话框架协议〉下设立联合工作组的指令》《关于经营者集中案件审查合作的实务指引》《关于反垄断案件调查合作的实务指引》3 份合作文件，为双方在经营者集中案件审查、反垄断案件调查方面建立了常态化工作机制，减少可能产生的贸易和投资摩擦，为双方企业营造良好的营商环境。在反垄断合作备忘录框架下，市场监管总局与欧盟委员会竞争总司、美国司法部和联邦贸易委员会、日本公平交易委员会、韩国公平交易委员会等反垄断执法机构就诺贝利斯收购爱励、戴姆勒垄断协议案、卡哥特科收购德瑞斯部分业务案等多起重大案件开展执法合作，对提高案件审查质量、维护国际市场公平竞争发挥了重要作用。

（二）丰富多双边合作与交流方式

为加强与欧美、日韩、金砖国家及“一带一路”沿线国家反垄断交流合作，2019 年市场监管总局出访欧盟、韩国、日本、菲律宾、葡萄牙、塞尔维亚、俄罗斯、白俄罗斯等国家反垄断执法机构，开展双边竞争政策和反垄断执法高层交流，介绍各自竞争政策和反垄断执法最新进展，签署或商签反垄断合作谅解备忘录。第八届中国竞争政策论坛期间，市场监管总局甘霖副局长、市场监管总局反垄断局与参会的欧盟竞争总司、韩国公平交易委员会、美国司法部、新加坡竞争局等国外反垄断执法机构负责人开展双边高层会谈和工作层交流，宣传中国市场监管机构改革情况和工作成效，推动加强反垄断领域双边合作。

2019 年 9 月，甘霖副局长率团赴俄罗斯参加第六届金砖国家竞争大会。来自 40 多个国家、地区和国际反垄断执法机构的 300 余名代表参加本届金砖国家竞争大会，金砖五国反垄断执法机构负责人出席并作主旨演讲。俄罗斯第一副总理兼财政部部长安东·西卢阿诺夫出席大会开幕式并代表普京总统宣读贺信。甘霖副局长出席大会开幕式并围绕“金砖国家竞争政策和立法的发展”发表主旨演讲，对强化竞争政策实施、推进反垄断执法发出倡议，参加金砖国家反垄断政策协调委员会闭门会出席闭幕式并作简短致辞，邀请金砖各国和与会代表参加 2021 年在中国举办的第七届金砖国家竞争大会。除部级代表团外，中国代表团共参加 14 场活动，围绕药品、汽车、食品、数字经济领域竞争问题，以及金砖国家竞争合作、跨国并购、数字时代的竞争发展等议题发表演讲，分享中国做法和经验。市场监管总局反垄断局吴振国局长在第二场全体大会上介绍了中国竞争领域国际合作取得的进展，并对进一步深化金砖国家竞争领域合作提出建议。自 2009 年金砖国家竞争大会举办以来，中国代表团首次实现在大会各个环节均派出代表发言，是除东道国俄罗斯以外参与度最高的国家。中国代表的发言积极宣传了中国反垄断执法机构改革成效，就各国共同关心的议题提出了意见建议，充分彰显了中国积极参与国际竞争事务管理、主动对接引领国际竞争规则的大国风范。

此外，结合我国《反垄断法》修订的实际需要，市场监管总局反垄断局代表团赴美国、德国、比利时和英国，就当前我国《反垄断法》修订中面临的突出问题与这些国家反垄断执法机构深入交流，了解国际反垄断学术界最新研究成果与各国反垄断法历史沿革和最新发展，听取对中国反垄断法修订的意见建议。

市场监管总局反垄断局积极参加联合国贸发会（UNCTAD）、经合组织（OECD）、亚太经合组织（APEC）等多边国际会议和美国律师协会（ABA）年会、德国国际竞争大会、英国皇家国际事务所竞争政策论坛、圣彼得堡国际竞争论坛、摩洛哥拉巴特国际竞争会议、香港反垄断执法官员与学者高峰论坛、全球竞争评论（GCR）年会、亚洲竞争协会年会等国际会议，深入宣传中国反垄断执法机构改革成效，展示我国科学化、法治化、专业化反垄断执法形象，利用多边平台了解国际反垄断最新动态，积极参与国际反垄断领域最佳实践研究，促进各国反垄断措施融合，推动形成公平合理的国际竞争规则。

通过主办中欧竞争政策周，参加经合组织（OECD）、美国乔治梅森大学等组织的反垄断培训，市场监管总局反垄断局执法人员及全国省级市场监管部门业务骨干与国外其他司法辖区执法人员开展了多种形式的多双边技术交流，提高了中国反垄断执法队伍的反垄断法律素质和业务水平，对中国反垄断执法机构的能力建设发挥了积极的促进作用。

第七章
竞争倡导

一、成功举办第八届中国竞争政策论坛

中国竞争政策论坛是我国开展竞争政策领域国际交流的重要平台，自 2012 年至今已成功举办 8 届，对宣传我国竞争执法成就、扩大我国在国际反垄断领域影响力、促进我国《反垄断法》有效实施发挥了积极作用。为进一步强化竞争政策基础地位，促进中国自贸区、自由港建设，根据国务院反垄断委员会 2019 年工作部署，2019 年 5 月 7~10 日，第八届中国竞争政策论坛在海南省海口市成功举办。

（一）基本情况

第八届中国竞争政策论坛由市场监管总局和海南省人民政府共同主办，主题为“更高水平开放与竞争政策——以中国自贸区 / 自由港建设为视角”，包含开幕式、主旨演讲、4 场分论坛、海南分论坛、闭幕式等 8 部分内容，280 余名境内外执法机构、专家学者、政府官员、企业和律师代表出席论坛。

市场监管总局副局长兼国务院反垄断委员会秘书长甘霖出席论坛并致开幕词，海南省人民政府副省长沈丹阳、国务院反垄断委员会专家咨询组组长郎胜、国务院发展研究中心副主任隆国强等在开幕式上致辞。来自美国、欧盟、日本、韩国、新加坡等反垄断执法机构高级官员作主旨演讲。与会嘉宾聚焦竞争政策议题，围绕高质量发展、自贸区建设、数字经济、国际合作等热点问题，深入交流、热烈研讨、分享智慧、凝聚共识，为推进中国竞争政策的实施与自贸区建设建言献策，对解决全球竞争领域热点难点问题发挥了积极作用。市场监管总局反垄断局代表介绍了我国反垄断立法执法的成就与经验。

（二）主要特点

1. 议题聚焦前沿热点问题，吸引力强

实施竞争政策和发展自贸区是党中央促进改革、扩大开放、实现经济高质量发展的重大决策。本届论坛以“更高水平开放与竞争政策——以中国自贸区 / 自由港建设为视角”为主题，聚焦竞争政策和自贸区建设，围绕强化竞争政策实施与经济高质量发展、大数据与反垄断执法等热点、前沿问题进行深入交流，全面探讨强化竞争政策实施的重要性，研究推动竞争政策落实，分享自贸区建设经验，谋划实施竞争政策的路径举措，展望自贸区发展前景，对推动改革、促进开放具有重要意义。

2. 重量级嘉宾积极参会，踊跃发言

市场监管总局、海南省人民政府、国务院发展研究中心、国务院反垄断委员会专家咨询组组长出席论坛并致辞，美国、欧盟、日本、韩国等世界主要司法辖区反垄断执法机构负责人参加论坛并做主旨演讲。本届论坛邀请了 280 位国内外嘉宾，涵盖多个司法辖区反垄断执法机构负责人、国务院反垄断委员会成员单位、专家咨询组、自贸区和地方政府等多级多区域多领域部门，涉及境内外政府机构、专家学者、知名企业和律所等各界，具有广泛的代表性和影响力。

3. 拓展反垄断国际合作，成果丰硕

论坛举办期间，甘霖副局长代表市场监管总局与欧盟委员会竞争总司副总司长卡尔斯・埃斯特万・莫索进行双边会谈，签署《关于反垄断案件调查合作的实务指引》《关于经营者集中案件审查合作的实务指引》《关于在〈中欧竞争政策对话框架协议〉下设立联合工作组的指令》《关于在〈公平竞争审查与国家援助控制领域建立对话机制合作谅解备忘录〉设立指导小组的指令》，并与韩国公平交易委员会副委员长池澈湖就加强反垄断领域双边合作进行了会谈，深化了竞争政策领域国际合作。市场监管总局反垄断局局长吴振国分别与美国司法部助理副部长罗杰・奥尔福德、新加坡竞争与消费者委员会首席执行官杜汉立等就加强多双边竞争政策和反垄断执法国际合作进行了会谈。

（三）主要成果

一是进一步宣传了我国反垄断执法工作成果，扩大了我反垄断法执法的国际影响力；**二是**为反垄断执法机构与社会各界搭建了沟通的桥梁和纽带，有助于国内外各界理解、支持我反垄断工作；**三是**进一步弘扬了竞争文化和竞争政策，对加强我国竞争倡导起到了重要推动作用；**四是**探讨推动在自贸区内竞争政策的先行先试先落地，进一步展现了论坛的开放姿态，对探索竞争政策实施的有效路径，强化竞争政策的基础性地位，具有重大的现实意义；**五是**与国外反垄断执法机构官员、专家学者、企业等深入交流合作，拓展了反垄断国际合作的深度和广度。

二、持续强化反垄断宣传培训

（一）不断扩大反垄断工作影响力

《反垄断法》实施以来，特别是市场监管总局成立以来，反垄断执法机构十分注重反垄断新闻宣传，扩大反垄断工作社会影响力。2019年，市场监管总局反垄断局制定新闻宣传工作规则和宣传计划，围绕反垄断重点工作和重要活动，开展了一系列宣传活动，为反垄断工作营造了良好的舆论环境。

1. 强化竞争政策实施获评“2019年中国市场监管十大新闻”

党的十九届四中全会明确提出，强化竞争政策基础地位，落实公平竞争审查制度，加强和改进反垄断执法。市场监管总局贯彻落实党中央、国务院决策部署，积极开拓进取，推动反垄断工作取得新进展和新成效。反垄断工作受到广泛关注。2019年12月，“竞争执法和公平竞争审查力度加大，竞争政策基础地位凸显”被中国市场监管报评为“2019年中国市场监管十大新闻”。市场监管总局反垄断局负责人出席“2019年中国市场监管十大新闻发布暨点评活动”，并介绍2019年反垄断工作取得的进展和成效。

2. 中国竞争政策论坛影响力持续提升

2019年5月6~8日，第八届中国竞争政策论坛在海南省海口市举行，论坛由市场监管总局和海南省政府主办。论坛受到国内外媒体广泛关注和好评，截至5月13日12时，国内媒体数据总量约为254篇，其中网媒报道117篇，包括人民网、新华网、法制网、中国质量新闻网、南海网、新浪网、搜狐网等；纸媒报道9篇，包括人民日报海外版、法制日报、中国市场监管报、中国质量报、中国消费者报、海南日报等；论坛博客10篇；App客户端35篇；微信77篇；微博8篇；另有43家境外媒体对论坛进行报道或转载，包括韩联社、纽西斯通讯社、news1通讯社、亚细亚经济、韩国日报、韩国YTN电视台网站、先驱经济网站等。

3. 全国市场监管系统反垄断工作会议引起广泛关注

2019年5月9~10日，全国市场监管系统反垄断工作会议在海南省海口市召开，市场监管总局甘霖副局长出席会议并讲话，各省、自治区、直辖市及计划单列市、副省级城市市场监管部门，新疆生产建设兵团市场监督管理局，市场监管总局有关司局等参加会议。5月9日，全国市场监管系统反垄断工作会发布市场监管总局“2018 年反垄断执法十大典型案例”。媒体对此次会议进行了广泛的宣传报道，截至 2019 年 5 月 13 日 12 时，关于会议的新闻报道数量约 1400 篇，重点关注会议的召开，聚焦反垄断十大典型案例，展望了反垄断工作的前景。

4. 全面解读新制定反垄断部门规章

为贯彻落实党和国家机构改革精神，适应反垄断统一执法的需要，预防和制止垄断行为，2019 年 6 月 26 日，市场监管总局出台《禁止垄断协议暂行规定》《禁止滥用市场支配地位行为暂行规定》《制止滥用行政权力排除、限制竞争行为暂行规定》3 部反垄断法配套规章。2019 年 8 月 30 日，市场监管总局召开专题新闻发布会，市场监管总局反垄断局局长吴振国对 3 部规章主要内容和反垄断工作进展情况做了介绍，并回答了记者提问。市场监管总局还通过发表专题文章和问答图解等多种方式，加强 3 部配套规章的问答解读。3 部配套规章宣传活动引起全社会广泛关注，对统一反垄断执法程序、标准，提高经营者守法意识和营造良好的市场环境起到了促进作用。

5. 组织开展滥用行政权力排除、限制竞争行为专项执法宣传

2019 年 9 月，市场监管总局组织全国市场监管部门开展滥用行政权力排除、限制竞争行为专项执法行动，重点聚焦交通、建筑、医药、公章刻制、招投标与政府采购 5 个违法行为多发的领域，推动全国范围内全面深入开展执法工作。市场监管总局反垄断局在总局网站反垄断局子网站增设地方执法动态板块，宣传地方市场监管部门执法工作。目前该板块已发布江西、广东、吉林、云南、四川、湖南 6 个省专项执法行动开展情况，起到了良好的示范和引导作用，彰显了市场监管部门制止滥用行政权力排除、限制竞争，推动统一开放、竞争有序的市场体系建设，维护市场公平竞争和消费者合法权益的决心。

6. 切实加强公平竞争审查制度宣传

2019 年 4 月，公平竞争审查部际联席会议副召集人、市场监管总局甘霖副局长出席国务院政策例行吹风会，介绍公平竞争审查制度实施进展和下一步工作安排，扩大了公平竞争审查制度的影响力。市场监管总局反垄断局通过刊发“聚焦公平竞争审查制度”系列文章，编写出版《公平竞争审查制度学习读本》等书刊，对公平竞争审查制度进行解读和释义，提高了公平竞争审查工作的社会认知度和审查队伍业务水平，营造了良好的政策实施环境。

7. 不断提高反垄断执法透明度

市场监管总局注重提高反垄断执法透明度，按照《反垄断法》相关规定和政务公开的要求，依法公开案件信息。2019 年，市场监管总局对 16 件垄断协议和滥用市场支配地位案件作出行政处罚并公开处罚决定；将无条件批准经营者集中案件由每季度公示改为每周公示，依法公开 5 件附条件批准经营者集中案件公告，对 18 件未依法申报经营者集中案件作出行政处罚并公布处罚决定。

（二）深化反垄断执法培训

2019 年，全国省级市场监管机构改革基本完成，各地均设置了负责反垄断工作的机构，执法队伍处于整合阶段。市场监管总局反垄断局高度重视开展培训工作，深入贯彻落实党中央、国务院决策部署和总局工作要求，推进执法队伍全面、深度融合，切实提升反垄断执法能力和水平。同时，积极开展对企业的反垄断法培训，增强企业的反垄断法律意识，多次参与有关部门举办的对其他司法辖区反垄断执法官员培训，扩大了我国反垄断执法工作的国际影响力。

1. 举办全国市场监管系统反垄断业务骨干培训班

根据市场监管总局培训计划，反垄断局 2019 年 11 月 21~29 日在深圳行政学院举办全国市场监管系统反垄断业务骨干培训班。甘霖副局长出席开班式并讲话，全国 31 个省、自治区、直辖市和新疆生产建设兵团市场监督管理局（厅、委）都派出了负责反垄断工作的干部参加此次培训。此次培训具有以下几个特点：

一是总局领导高度重视。此次培训是党和国家机构改革以来首次对省级市场监管部门反垄断工作人员进行集中培训，总局领导非常重视。甘霖副局长出席开班式并讲话，要求参加培训人员深入学习贯彻党的十九届四中全会精神，增强做好反垄断工作的责任感和使命感，建设适应新形势、新任务、新要求的反垄断执法队伍。

二是覆盖范围广。各地市场监管部门非常重视此次培训，全国 31 个省、自治区、直辖市和新疆生产建设兵团市场监督管理局（厅、委）都派出了负责反垄断工作的干部参加此次培训，参训人员共 97 人，其中厅级干部 12 人，处长 18 人，处级干部 49 人。

三是培训内容精。在课程安排上，既讲解反垄断基本原理和法律规定，也剖析反垄断典型案例；既讲授中国情况，也包括国外的做法和经验。在授课教师上，既有反垄断领域的权威专家学者，也有总局反垄断局精通业务的办案处长；既有来自国有企业和跨国公司负责反垄断业务的高管，也有国际一流律所的反垄断律师。在培训方式上，既有老师授课，也安排了实地考察和学员之间的交流研讨，切实提升参加培训人员的反垄断执法能力和水平。

四是纪律要求严。整个培训期间参加培训人员严格遵守行政学院各项规章制度，认真遵守课堂纪律，保持良好学风。行政学院和授课教师认为，此次培训班遵守纪律情况良好，课堂交流积极热烈，对参加培训人员给予很高评价。

此次培训取得显著成效。**一是**深入学习贯彻了党的十九届四中全会精神，深化了对当前反垄断工作面临的新形势、新任务和新要求的认识，执法理念更加清晰；二是明确了地方市场监管部门承担的反垄断执法工作职责和任务，执法职责更加明确；三是推进了反垄断执法理念融合和队伍融合，提高了执法的规范化水平，执法标准更加统一；四是明确了当前反垄断工作的重点领域和难点问题，执法针对性更强；五是了解了国内外反垄断执法的现状和前沿问题，理论素养得到提升；六是培训了反垄断执法的分析工具和方法，推动提高执法专业化水平。

2. 举办《反垄断法》培训班

2019 年 4 月 22~26 日，国务院反垄断委员会办公室与国务院国有资产监督管理委员会在杭州联合举办《反垄断法》培训班，地方市场监管部门、有关国有企业共 100 人参加培训。此次培训为引导国有企业合规经营，提升市场监管系统反垄断执法队伍能力发挥了积极作用。

3. 积极参加欧盟暑期反垄断培训

根据中国欧盟竞争执法合作项目，2019 年 7 月市场监管总局反垄断局组织总局和省级市场监管部门司处级干部 23 人，赴比利时执行“中欧新的伙伴关系项目框架下反垄断专题培训”任务，围绕欧盟竞争法与竞争政策的基本框架和执法实务进行了深入学习交流。复旦大学等知名高校 5 位反垄断领域专家同期参训。培训取得很大收获，开阔了视野、提升了能力、加强了交流。

4. 加强对省级反垄断执法机构培训

机构改革后，各省市场监管部门加强业务培训的需求很高。2019 年，市场监管总局反垄断局大力积极支持全国各地市场监管部门培训和其他单位组织的反垄断培训，积极派员授课，共计 19 人次，其中包括 2019 年 9 月上海市、湖南省市场监管部门反垄断执法业务培训班，10 月四川、福建、陕西、湖北等地市场监管部门反垄断执法业务培训班等，10 月内蒙古自治区公平竞争审查政策培训班，11 月上海市市场监督管理局反垄断执法实务培训班，12 月青海省市场监督管理局价格监管执法培训班等。通过支持地方市场监管部门的培训工作，对于进一步加强全系统反垄断执法队伍建设，提高执法人员的知识水平和业务能力，推进反垄断统一执法打下了坚实基础。

同时，市场监管总局积极派员参加总局非洲法语国家知识产权官员研修班、商务部发展中国家贸易投资便利化及反垄断执法高级官员研究班、商务部世贸司“知识产权与发展”研修班、韩国驻华使馆举办的韩国企业反垄断说明会等其他单位组织的培训班，切实提升我国反垄断执法工作的国际影响力，对深化我国反垄断国际合作水平发挥了积极作用。

三、加强企业合规制度建设

党的十九届四中全会明确要求，强化竞争政策基础地位，加强和改进反垄断执法。为进一步完善反垄断法律制度体系，强化竞争政策基础地位，维护公平竞争市场环境，降低经营者合规成本，提升反垄断执法效能，根据2018年12月国务院反垄断委员会工作部署，市场监管总局反垄断局以习近平新时代中国特色社会主义思想为指导，广泛吸纳借鉴国内外经验，研究起草了《经营者反垄断合规指南（征求意见稿）》（以下简称《合规指南》），明确了合规风险重点，确立了合规管理制度、合规风险处置制度和合规管理保障制度。

（一）合规管理制度

《合规指南》首先强调了经营者建立并有效执行反垄断合规管理制度的重要性，重点明确了合规管理制度涉及的主要内容，包括合规承诺、合规鼓励、合规管理架构等；详细阐述了合规管理负责人的重要作用以及合规管理部门的具体职责，特别强调了合规管理部门的独立性和权威性，鼓励经营者高级管理人员领导或者分管合规管理工作。

（二）合规风险重点

该章主要对经营者在反垄断合规管理中涉及的重点风险进行了概要阐释：**首先，**依法明确了经营者禁止达成垄断协议、禁止滥用市场支配地位、依法实施集中等，为了帮助经营者对具体行为作出更有效的判断，指南建议经营者参考《禁止垄断协议暂行规定》等部门规章，以得出更加清晰的结论；**其次，**阐明经营者的法律责任和配合调查的义务，描述了经营者应当避免从事拒绝或阻碍调查的具体行为；**再次，**对《反垄断法》中规定的承诺制度和宽大制度作出规定，并与《承诺指南》《宽大指南》进行有效衔接；**最后，**提醒经营者应当有效应对可能面临的境外反垄断法律风险，并可以向反垄断执法机构报告有关情况。

（三）合规风险处置制度

首先，《合规指南》对经营者在反垄断合规管理中涉及的重点风险进行了概要阐释：**一是**经营者禁止达成垄断协议、禁止滥用市场支配地位、依法实施集中等；**二是**阐明了经营者的法律责任和配合调查的义务，描述了经营者应当避免从事拒绝或阻碍调查的具体行为；三是对《反垄断法》中规定的承诺制度和宽大制度作出规定，并与《承诺指南》《宽大指南》进行有效衔接；四是提醒经营者应当有效应对可能面临的境外反垄断法律风险，并可以向反垄断执法机构报告有关情况。

其次，《合规指南》考虑到不同类型的经营者及其员工面临的反垄断法律风险有所不同，鼓励经营者根据实际情况建立相关机制，对可能存在的风险进行识别和评估，并对员工面临的法律风险进行提醒。在识别评估的基础上，鼓励经营者建立健全处置机制，对有关风险进行控制和应对。指南特别强调经营者应当与反垄断执法机构合作。

（四）合规管理保障制度

为提高经营者反垄断合规管理有效性，《合规指南》鼓励经营者实施与反垄断合规管理相配套的保障措施：一是内部管理方面，建立健全对员工反垄断合规行为的奖惩机制，明确反垄断合规举报政策。二是能力建设方面，鼓励经营者建立专业化、高素质的合规管理队伍，并通过加强教育培训等方式，帮助和督促员工了解并遵守反垄断法相关规定。三是配套设施方面，鼓励经营者加强信息化建设，运用大数据等工具，加强对经营管理行为依法合规情况的监控和分析。

第八章 地方工作

北　京　市

一、反垄断执法机构设置

北京市市场监督管理局目前由北京市价格监督检查与反垄断局承担反价格垄断执法工作，原市工商行政管理局稽查总队承担价格垄断行为外的反垄断执法工作，公平竞争处承担公平竞争审查工作。

二、2019 年主要反垄断工作

一是聚焦民生领域，依法开展反垄断调查。对联想（北京）有限公司涉嫌价格垄断行为做出中止调查决定。依法开展原料药领域反垄断执法，累计调查药品生产、销售企业 13 家，大型连锁药店 2 家。

二是维护竞争秩序，加强滥用行政权力排除、限制竞争执法。纠正东城区市场监督管理局在新开企业刻制印章招标工作中、通州区新城中心区建设管理委员会在通信网络建设管理中的滥用行政权力排除、限制竞争行为。

三是推进公平竞争审查制度进一步落实。完成全市公平竞争审查工作协调机制调整。持续严格增量政策审查，加强培训宣传力度、调研力度，积极营造良好竞争政策实施环境。

四是加强竞争倡导，提高竞争意识。深入企业、行政机关开展反垄断法培训，提高企业、行政机关竞争意识，扩大反垄断执法影响力。

天　津　市

一、反垄断执法机构设置

天津市市场监督管理委设立反垄断处。

二、2019 年主要反垄断工作

一是扎实推进反垄断执法。第一，在成功查办天津港堆场协议垄断案件的基础上，做好案件的收尾和结案工作。案件被评选为 2019 年全国十大反垄断典型案件。**第二，**集中力量对公共服务领域的垄断行为进行监管，重点整治供水、供电、供气、公共交通、殡葬等损害竞争秩序和侵害消费者合法权益的垄断行为。成功查办市自来水集团公司滥用支配地位垄断案件，罚款 700 余万元。**第三，**派员参加由总局开展的全国性案件和天津市反垄断案件的外围调查。

二是进一步做好公平竞争审查制度的贯彻落实工作。第一，组织召开全市市场监管系统的公平竞争审查工作推动会，开展全系统公平竞争审查工作培训，采取以查代训的方式对天津市部分委局的规范性文件进行抽查。**第二，**调整天津市公平竞争审查工作联席会议制度，进一步明确主要职责和工作规则。调整后的联席会议制度将市司法局纳入副召集人单位行列，充分发挥司法局对各单位规范性文件进行备案的职能作用。明确联席会议办公室由召集人和副召集人单位联络员共同组成，有效提高联席会议机构工作权威。**第三，**在天津市市场监管委内部开展公平竞争集中审查，提高自身公平竞争审查质量。

河　北　省

一、反垄断执法机构设置

河北省市场监督管理局设立反垄断和反不正当竞争局。

二、2019 年主要反垄断工作

一是扎实推进反垄断执法。制定垄断案件专用文书格式范本。完成邯郸某公司等 3 件垄断案件的补充调查，核查总局转办的原料药垄断线索和群众举报线索 7 件，及时处置反馈。组织省发改、财政等 7 部门开展重点领域滥用行政权力排除、限制竞争行为专项整治，对邢台、沧州等地行政机关滥用行政权力排除、限制竞争行为予以纠正；协调省公安厅联合开展公章刻制领域专项整治，实现源头管理。

二是深入推进公平竞争审查。对省、市、县三级公平竞争审查工作联席会议成员单位进行充实调整，修订有关制度，建立完善新的工作机制。开展竞争政策宣传倡导，培训人员 3000 余人次。组织 28 家联席会议成员单位，对各市公平竞争审查工作开展情况进行抽查，并督促整改有关问题。按照总局督查工作要求，全面开展自查自纠，加强指导调度，全省公平竞争审查制度有效实施。全年审查清理文件 18,213 件，修改 109 件，废止 93 件。

山　西　省

一、反垄断执法机构设置

山西省市场监督管理局承担反垄断执法职能的机构包括反垄断与反不正当竞争处和价格监督检查与反垄断局。

二、2019 年主要反垄断工作

一是扎实开展反垄断执法。2019 年重点围绕公章刻制、建材、公用事业、原料药等民生领域，立案查处垄断案件 8 起，其中 5 起行政垄断案件，2 起滥用市场支配地位案，1 起垄断协议案。同时按照市场监管总局反垄断局安排，协查和核查问题线索 5 起，协助其他省份开展反垄断调查工作 6 起。

二是持续推进公平竞争审查。目前全省省市县三级政府公平竞争审查联席会议组成调整全部完成，内部审查工作机制基本建立。2019 年全省共计公平竞争审查文件 3313 份，清理存量文件 3906 份，废止 107 份，修改 54 份。其中省局派专人赴各地抽查文件 1200 份，发现并督促整改文件 68 份，并对 10 个市发函就公平竞争工作进行督促整改。

内蒙古自治区

一、反垄断执法机构设置

内蒙古自治区市场监督管理局设立价格监督检查和反不正当竞争局（反垄断局）。

二、2019 年主要反垄断工作

一是反垄断执法情况。机构改革以来，内蒙古自治区市场监督管理局在整合原工商和发改的执法人员的基础上，梳理已有案件线索，发挥各自专业优势，对案件情况开展多角度分析，寻找案件查办切入点和着力点，有力推进反垄断执法工作。截至 2019 年 12 月 31 日，共立案 4 件，办结 1 件，3 件在调查阶段。另有 2 件行政垄断案件的当事人在线索核查过程中主动纠正了涉嫌违法行为，恢复了相关市场秩序。

二是开展公平竞争审查工作情况。印发《全面推进落实公平竞争审查制度 2019 年工作重点》和《关于进一步加快落实公平竞争审查制度的通知》，督促指导公平竞争审查制度的全面落实，实现自治区、盟市、旗县（市、区）三级政府公平竞争审查制度全覆盖的工作目标。自治区党委、政府将公平竞争审查制度落实情况列为《内蒙古自治区 2019 年督查检查考核年度计划》，并完成督查检查工作。

辽 宁 省

一、反垄断执法机构设置

辽宁省市场监督管理局设立反垄断处。

二、2019 年主要反垄断工作

一是省、市、县政府分管领导任公平竞争审查联席会议召集人。召开辽宁省公平竞争审查联席会议第二次全体会议。完成联席会议组成调整，开通公平竞争审查投诉举报平台，调整公平竞争审查总结上报和审查结果报备频次，对重点民生领域开展第三方评估。排查 38,663 件存量政策措施，清理 254 件妨碍统一市场和公平竞争的政策措施，审查 1469 件增量政策措施。

二是加强原料药、公用事业、交通运输领域反垄断执法。立案 4 件，结案 2 件，着力打击滥用市场支配地位和滥用行政权力排除、限制竞争行为。对全省工程建设、房地产开发等领域开展垄断行为进行摸底排查，收集垄断线索 10 个。对公章刻制等 5 个领域开展滥用行政权力排除、限制竞争专项执法行动，规范全省公安和行政审批系统行为。

三是大力开展反垄断宣传和执法业务培训。在中央人民政府网站、辽宁卫视晚间新闻、《辽宁日报》头版、《学习强国》平台集中宣传辽宁省公平竞争审查和反垄断执法工作。全省建立首个《省级反垄断执法人才库》，77 名执法骨干入选，开展集中培训 3 次和现场培训 9 次，培训人员达 1450 人。

吉 林 省

一、反垄断执法机构设置

吉林省市场监督管理厅设立反垄断处。

二、2019 年主要反垄断工作

一是多措并举推动公平竞争审查。将公平竞争审查要求纳入《吉林省优化营商环境条例》地方立法和政府绩效考核，提高刚性约束。全省 70 个市县区政府实现了三级政府全覆盖，织密制度网底。2019 年督查抽查文件 300 余份，全省共审查新出台文件 7518 份。截至 2019 年年底，全省累计审查增量和存量文件 38,368 份。

二是依法依规强化反垄断执法。围绕医药、交通等领域开展执法行动，调查 9 个市县 59 个机关企事业单位，排查政策措施 110 余份，纠正医疗保险等滥用行政权力排除、限制竞争行为 4 起。落实市场监管总局授权，突出原料药、燃气等公共民生领域共调查涉嫌垄断线索 13 起，举报受理率和线索核查率达 100%。

三是建章立制夯实基础工作。出台《关于维护企业公平竞争的实施意见》强化竞争政策的基础性地位和反垄断执法。建立执法工作程序、内部公平竞争审查规定、规范执法文本 4 项制度。整理法规政策和 300 多个案例汇编成册，建立学习讨论机制。组织到各地开展培训指导 460 余人，在媒体对外宣传 30 余次。

黑龙江省

一、反垄断执法机构设置

黑龙江省市场监督管理局设立反垄断处。

二、2019年主要反垄断工作

一是聚焦营商环境，公平竞争审查工作扎实开展。将落实公平竞争审查制度纳入省法治政府建设考核，建立通报制度，强化公平竞争审查监督保障机制。按照同部署、同指导、同推进、同落实的“四同”工作推进方式，全省共梳理存量政策措施1443件，保留1079件，修改16件，废止348件。共审查增量政策措施2272件，保留2191件，修改31件，废止50件。

二是注重打防结合，滥用行政权力排除、限制竞争专项执法行动取得显著成效。开展针对交通、建设、招投标、医药、公安等部门的滥用行政权力排除、限制竞争行为专项执法行动，共查处8起滥用行政权力排除、限制竞争案件，纠正了政府不当干预行为，释放了市场活力，改善了黑龙江省营商环境。

三是坚持上下联动，宣传培训工作取得明显成效。广泛利用公众号、门户网站、开设反垄断和公平竞争审查专栏等多种形式，加大宣传力度，形成政府重视、部门联动、百姓关注、公众参与的反垄断和公平竞争审查良好氛围。加大培训力度，建立了“横向到边、纵向到底”的全省反垄断和公平竞争审查工作培训体系。

上 海 市

一、反垄断执法机构设置

上海市市场监督管理局设立反垄断和价格监督检查办公室，负责组织实施上海市反垄断工作。市局执法总队将设反垄断执法支队，承担具体执法工作。

二、2019年主要反垄断工作

一是强本固基。制定“一规则、两办法”，即上海市《反垄断执法工作规则》《反垄断执法人才库管理办法》及《反垄断执法专家库管理办法》，切实规范工作流程，强化智力支持和人才保证。全年组织系统性反垄断业务培训近30场，着力提升队伍执法能力。

二是持续发力。全年办结反垄断案件4件，实施行政处罚2437.8万元，在查已立案案件12件，新核查线索28条。全面落实公平竞争审查制度，积极组织实施第三方评估，着力维护全国统一大市场，强化竞争政策基础地位。

三是开拓创新。加强顶层设计，推动将竞争政策实施及公平竞争审查有关内容写入本市优化营商环境办法、深化营商环境建设实施方案等规章及规范性文件中。牵头建立长三角地区“三省一市”反垄断执法协作机制，提升跨地区执法联动水平。制定发布《上海市经营者反垄断合规指引》，为经营者竞争合规提供方向性指引。

江　苏　省

一、反垄断执法机构设置

江苏省市场监督管理局设立反垄断处。

二、2019 年主要反垄断工作

一是反垄断执法力度持续加大。全年调查 19 起垄断案件，核查 22 件垄断线索，共计罚款 8966.7 万元。查办原料药、公用事业等重点领域大案要案，对政府采购领域串通投标行为开展调查。依法对丰田汽车（中国）投资有限公司垄断案作出行政处罚，在国内外产生广泛影响。

二是公平竞争审查制度逐步深化。调整公平竞争审查联席会议，将制度落实情况纳入全省质量发展工作考核，推动多地将公平竞争审查列入政府工作考核。经过一年试点，正式建立公平竞争审查协查机制，先后对数十份政府部门文件提出审查意见。2019 年，省级各部门审查增量文件 1963 件，修改调整 7 件；市县审查增量文件 30,546 件，修改调整 6 件。清理省级各部门存量文件 1060 件，修改废止 70 件；清理市县文件 32,285 件，修改废止 220 件。

三是反垄断执法基础不断夯实。注重完善程序制度，制定实施反垄断案件集体审理规定，严格规范执法行为。建立重大案件专家论证会制度，凝聚各方智慧。开展公平竞争审查和反垄断执法培训，提高执法水平和办案质量。

浙　江　省

一、反垄断执法机构设置

浙江省市场监督管理局设立反垄断处。

二、2019 年主要反垄断工作

一是大力开展反垄断执法。以原料药、建材、公用事业等民生领域和增加企业负担的突出问题为重点，大力查处市场垄断行为。开展建材行业反垄断专项整治，查处衢州市、杭州市混凝土行业垄断案件 2 起，处罚涉案企业 21 家，罚款 1185 万余元。在“双十一”促销前夕召开全省快递行业涉嫌垄断行为告诫会，约谈告诫快递企业和行业协会依法合规经营。

二是全面实施公平竞争审查制度。将公平竞争审查制度落实情况纳入全省法治政府、法治浙江考核，开展公平竞争审查第三方评估，实现省市县三级政府公平竞争审查制度全覆盖。全省共审查新制订政策文件 11,873 件，经审查修改或未出台 317 件；组织全省清理排除限制竞争的存量政策文件 17,722 件，废止或修改 832 件。组织开展全省滥用行政权力排除、限制市场准入行为专项整治，查处纠正滥用行政权力排除限制市场准入和排除限制民营经济公平竞争案件 71 件，通报 9 件，促进民营经济高质量发展，服务深化“最多跑一次”改革。

三是实施企业竞争合规政策。制定《浙江省企业竞争合规指引》，实施重点企业反垄断辅导机制，制定《浙江省实施重点企业反垄断辅导工作方案》，辅导重点企业 790 家，助力企业防范化解反垄断风险。

安 徽 省

一、反垄断执法机构设置

安徽省市场监督管理局设立反垄断和反不正当竞争执法局。

二、2019 年主要反垄断工作

一是扎实推进反垄断执法。2019 年，办结市场垄断案件 1 件，罚没金额 741.31 万元；查处（纠正）行政机关滥用行政权力排除、限制竞争案件 2 件；新立案垄断案件 8 件，其中市场垄断案件 5 件，滥用行政权力排除、限制竞争案件 3 件。同时，对药品、水泥、电力等关系国计民生的行业领域保持关注，组织召开相关行业协会和企业反垄断座谈会、告诫会，有效规范行业经营秩序。

二是认真开展公平竞争审查。根据机构改革方案，安徽省市场监督管理局积极承接公平竞争审查工作，深入推进制度落实。2019 年，省政府、16 个市政府、105 个县级政府均出台了公平竞争审查制度贯彻落实文件，建立了工作联席会议制度。推动实施公平竞争审查审查宣传周、政府文件统一复审、人大代表调研督导、纳入相关考核体系、开展集中培训、引入第三方评估等一系列举措，促进各级政府部门认真开展相关政策措施审查和清理工作，政府决策和行为不断规范，地方营商环境持续改善。

福 建 省

一、反垄断执法机构设置

福建省市场监督管理局设立反垄断与反不正当竞争处。

二、2019 年主要反垄断工作

一是反垄断执法持续有效开展。全年共收 12 件线索，共派出 27 人次赴相关省市开展核查。其中，7 件已办结并反馈，1 件核查后立案，4 件尚待进一步排查。成立由省市县三级执法人员组成的专案组，与案件当地公安机关、专业会计公司多方合力，案件查办进展顺利。

二是公平竞争审查工作全面深入推进。省、市、县三级政府均已出台相关文件。省联席办向各地市政府发出《关于全面深入实施公平竞争审查制度的函》，提出 8 方面推进意见。持续推进增量审查和存量清理，从源头上防止出现排除、限制竞争情况。省政府办公厅批转《福建省 2019 年度清理现行排除限制竞争政策措施工作方案》，部署全省开展清理工作。通过厅际联席会议、专题培训、专题讲座等形式，开展 3 次公平竞争审查培训，全省 2650 人参加培训，不断提升各级各部门审查工作能力。

江 西 省

一、反垄断执法机构设置

江西省市场监督管理局设立执法稽查局（反垄断局）。

二、2019年主要反垄断工作

一是反垄断执法取得新进展。对全省医药、供水、房产中介、教育、副食品百货等行业涉嫌垄断协议，滥用市场支配地位和滥用行政权力排除、限制竞争垄断行为开展调查，实现三类案件“零”的突破。调查企业20余家，出动执法人员200余次，共核查线索和查办案件12件，其中垄断协议案件2件、滥用市场支配地位案1件、滥用行政权力排除、限制竞争案件3件。

二是扎实推进公平竞争审查。实现省、市、县三级政府公平竞争审查制度全覆盖的目标。2019年全省共审查政策措施3995件，其中，省政府有关部门审查1689件，各设区市政府审查1043件，县（市、区）政府审查1263件。

山　东　省

一、反垄断执法机构设置

山东省市场监督管理局设立反垄断局。

二、2019 年主要反垄断工作

一是强执法。抓住民生领域突出问题，先后立案查办垄断协议案 3 件（结案 1 件）、滥用市场支配地位案 1 件、滥用行政权力排除、限制竞争案 6 件（均整改）。案件数量创山东省历史新高，案件领域涉及建材、原料药、成品油、汽车展销、“新居配”、盐业、政府采购、网约车等。通过邀请专家论证、委托第三方经济学分析、运用税务大数据等方式，提高办案质量。组建省级反垄断执法人才库，提升执法水平。

二是促审查。全面推进公平竞争审查制度实施，及时健全工作机制、加强业务培训和指导督查，实现公平竞争审查制度三级政府全覆盖。省政府的政策文件先由起草部门自我审查，再由省联席会议办公室根据提请进行复核审查，提高审查质量。政府部门建立内部审查机制，将审查嵌入发文流程，强化公平竞争审查制度执行。

三是广宣传。通过网络宣传、入企宣讲、发放手册等形式，加强竞争合规倡导。联合省水泥协会举办重点水泥熟料企业反垄断普法培训，将竞争政策纳入 10 余期新升级小微企业培训班课程，引导市场主体提高竞争合规意识，防范法律风险。

河　南　省

一、反垄断执法机构设置

河南省市场监督管理局设立反垄断处。

二、2019 年主要反垄断工作

一是突出重点领域，扎实做好反垄断执法工作。核实查处市场监管总局督办的 3 起滥用市场支配地位案件，其中办理一起涉及原料药领域的滥用市场支配地位案件，目前已调查终结。核实调查奶粉、汽车销售等领域垄断协议案件线索。调查办理郑州市卫生健康委员会在招标遴选药品配送企业过程中涉嫌行政垄断行为案，并及时督促指导郑州市卫生健康委员会采取措施积极整改。

二是扎实推进公平竞争审查制度落实。召开全省公平竞争审查工作厅际联席会议，印发《2019 年河南省全面推进落实公平竞争审查制度工作重点》，对年度重点工作做出部署安排。牵头调整完善《河南省公平竞争审查工作厅际联席会议制度》，在全省范围内开展公平竞争审查工作摸底排查，并建立工作台账。全省 18 个省辖市、175 个县（市、区）均建立公平竞争审查制度，实现省、市、县三级政府全覆盖。2019 年，全省共审查文件 7075 份，经审查调整 5 份，适用例外规定 12 份。

湖 北 省

一、反垄断执法机构设置

湖北省市场监督管理局设立反垄断处。

二、2019 年主要反垄断工作

一是积极开展反垄断执法。对咸宁市 3 家机动车安全技术检测机构达成并实施价格垄断协议行为作出行政处罚决定，罚没 119.4 万元；对 2 件相关企业涉嫌达成实施垄断协议行为立案；对 5 件涉嫌滥用行政权力排除、限制竞争案件进行调查，涉及部门及时进行整改，废除了排除限制竞争的政策措施。

二是全面落实公平竞争审查制度。建立专家咨询论证和第三方机构评估审查机制。2019 年共审查文件 4559 件，存量清理 3444 件，其中修改 101 件，废止 301 件；增量审查 1115 件。

三是扎实加强基础建设。出台《中国（湖北）自贸试验区反垄断工作办法》，健全自贸试验区反垄断监管制度；印发《关于加强反垄断工作有关事项的通知》，建立反垄断工作联络员和线索季报制度；举办两期业务培训班，组织 300 多名系统工作人员加强学习。

四是大力宣传竞争法律法规。对重点企业开展 3 次竞争法律法规集中学习宣传，加强对部分公用企业竞争状况调研，向社会编印发放近 400 本宣传资料，进一步提高公平竞争意识。

湖　南　省

一、反垄断执法机构设置

湖南省市场监督管理局设立反垄断局。

二、2019 年主要反垄断工作

一是依法履职，着力加大案件查办力度。聚集社会热点和民生问题，着力公章刻制、建材、公用事业、原料药等民生领域，开展反垄断执法工作。组织指导各地召开公用企业垄断问题行政告诫会。配合市场监管总局、其他省局对相关药品进行专项调查，全覆盖排查省内原料药生产企业 39 家、流通企业 188 家。办结张家界永定区燃气行业垄断协议案，罚款 41.28 万元。查处滥用行政权力排除、限制竞争案件 5 件，指导纠正行政部门涉嫌排除限制竞争问题 2 件。

二是积极作为，营造公平竞争市场环境。完善全省公平竞争审查工作机制，规范审查流程，强化监督约束，巩固全覆盖成果。在全省范围内倡导并率先在省直部门试点推行公平竞争审查制度第三方评估工作；推动公平竞争审查工作纳入法治政府考核、全省绩效考核内容。聚焦地方保护、指定交易、市场壁垒等内容，重点部署清理现行政策措施，督导各地区、各部门限时完成清理工作。督导相关行政部门修改或废止涉滥用行政权力排除限制竞争问题的文件 8 件。

广　东　省

一、反垄断执法机构设置

广东省市场监督管理局设立反垄断处。

二、2019 年主要反垄断工作

一是积极推动竞争政策在粤港澳大湾区先行落地。起草《强化粤港澳大湾区竞争政策基础地位先行落地实施方案》，在市场监管总局反垄断局指导下召开“粤港澳大湾区竞争政策高级研讨会暨三地竞争执法部门磋商会议”，粤港澳三地竞争执法部门达成建立合作交流机制的共识。《21 世纪经济报道》整版刊登研讨会专题。

二是扎实推进反垄断执法。根据市场监管总局部署，组织开展医药招采、公章刻制、生猪屠宰等领域的滥用行政权力专项执法活动，原料药、混凝土、机动车检测等领域的垄断协议、滥用市场支配地位执法工作。

三是推动公平竞争审查制度深入开展。省、市调整并建立了由立法、行政机关共同参与的公平竞争审查工作部门间联席会议，加强公平竞争审查考核督查和培训工作，利用公平竞争审查大数据筛查系统开展存量文件的全覆盖审查。

四是强化竞争宣传倡导。推动成立广东省法学会反垄断与反不正竞争法学研究会，针对医药、保险等行业进行反垄断普法宣传，制发《我国经营者集中反垄断政策解读专题宣传片》，在《广东市场监管》刊登省反垄断专题。

广西壮族自治区

一、反垄断执法机构设置

广西壮族自治区市场监督管理局设立执法和反垄断处。

二、2019 年主要反垄断工作

一是着力维护公平竞争市场秩序，反垄断执法取得良好开端。2019 年共核查涉及用气、医药配送、原料药经营等领域涉嫌垄断举报的线索 8 件，其中立案 7 件，结案 2 件。对液化气领域涉嫌垄断行为予以立案调查核实，抓紧推进案件查办。

二是持续推进公平竞争政策，公平竞争审查制度加快落实。第一，向政府提交《关于贯彻落实公平竞争审查制度进展情况的报告》，将公平竞争审查工作纳入全区各级人民政府绩效考评体系，自治区 14 个设区市，111 个县区均制定出台了公平竞争审查制度相关文件；**第二，**督促相关单位对 8 份含有排除限制竞争内容文件进行整改落实。加强增量政策措施的公平竞争审查，全区审查政策文件共 7026 件。

海　南　省

一、反垄断执法机构设置

海南省市场监督管理局设立反垄断局。

二、2019 年主要反垄断工作

一是扎实开展强化竞争政策试点工作。2019 年 4 月，海南成为全国首个实施“强化竞争政策”试点省份，以试点工作为中心，统筹推进各项工作。建立了全国首个省级反垄断委员会、首个政府部门参与共建的竞争政策研究中心、举办首届海南竞争政策论坛、开展竞争政策研究、筹建首个省级反垄断委员会专家咨询组等工作。配合总局成功举办第八届中国竞争政策论坛。

二是持续加强反垄断执法和公平竞争审查。部署全省开展公用事业、滥用行政权力排除、限制竞争专项整治和公平竞争审查自查工作，纠正 1 起行政垄断案件，全省检查行政机关和公共组织 29 家，废除妨碍统一市场和公平竞争文件 32 份。组织 3 次全省公平竞争审查、反垄断执法培训，参训人员 600 多人，发放书籍资料近 1600 册。完成 6 宗共涉及 50 余家企业涉嫌垄断案件的调查以及总局、其他部门移交的涉及近 30 家企业涉嫌垄断线索核查。

重 庆 市

一、反垄断执法机构设置

重庆市市场监督管理局设立反垄断和反不正当竞争处。

二、2019 年主要反垄断工作

一是率先出台重庆市《公平竞争审查工作第三方评估实施方案》，委托第三方评估机构对区县政府及所属部门、市级相关部门公平竞争审查制度总体实施情况开展评估，2019 年完成对 4 个市级部门评估工作。

二是本着“查处一批案件，规范一个行业，建立长效的监管机制”的工作理念，密切关注建材等重点行业，加强垄断案件查处。查处了云阳县 9 家烧结砖垄断协议案，罚没金额 386 万元。

三是积极开展滥用行政权力排除、限制竞争专项整治。立案查处巫山县教委、巫溪县发展改革委等 4 件滥用行政权力排除、限制竞争案，规范行政行为。

四 川 省

一、反垄断执法机构设置

四川省市场监督管理局设立反垄断与反不正当竞争处。

二、2019 年主要反垄断工作

一是代拟并提请省政府办公厅印发《四川省关于规范使用行政权力促进市场公平竞争工作方案》，督促各地各部门规范行政。

二是调整公平竞争审查工作省级联席会议成员单位，召开联席会议第二次全体会议，审议通过《关于全面贯彻落实公平竞争审查制度的指导意见》，为各地建立健全公平竞争审查制度提供遵循；组织开展全省范围内现行有效政策措施的公平竞争审查清理工作，共清理政策措施 7768 件，修改废止 101 件。

三是切实加大垄断案件查处力度，2019 年，全省共核查涉嫌垄断行为线索 37 件，立案 4 件，纠正和制止滥用行政权力排除限制竞争行为 5 件。

四是会同省级相关部门，召集全省 22 家原料药生产企业代表进行反垄断约谈，切实增强企业的竞争合规意识。

五是通过以会代训、视频培训等形式，专题讲授反垄断业务知识，全年培训达 3500 余人次。

六是对外公布垄断线索举报电话，畅通案件线索来源渠道，广泛动员聚集社会力量，共同监督政府部门规范行政。

贵 州 省

一、反垄断执法机构设置

贵州省市场监督管理局设立价格监督检查与反垄断处。

二、2019 年主要反垄断工作

一是持续加强反垄断执法。积极适应机构改革职能调整变化，克服执法力量薄弱等困难，查处市场垄断案件 1 件、行政垄断案件 3 件，实施经济制裁 300 余万元。

二是大力推动公平竞争审查制度落实。实现省、市、县三级政府落实公平竞争审查制度全覆盖，全部建立自我审查工作机制；审查增量政策 31,439 件，调整出台 178 件；清理存量政策 29,516 件，其中调整 305 件、废止 532 件。

三是大力组织开展专题培训。组织全省市、县两级政府副秘书长（副主任）、省直各部门相关处室负责人以及市场监管系统共 260 人参加公平竞争审查专题培训，提高了相关人员对公平竞争审查制度的认知和审查能力；组织全省市监系统的价格执法、反垄断执法业务培训，抽调基层人员参与省局案件查办工作，以案代训，逐步建立省反垄断执法人才库。

云 南 省

一、反垄断执法机构设置

云南省市场监督管理局设立反垄断与反不正当竞争处。

二、2019 年主要反垄断工作

一是反垄断执法。认真开展滥用行政权力限制竞争治理工作。全省各级市场监管部门共上报垄断案件线索 11 条。立案调查垄断协议案件 6 件、滥用市场支配地位案件 1 件。立案调查滥用行政权力排除、限制竞争案件 2 件，纠正滥用行政权力排除、限制竞争案件 2 件。

二是公平竞争审查。第一，全省公平竞争审查制度实现省、州、县三级政府全覆盖；第二，认真抓好增量文件审查工作，全省共审查增量文件 17,801 件，经审查修改调整文件 8 件；第三，主动向省政府办公厅汇报沟通，将公平竞争审查纳入《云南省人民政府办公厅关于全面推行行政规范性文件合法性审核机制的实施意见》，使公平竞争审查成为全省行政规范性文件合法性审查的必经程序和必审内容，形成起草机构自我审查和法制机构复核审查双重保障。

西藏自治区

一、反垄断执法机构设置

西藏自治区市场监督管理局设立反垄断反不正当竞争和价格监督检查处。

二、2019 年主要反垄断工作

一是积极扎实做好全年工作的安排部署。根据市场监管总局相关文件要求和西藏自治区市场监管工作会议部署，制定下发《关于做好 2019 年反垄断重点工作的通知》，对西藏自治区反垄断工作进行安排部署，明确工作任务和重点。

二是实现西藏自治区反垄断工作的突破。2019 年 10 月，西藏自治区市场监督管理局对昌都市市场监督管理局上报的“昌都江达县农牧局涉嫌行政垄断行为”进行立案查处，并向昌都市江达县人民政府下达行政建议书。此案实现了西藏自治区反垄断案件“零”突破，在调查取证、依法程序、法律认定、文书及案件办结上为全区市场监管部门办理同类案件提供宝贵经验。

三是推进公平竞争审查工作全面实施。2019 年 11 月，经西藏自治区政府批准，组织召开调整后的第一次西藏自治区公平竞争审查厅际联席会议，制定印发《西藏自治区公平竞争审查厅际联席会议制度》《西藏自治区公平竞争审查 2019 年重点工作》等文件。截至 2019 年 12 月 30 日，西藏自治区七地市已全部建立联席会议制度，74 个县（区）陆续建立联席会议制度。

陕 西 省

一、反垄断执法机构设置

陕西省市场监督管理局设立反垄断局。

二、2019 年主要反垄断工作

一是扎实推进民生领域反垄断执法工作。坚持以保护市场公平竞争和维护消费者利益为主线，全年共立案查处垄断案件 4 件，办结 2 件，在办 2 件。推动全省建筑材料生产、流通领域反垄断执法，促进全省建材行业持续健康发展，立案查处关中地区水泥主要生产企业涉嫌垄断违法案件。对延安市 10 家混凝土生产销售企业集体商议上涨混凝土价格的垄断违法行为处罚款 492 万元。

二是不断深化滥用行政权力排除、限制竞争反垄断执法。聚焦重点领域，部署开展滥用行政权力排除、限制竞争专项执法行动，立案调查滥用行政权力排除、限制竞争案件 2 件，核查线索 10 余条。全面落实公平竞争审查制度，顺利实现省、市、县三级政府全覆盖，为从源头规范政府行为提供了有力的制度保障。加强队伍建设，启动省级反垄断执法人才库建设。

甘　肃　省

一、反垄断执法机构设置

甘肃省市场监督管理局设立反垄断局。

二、2019 年主要反垄断工作

一是积极推进涉嫌垄断案件查办工作。截至 2019 年 12 月底，对 1 件涉嫌滥用市场支配地位案件调查完毕；1 件涉嫌垄断协议案件正在进一步调查中；共接到涉嫌垄断线索 9 件，已核查完毕 8 件。

二是深入组织开展滥用行政权力排除、限制竞争行为专项执法行动。2019 年 9 月 10 日至 2020 年 1 月 31 日在全省组织开展了滥用行政权力排除、限制竞争行为专项执法行动。专项执法行动期间，共接到涉嫌滥用行政权力排除、限制竞争垄断线索 4 件，在调查核实的基础上，全部得到纠正。

三是实现公平竞争审查三级政府全覆盖。充分发挥甘肃省公平竞争审查工作部门联席会议制度的作用，在市场监管总局指导和甘肃省政府领导下，统筹协调推进公平竞争审查工作。截至 2019 年 10 月 28 日，全省 14 个市（州）、86 个县（区）政府及兰州新区管委会均已落实公平竞争审查工作要求，实现公平竞争审查制度在省、市、县三级政府全覆盖。

青　海　省

一、反垄断执法机构设置

青海省市场监督管理局设立价格监督检查与反垄断局。

二、2019年主要反垄断工作

一是出台《青海省市场监督管理局关于印发滥用行政权力排除、限制竞争行为专项执法行动方案的通知》（青市监价〔2019〕210号）、《青海省市场监督管理局违规涉企收费及滥用行政权力排除、限制竞争行为专项检查工作方案》，分别对省公安厅、省住建厅、省交通厅等9家省级行政单位和15家行业协会开展反垄断调查，对限定出租车智能设备安装、出租车指定运营及统一通信运营商和监控设施安装企业等滥用行政权力排除、限制竞争行为案件进行查处。

二是查处滥用行政权力排除、限制竞争案件3起，召开公平竞争审查省级联席会议1次，开展全省反垄断和公平竞争审查培训班2次。

三是对涉及市场主体经济活动的政策措施95件（其中规章1件，规范性文件62件，其他政策措施32件）进行公平竞争审查，编印《青海省公平竞争审查工作资料汇编》，实现公平竞争审查制度省、市、县三级全覆盖。

宁夏回族自治区

一、反垄断执法机构设置

宁夏回族自治区市场监督管理厅设立价格监督检查与反不正当竞争局（反垄断局）。

二、2019 年主要反垄断工作

一是积极拓展案源。加强对关系国计民生领域的排查，结合“扫黑除恶”专项斗争的开展，组织对社会反映的二手车交易、网约车规则及行政垄断行为进行专项整治。

二是加大执法力度，切实维护市场秩序。立案查处 12 起二手车交易中存在的垄断协议行为。调查终结 1 起涉嫌滥用市场支配地位行为。对银川市出台的《银川市网络预约出租汽车经营服务管理实施细则（试行）》、贺兰县人民政府和灵武市白土岗基地养殖建设指挥部出台政策，限制排除竞争的问题及时督促整改到位。

三是着力做好公平竞争审查工作。调整完善工作职责，目前全区 27 个市县区全部建立了公平竞争审查联席会议制度。组织清理政策措施 3880 件，修改 30 份，废止 138 份。举办了 15 场审查实际操作培训班，共培训有关人员 700 余人。

新疆维吾尔自治区

一、反垄断执法机构设置

新疆维吾尔自治区市场监督管理局设立反垄断和反不正当竞争处。

二、2019 年主要反垄断工作

一是完善工作机制。建立垄断案件线索月报登记机制，及时梳理全区垄断线索的排查。建立全区落实审查制度工作台账，指导地州按时完成审查制度市县两级全覆盖。

二是加强反垄断执法。克服执法力量不足的困难，完成市场监管总局交办的垄断线索核查取证工作。制止和纠正自治区道路交通运输管理局在推广使用机动车驾驶计时，培训管理信息系统平台中存在的滥用行政权力排除限制竞争行为。开展整治公用企业不正当竞争和垄断行为突出问题专项执法行动，对新疆医科大学及其部分附属医院召开提醒告诫会，要求其规范经营行为。

三是全面落实公平竞争审查制度。召开联席会议全体会议，实现省市县三级全覆盖。2019 年市县制度落实比例同比分别提高 50% 和 90%。扎实开展文件清理和审查工作，全区共梳理 64,718 件存量文件，清理 196 件，其中，废除 139 件，调整 57 件；共审查 5736 件增量文件，其中，适用例外规定 4 件、修改 4 件。

新疆生产建设兵团

一、反垄断执法机构设置

新疆生产建设兵团市场监督管理局设立价格监督检查和反垄断反不正当竞争处。

二、2019 年主要反垄断工作

一是反垄断执法情况。立案调查滥用市场支配地位案件 1 件，调查工作正在进行中。

二是公平竞争审查情况。建立公平竞争审查工作部门联席会议制度，印发《关于贯彻落实〈国务院关于在市场体系建设中建立公平竞争审查制度的意见〉的通知》，召开兵团公平竞争审查工作部门联席第一次全体会议，对《公平竞争审查实施细则（暂行）》和《兵团清理现行排除限制竞争政策措施的工作方案》进行深入解读，推动公平竞争审查制度全面落实。

第九章 反垄断机构

中国反垄断机构分为两个层面，第一层面是国务院反垄断委员会，负责组织、指导、协调反垄断工作；第二层面是反垄断执法机构，负责反垄断执法工作。国务院反垄断委员会于 2008 年 8 月成立。2008 年至 2018 年机构改革前，反垄断执法由国家发展和改革委员会、商务部和原国家工商行政管理总局分工负责。国家发展和改革委员会负责查处价格垄断行为，商务部负责经营者集中反垄断审查，原国家工商行政管理总局负责垄断协议、滥用市场支配地位、滥用行政权力排除限制竞争方面的反垄断执法工作（价格垄断行为除外）。2018 年机构改革后，整合之前 3 家机构的反垄断职责，由国家市场监督管理总局负责反垄断统一执法。

一、国务院反垄断委员会

根据《反垄断法》第九条规定，国务院反垄断委员会主要履行以下职责：一是研究拟订有关竞争政策；二是组织调查、评估市场总体竞争状况，发布评估报告；三是制定、发布反垄断指南；四是协调反垄断行政执法工作；五是国务院规定的其他职责。

现任国务院反垄断委员会主任为国务委员王勇。委员会成员单位包括国家发展和改革委员会、工业和信息化部、司法部、财政部、交通运输部、商务部、中国人民银行、国务院国有资产监督管理委员会、国家市场监督管理总局、国家统计局、中国银行保险监督管理委员会、中国证券监督管理委员会、国家能源局、国家知识产权局。

机构改革完成后，国务院反垄断委员会办公室设在国家市场监督管理总局，承担国务院反垄断委员会日常工作。

二、国家市场监督管理总局

2018 年，根据党的十九届三中全会审议通过的《中共中央关于深化党和国家机构改革的决定》《深化党和国家机构改革方案》，以及第十三届全国人大第一次会议通过的《关于国务院机构改革方案的决定》，组建国家市场监督管理总局（以下简称市场监管总局），负责反垄断统一执法。

根据《国家市场监督管理总局职能配置、内设机构和人员编制规定》，市场监管总局负责反垄断统一执法。统筹推进竞争政策实施，指导实施公平竞争审查制度。依法对经营者集中行为进行反垄断审查，负责垄断协议、滥用市场支配地位和滥用行政权力排除、限制竞争等反垄断执法工作。指导企业在国外的反垄断应诉工作。承担国务院反垄断委员会日常工作。

市场监管总局设立反垄断局，负责拟定反垄断制度措施和指南，组织实施反垄断执法工作，承担指导企业在国外的反垄断应诉工作。组织指导公平竞争审查工作。承担反垄断执法国际合作与交流工作。承办国务院反垄断委员会日常工作。

市场监管总局反垄断局内设 11 个职能处，分别为综合处、竞争政策与国际合作处、垄断协议调查处、滥用行为调查处、行政性垄断调查处、经营者集中审查一处、经营者集中审查二处、经营者集中审查三处、监察执法处、公平竞争审查处、反垄断协调处。

三、地方市场监管部门

为加强和优化政府反垄断职能，充实反垄断执法力量，根据《反垄断法》第十条第二款“国务院反垄断执法机构根据工作需要，可以授权省、自治区、直辖市人民政府相应的机构，依照本法规定负责有关反垄断执法工作”的规定，2018 年 12 月，市场监管总局印发《关于反垄断执法授权的通知》（国市监反垄断〔2018〕265 号），授权各省、自治区、直辖市人民政府市场监督管理部门负责本行政区域内有关反垄断执法工作。目前，各省市场监管部门中，均设置了负责反垄断执法的职能处室。具体情况见表 9–1。

表 9-1 各地市场监管部门反垄断职能处室

序号	省 / 自治区 / 直辖市	反垄断职能处室
1	北京	公平竞争处、价格监督检查与反垄断局、原市工商行政管理局稽查总队（机构改革调整过程中）
2	天津	反垄断处
3	河北	反垄断和反不正当竞争局
4	山西	反垄断和反不正当竞争处、价格监督检查与反垄断局
5	内蒙古自治区	价格监督检查和反不正当竞争局（反垄断局）
6	辽宁	反垄断处
7	吉林	反垄断处
8	黑龙江	反垄断处
9	上海	反垄断与价格监督检查办公室
10	江苏	反垄断处
11	浙江	反垄断处
12	安徽	反垄断和反不正当竞争执法局
13	福建	反垄断与反不正当竞争处
14	江西	执法稽查局（反垄断局）
15	山东	反垄断局
16	河南	反垄断处
17	湖北	反垄断处
18	湖南	反垄断局
19	广东	反垄断处
20	广西壮族自治区	执法和反垄断处
21	海南	反垄断局
22	重庆	反垄断和反不正当竞争处
23	四川	反垄断与反不正当竞争处
24	贵州	价格监督检查与反垄断处
25	云南	反垄断与反不正当竞争处

续表

序号	省 / 自治区 / 直辖市	反垄断职能处室
26	西藏自治区	反垄断反不正当竞争和价格监督检查处
27	陕西	反垄断局
28	甘肃	反垄断局
29	青海	价格监督检查与反垄断局
30	宁夏回族自治区	价格监督检查和反不正当竞争局（反垄断局）
31	新疆维吾尔自治区	反垄断和反不正当竞争处
32	新疆生产建设兵团	价格监督检查和反垄断反不正当竞争处

第十章 大事记

一、2007~2018 年

2007 年 8 月 30 日，第十届全国人民代表大会常务委员会第二十九次会议通过《中华人民共和国反垄断法》。

2008 年 8 月 1 日，《中华人民共和国反垄断法》施行。

2008 年 8 月 1 日，《国务院关于经营者集中申报标准的规定》经国务院第 20 次常务会议通过（中华人民共和国国务院令第 529 号），自 2008 年 8 月 3 日公布并施行。

2008 年 11 月 18 日，商务部附加限制性条件批准英博集团公司收购 AB 公司股权案。

2009 年 3 月 18 日，商务部禁止可口可乐公司收购中国汇源集团有限公司股权案。

2009 年 4 月 24 日，商务部附加限制性条件批准日本三菱丽阳公司收购璐彩特国际公司股权案。

2009 年 5 月 24 日，国务院反垄断委员会公布《关于相关市场界定的指南》。

2009 年 5 月 26 日，《工商行政管理机关制止滥用行政权力排除、限制竞争行为程序规定》（国家工商行政管理总局令第 41 号）公布，自 2009 年 7 月 1 日起施行。（2019 年 9 月 1 日废止）

2009 年 5 月 26 日，《工商行政管理机关查处垄断协议、滥用市场支配地位案件程序规定》（国家工商行政管理总局第 42 号令）公布，自 2009 年 7 月 1 日起施行。（2019 年 9 月 1 日废止）

2009 年 7 月 15 日，《金融业经营者集中申报营业额计算办法》公布，自公布之日起 30 日后施行。

2009 年 9 月 28 日，商务部附加限制性条件批准美国通用汽车有限公司收购美国福尔德公司案。

2009 年 9 月 29 日，商务部附加限制性条件批准美国辉瑞公司收购美国惠氏公司案。

2009 年 10 月 30 日，商务部附加限制性条件批准松下株式会社收购三洋公司案。

2009 年 11 月 21 日，《经营者集中申报办法》（中华人民共和国商务部令 2009 年第 11 号）公布，自 2010 年 1 月 1 日起施行。

2009 年 11 月 24 日，《经营者集中审查办法》（中华人民共和国商务部令 2009 年第 12 号）公布，自 2010 年 1 月 1 日起施行。

2010 年 8 月 13 日，商务部附加限制性条件批准诺华股份公司收购爱尔康公司。

2010 年 12 月 29 日，《反价格垄断规定》《反价格垄断行政执法程序规定》（国家发展和改革委员会第 7 号令）公布，自 2011 年 2 月 1 日起施行。（2019 年 9 月 1 日废止）

2010 年 12 月 31 日，《工商行政管理机关禁止垄断协议行为的规定》（国家工商行政管理总局第 53 号令）公布，自 2011 年 2 月 1 日起施行。（2019 年 9 月 1 日废止）

2010 年 12 月 31 日，《工商行政管理机关禁止滥用市场支配地位行为的规定》（国家工商行政管理总局第 54 号令）公布，自 2011 年 2 月 1 日起施行。（2019 年 9 月 1 日废止）

2010 年 12 月 31 日，《工商行政管理机关制止滥用行政权力排除、限制竞争行为的规定》（国家工商行政管理总局令第 55 号）公布，自 2011 年 2 月 1 日起施行。（2019 年 9 月 1 日废止）

2011 年 6 月 2 日，商务部附加限制性条件批准乌拉尔开放型股份公司吸收合并谢尔维尼特开放型股份公司案。

2011 年 8 月 29 日，《关于评估经营者集中竞争影响的暂行规定》（中华人民共和国商务部令 2011 年第 55 号）公布，自 2011 年 9 月 5 日起施行。

2011 年 10 月 31 日，商务部附加限制性条件批准佩内洛普有限责任公司收购萨维奥纺织机械股份有限公司案。

2011 年 11 月 10 日，商务部附加限制性条件批准通用电气（中国）有限公司与中国神华煤制油化工有限公司设立合营企业案。

2011 年 12 月 7 日，《未依法申报经营者集中调查处理暂行办法》（中华人民共和国商务部令 2011 年第 6 号）公布，自 2012 年 2 月 1 日起施行。

2011 年 12 月 12 日，商务部附加限制性条件批准希捷科技公司收购三星电子有限公司硬盘驱动器业务案。

2012 年 2 月 9 日，商务部附加限制性条件批准汉高香港控股有限公司与天德化工控股有限公司组建合营企业案。

2012 年 3 月 2 日，商务部附加限制性条件批准西部数据收购日立存储案。

2012 年 5 月 19 日，商务部附加限制性条件批准谷歌公司收购摩托罗拉移动公司案。

2012 年 6 月 15 日，商务部附加限制性条件批准联合技术公司收购古德里奇公司案。

2012 年 8 月 13 日，商务部附加限制性条件批准沃尔玛公司收购纽海控股有限公司案。

2012 年 12 月 4~5 日，国务院反垄断委员会专家咨询组举办首届中国竞争政策论坛。

2012 年 12 月 6 日，商务部附加限制性条件批准安谋公司、捷德公司和金雅拓公司组建合营企业案。

2013 年 4 月 16 日，商务部附加限制性条件批准嘉能可国际公司收购斯特拉塔公司案。

2013 年 4 月 22 日，商务部附加限制性条件批准日本丸红株式会社收购美国高鸿控股有限责任公司 100% 股权案。

2013 年 7 月 31 日至 8 月 1 日，国务院反垄断委员会专家咨询组举办第二届中国竞争政策论坛。

2013 年 8 月 7 日，国家发展改革委对合生元、美赞臣等九家乳粉企业实施纵向价格限制的垄断协议案作出行政处罚决定，共处罚款 6.7 亿元。

2013 年 8 月 8 日，商务部附加限制性条件批准美国百特国际有限公司收购瑞典金宝公司案。

2013 年 8 月 26 日，商务部附加限制性条件批准联发科技股份有限公司吸收合并开曼晨星半导体公司案。

2014 年 1 月 14 日，商务部附加限制性条件批准赛默飞世尔科技公司收购立菲技术公司案。

2014 年 4 月 8 日，商务部附加限制性条件批准微软公司收购诺基亚公司设备和服务业务案。

2014 年 4 月 30 日，商务部附加限制性条件批准默克公司收购安智电子材料公司案。

2014 年 5 月 21~23 日，国务院反垄断委员会专家咨询组举办第三届中国竞争政策论坛。

2014年6月6日，《关于经营者集中申报的指导意见》（修订版）公布施行。

2014年6月17日，商务部禁止丹麦穆勒马士基集团、地中海航运公司、法国达飞海运集团公司设立网络中心案。

2014年7月2日，商务部附加限制性条件批准湖南科力远新能源股份有限公司、丰田汽车（中国）投资有限公司、Primearth EV Energy株式会社、常熟新中源创业投资有限公司和丰田通商株式会社拟设立合营企业案。

2014年8月15日，国家发展改革委对三菱电机等12家日本零部件企业横向垄断协议案作出行政处罚决定，共处罚款12.35亿元。

2014年8月18日，湖北省原物价局对一汽大众公司限定整车销售价格的纵向垄断协议行为及部分奥迪经销商达成并实施限定服务维修价格的横向垄断协议行为作出行政处罚决定，对一汽大众公司处以罚款2.48亿元，对其经销商处以罚款2996万元。

2014年12月2日，商务部对紫光集团有限公司收购锐迪科微电子公司股权未依法申报案作出行政处罚决定，对紫光集团有限公司处以30万元罚款。

2014年12月2日，因西部数据公司违反附加限制性条件批准西部数据收购日立存储经营者集中反垄断审查决定，商务部对西部数据公司处以30万元罚款。

2014年12月4日，《关于经营者集中附加限制性条件的规定（试行）》（商务部2014年第6号公告）公布，自2015年1月5日起施行。

2015年1月6日，商务部解除谷歌收购摩托罗拉移动公司经营者集中部分限制性条件。

2015年2月9日，国家发展改革委对高通公司滥用市场支配地位，实施以不公平的高价收取专利许可费、搭售等垄断行为作出行政处罚决定，处以罚款60.88亿元。

2015年4月7日，《关于禁止滥用知识产权排除、限制竞争行为的规定》（国家工商行政管理总局第74号令）公布，自2015年8月1日起施行。

2015年4月20日，江苏省原物价局对奔驰公司限定整车销售价格的纵向垄断协议行为及部分奔驰经销商达成并实施限定服务维修价格的横向垄断协议行为作出行政处罚决定，对奔驰公司处以罚款3.5亿元，对其经销商处以罚款787万元。

2015年8月27日，广东省发展改革委对东风日产公司限定整车销售价格的纵向垄断协议行为及部分东风日产经销商达成并实施限定整车终端销售价格的横向垄断协议行为作出行政处罚决定，对东风日产公司处以罚款1.23亿元，对其经销商处以罚款 1912 万元。

2015 年 9 月 16 日，商务部对百视通新媒体股份有限公司与微软公司设立合营企业未依法申报案作出行政处罚决定，分别对合营各方处以 20 万元罚款。

2015 年 9 月 16 日，商务部对福建省电子信息（集团）有限责任公司收购深圳市中诺通讯有限公司 35% 股权未依法申报案作出行政处罚决定，对福建省电子信息（集团）有限责任公司处以 15 万元罚款。

2015 年 9 月 16 日，商务部对上海复星医药产业发展有限公司收购苏州二叶制药有限公司 35% 股权未依法申报案作出行政处罚决定，对上海复星医药产业发展有限公司处以 20 万元罚款。

2015 年 9 月 16 日，商务部对南京南车浦镇车辆有限公司与庞巴迪运输集团瑞典有限公司设立合营企业未依法申报案作出行政处罚决定，分别对合营各方处以 15 万元罚款。

2015 年 10 月 19 日，商务部变更希捷科技公司收购三星电子有限公司硬盘驱动器业务经营者集中限制性条件。

2015 年 10 月 19 日，商务部变更西部数据收购日立存储经营者集中限制性条件。

2015 年 10 月 19 日，商务部附加限制性条件批准诺基亚公司收购阿尔卡特朗讯公司股权案。

2015 年 10 月 22~23 日，国务院反垄断委员会专家咨询组举办第四届中国竞争政策论坛。

2015 年 10 月 28 日，原重庆市工商行政管理局对重庆青阳药业有限公司滥用市场支配地位案作出行政处罚决定，处以罚款 43.93 万元。

2015 年 11 月 25 日，商务部附加限制性条件批准恩智浦半导体股份公司收购飞思卡尔半导体有限公司全部股权案。

2015 年 11 月 27 日，《监督受托人委托协议（示范文本）》公布。

2016 年 4 月 21 日，商务部对北京北车投资有限责任公司与株式会社日立制作所设立合营企业未依法申报案作出行政处罚决定，分别对合营各方处以 15 万元罚款。

2016 年 4 月 21 日，商务部对大德控股有限公司收购吉林四长制药有限公司 50% 股权未依法申报案作出行政处罚决定，对大德控股有限公司处以 15 万元罚款。

2016 年 4 月 21 日，商务部对新誉集团有限公司与庞巴迪运输集团瑞典有限公司设立合营企业未依法申报案作出行政处罚决定，对新誉集团有限公司处以 30 万元罚款的行政处罚，对庞巴迪运输集团瑞典有限公司处以 40 万元罚款的行政处罚。

2016 年 5 月 30 日，商务部解除沃尔玛收购纽海控股 33.6% 股权经营者集中限制性条件。

2016 年 6 月 1 日，国务院印发《关于在市场体系建设中建立公平竞争审查制度的意见》（国发〔2016〕34 号）。

2016 年 7 月 22 日，国家发展改革委对艾司唑仑原料药垄断协议案作出行政处罚决定，共处罚款 260.38 万元。

2016 年 7 月 29 日，商务部附加限制性条件批准百威英博啤酒集团收购英国南非米勒酿酒公司股权案。

2016 年 8 月 31 日，商务部对大陆汽车投资（上海）有限公司与华域汽车系统股份有限公司设立合营企业未依法申报案作出行政处罚决定，分别对合营各方处以 20 万元罚款。

2016 年 8 月 31 日，商务部对中山大洋电机股份有限公司收购佩特来电器有限公司股权未依法申报案作出行政处罚决定，对中山大洋电机股份有限公司处以 15 万元罚款。

2016 年 9 月 18 日，原安徽省工商行政管理局对安徽信雅达等密码器企业垄断协议案作出行政处罚决定，共处罚款 41.06 万元。

2016 年 10 月 27~28 日，国务院反垄断委员会专家咨询组举办第五届中国竞争政策论坛。

2016 年 11 月 9 日，原国家工商行政管理总局对利乐公司滥用市场支配地位实施搭售等垄断行为作出处罚，处以罚款 6.68 亿元。

2016 年 12 月 7 日，国家发展改革委对美敦力公司纵向价格垄断协议案作出行政处罚决定，处罚款 1.18 亿元。

2016 年 12 月 16 日，商务部对佳能株式会社收购东芝医疗系统株式会社全部股权未依法申报案作出行政处罚决定，对佳能株式会社处以 30 万元罚款。

2016 年 12 月 19 日，原上海市物价局对上汽通用公司纵向垄断协议案作出行政处罚决定，处以罚款 2.01 亿元。

2016 年 12 月 22 日，国务院办公厅印发《关于同意建立公平竞争审查工作部际联席会议制度的函》（国办函〔2016〕109 号）。

2016 年 12 月 30 日，商务部附加限制性条件批准雅培公司收购圣犹达医疗公司股权案。

2017 年 1 月 9 日，商务部对康明斯（中国）投资有限公司与襄阳康豪机电工程有限公司设立合营企业未依法申报案作出行政处罚决定，分别对合营各方处以 15 万元罚款。

2017 年 4 月 21 日，商务部对韩国奥瑟亚株式会社收购德山马来西亚公司全部股权未依法申报案作出行政处罚决定，对韩国奥瑟亚株式会社处以 15 万元罚款。

2017 年 4 月 29 日，商务部附加限制性条件批准陶氏化学公司与杜邦公司合并案。

2017 年 5 月 5 日，公平竞争审查工作部际联席会议召开第一次全体会议，总结公平竞争审查制度出台以来的实施情况，分析存在的问题，审议相关配套文件，明确下一步工作重点。

2017 年 5 月 5 日，商务部对广东省广晟香港控股有限公司收购澳大利亚泛澳有限公司全部股权未依法申报案作出行政处罚决定，对广东省广晟香港控股有限公司处以 15 万元罚款。

2017 年 5 月 5 日，商务部对美年大健康产业（集团）有限公司、上海天亿资产管理有限公司、上海维途投资中心先后收购慈铭健康体检管理集团有限公司股权未依法申报案作出行政处罚决定，对美年大健康产业（集团）有限公司处以 30 万元罚款。

2017 年 6 月，在第 19 次中欧领导人会晤期间，反垄断执法机构与欧盟委员会竞争总司签署《关于在公平竞争审查制度和国家援助控制制度领域建立对话机制的谅解备忘录》，在公平竞争审查领域建立专项合作机制。同年 11 月，双方在北京举行首次对话活动。

2017 年 7 月 11 日，商务部对斯维策亚洲私人有限公司与滨海县滨海港投资开发有限公司设立合营企业未依法申报案作出行政处罚决定，分别对合营各方处以 15 万元罚款。

2017 年 7 月 11 日，商务部对芜湖市建设投资有限公司、奇瑞新能源汽车技术有限公司和株式会社安川电机设立合营企业未依法申报案作出行政处罚决定，分别对合营各方处以 15 万元罚款。

2017 年 8 月 22 日，商务部附加限制性条件批准博通有限公司收购博科通讯系统有限公司股权案。

2017 年 8 月 30~31 日，国务院反垄断委员会专家咨询组举办第六届中国竞争政策论坛。

2017 年 9 月 22 日，国家发展改革委组织召开会议，要求全国沿海 39 个港口对照反垄断调查发现的问题，进行自查自纠和切实整改，规范港口企业生产经营行为。

2017 年 9 月 25 日，国家发展改革委对聚氯乙烯树脂（PVC）垄断协议案作出行政处罚决定，共处罚款 4.57 亿元。

2017 年 10 月 5 日，商务部附加限制性条件批准惠普公司收购三星电子有限公司部分业务案。

2017 年 10 月 23 日，国家发展改革委、财政部、商务部、原国家工商行政管理总局、国务院原法制办联合印发《公平竞争审查制度实施细则（暂行）》（发改价监〔2017〕1849 号）。

2017 年 11 月 6 日，商务部附加限制性条件批准加阳公司与萨斯喀彻温钾肥公司合并案。

2017 年 11 月 7 日，商务部附加限制性条件批准马士基航运公司收购汉堡南美船务集团股权案。

2017 年 11 月 24 日，商务部附加限制性条件批准日月光半导体制造股份有限公司收购矽品精密工业股份有限公司股权案。

2017 年 12 月 5 日，国家发展改革委、财政部、商务部联合印发《2017—2018 年清理现行排除、限制竞争政策措施的工作方案》。

2017 年 12 月 27 日，商务部附加限制性条件批准贝克顿—迪金森公司与美国巴德公司合并案。

2018 年 1 月 10 日，商务部对广汇宝信汽车集团有限公司及其子公司北京燕宝汽车服务有限公司收购四川港宏企业管理有限公司 100% 股权未依法申报案作出行政处罚决定，对广汇宝信汽车集团有限公司和北京燕宝服务有限公司各处以 30 万元罚款。

2018 年 1 月 10 日，因赛默飞世尔科技公司违反附加限制性条件批准赛默飞世尔科技公司收购立菲技术公司案经营者集中反垄断审查决定，商务部对赛默飞世尔科技公司处以 15 万元罚款。

2018 年 1 月 19 日，商务部对山东太阳控股集团有限公司收购万国纸业太阳白卡纸有限公司、山东国际纸业太阳纸板有限公司、山东万国太阳食品包装材料有限公司部分股权未依法申报案作出行政处罚决定，对山东太阳控股集团有限公司处以 30 万元罚款。

2018 年 1 月 19 日，商务部对益海嘉里投资有限公司与希杰第一制糖株式会社设立合营企业未依法申报案作出行政处罚决定，分别对合营各方处以 15 万元罚款。

2018 年 1 月 26 日，国家发展改革委对哈大齐地区天然气垄断协议案作出行政处罚决定，共处罚款 8406 万元。该案入选 2018 年度反垄断执法十大经典案例。

2018 年 2 月 9 日，商务部解除联发科技股份有限公司吸收合并开曼晨星半导体公司经营者集中限制性条件。

2018 年 2 月 9 日，商务部解除汉高香港与天德化工组建合营企业经营者集中限制性条件。

2018 年 2 月 9 日，山东省市场监督管理局指导济南市城乡建设委员会纠正滥用行政权力排除、限制竞争行为。该案入选 2018 年度反垄断执法十大经典案例。

2018 年 2 月 28 日，中国共产党第十九届中央委员会第三次全体会议通过《中共中央关于深化党和国家机构改革的决定》，要求加强和优化政府反垄断，打破行政性垄断，防止市场垄断，清理废除妨碍统一市场和公平竞争的各种规定和做法。

2018 年 3 月 13 日，商务部附加限制性条件批准拜耳股份公司收购孟山都公司案。

2018 年 3 月 17 日，第十三届全国人大第一次会议审议批准《国务院机构改革方案》，决定将国家工商行政管理总局的职责，国家质量监督检验检疫总局的职责，国家食品药品监督管理总局的职责，国家发展和改革委员会的价格监督检查与反垄断执法职责，商务部的经营者集中反垄断执法以及国务院反垄断委员会办公室等职责整合，组建国家市场监督管理总局，承担反垄断统一执法。保留国务院反垄断委员会，具体工作由国家市场监督管理总局承担。

2018 年 3 月 21 日，原山东省工商行政管理局对山东省济南市六家商场垄断协议案作出行政处罚决定，共处罚款 60 万元。

2018 年 3 月 21 日，根据《中共中央深化党和国家机构改革方案》，国家市场监督管理总局成立。

2018 年 4 月 4 日，市场监管总局对青岛港招商局国际集装箱码头有限公司与青岛港（集团）有限公司设立合营企业未依法申报案作出行政处罚决定，分别对合营各方处以 20 万元罚款。

2018 年 4 月 4 日，市场监管总局对青岛港招商局国际集装箱码头有限公司与青岛新前湾集装箱码头有限责任公司设立合营企业未依法申报案作出行政处罚决定，分别对合营各方处以 20 万元罚款。

2018 年 4 月 26 日，市场监管总局对天津海光先进技术投资有限公司与 Advanced Micro Devices，Inc. 设立合营企业未依法申报案作出行政处罚决定，分别对合营各方处以 15 万元罚款。

2018 年 4 月 26 日，市场监管总局对云南城投置业股份有限公司收购天津银润有限公司等 8 家公司股权未依法申报案作出行政处罚决定，对云南城投置业股份有限公司处以 15 万元罚款。

2018 年 6 月 19 日，市场监管总局办公厅就内蒙古自治区公安厅滥用行政权力排除、限制竞争行为向内蒙古自治区人民政府办公厅发出行政建议书。该案入选 2018 年度反垄断执法十大经典案例。

2018 年 6 月 25 日，市场监管总局对深圳 4 家拖轮公司达成并实施垄断协议的行为作出行政处罚决定，共处罚款 1286 万元。

2018 年 6 月 27 日，市场监管总局指导北京市公安局公安交通管理局纠正滥用行政权力排除、限制竞争行为。该案入选 2018 年度反垄断执法十大经典案例。

2018 年 7~9 月，市场监管总局会同国家发展改革委、财政部、商务部，对 8 个部门和 5 个省（区）公平竞争审查制度落实情况开展重点督查，抽查文件 255 件，并公开 30 件违反审查标准的典型案例。

2018 年 7 月 20 日，市场监管总局对深圳 2 家理货公司达成并实施垄断协议的行为作出行政处罚决定，共处罚款 316.3 万元。

2018 年 7 月 25 日，市场监管总局附加限制性条件批准依视路国际与陆逊梯卡集团合并案。该案入选 2018 年度反垄断执法十大经典案例。

2018 年 7 月 30 日，市场监管总局对 Paper Excellence BV 收购 Eldorado 巴西纸浆公司 100% 股权未依法申报案作出行政处罚决定，对 Paper Excellence BV 处以 30 万元罚款。

2018 年 7 月 31 日至 8 月 1 日，国务院反垄断委员会专家咨询组举办第七届中国竞争政策论坛。论坛期间，发布《反垄断法》实施十周年十大有影响力的反垄断执法案件，分别为：国家发展改革委查处高通公司滥用市场支配地位案；原国家工商行政管理总局查处利乐公司滥用市场支配地位案；商务部附加限制性条件批准陶氏化学公司与杜邦公司合并案；国家发展改革委指导 12 个省区市政府部门纠正“新居配”建设中滥用行政权力排除、限制竞争行为案；国家发展改革委查处三菱电机等 12 家日本零部件企业横向垄断协议案；商务部禁止丹麦穆勒马士基集团、地中海航运公司、法国达飞海运集团公司设立网络中心案；原安徽省工商行政管理局查处安徽信雅达等密码器企业垄断协议案；商务部禁止可口可乐公司收购中国汇源集团有限公司股权案；国家发展改革委查处上海港、天津港、大连港等港口经营企业滥用市场支配地位案；原重庆市工商行政管理局查处重庆青阳药业有限公司滥用市场支配地位案。

2018 年 8 月 22 日，市场监管总局对云南省城市建设投资集团有限公司收购成都环球世纪会展旅游集团有限公司股权未依法申报案作出行政处罚决定，对云南省城市建设投资集团有限公司处以 30 万元罚款。

2018 年 8 月 22 日，市场监管总局解除通用中国与神华煤制油设立合营企业经营者集中限制性条件。

2018 年 8 月 30 日，市场监管总局对格林美（武汉）城市矿产循环产业园开发有限公司收购武汉三永格林美汽车零部件再制造有限公司30%股权未依法申报案作出行政处罚决定，对格林美（武汉）城市矿产循环产业园开发有限公司处以30万元罚款。

2018年9月11日，市场监管总局对林德气体（香港）有限公司与上海华谊能源化工有限公司设立合营企业未依法申报案作出行政处罚决定，分别对合营各方处以30万元罚款。

2018年9月30日，市场监管总局附加限制性条件批准林德集团与普莱克斯公司合并案。

2018年10月10日，市场监管总局对林德气体（香港）有限公司与大化集团有限责任公司设立合营企业未依法申报案作出行政处罚决定，分别对合营各方处以30万元罚款。

2018年11月16日，天津市发展改革委对天津港口岸堆场垄断协议案作出行政处罚决定，共处罚款4510万元。该案入选2018年度反垄断执法十大经典案例。

2018年11月16日，市场监管总局对华特迪士尼公司收购21世纪福克斯有限公司股权案不予禁止。该案入选2018年度反垄断执法十大经典案例。

2018年11月16日，国务院新闻办公室举行《反垄断法》实施十周年新闻发布会，市场监管总局甘霖副局长、市场监管总局反垄断局吴振国局长介绍《反垄断法》实施十周年有关情况及展望，并答记者问。

2018年11月21日，市场监管总局对中国免税品（集团）有限责任公司收购日上免税行（中国）有限公司股权未依法申报案作出行政处罚决定，对中国免税品（集团）有限责任公司处以30万元罚款。

2018年11月23日，市场监管总局附加限制性条件批准联合技术公司收购罗克韦尔柯林斯公司股权案。该案入选2018年度反垄断执法十大经典案例。

2018年12月4日，市场监管总局对林德气体（香港）有限公司与广州钢铁控股有限公司设立合营企业未依法申报案作出行政处罚决定，分别对合营各方处以30万元罚款。

2018年12月5日，市场监管总局对冰醋酸原料药垄断协议案作出行政处罚决定，罚款并没收违法所得合计1283万元。该案入选2018年度反垄断执法十大经典案例。

2018年12月21日，市场监管总局对高济医药有限公司收购河南百家好一生医药连锁有限公司100%股权未依法申报案作出行政处罚决定，对高济医药有限公司处以40万元罚款。

2018年12月28日，市场监管总局印发《关于反垄断执法授权的通知》（国市监反垄断〔2018〕265号）。

2018年12月30日，市场监管总局对湖南尔康公司、河南九势公司滥用扑尔敏原料药市场支配地位实施不公平高价销售商品、拒绝交易等违法行为作出处罚，罚款并没收违法所得合计1243万元。该案入选2018年度反垄断执法十大经典案例。

二、2019年

2019年1月2日，国务院反垄断委员会印发《国务院反垄断委员会关于印发〈国务院反垄断委员会2019年工作重点〉的通知》（国反垄发〔2019〕1号）。

2019年1月2日，国务院反垄断委员会印发《国务院反垄断委员会关于印发〈国务院反垄断委员会关于汽车业的反垄断指南〉等四部反垄断指南的通知》（国反垄发〔2019〕2号）。

2019年1月2日，国务院反垄断委员会印发《国务院反垄断委员会关于印发〈国务院反垄断委员会工作规则〉等五项制度规则的通知》（国反垄发〔2019〕3号），同时废止《国务院反垄断委员会案件通报协调工作办法》。

2019年1月2日，国务院反垄断委员会印发《国务院反垄断委员会关于印发〈国务院反垄断委员会专家咨询组管理办法〉的通知》（国反垄发〔2019〕4号）。

2019年1月24日，公平竞争审查工作部际联席会议第二次全体会议召开。

2019年2月12日，市场监管总局发布《公平竞争审查第三方评估实施指南》（市场监管总局2019年第6号公告）。

2019年2月13日，市场监管总局附加限制性条件批准科天公司收购奥宝科技有限公司股权案。

2019年2月14日，市场监管总局对江苏德威新材料股份有限公司收购江苏和时利新材料股份有限公司股权未依法申报案作出行政处罚决定，对江苏德威新材料股份有限公司处以30万元罚款。

2019年2月19日，市场监管总局办公厅印发《关于进一步督促做好原料药反垄断执法的通知》（市监反垄断函〔2019〕332号），要求省级市场监管部门做好原料药反垄断执法工作。

2019年2月19日，市场监管总局对海外香港投资有限公司收购潍坊森达美液化品码头有限公司股权未依法申报案作出行政处罚决定，对海外香港投资有限公司处以 30 万元罚款。

2019 年 2 月 19 日，市场监管总局对引力传媒股份有限公司收购上海致趣广告有限公司股权未依法申报案作出行政处罚决定，对引力传媒股份有限公司处以 20 万元罚款。

2019 年 2 月 27~28 日，市场监管总局举办反垄断法配套规章立法论证会，与各省市场监管部门就《禁止垄断协议暂行规定》等三个规章开展论证工作。

2019 年 3 月 13~20 日，市场监管总局反垄断局赴德国参加第十九届国际竞争大会，并与德国联邦卡特尔局、捷克竞争局等进行工作交流。

2019 年 3 月 14 日，湖北省市场监督管理局对湖北省咸宁市 3 家机动安全技术检测企业垄断协议案作出行政处罚决定，罚款并没收违法所得合计 119.42 万元。

2019 年 3 月 20 日，国务院反垄断委员会秘书长、市场监管总局甘霖副局长主持召开新一届国务院反垄断委员会专家咨询组全体会议。甘霖强调，要围绕党中央、国务院的决策部署，坚持优化市场竞争环境和维护消费者利益这一主线，服务国家经济发展和战略大局，推进反垄断执法体制机制建设，提高反垄断执法水平，勠力同心推进新时代反垄断工作。会议还听取了专家咨询组关于反垄断工作的意见建议。

2019 年 3 月 20~21 日，市场监管总局反垄断局在京举办第 18 届中欧竞争政策周研讨会，全国省级市场监管部门反垄断执法人员 70 余人参会。

2019 年 3 月 21 日，市场监管总局甘霖副局长会见俄罗斯联邦反垄断局副局长安德烈・茨冈诺夫一行，双方就共同关心的反垄断执法机构、合作等进行沟通交流。

2019 年 3 月 26 日，李克强总理主持召开国务院常务会议，听取市场监管总局关于公平竞争审查制度实施情况的工作汇报，对深入实施公平竞争审查制度作出具体部署，要求对妨碍公平竞争、束缚民营企业发展、有违内外资一视同仁的政策措施应改尽改、应废尽废，年底前实现公平竞争审查制度在国家、省、市、县四级政府全覆盖，今后涉企规章、规范性文件和其他政策措施都要进行公平竞争审查。

2019 年 3 月 26~30 日，市场监管总局反垄断局吴振国局长率团赴美，参加美国律师协会第 67 届反垄断春季年会，并访问美国司法部和联邦贸易委员会。

2019 年 4 月 3 日，市场监管总局印发《关于印发〈反垄断案件专用文书格式范本〉的通知》(国市监反垄断〔2019〕72 号)。

2019 年 4 月 7~11 日，时任市场监管总局局长张茅率团访问欧盟委员会，在中欧领导人的见证下，与时任欧盟委员会竞争事务委员维斯塔格女士共同签署新的《中国与欧盟竞争政策对话框架协议》和《关于在公平竞争审查制度和国家援助控制制度领域建立对话机制的谅解备忘录》，作为第二十一次中国—欧盟领导人会晤的配套活动，总局代表团与欧盟竞争总司召开了中欧竞争政策对话和中欧国家援助与公平竞争审查制度对话。

2019 年 4 月 7~11 日，市场监管总局反垄断局赴瑞士日内瓦，出席贸发会议竞争法与竞争政策问题特设专家组会议，并对贸发会议秘书处进行工作访问。

2019 年 4 月 9 日，市场监管总局甘霖副局长出席国务院政策例行吹风会，介绍公平竞争审查制度实施进展，以及进一步推进实施公平竞争审查制度的相关举措。

2019 年 4 月 15 日，市场监管总局办公厅印发《关于督促做好公用事业领域反垄断执法工作的通知》（市监反垄断〔2019〕24 号），要求各地加快办理已立案的公用事业领域涉嫌垄断案件，对已掌握的线索尽快开展核查，在全国范围形成公用事业领域反垄断集中执法局面。

2019 年 4 月 24 日，市场监管总局召开建材领域垄断行为告诫会，宣讲法律规定，通报近年来反垄断执法、协会及企业建材领域垄断案件特点及典型案例，并部署各参会单位对照《反垄断法》开展自查。

2019 年 4 月 28 日，市场监管总局对普莱克斯（中国）投资有限公司与南京炼油厂有限责任公司设立合营企业未依法申报案作出行政处罚决定，分别对合营各方处以 30 万元罚款。

2019 年 5 月 7~8 日，第八届中国竞争政策论坛召开，主题为“更高水平开放与竞争政策——以中国自贸区 / 自由港建设为视角”，包含开幕式、主旨演讲、4 场分论坛、海南分论坛、闭幕式等 8 部分内容，280 余名境内外执法机构、专家学者、政府官员、企业和律师代表出席论坛。

2019 年 5 月 7 日，市场监管总局甘霖副局长会见欧盟竞争总司副司长查尔斯·埃斯特万·莫索，并签署《中华人民共和国国家市场监督管理总局与欧盟委员会竞争总司关于反垄断案件调查合作的实务指引》《中华人民共和国国家市场监督管理总局与欧盟委员会竞争总司关于经营者集中案件审查合作的实务指引》《关于在〈中欧竞争政策对话框架协议〉下设立联合工作组的指令》《关于在〈公平竞争审查与国家援助控制制度领域建立对话机制的谅解备忘录〉设立指导小组的指令》4 份合作文件。

2019 年 5 月 7 日，市场监管总局甘霖副局长会见韩国公平交易委员会副委员长地澈湖。

2019 年 5 月 8 日，市场监管总局反垄断局吴振国局长与新加坡竞争与消费者委员会首席执行官杜汉立、美国司法部部长副助理罗杰·奥尔福德举行工作会谈。

2019 年 5 月 8 日，浙江省市场监督管理局对浙江衢州商品混凝土有限公司等 8 家公司垄断协议案作出行政处罚决定，共处罚款 770.85 万元。

2019 年 5 月 9~10 日，全国市场监管系统反垄断工作会议在海南省海口市召开。市场监管总局甘霖副局长出席会议。甘霖指出，党的十九届三中全会要求加强和优化政府反垄断职能，由市场监管总局承担反垄断统一执法职责，标志着我国反垄断工作进入新时代。必须深刻认识中国特色社会主义新时代对反垄断工作的新要求，始终保持正确工作方向，妥善处理好政府和市场、局部和整体、当前和长远、国内和国际四个方面的关系，重点做好强化竞争政策基础性地位、完善反垄断法律体系、推进反垄断执法常态化和专业化、实施竞争文化倡导、提升竞争政策和反垄断国际合作水平等方面工作。各省、自治区、直辖市及计划单列市、副省级城市市场监管部门，新疆生产建设兵团市场监管局，市场监管总局有关司局等参加会议。

2019 年 5 月 22 日，市场监管总局对长安福特公司限定整车销售价格的纵向垄断协议案作出行政处罚决定，处罚款 1.628 亿元。

2019 年 5 月 23 日，市场监管总局甘霖副局长在韩国首尔与公平交易委员会委员长金尚祚进行会谈，并代表市场监管总局签署《中华人民共和国国家市场监督管理总局与大韩民国公平交易委员会竞争合作谅解备忘录》。

2019 年 5 月 27 日，市场监管总局甘霖副局长在日本东京与公平交易委员会委员长杉本和行进行会谈，并代表市场监管总局签署《中华人民共和国国家市场监督管理总局与日本公平交易委员会关于反垄断合作的备忘录》。

2019 年 5 月 29 日，市场监管总局甘霖副局长在菲律宾马尼拉与菲律宾竞争委员会主席阿森尼奥·巴里萨坎举行会谈。

2019 年 6 月 12 日，市场监管总局甘霖副局长在广州市主持召开原料药反垄断执法专题工作会，部署开展原料药反垄断集中执法。发展改革委、卫生健康委、医保局、药监局等部门相关司局和 16 个省级市场监管部门参加会议。

2019 年 6 月 25 日，市场监管总局对国巨股份有限公司收购君耀控股股份有限公司股权未依法申报案作出行政处罚决定，对国巨股份有限公司处以 30 万元罚款。

2019 年 6 月 26 日，市场监管总局颁布《禁止垄断协议暂行规定》（2019 年市场监管总局 10 号令），自 2019 年 9 月 1 日起施行。

2019 年 6 月 26 日，市场监管总局颁布《禁止滥用市场支配地位行为暂行规定》（2019 年市场监管总局 11 号令），自 2019 年 9 月 1 日起施行。

2019 年 6 月 26 日，市场监管总局颁布《制止滥用行政权力排除、限制竞争行为暂行规定》（2019 年市场监管总局 12 号令），自 2019 年 9 月 1 日起施行。

2019 年 7 月 3 日，市场监管总局反垄断局召开加强和改进经营者集中审查工作研讨会，听取关于经营者集中审查工作的意见建议。有关行业协会和律师事务所代表参加会议。

2019 年 7 月 5 日，市场监管总局附加限制性条件批准卡哥特科集团收购德瑞斯集团部分业务案。

2019 年 7 月 17 日，市场监管总局办公厅印发《关于进一步做好原料药反垄断执法工作的通知》（市监反垄断〔2019〕36 号），对省级市场监管开展原料药反垄断执法进行督导，提出明确工作要求。

2019 年 7 月 24 日，市场监管总局甘霖副局长在塞尔维亚贝尔格莱德与塞尔维亚竞争保护委员会主席米洛耶·奥布拉多维奇进行会谈，并签署《中华人民共和国国家市场监督管理总局与塞尔维亚竞争保护委员会反垄断合作谅解备忘录》。

2019 年 7 月 29 日，市场监管总局甘霖副局长在摩洛哥拉巴特与摩洛哥竞争委员会现任主席德瑞斯·格雷罗就落实 2018 年 10 月签署的《中华人民共和国国家市场监督管理总局和摩洛哥王国竞争委员会合作谅解备忘录》达成共识。

2019 年 7 月 31 日，市场监管总局甘霖副局长在葡萄牙里斯本与葡萄牙竞争局主席马格瑞塔·马托斯·罗萨进行会谈，并就签署新《中葡反垄断合作谅解备忘录》达成共识。

2019 年 7 月 31 日，内蒙古自治区市场监督管理局对内蒙古赤峰市巴林左旗餐饮行业垄断协议案作出行政处罚决定，共处罚款 65 万元。

2019 年 8 月 9 日，重庆市市场监督管理局对重庆市烧结砖生产经营行业垄断协议案作出行政处罚决定，没收违法所得并处罚款合计 377.43 万元。

2019 年 8 月 9 日，陕西省市场监督管理局对延安市混凝土企业垄断协议案作出行政处罚决定，共处罚款 492.29 万元。

2019 年 8 月 16 日，市场监管总局对天能电池集团股份有限公司收购安徽轰达电源有限公司股权未依法申报案作出行政处罚决定，对天能电池集团股份有限公司处以 30 万元罚款。

2019 年 8 月 22~23 日，市场监管总局甘霖副局长赴江苏省督导原料药反垄断执法工作，听取江苏省市场监督管理局关于原料药反垄断执法工作汇报，并就做好下一步工作提出要求。

2019 年 8~10 月，市场监管总局反垄断局对北京、天津、山西、辽宁等 10 个省级市场监管部门开展原料药执法专项督导，对重点案件和线索核查进行现场督办。

2019 年 8 月 30 日，市场监管总局召开专题新闻发布会，市场监管总局反垄断局吴振国局长出席会议，对《禁止垄断协议暂行规定》《禁止滥用市场支配地位行为暂行规定》《制止滥用行政权力排除、限制竞争行为暂行规定》3 部规章进行集中宣传解读。

2019 年 9 月，全国县级以上政府均已出台公平竞争审查工作方案，建立联席会议机制，开展公平竞争审查工作，提前实现国家、省、市、县四级政府全覆盖目标。

2019 年 9 月 2 日，市场监管总局印发《市场监管总局办公厅关于开展滥用行政权力排除、限制竞争行为专项执法行动的通知》。

2019 年 9 月 3 日，市场监管总局对哈尔滨电气股份有限公司与通用电气（中国）有限公司设立合营企业未依法申报案作出行政处罚决定，分别对合营各方处以 30 万元罚款。

2019 年 9 月 5 日，市场监管总局反垄断局召开制止滥用行政权力排除、限制竞争行为工作会议，部署开展制止滥用行政权力排除、限制竞争行为专项执法行动。

2019 年 9 月 16 日，市场监管总局对高顺发展有限公司收购哈尔滨地利生鲜农产品企业管理有限公司 100% 股权未依法申报案作出行政处罚决定，对高顺发展有限公司处以 30 万元罚款。

2019 年 9 月 16 日，市场监管总局对广西柳州钢铁集团有限公司收购广西中金金属科技有限公司股权未依法申报案作出行政处罚决定，对广西柳州钢铁集团有限公司处以 35 万元罚款。

2019 年 9 月 16 日，市场监管总局对中邮资本管理有限公司收购成都我来啦网格信息技术有限公司股权未依法申报案作出行政处罚决定，对中邮资本管理有限公司处以 40 万元罚款。

2019 年 9 月 18 日，市场监管总局附加限制性条件批准高意股份有限公司收购菲尼萨股份有限公司股权案。

2019 年 9 月 18~19 日，市场监管总局甘霖副局长率团出席第六届金砖国家竞争大会，围绕“金砖国家竞争政策和立法的发展”发表主旨演讲，对强化竞争政策实施、推进反垄断执法发出倡议，参加金砖国家反垄断政策协调委员会闭门会，代表中方与金砖国家反垄断执法机构负责人共同签署《金砖国家竞争机构负责人莫斯科联合声明》，出席闭幕式并作简短致辞，邀请金砖各国和与会代表参加 2021 年在中国举办的第七届金砖国家竞争大会。会议期间与俄罗斯联邦反垄断局局长伊戈尔·阿提米耶夫举行了双边会谈，并续签《中华人民共和国国家市场监管总局和俄罗斯联邦反垄断局为执行〈中华人民共和国政府和俄罗斯联邦政府反垄断政策和反不正当竞争领域合作协定〉的谅解备忘录（2020—2021）》。

2019 年 9 月 19 日，市场监管总局反垄断局吴振国局长在第六届金砖国家竞争大会第二场全体大会进行《深化金砖国家竞争领域合作　携手应对世界经贸挑战》主题发言，倡议各国巩固现有合作成果，继续加强对话交流，推动形成更有利于新兴市场和发展中国家的国际竞争规则，共同提升金砖国家在全球经济治理中的整体力量。

2019 年 9 月 23 日，市场监管总局甘霖副局长在白俄罗斯明斯克与白俄罗斯反垄断监管和贸易部部长弗拉基米尔·科尔托维奇举行工作会谈，签署《中华人民共和国国家市场监督管理总局与白俄罗斯共和国反垄断监管和贸易部关于在竞争和价格政策、消费者权益保护与广告活动监管领域的合作谅解备忘录》。

2019 年 9 月 27 日，市场监管总局对北京汽车股份有限公司、现代金融株式会社和现代汽车（中国）投资有限公司设立合营企业未依法申报案作出行政处罚决定，分别对合营各方处以 30 万元罚款。

2019 年 9 月 29 日，市场监管总局对苏州全亿健康药房连锁有限公司收购苏州健生源医药连锁有限公司股权未依法申报案作出行政处罚决定，对苏州全亿健康药房连锁有限公司处以 30 万元罚款。

2019 年 9 月 29 日，市场监管总局对西藏德锦企业管理有限责任公司收购上海汇通能源股份有限公司股权未依法申报案作出行政处罚决定，对西藏德锦企业管理有限责任公司处以 30 万元罚款。

2019 年 10 月 14 日，市场监管总局反垄断局与世界银行竞争和投资团队，围绕竞争政策和反垄断领域合作进行沟通。

2019 年 10 月 18 日，山东省市场监督管理局对山东省菏泽市汽车行业协会组织实施垄断协议案当事人作出行政处罚决定。

2019 年 10 月 21~24 日，市场监管总局反垄断局在京举办第 19 届中欧竞争政策周研讨会和公平竞争审查论坛。全国省级市场监督部门反垄断执法人员 80 余人参会。会议期间举行了联合工作组第一次会谈。

2019 年 10 月 31 日，市场监管总局甘霖副局长主持召开《反垄断法》修订立法项目起草领导小组全体会议，就《反垄断法》修订草案进行研究，提出进一步修改完善的工作要求，并对扎实推进《反垄断法》修订工作作出部署。

2019 年 10 月 31 日，中国共产党第十九届中央委员会第四次全体会议通过《中共中央关于坚持和完善中国特色社会主义制度　推进国家治理体系和治理能力现代化若干重大问题的决定》，要求强化竞争政策基础地位，落实公平竞争审查制度，加强和改进反垄断执法，健全反垄断审查制度。

2019 年 11 月 1 日，市场监管总局对皮尔博格泵技术有限公司与上海幸福摩托车有限公司设立合营企业未依法申报案作出行政处罚决定，分别对合营各方处以 35 万元罚款。

2019 年 11 月 19 日，市场监管总局肖亚庆局长率团出访菲律宾期间，在菲律宾奎松市代表总局与菲律宾竞争委员会主席阿森尼奥·巴里萨坎签署《中华人民共和国国家市场监管总局和菲律宾竞争委员会反垄断合作谅解备忘录》。

2019 年 11 月 22 日，湖南省市场监督管理局对张家界市永定区七家瓶装液化石油气垄断案作出行政处罚决定，共处罚款 41.3 万元。

2019 年 11 月 28 日至 12 月 12 日，市场监管总局在官网就《经营者反垄断合规指南（公开征求意见稿）》向社会公开征求意见。

2019 年 11 月 29 日，市场监管总局反垄断局吴振国局长会见韩国公平交易委员会市场结构改善政策官裴永洙一行，就中韩经营者集中反垄断审查工作等议题举行实务交流。

2019 年 11~12 月，市场监管总局会同国家发展改革委、财政部、商务部开展公平竞争审查督查，在各地全面自查的基础上，赴北京、山西等 8 个省（区、市）开展实地督查，抽查文件 420 件，对 12 件违反审查标准的文件督促有关单位整改。

2019 年 12 月 5 日，市场监管总局反垄断局吴振国局长会见国家体育总局政策法规司司长褚波一行，沟通体育领域反垄断合规有关事宜。

2019 年 12 月 6 日，江苏省市场监督管理局对丰田汽车（中国）投资有限公司垄断案作出行政处罚决定，共处罚款 8761.31 万元。

2019 年 12 月 9 日，市场监管总局对广州港股份有限公司收购中山港航集团股份有限公司股权未依法申报案作出行政处罚决定，对广州港股份有限公司处以 30 万元罚款。

2019 年 12 月 9 日，市场监管总局对辽宁港口集团有限公司取得大连港集团有限公司和营口港务集团有限公司 100% 股权未依法申报案作出行政处罚决定，对辽宁港口集团有限公司处以 35 万元罚款。

2019 年 12 月 13 日，市场监管总局对新希望投资集团有限公司收购兴源环境科技股份有限公司股权未依法申报案作出行政处罚决定，对新希望投资集团有限公司处以 40 万元罚款。

2019 年 12 月 20 日，市场监管总局附加限制性条件批准诺贝丽斯公司收购爱励公司股权案。

2019 年 12 月 20 日，市场监管总局对安博凯直接投资基金 JC 第四有限合伙收购上海思妍丽实业股份有限公司股权未依法申报案作出行政处罚决定，对安博凯直接投资基金 JC 第四有限合伙处以 35 万元罚款。

2019 年 12 月 25 日，市场监管总局、国家发展改革委、财政部、商务部联合印发《关于开展妨碍统一市场和公平竞争的政策措施清理工作的通知》（国市监反垄断〔2019〕245 号），部署各地区、各部门对 2019 年 12 月 31 日前出台的政策措施进行全面清理，坚决废除妨碍统一市场和公平竞争的各种规定和做法。

附 录

一、关于汽车业的反垄断指南

（国务院反垄断委员会　2019年1月4日）

第一章　总则

第一条　指南的目的和依据

汽车业是国民经济的重要支柱产业，在促进经济增长、技术创新、就业与社会发展等方面发挥着重要作用。公平竞争是发挥市场配置资源的决定性作用、促进汽车业健康发展、维护消费者利益和社会公共利益的重要保障。为预防和制止汽车业垄断行为，降低行政执法和经营者合规成本，推进科学、有效的反垄断监管，根据《中华人民共和国反垄断法》（下称《反垄断法》）、《国务院反垄断委员会关于相关市场界定的指南》（下称《关于相关市场界定的指南》）、《关于经营者集中申报标准的规定》等法律规定，制定本指南。

第二条　相关概念

（一）汽车，是指由动力驱动、具有四个或四个以上车轮的非轨道承载的车辆，主要用于载运人员和/或货物、牵引载运人员和/或货物的车辆、特殊用途，分为乘用车和商用车两大类。乘用车和商用车的进一步分类，参见国家相关标准（GB/T3730.1《汽车和挂车类型的术语和定义》）。

（二）新能源汽车，是指采用新型动力系统，完全或主要依靠新型能源驱动的汽车，主要包括纯电动汽车、插电式混合动力（含增程式）汽车及燃料电池汽车等。

（三）二手车，是指从办理完注册登记手续至达到国家强制报废标准之前进行交易并转移所有权的汽车。

（四）汽车供应商，是指为经销商提供汽车资源的经营者，包括：汽车制造商、接受汽车制造商转让销售环节权益并进行分销的经营者、从境外进口汽车的经营者。

（五）配件供应商，是指生产或提供汽车初装零部件和售后配件的经营者。

（六）汽车经销商，是指从事汽车经销与服务的经营者。在实务中，汽车经销商可以同时承担汽车维修商的角色，但汽车销售和售后服务环节也可以相互分离。

（七）售后服务商是指提供汽车维护、修理等服务的经营者。

（八）最终用户，就汽车而言，是指汽车所有人和其他对汽车拥有合法使用权的人（如汽车承租人）。就汽车售后配件及用品而言，包括：1. 购买该等产品的机动车所有人和其他对汽车拥有合法使用权的人；2. 将该等产品用于维修而非转售目的的售后服务商。

（九）汽车配件，按用途、品牌、供应渠道与质量等标准分类，包括初装零部件、双标件、售后配件、原厂配件、同质配件等。

初装零部件，是指用于生产组装新车的零部件。

双标件，是指同时标有汽车制造商和配件制造商商标、标识和零件代码的初装零部件和售后配件。

售后配件，是指安装于汽车、用来替换该汽车初装零部件的产品，包括汽车所必需的润滑剂等，但不包括燃料。

原厂配件，是指汽车供应商或者汽车供应商指定的第三方所提供的，使用汽车供应商品牌或汽车供应商指定品牌，按照汽车初装零部件规格和产品标准制造的售后配件。

同质配件，又称质量相当配件，是指质量不低于汽车初装零部件的售后配件，但不包括原厂配件。

（十）维修技术信息，是指汽车在使用过程中，为维持或恢复汽车出厂时的技术状况和工作能力，延长汽车使用寿命，确保汽车符合安全、环保使用要求所进行的汽车诊断、检测与维修作业必需的技术信息资料的总称。

第三条　相关市场

汽车业产业链长，上中下游业务类型多样，界定相关商品市场和地域市场应遵循《反垄断法》和《关于相关市场界定的指南》所确定的一般原则和方法，同时考虑汽车业的特点，结合个案具体分析。

（一）相关商品市场

汽车业相关商品市场界定的基本方法是替代性分析，在个案中界定相关商品市场时，可以基于商品的特征、用途、价格等因素进行需求替代分析，必要时进行供给替代分析。比如，汽车经销由批发和零售两个环节构成，批发由汽车供应商面向经销商，零售由经销商面向最终用户。根据个案具体情形，可能需要将汽车批发和零售分别界定为细分的相关商品市场；汽车经销市场还可以从需求替代和供给替代的角度进一步细分。汽车售后市场可以分为售后配件经销市场和售后维修保养市场，也可以根据替代性分析进一步界定。

（二）相关地域市场

汽车业相关地域市场界定的基本方法同样是替代性分析，以下以乘用车为例进行分析：

从供给替代的角度看，乘用车制造市场很大程度上是全球化的。但从需求替代的角度看，各国竞争环境（技术和贸易壁垒、机动车税费、经销体系、价格、竞争者市场渗透度等）存在显著差异，因此乘用车制造市场可以界定为国别市场。

对于乘用车经销市场，一般来说汽车供应商在全国范围内开展批发业务，因此可以将乘用车批发的地域市场界定为国别市场。在零售层面，由于汽车牌照、汽车通行、售后服务、保修条款等种种限制，并考虑到选购汽车的时间、交通等成本因素，最终用户未必能够去外地购车，乘用车零售市场可以界定为省级或地区性市场。

（三）相关市场界定在各类垄断案件中的作用

由于案件性质与评估路径的差异，不同类型垄断案件中相关市场界定的作用不尽相同。垄断协议和滥用支配地位案件均关注已发生的限制竞争行为。当竞争者之间达成固定价格、分割市场、限制产量等横向垄断协议，实务中通常没有必要明确界定相关市场，但对于滥用支配地位案件，相关市场界定通常是认定滥用支配地位行为的第一步。

此外，应认识到相关市场界定在横向协议和纵向协议竞争评估中的作用。当根据《反垄断法》第十五条主张协议不适用第十三条或第十四条的规定时，经营者需要证明其协议符合第十五条规定的条件。除“为保障对外贸易和对外经济合作中的正当利益的”等情形，“证明所达成的协议不会严重限制相关市场的竞争”是第十五条规定的条件之一，相关市场界定因而成为经营者证明其协议符合法定豁免的必要步骤。

第二章 垄断协议

《反垄断法》第十三条禁止横向垄断协议，第十四条禁止纵向垄断协议，第十五条规定了垄断协议的豁免情形和条件。根据《反垄断法》第十五条，经营者主张协议不适用《反垄断法》第十三条或第十四条，首先需要证明协议属于第十五条第一款列出的情形之一；其次，除“为保障对外贸易和对外经济合作中的正当利益的”和“法律和国务院规定的其他情形”，经营者还应当证明协议不会严重限制相关市场的竞争，并且能够使消费者分享由此产生的利益。

为证明协议不会严重限制相关市场的竞争，经营者可以评估其在相关市场的市场力量。评估经营者的市场力量，可以参考《反垄断法》第十八条所列举的各项因素。

评估一项协议是否能够使消费者分享由此产生的利益，可以从价格降低、质量提高、技术创新、技术升级、产品和服务的更多选择等角度加以考察。

第四条　豁免

（一）推定豁免

为降低行政执法成本和经营者合规成本，本指南列出了不具有显著市场力量的经营者设置的纵向地域限制和客户限制若干情形，可以推定适用《反垄断法》第十五条的规定。执法实践和理论研究证明，该等情形通常能够提高经销服务质量、增进经销效率、增强中小经销商经营效率和竞争力，一般不会严重限制相关市场的竞争，并且能够使消费者分享由此产生的利益，因而符合《反垄断法》第十五条规定的条件。

评估经营者是否具有显著市场力量，设置一个固定的市场份额标准并不必然具有合理性与科学性。但是，以纵向协议的竞争评估为例，执法实践和理论研究表明，在相关市场占有30%以下市场份额的经营者有可能被推定为不具有显著市场力量。

但是，市场份额标准不应被僵化运用。根据个案具体情形，如果有证据能够证明经营者的行为不符合《反垄断法》第十五条规定，国务院反垄断执法机构（下称执法机构）仍然可以对相关行为适用《反垄断法》第十四条。

（二）个案豁免

除本指南列出的可以推定适用《反垄断法》第十五条的情形之外，经营者如果主张其协议可以适用《反垄断法》第十五条，需要根据个案具体情形证明其协议符合《反垄断法》第十五条的法定条件，判断其协议能否被个案豁免。

第五条　汽车业横向垄断协议

（一）某些类型的横向协议，如研究与开发协议、专业化协议、技术标准化协议、联合生产协议、联合采购协议等，通常能够增进效率和促进竞争，有利于增加消费者福利。比如新能源汽车研发与生产过程中的横向协议，可以使经营者分担投资风险、提高效率、促进社会公共利益。因此，达成前述能够增进效率和促进竞争的横向协议的汽车业经营者，可以根据《反垄断法》第十五条证明其协议不适用《反垄断法》第十三条规定。

（二）关于横向垄断协议的竞争分析，汽车业与其他行业并无显著差别，因此本指南不再进一步细化。关于汽车业横向垄断协议的反垄断规制，由执法机构根据《反垄断法》等相关法律规定依法处理。

第六条 汽车业纵向垄断协议

分析和评估纵向垄断协议，需要首先判断一项协议是否构成《反垄断法》第十四条所禁止的协议。其次，评估该协议能否根据《反垄断法》第十五条适用推定豁免。如果该协议不能被推定豁免，则需要评估该协议能否被个案豁免。

（一）协议的形式

纵向垄断协议可以表现为直接限制，比如合同条款规定经销商的转售价格；也可以表现为间接限制，比如固定经销商的利润率和折扣水平，通过实施价格监测对不遵守建议价的经销商取消返利、拒绝供货或提前解除授权协议等。

在中国汽车市场上，纵向垄断协议可能体现在经销商协议，也可能通过商务政策、通函、资讯、通知等形式达成。通常情形下，单个经营者实施纵向垄断协议会限制品牌内竞争，损害消费者利益。特别是当相关市场上多数甚至全部经营者均采用相似纵向垄断协议，各类纵向限制形成网络，全面覆盖相关市场，品牌间竞争将被明显削弱。相似纵向协议导致的累积效果能够显著限制相关市场的竞争，使相关产品和服务在竞争水平之上定价，最终导致消费者福利损失。

（二）固定转售价和限定最低转售价

《反垄断法》第十四条明确禁止固定转售价和限定最低转售价。转售价格限制的负面效应主要表现在维持高价、促进横向共谋、削弱品牌间竞争和品牌内竞争、排斥竞争者等方面。

当然，如果经营者能够证明该等价格限制不会严重限制相关市场竞争，并且能够使消费者分享由此产生的利益，经营者可以根据《反垄断法》第十五条规定对固定转售价和限定最低转售价主张个案豁免。

在实务中，汽车业经营者基于《反垄断法》第十五条主张个案豁免的转售价格限制的常见情形包括：

1. 新能源汽车的短期转售价格限制。为节约能源、保护环境、避免“服务搭便车”，新能源汽车的短期（现阶段为 9 个月以内，从汽车供应商就具体车型发出第一张批售发票之日起算，并可以根据新能源汽车产业和技术发展对豁免期进行调整）的固定转售价和限定最低转售价对于激励经销商努力推广新能源产品，加大销售力度，扩大市场对新产品的需求是必要的，进而能够促进新产品成功上市，给予消费者更多选择。

2. 仅承担中间商角色的经销商销售中的转售价格限制。仅承担中间商角色的经销商销售是指汽车供应商与特定第三人或特定终端客户（如：汽车供应商和经销商的员工、大客户、广告及赞助对象等）直接协商达成销售价，仅通过经销商完成交车、收款、开票等交易环节的销售。在该等交易中，经销商仅承担中间商的角色协助完成交易，与一般意义的经销商有所不同。

3. 政府采购中的转售价格限制。在实务中，政府采购项目通常要求参加联合投标的汽车供应商与其经销商协调后提供一致或固定的零售价格报价。对于全国范围的采购项目，政府采购部门有时与汽车供应商直接接洽，汽车供应商没有销售资质的，需要与特定经销商就零售价格达成一致，以实现对政府采购的报价。与仅承担中间商角色的经销商销售类似，政府采购中的经销商如果仅协助完成交易，则与一般意义的经销商有所不同。

4. 汽车供应商电商销售中的转售价格限制。电商销售中的定价行为适用《反垄断法》等法律规定。但是，实务中存在汽车供应商通过电商平台在一定时期以统一价格销售汽车，与不特定的最终用户直接达成交易，仅通过经销商完成交车、收款、开票等交易环节的销售。在此种情况下，经销商如果仅协助完成交易，则与一般意义的经销商有所不同。

（三）建议价、指导价和限定最高价

汽车供应商对经销商和维修商设置转售汽车与汽车售后配件及用品的建议价、指导价或最高价，以及对经销商和维修商设置售后服务工时费的建议价、指导价或最高价，如果由于协议一方的压力或激励，建议价、指导价或最高价被多数或全部经销商所执行，在实质效果上等同于固定转售价或限定最低转售价时，根据个案具体情形，该等行为有可能被认定为固定转售价或限定最低转售价。

（四）地域限制和客户限制

地域限制是指供应商承诺在特定经销区域对一个或若干经销商供货，经销商承诺不向其他经销区域销售。客户限制是指供应商限定经销商只能将商品售予或不得售予特定客户。

地域限制和客户限制可能削弱品牌内竞争、分割市场、形成价格歧视。有效实施的地域限制和客户限制导致其他经销商难以获得供货，阻碍更有效率的新型经销模式的推广，使商品和服务价格维持在高位。但是，有时地域限制和客户限制也能够提高经销效率，比如，在经销商需要为保护和建立品牌形象进行特定投资时，地域限制能产生显著的效率。

1. 不具有显著市场力量的汽车业经营者设置的具有经济效率和正当化理由的地域限制和客户限制，通常能够符合《反垄断法》第十五条的规定，可以推定适用《反垄断法》第十五条。前述情形主要包括：

（1）约定经销商仅在其营业场所进行经销活动，但不限制该经销商的被动销售，也不限制授权经销商之间交叉供货。

被动销售，是指经销商未主动营销，但应个别客户的要求，向该客户交付商品或服务。比如，甲地消费者到乙地购车的行为即为乙地经销商的被动销售。

相对于传统销售方式，电商销售面向更广大、更多样的客户。如果一个客户浏览经销商网站或第三方网站并联络该经销商，且该联络产生了一笔销售交易，这笔销售将被视为被动销售。对于经销商通过其自有或第三方网站向不特定受众发出的信息，如果客户主动选择接受（如：在线订阅经销商的推广信息）并主动接洽经销商而产生一笔销售交易，该交易将被视为经销商的被动销售。但是，如果经销商向特定受众发出广告或促销信息，则该等行为将构成主动销售。

（2）限制经销商对汽车供应商为另一经销商保留的独占地域或专有客户进行主动销售。

（3）限制批发商直接向最终用户进行销售。

（4）为避免配件被客户用于生产与汽车供应商相同的产品，限制经销商向该类客户销售配件。

2. 通常能够限制竞争、导致高价并减少消费者选择的地域限制和客户限制，不能推定适用《反垄断法》第十五条的规定，包括但不限于：

（1）限制经销商的被动销售；

（2）限制经销商之间交叉供货；

（3）限制经销商和维修商向最终用户销售汽车维修服务所需配件。

（五）通过质量担保条款对售后维修服务和配件流通施加间接的纵向限制

对在质量担保范围内的维修保养工作和替换配件，汽车供应商通常要求汽车最终用户到授权维修网络使用原厂配件完成维修保养工作。但是，如果汽车供应商与汽车经销商、汽车维修商达成协议，通过质量担保条款对售后服务和售后配件流通间接施加不合理的纵向限制，能够排斥独立维修商，减少配件供应和经销渠道，最终提高汽车维修保养服务的价格。

上述不合理的纵向限制情形包括但不限于：

1. 汽车供应商以汽车最终用户将不在质量担保范围的维修保养工作全部交由授权维修网络完成，作为汽车供应商履行质量担保责任的条件；

2. 对不在质量担保范围的配件，汽车供应商要求汽车经销商、汽车维修商使用原厂配件作为其履行质量担保责任的条件；

3. 汽车供应商没有正当理由，限制其维修网络对平行进口车提供售后维修保养服务。

（六）有关经销商和维修商销售与服务能力的其他纵向限制

汽车供应商通过协议和商务政策等实施的下述纵向限制，有可能不当限制经销商和维修商的销售与服务能力，如果导致排除、限制竞争效果，提高汽车经销和维修渠道的价格，损害消费者利益，则相关协议和商务政策可能被认定为《反垄断法》所规制的纵向垄断协议。

1. 汽车供应商向经销商或维修商强制搭售其未订购的汽车、售后配件、精品、耗材、修理工具、检测仪器等，有可能导致搭卖品的排他购买义务，因而排除、限制搭卖品市场的竞争。

2. 汽车供应商强制经销商或维修商接受不合理的汽车或售后配件销售目标、库存品种和数量。

供应商和经销商之间可以通过平等协商约定合同产品的销售目标、库存品种和数量。但是，供应商单方制定并强制经销商接受不合理的销售目标、库存品种和数量，有可能导致经销商承担合同产品的排他购买义务，因而排除、限制相关市场的竞争。

3. 汽车供应商强制要求经销商承担以汽车供应商名义开展的广告、车展等宣传推广费用，或强制限定经销商自担费用开展广告宣传的特定方式和特定媒体。

汽车供应商通常与经销商约定参与共同推广和营销活动并要求经销商分摊合理费用。此外，为确保品牌推广的整体效果，汽车供应商通常为经销商设置遴选媒体的合理的质量型标准。但是，强制要求经销商承担以汽车供应商名义开展的宣传推广费用，或强制限定经销商自担费用开展广告宣传的特定方式和特定媒体，有可能限制经销商自主决定推广和营销活动的能力，间接增加经销和售后渠道的成本，最终增加消费者的负担。

4. 汽车供应商强制要求经销商和维修商只能使用特定有偿设计单位或建筑单位的服务，或强制要求经销商和维修商所需建筑材料、通用设备、信息管理系统和办公设施等只能使用特定品牌、供应商和供应渠道。

为保证品牌形象，汽车供应商通常会通过协议或商务政策对经销商和维修商经营场所的设计、装饰、办公设施等约定或规定质量型标准。此外，基于知识产权保护的考虑，汽车供应商通常指定其汽车品牌标识的采购渠道。但是，限定经营场所的设计、办公设施等只能使用特定第三方品牌、供应商和供应渠道对于保证汽车品牌形象通常并非必要，可能排除、限制相关市场的竞争，间接增加经销和售后渠道的成本。

5. 汽车供应商限制经销商经营其他供应商的商品。

汽车供应商可以对经销商营销本企业的商品进行必要的约定或提出必要的服务标准，并给予相关培训和指导。但如果汽车供应商限制经销商代理其他供应商的商品，或限制经销商在经营场所销售其他企业或品牌商品（可以要求为本企业品牌汽车设立单独展区），可能导致市场中新进入的或原来的竞争者无法找到可替代的良好流通渠道，使得经销商承担合同产品的排他购买义务，从而排除、限制相关市场的竞争。

6. 汽车供应商因经销商或维修商从事促进竞争的行为而拒绝供货或提前解除经销协议。

当经销商或维修商从事了促进竞争的行为，如拒绝执行汽车供应商设置的最低转售价、从汽车供应商以外的渠道购进原厂配件和同质配件用于售后维修等，汽车供应商不得拒绝向经销商供货或提前解除经销协议。

第三章　滥用市场支配地位

《反垄断法》第十七条禁止滥用市场支配地位行为。目前，我国新车销售市场竞争较为激烈，但汽车售后市场由于存在锁定效应和兼容性问题，可能限制、削弱售后市场的有效竞争，损害消费者利益。在个案中界定汽车售后市场，汽车品牌是需要考虑的一个重要因素。因此，根据《反垄断法》第十七条对市场支配地位的定义，以及第十八条关于认定经营者具有市场支配地位应当依据的因素，在新车销售市场上不具有支配地位的汽车供应商，在其品牌汽车售后市场上可能被认定为具有支配地位。

对于未达到《反垄断法》第十九条规定的市场支配地位推定标准的经营者，其在售后配件的生产、供应与流通以及维修技术信息、测试仪器和维修工具的供应过程中实施的纵向限制，根据《反垄断法》第十四条与第十五条进行评估。

第七条　售后配件的生产

除根据代工协议生产的配件以外，在其品牌汽车售后市场上具有支配地位的汽车制造商没有正当理由，不应限制为初装汽车配套的配件供应商生产双标件。即汽车制造商不应禁止为其提供初装零部件的配件供应商在相关初装零部件上加贴自有商标、标识和零件代码。双标件旨在提高消费者和维修商辨识同质配件的能力，促进汽车售后市场有效竞争。

关于代工协议的认定，参见本指南第十一条。

第八条　售后配件的供应与流通

在汽车售后市场上具有支配地位的汽车供应商没有正当理由，不应限制售后配件的供应与流通，包括：

（一）限制经销商和维修商外采售后配件，即限制经销商和维修商购买同质配件或从其他渠道购买原厂配件（包括平行进口配件）。

不具有市场支配地位的供应商对其经销渠道设置一定期限的排他采购义务，能够提高经销网络的质量标准，有助于建立和保持品牌形象，提高品牌对最终消费者的吸引力，提升销售量。但是，如果相关市场存在显著的进入或扩张壁垒，排他采购义务有可能封锁竞争性供应商，削弱创新激励机制，提高经销渠道的商品价格，限制消费者的选择。

在实务中，在其品牌汽车售后市场上具有支配地位的汽车供应商，对经销商规定不合理的配件销售数量目标、库存品种和数量，通常能够实质限制经销商和维修商外采配件。

但是，汽车供应商可以依法要求其授权体系成员仅使用原厂配件和同质配件，该授权体系成员应当依法保证消费者的知情权和配件可追溯性。汽车供应商可以依法要求，仅当消费者知情并明确选择且保证配件可追溯性的条件下，授权体系成员才可以在维修工作中使用再制造件和回用件。

再制造件，是指旧汽车零部件经过再制造技术、工艺生产后，性能和质量达到原型新品要求的零部件。

回用件，是指从报废汽车上拆解或维修车辆上替换的能够继续使用的零部件。

（二）限制配件供应商、经销商和维修商外销售后配件，包括：

1. 除根据代工协议生产的配件以外，要求配件全部“返厂”，即限制配件供应商向售后渠道以自有品牌供应配件；

2. 限制经销商之间、维修商之间，以及经销商和维修商之间交叉供应售后配件；

3. 限制经销商和维修商向最终用户销售汽车维修服务所需配件。

第九条　维修技术信息、测试仪器和维修工具的可获得性

汽车售后维修通常需要由具备相应资质的技工基于特定品牌汽车的技术信息而完成。汽车供应商通常是其品牌汽车全部维修技术信息的唯一供应源。如果维修商不能获得检测、维修汽车以及替换汽车配件所必需的技术信息，提供的维修保养服务可能导致危险驾驶、高排放和空气污染等风险；同时，维修商市场地位受挤压，导致维修渠道减少、汽车维修保养价格升高、消费者选择受限。

汽车售后市场有效竞争需要保障售后维修技术信息的可获得性，同时保障测试仪器和维修工具的可获得性。因此，在其品牌汽车售后市场上具有支配地位的汽车供应商，无正当理由，不应限制维修技术信息、测试仪器和维修工具的可获得性，包括：

（一）限制维修商获取特定品牌汽车维修技术信息的权利和渠道；

（二）限制测试仪器、维修工具或其他设备供应商向经销商和维修商销售有关测试仪器、维修工具或其他设备；

（三）对维修技术信息设置过高市场价格，限制维修技术信息有效公开，制

约汽车维修商获取有关技术信息。

第四章 经营者集中

对于经营者集中的竞争分析，汽车业与其他行业并无显著差别。关于汽车业经营者集中的反垄断审查，由执法机构依据《反垄断法》《关于经营者集中申报标准的规定》等法律规定依法处理。

第五章 滥用行政权力排除、限制竞争

《反垄断法》禁止行政机关和法律、法规授权的具有管理公共事务职能的组织滥用行政权力排除、限制竞争。滥用行政权力排除、限制汽车业市场竞争的行为，由执法机构依据《反垄断法》及相关规定依法处理。

第十条 汽车业的滥用行政权力排除、限制竞争行为

汽车交易中的滥用行政权力排除、限制竞争行为，阻碍汽车市场健康发展，损害消费者利益。比如，二手车交易中的滥用行政权力排除、限制竞争行为，不利于绿色循环消费和汽车市场可持续发展，还限制了汽车所有人的物权处置权益，延长消费者换车周期，间接影响新车销售市场。

行政机关和法律、法规授权的具有管理汽车流通事务职能的组织，不应违反《反垄断法》第五章规定实施排除、限制竞争的行为，包括但不限于：

（一）制定含有限制汽车销售和汽车自由流通等内容的规定；

（二）通过设定具有排除、限制竞争效果的开业条件或资质要求，限制或者变相限制经营者经营汽车业务；

（三）限定或者变相限定单位或者个人购买、租用、使用其指定的经营者提供的汽车交易系统、设施和经营场所；

（四）二手车限迁行为，即对外地二手车迁入设定高于本地在用车辆标准的限制行为；

（五）限制或变相限制二手车交易地点，即要求二手车必须在车辆注册登记所在地交易；

（六）限制二手车交易必须由二手车交易市场开具发票；

（七）限制或变相限制外地生产的汽车（如新能源汽车）进入本地市场，限制或变相限制消费者购买外地及某一类汽车（如新能源汽车）。

第六章　附则

第十一条　配件代工协议

代工协议，实务中又称委托加工协议、代加工合同、承揽合同、贴牌加工合同，是指委托方与被委托方约定由委托方提供必需的技术、设备，由被委托方为委托方代为生产产品、提供服务或完成相关工作等的协议。

如果配件制造商使用汽车制造商的知识产权，根据汽车制造商的要求加工汽车配件，汽车制造商和配件制造商之间是委托加工关系，达成的是代工协议。代工协议与使用自有知识产权的配件制造商和汽车制造商之间形成的配件供应协议存在显著区别。

一项协议是否构成真实代工协议，需要进行个案评估，通过评估协议实质内容之后加以认定，而不能仅仅根据协议的形式直接认定。简言之，如果汽车制造商（委托方）所提供的技术、设备是配件制造商（被委托方）根据汽车制造商的要求，在合理条件下生产合同产品或提供合同服务所必需的，则配件制造商的身份是“代工厂”，不被视为市场上的独立配件供应商。

但是，当汽车制造商向配件制造商提供工具、知识产权或专有技术时，如果该配件制造商已拥有可自主使用的该等工具、知识产权或专有技术，或者能够以合理条件获得该等工具、知识产权或专有技术，该等情形下汽车制造商的技术和设备并非配件制造商履行协议所必需的。比如，如果汽车制造商仅提供了合同产品一般的描述性信息，但限制配件制造商向售后市场以自有品牌供应配件，汽车制造商实质上剥夺了配件制造商在协议相关领域拓展业务的可能性，排除、限制相关市场的竞争，可能导致高价，减少了消费者的选择。

评估“生产合同产品或提供合同服务所必需的技术或设备”可以考虑的具体因素包括但不限于：

（一）委托方拥有或有权处置的知识产权，包括：发明专利、实用新型专利、外观设计专利或其他知识产权；

（二）委托方拥有或有权处置的生产工艺等专有技术；

（三）委托方准备的与其提供的信息配套使用的研究报告、方案等文件。

二、关于知识产权领域的反垄断指南

（国务院反垄断委员会 2019年1月4日）

第一章 总则

第一条 指南的目的和依据

反垄断与保护知识产权具有共同的目标，即保护竞争和激励创新，提高经济运行效率，维护消费者利益和社会公共利益。根据《中华人民共和国反垄断法》（下称《反垄断法》），经营者依照有关知识产权的法律、行政法规规定行使知识产权的行为，不适用《反垄断法》；但是，经营者滥用知识产权，排除、限制竞争的行为，适用《反垄断法》。

经营者滥用知识产权，排除、限制竞争的行为不是一种独立的垄断行为。经营者在行使知识产权或者从事相关行为时，达成或者实施垄断协议，滥用市场支配地位，或者实施具有或者可能具有排除、限制竞争效果的经营者集中，可能构成滥用知识产权排除、限制竞争的行为。为对滥用知识产权行为适用《反垄断法》提供指引，提高反垄断执法工作的透明度，根据《反垄断法》《国务院反垄断委员会关于相关市场界定的指南》（下称《关于相关市场界定的指南》）等法律规定，制定本指南。

第二条 分析原则

分析经营者是否滥用知识产权排除、限制竞争，遵循以下基本原则：

（一）采用与其他财产性权利相同的规制标准，遵循《反垄断法》相关规定；

（二）考虑知识产权的特点；

（三）不因经营者拥有知识产权而推定其在相关市场具有市场支配地位；

（四）根据个案情况考虑相关行为对效率和创新的积极影响。

第三条 分析思路

分析经营者是否滥用知识产权排除、限制竞争，通常遵循以下思路：

（一）分析行为的特征和表现形式

经营者滥用知识产权，排除、限制竞争的行为，可能是行使知识产权的行为，也可能是与行使知识产权相关的行为。通常根据经营者行为的特征和表现形式，分析可能构成的垄断行为。

（二）界定相关市场

界定相关市场，通常遵循相关市场界定的基本依据和一般方法，同时考虑知识产权的特殊性。

（三）分析行为对市场竞争产生的排除、限制影响

分析行为对市场竞争产生的排除、限制影响，通常需要结合市场竞争状况，对具体行为进行分析。

（四）分析行为对创新和效率的积极影响

经营者行为对创新和效率可能产生积极影响，包括促进技术的传播利用、提高资源的利用效率等。分析上述积极影响，需考虑其是否满足本指南第六条规定的条件。

第四条　相关市场

知识产权既可以直接作为交易的标的，也可以被用于提供商品或者服务（以下统称商品）。通常情况下，需依据《关于相关市场界定的指南》界定相关市场。如果仅界定相关商品市场难以全面评估行为的竞争影响，可能需要界定相关技术市场。根据个案情况，还可以考虑行为对创新、研发等因素的影响。

相关技术市场是指由需求者认为具有较为紧密替代关系的一组或者一类技术所构成的市场。界定相关技术市场可以考虑以下因素：技术的属性、用途、许可费、兼容程度、所涉知识产权的期限、需求者转向其他具有替代关系技术的可能性及成本等。通常情况下，如果利用不同技术能够提供具有替代关系的商品，这些技术可能具有替代关系。在考虑一项技术与知识产权所涉技术是否具有替代关系时，不仅要考虑该技术目前的应用领域，还需考虑其潜在的应用领域。

界定相关市场，需界定相关地域市场并考虑知识产权的地域性。当相关交易涉及多个国家和地区时，还需考虑交易条件对相关地域市场界定的影响。

第五条　分析排除、限制竞争影响的考虑因素

（一）评估市场的竞争状况，可以考虑以下因素：行业特点与行业发展状况；主要竞争者及其市场份额；市场集中度；市场进入的难易程度；交易相对人的市场地位及对相关知识产权的依赖程度；相关技术更新、发展趋势及研发情况等。

计算经营者在相关技术市场的市场份额，可根据个案情况，考虑利用该技术生产的商品在相关市场的份额、该技术的许可费收入占相关技术市场总许可费收入的比重、具有替代关系技术的数量等。

（二）对具体行为进行分析，可以考虑以下因素：经营者之间的竞争关系；经营者的市场份额及其对市场的控制力；行为对产量、区域、消费者等方面产生限制的时间、范围和程度；行为设置或者提高市场进入壁垒的可能性；行为对技术创新、传播和发展的阻碍；行为对行业发展的阻碍；行为对潜在竞争的影响等。

判断经营者之间的竞争关系，根据个案情况，可以考虑在没有该行为的情况下，经营者是否具有实际或者潜在的竞争关系。

第六条 竞争积极影响需要满足的条件

通常情况下，经营者行为对创新和效率的积极影响需同时满足下列条件：

（一）该行为与促进创新、提高效率具有因果关系；

（二）相对于其他促进创新、提高效率的行为，在经营者合理商业选择范围内，该行为对市场竞争产生的排除、限制影响更小；

（三）该行为不会排除、严重限制市场竞争；

（四）该行为不会严重阻碍其他经营者的创新；

（五）消费者能够分享促进创新、提高效率所产生的利益。

第二章 可能排除、限制竞争的知识产权协议

涉及知识产权的协议，特别是联合研发、交叉许可等，通常具有激励创新、促进竞争的效果，不同的协议类型产生的积极影响有所不同。但是，涉及知识产权的协议也可能对市场竞争产生排除、限制影响，适用《反垄断法》第二章规定。

第七条 联合研发

联合研发是指经营者共同研发技术、产品等，及利用研发成果的行为。联合研发通常可以节约研发成本，提高研发效率，但是也可能对市场竞争产生排除、限制影响，分析时可以考虑以下因素：

（一）是否限制经营者在与联合研发无关的领域独立或者与第三方合作进行研发；

（二）是否限制经营者在联合研发完成后进行后续研发；

（三）是否限定经营者在与联合研发无关的领域研发的新技术或者新产品所涉知识产权的归属和行使。

第八条 交叉许可

交叉许可是指经营者将各自拥有的知识产权相互许可使用。交叉许可通常可以降低知识产权许可成本，促进知识产权实施，但是也可能对市场竞争产生排除、限制影响，分析时可以考虑以下因素：

（一）是否为排他性许可；

（二）是否构成第三方进入市场的壁垒；

（三）是否排除、限制下游市场的竞争；

（四）是否提高了相关商品的成本。

第九条　排他性回授和独占性回授

回授是指被许可人将其利用被许可的知识产权所作的改进，或者通过使用被许可的知识产权所获得的新成果授权给许可人。回授通常可以推动对新成果的投资和运用，但是排他性回授和独占性回授可能降低被许可人的创新动力，对市场竞争产生排除、限制影响。

如果仅有许可人或者其指定的第三方和被许可人有权实施回授的改进或者新成果，这种回授是排他性的。如果仅有许可人或者其指定的第三方有权实施回授的改进或者新成果，这种回授是独占性的。通常情况下，独占性回授比排他性回授排除、限制竞争的可能性更大。分析排他性回授和独占性回授对市场竞争产生的排除、限制影响时可以考虑以下因素：

（一）许可人是否就回授提供实质性的对价；

（二）许可人与被许可人在交叉许可中是否相互要求独占性回授或者排他性回授；

（三）回授是否导致改进或者新成果向单一经营者集中，使其获得或者增强市场控制力；

（四）回授是否影响被许可人进行改进的积极性。

如果许可人要求被许可人将上述改进或者新成果转让给许可人，或者其指定的第三方，分析该行为是否排除、限制竞争，同样考虑上述因素。

第十条　不质疑条款

不质疑条款是指在与知识产权许可相关的协议中，许可人要求被许可人不得对其知识产权有效性提出异议的一类条款。分析不质疑条款对市场竞争产生的排除、限制影响，可以考虑以下因素：

（一）许可人是否要求所有的被许可人不质疑其知识产权的有效性；

（二）不质疑条款涉及的知识产权许可是否有偿；

（三）不质疑条款涉及的知识产权是否可能构成下游市场的进入壁垒；

（四）不质疑条款涉及的知识产权是否阻碍其他竞争性知识产权的实施；

（五）不质疑条款涉及的知识产权许可是否具有排他性；

（六）被许可人质疑许可人知识产权的有效性是否可能因此遭受重大损失。

第十一条　标准制定

本指南所称标准制定，是指经营者共同制定或参与制定在一定范围内统一实施的涉及知识产权的标准。标准制定有助于实现不同产品之间的通用性，降低成本，提高效率，保证产品质量。但是，具有竞争关系的经营者共同参与标准制定可能排除、限制竞争，具体分析时可以考虑以下因素：

（一）是否没有正当理由，排除其他特定经营者；

（二）是否没有正当理由，排斥特定经营者的相关方案；

（三）是否约定不实施其他竞争性标准；

（四）对行使标准中所包含的知识产权是否有必要、合理的约束机制。

第十二条　其他限制

经营者许可知识产权，还可能涉及下列限制：

（一）限制知识产权的使用领域；

（二）限制利用知识产权提供的商品的销售或传播渠道、范围或者对象；

（三）限制经营者利用知识产权提供的商品数量；

（四）限制经营者使用具有竞争关系的技术或者提供具有竞争关系的商品。

上述限制通常具有商业合理性，能够提高效率，促进知识产权实施，但是也可能对市场竞争产生排除、限制影响，分析时可以考虑以下因素：

（一）限制的内容、程度及实施方式；

（二）利用知识产权提供的商品的特点；

（三）限制与知识产权许可条件的关系；

（四）是否包含多项限制；

（五）如果其他经营者拥有的知识产权涉及具有替代关系的技术，其他经营者是否实施相同或者类似的限制。

第十三条　安全港规则

为了提高执法效率，给市场主体提供明确的预期，设立安全港规则。安全港规则是指，如果经营者符合下列条件之一，通常不将其达成的涉及知识产权的协议认定为《反垄断法》第十三条第一款第六项和第十四条第三项规定的垄断协议，但是有相反的证据证明该协议对市场竞争产生排除、限制影响的除外。

（一）具有竞争关系的经营者在相关市场的市场份额合计不超过 20%；

（二）经营者与交易相对人在受到涉及知识产权的协议影响的任一相关市场上的市场份额均不超过 30%；

（三）如果经营者在相关市场的份额难以获得，或者市场份额不能准确反映经营者的市场地位，但在相关市场上除协议各方控制的技术外，存在四个或者四个以上能够以合理成本得到的由其他经营者独立控制的具有替代关系的技术。

第三章　涉及知识产权的滥用市场支配地位行为

认定涉及知识产权的滥用市场支配地位行为，适用《反垄断法》第三章规定。通常情况下，首先界定相关市场，认定经营者在相关市场是否具有市场支配地位，再根据个案情况，具体分析行为是否构成滥用知识产权，排除、限制竞争的行为。

第十四条　知识产权与市场支配地位的认定

经营者拥有知识产权，并不意味着其必然具有市场支配地位。认定拥有知识产权的经营者在相关市场上是否具有支配地位，应依据《反垄断法》第十八条、第十九条规定的认定或者推定经营者具有市场支配地位的因素和情形进行分析，结合知识产权的特点，还可具体考虑以下因素：

（一）交易相对人转向具有替代关系的技术或者商品等的可能性及转换成本；

（二）下游市场对利用知识产权所提供的商品的依赖程度；

（三）交易相对人对经营者的制衡能力。

第十五条　以不公平的高价许可知识产权

具有市场支配地位的经营者，可能滥用其市场支配地位，以不公平的高价许可知识产权，排除、限制竞争。分析其是否构成滥用市场支配地位行为，可以考虑以下因素：

（一）许可费的计算方法，及知识产权对相关商品价值的贡献；

（二）经营者对知识产权许可作出的承诺；

（三）知识产权的许可历史或者可比照的许可费标准；

（四）导致不公平高价的许可条件，包括超出知识产权的地域范围或者覆盖的商品范围收取许可费等；

（五）在一揽子许可时是否就过期或者无效的知识产权收取许可费。

分析经营者是否以不公平的高价许可标准必要专利，还可考虑符合相关标准的商品所承担的整体许可费情况及其对相关产业正常发展的影响。

第十六条　拒绝许可知识产权

拒绝许可是经营者行使知识产权的一种表现形式，一般情况下，经营者不承担与竞争对手或者交易相对人进行交易的义务。但是，具有市场支配地位的经营者，没有正当理由拒绝许可知识产权，可能构成滥用市场支配地位行为，排除、限制竞争。具体分析时，可以考虑以下因素：

（一）经营者对该知识产权许可做出的承诺；

（二）其他经营者进入相关市场是否必须获得该知识产权的许可；

（三）拒绝许可相关知识产权对市场竞争和经营者进行创新的影响及程度；

（四）被拒绝方是否缺乏支付合理许可费的意愿和能力等；

（五）经营者是否曾对被拒绝方提出过合理要约；

（六）拒绝许可相关知识产权是否会损害消费者利益或者社会公共利益。

第十七条　涉及知识产权的搭售

涉及知识产权的搭售，是指知识产权的许可、转让，以经营者接受其他知识产权的许可、转让，或者接受其他商品为条件。知识产权的一揽子许可也可能是搭售的一种形式。具有市场支配地位的经营者，没有正当理由，可能通过上述搭售行为，排除、限制竞争。

分析涉及知识产权的搭售是否构成滥用市场支配地位行为，可以考虑以下因素：

（一）是否违背交易相对人意愿；

（二）是否符合交易惯例或者消费习惯；

（三）是否无视相关知识产权或者商品的性质差异及相互关系；

（四）是否具有合理性和必要性，如为实现技术兼容、产品安全、产品性能等所必不可少的措施等；

（五）是否排除、限制其他经营者的交易机会；

（六）是否限制消费者的选择权。

第十八条　涉及知识产权的附加不合理交易条件

具有市场支配地位的经营者，没有正当理由，在涉及知识产权的交易中附加下列交易条件，可能产生排除、限制竞争效果：

（一）要求进行独占性回授或者排他性回授；

（二）禁止交易相对人对其知识产权的有效性提出质疑，或者禁止交易相对人对其提起知识产权侵权诉讼；

（三）限制交易相对人实施自有知识产权，限制交易相对人利用或者研发具有竞争关系的技术或者商品；

（四）对期限届满或者被宣告无效的知识产权主张权利；

（五）在不提供合理对价的情况下要求交易相对人与其进行交叉许可；

（六）迫使或者禁止交易相对人与第三方进行交易，或者限制交易相对人与第三方进行交易的条件。

第十九条　涉及知识产权的差别待遇

在涉及知识产权的交易中，具有市场支配地位的经营者，没有正当理由，可能对条件实质相同的交易相对人实施不同的许可条件，排除、限制竞争。分析经营者实行的差别待遇是否构成滥用市场支配地位行为，可以考虑以下因素：

（一）交易相对人的条件是否实质相同，包括相关知识产权的使用范围、不同交易相对人利用相关知识产权提供的商品是否存在替代关系等；

（二）许可条件是否实质不同，包括许可数量、地域和期限等。除分析许可协议条款外，还需综合考虑许可人和被许可人之间达成的其他商业安排对许可条件的影响；

（三）该差别待遇是否对被许可人参与市场竞争产生显著不利影响。

第四章 涉及知识产权的经营者集中

涉及知识产权的经营者集中有一定特殊性，主要体现在构成经营者集中的情形、审查的考虑因素和附加限制性条件等方面。审查涉及知识产权的经营者集中，适用《反垄断法》第四章规定。

第二十条 涉及知识产权的交易可能构成经营者集中的情形

经营者通过涉及知识产权的交易取得对其他经营者的控制权或者能够对其他经营者施加决定性影响，可能构成经营者集中。其中，分析知识产权转让或许可构成经营者集中情形时，可以考虑以下因素：

（一）知识产权是否构成独立业务；

（二）知识产权在上一会计年度是否产生了独立且可计算的营业额；

（三）知识产权许可的方式和期限。

第二十一条 涉及知识产权的经营者集中审查

如果涉及知识产权的安排是集中交易的实质性组成部分或者对交易目的的实现具有重要意义，在经营者集中审查过程中，考虑《反垄断法》第二十七条规定的因素，同时考虑知识产权的特点。

第二十二条 涉及知识产权的限制性条件类型

涉及知识产权的限制性条件包括结构性条件、行为性条件和综合性条件。附加涉及知识产权的限制性条件，通常根据个案情况，针对经营者集中具有或可能具有的排除、限制竞争效果，对限制性条件建议进行评估后确定。

第二十三条 涉及知识产权的结构性条件

经营者可以提出剥离知识产权或者知识产权所涉业务的限制性条件建议。经营者通常需确保知识产权受让方拥有必要的资源、能力并有意愿通过使用被剥离的知识产权或者从事所涉业务参与市场竞争。剥离应有效、可行、及时，以避免市场的竞争状况受到影响。

第二十四条 涉及知识产权的行为性条件

涉及知识产权的行为性条件根据个案情况确定，限制性条件建议可能涉及以下内容：

（一）知识产权许可；

（二）保持知识产权相关业务的独立运营，相关业务应具备在一定期间内进行有效竞争的条件；

（三）对知识产权许可条件进行约束，包括要求经营者在实施专利许可时遵守公平、合理、无歧视义务，不进行搭售等，经营者通常需通过具体安排确保其遵守该义务；

（四）收取合理的许可使用费，经营者通常应详细说明许可费率的计算方法、许可费的支付方式、公平的谈判条件和机会等。

第二十五条　涉及知识产权的综合性条件

经营者可将结构性条件和行为性条件相结合，提出涉及知识产权的综合性限制性条件建议。

第五章　涉及知识产权的其他情形

一些涉及知识产权的情形可能构成不同类型的垄断行为，也可能涉及特定主体，可根据个案情况进行分析，适用《反垄断法》的相关规定。

第二十六条　专利联营

专利联营，是指两个或者两个以上经营者将各自的专利共同许可给联营成员或者第三方。专利联营各方通常委托联营成员或者独立第三方对联营进行管理。联营具体方式包括达成协议，设立公司或者其他实体等。

专利联营一般可以降低交易成本，提高许可效率，具有促进竞争的效果。但是，专利联营也可能排除、限制竞争，具体分析时可以考虑以下因素：

（一）经营者在相关市场的市场份额及其对市场的控制力；

（二）联营中的专利是否涉及具有替代关系的技术；

（三）是否限制联营成员单独对外许可专利或研发技术；

（四）经营者是否通过联营交换商品价格、产量等信息；

（五）经营者是否通过联营进行交叉许可、独占性回授或者排他性回授、订立不质疑条款及实施其他限制等；

（六）经营者是否通过联营以不公平高价许可专利、搭售、附加不合理交易条件或者实行差别待遇等。

第二十七条　标准必要专利涉及的特殊问题

标准必要专利是指实施某项标准必不可少的专利。认定拥有标准必要专利的经营者是否具有市场支配地位，应依据本指南第十四条进行分析，同时还可以考虑以下因素：

（一）标准的市场价值、应用范围和程度；

（二）是否存在具有替代关系的标准或者技术，包括使用具有替代关系标准或者技术的可能性和转换成本；

（三）行业对相关标准的依赖程度；

（四）相关标准的演进情况与兼容性；

（五）纳入标准的相关技术被替换的可能性。

拥有市场支配地位的标准必要专利权人通过请求法院或者相关部门作出或者颁发禁止使用相关知识产权的判决、裁定或者决定，迫使被许可人接受其提出的不公平高价许可费或者其他不合理的许可条件，可能排除、限制竞争。具体分析时，可以考虑以下因素：

（一）谈判双方在谈判过程中的行为表现及其体现出的真实意愿；

（二）相关标准必要专利所负担的有关承诺；

（三）谈判双方在谈判过程中所提出的许可条件；

（四）请求法院或者相关部门作出或者颁发禁止使用相关知识产权的判决、裁定或者决定对许可谈判的影响；

（五）请求法院或者相关部门作出或者颁发禁止使用相关知识产权的判决、裁定或者决定对下游市场竞争和消费者利益的影响。

第二十八条　著作权集体管理

著作权集体管理通常有利于单个著作权人权利的行使，降低个人维权以及用户获得授权的成本，促进作品的传播和著作权保护。但是，著作权集体管理组织在开展活动过程中，有可能滥用知识产权，排除、限制竞争。具体分析时，可以根据行为的特征和表现形式，认定可能构成的垄断行为并分析相关因素。

三、横向垄断协议案件宽大制度适用指南

（国务院反垄断委员会　2019 年 1 月 4 日）

第一条　指南的目的和依据

根据《中华人民共和国反垄断法》（下称《反垄断法》）第四十六条第二款规定，经营者主动向国务院反垄断执法机构（下称执法机构）报告达成垄断协议的有关情况并提供重要证据，执法机构可以酌情减轻或者免除对该经营者的处罚（下称宽大制度）。为指导在横向垄断协议案件中适用上述规定，提高执法机构工作的透明度，便于经营者申请宽大，根据《反垄断法》，制定本指南。

第二条　宽大制度的意义

横向垄断协议通常具有严重排除、限制竞争的效果，同时具有高度隐秘性，且经营者之间相对稳定，如果相关经营者能够主动配合，将极大降低执法机构发现横向垄断协议并展开调查的难度。因此，执法机构认为，对于愿意主动报告横向垄断协议并提供重要证据，同时停止涉嫌违法行为并配合执法机构调查的经营者，执法机构相应地对其减轻或者免除处罚，有助于提高执法机构发现并查处垄

断协议行为的效率，节约行政执法成本，维护消费者的利益。同时，执法机构也认为，给予经营者宽大的额度应当与经营者协助执法机构查处横向垄断协议案件的贡献程度相匹配。

第三条　指南的适用范围

本指南仅适用于横向垄断协议案件。

横向垄断协议是指《反垄断法》第十三条第一款所规定的具有竞争关系的经营者达成的垄断协议。本指南下文中所指的垄断协议均指横向垄断协议。

第四条　经营者申请宽大的时间

参与垄断协议的经营者可以在执法机构立案前或者依据《反垄断法》启动调查程序前，也可以在执法机构立案后或者依据《反垄断法》启动调查程序后、作出行政处罚事先告知前，向执法机构申请宽大。

第五条　经营者与执法机构的事先沟通

执法机构鼓励经营者尽可能早地报告垄断协议有关情况。经营者申请宽大前，可以匿名或者实名通过口头或者书面方式与执法机构进行沟通。

第六条　经营者申请免除处罚应提交的材料

第一个向执法机构提交垄断协议有关情况的报告及重要证据的经营者，可以申请免除处罚。

报告应当明确承认经营者从事了涉嫌违反《反垄断法》的垄断协议行为，详细说明达成和实施垄断协议的具体情况。报告需要包括以下信息：（一）垄断协议的参与者基本信息（包括但不限于名称、地址、联系方式及参与代表等）；（二）垄断协议的情况（包括但不限于联络的时间、地点、内容以及具体参与人员）；（三）垄断协议主要内容（包括但不限于涉及的商品或者服务、价格、数量等）及经营者达成和实施垄断协议情况；（四）影响的地域范围和市场规模；（五）实施垄断协议的持续时间；（六）证据材料的说明；（七）是否向其他境外执法机构申请宽大；（八）其他有关文件、材料。

经营者提供的重要证据是指：（一）执法机构尚未掌握案件线索或者证据的，足以使执法机构立案或者依据《反垄断法》启动调查程序的证据；（二）执法机构立案后或者依据《反垄断法》启动调查程序后，经营者提供的证据是执法机构尚未掌握的，并且能够认定构成《反垄断法》第十三条规定的垄断协议的。

第七条　经营者申请免除处罚的登记

第一个申请免除处罚的经营者向执法机构提交本指南第六条关于垄断协议的报告及重要证据的，执法机构向经营者出具书面回执，明确收到的时间及材料清单。

第一个申请免除处罚的经营者向执法机构提交的报告不符合本指南第六条第

二款要求的，执法机构将不出具书面回执。

第一个申请免除处罚的经营者向执法机构提交的报告符合本指南第六条第二款要求，但未提供证据或者证据不全的，执法机构可以进行登记，将出具本条第一款的书面回执，并要求经营者在规定的期限内补充相关证据。该期限一般最长不超过 30 日，特殊情况下可以延长至 60 日。如果经营者在执法机构要求的期限内补充提交相关证据，执法机构将以其收到报告的时间为申请宽大时间；经营者未在期限内按要求补充提交相关证据的，执法机构将取消其登记资格。

第一个申请免除处罚的经营者被取消登记资格后，在没有其他经营者申请宽大情况下，仍然可以完善相关证据，按照本条第一款规定向执法机构申请免除处罚；若其再次申请免除处罚前，已有其他经营者申请宽大的，被取消登记资格的经营者可以申请减轻处罚。

除前款规定的情形外，申请免除处罚的经营者被取消登记资格的，第一个已申请减轻处罚的经营者自动调整为免除处罚的申请者。

第八条　经营者申请减轻处罚应提交的证据

第一个之后提交垄断协议有关情况的报告及重要证据的经营者，可以向执法机构申请减轻处罚。执法机构向经营者出具书面回执，明确收到的时间及材料清单。

报告需要包括垄断协议的参与者、涉及的产品或者服务、达成和实施的时间、地域等。

经营者提供的重要证据，是执法机构尚未掌握的，并对最终认定垄断协议行为具有显著证明效力的证据，包括：（一）在垄断协议的达成方式和实施行为方面具有更大证明力或者补充证明价值的证据；（二）在垄断协议的内容、达成和实施的时间、涉及的产品或者服务范畴、参与成员等方面具有补充证明价值的证据；（三）其他能够证明和固定垄断协议证明力的证据。

第九条　经营者申请宽大的形式

经营者申请宽大的报告可以是口头或者书面形式。以口头形式报告的，将在执法机构办公场所进行录音、书面记录并由经营者授权的报告人签名确认；书面形式包括通过电子邮件、传真或者书面纸质材料等，但经营者需要签名、盖章或者以其他方式确认。

第十条　经营者获得宽大需要满足的其他条件

经营者申请宽大应按照本指南要求提交报告、证据，并且全部满足下列条件，可以获得宽大：

（一）申请宽大后立即停止涉嫌违法行为，但执法机构为保证调查工作顺利进行而要求经营者继续实施上述行为的情况除外。经营者已经向境外执法机构申请宽大，并被要求继续实施上述行为的，应当向执法机构报告；

（二）迅速、持续、全面、真诚地配合执法机构的调查工作；

（三）妥善保存并提供证据和信息，不得隐匿、销毁、转移证据或者提供虚假材料、信息；

（四）未经执法机构同意不得对外披露向执法机构申请宽大的情况；

（五）不得有其他影响反垄断执法调查的行为。

经营者组织、胁迫其他经营者参与达成、实施垄断协议或者妨碍其他经营者停止该违法行为的，执法机构不对其免除处罚，但可以相应给予减轻处罚。

第十一条　经营者申请宽大顺位的确定

执法机构按照经营者申请宽大的时间先后为经营者排序，确定经营者申请宽大的顺位。

经营者未履行本指南第十条第一款所列义务的，执法机构将取消其顺位。申请免除处罚的经营者顺位被取消的，不得递补；申请减轻处罚的经营者顺位被取消后，其后顺位的经营者可以依次向前递补。

第十二条　执法机构的审理审查

执法机构调查认定垄断协议行为成立的，将根据经营者违法行为的情节轻重确定对经营者的处罚金额，并根据经营者申请宽大的顺位及本指南第十条情形作出是否给予经营者宽大以及处罚减免幅度。

一般情况下，执法机构在同一垄断协议案件中最多给予三个经营者宽大。如果案件重大复杂、涉及经营者众多，并且申请宽大的经营者确实提供了不同的重要证据，执法机构可以考虑给予更多的经营者宽大。

执法机构不予宽大的，不以经营者提交的材料作为认定经营者从事垄断协议行为的证据。

第十三条　执法机构免除、减轻经营者的罚款

对于第一顺位的经营者，执法机构可以对经营者免除全部罚款或者按照不低于80%的幅度减轻罚款。在执法机构立案前或者依据《反垄断法》启动调查程序前申请宽大并确定为第一顺位的经营者，执法机构将免除全部罚款，存在本指南第十条第二款情形的除外。

对于第二顺位的经营者，执法机构可以按照30%至50%的幅度减轻罚款；对于第三顺位的经营者，可以按照20%至30%的幅度减轻罚款；对于后序顺位的经营者，可以按照不高于20%的幅度减轻罚款。

本指南所称罚款是指，将申请罚款减免以外的所有情节综合考虑后确定对经营者作出的罚款金额。

第十四条　执法机构减免没收经营者的违法所得

为鼓励经营者主动报告垄断协议行为并提供重要证据，执法机构在减免罚款的同时可以考虑参考本指南第十三条处理经营者的违法所得。

第十五条　执法机构决定的公开

执法机构决定给予经营者宽大的，应当在决定中写明给予经营者宽大的结果和理由，并依法将决定及时向社会公布。

第十六条　执法机构的保密义务

对经营者依据本指南申请宽大所提交的报告、形成的文书等材料，未经经营者同意不得对外公开，任何单位、个人均无权查阅。

四、垄断案件经营者承诺指南

（国务院反垄断委员会　2019年1月4日）

第一条　指南的目的和依据

为了指导在垄断案件调查过程中适用经营者承诺及中止调查、终止调查程序（以下统称“经营者承诺制度”），提高反垄断执法工作透明度，根据《中华人民共和国反垄断法》（下称《反垄断法》），制定本指南。

在垄断案件调查中，依据《反垄断法》第四十五条的规定，被调查的经营者可以提出承诺，采取具体措施消除其行为后果，国务院反垄断执法机构（下称执法机构）可以接受经营者的承诺，决定中止调查和终止调查。这有助于提高反垄断执法效率，节约行政执法资源，同时也能够有效实现保护市场公平竞争、维护消费者利益和社会公共利益的目标。

第二条　经营者承诺制度的适用范围

对于具有竞争关系的经营者之间固定或者变更商品价格、限制商品生产或者销售数量、分割销售市场或者原材料采购市场的横向垄断协议案件，执法机构不应接受经营者提出承诺，实施中止调查。

对于其他垄断案件，经营者主动提出承诺，执法机构可以决定中止调查及终止调查程序。

第三条　中止调查及终止调查决定的法律后果

执法机构的中止调查及终止调查决定，不是对经营者的行为是否构成垄断行为作出认定。执法机构仍然可以依法对其他类似行为实施调查并作出行政处罚。中止调查及终止调查决定也不应作为认定该行为是否构成垄断行为的相关证据。

第四条　经营者提出与撤回承诺

执法机构对涉嫌垄断行为调查核实后，认为构成垄断行为的，应当依法作出处理决定，不再接受经营者提出承诺。

鼓励经营者在执法机构采取《反垄断法》第三十九条所规定的任何措施后、作出行政处罚事先告知前提出承诺；经营者在行政处罚事先告知后提出承诺的，执法机构一般不再接受。

执法机构作出中止调查决定前，经营者可以撤回承诺。经营者撤回承诺的，执法机构将终止对经营者承诺的审查，继续对该涉嫌垄断行为进行调查，并不再接受经营者提出承诺。

第五条　经营者提出承诺前与执法机构的沟通

执法机构鼓励经营者在尽可能早的阶段提出承诺。经营者提出承诺前，可以与执法机构进行必要的沟通。

执法机构可以告知经营者涉嫌垄断行为的基本事实以及可能造成的影响，并可以与经营者进行沟通。在沟通基础上，由经营者自愿提出承诺。

第六条　经营者承诺的提出

经营者应以书面形式提出承诺。承诺通常载明下列事项：

（一）被调查的涉嫌垄断行为及可能造成的影响；

（二）承诺采取消除行为后果的具体措施；

（三）承诺采取的具体措施能够消除行为后果的说明；

（四）履行承诺的时间安排及方式；

（五）需要承诺的其他内容。

执法机构在收到经营者承诺后，向经营者出具书面回执，明确收到承诺的时间及材料清单。

第七条　经营者的承诺措施

经营者承诺的措施可以是结构性措施、行为性措施和综合性措施。承诺的措施需要明确、可行且可以自主实施。如果承诺的措施需经第三方同意方可实施，经营者需要提交第三方同意的书面意见。

前款所指的行为性措施包括调整定价策略、取消或者更改各类交易限制措施、开放网络或者平台等基础设施，许可专利、技术秘密或者其他知识产权等；结构性措施包括剥离有形资产、知识产权等无形资产或者相关权益等。

第八条　经营者与执法机构的沟通

经营者与执法机构可以就承诺内容进行沟通，包括案件事实的具体表述、承诺的措施能否有效消除涉嫌垄断行为的后果以及是否限于解决执法机构所关注的竞争问题等。

在沟通过程中，经执法机构和经营者一致同意，可以共同邀请第三方经营者、行业主管部门、行业协会、专家学者等共同参加讨论。

第九条　承诺措施公开征求意见与修改

执法机构认为经营者的涉嫌垄断行为已经影响到其他不特定多数的经营者、消费者的合法权益或者社会公共利益，可以就经营者承诺的措施向社会公开征求意见。征求意见的时间一般不少于30日。

对社会公众等各方提出的意见，执法机构认为需要采纳的，可以建议经营者对承诺的措施进行修改或者重新提出承诺措施。经营者不愿意对承诺的措施进行修改并且无法给出合理解释或者提出可行替代方案的，执法机构可以终止经营者承诺的审查与沟通程序，继续对涉嫌垄断行为进行调查。

如果修改后承诺的措施在性质或者范围上发生了重大改变，执法机构可以再次向社会公开征求意见。

第十条　经营者履行承诺措施的期限

经营者履行承诺措施的期限，由执法机构根据具体案情决定。

经营者在履行期限前已经完全履行承诺或者由于市场竞争状况发生重大变化已经没有必要继续履行承诺的，经营者可以申请提前终止调查。

第十一条　对承诺措施的分析审查

执法机构在对经营者的承诺进行审查时，可以综合考虑以下因素：

（一）经营者实施涉嫌垄断行为的主观态度；

（二）经营者实施涉嫌垄断行为的性质、持续时间、后果及社会影响；

（三）经营者承诺的措施及其预期效果。

第十二条　中止调查决定

执法机构决定中止调查的，应当制作中止调查决定书，载明下列内容：

（一）涉嫌垄断行为的事实及对竞争产生或者可能产生的影响；

（二）经营者承诺的消除行为后果的措施；

（三）经营者履行承诺的期限及方式；

（四）经营者在规定的时限内向执法机构报告承诺履行情况的义务；

（五）对经营者履行承诺的监督措施；

（六）不履行或者不完全履行承诺的法律后果等。

第十三条　经营者承诺履行情况的报告与监督

经营者按照中止调查决定书的要求，向执法机构书面报告承诺的履行情况。

执法机构应当对经营者履行承诺的情况进行监督。

第十四条　经营者承诺措施的变更

经营者在履行承诺的过程中，因自身经营状况或者市场竞争状况等发生重大变化，可以向执法机构申请变更承诺的措施。

执法机构将对经营者变更申请进行审查，并将是否同意经营者变更承诺措施的结果书面告知经营者。

执法机构认为经营者对承诺措施的变更可能影响到其他不特定多数的经营者、消费者的合法权益或者社会公共利益，可以就经营者变更的承诺措施向社会公开征求意见。

第十五条　终止调查决定

经营者履行承诺的，执法机构可以决定终止调查，并制作终止调查决定书。

终止调查决定书需要载明下列内容：

（一）执法机构调查的经营者涉嫌垄断行为；

（二）经营者承诺的消除行为后果的措施；

（三）经营者履行承诺的情况；

（四）对经营者履行承诺的监督情况；

（五）终止涉嫌垄断行为的调查决定。

第十六条　中止调查、终止调查决定的公布

执法机构应当将中止调查决定、终止调查决定及时向社会公布。

第十七条　恢复调查决定

如果出现《反垄断法》第四十五条第三款所规定的情形，执法机构应当恢复对涉嫌垄断行为的调查。

行业主管部门、消费者或者其他经营者认为符合上述情形的，可以向执法机构提出恢复调查的建议，由执法机构审查后决定是否恢复调查。

第十八条　恢复调查后的中止调查和处罚

执法机构恢复调查后，不再接受经营者提出承诺。但是，依据《反垄断法》第四十五条第三款第（二）项恢复调查的，执法机构可以基于新的事实接受经营者提出承诺。

五、禁止垄断协议暂行规定

（国家市场监督管理总局令第 10 号公布　2019 年 6 月 26 日）

第一条　为了预防和制止垄断协议，根据《中华人民共和国反垄断法》（以下简称反垄断法），制定本规定。

第二条　国家市场监督管理总局（以下简称市场监管总局）负责垄断协议的

反垄断执法工作。

市场监管总局根据反垄断法第十条第二款规定，授权各省、自治区、直辖市市场监督管理部门（以下简称省级市场监管部门）负责本行政区域内垄断协议的反垄断执法工作。

本规定所称反垄断执法机构包括市场监管总局和省级市场监管部门。

第三条 市场监管总局负责查处下列垄断协议：

（一）跨省、自治区、直辖市的；

（二）案情较为复杂或者在全国有重大影响的；

（三）市场监管总局认为有必要直接查处的。

前款所列垄断协议，市场监管总局可以指定省级市场监管部门查处。

省级市场监管部门根据授权查处垄断协议时，发现不属于本部门查处范围，或者虽属于本部门查处范围，但有必要由市场监管总局查处的，应当及时向市场监管总局报告。

第四条 反垄断执法机构查处垄断协议时，应当平等对待所有经营者。

第五条 垄断协议是指排除、限制竞争的协议、决定或者其他协同行为。

协议或者决定可以是书面、口头等形式。

其他协同行为是指经营者之间虽未明确订立协议或者决定，但实质上存在协调一致的行为。

第六条 认定其他协同行为，应当考虑下列因素：

（一）经营者的市场行为是否具有一致性；

（二）经营者之间是否进行过意思联络或者信息交流；

（三）经营者能否对行为的一致性作出合理解释；

（四）相关市场的市场结构、竞争状况、市场变化等情况。

第七条 禁止具有竞争关系的经营者就商品或者服务（以下统称商品）价格达成下列垄断协议：

（一）固定或者变更价格水平、价格变动幅度、利润水平或者折扣、手续费等其他费用；

（二）约定采用据以计算价格的标准公式；

（三）限制参与协议的经营者的自主定价权；

（四）通过其他方式固定或者变更价格。

第八条 禁止具有竞争关系的经营者就限制商品的生产数量或者销售数量达成下列垄断协议：

（一）以限制产量、固定产量、停止生产等方式限制商品的生产数量，或者限制特定品种、型号商品的生产数量；

（二）以限制商品投放量等方式限制商品的销售数量，或者限制特定品种、型号商品的销售数量；

（三）通过其他方式限制商品的生产数量或者销售数量。

第九条 禁止具有竞争关系的经营者就分割销售市场或者原材料采购市场达成下列垄断协议：

（一）划分商品销售地域、市场份额、销售对象、销售收入、销售利润或者销售商品的种类、数量、时间；

（二）划分原料、半成品、零部件、相关设备等原材料的采购区域、种类、数量、时间或者供应商；

（三）通过其他方式分割销售市场或者原材料采购市场。

前款规定中的原材料还包括经营者生产经营所必需的技术和服务。

第十条 禁止具有竞争关系的经营者就限制购买新技术、新设备或者限制开发新技术、新产品达成下列垄断协议：

（一）限制购买、使用新技术、新工艺；

（二）限制购买、租赁、使用新设备、新产品；

（三）限制投资、研发新技术、新工艺、新产品；

（四）拒绝使用新技术、新工艺、新设备、新产品；

（五）通过其他方式限制购买新技术、新设备或者限制开发新技术、新产品。

第十一条 禁止具有竞争关系的经营者就联合抵制交易达成下列垄断协议：

（一）联合拒绝向特定经营者供应或者销售商品；

（二）联合拒绝采购或者销售特定经营者的商品；

（三）联合限定特定经营者不得与其具有竞争关系的经营者进行交易；

（四）通过其他方式联合抵制交易。

第十二条 禁止经营者与交易相对人就商品价格达成下列垄断协议：

（一）固定向第三人转售商品的价格水平、价格变动幅度、利润水平或者折扣、手续费等其他费用；

（二）限定向第三人转售商品的最低价格，或者通过限定价格变动幅度、利润水平或者折扣、手续费等其他费用限定向第三人转售商品的最低价格；

（三）通过其他方式固定转售商品价格或者限定转售商品最低价格。

第十三条 不属于本规定第七条至第十二条所列情形的其他协议、决定或者协同行为，有证据证明排除、限制竞争的，应当认定为垄断协议并予以禁止。

前款规定的垄断协议由市场监管总局负责认定，认定时应当考虑下列因素：

（一）经营者达成、实施协议的事实；

（二）市场竞争状况；

（三）经营者在相关市场中的市场份额及其对市场的控制力；

（四）协议对商品价格、数量、质量等方面的影响；

（五）协议对市场进入、技术进步等方面的影响；

（六）协议对消费者、其他经营者的影响；

（七）与认定垄断协议有关的其他因素。

第十四条 禁止行业协会从事下列行为：

（一）制定、发布含有排除、限制竞争内容的行业协会章程、规则、决定、通知、标准等；

（二）召集、组织或者推动本行业的经营者达成含有排除、限制竞争内容的协议、决议、纪要、备忘录等；

（三）其他组织本行业经营者达成或者实施垄断协议的行为。

本规定所称行业协会是指由同行业经济组织和个人组成，行使行业服务和自律管理职能的各种协会、学会、商会、联合会、促进会等社会团体法人。

第十五条 反垄断执法机构依据职权，或者通过举报、上级机关交办、其他机关移送、下级机关报告、经营者主动报告等途径，发现涉嫌垄断协议。

第十六条 举报采用书面形式并提供相关事实和证据的，反垄断执法机构应当进行必要的调查。书面举报一般包括下列内容：

（一）举报人的基本情况；

（二）被举报人的基本情况；

（三）涉嫌垄断协议的相关事实和证据；

（四）是否就同一事实已向其他行政机关举报或者向人民法院提起诉讼。

反垄断执法机构根据工作需要，可以要求举报人补充举报材料。

第十七条 反垄断执法机构经过对涉嫌垄断协议的必要调查，决定是否立案。

省级市场监管部门应当自立案之日起7个工作日内向市场监管总局备案。

第十八条 市场监管总局在查处垄断协议时，可以委托省级市场监管部门进行调查。

省级市场监管部门在查处垄断协议时，可以委托下级市场监管部门进行调查。

受委托的市场监管部门在委托范围内，以委托机关的名义实施调查，不得再委托其他行政机关、组织或者个人进行调查。

第十九条 省级市场监管部门查处涉嫌垄断协议时，可以根据需要商请相关省级市场监管部门协助调查，相关省级市场监管部门应当予以协助。

第二十条 反垄断执法机构对垄断协议进行行政处罚的，应当依法制作行政处罚决定书。

行政处罚决定书的内容包括：

（一）经营者的姓名或者名称、地址等基本情况；

（二）案件来源及调查经过；

（三）违法事实和相关证据；

（四）经营者陈述、申辩的采纳情况及理由；

（五）行政处罚的内容和依据；

（六）行政处罚的履行方式、期限；

（七）不服行政处罚决定，申请行政复议或者提起行政诉讼的途径和期限；

（八）作出行政处罚决定的反垄断执法机构名称和作出决定的日期。

第二十一条 涉嫌垄断协议的经营者在被调查期间，可以提出中止调查申请，承诺在反垄断执法机构认可的期限内采取具体措施消除行为影响。

中止调查申请应当以书面形式提出，并由经营者负责人签字并盖章。申请书应当载明下列事项：

（一）涉嫌垄断协议的事实；

（二）承诺采取消除行为后果的具体措施；

（三）履行承诺的时限；

（四）需要承诺的其他内容。

反垄断执法机构对涉嫌垄断协议调查核实后，认为构成垄断协议的，应当依法作出处理决定，不再接受经营者提出的中止调查申请。

第二十二条 反垄断执法机构根据被调查经营者的中止调查申请，在考虑行为的性质、持续时间、后果、社会影响、经营者承诺的措施及其预期效果等具体情况后，决定是否中止调查。

对于符合本规定第七条至第九条规定的涉嫌垄断协议，反垄断执法机构不得接受中止调查申请。

第二十三条 反垄断执法机构决定中止调查的，应当制作中止调查决定书。

中止调查决定书应当载明被调查经营者涉嫌达成垄断协议的事实、承诺的具体内容、消除影响的具体措施、履行承诺的时限以及未履行或者未完全履行承诺的法律后果等内容。

第二十四条 决定中止调查的，反垄断执法机构应当对经营者履行承诺的情况进行监督。

经营者应当在规定的时限内向反垄断执法机构书面报告承诺履行情况。

第二十五条 反垄断执法机构确定经营者已经履行承诺的，可以决定终止调查，并制作终止调查决定书。

终止调查决定书应当载明被调查经营者涉嫌垄断协议的事实、承诺的具体内容、履行承诺的情况、监督情况等内容。

有下列情形之一的，反垄断执法机构应当恢复调查：

（一）经营者未履行或者未完全履行承诺的；

（二）作出中止调查决定所依据的事实发生重大变化的；

（三）中止调查决定是基于经营者提供的不完整或者不真实的信息作出的。

第二十六条 经营者能够证明被调查的垄断协议属于反垄断法第十五条规定情形的，不适用本规定第七条至第十三条的规定。

第二十七条 反垄断执法机构认定被调查的垄断协议是否属于反垄断法第十五条规定的情形，应当考虑下列因素：

（一）协议实现该情形的具体形式和效果；

（二）协议与实现该情形之间的因果关系；

（三）协议是否是实现该情形的必要条件；

（四）其他可以证明协议属于相关情形的因素。

反垄断执法机构认定消费者能否分享协议产生的利益，应当考虑消费者是否因协议的达成、实施在商品价格、质量、种类等方面获得利益。

第二十八条 反垄断执法机构认定被调查的垄断协议属于反垄断法第十五条规定情形的，应当终止调查并制作终止调查决定书。终止调查决定书应当载明协议的基本情况、适用反垄断法第十五条的依据和理由等内容。

反垄断执法机构作出终止调查决定后，因情况发生重大变化，导致被调查的协议不再符合反垄断法第十五条规定情形的，反垄断执法机构应当重新启动调查。

第二十九条 省级市场监管部门作出中止调查决定、终止调查决定或者行政处罚告知前，应当向市场监管总局报告。

省级市场监管部门向被调查经营者送达中止调查决定书、终止调查决定书或者行政处罚决定书后，应当在 7 个工作日内向市场监管总局备案。

第三十条 反垄断执法机构作出行政处理决定后，依法向社会公布。其中，行政处罚信息应当依法通过国家企业信用信息公示系统向社会公示。

第三十一条 市场监管总局应当加强对省级市场监管部门查处垄断协议的指导和监督，统一执法标准。

省级市场监管部门应当严格按照市场监管总局相关规定查处垄断协议案件。

第三十二条 经营者违反本规定，达成并实施垄断协议的，由反垄断执法机构责令停止违法行为，没收违法所得，并处上一年度销售额百分之一以上百分之十以下的罚款；尚未实施所达成的垄断协议的，可以处五十万元以下的罚款。

行业协会违反本规定，组织本行业的经营者达成垄断协议的，反垄断执法机构可以对其处五十万元以下的罚款；情节严重的，反垄断执法机构可以提请社会团体登记管理机关依法撤销登记。

反垄断执法机构确定具体罚款数额时，应当考虑违法行为的性质、情节、程度、持续时间等因素。

经营者因行政机关和法律、法规授权的具有管理公共事务职能的组织滥用行政权力而达成垄断协议的，按照前款规定处理。经营者能够证明其达成垄断协议是被动遵守行政命令所导致的，可以依法从轻或者减轻处罚。

第三十三条 参与垄断协议的经营者主动报告达成垄断协议有关情况并提供重要证据的，可以申请依法减轻或者免除处罚。

重要证据是指能够对反垄断执法机构启动调查或者对认定垄断协议起到关键性作用的证据，包括参与垄断协议的经营者、涉及的商品范围、达成协议的内容和方式、协议的具体实施等情况。

第三十四条 经营者根据本规定第三十三条提出申请的，反垄断执法机构应当根据经营者主动报告的时间顺序、提供证据的重要程度以及达成、实施垄断协议的有关情况，决定是否减轻或者免除处罚。

对于第一个申请者，反垄断执法机构可以免除处罚或者按照不低于百分之八十的幅度减轻罚款；对于第二个申请者，可以按照百分之三十至百分之五十的幅度减轻罚款；对于第三个申请者，可以按照百分之二十至百分之三十的幅度减轻罚款。

第三十五条 本规定对垄断协议调查、处罚程序未做规定的，依照《市场监督管理行政处罚程序暂行规定》执行，有关时限、立案、案件管辖的规定除外。

反垄断执法机构组织行政处罚听证的，依照《市场监督管理行政处罚听证暂行办法》执行。

第三十六条 本规定自2019年9月1日起施行。2009年5月26日原国家工商行政管理总局令第42号公布的《工商行政管理机关查处垄断协议、滥用市场支配地位案件程序规定》、2010年12月31日原国家工商行政管理总局令第53号公布的《工商行政管理机关禁止垄断协议行为的规定》同时废止。

六、禁止滥用市场支配地位行为暂行规定

（国家市场监督管理总局令第11号公布 2019年6月26日）

第一条 为了预防和制止滥用市场支配地位行为，根据《中华人民共和国反

垄断法》（以下简称反垄断法），制定本规定。

第二条 国家市场监督管理总局（以下简称市场监管总局）负责滥用市场支配地位行为的反垄断执法工作。

市场监管总局根据反垄断法第十条第二款规定，授权各省、自治区、直辖市市场监督管理部门（以下简称省级市场监管部门）负责本行政区域内滥用市场支配地位行为的反垄断执法工作。

本规定所称反垄断执法机构包括市场监管总局和省级市场监管部门。

第三条 市场监管总局负责查处下列滥用市场支配地位行为：

（一）跨省、自治区、直辖市的；

（二）案情较为复杂或者在全国有重大影响的；

（三）市场监管总局认为有必要直接查处的。

前款所列滥用市场支配地位行为，市场监管总局可以指定省级市场监管部门查处。

省级市场监管部门根据授权查处滥用市场支配地位行为时，发现不属于本部门查处范围，或者虽属于本部门查处范围，但有必要由市场监管总局查处的，应当及时向市场监管总局报告。

第四条 反垄断执法机构查处滥用市场支配地位行为时，应当平等对待所有经营者。

第五条 市场支配地位是指经营者在相关市场内具有能够控制商品或者服务（以下统称商品）价格、数量或者其他交易条件，或者能够阻碍、影响其他经营者进入相关市场能力的市场地位。

本条所称其他交易条件是指除商品价格、数量之外能够对市场交易产生实质影响的其他因素，包括商品品种、商品品质、付款条件、交付方式、售后服务、交易选择、技术约束等。

本条所称能够阻碍、影响其他经营者进入相关市场，包括排除其他经营者进入相关市场，或者延缓其他经营者在合理时间内进入相关市场，或者导致其他经营者虽能够进入该相关市场但进入成本大幅提高，无法与现有经营者开展有效竞争等情形。

第六条 根据反垄断法第十八条第一项，确定经营者在相关市场的市场份额，可以考虑一定时期内经营者的特定商品销售金额、销售数量或者其他指标在相关市场所占的比重。

分析相关市场竞争状况，可以考虑相关市场的发展状况、现有竞争者的数量和市场份额、商品差异程度、创新和技术变化、销售和采购模式、潜在竞争者情况等因素。

第七条 根据反垄断法第十八条第二项，确定经营者控制销售市场或者原材料采购市场的能力，可以考虑该经营者控制产业链上下游市场的能力，控制销售渠道或者采购渠道的能力，影响或者决定价格、数量、合同期限或者其他交易条件的能力，以及优先获得企业生产经营所必需的原料、半成品、零部件、相关设备以及需要投入的其他资源的能力等因素。

第八条 根据反垄断法第十八条第三项，确定经营者的财力和技术条件，可以考虑该经营者的资产规模、盈利能力、融资能力、研发能力、技术装备、技术创新和应用能力、拥有的知识产权等，以及该财力和技术条件能够以何种方式和程度促进该经营者业务扩张或者巩固、维持市场地位等因素。

第九条 根据反垄断法第十八条第四项，确定其他经营者对该经营者在交易上的依赖程度，可以考虑其他经营者与该经营者之间的交易关系、交易量、交易持续时间、在合理时间内转向其他交易相对人的难易程度等因素。

第十条 根据反垄断法第十八条第五项，确定其他经营者进入相关市场的难易程度，可以考虑市场准入、获取必要资源的难度、采购和销售渠道的控制情况、资金投入规模、技术壁垒、品牌依赖、用户转换成本、消费习惯等因素。

第十一条 根据反垄断法第十八条和本规定第六条至第十条规定认定互联网等新经济业态经营者具有市场支配地位，可以考虑相关行业竞争特点、经营模式、用户数量、网络效应、锁定效应、技术特性、市场创新、掌握和处理相关数据的能力及经营者在关联市场的市场力量等因素。

第十二条 根据反垄断法第十八条和本规定第六条至第十条认定知识产权领域经营者具有市场支配地位，可以考虑知识产权的替代性、下游市场对利用知识产权所提供商品的依赖程度、交易相对人对经营者的制衡能力等因素。

第十三条 认定两个以上的经营者具有市场支配地位，除考虑本规定第六条至第十二条规定的因素外，还应当考虑市场结构、相关市场透明度、相关商品同质化程度、经营者行为一致性等因素。

第十四条 禁止具有市场支配地位的经营者以不公平的高价销售商品或者以不公平的低价购买商品。

认定“不公平的高价”或者“不公平的低价”，可以考虑下列因素：

（一）销售价格或者购买价格是否明显高于或者明显低于其他经营者在相同或者相似市场条件下销售或者购买同种商品或者可比较商品的价格；

（二）销售价格或者购买价格是否明显高于或者明显低于同一经营者在其他相同或者相似市场条件区域销售或者购买商品的价格；

（三）在成本基本稳定的情况下，是否超过正常幅度提高销售价格或者降低购买价格；

（四）销售商品的提价幅度是否明显高于成本增长幅度，或者购买商品的降价幅度是否明显高于交易相对人成本降低幅度；

（五）需要考虑的其他相关因素。

认定市场条件相同或者相似，应当考虑销售渠道、销售模式、供求状况、监管环境、交易环节、成本结构、交易情况等因素。

第十五条 禁止具有市场支配地位的经营者没有正当理由，以低于成本的价格销售商品。

认定低于成本的价格销售商品，应当重点考虑价格是否低于平均可变成本。平均可变成本是指随着生产的商品数量变化而变动的每单位成本。涉及互联网等新经济业态中的免费模式，应当综合考虑经营者提供的免费商品以及相关收费商品等情况。

本条所称“正当理由”包括：

（一）降价处理鲜活商品、季节性商品、有效期限即将到期的商品和积压商品的；

（二）因清偿债务、转产、歇业降价销售商品的；

（三）在合理期限内为推广新商品进行促销的；

（四）能够证明行为具有正当性的其他理由。

第十六条 禁止具有市场支配地位的经营者没有正当理由，通过下列方式拒绝与交易相对人进行交易：

（一）实质性削减与交易相对人的现有交易数量；

（二）拖延、中断与交易相对人的现有交易；

（三）拒绝与交易相对人进行新的交易；

（四）设置限制性条件，使交易相对人难以与其进行交易；

（五）拒绝交易相对人在生产经营活动中，以合理条件使用其必需设施。

在依据前款第五项认定经营者滥用市场支配地位时，应当综合考虑以合理的投入另行投资建设或者另行开发建造该设施的可行性、交易相对人有效开展生产经营活动对该设施的依赖程度、该经营者提供该设施的可能性以及对自身生产经营活动造成的影响等因素。

本条所称“正当理由”包括：

（一）因不可抗力等客观原因无法进行交易；

（二）交易相对人有不良信用记录或者出现经营状况恶化等情况，影响交易安全；

（三）与交易相对人进行交易将使经营者利益发生不当减损；

（四）能够证明行为具有正当性的其他理由。

第十七条 禁止具有市场支配地位的经营者没有正当理由，从事下列限定交易行为：

（一）限定交易相对人只能与其进行交易；

（二）限定交易相对人只能与其指定的经营者进行交易；

（三）限定交易相对人不得与特定经营者进行交易。

从事上述限定交易行为可以是直接限定，也可以是以设定交易条件等方式变相限定。

本条所称“正当理由”包括：

（一）为满足产品安全要求所必须；

（二）为保护知识产权所必须；

（三）为保护针对交易进行的特定投资所必须；

（四）能够证明行为具有正当性的其他理由。

第十八条 禁止具有市场支配地位的经营者没有正当理由搭售商品，或者在交易时附加其他不合理的交易条件：

（一）违背交易惯例、消费习惯或者无视商品的功能，将不同商品捆绑销售或者组合销售；

（二）对合同期限、支付方式、商品的运输及交付方式或者服务的提供方式等附加不合理的限制；

（三）对商品的销售地域、销售对象、售后服务等附加不合理的限制；

（四）交易时在价格之外附加不合理费用；

（五）附加与交易标的无关的交易条件。

本条所称“正当理由”包括：

（一）符合正当的行业惯例和交易习惯；

（二）为满足产品安全要求所必须；

（三）为实现特定技术所必须；

（四）能够证明行为具有正当性的其他理由。

第十九条 禁止具有市场支配地位的经营者没有正当理由，对条件相同的交易相对人在交易条件上实行下列差别待遇：

（一）实行不同的交易价格、数量、品种、品质等级；

（二）实行不同的数量折扣等优惠条件；

（三）实行不同的付款条件、交付方式；

（四）实行不同的保修内容和期限、维修内容和时间、零配件供应、技术指导等售后服务条件。

条件相同是指交易相对人之间在交易安全、交易成本、规模和能力、信用状况、所处交易环节、交易持续时间等方面不存在实质性影响交易的差别。

本条所称“正当理由”包括：

（一）根据交易相对人实际需求且符合正当的交易习惯和行业惯例，实行不同交易条件；

（二）针对新用户的首次交易在合理期限内开展的优惠活动；

（三）能够证明行为具有正当性的其他理由。

第二十条 反垄断执法机构认定本规定第十四条所称的“不公平”和第十五条至第十九条所称的“正当理由”，还应当考虑下列因素：

（一）有关行为是否为法律、法规所规定；

（二）有关行为对社会公共利益的影响；

（三）有关行为对经济运行效率、经济发展的影响；

（四）有关行为是否为经营者正常经营及实现正常效益所必需；

（五）有关行为对经营者业务发展、未来投资、创新方面的影响；

（六）有关行为是否能够使交易相对人或者消费者获益。

第二十一条 市场监管总局认定其他滥用市场支配地位行为，应当同时符合下列条件：

（一）经营者具有市场支配地位；

（二）经营者实施了排除、限制竞争行为；

（三）经营者实施相关行为不具有正当理由；

（四）经营者相关行为对市场竞争具有排除、限制影响。

第二十二条 供水、供电、供气、供热、电信、有线电视、邮政、交通运输等公用事业领域经营者应当依法经营，不得滥用其市场支配地位损害消费者利益。

第二十三条 反垄断执法机构依据职权，或者通过举报、上级机关交办、其他机关移送、下级机关报告、经营者主动报告等途径，发现涉嫌滥用市场支配地位行为。

第二十四条 举报采用书面形式并提供相关事实和证据的，反垄断执法机构应当进行必要的调查。书面举报一般包括下列内容：

（一）举报人的基本情况；

（二）被举报人的基本情况；

（三）涉嫌滥用市场支配地位行为的相关事实和证据；

（四）是否就同一事实已向其他行政机关举报或者向人民法院提起诉讼。

反垄断执法机构根据工作需要，可以要求举报人补充举报材料。

第二十五条 反垄断执法机构经过对涉嫌滥用市场支配地位行为必要的调

查，决定是否立案。

省级市场监管部门应当自立案之日起7个工作日内向市场监管总局备案。

第二十六条 市场监管总局在查处滥用市场支配地位行为时，可以委托省级市场监管部门进行调查。

省级市场监管部门在查处滥用市场支配地位行为时，可以委托下级市场监管部门进行调查。

受委托的市场监管部门在委托范围内，以委托机关的名义实施调查，不得再委托其他行政机关、组织或者个人进行调查。

第二十七条 省级市场监管部门查处涉嫌滥用市场支配地位行为时，可以根据需要商请相关省级市场监管部门协助调查，相关省级市场监管部门应当予以协助。

第二十八条 反垄断执法机构对滥用市场支配地位行为进行行政处罚的，应当依法制作行政处罚决定书。

行政处罚决定书的内容包括：

（一）经营者的姓名或者名称、地址等基本情况；

（二）案件来源及调查经过；

（三）违法事实和相关证据；

（四）经营者陈述、申辩的采纳情况及理由；

（五）行政处罚的内容和依据；

（六）行政处罚的履行方式、期限；

（七）不服行政处罚决定，申请行政复议或者提起行政诉讼的途径和期限；

（八）作出行政处罚决定的反垄断执法机构名称和作出决定的日期。

第二十九条 涉嫌滥用市场支配地位的经营者在被调查期间，可以提出中止调查申请，承诺在反垄断执法机构认可的期限内采取具体措施消除行为影响。

中止调查申请应当以书面形式提出，并由经营者负责人签字并盖章。申请书应当载明下列事项：

（一）涉嫌滥用市场支配地位行为的事实；

（二）承诺采取消除行为后果的具体措施；

（三）履行承诺的时限；

（四）需要承诺的其他内容。

反垄断执法机构对涉嫌滥用市场支配地位行为调查核实后，认为构成涉嫌滥用市场支配地位行为的，应当依法作出处理决定，不再接受经营者提出的中止调查申请。

第三十条 反垄断执法机构根据被调查经营者的中止调查申请，在考虑行为的性质、持续时间、后果、社会影响、经营者承诺的措施及其预期效果等具体情况后，决定是否中止调查。

第三十一条 反垄断执法机构决定中止调查的，应当制作中止调查决定书。

中止调查决定书应当载明被调查经营者涉嫌滥用市场支配地位行为的事实、承诺的具体内容、消除影响的具体措施、履行承诺的时限以及未履行或者未完全履行承诺的法律后果等内容。

第三十二条 决定中止调查的，反垄断执法机构应当对经营者履行承诺的情况进行监督。

经营者应当在规定的时限内向反垄断执法机构书面报告承诺履行情况。

第三十三条 反垄断执法机构确定经营者已经履行承诺的，可以决定终止调查，并制作终止调查决定书。

终止调查决定书应当载明被调查经营者涉嫌滥用市场支配地位行为的事实、承诺的具体内容、履行承诺的情况、监督情况等内容。

有下列情形之一的，反垄断执法机构应当恢复调查：

（一）经营者未履行或者未完全履行承诺的；

（二）作出中止调查决定所依据的事实发生重大变化的；

（三）中止调查决定是基于经营者提供的不完整或者不真实的信息作出的。

第三十四条 省级市场监管部门作出中止调查决定、终止调查决定或者行政处罚告知前，应当向市场监管总局报告。

省级市场监管部门向被调查经营者送达中止调查决定书、终止调查决定书或者行政处罚决定书后，应当在 7 个工作日内向市场监管总局备案。

第三十五条 反垄断执法机构作出行政处理决定后，依法向社会公布。其中，行政处罚信息应当依法通过国家企业信用信息公示系统向社会公示。

第三十六条 市场监管总局应当加强对省级市场监管部门查处滥用市场支配地位行为的指导和监督，统一执法标准。

省级市场监管部门应当严格按照市场监管总局相关规定查处滥用市场支配地位行为。

第三十七条 经营者滥用市场支配地位的，由反垄断执法机构责令停止违法行为，没收违法所得，并处上一年度销售额百分之一以上百分之十以下的罚款。

反垄断执法机构确定具体罚款数额时，应当考虑违法行为的性质、情节、程度、持续时间等因素。

经营者因行政机关和法律、法规授权的具有管理公共事务职能的组织滥用行政权力而滥用市场支配地位的，按照前款规定处理。经营者能够证明其从事的滥用市场支配地位行为是被动遵守行政命令所导致的，可以依法从轻或者减轻处罚。

第三十八条 本规定对滥用市场支配地位行为调查、处罚程序未做规定的，依照《市场监督管理行政处罚程序暂行规定》执行，有关时限、立案、案件管辖的规定除外。

反垄断执法机构组织行政处罚听证的，依照《市场监督管理行政处罚听证暂行办法》执行。

第三十九条 本规定自2019年9月1日起施行。2010年12月31日原国家工商行政管理总局令第54号公布的《工商行政管理机关禁止滥用市场支配地位行为规定》同时废止。

七、制止滥用行政权力排除、限制竞争行为暂行规定

（国家市场监督管理总局令第12号公布　2019年6月26日）

第一条 为了预防和制止滥用行政权力排除、限制竞争行为，根据《中华人民共和国反垄断法》（以下简称反垄断法），制定本规定。

第二条 国家市场监督管理总局（以下简称市场监管总局）负责滥用行政权力排除、限制竞争行为的反垄断执法工作。

市场监管总局根据反垄断法第十条第二款规定，授权各省、自治区、直辖市人民政府市场监督管理部门（以下统称省级市场监管部门）负责本行政区域内滥用行政权力排除、限制竞争行为的反垄断执法工作。

本规定所称反垄断执法机构包括市场监管总局和省级市场监管部门。

第三条 市场监管总局负责对下列滥用行政权力排除、限制竞争行为进行调查，提出依法处理的建议（以下简称查处）：

（一）在全国范围内有影响的；

（二）省级人民政府实施的；

（三）案情较为复杂或者市场监管总局认为有必要直接查处的。

前款所列的滥用行政权力排除、限制竞争行为，市场监管总局可以指定省级市场监管部门查处。

省级市场监管部门查处滥用行政权力排除、限制竞争行为时，发现不属于本部门查处范围，或者虽属于本部门查处范围，但有必要由市场监管总局查处的，应当及时向市场监管总局报告。

第四条 行政机关和法律、法规授权的具有管理公共事务职能的组织不得滥

用行政权力，实施下列行为，限定或者变相限定单位或者个人经营、购买、使用其指定的经营者提供的商品和服务（以下统称商品）：

（一）以明确要求、暗示、拒绝或者拖延行政审批、重复检查、不予接入平台或者网络等方式，限定或者变相限定经营、购买、使用特定经营者提供的商品；

（二）通过限制投标人所在地、所有制形式、组织形式等方式，限定或者变相限定经营、购买、使用特定投标人提供的商品；

（三）没有法律、法规依据，通过设置项目库、名录库等方式，限定或者变相限定经营、购买、使用特定经营者提供的商品；

（四）限定或者变相限定单位或者个人经营、购买、使用其指定的经营者提供的商品的其他行为。

第五条 行政机关和法律、法规授权的具有管理公共事务职能的组织不得滥用行政权力，实施下列行为，妨碍商品在地区之间的自由流通：

（一）对外地商品设定歧视性收费项目、实行歧视性收费标准，或者规定歧视性价格、实行歧视性补贴政策；

（二）对外地商品规定与本地同类商品不同的技术要求、检验标准，或者对外地商品采取重复检验、重复认证等措施，阻碍、限制外地商品进入本地市场；

（三）没有法律、法规依据，采取专门针对外地商品的行政许可、备案，或者对外地商品实施行政许可、备案时，设定不同的许可或者备案条件、程序、期限等，阻碍、限制外地商品进入本地市场；

（四）没有法律、法规依据，设置关卡、通过软件或者互联网设置屏蔽等手段，阻碍、限制外地商品进入本地市场或者本地商品运往外地市场；

（五）妨碍商品在地区之间自由流通的其他行为。

第六条 行政机关和法律、法规授权的具有管理公共事务职能的组织不得滥用行政权力，实施下列行为，排斥或者限制外地经营者参加本地的招标投标活动：

（一）不依法发布信息；

（二）明确外地经营者不能参与本地特定的招标投标活动；

（三）对外地经营者设定歧视性的资质要求或者评审标准；

（四）通过设定与招标项目的具体特点和实际需要不相适应或者与合同履行无关的资格、技术和商务条件，变相限制外地经营者参加本地招标投标活动；

（五）排斥或者限制外地经营者参加本地招标投标活动的其他行为。

第七条 行政机关和法律、法规授权的具有管理公共事务职能的组织不得滥用行政权力，实施下列行为，排斥或者限制外地经营者在本地投资或者设立分支机构：

（一）拒绝外地经营者在本地投资或者设立分支机构；

（二）没有法律、法规依据，对外地经营者在本地投资的规模、方式以及设立分支机构的地址、商业模式等进行限制；

（三）对外地经营者在本地的投资或者设立的分支机构在投资、经营规模、经营方式、税费缴纳等方面规定与本地经营者不同的要求，在安全生产、节能环保、质量标准等方面实行歧视性待遇；

（四）排斥或者限制外地经营者在本地投资或者设立分支机构的其他行为。

第八条 行政机关和法律、法规授权的具有管理公共事务职能的组织不得滥用行政权力，强制或者变相强制经营者从事反垄断法规定的垄断行为。

第九条 行政机关不得滥用行政权力，以规定、办法、决定、公告、通知、意见、会议纪要等形式，制定、发布含有排除、限制竞争内容的市场准入、产业发展、招商引资、招标投标、政府采购、经营行为规范、资质标准等涉及市场主体经济活动的规章、规范性文件和其他政策措施。

第十条 反垄断执法机构依据职权，或者通过举报、上级机关交办、其他机关移送、下级机关报告等途径，发现涉嫌滥用行政权力排除、限制竞争行为。

第十一条 对涉嫌滥用行政权力排除、限制竞争行为，任何单位和个人有权向反垄断执法机构举报。反垄断执法机构应当为举报人保密。

第十二条 举报采用书面形式并提供相关事实和证据的，反垄断执法机构应当进行必要的调查。书面举报一般包括下列内容：

（一）举报人的基本情况；

（二）被举报人的基本情况；

（三）涉嫌滥用行政权力排除、限制竞争行为的相关事实和证据；

（四）是否就同一事实已向其他行政机关举报或者向人民法院提起诉讼。

第十三条 反垄断执法机构负责所管辖案件的受理。省级以下市场监管部门收到举报材料或者发现案件线索的，应当在 7 个工作日内将相关材料报送省级市场监管部门。

对于被举报人信息不完整、相关事实不清晰的举报，受理机关可以通知举报人及时补正。

第十四条 反垄断执法机构经过对涉嫌滥用行政权力排除、限制竞争行为的必要调查，决定是否立案。

当事人在上述调查期间已经采取措施停止相关行为，消除相关后果的，可以不予立案。

省级市场监管部门应当自立案之日起 7 个工作日内向市场监管总局备案。

第十五条 立案后，反垄断执法机构应当及时进行调查，依法向有关单位和个人了解情况，收集、调取证据。

第十六条 市场监管总局在查处涉嫌滥用行政权力排除、限制竞争行为时，可以委托省级市场监管部门进行调查。

省级市场监管部门在查处涉嫌滥用行政权力排除、限制竞争行为时，可以委托下级市场监管部门进行调查。

受委托的市场监管部门在委托范围内，以委托机关的名义进行调查，不得再委托其他行政机关、组织或者个人进行调查。

第十七条 省级市场监管部门查处涉嫌滥用行政权力排除、限制竞争行为时，可以根据需要商请相关省级市场监管部门协助调查，相关省级市场监管部门应当予以协助。

第十八条 被调查单位和个人有权陈述意见。

反垄断执法机构应当对被调查单位和个人提出的事实、理由和证据进行核实。

第十九条 经调查，反垄断执法机构认为构成滥用行政权力排除、限制竞争行为的，可以向有关上级机关提出依法处理的建议。

在调查期间，当事人主动采取措施停止相关行为，消除相关后果的，反垄断执法机构可以结束调查。

经调查，反垄断执法机构认为不构成滥用行政权力排除、限制竞争行为的，应当结束调查。

第二十条 反垄断执法机构向有关上级机关提出依法处理建议的，应当制作行政建议书。行政建议书应当载明以下事项：

（一）主送单位名称；

（二）被调查单位名称；

（三）违法事实；

（四）被调查单位的陈述意见及采纳情况；

（五）处理建议及依据；

（六）反垄断执法机构名称、公章及日期。

前款第五项规定的处理建议应当具体、明确，可以包括停止实施有关行为、废止有关文件并向社会公开、修改文件的有关内容并向社会公开文件的修改情况等。

第二十一条 省级市场监管部门在提出依法处理的建议或者结束调查前，应当向市场监管总局报告。提出依法处理的建议后7个工作日内，向市场监管总局备案。

反垄断执法机构认为构成滥用行政权力排除、限制竞争行为的，依法向社会公布。

第二十二条 市场监管总局应当加强对省级市场监管部门查处滥用行政权力排除、限制竞争行为的指导和监督，统一执法标准。

省级市场监管部门应当严格按照市场监管总局相关规定查处滥用行政权力排除、限制竞争行为。

第二十三条 对反垄断执法机构依法实施的调查，当事人拒绝提供有关材料、信息，或者提供虚假材料、信息，或者隐匿、销毁、转移证据，或者有其他拒绝、阻碍调查行为的，反垄断执法机构可以向其上级机关、监察机关等反映情况。

第二十四条 反垄断执法机构工作人员滥用职权、玩忽职守、徇私舞弊或者泄露执法过程中知悉的国家秘密和商业秘密的，依照有关规定处理。

第二十五条 本规定自 2019 年 9 月 1 日起施行。2009 年 5 月 26 日原国家工商行政管理总局令第 41 号公布的《工商行政管理机关制止滥用行政权力排除、限制竞争行为程序规定》、2010 年 12 月 31 日原国家工商行政管理总局令第 55 号公布的《工商行政管理机关制止滥用行政权力排除、限制竞争行为的规定》同时废止。

Preface

The anti-monopoly regime is an important part of China's basic socialist economic system. Antitrust work is of great significance for promoting high-quality economic development, constructing a modernized economic system, a high-standard market economy and a new economic system of higher-level opening-up, and realizing the modernization of China's governance system and capability. China attaches great importance to antitrust work. The 19th National Congress of the Communist Party of China points out that administrative monopoly should be eliminated and market monopoly be prevented. The third plenary session of the 19th Central Committee of the Communist Party of China determines to deepen the reform of the Party and state institutions, and calls for strengthening and optimizing government anti-monopoly functions, and achieving unified antitrust enforcement. The fourth plenary session of the 19th Central Committee of the Communist Party of China calls for constructing a high-standard market economy and improving fair competition system; strengthening the fundamental role of competition policies, implementing fair competition review system, and strengthening and improving antitrust enforcement; and improving the antitrust review systems. These together have specified new objectives, missions and tasks for China's antitrust work. The fifth plenary session of the 19th Central Committee of the Communist Party of China sets the improvement of the fair competition system as an important goal of economic and social development during the period of the 14th Five-Year Plan, and calls for the elimination of industrial monopoly and local protectionism so as to foster a positive cycle of the national economy. It also calls for building a high-standard market system, improving fair competition review mechanism, and strengthening antitrust law enforcement.

The *Anti-Monopoly Law of the People's Republic of China* (Anti-Monopoly Law), enacted in 2008, has established the fundamental principles and rules for market competition as a milestone in the continuous improvement of China's socialist market economic system and legal system with Chinese characteristics. Under the leadership of the Central Committee of the Communist Party of China and the State Council, China's antitrust law enforcement authorities have pioneered and pushed ahead, made great efforts to improve the anti-monopoly legal system and steadily promoted antitrust enforcement. The authorities have constantly deepened international cooperation in the antitrust arena, and vigorously promoted the awareness of fair competition throughout the society. China's antitrust work has embarked on the track of rule of law, standardization, internationalization, and regularization with remarkable achievements, and made extraordinary contributions to the construction of a unified, opened-up market economy with orderly competition, promotion of high-quality economic development and protection of consumer interests. In 2018, the State Administration for Market Regulation (SAMR) was established in China to undertake the unified antitrust law enforcement responsibilities, starting a new era in the history of China's anti-monopoly regime.

The year of 2019 marked the beginning of post-reform era for China's antitrust law enforcement authorities. SAMR has been adhering to the guidance of Xi Jinping Thought on Socialism with Chinese Characteristics for a New Era and implementing the guiding principles from the 19th National Congress of the Communist Party of China and the second, third, fourth and fifth plenary sessions of the 19th Central Committee of the Communist Party of China. Following the decisions and arrangements of the Central Committee of the Communist Party of China and the State Council, SAMR has taken responsibilities, carried out reform and innovation, strived to improve the antitrust regulations and established the institutional basis for unified antitrust enforcement. SAMR has strived to strengthen and improve antitrust enforcement, enabling a greater role of antitrust enforcement in deepening the supply-side structural reform, promoting high-quality economic development and safeguarding the interests of consumers. SAMR has strived to strengthen the fundamental role of competition policies, to make sure that market play a decisive role in resource allocation, and enable better functioning of the government. SAMR has also strived to promote the institutional opening-up of competition rules and promoted the construction of a new economic system of higher-level opening-up. SAMR's antitrust work has advanced to a new stage. The institutional advantages of unified antitrust enforcement are being translated into better governance efficiency.

Compiling and publishing the Annual Report of Anti-Monopoly Law Enforcement in China is an important initiative of SAMR to implement the requirements of the fourth plenary session of the 19th Central Committee of the Communist Party of China, to strengthen and improve antitrust enforcement, and to effectively increase transparency in antitrust enforcement. This is conducive to protecting the people's right to know and right to supervise antitrust enforcement and promoting strict, standardized, fair and civilized law enforcement; conducive to safeguarding the credibility of government and creating a more open, transparent, standardized, orderly, fair and efficient legal environment; and also conducive to strengthening the publicity and advocacy of fair competition, to further expanding the social impact of antitrust work and enhancing the awareness of fair competition throughout the society. Covering multiple perspectives including anti-monopoly legislation and enforcement, implementation of competition policies, international cooperation and communication, and promotion of awareness of fair competition, this Annual Report provides a panoramic view of progresses and achievements of China's antitrust work, and is of great significance for facilitating further understanding of China's antitrust work by the public domestically and abroad, and further improving China's antitrust enforcement.

Market regulatory authorities will continue to follow the guidance of Xi Jinping Thought on Socialism with Chinese Characteristics for a New Era, conscientiously implement the guiding principles of instructions and comments from General Secretary XI Jinping on competition policies and antitrust work, comply with the decisions and arrangements of the 19th National Congress of the Communist Party of China and the second, third, fourth and fifth plenary sessions of the 19th Central Committee of the Communist Party of China, adhere to the vision of making development people-centered, target to serve the overall scheme of reform and development, commit to being led by the new development philosophy, and take initiatives of protecting fair market competition. Market regulatory authorities will continuously improve fair competition system, strive to strengthen the fundamental role of competition policies, effectively strengthen and improve antitrust enforcement, and make further and greater contributions to advancing the modernization of China's governance systems and capabilities, promoting high-quality economic development and meeting the people's growing living needs.

Contents

Chapter I

Summary of Work

Striving for Fair Competition and Serving Reform and Development

The year of 2019 marked the 70th anniversary of the founding of the People's Republic of China. It was a year in which reform was comprehensively deepened on a systematic, holistic and coordinated basis by focusing on upholding and improving the socialist system with Chinese characteristics and advancing the modernization of China's governance system and capabilities. In this year, the fourth plenary session of the 19th Central Committee of the Communist Party of China made a comprehensive deployment for the antitrust work, with the direction, objectives and tasks becoming clearer. This year saw the full demonstration of the effects from the reform of the antitrust law enforcement agencies, and the institutional advantages of unified antitrust law enforcement were translating into better governance efficiency, which laid a solid foundation for China's antitrust law enforcement work for the coming decade. We in this year continued to be guided by Xi Jinping Thought on Socialism with Chinese Characteristics for a New Era, adhered to the people-centered development thinking and remained committed to implementing new development concepts. We pushed forward comprehensively the antitrust work, effectively protected fair competition, which was playing an increasingly prominent role in the country's reform and development endeavors.

Consolidating the foundation and striving to set up institutional systems and rules suitable for unified law enforcement

Unified antitrust law enforcement attained by way of institutional reform opened a new chapter for China's antitrust cause. Unified law enforcement requires that unified work system and rules be established, unified law enforcement concepts and culture be created, unified regulatory ideas be formed, and the same work style be hammered out. System construction was a highlight of the antitrust work in 2019 and by integrating and optimizing the legal provisions and work systems of different departments before the institutional reform, the institutional systems and rules suitable for unified law enforcement was put in place.

Unifying supplemental antitrust guidelines and regulations. The Anti-Monopoly Commission of the State Council issued 4 guidelines including, amongst others, the *Anti-Monopoly Guidelines for Automobile Industry*, with a view to explaining the thoughts about antitrust law enforcement, enhancing the operability and predictability of the antitrust legal system, and establishing open and transparent institutions and rules for market players. SAMR, in order to unify antitrust law enforcement procedures, criteria and standards, formulated 3 regulations, namely the *Interim Provisions on the Prohibition of Monopoly Agreements*, the *Interim Provisions on the Prohibition of Abuse of Dominant Market Position* and the *Interim Provisions on the Prevention of the Abuse of Administrative Power to Eliminate or Restrict Competition*. For the purpose of enhancing undertakings' awareness of law compliance and creating a better institutional environment for regulating law enforcement and guiding law compliance, SAMR also organized press conferences regarding the supplemental antitrust regulations, published articles to interpret the regulations, and comprehensively interpreted the guidelines and regulations in such occasions as the antitrust work meetings for nation-wide market regulators and antitrust training classes for market participants.

Unifying the institutions and rules related to the antitrust work. As required by unified antitrust law enforcement attained by way of institutional reform, 6 rules including, amongst others, the *Working Rules of the Anti-Monopoly Commission of the State Council*, were formulated to further improve the working system of the Anti-Monopoly Commission of the State Council. The new Expert Advisory Group of the Anti-Monopoly Commission of the State Council and the Anti-Monopoly Expert Panel of SAMR were set up with the aim of constantly deepening the research into antitrust theories and providing stronger intellectual support for antitrust work. To make antitrust work rule-based, unified and standardized, 27 working systems, which involve, amongst others, case investigation, review of concentrations of undertakings and penalties for monopoly cases and cover the entire business process and the entire process of case investigation and review, were put in place and templates for antitrust law enforcement documents were printed and distributed.

Carrying forward the amendment to the *Anti-Monopoly Law* in an orderly manner. With the objective of making the antitrust law system more scientific, forward-looking and effective, in-depth theoretical research covering 7 topics was conducted as regards the amendment to the *Anti-Monopoly Law*, in the course of which the practice of more established market-economy countries was systematically reflected on and compared and forefront theoretical research results in the antitrust field were fully drawn on, thereby laying a solid theoretical foundation for scientific legislation. Under the basic principle of open legislation, opinions were extensively solicited from members of the Anti-Monopoly Commission of the State Council, local market regulators, state-owned, private, foreign-funded and other market participants as well as experts and scholars. In addition, in-depth face-to-face exchanges on key and complicated issues encountered in the amendment were held with the antitrust law enforcement authorities of the European Union, the United States, the United Kingdom and other major jurisdictions, and the draft amendment of the *Anti-Monopoly Law* was published in January 2020 on the official website of SAMR to solicit public opinions. Feedback showed that the draft amendment was highly recognized by and attracted broad attention from all sectors at home and abroad.

Earnestly strengthening the antitrust law enforcement capabilities. For the purpose of strengthening the law enforcement capabilities, an Antitrust Auditorium was set up and a total of 40 lectures were held in the year, to which researchers of antitrust theories as well as antitrust law practitioners were invited. This has strengthened exchanges among the officials, broadened their vision and improved their enforcement capabilities. Compilations of the training textbook of the *Anti-Monopoly Legislation and Law Enforcement Practice in China*, law enforcement manuals as well as the collection of antitrust regulations and guidelines in 2019 that would be applied on a nation-wide basis were organized, thereby laying a solid foundation for building a high-quality and professional antitrust law enforcement team and for enhancing the enforcement capability and level of the antitrust law enforcement officials across the country. A centralized training system for nation-wide antitrust law enforcement officials was set up and in 2019, trainings were provided for the key antitrust personnel from market regulators across the country with a view to accelerating the comprehensive and in-depth integration of the nation-wide antitrust law enforcement teams and strengthening the antitrust law enforcement capability and level of the entire antitrust law enforcement system.

Striving to strengthen the deterrence of antitrust law enforcement by way of targeted investigation.

Enforcement is a top priority of the antitrust work. The antitrust enforcement officials dare to undertake responsibilities, they also have the pioneering spirit and the courage to act. In 2019, with highlighting key points and overcoming difficulties, they advanced the antitrust law enforcement on a firm basis and in a strict, standardized, fair and civilized way, with their focus on protecting fair market competition and safeguarding consumers' interests. In 2019, a total of 103 monopoly cases were accepted and investigated, among which 46 cases were concluded, with the value of fines and confiscations amounting to

RMB 320 million. Specifically, 28 monopoly agreement-related cases were investigated, out of which 12 were imposed administrative penalties; 15 cases involving the abuse of dominant market position were investigated, among which 4 were imposed administrative penalties; 84 cases involving the abuse of administrative powers to eliminate or restrict competition were handled, among which 24 cases were investigated, 12 cases were corrected; 36 cases involving the failure to notify the concentration of undertakings pursuant to applicable law were investigated, out of which 18 were imposed administrative penalties. A total of 503 notifications for concentration of undertakings were received, among which 462 were accepted and 465 were closed. Antitrust law enforcement has always been a sword, which brings about powerful deterrent effects and effectively promotes the construction of a nation-wide open, unified market system with orderly competition.

Focusing on deepening the supply-side structural reform. By continuing to conduct deep economic analysis and on the basis of in-depth study of the impact of relevant concentration on market competition, 5 concentrations of undertakings in industries such as semiconductor, shipbuilding, medicine, and automobile were approved with conditions. The remedial measures were designed based on case-by-case analysis and helped protect fair competition in the relevant markets and promote the sustainable and sound development of relevant industries and enterprises. Furthermore, with the objective of serving the overall economic development, the efficiency for reviewing concentration of undertakings was further improved, which helped reduce the institutional transaction costs for enterprises and promoted economic transformation and upgrading. The work of antitrust review of concentration of undertakings was fully recognized and highly appreciated by enterprises, and market participants from state-owned, private, foreign-funded and other fields presented 4 banners to the law enforcement authorities and expressed appreciation for their scientific, accurate and efficient enforcement work.

Focusing on protecting consumer interests. In the course of resolutely implementing the decisions and arrangements of the Central Committee of the Communist Party of China and the State Council, vigorous efforts were made and active actions were taken as regards the active pharmaceutical ingredients related monopoly issues complained strongly by the public. Targeted meetings on active pharmaceutical ingredients related antitrust law enforcement were organized, and centralized law enforcement initiatives targeted at active pharmaceutical ingredients related monopolistic behaviors were arranged. SAMR directly accepted and investigated the monopoly cases involving calcium gluconate active pharmaceutical ingredients, and in strict accordance with the principles of "clear facts, conclusive evidence, accurate determination of nature, proper treatment, complete formalities and legitimate procedures", SAMR carried forward the law enforcement work solidly and developed action plans in a scientific manner. A special case team was set up to specifically supervise the active pharmaceutical ingredients related antitrust law enforcement, to urge local antitrust law enforcement authorities to promptly verify clues, accept and investigate active pharmaceutical ingredients related monopoly cases pursuant to applicable law, thereby resulting in a comprehensive crackdown on active pharmaceutical ingredients related anticompetitive behaviors and effectively curbing occurrence of such behaviors. SAMR also actively adopted innovative law enforcement methods. On the basis of effectively strengthening antitrust law enforcement, meetings were organized for the building materials sector to warn against anticompetitive practices and 4 monopoly cases were investigated and penalized in this sector. The entire building materials sector was also guided to carry out self-examination and self-correction for the purpose of comprehensively regulating enterprises' operations and further improving the efficiency of antitrust law enforcement. Antitrust law enforcement was also effectively strengthened in the public utilities field, where 4 monopoly cases were investigated and handled, thereby preventing on a timely basis the anticompetitive behaviors from infringing consumers' interests and protecting effectively the legitimate rights and interests of consumers.

Striving to safeguard a unified national market. Antitrust law enforcement against abuse of administrative power to eliminate or restrict competition was further deepened. Law enforcement was reinforced by focusing on key areas and prominent issues as identified in the course of law enforcement and reflected by all walks of life. Targeted law enforcement initiatives were deployed and carried out against the abuse of administrative powers to eliminate and restrict competition in the sectors of medicine, construction, transportation, bidding and government procurement, with the aim of resolutely preventing and curbing improper intervention by government in market activities, eliminating local protectionism and market segmentation, and safeguarding a unified national market.

Striving to strengthen the fundamental role of competition policies by way of reform and innovation

Reinforcing the fundamental role of competition policies is a major decision and deployment made by the Central Committee of the Communist Party of China and is of great strategic significance for accelerating the improvement of socialist market economy system and promoting high-quality growth of the economy. Entrusted with the responsibility of coordinating the implementation of competition policies, the antitrust law enforcement authorities resolutely implemented the decision and requirements of the Central Committee of the Communist Party of China, and conducted reform and innovation from many fronts including understanding unification, policy research, system improvement, exploration and practice, and provided integrated prescription, so that the scientificity, pertinence and effectiveness of competition policies can be enhanced and the implementation of such policies can be vigorously promoted.

Comprehensively implementing the fair competition review system. The supervision and inspection of the implementation of the fair competition review system was effectively strengthened, and in September 2019, full coverage of the fair competition review system was realized successfully at the national, provincial, city and county levels, thereby providing a powerful institutional guarantee for regulating government behaviors. In addition, in order to effectively strengthen the deterrent effect of the fair competition review system, 30 typical cases violating fair competition review standards were announced. In 2019, the supervision over fair competition review was organized and carried out and it was also advocated that fair competition review be included in the performance index system for the construction of governments ruled by law in cities and counties, in order to reinforce the compulsory effect of the system. Upon the approval of the State Council, SARM and 3 other authorities issued the *Notice on Cleaning up the Policies and Measures Impeding the Unified Market and Fair Competition*, aiming at cleaning up rules and practices that impeded unified market and fair competition among the regulations, normative documents and other policies and measures formulated before 31 December 2019 by local people's governments at or above the county level as well as their subordinate departments and by the departments under the State Council. Furthermore, the experiences of implementing the fair competition review system was summarized and the *Guidelines to the Implementation of Third-Party Evaluation of Fair Competition Review* was developed to encourage and support policy makers to introduce third-party evaluation, thereby improving review quality, ensuring review effects, and promoting the continuous improvement of the fair competition review system.

Vigorously promoting the pilot implementation of competition policies in free trade zones. The functions of the pilot free trade zone are highly compatible with the implementation of competition policies and the implementation of competition policies in free trade zones can, on the one hand promote institutional innovation and promote the rapid development of pilot free trade zone, and on the other hand, serve as effective ways to explore the strengthening of the fundamental role of competition policies. In April 2019, in an effort to explore an effective path for implementing competition policies, SARM approved and supported the pilot program of implementing strengthened competition policies in China (Hainan) Free Trade Zone, and made decisions on 18 specific measures for implementing such policies. As directed by SAMR, the Anti-Monopoly Commission for China (Hainan) Free Trade Zone was set up and key issues and direction of the pilot program were determined, so that replicable experiences could be accumulated for nation-wide implementation of competition policies. Efforts were also made to promote further expansion of the scope of the pilot program for strengthened competition policies in the free trade zone, with the hope that a single spark arising from the pilot program in the free trade zone could start a prairie fire of strengthening competition policies across China.

Focusing on deepening the theoretical study of competition policies. Theory proceeds before action. Deepening the theoretical research is of great significance for strengthening the fundamental role of competition policies, which are very theoretical, practical and innovative in nature. In 2019, in-depth studies were conducted on major subjects including, amongst others, the overall framework for implementing competition policies, ideas about strengthening the fundamental role of competition policies and relevant safeguarding measures, through which understanding was deepened, misunderstandings were clarified, disputes were resolved, and thoughts were unified. Research and studies served as the basis to accomplish things and the way to success. By focusing on strengthening the fundamental role of competition policies, in-depth research was carried out with various market participants including state-owned, private and foreign-funded enterprises, as well as central and local government departments, experts and scholars, from whom opinions were extensively heard. During the process, main problems encountered in the formulation and implementation of competition policies were identified and solutions to problems were discussed. The assessment report on the overall status of market competition in China was further improved and evaluations of the market competition conditions in aerospace manufacturing, air transport, insurance and active pharmaceutical ingredients sectors were conducted, which provided effective support for making competition policies more scientific, targeted and effective.

Effectively raising the awareness of fair competition in the whole society. Enhancing fair competition awareness of various market players constitutes the social foundation for the effective implementation of competition policies. In 2019, SAMR successfully held the 8th China Competition Policy Forum under the theme of "A Higher Level of Openness and Competition Policies", which marked the first time for the antitrust law enforcement authority to directly host the forum ever since the forum was held. More than 280 participants, including officials from law enforcement authorities, experts, scholars, representatives from enterprises and lawyers attended the forum, at which the parties exchanged ideas and reached consensus. Publicity was also made regarding China's anti-monopoly legislation and law enforcement achievements since the institutional reform, thereby expanding China's influence in the global antitrust arena. Compilation of the *Fair Competition Review System Textbook* was organized with a special column focusing on the fair competition review system for the purpose of strengthening the in-depth interpretation and practical guidance of the fair competition review system. Furthermore, targeted training courses on the *Anti-Monopoly Law* was jointly held with the State-owned Assets Supervision and Administration Commission of the State Council and other relevant departments with a view to effectively enhancing market participants' awareness and ability to consciously abide by the *Anti-Monopoly Law*, promoting competition culture, and having the fair competition concept more deeply rooted among the public.

Opening-up for a win-win situation and focusing on participating in global competition governance

Antitrust work is highly market-oriented and international and enjoys a high level of rule of law. In the context of economic globalization with enterprises facing competition in the global market, it is of great significance to promote international exchanges and cooperation in the antitrust field, strengthen global competition governance and protect fair competition in the global market for purpose of deepening international economic and trade cooperation and realizing global prosperity and progress. In 2019, with the goal of building a new open economic system at a higher level, international exchanges and cooperation in the antitrust area brought about further effects and played a larger role in institution-related opening-up (such as the implementation rules).

Earnestly deepening the construction of a normalized and institutionalized mechanism. By adhering to the opening-up concept and focusing on the overall interests of the opening-up policy, SAMR constantly strengthened the construction of a cooperation mechanism with antitrust law enforcement authorities in other countries and regions. In 2019, 13 antitrust cooperation memorandums were signed with countries and regions including the European Union, Japan and South Korea, with the scope of cooperation further expanded and the specific content of cooperation further deepened. The 12th China-EU Competition Policy Dialogue was successfully held with the Directorate-General for Competition of the European Commission. The 18th and 19th China-EU Competition Policy Week Forums were also held, where topics of common concerns were discussed in an in-depth manner. SAMR also had annual communications with Korea Fair Trade Commission and Morocco Competition Council, and discussed with Portugal Competition Commission as regards the establishment of a cooperation mechanism. On top of the above, SAMR actively participated in the VI BRICS Competition Conference, where Chinese delegation addressed each session for the first time since the holding of the conference, fully demonstrating China's deep participation in the management of international competition affairs, its proactive alignment with and leading role in international competition rules as a major country.

Actively leading and participating in the formulation of international competition rules. It has become a fundamental consensus in the course of free trade negotiations that competition policies and antitrust issues shall be taken as important topics of bilateral and multilateral free trade agreements. In 2019, competition policies and antitrust enforcement topics were added to the *Protocol to Upgrade the China-Singapore Free Trade Agreement*. SAMR was deeply involved in bilateral or multilateral free trade agreement negotiations, including, amongst others, those among China, Japan and South Korea, those between China and Peru, China and Norway, and China and Israel, with a view to providing institutional guarantee for the protection of achievements realized from investment and trade liberalization. In-depth research was made in terms of joining international competition network and the cooperation framework for competition enforcement procedures. SAMR also actively participated in the discussion and formulation of rules for antitrust international cooperation by making China's voice heard and by contributing Chinese wisdom in terms of global competition governance. A mechanism of responding to antitrust issues overseas for Chinese enterprises was established for the purpose of strengthening the antitrust awareness of enterprises and protecting the legitimate rights and interests of enterprises in their "going global" endeavors.

Continuously expanding the international influence of China's antitrust work. Closer regular communications and cooperation among antitrust law enforcement authorities and in-depth exchanges and discussions on the common problems encountered during antitrust law enforcement are of great significance for maintaining fair competition in the global market. In 2019, SAMR conducted closer communications and exchanges with the antitrust law enforcement authorities in the United States, the European Union and other jurisdictions in respect of more than 10 major cases, with a view to sharing law enforcement experiences and coordinating as to the position and how far the enforcement shall go. SAMR also took an active part in international antitrust conferences held by the United Nations, the Organization for Economic Cooperation and Development (OECD), the Asia-Pacific Economic Cooperation (APEC) and other international organizations as well as by the United States, Germany, Russia and Singapore, where it endeavored to make better known the progress of the reform of the antitrust authorities in China as well as their achievements, display China's professional image of law-based antitrust enforcement and constantly heighten China's position and role on the global competition governance stage.

We had a great year for 2019, and 2020 is even more promising. It is pointed out in the fourth plenary session of the 19th Central Committee of the Communist Party of China that it is imperative to build a high-standard market system and improve the fair competition system. In addition, antitrust law enforcement shall be strengthened and improved by strengthening the fundamental role of competition policies and implementing the fair competition review system, and the antitrust review system shall be improved. The above-mentioned in combination makes clearer the direction of the antitrust work and enhances confidence in doing a better job. In the new year, we will continue to take Xi Jinping Thought on Socialism with Chinese Characteristics for a New Era as our guide. We will, by implementing the spirits of the 19th National Congress of the Communist Party of China and those of the second, third and fourth plenary sessions of the 19th Central Committee of the Communist Party of China and by adhering to new development concepts, try to better understand the new situation, new tasks and new requirements related to the antitrust work. We will earnestly raise our political stance, strengthen our sense of mission, and advance the antitrust cause under the leadership of the Party. We will be more focused on development by effectively combining government endeavors with market effectiveness. We will highlight the rule-of-law stance by combining institutional construction with administration pursuant to applicable law. We will attach high importance to people's livelihood, and will combine fair competition with people's well-being. We will stick to professionalism and combine system improvement with capacity building. We will strive to protect fair competition and make new and greater contributions to our endeavors to promote a high-quality economic development and meet people's new expectations for a better life.

Chapter Ⅱ
Achievements of Law Enforcement

Ⅰ. Overview of Statistics

In 2019, the market regulatory authorities adhered to the main theme of protecting fair market competition and safeguarding consumers' legitimate interests, made solid progress in antitrust law enforcement, spent great efforts in investigating and punishing conducts concerning monopoly agreements and abuse of dominant market position, expedited review of concentration of undertakings according to applicable law, and effectively prevented abuse of administrative power to eliminate or restrict competition, so as to constantly maintain a strong deterrence against anticompetitive behaviors, effectively protect fair market competition, and vigorously safeguard consumers' legitimate interests. In 2019, 103 cases concerning monopoly agreements were accepted and investigated, with 46 cases closed and the fines and confiscations amounting to RMB 320 million; 503 filings for concentration of undertakings were received, with 462 filings accepted and 465 filings closed (see Figures 1 and 2).

(Ⅰ) Law enforcement against monopoly agreements

A total of 28 cases concerning monopoly agreements were accepted and investigated, with 12 cases closed and the fines and confiscations amounting to RMB 277 million. (see Table 1)

(Ⅱ) Law enforcement against abuse of dominant market position

A total of 15 cases concerning abuse of dominant market position were accepted and investigated, with 4 cases closed and the fines and confiscations amounting to RMB 33.87 million. (see Table 1)

(Ⅲ) Antitrust review of concentration of undertakings

A total of 503 filings for concentration of undertakings were received, with 462 filings accepted and 465 filings closed, in which 5 filings were cleared with restrictive conditions. (see Figure 2)

A total of 36 cases concerning illegal implementation of concentration of undertakings were investigated, and administrative penalties were publicly made in 18 cases, with the fines amounting to RMB 7.25 million. (see Table 1)

A total of 28 cases were under supervision for the implementation of conditions, and conditions were lifted in 2 cases.

(Ⅳ) Law enforcement against abuse of administrative power to eliminate or restrict competition

A total of 84 cases concerning abuse of administrative power to eliminate or restrict competition were handled, in which 24 cases were accepted and investigated and abuse of administrative power to eliminate or restrict competition was corrected in 12 cases. (see Table 1)

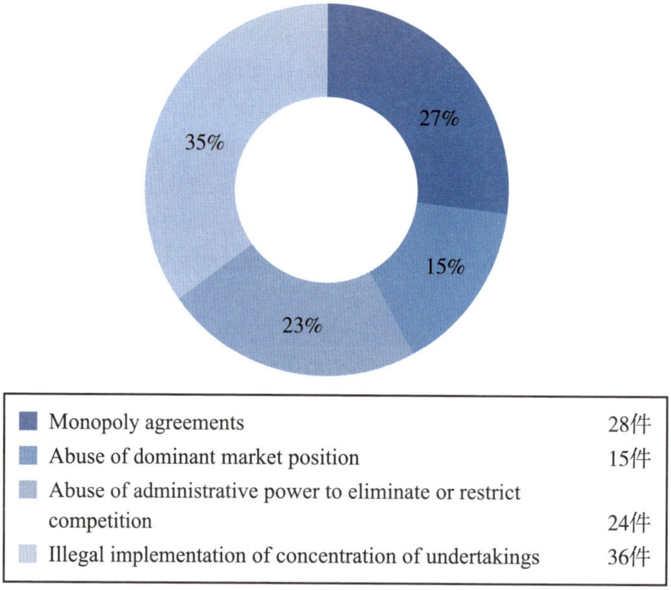

Figure 1: Statistics on Acceptance of Monopoly Cases in 2019

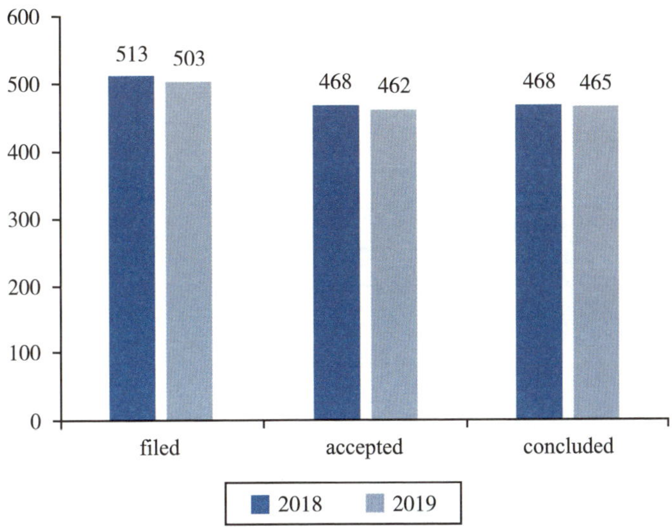

Figure 2: Statistics on Antitrust Review of Concentration of Undertakings

Table 1: Data on Closing of Monopoly Cases in 2019

Case type	Numbers of cases concluded	Fines and confiscations (RMB '000)
Monopoly agreements	12	277,130
Abuse of dominant market position	4	33,870
Illegal implementation of concentration of undertakings	18	7,250
Abuse of administrative power to eliminate or restrict competition	12	—
Total	46	318,250

The year of 2019 is the first year since the reform of the antitrust law enforcement authorities. The institutional advantages as a result of the unified antitrust law enforcement are being transformed into better governance efficiency. The antitrust law enforcement has demonstrated the following prominent features:

Firstly, the law enforcement was intensified. Antitrust law enforcement was always the top priority of the antitrust work. In 2019, 43 cases concerning monopoly agreements and abuse of dominant market position were accepted across the country, with 16 cases closed and the fines and confiscations amounting to RMB 310 million; the number of accepted cases increased by 19.4% year-on-year compared to that in 2018, with the number of closed cases remaining at the same level as that in 2018 and the amount of fines and confiscations increasing by 11.9% year-on-year. The antitrust law enforcement has become normalized. (see Figure 3)

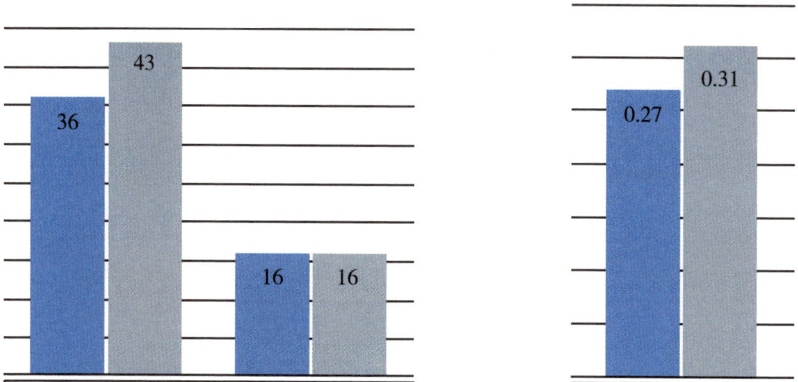

	Number of accepted cases	Number of concluded cases
■ 2018	36	16
■ 2019	43	16

	Total fines and confistications (RMB in billion)
■ 2018	0.27
■ 2019	0.31

Figure 3: Statistics Table on Cases of Monopoly Agreements and Cases of Abuse of Dominant Market Position

Secondly, the principle of law enforcement for the people was increasingly highlighted. Among the cases investigated and handled in 2019, 18 cases were in the building materials sector, 17 cases were in the public utility sector, 6 cases were in the active pharmaceutical ingredients sector, and 4 cases were in the telecommunications sector, and all of the sectors are closely related to public wellbeing. Many cases attracted great attention from the society and received positive feedback from the people. Particularly, the organization of centralized antitrust law enforcement in the areas of active pharmaceutical ingredients and building materials has effectively curbed the increasing trend of anticompetitive behaviors in those sectors, effectively safeguarded fair market competition, protected consumers' interests and enhanced the sense of fulfillment and happiness of the people.

Thirdly, the law enforcement procedures were further standardized. After granting general authorization to the provincial market regulatory authorities, SAMR has effectively strengthened guidance to them for antitrust law enforcement through establishing and strictly implementing a pre-case-handling reporting system, a case acceptance recording mechanism and a post-case-handling recording mechanism. It has further improved the fairness, standardization and transparency of antitrust law enforcement through a post-case-handling information disclosure system. It has provided 14 document templates applicable to the antitrust administrative enforcement procedures by issuing the *Document Templates Specifically for Anti-Monopoly Cases*. Antitrust law enforcement has been carried out in an orderly manner, opening a new chapter of unified and standardized antitrust law enforcement.

Fourthly, the law enforcement standards were unified. SAMR has made express provisions on the discretion of the punishment of anticompetitive behaviors, requiring the provincial market regulatory authorities to report to SAMR before making any decisions on the suspension or termination of an investigation, any decisions notifying the parties of any administrative penalty, or giving any opinions regarding administrative monopoly cases in accordance with applicable law or concluding the investigation, so as to unify the antitrust law enforcement standards and criteria nationwide and establish unified and clear competition rules for market participants.

Fifthly, law enforcement approaches were clearer. In 2019, SAMR formulated and issued the *Interim Provisions on Prohibition of Monopoly Agreements*, the *Interim Provisions on Prohibition of Abuse of Dominant Market Position* and the *Interim Provisions on Prevention of Abuse of Administrative Power to Eliminate or Restrict Competition*, specifying and detailing the factors for finding monopoly agreements, abuse of dominant market position and abuse of administrative power to eliminate or restrict competition as proscribed by the *Anti-Monopoly Law*, and has provided clearer approaches to antitrust law enforcement.

Sixthly, institutional synergy was increased. After the institutional reform, SAMR has granted general authorization to the provincial market regulatory authorities, providing them with more discretion in investigating and launching antitrust investigations, and further increased the initiatives of the provincial market regulatory authorities in law enforcement, which has not only improved antitrust law enforcement capacity, but also enhanced law enforcement efficiency. During the law enforcement process, SAMR has fully mobilized the law enforcement forces of the provincial market regulatory authorities, centralized the antitrust law enforcement in the sectors of active pharmaceutical ingredients and building materials, formed good working relationships and collaborations between market regulatory authorities at different levels, and established an optimized, coordinated and efficient antitrust law enforcement system.

Ⅱ. Law Enforcement against Monopoly Agreements

Monopoly agreements are harmful to market competition and are a key enforcement focus of antitrust law enforcement authorities in many countries and regions around the world, including China. Since the implementation of the *Anti-Monopoly Law* on 1 August 2008, the antitrust law enforcement authorities have constantly paid close attention to law enforcement against monopoly agreements. By the end of 2018, the antitrust law enforcement authorities had conducted law enforcement to tackle prominent problems that prompted strong reactions from enterprises and consumers, took tough actions against and punished behaviors involving monopoly agreements in the sectors of gas, drugs, auto parts and milk powder, among others, investigated and punished monopoly agreements in 172 cases, with the fines and confiscations amounting to RMB 4.192 billion. In 2013, Wuliangye's restriction of minimum resale price and the price monopoly of infant milk powder manufacturers were investigated and punished, which have restored intra-brand competition and protected consumers' interests. In 2014, a monopoly agreement among eight Japanese auto parts manufacturers was investigated and punished, which has safeguarded the interests of downstream automobile manufacturers. In 2016 and 2018, a monopoly agreement concerning estazolam, a monopoly agreement concerning Medtronic's medical devices, and a monopoly agreement concerning the active pharmaceutical ingredients of glacial acetic acid were investigated and punished respectively, which have safeguarded the fair competition order in the pharmaceutical sector and protected the legitimate rights and interests of patients and the relevant undertakings. In 2018, a monopoly agreement among six shopping malls in Shandong was investigated and punished, which has effectively prevented the behavior of joint boycott; a monopoly agreement among tugboat companies in Shenzhen Port Area and a monopoly agreement concerning yards in Tianjin Port were investigated and punished, which have helped the authorities to better understand the competition status at each stage of the port-related business and safeguarded the order of port operations; a monopoly agreement concerning compressed natural gas in the regions of Harbin, Daqing and Qiqihar was investigated and punished, which has restored market competition among natural gas products. Through law enforcement against monopoly agreements in the past decade, the antitrust law enforcement authorities have built a powerful deterrence effect against law violations, protected fair market competition, safeguarded and improved public wellbeing, and purified the market environment.

In 2019, SAMR focused its law enforcement against price-related monopoly agreements, monopoly agreements involving sectors concerning public wellbeing and were of great public concerns, and monopoly agreements in the sector of building materials. The efforts brought about the effect of "regulating an entire sector through one case". In 2019, 28 cases were accepted, with an increase of 47.4% year-on-year and a total of 12 cases were closed, with an increase of 9.1% year-on-year. Among the closed cases, penalties were imposed in 11 cases and investigation was terminated in 1 case. The fines and confiscations amounted to RMB 277 million, with an increase of 79.9% year-on-year (see Figure 4). Investigation was suspended in 1 case. The cases covered a range of sectors, including building materials, catering, automobile sales, motor vehicle inspection and gas, and involved 2 trade associations and 56 enterprises.

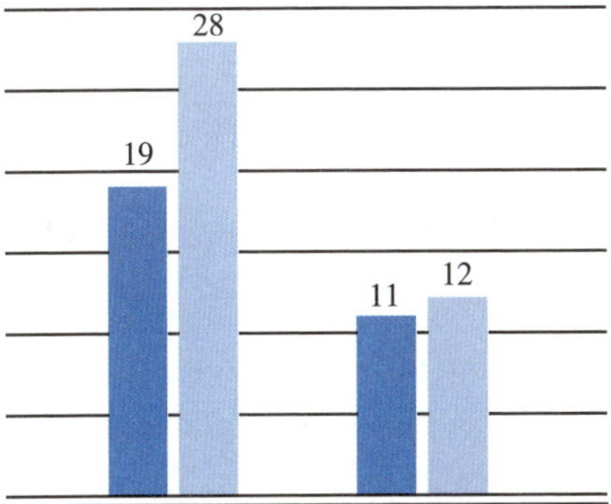

	Number of accepted cases	Number of concluded cases
■ 2018	19	11
■ 2019	28	12

	Total fines and confistications (RMB in billion)
■ 2018	0.154
■ 2019	0.277

Figure 4: Statistics Table on Cases of Monopoly Agreements

(Ⅰ) Focusing on the investigation and punishment of price-related monopoly agreements to promote high-quality economic development

Price-related monopoly agreements are most harmful to competition, rendering market unable to allocate resources effectively, seriously impeding the normal functioning of the market mechanism, and hindering healthy economic development. In 2019, the market regulatory authority prioritized the enforcement against price-related monopoly agreements, with 7 out of the 11 monopoly agreement cases fined in 2019 involved price issues, accounting for 63.6% of the total monopoly agreement cases. Of the price-related monopoly agreement cases, 5 cases concerned horizontal monopoly agreement and involved fixing or changing product prices among undertakings; 2 cases concerned vertical monopoly agreement and involved fixing or restricting prices or minimum prices between undertakings and trading counterparties for resale of products to third-parties. The investigation and punishment of price-related monopoly agreements helped to restore the signaling function of price, optimize resource allocation, and promote economic development.

In the case concerning a monopoly agreement among 3 motor vehicle safety technology inspection enterprises in Xianning, Hubei, the 3 enterprises colluded with each other and maintained the consistency of the motor vehicle safety technology inspection fees. This behavior excluded or restricted competition among the undertakings and violated Item (1), Paragraph 1, Article 13 of the *Anti-Monopoly Law*, which prohibits undertakings from reaching a monopoly agreement that fixes or changes product prices. Hubei Administration for Market Regulation made an administrative penalty decision against the 3 enterprises, ordered them to stop the illegal behaviors, confiscated their illegal gains of RMB 969,100 in total, and imposed a total fine of RMB 225,100, equivalent to 5% of their respective turnover in the previous year.

(Ⅱ) Highlighting law enforcement in the areas that affect public wellbeing to promote people's welfare

The market regulatory authorities continued to pay attention to and vigorously investigate and punish monopoly agreements in the areas of public wellbeing. In 2019, investigations were conducted in a number of cases involving public wellbeing, including the case concerning a vertical monopoly agreement of Chang'an Ford, a monopoly case involving Toyota Motor (China) Investment Co., Ltd., a monopoly case involving seven bottled liquefied petroleum gas in Yongding District of Zhangjiajie, a price fixing case involving 3 motor vehicle safety technology inspection enterprises in Xianning, Hubei, and a joint boycott case involving Heze Automobile Industry Association, among other cases. By law enforcement, monopoly in such areas as automobile sales, gas, motor vehicle inspection was broken, with competition in the relevant areas protected, competitive level of the prices of the relevant products and services restored, and vital interests of the general public safeguarded.

In the monopoly case involving Toyota Motor (China) Investment Co., Ltd., Toyota Motor, through dealer meetings, store visits and WeChat notifications, unified the online quotations of Lexus vehicles sold by dealers in Jiangsu on the Internet platforms, restricted the resale prices of whole vehicles of some models, and required the dealers not to reduce their quotations from June 2015 to February 2018. Toyota Motor's behavior restricted price competition among the dealers, deprived the dealers of their rights to set prices on their own, and harmed consumers' legitimate interests, in contrary to Article 14 of the *Anti-*

Monopoly Law, which prohibits fixing or restricting product prices or minimum prices for resale to third-parties. Jiangsu Administration for Market Regulation made an administrative penalty decision, ordered Toyota Motor to stop the illegal behaviors, and imposed a fine of RMB 87,613,100, equivalent to 2% of its turnover in the previous year.

(Ⅲ) Targeted investigation and punishment of illegal behaviors in the building materials industry to promote the supply-side structural reform

In recent years, the problem of overcapacity in the building materials industry has been prominent. In the process of "reducing production capacity", the problem of monopoly agreements emerged in some areas, and all sectors of society had strong negative opinions on this. In 2019, SAMR and provincial market regulatory authorities concentrated their efforts in this regard, investigated and punished 4 monopoly agreement cases in the building materials area, which involved 32 enterprises, and imposed economic penalties of RMB 16,751,200 (see Table 2). The law enforcement has effectively curbed the growing trend of reaching monopoly agreements in the building materials industry, raised enterprises' awareness of compliance, and promoted the supply-side structural reform.

Table 2: Monopoly Agreement Cases in the Building Materials Industry in 2019

Case name	Amount of fine and confiscation	Law enforcement authority
The case concerning a monopoly agreement in the industry of production and operation of sintered brick in Chongqing	3,869,791.56	Chongqing Administration for Market Regulation
The case concerning a monopoly agreement among concrete enterprises in Yan'an	4,922,907.73	Shaanxi Administration for Market Regulation
The case concerning a monopoly agreement among 8 enterprises including Zhejiang Quzhou Commercial Concrete Co., Ltd.	7,708,477.00	Zhejiang Administration for Market Regulation
The case concerning a monopoly agreement among 5 concrete enterprises in Yongji, Yuncheng, Shanxi	250,000.00	Shanxi Administration for Market Regulation

The case concerning a monopoly agreement among 8 enterprises including Zhejiang Quzhou Commercial Concrete Co., Ltd. recorded the highest penalty against monopoly agreements in the building materials industry in 2019. The 8 concrete manufacturers reached and implemented a monopoly agreement in the form of the Self-disciplinary Convention of the Industry and implemented the agreement by limiting the production and sales volume of premix concrete from May to July of 2018, acquired absolute control over the premix concrete market in the urban area of Quzhou, eliminated or restricted market competition, in violation of Item (2), Paragraph 1, Article 13 of the *Anti-Monopoly Law*, which prohibits undertakings from reaching a monopoly agreement which limits the production or sales volume of products. The Zhejiang Administration for Market Regulation made an administrative penalty decision against the 8 enterprises according to applicable law, ordered them to stop the illegal behavior, and imposed a fine of RMB 7,708,500, equivalent to 1% of their respective turnover in the previous year.

(Ⅳ) Investigating buyer-side monopoly agreements for the first time and comprehensively supervise the market behaviors of undertakings

Since the implementation of the *Anti-Monopoly Law* 11 years ago, almost all monopoly agreement cases investigated and punished by the law enforcement authorities have been monopoly agreements between sellers of relevant products or services. The case regarding monopoly agreements on the buyer-side was first investigated and punished in 2019, i.e. the case concerning a monopoly agreement in the catering industry in Balinzuoqi, Chifeng, Inner Mongolia. The case concerned a monopoly agreement among buyers in the form of jointly boycotting a transaction. In this case, the Chamber of Commerce of Catering Industry of Balinzuoqi organized its members to implement a "bundled bidding procurement" system for beer, liquor, cereals and oil, meat, seasonings and other products with large consumption in some catering services, required that the members should not purchase products in the same category from undertakings other than the non-winning bidder, and that the winning bidder should not sell the products stipulated in the sales contract to non-members at a price lower than the winning price. The behaviors of the members eliminated competition in their purchase of products and controlled the product suppliers or reduced the purchase prices of the products, which enhanced the buyers' market power. This constituted a buyer-side monopoly agreement, in violation of Item (5), Paragraph 1, Article 13 of the *Anti-Monopoly Law*, which prohibits undertakings from reaching a monopoly agreement that jointly boycotts a transaction, and Article 16 of the *Anti-Monopoly Law*, which provides that "trade associations shall not organize undertakings within their respective industries to engage in anticompetitive behaviors as prohibited in this Chapter". The Administration for Market Regulation of Inner Mongolia, according to applicable law, imposed a fine of RMB 200,000 on the Chamber of Commerce of Catering Industry of Balinzuoqi, and a fine of RMB 450,000 in total on the remaining 4 enterprises involved in this case, equivalent to 3% of their respective turnover in the previous year.

Ⅲ. Law Enforcement against Abuse of Dominant Market Position

Since the implementation of the *Anti-Monopoly Law*, the antitrust law enforcement authorities have actively and effectively carried out antitrust law enforcement against abuse of dominant market position, which have made significant achievements, effectively protected fair market competition, safeguarded consumer interests, and fostered a fair and orderly market environment. From 2008 to 2018, the antitrust law enforcement authorities made investigation and punishment in 58 cases regarding abuse of dominant market position and imposed administrative penalties amounting to over RMB 7 billion. The investigated and punished cases involve dozens of industries and areas, including semiconductors, telecommunications, chemical, medicine, transportation and public utilities. Significant and typical cases investigated and punished include the abuse of dominant market position by Qualcomm Technologies, Inc. and the abuse of dominant market position by Tetra Pak International S.A., which have widespread and far-reaching influence. The antitrust law enforcement authorities have established the authority of law enforcement over the past 10 years, further clarified the basic principles and guidelines for the antitrust law enforcement against abuse of dominant market position, gradually optimized the law enforcement procedures, and continuously improved the quality and level of the antitrust law enforcement against abuse of dominant market position. After the institutional reform in 2018, the Anti-Monopoly Bureau of SAMR has set up a special division responsible for investigating and handling cases concerning abuse of dominant market position and authorized provincial market regulatory authorities to carry out the law enforcement, improving the antitrust law enforcement mechanisms, procedures and organizational safeguards, and continuously intensified law enforcement efforts, in order to further promote making new achievements in the antitrust law enforcement against abuse of dominant market position.

The antitrust law enforcement against abuse of dominant market position was intensified continuously by SAMR in 2019. It highlighted law enforcement focus, responding to social concerns and improving the quality of case handling, which vigorously maintained fair market competition, protected consumer interests, created a good market environment, and achieved positive results in law enforcement. In 2019, the market regulatory authorities accepted and investigated 15 cases concerning abuse of dominant market position, including 7 cases in the public utilities area, 4 cases in the active pharmaceutical ingredients area, and 4 cases in other areas. There are 4 cases concerning abuse of dominant market position that were concluded and closed, with the total fines of RMB 33.87 million, and involve such abusive behaviors as exclusive dealing and imposing unreasonable trading terms without justification. (see Figure 5)

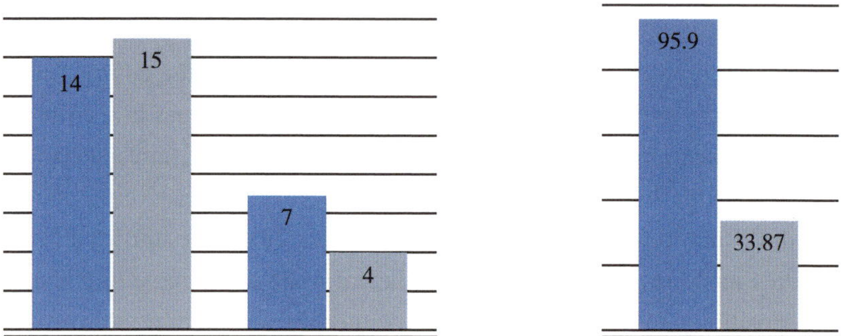

	Number of accepted cases	Number of concluded cases
2018	14	7
2019	15	4

	Total fines and confistications (RMB in million)
2018	95.9
2019	33.87

Figure 5: Statistics Table on Cases of Abuse of Dominant Market Position

The overall law enforcement in 2019 shows that the market regulatory authorities have intensified their law enforcement efforts in respect of the antitrust law enforcement against abuse of dominant market position, highlighted the law enforcement focus by prioritizing their law enforcement in the public wellbeing areas and the areas that attracted social attention, vigorously investigated and punished abuse of dominant market position in areas such as active pharmaceutical ingredients and public utilities, vigorously pushed forward the investigation work in relation to major cases concerning abuse of dominant market position, and strived for new progress in the antitrust law enforcement against abuse of dominant market position.

(I) Strongly pushing forward the antitrust law enforcement in the area of active pharmaceutical ingredients

In recent years, anticompetitive price increases in the active pharmaceutical ingredients area have occurred frequently, which have harmed fair market competition and the interests of patients and attracted great attention from all aspects of society. In 2019, SAMR placed antitrust law enforcement in the active pharmaceutical ingredients area as the top priority to comprehensively crack down on the anticompetitive behaviors in the active pharmaceutical ingredients area.

Firstly, SAMR directly investigated a case concerning the monopoly about the active pharmaceutical ingredients of calcium gluconate. In May 2019, based on a complaint, SAMR initiated an investigation in accordance with applicable law into suspected anticompetitive behaviors by three enterprises (i.e., Shandong Kanghui Pharmaceutical Co., Ltd., Weifang Puyunhui Pharmaceutical Co., Ltd. and Weifang Taiyangshen Pharmaceutical Co., Ltd.) about the active pharmaceutical ingredients of calcium gluconate. The enterprises refused to cooperate with the investigation by cutting off the office system network of the enterprises, deleting the files and materials in the computers, objected to providing relevant materials, and refused or obstructed the law enforcement. The legal representative of Kanghui Pharmaceutical Co., Ltd. organized and instructed employees and social idlers to violently seize the evidence and materials, and in spite of the discouragement by the law enforcement officers, forcibly concealed and transferred relevant evidence materials. When the law enforcement officials ordered them to stop the illegal acts, the legal representative of Kanghui Pharmaceutical Co., Ltd. instructed the relevant personnel to violently obstruct the law enforcement officials, causing injury to some of them. In July 2019, SAMR imposed a fine of RMB 1 million respectively on Kanghui Pharmaceutical Co., Ltd. and Puyunhui Pharmaceutical Co., Ltd. for their refusal and obstruction of the investigation, imposed a fine of RMB 100,000 respectively on the legal representatives of the two enterprises, and imposed fines ranging from RMB 20,000 to RMB 50,000 respectively on the relevant personnel, in accordance with the *Anti-Monopoly Law*. The relevant personnel have been transferred to the judicial authorities for pursuing criminal liabilities.

The investigation found that the three enterprises had abused their dominant market position through selling the product at an unfairly high price and imposing unreasonable trading terms without justification, which had eliminated or restricted market competition, led to an increase in the price of calcium gluconate active pharmaceutical ingredients, raised the production costs of downstream enterprises, and harmed the interests of patients. In April 2020, SAMR made an administrative penalty decision on the enterprises according to applicable law, confiscated their illegal gains of RMB 121 million, and imposed fines of RMB 204.5 million in total, equivalent to 10%, 9% and 7% of their respective turnover in 2018. The fines and confiscations amounted to RMB 325.5 million in total.

Secondly, SAMR carried out targeted antitrust law enforcement in the active pharmaceutical ingredients area. In June 2019, SAMR held a special working session on the antitrust law enforcement in the active pharmaceutical ingredients area, at which targeted law enforcement activities across the country were deployed. The Vice Minister of SAMR GAN Lin attended the session and put forward clear requirements for the targeted law enforcement work in the active pharmaceutical ingredients area. The Anti-

Monopoly Bureau of SAMR referred 49 pieces of clues regarding suspected monopoly in the active pharmaceutical ingredients area to the relevant provincial market regulatory authorities for verification and deployed the strengthening of antitrust law enforcement in the active pharmaceutical ingredients area. In 2019, the market regulatory authorities in relevant provinces (autonomous regions and municipalities directly under the central government) accepted and investigated suspected monopoly cases regarding 6 varieties of active pharmaceutical ingredients. In particular, the investigations regarding the suspected monopoly concerning amikacin sulfate, camphor, levocarnitine and phenol have generally been completed. Relevant provincial market regulatory authorities are busy verifying case clues in the other cases and will accept those cases and commence an investigation as soon as suspected anticompetitive behavior is found. In 2019, targeted antitrust law enforcement was made across the country in the active pharmaceutical ingredients area, and the efforts to crack down on anticompetitive behaviors concerning active pharmaceutical ingredients were intensified.

Thirdly, SAMR strengthened the supervision of the antitrust law enforcement in the active pharmaceutical ingredients area. The Anti-Monopoly Bureau of SAMR has set up 3 special task forces to organize and coordinate the antitrust law enforcement in the active pharmaceutical ingredients area to strengthen the supervision and guidance of law enforcement provided to provincial market regulatory authorities and urge them to expedite the investigation and clue verification regarding the monopoly cases in the active pharmaceutical ingredients area. The special task forces carried out special supervision and guidance over the market regulatory authorities in certain provinces (autonomous regions and municipalities directly under the central government), provided on-site supervision over the handling of key clues and coordinated cross-province investigations for cases and clues. A multi-department law enforcement coordination mechanism and a monthly report system for the antitrust law enforcement in the active pharmaceutical ingredients area have been established so as to effectively facilitate, and further improve the effectiveness of, the antitrust law enforcement work in the active pharmaceutical ingredients area.

(Ⅱ) Actively carrying out the antitrust law enforcement in the public utilities area

Public utilities are directly related to the vital interests of the general public. In recent years, some enterprises in the public utilities area exploited their respective dominant market positions to engage in behaviors such as excessive prices and exclusive dealing, which harmed the market competition order and consumers' interests. In 2019, SAMR actively carried out law enforcement against abuse of dominant market position in the public utilities area and intensified the enforcement and case handling activities.

Firstly, SAMR deployed antitrust law enforcement in the public utilities area. In April 2019, SAMR issued the *Notice on Urging the Proper Implementation of Anti-Monopoly Law Enforcement in the Public Utilities Area* (Shi Jian Fan Long Duan [2019] No.24), to promote the full-blown law enforcement against abuse of dominant market position in the public utilities area. It arranged and deployed the antitrust law enforcement in the public utilities area, requiring market regulatory authorities in all provinces, autonomous regions and municipalities directly under the central government to expedite the handling of suspected monopoly cases in the public utilities area that had been accepted and to verify available clues as soon as possible, so as to carry out antitrust law enforcement in the public utilities area across the country.

Secondly, SAMR strengthened the investigation and handling of key cases in the public utilities area. The Anti-monopoly Bureau of SAMR has strengthened the supervision of law enforcement and case handling by the market regulatory authorities in all provinces, autonomous regions and municipalities directly under the central government, unified the law enforcement standards and measures, and enhanced the law enforcement quality. In May 2019, Tianjin Commission for Market Regulation concluded a case concerning Tianjin Tap Water Group's abuse of dominant market position and imposed a fine of RMB 7,438,600; and in September, Jiangsu Administration for Market Regulation concluded a case concerning Suqian Zhengyuan Tap Water Co., Ltd. 's abuse of dominant market position and imposed a fine of RMB 2,050,000.

Thirdly, SAMR pushed forward the acceptance of new monopoly cases in the public utilities area. In 2019, all provincial market regulatory authorities intensified the law enforcement against abuse of dominant market position in the public utilities field, actively verified clues received from reports and found, and timely accepted cases involving suspected abuse of dominant market position. In 2019, 7 cases involving suspected abuse of dominant market position in the public utility area were accepted for investigation nationwide, involving such areas as water supply and natural gas supply, etc.

(Ⅲ) Vigorously pushing forward the handling of key cases involving abuse of dominant market position

Significant and typical cases involving abuse of dominant market position are an important subject of antitrust law enforcement. In 2019, the Anti-Monopoly Bureau of SAMR vigorously pushed forward the handling of key cases involving abuse of dominant market position and achieved interim progress.

Firstly, SAMR pushed forward the handling of accepted key cases involving suspected abuse of dominant market position. On the basis of the previous work, efforts have been made to push forward the investigation of suspected abuse of dominant market position by Samsung Electronics Co., Ltd., SK Hynix Semiconductor, Inc., and Micron Technology, Inc. SAMR entrusted a third-party to carry out evaluation of specific issues of the case, and organized expert evaluation meetings to study and evaluate the case. The investigation and evaluation of the monopoly case concerning DuPont, Inc. was vigorously pushed forward, relevant evidence was sorted out and analyzed, and research and evaluation have been conducted, in order to push forward the handling of the case.

Secondly, SAMR accepted major cases involving suspected abuse of dominant market position. According to complaints and preliminary investigations, Ericsson was suspected of abusing its dominant market position in the market for patents essential to wireless communications standards by engaging in conducts that amounted to abuse of dominant market position. In April 2019, SAMR accepted the case according to applicable law and launched an investigation to collect evidence from relevant undertakings. Meanwhile, SAMR provided guidance to market regulatory authorities in various provinces, autonomous regions and municipalities directly under the central government for accepting 14 cases concerning abuse of dominant market position.

Thirdly, SAMR studied the issue of regulating competition in key industries and areas. The Anti-Monopoly Bureau of SAMR promoted the study on competition issues in key industries and areas, carried out the assessment of market competition status in the active pharmaceutical ingredients area, and supported the antitrust law enforcement and regulation against anticompetitive behaviors in the active pharmaceutical ingredients area. It carried out a dedicated investigation and research on competition issues in the Internet area and conducted research and evaluation on relevant legal issues. The *Interim Provisions on the Prohibition of Abuse of Dominant Market Position* have stipulated the factors to be considered in finding the dominant market position of an undertaking in the Internet area, strengthening the regulation of competition in the Internet field and maintaining fair market competition.

(Ⅳ) Main features of antitrust law enforcement against abuse of dominant market position in 2019

The antitrust law enforcement against abuse of dominant market position in 2019 has the following four main features:

Firstly, key enforcement areas were highlighted, reflecting the principle of law enforcement for the people. The institutional goal of the *Anti-Monopoly Law* is to protect fair market competition and safeguard consumer interests. In 2019, SAMR and all provincial market regulatory authorities adhered to the principle of law enforcement for the people in enforcing the *Anti-Monopoly Law* against abuse of dominant market position and further highlighted key enforcement focuses. Based on the feedback and complaints received, the authorities focused on the active pharmaceutical ingredients and public utilities areas, which were of concern to the general public, organized and conducted targeted enforcement actions, and intensified the law enforcement, so that fair market competition and consumer interests were effectively safeguarded.

Secondly, enforcement was problem-oriented to respond to social concerns. Antitrust law enforcement aims to protect fair market competition and create a more optimized business environment for the economic development of our country. In terms of law enforcement practices, abuse of dominant market position in our country still occurs often, which has harmed the market order of fair competition. In 2019, SAMR continued to be problem-oriented and focused on solving problems that were hot social issues, difficult issues faced by enterprises and critical issues that affected people's livelihood and responded to the competition issues that were of social concerns. The antitrust law enforcement against abuse of dominant market position has further released economic vitality and contributed to the country's economic and social development.

Thirdly, case analysis and evaluation were reinforced to improve the quality of case handling. The antitrust law enforcement against abuse of dominant market position involves, amongst others, defining relevant market, finding dominant market position, and assessing competition harm, which make the law enforcement difficult and demanding and require substantial economic and legal analysis to support. In 2019, SAMR and all provincial market regulatory authorities paid closer attention to economic analysis and legal evaluation in law enforcement and case handling to ensure that the antitrust law enforcement against abuse of dominant market position was scientific, accurate and standardized and strived to improve the quality and level of law enforcement.

Fourthly, market regulatory authorities at different levels were coordinated to integrate law enforcement forces. At present, conducts involving abuse of dominant market position in China are frequent and varied so that the capacity and capability of the market regulatory authorities in all provinces, autonomous regions, and municipalities directly under the central government are necessary to effectively regulate conduct involving abuse of dominant market position. In 2019, SAMR actively mobilized the enforcement forces of the market regulatory authorities in all provinces, autonomous regions, and municipalities directly under the central government, pushed forward targeted law enforcement actions, stepped up supervision and guidance, unified the standards and flexibility of the antitrust law enforcement against abuse of dominant market position, and established a good cooperation and working relationship between market regulatory authorities at different levels.

Ⅳ. Antitrust Law Enforcement in relation to Concentration of Undertakings

Antitrust review of concentration of undertakings, as an *ex ante* regulatory means to prevent the effect of excluding or restricting competition by way of distorting market competition structure, is an important mechanism for antitrust law enforcement authorities to promote the fundamental status of competition policies. From the implementation of the *Anti-Monopoly Law* on 1 August 2008 to the end of 2018, the antitrust law enforcement authorities reviewed more than 2,500 filings for concentration of undertakings and imposed fines in 32 cases for illegal implementation, with the fines amounting to RMB 10.85 million. The acquisition of China's Huiyuan by Coca-Cola and the establishment of a network center by Maersk, Mediterranean Shipping and The CMA CGM Group were prohibited. A total of 39 filings were approved with restrictive conditions, including the merger between Dow Chemical and DuPont, the acquisition of shares of Alcatel-Lucent by Nokia, and the acquisition of shares of Rockwell Collins by United Technologies Company. Subsequent supervision was provided to ensure the fulfillment of the restrictive conditions. There are 3 cases involving non-compliance of the restrictive conditions as publicly announced, including the Thermo Fisher case and the Western Digital case, in which administrative penalties were imposed to effectively protect the authority of the *Anti-Monopoly Law* and safeguard fair market competition and consumer interests in the public wellbeing areas such as medicine, agriculture, aviation and consumer goods.

(Ⅰ) Antitrust review of concentration of undertakings

In 2019, SAMR focused on improving the concentration of undertakings review system, steadily carried out the concentration of undertakings review work, constantly improved review efficiency and quality, and actively created a fair market competition environment. In 2019, a total of 503 filings for concentration of undertakings were received, 462 cases accepted, and 465 cases concluded, in which 5 filings were conditionally approved, which effectively eliminated potential competition problems and safeguarded fair market competition and consumers' interests.

1. Main features of antitrust review of concentration of undertakings

(1) In terms of transaction parties, both the number of concentrations between domestic enterprises and the number of concentrations between foreign enterprises increased, and the number of concentrations between domestic enterprises and foreign

enterprises decreased; the number of concentrations in which state-owned enterprises participated increased, and the number of concentrations in which private enterprises participated decreased. There were 162 filings for concentrations between domestic enterprises, 32% up year-on-year, and 195 filings for concentrations between foreign enterprises, 2% up year-on-year. There were 108 filings for concentrations between domestic and foreign enterprises, 29% down year-on-year. In particular, domestic enterprises acquired 18 foreign enterprises, 49% down year-on-year; foreign enterprises acquired 35 domestic enterprises, 9% up year-on-year; and 55 filings for joint ventures between domestic enterprises and foreign enterprises, 36% down year-on-year. State-owned enterprises participated in 138 concentrations, 14% up year-on-year, and private enterprises participated in 132 concentrations, 15% down year-on-year.

(2) In terms of the industries involved, most of the mergers and acquisitions took place in the real economy. There were 223 filings in the manufacturing industry, accounting for 48% of all the filings, the most among all industries, but 12% down year-on-year. Among the filings in the manufacturing industry, 69 filings involved automobiles and auto parts, which topped the list and accounted for 31% of the total number of cases in the manufacturing industry, 13% up year-on-year. There were 42 filings in the transport and warehousing industry, accounting for 9% of the total number of filings with a year-on-year increase of 50%. There were 34 filings in the real estate industry, accounting for 7% and 3% up year-on-year. There were 13 filings in the wholesale and retail industry, accounting for 3% of the total filings and 69% down year-on-year.

(3) In terms of transaction type and transaction mode, conglomerate concentrations grew rapidly, and equity acquisition remained the main transaction mode. In terms of transaction type, 206 filings were for horizontal concentrations, accounting for 44% of the total with a year-on-year decrease of 17%, 94 filings were for vertical concentrations, accounting for 20% of the total with a year-on-year decrease of 4%, and 165 filings were for conglomerate concentrations, accounting for 36% of the total with a year-on-year increase of 35%. In terms of transaction mode, there were 312 filings for equity acquisitions, accounting for 67% of the total with an increase of 11% year-on-year; 120 filings for establishing joint ventures, accounting for 26% of the total with a year-on-year decrease of 23%; 25 filings for asset acquisitions, accounting for 5% of the total; 6 filings for acquisition of control through contracts, accounting for 1% of the total; and 2 filings for mergers between enterprises, accounting for 0.4% of the total.

(4) In terms of transaction size, the number and total value of large transactions decreased. In 2019, there were 44 filings in which the transaction value exceeded RMB 10 billion, a 29% decrease year-on-year; and 2 filings in which the transaction value exceeded RMB 100 billion, a 75% decrease year-on-year. The total value of the transactions reviewed

amounted to RMB 2.74 trillion, 45% down year-on-year, due to the decrease in the number of large-scale transactions.

2. New developments in the antitrust review of concentration of undertakings

(1) Review rules and procedures improved

Through the practice and development of antitrust review of concentration of undertakings over the past 11 years, China has formulated a multi-level and full-coverage legal system for antitrust review of concentration of undertakings. The system consists of laws, administrative regulations, antitrust guidelines, department rules and normative documents. The Anti-Monopoly Bureau of SAMR has formulated more than ten internal working rules, including the *Working Rules in Reviewing Filings*, to effectively regulate and restrict discretion. In addition, in order to adapt to the new situations in economic development and antitrust review, SAMR is revising the *Anti-Monopoly Law*, integrating regulations and normative documents regarding the antitrust review of concentration of undertakings, and formulating the *Interim Provisions on the Review of Concentration of Undertakings*, so as to further improve the filing procedures, adapt to the needs of the review practice, clarify the rules and guidance, solve difficulties and problems encountered in practice, and constantly push forward the modernization of the review rule system.

For the purpose of protecting fair market competition and safeguarding consumers' interests, it is applied on all types of market participants the same set of rules and procedures in the review process, and domestic enterprises, foreign enterprises, state-owned enterprises and private enterprises are treated equally. The law enforcement is carried out in a fair and impartial manner; equal attention is paid to both substantive and procedural justice; various procedures are strictly followed; the parties' rights to know and to defend are protected; the legitimate trade secrets of undertakings are protected; the parties' opinions are fully listened to, so as to institutionalize and standardize the law enforcement procedures. The antitrust review of concentration of undertakings has been more transparent, and the filings unconditionally approved are published more frequently from every quarter to every week. The review of major cases is conducted in a comprehensive manner, including using questionnaires, symposiums, on-site investigations, in order to listen to the opinions of all interested parties. Seminars are convened to strengthen and improve the review of concentration of undertakings, to listen to the opinions of trade associations, enterprises and law firms, so as to continuously enhance the transparency and participation level in the review of concentration of undertakings.

(2) Efficiency and quality of the review enhanced

The review of concentration of undertakings should not only resolutely prevent elimination or restriction of competition and distortion of market competition structure arising from the concentration, but also facilitate the filings of enterprises if their concentrations do not have a negative impact on market competition, enhance review efficiency, respect market activities of enterprises, and further invigorate the market. The review duration at each stage of the review process was further shortened and the efficiency was further enhanced in 2019. A total of 465 filings for concentration of undertakings were concluded in the year, at approximately the same level as that in 2018, an increase of 34% from 2017. It took 24 calendar days on average from filing to case acceptance (including the time for supplementing materials by the filing parties), 8% faster than that in 2018 and 21% faster than that in 2017. It took 28.3 calendar days on average from case acceptance to closing (including cases in which restrictive conditions were imposed), 13% faster than that in 2018 and 2017.

Overcoming difficulties and innovating the law enforcement practices in major cases. **First, economic analysis has become the norm in handling major cases.** Economic analysis has been increasingly used in major cases to provide quantitative support for case review and to make the review more reasoning-based and reliable. **Second, the issue of the interplay between monopoly agreements and concentration of undertakings has been properly solved.** In the case involving the establishment of a joint venture between Zhejiang Garden Biochemical High-Tech Co., Ltd. and Royal DSM N.V., the interplay between monopoly agreements and concentration of undertakings was discussed and addressed through *ex ante* prevention and modification of the transaction terms so that adverse effects on competition have been eliminated while the concentration may still help realize efficiencies in such aspects as improving production technologies and protecting environment, stabilizing the supply in the domestic vitamin-D3 market, and protecting the interests of downstream feed processing and production enterprises, farmers, culturists and other end consumers. **Third, new technologies and new business forms have been carefully considered.** In the case of the acquisition of Orbotech by KLA-Tencor, the impact of technology change on potential market competition and the current competition landscape in the Chinese market were taken into full account, and the fair competition environment in the deposition and etching equipment market has been safeguarded through reasonable restrictive conditions.

Continuously improving the ability to review filings and increasing the authority of law enforcement. SAMR has continuously improved its ability of identifying market share data by verifying the submitted data and information in a comprehensive manner through the industrial classification database of the Anti-Monopoly Bureau, comparing with precedents, verifying with trade associations, requesting information from competitors, accessing to public information, among others, to ensure that the data accurately reflects market conditions. SAMR has continuously conducted research on key industries, such as automobile distribution, aviation and insurance by engaging external think tanks, to keep abreast of the competition status quo in the industries in which the law is enforced. It has also strengthened research on common and difficult issues such as affiliated transactions, internal reorganizations within a group and the concept of control, combined with case study and internal discussions, and has formulated a unified approach to similar issues and enhanced the quality and efficiency of enforcement.

(3) Giving full play to collaboration in antitrust supervision

Strengthening the collaboration in supervision *ex ante* and *ex post*. Antitrust law enforcement activities have been integrated by taking the opportunity of the institutional reform so as to unify the law enforcement standards, straighten out the law enforcement responsibilities, deepen the integration, and combine the *ex ante* review of concentration of undertakings and *ex post* enforcement against monopoly agreements and abuse of dominant market position. In the case regarding the acquisition of Henan Jiushi Pharmaceutical by Hunan Erkang Pharmaceutical, the transaction parties did not meet the notification thresholds, but the transaction could have the effect of excluding or restricting competition. The review of concentration of undertakings and the law enforcement against abuse of dominant market position both were relevant, and the authority communicated with the parties many times, reminding them not to implement the concentration which otherwise would violate the *Anti-Monopoly Law*. After the repeated communications, the parties gave up the transaction. Through this way, *ex ante* prevention and *ex post* enforcement have been combined in a better way and different aspects of law enforcement have been joined together, so as to better protect fair market competition.

Strengthening the collaboration in supervision at the central-and lower-level. With the prerequisite of protecting the trade secrets of notifying parties, lower-level market regulatory authorities have been fully mobilized to participate in the filing review process and have assisted in understanding the market data information involved in the filings. In the case concerning the acquisition of equity of Aleris by Novelis and the case concerning the acquisition of equity of 7 enterprises including Heineken HK by China Resources Snow Beer, the lower-level market regulatory authorities assisted in verifying the information involved in the cases and laid a solid foundation for the review.

Deepening international communication and cooperation. SAMR signed various cooperation agreements with the Directorate-General for Competition of the European Commission, including the *Practical Guidance for Cooperation on Reviewing Merger Cases between DG COMP and SAMR* and the *Establishing a Joint Working Group under Terms of Reference of the EU-China Competition Policy Dialogue*, which has further improved the cooperation mechanism in relation to antitrust review of concentration of undertakings. Communication and cooperation regarding antitrust law enforcement in individual cases have been further deepened so as to join forces in antitrust review on the international stage, communicate and cooperate in law enforcement in major cross-border merger and acquisition cases, and jointly safeguard fair competition on the global market. In the cases concerning the acquisition of equity of Aleris by Novelis, the acquisition of certain businesses of Ashland by Ineos, the acquisition of certain businesses of Embraer by the Boeing Company, and the acquisition of certain businesses of TTS Group by Cargotec Corporation, SAMR had close communication with antitrust enforcement authorities in other countries and regions, including European Union, the United States, and South Korea, on the progress of the cases and jointly safeguarded the market order of fair competition.

(Ⅱ) Supervision of the implementation of the imposed restrictive conditions

In 2019, SAMR approved 5 filings for concentration of undertakings with restrictive conditions and removed restrictive conditions in 2 cases. Since the implementation of the *Anti-Monopoly Law*, SAMR has conditionally approved 44 filings for concentration of undertakings with restrictive conditions and is currently monitoring the implementation of restrictive conditions in 28 filings. (see Figure 6)

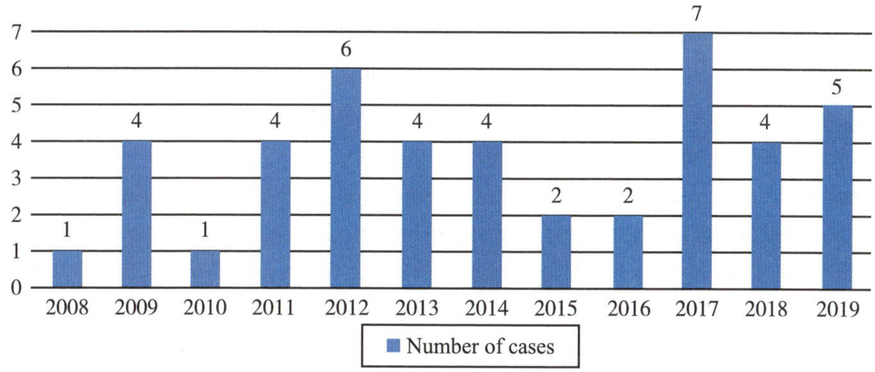

Figure 6: Number of Conditional Clearance Cases in Each Year

Conditional clearance cases usually have great influence on market competition. Doing well in supervising the implementation of restrictive conditions is important in the regulation of concentration of undertakings, serves as a powerful tool of protecting fair market competition, and can help maintain the authority of review decisions and effectively tackle competition concerns. In 2019, the Anti-Monopoly Bureau of SAMR stepped up its on-site supervision by entrusting monitoring trustees, performing supervision on-site, holding interviews with third parties, among other ways, carried out in-depth sector-based surveys, optimized the supervisory procedures, found out the focus of supervision, improved the quality of supervision, and effectively maintained the market order of fair competition.

1. Giving full play to the role of monitoring trustee and carrying out the supervision work comprehensively

Of the conditional clearance cases that are currently being under supervision, 25 cases have been entrusted to monitoring trustees. The trustee shall be responsible for and report its work to the enforcement authority. Supervising the parties through monitoring trustees is the most important way of supervising the implementation of restrictive conditions in conditional clearance cases, which can not only reduce the administrative costs, but also ensure the full implementation of review decisions. The Anti-Monopoly Bureau of SAMR attaches great importance to the selection, appointment and management of monitoring trustees to ensure that they carry out the supervision work in a professional and efficient manner. In 2019, the Anti-Monopoly Bureau of SAMR selected and appointed monitoring trustees in 5 cases, examined the entrustment agreements, the implementation plans and the supervision plans in 5 cases according to applicable law, and, in 28 cases, carefully reviewed the supervision reports and the reports on obligation performance submitted by the parties, guided the monitoring trustees to comprehensively supervise and inspect the performance of the obligations by the parties, timely discovered and corrected the problems existed in the implementation, investigated and verified reported matters, and strictly prevented the parties from violating the review decisions.

2. Stepping up the level of on-site supervision to ensure the fulfillment of restrictive conditions

In 2019, the Anti-Monopoly Bureau of SAMR went to Shanghai, Jiangsu, Guangzhou, Shenzhen, and other places to conduct on-site supervision over various cases, including the acquisition of Hitachi Storage by Western Digital and the acquisition of certain businesses of TTS by Cargotec. During the on-site supervision, the Anti-Monopoly Bureau of SAMR and the monitoring trustees provided face-to-face guidance to the parties, checked the relevant clues in detail, listened to the parties' statements, thoroughly learned the underlying reasons of relevant issues and obtained a great deal of first-hand information. The on-site supervision has ensured the effective implementation of the restrictive conditions, improved the importance attached by the parties to the restrictive conditions and their compliance awareness, further clarified the directions of compliance, and optimized the supervision work.

3. Conducting in-depth sector-based research and understanding the latest market competition status

In 2019, the Anti-Monopoly Bureau of SAMR held interviews with major competitors, downstream customers, industry experts and others in the cases concerning the acquisition of Brocade by Broadcom and the establishment of a joint venture by ARM, Giesecke and

Gemalto, and had in-depth exchanges about new situations and problems occurred during the supervision and implementation. The front-line study, on the one hand, enabled SAMR to learn the implementation status of the parties' obligations, which helped to expand the channels of obtaining information; and on the other hand, gave it a better understanding of the latest competition status in the relevant industries, reducing the extent of the dependence on written materials and laying a solid foundation for follow-up supervision and implementation. In the course of the study, the Anti-Monopoly Bureau listened to the opinions and suggestions of the relevant parties on industry development and antitrust work, which was helpful to better understand law enforcement in certain industries and improve the focus and effectiveness of the follow-up supervision.

4. Strengthening the institutional development and standardizing the supervision procedures

The Anti-Monopoly Bureau of SAMR, on the basis of relevant laws and regulations, has had in-depth reflection of its working practice and kept improving its working procedures by learning from relevant practices in European Union and the United States. During the supervision, the Anti-Monopoly Bureau has streamlined the process between approval and supervision, selected and appointed monitoring trustees based on the situations of specific cases and the specific type of conditions, stressed the document review of the entrustment agreement, the implementation plan and the supervision plan, clarified the working discipline of monitoring trustees, making strict assessment in approving buyers of divested assets or businesses, improved the investigation and handling rules for suspected violation of restrictive conditions and properly dealt with revision and termination of restrictive conditions in accordance with applicable law. The standardization of the working procedures, the improvement of the supervision system, and the enhancement in the efficiency of supervision and implementation have ensured the effective implementation of the restrictive conditions.

5. Timely summarizing the supervision experience and highlighting the supervision focus

The 44 conditional clearance cases existing so far have showed the variety of the restrictive conditions, which include not only structural remedies, including divestiture of assets and businesses, but also behavioral remedies, including hold-separate, price restraint, and continued supply, as well as mixed remedies of the two. The Anti-Monopoly Bureau of SAMR summarized in a timely manner the experience obtained during the supervision work in previous cases and conducted research on assessing the effect of the implementation of the restrictive conditions. On the one hand, it evaluated whether the restrictive conditions were effectively implemented and whether the purpose of the review of concentration of undertakings had been achieved; on the other hand, it evaluated the competition status in the relevant markets after the conditional approval and summarized the analysis tools and approaches used in the conditional approvals, striving to improve the competition assessment of concentration of undertakings going forward. In addition to summarizing the supervision experience, the Anti-Monopoly Bureau also has sorted out the focus and difficult issues of the supervision work and improved the effect of the supervision.

(Ⅲ) Targeted law enforcement against illegal implementation of concentration of undertakings

Investigating and handling cases involving illegal implementation of concentration in accordance with applicable law is an important part of strengthening antitrust enforcement and market supervision in the new era, as it serves as an important means to ensure the implementation of the antitrust regime, and can help improve the awareness of market participants and the public of competition law and create a good social atmosphere in favor of fair competition. In 2019, the Anti-Monopoly Bureau of SAMR continued to intensify its law enforcement against illegal implementation of concentration and further streamlined the standards and procedures of law enforcement. The law enforcement against illegal implementation of concentration has obtained new achievements and breakthroughs and recorded the highest number and amount of fines.

1. Continuously stepping up the law enforcement and further improving law enforcement efficiency

SAMR insists on carrying out its duties faithfully, and continuously intensifies its investigations into and punishment in illegal implementation cases. In 2019, the Anti-Monopoly Bureau of SAMR launched an enforcement campaign, investigated illegal implementation of concentration in 36 cases and accepted 18 cases. Upon investigation, there were no illegal implementation of concentration in 11 cases; 23 enterprises in 18 cases were fined, with a year-on-year increase of 20% (see Figure 7), accounting for more than 35% of the total number of cases involving illegal implementation of concentration since the *Anti-Monopoly Law* came into force; the total amount of fines imposed is RMB 7.25 million, an increase of 24% year-on-year, with the number and amount of fines both hitting historic highs (see Figure 8). Compared with the usual amount of fines of RMB 150,000 to RMB 200,000 imposed for illegal implementation before the institutional reform, the fines imposed in 2019 were usually between RMB 300,000 and RMB 400,000, a noticeable step-up, which further increased the deterrence effects of the law. The efficiency of law enforcement continued to improve, with the average case investigation duration shortened by 8% year-on-year, so as to reduce the time costs of the parties. Review of case materials became more efficient by informing the parties of the material requirements in advance and minimizing the number of occasions of requiring supplemental materials. The procedures between investigation and punishment were further streamlined so as to improve enforcement.

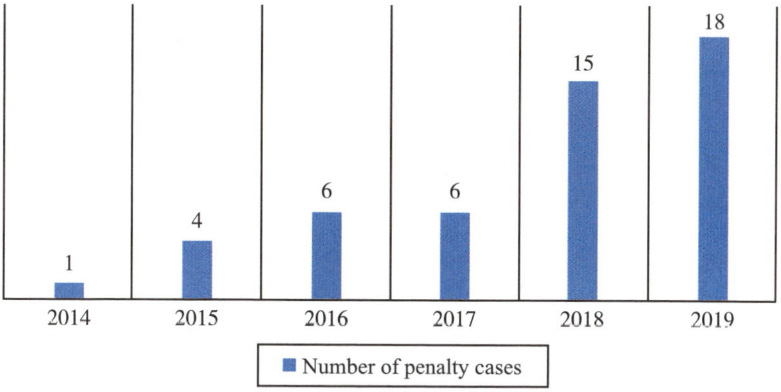

Figure 7: Number of Penalty Cases concerning Illegal Implementation of Concentration

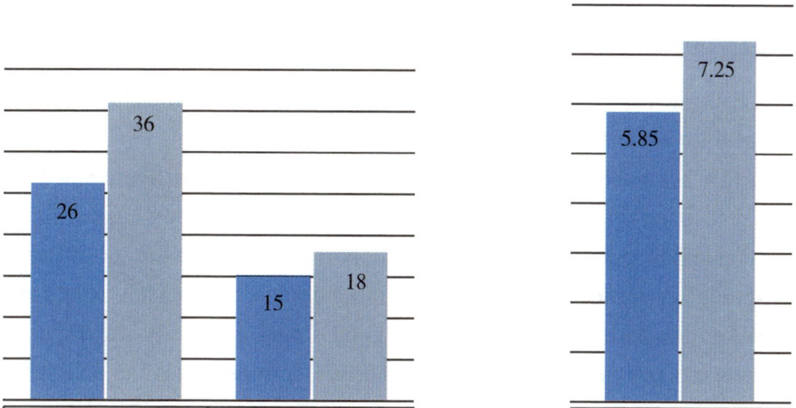

	Number of Investigations	Number of penalties
2018	26	15
2019	36	18

	Total fines (RMB in million)
2018	5.85
2019	7.25

Figure 8: Statistics Charts concerning Cases of Illegal Implementation of Concentration

2. A wide range of industries and entities covered so as to effectively protect consumers' interests

Investigating and handling of illegal concentration is an important means to achieve antitrust supervision over the entire industry chain, a powerful tool to establish the authority of the *Anti-Monopoly Law* and an important way to effectively protect fair market competition. Cases investigated and decided in 2019 involve a wide range of industries, including the port, chemical, logistics, medicine, automobile service, real estate and retail. There were a variety of subjects punished, including both domestic enterprises and foreign enterprises, both state-owned enterprises and private enterprises, and both listed and non-listed companies, which have achieved good law enforcement effects. (see Figure 9)

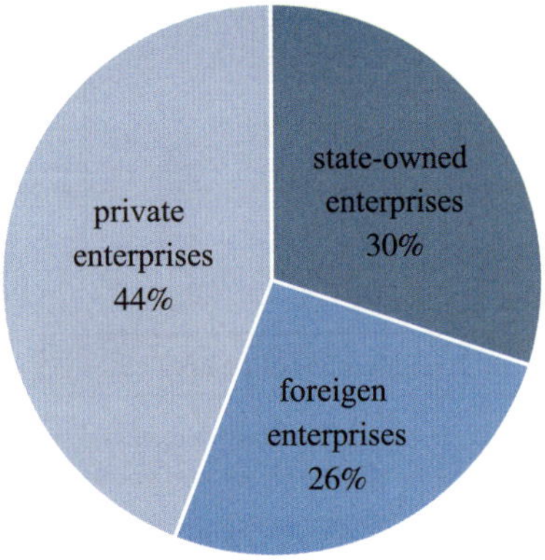

Figure 9: Types of Entities Fined without Notification Pursuant to Applicable Law

3. Enhancing the transparency of law enforcement and guiding undertakings to improve their awareness of compliance

SAMR has published administrative penalty decisions in accordance with applicable law, and focused on interpretation of law through cases. This has further improved the perception and recognition of fair competition of all sectors of the society, enhanced market participants' awareness of antitrust compliance and the consciousness of maintaining fair market competition, and fostered a good social culture. With respect to the illegal implementation by undertakings in recent years, in most cases the undertakings involved had misunderstandings about whether the transaction constituted a concentration of undertakings, whether the turnover had reached the thresholds for antitrust filing and when the filing should be made. Such misunderstandings led to the illegal implementations and legal sanctions and had adverse effects on the reputation and future operation and development of these undertakings. Interpreting law with cases by publishing the full text of administrative penalty decisions on the official website of SAMR has not only provided undertakings with clear legal guidance, but also been an effective route for competition advocacy, helping enhance the competition legal awareness of market participants and the public and improving the understanding of all sectors of society of the fundamental status of competition policies. Since the institutional reform, the awareness of undertakings over antitrust compliance has been enhanced considerably. Among the 33 cases involving illegal implementation of concentration from 2018 to 2019, undertakings actively reported suspected illegal acts in 17 cases, accounting for about 52%, an increase of 11% as compared with the figure before 2018, fully demonstrating the guiding effect of law enforcement against illegal implementation.

4. Having investigation and research well-grounded and improving the capability and level of law enforcement

SAMR has continuously diversified the approaches of law enforcement, carried out in-depth investigation and research, adhered to the principle of case-by-case analysis, and properly investigated and handled cases according to applicable law. With the development of market economy, the way of illegally implementing concentration of undertakings becomes more implicit and diversified. With respect to the long-existing difficult issues including debates over the concept of control and the calculation of turnover, efforts have been made to ensure that the facts are clear, the evidence is conclusive, the issue is accurate, and the procedures are legal, to strengthen the basis of case investigation, and to reach conclusions that are bullet-proof. These efforts include consulting expert, soliciting opinions of the Legislative Affairs Commission of the National People's Congress and the Ministry of Justice and other departments, conducting on-site investigation and research, requesting assistance of local authorities in investigation, among others, so as to study the cases in a comprehensive manner. For example, in the case concerning the illegal implementation of the acquisition of Toshiba Medical by Canon without notification in accordance with applicable law, China's antitrust law enforcement authority was the first to impose an administrative penalty on Canon at the end of 2016 after conducting an in-depth study of domestic and foreign antitrust rules, whereas it was only in 2019 after a three-year investigation that the United States and the European Union imposed an administrative penalty on Canon. The antitrust enforcement authority in China has contributed to the formulation and implementation of international competition rules, further demonstrating the international influence of China's antitrust enforcement.

V. Law Enforcement against Abuse of Administrative Power to Eliminate or Restrict Competition

Preventing the abuse of administrative power to eliminate or restrict competition is an important system stipulated in the *Anti-Monopoly Law* and also an important measure to protect fair market competition and safeguard consumer interests. From 2008 to 2018, the antitrust law enforcement authorities earnestly performed their statutory duties, actively carried out law enforcement activities against the abusing of administrative power to eliminate or restrict competition, and investigated and punished 223 cases involving the abuse of administrative power to eliminate or restrict competition, which created a fair competition market order, optimized the business environment, and achieved positive results. First, the entities concerned in cases were diversified, involving people's governments at the provincial, city and county (district) levels, their subordinate departments as well as the organizations with the function of administering public affairs as authorized by laws and regulations. Second, the above-mentioned cases had far-reaching influence, involving more than 30 industries closely related to ensuring and improving people's livelihood and optimizing the business environment, such as construction, medicine, transportation and education. Third, the violations took various forms, covering 6 types of abuse of administrative power to eliminate or restrict competition as stipulated in the *Anti-Monopoly Law*. Fourth, the parties concerned voluntarily made rectification; during the course of investigation, most parties concerned were able to make rectification proactively, and took the initiative to eliminate the adverse impact of the illegal act on market competition. In particular, the investigation into and handling of, amongst others, the case concerning abuse of administrative power by the Public Security Department of Inner Mongolia Autonomous Region to eliminate or restrict competition, the case concerning abuse of administrative power by Beijing Traffic Management Bureau under Beijing Municipal Public Security Bureau to eliminate or restrict competition, the case concerning abuse of administrative power by government departments of 12 provinces, regions or municipalities in the construction of "power supply and distribution facilities for newly built housing" to eliminate or restrict competition effectively protected fair market competition and received positive reaction from by the public.

In 2019, the market regulatory authorities formulated and issued the *Interim Provisions on the Prevention of the Abuse of Administrative Power to Eliminate or Restrict Competition* in accordance with the requirements to "break administrative monopoly" as proposed at the 19th National Congress of the Communist Party of China. By closely centering on key issues such as optimizing business environment and protecting and improving people's livelihood, the market regulatory authorities strengthened the coordination between the upper and lower levels, optimized law enforcement resources, took joint law enforcement efforts, diligently performed duties and responsibilities, and enhanced law enforcement efficiency, 84 cases involving the abuse of administrative power to eliminate or restrict competition was investigated and punished, among which 24 cases were accepted, 12 cases were closed, which promoted the transformation of government functions, created a good business environment, and effectively safeguarded fair market competition and broad consumer interests.

(Ⅰ) Main characteristics of cases involving the abuse of administrative power to eliminate or restrict competition

1. Most violations involved exclusive dealing

Of the 12 cases concluded in 2019 involving the abuse of administrative power to eliminate or restrict competition, 8 involved the exclusive dealing or exclusive dealing in a disguised form, accounting for 67%; 3 cases involved the formulation of regulations containing terms to eliminate or restrict competition, accounting for 25%; and 1 involved the conduct of impeding the free flow of products between regions, accounting for 8%. (see Figure 10)

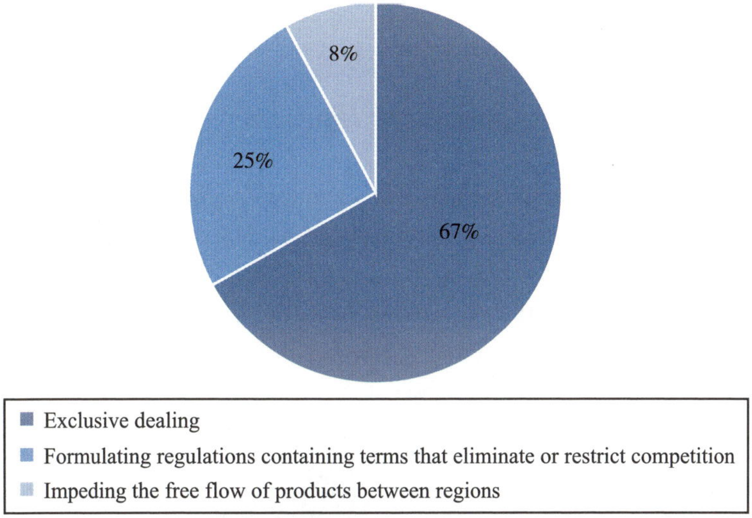

Figure 10: Types of Violations Involved in Closed Cases

2. Focus was placed on sectors closely related to people's livelihood

Effective measures were taken to strengthen the law enforcement in the sectors closely related to people's livelihood, and relevant entities were urged to promptly correct the abuse of administrative power to eliminate or restrict competition to remove the adverse effects. Among the cases concluded in 2019, 5 cases were related to the transportation sector, accounting for 42%; 2 occurred in the construction sector, accounting for 17%; and 5 cases were related to other sectors, accounting for about 42% (see Figure 11). In addition, the market regulators also investigated into the suspected abuse of administrative power to eliminate or restrict competition in medicine, education, catering and other sectors closely related to people's livelihood.

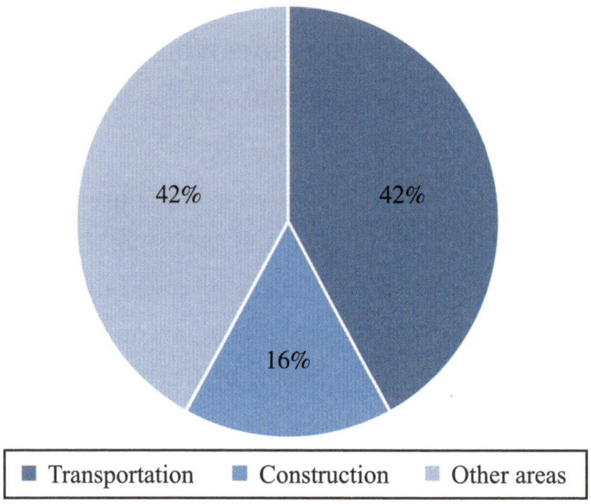

Figure 11: Main Sectors Affected by the Closed Cases

3. Most of the entities involved in the case were departments under municipal governments

Among the cases involving the abuse of administrative power to eliminate or restrict competition concluded in 2019, 2 cases involved the departments under the provincial people's government, accounting for 16%; 2 cases involved the municipal people's governments, accounting for 16%; 5 cases involved the departments under the municipal people's governments, accounting for 43%; and 3 cases involved the organizations with the function to manage public affairs, accounting for 25%. (see Figure 12)

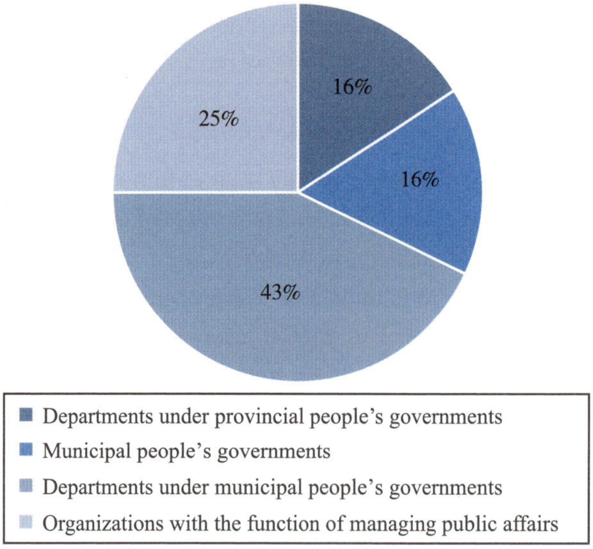

Figure 12: Types of Entities Involved in the Closed Cases

(Ⅱ) Special law enforcement activities were carried out, and law enforcement was continuously intensified

The abuse of administrative power to eliminate or restrict competition affects the normal function of the market competition mechanism, hinders the construction of a unified and open market system with orderly competition, and harms the legitimate rights and interests of undertakings and consumers. Strengthening law enforcement against the abuse of administrative power to eliminate or restrict competition in accordance with law is not only an effective way to give full play to the decisive role of the market in resource allocation and give better play to the role of the government, but also an inherent requirement for improving the fair competition system and strengthening the fundamental position of competition policies, which is of great significance for creating a fair and orderly market competition environment and safeguarding consumers' legitimate rights and interests.

In order to thoroughly implement the spirits of the 19th National Congress of the Communist Party of China and the second, the third and the fourth plenary sessions of the 19th National Congress of the Communist Party of China, put into practice the key work arrangements determined at the National Market Regulation Work Conference, strengthen the fundamental position of competition policies, promote the construction of a unified and open market system with orderly competition, and maintain the fair competition market order and legitimate rights and interests of consumers, SAMR organized and conducted special law enforcement actions nationwide against the abuse of administrative power to eliminate or restrict competition from September 2019 to January 2020. Such special law enforcement actions focused on transportation, construction, medicine, official seal engraving, bidding and government procurement where illegal acts frequently occurred and promoted the comprehensive and in-depth implementation of law enforcement actions. During the course of the special action, the market regulatory authorities investigated more than 50 cases occurring in the abovementioned 5 sectors and checked 80 case clues, and timely corrected the abuse of administrative power to eliminate or restrict competition, improved the law enforcement capability, and further optimized business environment for market players.

(Ⅲ) Focus was placed on key issues in key areas to effectively protect fair market competition

1. Abuse of administrative power in the transportation field was rectified

The abuse of administrative power to eliminate or restrict competition in the transportation field has always been a social concern and is also one of the key targets of special law enforcement. In 2019, SAMR, on the basis of extensive field research, guided market regulators of all provinces, autonomous regions and municipalities directly under the Central Government to solidly promote the investigation into cases, and 5 cases involving the abuse of administrative power to eliminate or restrict competition in the transportation field were closed, effectively safeguarding fair market competition and protecting the legitimate rights and interests of undertakings and consumers. In particular, the Qinghai Administration for Market Regulation urged Xining Transportation Bureau to promptly abolish the related documents stipulating the price of reinstallation and maintenance of intelligent devices in taxis, and restricting taxi drivers to trade with designated maintenance service providers; the Administration for Market Regulation in Heilongjiang, Liaoning, Shandong and other provinces promptly prevented and corrected, amongst other behaviors, the act of relevant administrative departments of transport and taxis to designate online car-hailing companies to install the vehicle-carried terminal equipment manufactured by specific companies, thus restoring a fair and orderly market competition environment.

2. Abuse of administrative power in the construction field was rectified

As the suspected abuse of administrative power to eliminate or restrict competition in the construction field have attracted much social attention in recent years, market regulators, by combining with special law enforcement actions, placed their focus on investigating into the above suspected abuse. In particular, the Shandong Administration for Market Regulation urged the people's governments of some regions and municipalities to timely correct the behavior of designating power supply companies and other professional undertakings as the exclusive constructors of power supply and other supporting facilities in newly built residential communities. The Shanxi Administration for Market Regulation guided the Office of Xinzhou People's Government to timely correct the behavior of restricting fuel gas users to trade only with fuel gas suppliers when installing, refitting or dismantling indoor fuel gas facilities, and relevant documents were publicly abolished.

3. Law enforcement against the elimination or restricting of competition in the pharmaceutical field was promoted

The abuse of administrative power to eliminate or restrict competition in the pharmaceutical field is directly related to people's livelihood and has been an issue attracting wide public attention. In 2019, the Anti-Monopoly Bureau of SAMR went to Henan and Guangdong to conduct field research and promote the investigation into cases. Research projects on the abuse of administrative power in the medical procurement field was organized and carried out, and opinions from local healthcare and medical insurance departments, pharmaceutical manufacturers, distribution enterprises and public medical institutions were widely sought so as to provide important reference for the law enforcement against the abuse of administrative power in the pharmaceutical sector to eliminate or restrict competition. The Chongqing Administration for Market Regulation guided Chongqing Bureau of Medical Security to correct the act of designating products for ultrasonic inspection as well as the charging standard, and the relevant terms in the document were deleted. The Jiangxi Administration for Market Regulation, by investigating the practice of the former Xinyu Health and Family Planning Commission to impose restrictions on the location of bidders and set differentiated conditions in selecting the bidding documents, promoted the parties concerned to timely terminate the selection. The Hunan Administration for Market Regulation investigated into the behavior of Yongzhou Bureau of Ecology and Environment and Yongzhou Health Commission to specify in the form of document the disposal method of unpolluted disposable infusion bottles (bags), and urged the parties concerned to publicly abolish the relevant documents.

4. Abuse of administrative power in bidding, official seal engraving fields was regulated

By implementing the requirements of the *Notice of the General Office of the State Council on Printing and Distributing the Plan for the Division of Key Tasks Ascertained at the National Videophone Conference for Deepening the Reform of "Delegating Power, Streamlining Administration and Optimizing Government Services" to Optimize the Business Environment* (Guo Ban Fa [2019] No.39), the market regulatory authorities across the country investigated in accordance with law the abuse of administrative power to eliminate or restrict competition in the fields of tendering and bidding as well as government procurement, so as to further standardize relevant behaviors relating to organizing of bidding by government and government procurement. Currently, the market regulation authorities in the provinces including Anhui, Hubei, Yunnan and Gansu are investigating 4 cases of suspected abuse of administrative power to eliminate or restrict competition in bidding and government procurement. In addition, the Anti-Monopoly Bureau under SAMR went to Guangdong, Hebei and other regions to conduct research on the elimination or restriction of competition in the field of official seal engraving, and actively directed Hunan, Shanxi and other regions to accelerate the handling of cases. In 2019, the Hebei Administration for Market Regulation and Guangdong Administration for Market Regulation, jointly with the Provincial Department of Public Security, respectively issued documents for centralized rectification in the official seal engraving field, which protected fair market competition and achieved positive results.

5. Abuse of administrative power in other fields was rectified

In 2019, the Shandong Administration for Market Regulation corrected the conduct of the Salt Affairs Bureau of Mudan District of Heze to prevent non-local companies from fairly participating in the competition of local salt market, and the conduct of the Management Office of Linyi Government Service Center to designate the entrustment of state-owned funds as well as the selection mode, which restored the fair competition order in relevant markets. The Jilin Administration for Market Regulation guided Liaoyuan Municipal Bureau of Commerce to timely revise relevant provisions on imposing unnecessary conditions of floor space on second-hand automobile circulation enterprises during the course of filing. The Zhejiang Administration for Market Regulation investigated into the implementation of differential treatment by Zhejiang Meteorological Bureau on private thunder and lightning protection testing institutions and affiliated state-owned thunder and lightning protection testing enterprises affiliated to the meteorological department during the course of examining and approving the qualification for testing the thunder and lightning protection devices, and relevant departments were urged to make rectification. The Hainan Administration for Market Regulation corrected the act of Hainan Education Bureau to restrict examinees to use designated bank cards only to pay the examination fees when organizing the examination, and Hainan Education Bureau was urged to revise and publish new instructions for applicants and the application flowchart.

(Ⅳ) The efficiency of law enforcement was constantly improved by taking into account the characteristics of cases involving the abuse of administrative power to eliminate or restrict competition

1. Fair competition in the market was vigorously protected

Continuous promotion of law enforcement against the abusing of administrative power to eliminate or restrict competition not only helps to urge relevant departments to timely correct any behavior obstructing fair competition in the market, enhance the authority of the *Anti-Monopoly Law*, increase the consciousness of rule of law of administrative entities, but also helps to improve the market competition environment in transportation, medicine, construction and other sectors, thus building a unified and open market system with orderly competition. For example, the Zhejiang Administration for Market Regulation found upon investigation that Zhejiang Meteorological Bureau treated private thunder and lightning protection devices testing organizations and affiliated state-owned thunder and lightning protection testing enterprises affiliated to the meteorological department differentially and set unequal market access conditions during the examination and approval of the qualification for testing the thunder and lightning protection devices. By law enforcement, the latter was urged to take active actions to rectify the above behavior, which maintained the market order of fair competition.

2. Consumer interests were effectively safeguarded

The people-oriented law enforcement concept was adhered to, and focus was placed on key issues relating to people's livelihood and those complained by the public so as to effectively protect consumers' rights of fair trade and rights to choose independently and constantly improve the sense of gain and satisfaction of the general public. For example, the Hainan Administration for Market Regulation found upon investigation that when organizing self-study examination of higher education for spring and autumn of 2019, Hainan Examination Bureau imposed restrictions on examinees by restricting them to pay examination fees via the online bank of the Industrial and Commercial Bank of China only. By law enforcement, Hainan Examination Bureau corrected the above behavior timely, the online registration system for the self-study examination was re-developed, and fees were paid by UnionPay, Alipay and other various channels, thus protected examinees' rights to choose independently and safeguarded the legitimate rights and interests of consumers.

3. The transformation of government function was actively promoted

The cure for the abuse of administrative power to eliminate or restrict competition is to properly handle the relationship between government and market and promote the genuine adjustment of government functions to implementing economic adjustment pursuant to applicable law, market regulation, public service and social management. Therefore, the market regulatory authorities attached importance to the organic combination of case investigation and publicity and education, and relevant departments were promoted to effectively transform functions so as to better play the role of government and constantly optimize business environment. For example, the Chongqing Administration for Market Regulation found upon investigation that Wuxi Development and Reform Commission replaced market behavior with administrative behavior, and it set for the People's Hospital of Wuxi the charging standards for picking up and sending patients by ambulances as well as the standards for air-conditioning expenses in the wards, which was beyond the scope of the catalogue of pricing for the competent pricing authority at its level, and eliminated or restricted market competition. Pursuant to the applicable law, the Chongqing Administration for Market Regulation guided the relevant party to voluntarily correct and abolish timely the relevant documents to ensure that market will play a decisive role in the allocation of resources.

Ⅵ. Typical Cases of Antitrust Enforcement in 2019

Case concerning monopoly agreement of Toyota Motor (China) Investment Co., Ltd.

In December 2017, the former Jiangsu Price Bureau investigated into the alleged monopoly behavior of Toyota Motor (China) Investment Co., Ltd. during the course of the sale of Lexus-branded vehicles. Upon investigation, it was discovered that, from June 2015 to February 2018, Toyota China's regional sales manager requested dealers in Jiangsu to provide uniform quotes on online platforms (Autohome Inc., Bitauto Holdings Limited) based on the suggested resale price for each model and not to provide a lower quote without authorization through various means, including holding dealer meetings, visiting stores, and sending notices in WeChat. Meanwhile, from 2016 to March 2018, the regional sales manager of Toyota China restricted the dealers by setting minimum resale prices of such key models as Lexus ES200, ES300h, NX200, CT200, RX450, NX300, LX570 and the LS series through various means, including holding regional cooperation meetings and circulating notices in WeChat.

In addition, Toyota China implemented price control through various management measures, and the dealers complied with the price-related requirements. These requirements included, amongst others, treating the uniform network quotes as an assessment metric for regional managers; requiring dealers to upload their invoices onto the sales management system of Toyota China since 2016, organizing specialized personnel to review the uploaded invoices, asking for explanation from dealers who were not compliant with the price-related requirements; and informing the dealers who sold the vehicles at discounted prices by the regional sales manager of Toyota China of the decision that the supply of the relevant models would be cut down in the following month by way of cooperation meetings, WeChat groups and phone calls.

From June 2015, all dealers in Jiangsu started to provide uniform quotes on websites such as Autohome Inc., Bitauto Holdings Limited in accordance with the requirements of Toyota China so that the online sales prices and the suggested retail prices for all models were unified. Based on the analysis of the actual sales data of dealers in various regions, although the dealers' sales prices were not all the same, the extent of promotions declined in general every time it was required to control the prices. The regional sales manager of Toyota China required the dealers to monitor each other's sales prices, report to the regional sales manager the sales made at discounted prices once they were discovered and interfere with such practice so as to control the sale prices of complete vehicles set by the dealers.

The Jiangsu Administration for Market Regulation concludes that Toyota China's practice of unifying the online quotes of the dealers in Jiangsu and limiting the resale prices of certain models had a strong restricting force, which eliminated or restricted market competition and harmed consumer interests, and violated Article 14 of the *Anti-Monopoly Law*, which provides that "any of the following agreements among undertakings and their trading parties are prohibited: (1) fixing the price of commodities for resale to a third party; (2) restricting the minimum price of commodities for resale to a third party". In December 2019, the Jiangsu Administration for Market Regulation made an administrative penalty decision and imposed a fine of RMB 87,613,000, equivalent to 2% of the turnover of Toyota China in 2016.

Case concerning monopoly agreement among 10 concrete enterprises in Yan'an

In September 2018, triggered by complaint, the former Shaanxi Administration for Industry and Commerce investigated 10 concrete enterprises in Yan'an for suspected conclusion and implementation of the monopoly agreement.

Upon investigation, it was found that, 10 concrete enterprises in Baota District of Yan'an discussed in a hotel in Yan'an, decided to raise the prices of all grades of concrete by RMB 60/cubic meter, prepared the Joint Statement on Adjusting the Concrete Prices for the uniform price increase, and informed downstream enterprise users of the joint statement and the uniform price increase, on the pretext of rise in prices of raw materials such as sand, gravel and cement. The 10 concrete enterprises were competing enterprises. Their agreement to uniformly raise the concrete sales prices had eliminated or restricted the competition in the relevant market and violated Item (1) , Paragraph 1, Article 13 of the *Anti-Monopoly Law*, which provides that "any of the following monopoly agreements among the competing undertakings shall be prohibited: (1) fixing or changing prices of commodities; (2) limiting the output or sales of commodities".

After the former Shaanxi Administration for Industry and Commerce started the investigation, the concrete enterprises gradually stopped their joint price increase behaviors. The implementation of the monopoly agreement lasted about 1 month. Meanwhile, the parties presented the following arguments. Firstly, the costs of raw materials had increased significantly. Due to the increasingly stringent requirements on environment protection, many sand suppliers along the Yellow River had been closed so that the purchase prices of sand and gravel increased. At the same time, the upstream cement enterprises continuously increased the prices of their products, which significantly squeezed the original profit margin of concrete enterprises. Secondly, most concrete enterprises were experiencing operation difficulties. At the time, the supply in local commercial concrete market exceeded the demand so that the competition was rigorous, that the collection of advanced payments would take a long period of time, that the amount of money paid in advance was substantial, and that the business operations were generally subdued. Thirdly, the suspected violation lasted only a short period of time. After the law enforcement authority commenced the investigation, the relevant concrete enterprises generally recognized and corrected their illegal conducts and ceased uniformly raising prices.

In view of the fact that the parties actively cooperated with the investigation and stopped their illegal conducts, that such illegal conducts lasted only a short period of time without significantly harming market competition, and that it was hard to determine the illegal gains after the parties implemented the monopoly agreement because the billing cycle for the sale of concrete was not fixed and because the parties failed to maintain their financial records in a standardized way, the Shaanxi Administration for Market Regulation made an administrative penalty decision in accordance with Paragraph 1, Article 46 and Article 49 of the *Anti-Monopoly Law* and Paragraph 1, Article 27 of the *Administrative Penalty Law of People's Republic of China*, ordered the 10 parties to stop their illegal conducts, and imposed a fine of RMB 4,922,900 in total, representing 1% of the turnover of the parties in 2017.

Case concerning monopoly agreement of Chang'an Ford Automobile Co., Ltd.

In August 2015, the National Development and Reform Commission interviewed Chang'an Ford Automobile Co., Ltd. after its preparatory investigation, and required Chang'an Ford to conduct self-examination in respect of its relevant business practices. The antitrust investigation followed in December 2017.

Upon investigation, it was discovered that, from 2013 to 2017, Chang'an Ford imposed a minimum resale price requirement on its downstream dealers in selling Ford-branded vehicles in Chongqing by formulating and issuing the Price List, requiring the dealers to sign the Self-Regulatory Agreement on Prices for Dealers of Chang'an Ford in Chongqing, formulating price policies for automobile exhibitions and restricting the minimum online quotes of the dealers. The investigation showed that downstream dealers generally complied with the minimum resale price requirement and that Chang'an Ford penalized the dealers who failed to comply with the minimum resale price requirement.

The investigation showed that Chang'an Ford's conduct described above had deprived the dealers of their independence in pricing, restricted the opportunities of the dealers to compete with other dealers within the brand for customers through price cutting, and harmed intra-brand competition, in violation of Article 14 of the *Anti-Monopoly Law*, which "prohibits undertakings and their trading counterparties from reaching any of the following monopoly agreements: (2) agreements that restrict minimum prices for resale of a commodity to third-parties".

Considering that Chang'an Ford actively cooperated with the investigation and timely rectified its illegal conduct and in light of such factors as the nature, degree and duration of Chang'an Ford's violation, SAMR, on 22 May 2019, made an administrative penalty decision in accordance with Articles 47 and 49 of the *Anti-Monopoly Law*, ordered

Chang'an Ford to stop the illegal act of restricting the dealers regarding the minimum resale price to third-parties, and imposed a fine of RMB 162.8 million, equivalent to 4% of the company's turnover in Chongqing in 2016 (i.e. RMB 4.07 billion).

Case concerning abuse of dominant market position by Eastman (China) Investment Management Co., Ltd.

In August 2017, the former Shanghai Administration for Industry and Commerce accepted the case and commenced the investigation in relation to the alleged abuse of dominant market position by Eastman (China) Investment Management Co., Ltd.

In accordance with Article 12 of the *Anti-Monopoly Law* and the *Guidelines of the Anti-Monopoly Commission of the State Council on the Definition of Relevant Markets*, the relevant market in this case was defined as the market for ester alcohol-12 coalescing agents in China. Ester alcohol-12 is a major coalescing agent used in water-based architectural coatings (including latex paints, real stone paints, colorful paints, and others) and is a necessary raw material for relevant coating manufacturers. The Shanghai Administration for Market Regulation first analyzed the substitutability between ester alcohol-12 and non-ester alcohol coalescing agents and then examined the substitutability between different ester alcohol coalescing agents (i.e., between ester alcohol-12 and ester alcohol-16) in terms of product feature, use, price, customer dependence, switching cost and difficulty for undertakings, and introduced the hypothetical monopolist test, employing the economic analysis of critical loss to test the elasticity of demand relationship between the two types of ester alcohol coalescing agents. The test results show that a 5% or 10% increase in price relative to the average price within the sample would have been profitable and sustainable if all ester alcohol-12 had been sold by a hypothetical monopolist between 2013 to 2016. In light of the above factors, the market for ester alcohol-12 coalescing agents were defined as the relevant product market in the case. From the demand perspective, water-based architectural coating and emulsion producers in China had a long-term and stable demand for ester alcohol-12. From the supply perspective, the supply of ester alcohol-12 also varies from region to region. As such, the relevant geographic market was defined as the mainland China market.

According to Articles 18 and 19 of the *Anti-Monopoly Law*, it was determined that Eastman had a dominant market position in the ester alcohol-12 coalescing agent market in China for the following reasons. Firstly, the concentration level of the ester alcohol-12 coalescing agent market in China was high, and Eastman had a high market share in the relevant market, which usually maintained above 50%. Secondly, Eastman had a strong control power over the sales market, and the average sales price of its ester alcohol-12 was generally higher than the average price in the industry and the average price of other suppliers. Eastman did not adjust its product prices when its competitors did so, indicating that the price of ester alcohol-12 coalescing agents of Eastman was not restrained by market competition. Thirdly, Eastman had obvious advantages in terms of financial strength and technical conditions. Customers were highly dependent of its ester alcohol-12 coalescing agent products, and the entry barrier to the ester alcohol-12 coalescing agents industry was high.

Upon investigation, it was found that, Eastman abused its dominant market position to restrict dealings without justifications between 2013 to 2015. Eastman signed and implemented an exclusive agreement with relevant domestic paint enterprises that contained a clause on the minimum purchase quantity and a take-or-pay clause and signed and implemented an exclusive agreement that contained a most-favored-nation clause with the minimum procurement quantity as a triggering condition. The exclusive agreements facilitated trading counterparties to purchase most or even all their alcohol-12 coalescing agents from Eastman and its affiliated companies, restricted transactions between the trading counterparties and Eastman's competitors, made it obviously difficult for the trading counterparties to switch suppliers, produced significant market foreclosure effects in the relevant market, harmed competition in the relevant market, and created negative effects that were much greater than the economic efficiency, in violation of Item (5), Paragraph 1, Article 17 of the *Anti-Monopoly Law*, which "prohibits an undertaking with a dominant market position from engaging in the following types of conduct: (iv) without justifications, requiring trading counterparties to conduct businesses only with the said undertaking or its designated undertaking". In April 2019, the Shanghai Administration for Market Regulation made an administrative penalty decision according to Articles 47 and 49 of the *Anti-Monopoly Law* and imposed a fine of RMB 24,379,000 on Eastman, equivalent to 5% of the company's turnover in the previous year (i.e., 2016).

Case concerning abuse of dominant market position by Tianjin Tap Water Group Co., Ltd.

In 2016, the former Tianjin Market and Quality Regulatory Commission found in the supervision and inspection that Tianjin Tap Water Group Co., Ltd. was suspected of engaging in the monopolistic behavior, and immediately carried out preliminary check. In November 2017, the former Tianjin Market and Quality Regulatory Commission accepted the case and started the investigation of the case in connection with the alleged abuse of dominant market position by Tianjin Tap Water Group Co., Ltd.

The daily water supply for residents in the urban area of Tianjin mainly comes from the urban public tap water, and barreled and bottled water are only used for drinking and cannot substitute urban public tap water in terms of price and convenience. Self-built water intake facilities are not feasible and cannot replace public urban water supply. Public urban tap water is transported through utility pipeline network and residents in the southern part of the urban area of Tianjin can only use the water supply service provided by local water suppliers. Therefore, the relevant product market for the purpose of this case is defined as the market of urban public tap water supply service in the southern part of the urban area of Tianjin. Tap Water Group Co., Ltd. is the only public urban tap water supply utility company in the southern part of the urban area of Tianjin and its market share is 100%. As local users are entirely reliant on its water supply service, Tianjin Tap Water Group Co., Ltd. has a dominant market position in the relevant market.

Upon investigation, it was found that Tianjin Tap Water Group, by taking advantage of its dominant market position in public tap water supply market, forced real estate developers to sign power of attorney for construction and Guarantee for Self-construction of Newly Built Secondary Water Supply Facilities and other documents during water supply service operations, and required real estate developers to use smart electronic control cabinets and remote monitoring sub-stations produced by the designated enterprise when constructing secondary water supply facilities on their own. Secondary water supply facilities refer to water tanks, water pumps, gate valves, air pressure tanks, electronic control devices, water treatment equipment, disinfection equipment, water supply pipelines and pump room. Secondary water supply facilities are necessary equipment for urban high-rise buildings. Tianjin Tap Water Group is the exclusive provider of tap water supply service within its scope of water supply and controls the inspection and acceptance of secondary water supply facilities. In order to ensure the construction period and the smooth check and acceptance of the project, and to deliver the house to the buyer on time, the real estate developer had to use the products of the designated enterprise in the construction of secondary water supply facilities in accordance with the requirements of Tianjin Tap Water Group.

Upon investigation, it was found that the aforesaid behavior of Tianjin Tap Water Group Co., Ltd. was not justified, the imposition of unreasonable trade terms during transactions, and the imposition of restrictions on real estate developers in terms of their independent choice in the procurement of secondary water supply facilities eliminated or restricted the participation by other legitimate undertakings in competition in the secondary water supply projects and hindered fair market competition. Such behavior violated Item (5), Paragraph 1, Article 17 of the *Anti-Monopoly Law* relating to "tying products or imposing unreasonable trading conditions at the time of trading without any justifiable cause". In May 2019, Tianjin Administration for Market Regulation made an administrative penalty decision to impose a fine of RMB 7,438,600 on Tianjin Tap Water Group, equivalent to 3%

of its annual sales of 2016.

Case concerning abuse of dominant market position by Suqian Zhengyuan Tap Water Co., Ltd.

In May 2017, according to relevant reported clues, the former Jiangsu Administration for Industry and Commerce accepted and started the investigation into the case in connection with the alleged abuse of dominant market position by Suqian Zhengyuan Tap Water Co., Ltd.

Urban public tap water is the main source of domestic water for residents in Suqian city and towns. For a small number of rural residents, the water they use for daily life comes from self-built facilities, and for bottled water, the price is too high, and it is not inconvenient to use, hence, both the above can't substitute urban public tap water. The public tap water in Suyu urban area is transmitted through municipal pipe network, and the public tap water in other areas can't replace the local supply. In this case, the relevant market is defined as the public tap water supply service market in Suyu urban area of Suqian. Zhengyuan Tap Water Company is the only supplier of tap water in Suyu urban area, and is responsible for the production, operation and management of tap water in Suyu urban area, therefore the real estate developers are completely dependent on its water supply services. Zhengyuan Tap Water Company has a dominant position in the relevant market.

Upon investigation, it was found that Zhengyuan Tap Water Company combined the application for the use of tap water with the application for the installation project of tap water when the real estate enterprises applied for water use in the newly-built residential areas, it required against the will of the real estate enterprises that the installation project for tap water must be done by its construction department, otherwise, water would not be supplied and the account would not be opened. The real estate enterprises were also required to complete the formalities related to the settlement of installation fees before supplying water. Besides, suppliers of materials used for the project would be designated by Zhengyuan Tap Water Company, and real estate enterprises had no rights to choose independently either the construction companies or the procurement of equipment and materials.

Upon investigation, it was held that Zhengyuan Tap Water Company as a public utility company providing urban water supply service, required against the will of real estate enterprises to construct the tap water installation projects in communities by taking advantage of its dominant position in the market, it imposed restrictions on real estate enterprises that the latter could only transact with it, which eliminated or restricted the competition of other undertakings and harmed the market order of fair competition in violation of Item (5), Paragraph 1, Article 17 of the *Anti-Monopoly Law*, which prohibits "(5) without justifications, requiring trading counterparties to conduct businesses only with the said undertaking or its designated undertaking". In September 2019, Jiangsu Administration for Market Regulation made the administrative penalty decision to confiscate the illegal gains of RMB 1,176,400 and impose a fine of RMB 877,600, which is equivalent to 4% of its revenue in 2016, totaling CNY2.054 million.

Case concerning abuse of dominant market position by Zhejiang Meteorological Bureau

In March 2019, the antitrust law enforcement authority of Zhejiang launched an antitrust investigation against Zhejiang Meteorological Bureau in accordance with the applicable law.

Upon investigation, it was found that Zhejiang Meteorological Bureau treated private thunder and lightning protection testing organizations and state-owned thunder and lightning protection testing enterprises affiliated to the meteorological departments differentially and set unequal market access conditions during the examination and approval of the qualification for testing the thunder and lightning protection devices. Article 4 of the *Measures for the Administration of the Qualification for Inspecting and Testing Thunder and Lightning Protection Devices* (Order No. 31 of China Meteorological Administration) stipulates that the qualification for testing lightning protection devices shall be classified into Grade A and Grade B. It also prescribes the conditions an entity that applies for Grade A qualification for testing lightning protection devices shall meet. However, in the *Scheme of Zhejiang Meteorological Bureau on Deepening the Reform of Thunder and Lightning Protection and Disaster Reduction System* (Zhe Qi Fa [2016] No.76) submitted by the Zhejiang Meteorological Bureau to China Meteorological Administration on 7 November 2016 and in the process of its implementation, Zhejiang Meteorological Bureau granted Grade A qualification to the thunder and lightning protection device testing companies affiliated to it and 11 municipal meteorological bureaus which failed to meet the conditions for Grade A qualification. In contrast, the examination and approval of testing qualification for private thunder and lightning protection device testing companies was conducted in strict accordance with the *Measures for the Administration of the Qualification for Inspecting and Testing Thunder and Lightning Protection Devices*.

The above behavior of Zhejiang Meteorological Bureau violated Article 37 of the *Anti-Monopoly Law*, which stipulates that "any administrative organ may not abuse its administrative power to set down such provisions in respect of eliminating or restricting competition". During the course of the investigation, Zhejiang Meteorological Bureau reported the rectification results to Zhejiang Administration for Market Regulation respectively on 14 June 2019 and 2 August 2019, and the rectification has now been completed.

Case concerning abuse of administrative power to eliminate or restrict competition by Harbin Transportation Bureau

In August 2019, the antitrust law enforcement authority of Heilongjiang launched an antitrust investigation against Harbin Transportation Bureau in accordance with the applicable law.

Upon investigation, it was found that on 11 February 2018, Harbin Transportation Bureau issued the Circular on Announcing the Manufacturers and Models of Special Equipment for Car-borne Satellite Positioning Devices for the First Batch Taxis Subject to Online Booking in Harbin, specifying that the C6D type and SH-VST601 type of vehicle-borne satellite positioning devices produced respectively by Streamax Technology Co., Ltd. and Henan Suheng Internet of Things Technology Co., Ltd. were the designated models, and the above two companies were the designated manufacturers of the vehicle-borne satellite positioning devices for taxis subject to online booking in Harbin. More than 4,500 taxis subject to online booking in Harbin were equipped with the above-mentioned two types of positioning devices.

By designating the manufacturers and models of vehicle-borne satellite positioning devices for online car-hailing companies, Harbin Transportation Bureau violated Article 32 of the *Anti-Monopoly Law*, which provides that "administrative organs may not abuse their administrative power to ask or ask in a disguised form entities or individuals to only operate, purchase or use the products provided by the undertakings designated them". During the course of the investigation, Harbin Transportation Bureau voluntarily abolished the Circular on Announcing the Manufacturers and Models of Special Equipment for Car-borne Satellite Positioning Devices for the First Batch of Online Car-hailing Companies in Harbin and announced the same.

Case concerning acquisition of shares of Finisar Corporation by Ⅱ - Ⅵ Incorporated

On 7 November 2018, Ⅱ - Ⅵ Incorporated and Finisar Corporation entered into the Merger Agreement and Plan, under which Ⅱ - Ⅵ would acquire 100% shares of Finisar by means of cash payment and share swap and acquire sole control over Finisar, the transaction was valued at RMB 22.1 billion. On 29 December 2018, SAMR received the antitrust notification for concentration of undertakings in connection with the transaction and accepted and started review the case on 20 February 2019. On 14 August 2019, when the extended period for further review expired, the notifying parties applied for withdrawal of the case, which was approved by SAMR. On 20 August 2019, SAMR accepted the re-notification made by the notifying parties and started review.

This case concerned the market of optical communication devices, specifically, including 11 relevant product markets such as wavelength selective switches and optical transceiver modules, to which the non-simplified review procedures apply. Upon review, SAMR believed that the concentration may have the effect of eliminating or restricting the competition in the wavelength selective switch market: firstly, the concentration would enhance the market control of the two parties in the wavelength selective switch market, and greatly enhance the concentration level of the relevant market; secondly, the concentration eliminated the close competition relationship between Ⅱ-Ⅵ and Finisar in the wavelength selective switch market; thirdly, the concentration increased the possibility for coordination between the enterprises in the wavelength selective switch market; fourthly, the market entry barriers were high, and it was difficult for new entrants to arise in the short term, and therefore could not impose effective competition constraints on the post-transaction entity.

On 18 September 2019, SAMR approved the transaction with restrictive conditions, and the specific conditions were as follows. First, Ⅱ-Ⅵ and Finisar should hold their wavelength selective switch business separate and continue to compete in the market, including independence in terms of management, finance, personnel, research and development, sales, pricing, production and procurement. Second, in order to ensure the above business is independent and in competition, Ⅱ-Ⅵ and Finisar should set up firewalls in respect of relevant personnel, competitively sensitive information, office premises and office information systems, etc., formulate detailed firewall guidance manual and implement trainings, and require relevant personnel to strictly comply with the commitments under the announcement. Third, Ⅱ-Ⅵ and Finisar should continue to supply wavelength selective switches on fair and reasonable terms. It is not allowed to give clients differential treatment in terms of price, delivery date, after-sale service and other transaction conditions without justification, and products should be supplied at fair and reasonable prices. The merged entity may, after 3 years as of the effective date of the announcement on approval decision, apply to SAMR for lifting the restrictive conditions. SAMR would decide whether to lift them based on the application and by considering market competition status. The merged entity should continue to fulfill the above obligations prior to the decision to lift such obligations is made.

Case concerning the establishment of a joint venture Between Zhejiang Garden Biochemical High-Tech Co., Ltd. and Royal DSM N.V.

On 12 April 2018, SAMR received the antitrust notification in connection with the establishment of a joint venture Between Zhejiang Garden Biochemical High-Tech Co., Ltd. and Royal DSM N.V. The parties intended to establish a joint venture in Zhejiang to engage in the production of 7-dehydrocholesterol. Garden and DSM would jointly control the joint venture, and the transaction value was about RMB 80 million. On 2 May 2018, SAMR accepted and started investigation into the case. On 24 October 2018, when the extended period for further review expired, the notifying parties applied to withdraw the case, which was approved by SAMR. On 21 December 2018, the notifying parties made re-notification. On 30 April 2019, SAMR accepted and started investigation into the re-notified transaction.

Garden is mainly active in the production and sales of vitamin D3, cholesterol, refined wool fat, wool acid, wool oil, wool wax and other products. DSM mainly engages in life sciences and materials science businesses, covering three business areas including nutrition, performance materials, and emerging business. Garden and DSM overlap horizontally in the markets for animal-use vitamin D3 and human-use Vitamin D3, and the two parties also have vertical relationship regarding the NF-grade lanolin cholesterol. The relevant product markets for the case were defined as the markets for animal-use vitamin D3, human-use Vitamin D3 and NF-grade lanolin cholesterol, and the relevant geographic market for the above products was defined as a global market. In the meantime, the situation in the Chinese market were also be examined.

Upon review, SAMR believed that the transaction may have the effect of eliminating or restricting the competition in the global and Chinese markets for animal-use vitamin D3, human-use Vitamin D3 and NF-grade lanolin cholesterol. First, in the global and Chinese animal-use vitamin D3 market, the transaction would further strengthen the control of the two parties over the market, increase the concentration level of relevant markets and strengthen the incentives and the ability for competitors in relevant markets to coordinate the price. Second, in the global and Chinese human-use vitamin D3 market, the transaction would further strengthen the control of the two parties over the market and increase the concentration level of relevant markets. Third, in the upstream global and Chinese NF-grade lanolin cholesterol market and downstream animal-use and human-use vitamin D3 markets, the two parties would have the market control power in both the upstream and downstream markets, and the transaction may lead to the foreclosure of raw materials and customers. At the same time, barriers to enter into the above markets are high, and it is difficult to enter such markets and difficult for new effective competitors to arise in the short term.

On 16 October 2019, SAMR issued in accordance with the law the *Announcement on the Antitrust Review Decision to Approve the Establishment of a Joint Venture between Zhejiang Garden Biochemical High-Tech Co., Ltd. and Royal DSM N.V. with Restrictive Conditions*, requiring Garden and DSM to fulfill the following obligations; Firstly, it is required to hold the relevant business separate; Secondly, it is required to ensure the independent operation of the joint venture. Thirdly, the joint venture may not engage in any business other than DHC production. Fourthly, it is required to keep price confidential. The restrictive conditions attached to the decision should take effect as of the date of announcement and shall be automatically lifted after five years.

Case concerning the acquisition of shares of Aleris Corp. by Novelis Corp.

On 31 August 2018, SAMR received the antitrust notification for concentration of undertakings in connection with the acquisition of shares of Aleris Corp. by Novelis Corp. Novelis proposed to acquire 100% shares of Aleris and exercise sole control over it. The case was notified by the notifying parties under the simplified procedure. The transaction was accepted on 30 September 2018. During the public notice period, objections were raised by third-parties and, upon review, SAMR held that the transaction did not meet the test applicable for transactions reviewed under the simplified procedure. On 26 October 2018, the case was withdrawn, and the notifying parties were asked to re-notify the transaction under the normal procedure. On 1 November 2018, the notifying parties re-notified the transaction under the non-simplified review procedure. On 13 December 2018, SAMR accepted the case and started review. On 6 June 2019, when the extended period for further review expired, the notifying parties applied to withdraw the case, which was approved by SAMR. On 12 June 2019, the notifying parties made re-notification. On 14 June 2019, SAMR accepted the re-notified case and started review. On 6 December 2019, when the extended period for further review expired, the notifying parties re-applied to withdraw the case, which was approved by SAMR. On the same day, the notifying parties made re-notification. On 12 December 2019, SAMR accepted the case and started review.

Upon investigation, it was found that Aleris and Novelis overlap horizontally in the China markets for ABS inner panels and outer panels. For the purpose of the transaction, the relevant product markets were defined as the ABS inner panel market and ABS outer panel markets, and the relevant geographic market was defined as the Chinese market.

SAMR held that the transaction may have the effect of eliminating or restricting competition in the Chinese markets for ABS inner panels and outer panels. First, the transaction further increased the concentration level of the relevant market, and strengthened the merge entity's control over the relevant market. Second, the Transaction would eliminate the important competitive constraints in the relevant market, making it more likely for the merged entity to eliminate or restrictive competition unilaterally. Third, the transaction would further reduce the choice of downstream automobile enterprises, and increase procurement risks. Fourth, the Transaction made it more possible for the merged entity and the competitors to jointly eliminate or restrict competition. Fifthly, it is difficult to enter into relevant market, and the Transaction would further raise the barriers to enter into the relevant market.

On 20 December 2019, SAMR issued in accordance with the law the *Announcement on the Antitrust Review Decision to Approve the Acquisition of Shares of Aleris Corp. by Novelis Corp. with Restrictive Conditions*, approving the undertaking Transaction with conditions. Aleris, Novelis and the merged entity were required to fulfill the following obligations: Firstly, all of Aleris' ABS inner and outer panel business in the European Economic Area should be divested. Such divesture shall include relevant facilities, personnel, intellectual property rights and other tangible and intangible assets. Secondly, the merged entity should not supply cold-rolled sheets to any competitor active in the ABS markets in China. The second commitment should be valid for 10 years as of the effective date of the restrictive conditions and would automatically terminate after the expiration of the 10-year period. Within 10 years as of the effective date, in case of material changes of competition conditions in the relevant markets, or the circumstances of the parties to the Transaction, the merged entity may apply to SAMR to lift the restrictive conditions. The decision should become effective on the date of publication.

Chapter Ⅲ

Law Enforcement in Specific Sectors

Ⅰ. Pharmaceutical Industry

(Ⅰ) Total number and type of cases throughout the industry

In 2019, market regulatory authorities handled 31 monopoly cases concerning the pharmaceutical industry, including formally accepting and investigating into 8 cases for monopoly agreements and abuse of dominant market position, and suspending investigation in 1 case; formally accepting and investigating into 6 cases for abuse of administrative power to eliminate or restrict competition; completing review on 16 antitrust notifications for concentration of undertakings in the pharmaceutical industry; formally accepting and investigating into 1 case concerning illegal implementation of concentration of undertakings and imposing a fine of RMB 300,000. In addition, market regulatory authorities also verified received leads and clues on anticompetitive behavior related to active pharmaceutical ingredient, centralized procurement of drugs and other relevant issues (see Figure 13).

In 2019, all the 8 cases investigated for monopoly agreement and abuse of dominant market position in the pharmaceutical industry concerned the area of active pharmaceutical ingredients, including 1 case investigated for monopoly agreement and 7 cases investigated for abuse of dominant market position. The one case related to monopoly agreement concerned violation of Article 13 of the *Anti-Monopoly Law* by fixing product price and dividing sales market; the cases related to abuse of dominant market position concerned violation of Article 17 of the *Anti-Monopoly Law* by selling products at unfairly high prices, refusing to deal and imposing unreasonable trading terms.

The 6 cases investigated for abusing administrative power to eliminate or restrict competition in the pharmaceutical industry mainly concerned centralized procurement of drugs, designating physical examination institutions, and illegitimately formulating standards of medical fee rates. Among these cases, 4 cases concerned violation of Article 32 of the *Anti-Monopoly Law* by engaging in exclusive dealing either directly or in a disguised form; 1 case concerned violation of Article 34 of the *Anti-Monopoly Law* by excluding non-local undertakings from participating in the bidding process; and 1 case concerned violation of Article 37 of the *Anti-Monopoly Law* by formulating administrative provisions that eliminate or restrict competition.

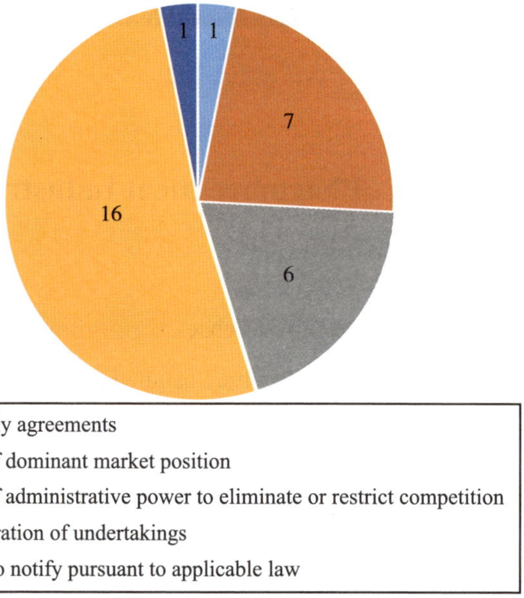

Figure 13: Types of Cases in the Pharmaceutical Industry

A total number of 16 antitrust notifications for concentration of undertakings in the pharmaceutical industry were reviewed and cleared, with total the transaction value amounting to RMB 534.7 billion. These cases mainly involved the production and sales of pharmaceuticals and medical devices, medical services and other relevant areas. Among these cases, 1 case, namely the establishment of a joint venture between Zhejiang Garden Biochemical High-Tech Co., Ltd. and Royal DSM N.V., was approved with restrictive conditions. In terms of notification procedures, the simplified review procedures were applied in 12 cases and non-simplified review procedures were applied in 4 cases. In terms of form of transaction type, 12 cases concerned equity acquisition, 2 cases concerned asset acquisition, and 2 cases concerned establishment of greenfield joint ventures.

There was one administrative penalty decision regarding failure-to-notify in the pharmaceutical industry, namely the illegal implementation of concentration of undertakings without notification pursuant to applicable law with respect to the acquisition of shares of Suzhou Jianshengyuan Pharmacy Chain Co., Ltd. by Suzhou Quanyi Health Pharmacy Chain Co., Ltd. The case concerned the drug retail sector, and through competition assessment, it was found that the transaction would not eliminate or restrict competition. Therefore, SAMR imposed a fine of RMB 300,000 on Suzhou Quanyi Health Pharmacy Chain Co., Ltd.

(Ⅱ) Typical cases

1. Monopoly case related to calcium gluconate active pharmaceutical ingredients

In May 2019, according to a complaint, SAMR accepted and investigated the case concerning anticompetitive behaviors engaged in by Shandong Kanghui Medicine Company Limited, Weifang Puyunhui Pharmaceutical Company Limited and Weifang Taiyangshen Medicine Company Limited. During the on-site investigation, Kanghui and Puyunhui refused to cooperate with the investigation, cut off the office network of the company, deleted computer files and materials, refused to provide relevant materials, and refused and obstructed the law enforcement. The legal representative of Kanghui organized and instructed company employees and idlers to snatch the evidence materials violently, and concealed and transferred the evidence materials despite of the warning from the law enforcement officials. When the law enforcement officials ordered them to stop the illegal behavior, the legal representative of Kanghui directed relevant staff to obstruct the law enforcement violently, which caused injuries to some of the law enforcement officials. In July 2019, in accordance with Article 52 of the *Anti-Monopoly Law*, SAMR imposed a fine of RMB 1 million respectively on Kanghui and Puyunhui for their refusal and obstruction of the investigation, a fine of RMB 100,000 respectively on the legal representatives of these two companies, and fines ranging from RMB 20,000 to RMB 50,000 respectively on the relevant staff. The relevant staff involved have been transferred to the judicial authorities for criminal liabilities.

From the perspectives of demand-side substitutability and supply-side substitutability, the relevant product market concerned in this case was the market for the sales of calcium gluconate active pharmaceutical ingredients for injection purposes, and the relevant geographic market was China. The investigation showed that Kanghui, Puyunhui and Taiyangshen (the abovementioned three companies are collectively called the Parties) jointly implemented anticompetitive behaviors on the market for the sales of calcium gluconate active pharmaceutical ingredients for injection purposes in China by splitting the work and closely cooperating with each other. The Parties controlled the sales market of calcium gluconate active pharmaceutical ingredients for injection purposes through exclusive distribution, bulk purchase, or the requirement that their customers not to sell finished products externally. From August 2015 to 2017, the market shares of the Parties on the market for the sales of calcium gluconate active pharmaceutical ingredients for injection purposes in China were 94%, 91% and 87%, respectively. In the meantime, given that the Parties were able to control the sales market, that downstream finished product manufacturers were highly reliant on the Parties, and that it was difficult for other undertakings to enter into the relevant market, SAMR found that the Parties had dominant market positions on the sales market of calcium gluconate active pharmaceutical ingredients for injection purposes in China in accordance with Article 18 of the *Anti-Monopoly Law.*

The Parties abused their dominant market positions by engaging in the following anticompetitive behaviors: first, the Parties sold their products at unfairly high prices. The Parties sold calcium gluconate active pharmaceutical ingredients for injection purpose at unfairly high prices, and obtained substantial supracompetitive profits. The sale prices of the calcium gluconate active pharmaceutical ingredients for injection purposes increased by 19 to 54.6 times. Second, the Parties imposed unreasonable trading terms without justification. The Parties forced the finished product manufacturers to sell the finished calcium gluconate preparations for injection back to the Parties or to become their original equipment manufacturers which should follow the instructions from the Parties when selling calcium gluconate preparations for injection. Otherwise the Parties would not have supplied calcium gluconate active pharmaceutical ingredients for injection purposes to them.

Calcium gluconate active pharmaceutical ingredients for injection purposes were basic raw materials for producing calcium gluconate preparations for injection. The calcium gluconate preparation for injection was one of the national essential drugs, a necessary medicine for clinic treatment, and a commonly used low-price medicine. The practices of the Parties seriously eliminated or restricted competition in the market of calcium gluconate active pharmaceutical ingredients and preparations for injection purposes, harmed the interests of manufacturers of calcium gluconate preparations for injection, elevated the market price of calcium gluconate preparations for injection, increased expenditure of the national medical insurance, caused a shortage in the supply of calcium gluconate preparations for injection, and seriously jeopardized the interests of patients. SAMR found that the Parties violated Items 1 and 5, Paragraph 1, Article 17 of the *Anti-Monopoly Law*, which prohibit undertakings with dominant market positions from leveraging their dominant market positions by engaging in the following abusive conducts: (1) selling products at unfairly high prices or selling products at unfairly low prices; and (5) engaging in tie-in sales without justification or imposing unreasonable trading terms when doing business, and therefore abused their dominant market positions. On 19 December 2019, SAMR served on the Parties the Advance Notice of Administrative Penalty in accordance with Article 47 of the *Anti-Monopoly Law.* On 5 April 2020, an administrative penalty decision was imposed on the Parties in accordance with applicable law, pursuant to which the Parties were fined and confiscated for RMB 325.5 million in total.

2. Establishment of a greenfield joint venture between Zhejiang Garden Biochemical High-Tech Co., Ltd. and Royal DSM N.V. (for details, please refer to Chapter Ⅱ of the Report: Typical Anti-Monopoly Law Enforcement Cases in 2019)

3. Illegal implementation of concentration of undertakings concerning the acquisition of shares of Suzhou Jianshengyuan Pharmacy Chain Co., Ltd. by Suzhou Quanyi Health Pharmacy Chain Co., Ltd.

On 19 April 2019, SAMR accepted and investigated the alleged illegal implementation of concentration of undertakings in connection with the acquisition of shares of Suzhou Jianshengyuan Pharmacy Chain Co., Ltd. (Suzhou Jianshengyuan) by Suzhou Quanyi Health Pharmacy Chain Co., Ltd. (Suzhou Quanyi).

On 11 January 2018, Suzhou Quanyi signed a share transfer agreement to acquire 90% shares in Suzhou Jianshengyuan held by ZOU Yongxing, and the transaction value was RMB 1.035 billion. Following the completion of the transaction, Suzhou Quanyi acquired the sole control over Suzhou Jianshengyuan. On 22 February 2018, registration of the equity change was completed.

The investigation found that Suzhou Quanyi's acquisition of shares of and the control over Suzhou Jianshengyuan constituted a concentration of undertakings pursuant to Article 20 of the *Anti-Monopoly Law*. Both parties' Chinese and global turnovers had met the notification thresholds specified under Article 3 of the *Provisions of the State Council on Thresholds for Notification of Concentrations of Undertakings*, and therefore the transaction was notifiable. The registration of the equity change was completed on 22 February 2018, prior to which the transaction was not notified in accordance with applicable law, in violation of Article 21 of the *Anti-Monopoly Law* and constituting illegal concentration of undertakings without notification pursuant to applicable law. SAMR assessed the impact of Suzhou Quanyi's acquisition of Suzhou Jianshengyuan's shares on market competition and concluded that this concentration of undertakings would not eliminate or restrict competition.

Based on the above investigation and the conclusion of the assessment, and taking into account that Suzhou Quanyi voluntarily reported and admitted its violation and actively cooperated with the investigation, SAMR decided on 29 September 2019 to impose an administrative penalty on Suzhou Quanyi a fine of RMB 300,000 in accordance with Articles 48 and 49 of the *Anti-Monopoly Law* and Article 13 of the *Interim Measures for Investigating and Handling Failure to Notify Concentration of Undertakings in Accordance with Applicable Law.*

4. Abuse of administrative power by Laibin Municipal Health Commission to eliminate or restrict competition

According to a complaint received, in July 2019, the Administration for Market

Regulation in Guangxi Zhuang Autonomous Region conducted an investigation into the violation of the *Anti-Monopoly Law* by Laibin Municipal Health Commission (Laibin Municipal Health Commission). The investigation found that on 10 April 2019, Laibin Municipal Health Commission summoned the relevant persons-in-charge of five medical institutions directly supervised by the Laibin municipal government (including the People's Hospital of Laibin), the Health Bureaus of six counties (cities, districts) (including Wuxuan County) and Guangxi Minglei Yangguang Pharmaceutical Co., Ltd. (Guangxi Minglei) for a special coordination meeting regarding Guangxi Minglei's entry into the pharmaceutical and medical equipment distribution market in Laibin. The Minutes of the Special Coordination Meeting for Guangxi Minglei to Enter into the Local Medicine and Medical Equipment Distribution Market were issued at the meeting, pursuant to which each county-level (city or district) health bureau and medical institutions directly supervised by the Laibin municipal government were required to organize corresponding meetings among relevant entities, departments and offices in a timely manner, arrange relevant personnel for communicating with Guangxi Minglei and working with Guangxi Minglei for distribution activities. Guangxi Minglei was entitled to distribute on a centralized basis to city-level and county-level public medical and health institutions for products concerning five fields, namely, infusion solutions, antibiotics, 685 primary drugs (2018 Edition), products included in the catalog of emergency and rescue drugs, and herbal concentrate-granules. The cooperation agreements between medical institutions directly supervised by the Laibin municipal government and Guangxi Minglei were concluded before 20 April 2019 and those between medical institutions directly supervised by county-level governments and Guangxi Minglei were concluded before 30 May 2019.

The Administration for Market Regulation in Guangxi Zhuang Autonomous Region believed that the Laibin Municipal Health Commission, as the administrative authority in charge of the local medical institutions and medical enterprises, designated Guangxi Minglei to distribute in a centralized manner to city-level and county-level public medical and health institutions for infusion solutions, antibiotics, 685 primary drugs (2018 edition), products included in the catalog of emergency or rescue drugs and herbal concentrate-granules by way of meeting minutes. These practices violated the principle of fair market competition and deprived other pharmaceutical and medical equipment distributors of their rights to participate in the fair competition in the medical distribution market in Laibin area. By entering into the Supplemental Agreement with city-level and county-level public medical and healthcare institutions outside the statutory framework of distribution agreements, Guangxi Minglei violated relevant provisions of unified bidding and procurement of drugs by medical institutions at the levels of the State and Guangxi Zhuang Autonomous Region and the *Several Opinions on Further Reforming and Improving the Policies on Drug*

Production, Circulation and Use (Guo Ban Fa [2017] No. 13). In accordance with Article 32 and Article 37 of the *Anti-Monopoly Law*, Laibin Municipal Health Commission abused its administrative power to eliminate or restrict competition.

During the investigation, on 21 October 2019, Laibin Municipal Health Commission issued the Notice on Abolishing the Minutes of the Special Coordination Meeting for Guangxi Minglei to Enter into the Local Medicine and Medical Equipment Distribution Market, which abolished the Minutes of the Special Coordination Meeting for Guangxi Minglei to Enter into the Local Medicine and Medical Equipment Distribution Market, and removed the consequences of restricting fair competition by market participants and corrected the administrative acts.

(Ⅲ) Features of the cases and analysis of the main competition issues in the industry

The pharmaceutical industry is closely related to people's livelihood and people's life. In 2019, SAMR and market regulatory authorities of all provinces, autonomous regions and municipalities directly under the central government considered the pharmaceutical industry as one focus of their antitrust enforcement, strengthened *ex-ante* and *ex-post* regulation and supervision of competitive behaviors in the pharmaceutical industry, and maintained intense enforcement related to active pharmaceutical ingredients. In conjunction with special law enforcement campaigns against abuse of administrative power to eliminate or restrict competition, they corrected violations of the *Anti-Monopoly Law* in the pharmaceutical industry. In addition, market regulatory authorities conducted antitrust review of concentrations of undertakings in the pharmaceutical industry in accordance with applicable law and investigated failure-to-notify cases. With these measures, market regulatory authorities vigorously protected fair market competition and safeguarded the legitimate rights and interests of consumers. The following competition issues in the pharmaceutical industry were identified during the antitrust law enforcement in 2019.

Firstly, anticompetitive behaviors are one major issue in the active pharmaceutical ingredients sector. Anticompetitive behaviors are frequently observed in the active pharmaceutical ingredients sector, which mainly include selling products at unfairly high prices, refusal to deal and imposing unreasonable trading terms by abusing dominant market positions. Most of the anticompetitive practices in the active pharmaceutical ingredients sector are implemented by small-scale pharmaceutical sales companies or individuals, and the illegal acts are conducted in a hidden way with many variations, which renders it difficult for conducting investigations and imposing penalties. The anticompetitive behaviors in the active pharmaceutical ingredients sector are caused by multiple reasons: on the one hand, unscrupulous and greedy businessmen ignore the national interests and the interests of people and patients, control the upstream and downstream markets of active pharmaceutical ingredients and seize huge profits; On the other hand, in recent years, there has been an imbalance in the supply of active pharmaceutical ingredients , usually with a single source and ineffective supply. This has resulted in the imbalance between supply and demand, with many active pharmaceutical ingredients produced by only one or two companies and therefore rendering it relatively easy for them to control the supply of such active pharmaceutical ingredients. As the next step, market regulatory authorities will continuously strengthen their enforcement, cooperate with the police force, tax authorities, banks and other relevant departments, and severely punish incompliant market participants and relevant individuals who violate the law. Market regulatory authorities will strongly curb the frequently observed anticompetitive behaviors in the active pharmaceutical ingredients sector, so as to deter violations with antitrust enforcement, to protect fair market competition, and to safeguard consumer interests. In addition, the shortage of active pharmaceutical ingredients and the long-term imbalance between supply and demand will need to be resolved to ensure sufficient sources of supply, an appropriate number of manufacturers and effective market competition.

Secondly, abuse of administrative power to eliminate or restrict competition in the area of centralized procurement of drugs are yet to be solved. In recent years, abuse of administrative power to eliminate or restrict competition is frequently observed in the area of centralized procurement of drugs, which primarily include exclusive dealing, directly or in a disguised form, and local protectionism. Centralized procurement of drugs in China is still a pilot project at an early stage of reform, and excessive interventions by government on market activities may occur at this evolving phase. For example, public medical institutions may be required to procure only on a certain platform, drug distributors may be designated, or local protectionism may be implemented in the bidding of drug distributors, which not only violate relevant policies and rules, but also may concern abuse of administrative power to eliminate or restrict competition. In the process of promoting centralized procurement of drugs, we shall, on the one hand, make clear the relationship between government and market by adhering to the principle that it is market that decides the allocation of resources and that the role of government shall be brought into better play, so that the centralized procurement of drugs can be promoted in a sound way by the fair competition mechanism and the reform of centralized procurement of drugs can proceed more solidly. On the other hand, market regulatory authorities will investigate and handle cases of anticompetitive behaviors pursuant to applicable law to timely stop abuse of administrative power to eliminate or restrict competition. The role of the *Anti-Monopoly Law* in regulating administrative activities in the reform of centralized procurement of drugs and the implementation of policies shall be fully utilized, and market regulatory authorities will investigate and handle cases pursuant to applicable laws and regulations, in order to protect the fair competition market order in the area of centralized procurement of drugs.

Thirdly, a full value-chain regulation on concentration of undertakings still needs to be strengthened. In recent years, the scale of mergers and acquisitions in the global pharmaceutical industry has become increasingly larger and the concentration level in the industry has become ever higher. Both cross-sector and cross-border mergers and acquisitions have seen an acceleration, and the transaction value of some concentrations of undertakings involving foreign enterprises even reached hundreds of billions RMB. For example, the transaction value of the acquisition of Allergan plc by AbbVie Inc. amounts to RMB 433.5 billion. Meanwhile, in the domestic pharmaceutical industry, products of key domestic enterprises are less competitive, and the concentration level is relatively low. With smaller industry size and smaller scale of mergers and acquisitions, the pharmaceutical industry in China still lags behind its international peers in terms of revenue and market concentration level. Therefore, it is imperative to further strengthen the full value-chain regulation on the antitrust review of concentration of undertakings in the pharmaceutical industry, conduct antitrust review of concentration of undertakings pursuant to applicable law, further strengthen the supervision of cases with restrictive conditions and failure-to-notify cases pursuant to applicable law, so as to protect the fair competition market in the pharmaceutical industry, safeguard the legitimate rights and interests of consumers and promote the sustainable and sound development of the industry.

Ⅱ. Public Utility Industry

(Ⅰ) Total number and type of cases throughout the industry

In 2019, market regulatory authorities formally accepted and investigated 7 monopoly cases in the public utility industry, including 5 cases related to gas supply sector and 2 cases related to water supply sector. Two investigation cases were wrapped up in 2019, namely the case concerning abuse of dominant market position by Tianjin Tap Water Group Co., Ltd. and the case concerning abuse of dominant market position by Suqian Zhengyuan Tap Water Co., Ltd., mainly related to violation of Article 17 of the *Anti-Monopoly Law* by exclusive dealing, tie-in sales and imposing unreasonable trading terms. Market regulatory authorities completed review on 2 antitrust notifications for concentration of undertakings in the public utility industry, with the total transaction value amounting to RMB 6.155 billion. The non-simplified review procedures were adopted for both notifications. In terms of the nature of the concentration, 1 case concerned horizontal concentration, and 1 case concerned vertical concentration. In terms of form of transaction type, 1 case concerned equity acquisition, and 1 case concerned business acquisition.

Public utility sector has a direct bearing on people's daily life and interests. For the purpose of further standardizing the activities of undertakings in the public utility sector, market regulatory authorities focused their anti-monopoly law enforcement on public utilities in 2019, and issued the *Notice of the General Office of SAMR on Enhancing the Anti-Monopoly Law Enforcement in the Public Utility Sector* (Shi Jian Fan Long Duan [2019] No. 24) in April 2019, urging all provincial market regulatory authorities to strengthen their antitrust enforcement in the public utility sector. The *Interim Provisions on the Prohibition of Abuse of Dominant Market Position* implemented as of 1 September 2019 have stipulated a specific article regulating the abuse of dominant market position in the public utility sector: "undertakings engaged in supply of tap water, electricity, gas, heating, telecommunications, cable television services, postal services and transportation as well as other public utility sector shall operate their businesses compliant with the laws and regulations, and shall not abuse their dominant market positions to jeopardize interests of consumer". Such regulation explicitly specifies that undertakings in the public utility sector shall not abuse their dominant market positions and provides warning to relevant undertakings for business compliance.

(Ⅱ) Typical cases

1. Abuse of dominant market position by Tianjin Tap Water Group Co., Ltd. (For further details, please refer to Chapter Ⅱ of the Report: Typical Anti-Monopoly Law Enforcement Cases in 2019).

2. Abuse of dominant market position by Suqian Zhengyuan Tap Water Co., Ltd. (For further details, please refer to Chapter Ⅱ of the Report: Typical Anti-Monopoly Law Enforcement Case in 2019).

(Ⅲ) Features of the cases and analysis of the main competition issues in the industry

Public utilities refer to the essential public products or services which are provided to the public and closely related to daily life of the people. Public utilities generally include supply of tap water, power or electricity, gas, heating, telecommunications, cable television services, postal services, public transportation and other related sectors. The following three features of cases concerning public utility sector and corresponding competition issues were identified during the antitrust law enforcement in 2019:

First, public utility sectors are highly concentrated in general. With the deepening of China's market-oriented reform, relatively sufficient market competition at the upstream level of the public utility industry has been observed. However, natural monopoly is a common feature of the public utility sectors and such markets normally have a relatively higher level of market concentration. According to the statistics for antitrust enforcement in 2019, public utility industry is one of the main sectors where anticompetitive practices were most frequently observed, especially concerning the supply of tap water and gas. All of the 7 monopoly investigation cases in 2019 related to public utility sector concerned the supply of gas and tap water.

Second, abuses of dominant market positions by municipal and county-level suppliers of public utility services were on the rise. In 2019, market regulation authorities of all provinces, autonomous regions and municipalities directly under the central government formally accepted and investigated 7 monopoly cases concerning public utility industry and imposed administrative penalties in 2 cases. Except for the abuse of dominant market position by Tianjin Tap Water Group Co., Ltd., all other abusive practices took place at municipal and county levels. Since the municipal and county level suppliers of public utility services are usually the sole market participant in such sector, they would have dominant market positions and may easily leverage their dominant positions to engage in abusive practices to restrict or eliminate market competition. In recent years, in order to improve the quality of administration and services of public utilities, some local governments have gradually licensed private or foreign companies to provide public utility services, and such undertakings also assumed the sole responsibility for their own profits and losses, increasing their motivation to engage in anticompetitive practices for the purpose of obtaining larger profits. In the meantime, municipal and county-level providers of public utility services typically lacked understanding of *the Anti-Monopoly Law* with limited awareness of compliance with laws and regulations. During the law enforcement processes, most investigated undertakings chose to proactively admit their violations and implement rectifications after they became aware of compliance requirements under the *Anti-Monopoly Law.*

Third, anticompetitive practices that eliminate or restrict competition in the public utility industry are typical violations in general. The following anticompetitive practices that eliminate or restrict market competition in the public utility industry were mainly observed during the antitrust enforcement: (1) forcing, either directly or in a disguised form, undertakings or consumers that applied for household accesses to tap water, electricity, gas or heat to also purchase the equipment and materials provided by public utility companies; (2) forcing users directly or in a disguised form to accept ancillary engineering services such as design, installation and construction services provided by undertakings designated by such public utility companies; (3) charging abusive fees from users, such as forcing users directly or in a disguised form to pay for any minimum fees for supply of tap water (electricity, gas or heat), forcing users to pay for deposits or cash deposits, imposing and collecting minimum payment for "prepaid fees for supply of tap water (electricity, gas, heat)", and charging compulsory household access fees (network construction fees) or installation fees of out-of-scope ancillary works for users in newly built communities; (4) engaging in tie-in sales of related products or equipment, such as water meters, gas meters, gas cookers, etc. The aforementioned behavior have prevented users from obtaining low-price, high-quality services for public resource and have directly hurt the interests of other undertakings or consumers; in the meantime, anticompetitive practices such as forcing users to purchase materials and equipment from designated suppliers or forcing users to take designated ancillary engineering services have deprived users of their right to choose, eliminated or restricted the efficient competition among undertakings in the relevant markets and damaged the fair competition in the local supply markets of material and equipment and ancillary engineering services.

Ⅲ. Construction and Real Estate

(Ⅰ) Total number and types of cases throughout the industry

The construction and real estate industry consist of construction industry, real estate industry, production and sale of building materials, etc. In 2019, market regulatory authorities accepted and investigated into 17 monopoly agreement cases in the construction and real estate industry, imposed 4 administrative penalties, confiscated illegal gains amounting to RMB 1,931,300 and imposed fines of RMB 14,819,900. In addition, market regulatory authorities concluded their review on 21 antitrust notifications for concentration of undertakings, investigated 1 case concerning illegal implementation of concentration of undertakings with a fine of RMB 300,000.

The market regulatory authorities handled 4 monopoly agreement cases, concerning 32 undertakings. In terms of form of violations, all these 4 cases concerned horizontal monopoly agreements such as fixing product price and restricting quantities of products. Two of those cases concerned violation of Item 1, Paragraph 1 of Article 13 of the *Anti-Monopoly Law* by "fixing or changing product prices"; one case concerned violation of Item 2, Paragraph 1 of Article 13 of the *Anti-Monopoly Law* by "restricting production output or sales quantity of products"; and the remaining case concerned violation of both Items 1 and 2, Paragraph 1 of Article 13 of the *Anti-Monopoly Law*. In terms of the conclusion and implementation of monopoly agreements, in three cases, monopoly agreements were both concluded and implemented, and in one case, monopoly agreements were concluded but not implemented yet. The products involved in these cases were related to manufacturing of cement products and manufacturing of building materials such as bricks, tiles and stone materials. Three cases concerned concrete products and one case concerned baked bricks.

The market regulatory authorities concluded their review on 21 antitrust notifications for concentration of undertakings in the construction and real estate industry, with the total transaction value amounting to RMB 123.404 billion. All these antitrust notifications were unconditionally approved. Among those cases, 17 cases concerned real estate industry, 2 cases concerned construction industry and 2 cases concerned manufacturing of cement and cement-related products. In terms of filing procedures, simplified review procedures applied to 16 cases and non-simplified review procedures applied to 1 case. In terms of transaction form, 16 cases concerned acquisition of equities, three cases concerned establishment of joint ventures, 1 case concerned acquisition of control right through contracts, and 1 case concerned the gratuitous transfer of state-owned assets.

The market regulatory authorities investigated one failure-to-notify case in the construction and real estate industry, namely the illegal implementation of concentration of undertakings without notification pursuant to applicable law with respect to the acquisition of equity in Shanghai Huitong Energy Co., Ltd. by Tibet Dejin Enterprise Management Co., Ltd. which related to real estate industry. After competition assessment, it was found that this concentration of undertakings would not eliminate or restrict market competition, and SAMR imposed a fine of RMB 300,000 on Tibet Dejin Enterprise Management Co., Ltd.

(Ⅱ) Typical cases

1. Monopoly Agreement among 10 Concrete Enterprises in Yan'an (for details, please refer to Chapter Ⅱ of the Report: Typical Cases of Antitrust Enforcement in 2019).

2. The establishment of a greenfield joint venture between China United Cement Corporation and Henan Investment Group Co., Ltd.

On 6 August 2019, SAMR received the notification for concentration of undertakings concerning the establishment of a greenfield joint venture between China United Cement Corporation (Zhonglian Cement) and Henan Investment Group Co., Ltd. (Henan Investment), and accepted the notification and commenced its preliminary review on August 29.

Zhonglian Cement was registered in Beijing in 1999, mainly engaging in the production and sales of cement, clinker and commercial concrete. Henan Investment was incorporated in Henan in 1991, mainly operating in the industries such as electric power, paper making, cement, infrastructure and finance. The parties decided to establish a joint venture to integrate their cement and clinker production capacity in Henan and complement each other's strengths, with the transaction value amounting to RMB 9.2 billion.

Relevant product markets concerned in this case were defined as the market of general-purpose cement, the market of general-purpose cement clinker and the market of commercial concrete. The geographic relevant market for general-purpose cement was defined as areas within a radius of 200 kilometers centered on relevant cement plants; the geographic market for general-purpose cement clinker was defined as areas within a radius of 200 kilometers centered on relevant clinker plants; and the geographic market for commercial concrete is defined as city-level market.

SAMR has analyzed the impact of this concentration of undertakings on market competition from the perspectives of market shares of the undertakings involved in such concentration in the relevant market and their controlling power over the market, etc., pursuant to the Article 27 of the *Anti-Monopoly Law*. After its review, SAMR concluded that both Zhonglian Cement and Henan Investment have been facing efficient competition constraints in the relevant markets, and the concentration would not adversely affect the competition in the relevant market. Therefore, SAMR unconditionally approved the transaction.

(Ⅲ) Features of the cases and analysis of the main competition issues in the industry

The following features of cases concerning this sector and corresponding competition issues were identified during the antitrust law enforcement in 2019:

First, M&A activities were relatively active in the sector, mainly in the form of equity acquisitions. There were 21 cases of concentration of undertakings in 2019 within this sector in total, with an average transaction value amounting to RMB 6.107 billion. Among these cases, the transaction value for the acquisition of The We Company by SoftBank Group Corp. was comparably significant, amounting to RMB 62.81 billion. The transaction values for most cases were lower than RMB 5 billion (see Figure 14). Due to the fierce market competition within this industry, the market shares of the parties involved in most M&A cases were not significant, and the simplified review procedures were adopted. The establishment of a greenfield joint venture between China United Cement Corporation and Henan Investment Group Co., Ltd. was the only case reviewed under the non-simplified procedures, where the concerned market shares in part of relevant markets reached around 20%. In most cases, the parties to the transaction complemented each other's strengths through M&A activities. For example, in the case of the acquisition of equity of Hanwei Chongqing Real Estate Development Co., Ltd. by Singapore Enterprise (Private) Limited, the acquirer wished to expand its business scale in China through the transaction, and the target hoped to enhance its development strength and management level.

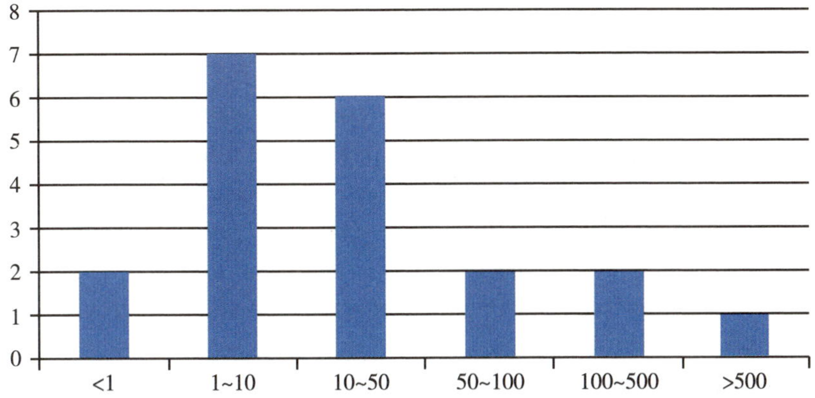

Figure 14: Distribution of M&A transaction values for construction and real estate industry in 2019

Second, the relevant geographic markets concerned in these cases are largely characterized by existence of local markets. Products and services in the construction industry, the real estate industry, the cement manufacturing industry, the cement product manufacturing industry and other relevant industries reflect strong local characteristics. Land supply, costs of real estate (including development and leasing) and other relevant factors in different cities largely vary. In the meantime, the choices of relevant products and services by downstream customers are also limited by geographical scope. Therefore, the relevant geographic markets for real estate industry and construction industry are usually defined as local (city-wide) market. Cement, concrete and other building materials have specific sales radius as a result of the product characteristics and requirements of construction work. For example, the road transportation distance for cement generally does not exceed 200 kilometers, and for concrete it does not exceed 50 kilometers. Therefore, the relevant geographic markets for such building materials are generally defined based on their sales radius.

Third, products in the relevant industry are highly homogeneous, and market competition is fierce. With high degree of homogeneity of such building materials as cement, glass and concrete and existence of continuous and severe overcapacity, cement and glass sectors both fall into the key industries of "capacity reduction" during the supply-side structural reform. Players active in these industries face great pressure of survival and mainly compete via prices of products, resulting in fierce market competition. Within the industries of real estate development, real estate leasing and property management, services provided by market players are highly homogeneous, and their competition mainly focused on price, scale and brand, etc. Technologies adopted in the construction industry and building materials production are relatively mature and stable with a high level of product standardization, and competition is mainly reflected in price, scale and after-sales service, etc.

Fourth, monopoly agreements were frequently witnessed in the manufacturing sectors of cement, cement products, bricks, tiles, stone material and other building materials. Market regulatory authorities imposed penalties on four monopoly agreement cases in the relevant industries in 2019, all of which concerned horizontal monopoly agreements in violation of Paragraph 1 of Article 13 of the *Anti-Monopoly Law*, involving anticompetitive practices such as fixing product prices, restricting product quantities and dividing markets. In terms of organization of monopoly agreements, all concerned violations were spontaneously organized by undertakings without the participation of any industry association. 32 undertakings were involved in the cases in total, resulting in significant workload for authority's investigation and handling. The main reasons for the frequent occurrence of monopoly agreement cases in the sector of building materials production and sales are as follows: 1. Building materials industry in certain areas suffered from overcapacity, which imposed great capacity reduction pressure on the industry. In addition, due to the high degree of homogeneity of products, the competition was mainly reflected in the price. With prices declining in recent years, undertakings have the motivation to reduce competition pressure by reaching monopoly agreements (such as fixing prices or allocating production capacity). 2. The scope of relevant geographic markets for cement, concrete and other relevant products is relatively limited, and undertakings operated with high transparency in such relevant markets. This is conducive to reach a monopoly agreement and at the same time, provides facilitation for supervising any deviation from the concluded monopoly agreements among undertakings. 3. As elasticity of demand of relevant products required by downstream customers is low, there are no other substitutable products. This enabled undertakings in the building materials industry to a large extent for raising prices jointly.

Ⅳ. Petrochemical Industry

(Ⅰ) Total number and type of cases throughout the industry

In relation to petrochemical industry, SAMR investigated into 1 case concerning abuse of dominant market position and imposed penalties accordingly, namely the abuse of dominant market position by Eastman (China) Investment Management Co., Ltd. In addition, market regulatory authorities concluded their review on 59 antitrust notifications for concentration of undertakings with unconditional approval. The total transaction value amounted to RMB 760 billion. In terms of industry categories, 38 cases concerned the chemical industry, including 20 cases involving basic chemical raw materials, 6 cases involving synthetic materials, 5 cases involving daily chemicals, 4 cases involving specialty chemicals, 2 cases involving coatings and 1 case involving fertilizer; 9 cases concerned the petroleum processing industry; 10 cases concerned the development and supply of crude oil and natural gas, and 14 cases concerned other categories. In terms of notification procedures, the simplified review procedures are applied to 44 cases and non-simplified review procedures to 15 cases. In terms of the form of transaction, 39 cases concerned equity acquisition, 1 case concerned asset acquisition, and 19 cases concerned establishment of greenfield joint ventures. Market regulatory authorities also imposed penalties for two cases concerning illegal implementation of concentration of undertakings without notification pursuant to applicable law.

(Ⅱ) Typical cases

1. Eastman's Abuse of Dominant Market Position (for details, please refer to Chapter Ⅱ of the Report: Typical Cases of Antitrust Enforcement in 2019)

2. Acquisition of equity in Saudi Basic Industry Corporation by Saudi Arabian Oil Company

On 31 May 2019, SAMR received the notification for concentration of undertakings submitted by Saudi Arabian Oil Company (Saudi Aramco) for acquiring equity in Saudi Basic Industry Corporation (SABIC), and accepted the notification and commenced its preliminary review on 4 September 2019.

Saudi Aramco, i.e. the acquirer, was established in Saudi Arabia in 1988 and mainly engages in the exploration, production and sales of crude oil and the production and sales of certain petrochemical products. SABIC, i.e. the target, was established in Saudi Arabia in 1976 and listed on the Saudi Stock Exchange, engaging in business of petrochemical products, agricultural nutrients and others. Pursuant to the transaction agreement, Saudi Aramco would acquire 70% of the shares in the SABIC with transaction value of approximately RMB 470 billion.

This case concerned both horizontal and vertical concentration. Saudi Aramco and SABIC are both engaged in the production and sale of certain chemical products, giving rise to horizontal overlaps; Saudi Aramco is engaged in the supply of crude oil which is the basic raw material for manufacturing chemical products, giving rise to vertical relationship. In accordance with Article 12 of the *Anti-Monopoly Law* and the *Guidelines of the Anti-*

Monopoly Commission of the State Council on the Definition of Relevant Markets, the relevant markets for this case covered many products in the value chain of petrochemical industry, including crude oil, ethylene glycol, paraxylene, polyethylene, polypropylene, ethylene, propylene and other commodities. According to Article 27 of the *Anti-Monopoly Law*, upon examination, it was found that Saudi Aramco was subject to efficient competition constraints imposed by competitors such as Rosneft Oil and Iranian National Oil in the upstream market of crude oil, and both Saudi Aramco and SABIC had limited market shares in the downstream market of chemical products without market controlling power. SAMR concluded that the said concentration would not result in elimination or restriction of competition in the relevant markets, and therefore unconditionally approved the transaction on 25 December 2019.

(Ⅲ) Features of the cases and analysis of the main competition issues in the industry

First, the relevant markets should be defined on a case-by-case basis. The following features are found when defining relevant markets for concentrations of undertakings in the petrochemical industry: from the perspective of relevant product markets, petrochemical products are highly specialized but differ greatly from each other in components. Their functions and intended uses are also unique from each other. Therefore, it is relatively straightforward to define the relevant markets based on demand-side substitutability such as ethylene glycol, propylene, ethylene, caustic soda, polypropylene, high-density polyethylene, sulfur, etc. However, certain petrochemical products also require in-depth analysis. For example, in the case of abuse of dominant market position by Eastman, antitrust law enforcement authority adopted the methodology of hypothetical monopolist test when conducting substitutability analysis between ester alcohol-12 and ester alcohol-16. In terms of the relevant geographic market, most products are imported in bulk and major global competitors have strong presence in the China market, which indicates significant demand-side substitutability. Therefore, the relevant geographic market is defined as the global market in general. For example, the China's degree of dependence on imported crude oil and natural gas reaches 70.8% and 43.2% respectively, and the import ratio of ethylene glycol, sulfur and high-density polyethylene is about 60%. That said, there are still certain products the domestic demands of which are mainly met by the undertakings that set up factories within China. The competition landscape for and prices of such products are also quite different from those of overseas market, with limited demand-side substitutability. Therefore, the relevant geographic market for such products (such as caustic soda) should be defined as the China market.

Second, the market concentration of certain petrochemical products is relatively high. Petrochemical industry has a comprehensive value chain involving a wide range of products. Generally, the market structure of bulk petroleum and chemical products is relatively fragmented. For example, the relevant markets for product such as propylene, high-density polyethylene, paraxylene, polypropylene, ethylene glycol and benzene are not highly concentrated. However, markets of certain petroleum and chemical products are highly concentrated. Compared with bulk products, these petroleum and chemical products are typically used for limited or unique purposes with limited market size. The number of market competitors is relatively small due to various reasons including technological, cost-related or historic factors. Law enforcement authorities should pay attention to these markets in particular. For example, in the case of abuse of dominant market position by Eastman, the market of ester alcohol-12 in the China is highly concentrated, and the combined sales volume of Eastman, Runtai and Dynamic Chemical accounted for about 95% of the total market size of ester alcohol-12; in the case concerning BASF AG's acquisition of equity in Butachimie, it was found that adiponitrile and hexamethylene diamine have unique intended use and were mostly consumed by market players for captive production. In addition, the respective market size was small, and potential players' willingness to enter such markets was not strong. Therefore, such relevant markets were highly concentrated.

Third, the trend of business expansion through vertical integration is clear. Petrochemical industry has a comprehensive value chain covering multiple sectors such as oil and gas development, crude oil processing and chemical industry. With the volatility in the international market of crude oil and natural gas, the upstream companies engaged in oil and gas exploration and development begin to seek for development in downstream refining industry in order to get rid of the excessive dependence on resources. In the meantime, the downstream chemical companies are seeking to get more involved in oil and gas exploration and development in order to obtain more stable supply. In terms of the nature of concentration of undertakings, there are 27 cases concerning vertical concentration in 2019, accounting for 45.8% of the total number of cases. In particular, the acquisition by Saudi Arabian Oil Company of the equity in Saudi Basic Industry Corporation, the acquisition by Eni Corporation and Austrian National Petroleum Corporation of the equity in Abu Dhabi Refining Company, the establishment of a joint venture by North Huajin Chemical Industries Group, Saudi Aramco Asia Limited and other undertakings, and the acquisition by Saudi Aramco Overseas of the equity in Hyundai Oilbank are all cases concerning vertical concentration, where the concerned relevant markets covered both the upstream development and supply of crude oil and the downstream processing and refining business, signaling a clear trend towards vertical integration.

Fourth, joint venture projects were conducted to share costs and risks. In the petrochemical industry, a large amount of funds is required for business activities from the upstream exploration and exploitation of crude oil and natural gas to the downstream refining and supply. Production costs are further increased due to strict requirements on environmental protection and other relevant matters. Market players face various risk factors including production safety and market slack, and have to take substantial operating risks. Therefore, the petroleum and chemical players usually jointly operate projects in the form of joint ventures in order to share costs and risks. In terms of transaction form, 19 cases concerned the establishment of greenfield joint ventures in 2019, accounting for 32.2% of the total number of cases. Furthermore, many target companies in cases of equity acquisition are also joint ventures. For example, in the case of establishment of a joint venture between Eni Corporation, ExxonMobil Oil Corporation and other undertakings, the joint venture parents would jointly operate a natural gas development project in Mozambique. In the case of the acquisition by Eni Corporation and Austrian National Petroleum Corporation of the equity in Abu Dhabi Refining Company, Eni Corporation and Austrian National Petroleum Corporation became the joint venture parents to the target company via equity acquisition, providing support to the business development of the target company.

Fifth, the oil and gas market will further open up to market competition. In 2019, China took various measures to further open up the oil and gas markets and promote market competition. Firstly, China lifted the restrictions on foreign investment in the areas of exploration and development of oil and natural gas; specifically by removing the item specifying "exploration and development of oil and natural gas by foreign investment can only be conducted in form of joint venture and joint cooperation" from the *Special Administrative Measures for Foreign Investment Access (Negative List)*, and simultaneously adding the entries of "exploration and development of oil and natural gas and the utilization of mine gas" and "development and application of new technologies for oil exploration" and development" into the *Catalogue of Industries for Encouraging Foreign Investment*. Secondly, the Ministry of Natural Resources issued the *Opinions on Several Matters Concerning Promoting the Reform in the Administration of Mineral Resources (for Trial Implementation)* (the Opinions on Reform in the Administration of Mineral Resources) on 31 December 2019 to fully open up the market of oil and gas exploration and exploitation, allowing private enterprises, foreign-invested enterprises and other types of investors to enter the fields of oil and gas exploration and exploitation. Pursuant to the *Opinions on Reform in the Administration of Mineral Resources*, both domestic and foreign-invested firms with net assets valuing at no less than RMB 300 million are all eligible to obtain oil and gas mining rights as stipulated in accordance with the *Opinions on Reform in the Administration of Mineral Resources*. Finally, National Petroleum and Natural Gas Pipe

Network Group Co., Ltd was formally established on 9 December 2019, which will further facilitate the formation of an oil and gas market system featuring multi-player and multi-channel supply of upstream oil and gas resources, efficient and centralized transportation of a unified central pipeline network, and sufficient competition in the downstream sales market.

V. Automobile Industry

(Ⅰ) Total number and type of cases throughout the industry

In 2019, market regulatory authorities investigated into two monopoly agreement cases in automobile industry, concluded their review of 72 cases for concentration of undertakings, and investigated two cases concerning illegal implementation of concentration. From the perspective of sector coverage, 12 cases concerned complete vehicle manufacturing sector, accounting for 16% of the total number of cases; 59 cases concerned the auto parts sector, accounting for 77% of the total number of cases; and 5 cases concerned auto sales and other relevant sectors accounting for 7% of the total number of cases.

The two monopoly agreement cases both related to vertical monopoly agreements and automobile sales sector, and concerned violation of Article 14 of the *Anti-Monopoly Law* that prohibits operators from reaching a monopoly agreement with transaction counterparties that fixes or restricts the resale price or minimum resale price of products to a third party.

Market regulatory authorities completed their review on 72 cases for concentration of undertakings with unconditional approval and the total transaction value amounted to RMB 152.6 billion. In terms of the notification procedure, 63 cases have adopted the simplified review procedures while 9 cases have adopted non-simplified procedures. In terms of transaction form, 32 cases concerned equity acquisition, 9 cases concerned asset acquisition, and 31 cases concerned establishment of greenfield joint ventures.

(Ⅱ) Typical cases

1. Monopoly Case Concerning Toyota Motor (CHINA) Investment Co., Ltd. (for details, please refer to Chapter Ⅱ of the Report: Typical Cases of Antitrust Enforcement in 2019).

2. Acquisition of equity in BMW Brilliance Automotive Ltd. by BMW AG

On 8 March 2019, SAMR received a notification concerning the acquisition of equities in BMW Brilliance Automotive Ltd. (Brilliance BMW) by BMW AG (BMW), and accepted the notification and commenced its preliminary review on 11 March 2019. Pursuant to the transaction agreement, BMW intended to acquire another 25% stake from Brilliance Group and acquire sole control over the target. According to the *Special Administrative Measures for Foreign Investment Access (Negative List) (2019 Edition)*, China will lift the restriction of 50% ownership cap for foreign investment in companies engaged in passenger cars with internal combustion engine in 2022. BMW indicated that it would complete the proposed transaction once such restriction is lifted as scheduled.

There are horizontal overlaps between the parties in the markets of entry-level passenger cars of luxury brand, medium-level passenger cars of luxury brand and premium passenger cars of luxury brand. Taking into account the two dimensions of vehicle displacement and level of brand recognition as well as the business scope of the parties, the relevant product markets concerned in this notification were defined as markets for each of entry-level passenger cars of luxury brand, medium-level passenger cars of luxury brand and premium passenger cars of luxury brand, in which both parties have horizontal overlaps; the relevant geographic market was defined as China. Upon review, the combined market shares of Brilliance BMW and BMW in the China market of entry-level passenger cars of luxury brand is 35%~40%. Although the parties ranked first in terms of market shares, they were facing efficient competition constraints imposed by comparable competitors with similar strength such as Audi (30%~35%) and Benz (20%~25%). In the China market of medium-level passenger cars of luxury brand, the combined market share of Brilliance BMW and BMW is 15%~20%, subject to the efficient competition constraints imposed by Audi (20%~25%), Benz (20%~25%) and other competitors with similar or even stronger strength. In the China market of premium passenger cars of luxury brand, the combined market share of Brilliance BMW and BMW is 25%~30%. Competitors with similar strength such as Benz (20%~25%) and Audi (20%~25%) imposed efficient competition constraints in such market.

In addition, the transaction gave rise to the change of control from joint control by BMW and Brilliance Group to sole control by BMW over the target joint venture. Apart from Brilliance BMW, Brilliance Group itself does not engage in the market of luxury brand passenger cars. BMW already has obtained control over Brilliance BMW. Therefore, BMW's additional acquisition of equity in Brilliance BMW does not eliminate any existing independent competitors in the market of luxury brand passenger cars. The corresponding competition landscaped generally remains unchanged. The transaction would not eliminate or restrict market competition. On 27 June 2019, SAMR unconditionally approved the transaction.

(Ⅲ) Features of the cases and analysis of the main competition issues in the industry

First, the competition landscape in the automobile industry is evolving. Against the backdrop of complex and changing international environment and increasing downward pressure on macro economy, the automobile industry has entered into a phase of comprehensive reforms and adjustments and the sustainable development of automobile industry has been facing substantial challenges. Opening-up measures such as removal of restrictions on the shareholding cap and the number of joint ventures held by foreign investors will deeply change the competition landscape in the automobile industry. In the future, the product offerings available in the market will be more abundant, and the competition will be increasingly fierce. The market structure of automobile industry is still in the stage of continuous adjustments. In the circumstances where market size does not evolve significantly, the leading players have gradually increased the market concentration in China by means of mergers and acquisitions. The intelligent, networked and electric transformation of the automobile industry is still advancing, and the whole industry is acceleratingly upgrading from the traditional fuel vehicles to the next generation of intelligent and new energy vehicles. The change in the technical structure at the level of whole vehicles has pushed the upstream auto parts suppliers to accelerate with their own transformation. The competition landscape in the automobile industry is evolving.

Second, the vertical restrictions in the automobile distribution market still warrant close regulation. At present, at the distribution level of automobiles, the sales model of 4S shops for certain brands is widely adopted. Vertical restrictions imposed on automobile distributors are fairly common, as automobile suppliers (including manufacturers and general distributors) are situated in a comparably advantageous position under this model. These restrictions not only have disturbed the proper competition norms in the automobile distribution market, but also have seriously infringed the legitimate rights and interests of consumers. The vertical price restrictions in the automobile distribution area mainly includes fixing the selling prices of brand new vehicles and components offered by authorized distributors and maintenance suppliers and restricting the minimum selling prices of brand new vehicles and components offered by authorized dealers and maintenance suppliers. In addition, vertical non-price restrictions also exist, such as exclusive purchase agreements, territorial restriction agreements and tie-in sales agreements. While strengthening the antitrust enforcement and effectively preventing and prohibiting anticompetitive practices, antitrust enforcement authorities shall also learn from international experience, revise and improve the relevant rules starting from balancing the relationship between automobile manufacturers and distributors so as to create a fair and orderly competition environment for the automobile distribution sector in China.

Third, the concentrations of undertakings in the automobile industry demonstrated new trends. In 2019, the number of cases for concentrations of undertakings related to automobile business declined compared with the preceding year. A lot of new focuses for investment and mergers and acquisitions in the automobile industry emerged and revealed themselves. In addition to new-energy automobiles, concentrations of undertakings were also witnessed in sectors such as automobile sharing and automobile financing. With the in-depth evolvement of industry landscape, M&A activities were frequent in the auto parts sector with a substantial increase in the number of relevant concentrations, aiming to seize a favorable position in the future market competition. The automobile distribution sector was suffering from multiple challenges such as declining profits, overcapacity and high operating costs. The operational pressure has increased significantly, and their willingness for M&A activities declined substantially, with the number of relevant concentrations dropping down significantly as well.

Ⅵ. Aviation Industry

(Ⅰ) Total number and type of cases throughout the industry

The aviation industry mainly consists of aviation products manufacturing and air transport, characterized by a comprehensive value chain and widely radiating adjacent sectors. In 2019, market regulatory authorities concluded 5 cases for concentrations of undertakings in the aviation products manufacturing sector, with total transaction value amounting to approximately RMB 60 billion. No cases of monopoly agreements and abuse of dominant market position were found in this sector. There were no cases concerning monopoly agreement or abuse of dominant market position in the air transport sector, nor notification of concentration of undertakings. The M&A activities in the air transport industry were not active.

Among the five cases concerning concentration of undertakings in the aviation products manufacturing sector, mergers and acquisitions by aircraft manufacturers are prominent, including the acquisition of certain business of Embraer by The Boeing Company and the acquisition of certain business of Bombardier Corporation by Mitsubishi Heavy Industries Ltd. Other cases mainly concerned the manufacture of aviation components and parts (the acquisition of equity in LORD Corporation by Parker Hannifin and the establishment of the greenfield joint venture between Lufthansa Technik and LG Electronics) and the maintenance of engines (establishment of the greenfield joint venture between the General Electric and the SIA Engineering Company). Unconditional approvals were granted to each of the above 5 cases. In terms of the notification procedures, simplified review procedures applied to one case and non-simplified procedures applied to four cases. In terms of transaction form, one case concerned equity acquisition, two cases concerned business acquisition, and two cases concerned establishment of greenfield joint ventures.

(Ⅱ) Typical cases

1. Acquisition of certain business of Embraer by The Boeing Company

On 15 March 2019, SAMR received the notification concerning acquisition of certain business of Embraer (Target Business) by The Boeing Company (Boeing), and accepted the notification and commenced its preliminary review on 20 May 2019. Boeing was founded in the United States in 1916, and is engaged in the manufacture and sales of commercial aircrafts. Its commercial aircraft offerings include 737 MAX series, 777 series and 787 series. Embraer was established in Brazil in 1969 and is engaged in the manufacture and sales of commercial aircrafts. Its commercial aircraft offerings include E195 E2, E190 E2 and so on. Through this transaction, Embraer proposed to contribute all of its commercial aircraft business (including E-Jets aircraft E1 and E2 series and all forms of support and other after-sales services for such aircraft platforms and projects) into one subsidiary, and Boeing proposed to acquire 80% equity interest in the subsidiary, thereby obtaining sole control over all of the commercial aircraft business of Embraer. The Parties to the transaction primarily have horizontal overlap in the global market of single-aisle large commercial aircraft. The relevant product market concerned in this case was defined as single-aisle large commercial aircraft, and the relevant geographic market was defined as the global market. Upon assessment, although single-aisle large commercial aircraft forms a unified market, the tender records showed significant differences in the level of closeness of competition among various models of single-aisle large commercial aircrafts. Target Business was not closely competing with Boeing's existing business. Instead, Target Business competed more closely with Airbus' corresponding business. Its rival's business significantly outperformed the Target Business with much stronger market power, imposing sufficient competition constraints over the Target Business. Even from the perspective of the overall market of single-aisle large commercial aircrafts, the corresponding market share data showed that the rival Airbus has been growing much stronger, while Boeing's market power was weakening. The incident of 737 MAX crash further affected Boeing's market power. If Airbus were allowed to grow as the sole significant player in the market, the choices and bargaining power of downstream customers could be jeopardized. In addition, in terms of the possible bundling sales of single-aisle large commercial aircraft with regional jets, the economic analysis showed lack of commercial rationale for adopting such strategy, as the players would not give up their sales of products with high profits and large sales volume in exchange for sales increase of products with low profits and low sales volumes. Therefore, the transaction would not eliminate or restrict market competition. SAMR unconditionally approved this transaction on 9 November 2019.

2. Acquisition of certain business of Bombardier Corporation by Mitsubishi Heavy Industries Ltd.

On 25 October 2019, SAMR received the notification concerning the acquisition of certain business of Bombardier Corporation (Target Business) by Mitsubishi Heavy Industries, Ltd. (MHI), and accepted the notification and commenced its preliminary review on November 8. MHI was established in Japan in 1950. It is engaged in businesses of electric power, industrial equipment, aeronautical manufacture, etc. It is currently developing and producing regional turbofan aircraft. According to the transaction agreement, MHI proposed to acquire the Bombardier's CRJ series aircraft business, which consisted of the maintenance, support, refurbishment, marketing and sales in connection with the CRJ aircraft business and excluded the manufacturing factories for CRJ. Post transaction, Bombardier would continue to manufacture aircrafts on behalf of MHI for the current backlog of orders, which was expected to be completed by 2020, and Bombardier would continue to supply spare parts for CRJ to MHI.

The Parties mainly have horizontal overlaps in the global market of regional turbofan aircrafts. Out of prudence, the relevant product market concerned in this case was defined as regional turbofan aircraft, and the relevant geographic market was defined as global market. This transaction would facilitate the new entrants to enter the market and promote competition. The Target Business's aircraft manufacturing itself would exit the market soon. Its after-sale and customer service capabilities can help MHI to better meet customer needs in terms of MHI's regional turbofan aircrafts, successfully enter the market and promote market competition. Therefore, the transaction would not eliminate or restrict market competition. SAMR unconditionally approved this transaction on 25 December 2019.

(Ⅲ) Features of the cases and analysis of the main competition issues in the industry

First, the cases concerning aviation industry may demonstrate different competition landscape depending on the specific sectors involved. For the aviation manufacturing sectors, there are three main types of market participants in the civil aviation manufacturing businesses: (1) aircraft manufacturers, who are responsible for the overall design, coordination and assembly of aircraft; (2) system-level suppliers, who are responsible for the research and development of various system on an aircraft and integration of all aircraft systems; and (3) component suppliers, who are responsible for providing components to system-level suppliers and aircraft manufacturers. In general, aircraft manufacturers and system-level suppliers have relatively stronger market position. In terms of market structure, the overall level of concentration of aviation manufacturing sector is relatively high, but the market structure in each segment of the aviation manufacturing sector may not be the same. The market of mainline aircraft manufacturing is prominently characterized by dual oligopoly. The concentration of regional aircraft and aero-engine manufacturing is not as high as that of the mainline aircraft market, but most of market proportions are also controlled by two or three players. Airframe components and airborne systems cover a large number of sub-markets with different market structures, but overall there is a relatively high degree of market concentration.

In terms of the air transport sector, aviation resources are scarce, and the size of aviation market is restricted by airspace, airports, flight routes, initial investment, operating costs and other relevant factors. Because of the features of economy of scale and economy of scope in air transportation, large corporations have obvious advantages. In the meantime, the products of air transport industry are highly homogeneous and competitive, it would be hard for airlines to establish their own brands and features. Even if they do introduce any special services, it is easy for other airlines to follow suit. In addition, the marginal cost of aviation products is extremely low, adding one passenger or a unit of goods would mean almost zero extra cost, which makes it easier for airlines to use price competition as an important means of competition to attract price-sensitive passengers in order to increase the passenger or cargo load rates.

Second, defining relevant markets requires in-depth understanding of industry expertise. In terms of the definition of relevant markets, the civil aviation manufacturing sector mainly concerns whole aircraft, engines and other parts and components. The whole aircraft can be further segmented into single-aisle large commercial aircraft, two-aisle large commercial aircraft, etc. As far as parts and components are concerned, the manufacture of a whole civil aircraft requires tens of thousands of different parts or systems, most of which have unique technological properties and functions and cannot be replaced by other types of parts and components. Such parts and components are also indispensable. Therefore, many types of aviation parts or components can each be defined as a separate relevant product market. Geographically, the civil aviation manufacturing concerns a typical global market. The civil air transport sector should be segmented into passenger transport and freight transport. There are many factors to be considered when defining the relevant market for passenger transport, and the substitutability for segmented markets will be tested for product market definition from multiple perspectives such as passenger type, service quality, distance, time and price; and the relevant geographic market is commonly defined as the city-to-city routes. Air freight service is typically time-sensitive and requires special expertise. Therefore, such demands are less replaceable. Compared with passenger transport, the geographic scope of freight route services is broader, and the relevant market is usually defined as routes cross regions, countries and even continents.

Third, industry characteristics should be fully considered when conducting competition assessment. There are industry-specific reasons for creating a high level of concentration in aviation manufacturing market. Factors including large capital investment, high technology intensity, comprehensive industrial value chain and high risks shift players to integrating their resources for purpose of defending themselves against upfront risks of R&D investments to a certain extent. Therefore, despite that the high market concentration could be alarming when analyzing M&As and relevant activities, it does not necessarily result in competition concerns. A comprehensive analysis on a case-by-case basis is necessary. In terms of the civil air transport sector, in addition to the main factors such as prices for which players compete with each other, airlines also compete on some industry-specific factors, such as obtaining flight route resources and time slot resources. At the same time, due to the strategic importance and externality of the civil aviation industry, supply and demand relationship is not the sole factor that affects market competition, and other relevant factors include operation safety, integrated transportation and industry regulation. Safe transportation, as the core competitiveness of airline companies, is an essential factor determining whether airlines can operate sustainably. It would significantly impact airlines' accesses to the time slots, routes, traffic rights and other resources. In terms of integrated transportation, the formation and improvement of high-speed rail network gradually exerts larger impact on the civil aviation market. The frequency and fares of high-speed rail would, to some extent, influence the corresponding flight frequency and fares for flight tickets. Therefore, when assessing M&As and other relevant activities in the air transport sector, a variety of factors need to be taken into account and a comprehensive analysis should be conducted.

Ⅶ. Information and Communications Industry

(Ⅰ) Total number and type of cases throughout the industry

Market regulatory authorities concluded their review on 28 cases for concentration of undertakings within this industry in 2019, and are currently investing two cases concerning abuse of dominant market position.

SAMR concluded their review on 28 cases for concentration of undertakings in the information and communications industry, with the total transaction value amounting to RMB 116.78 billion. In particular, 22 cases concerned the semiconductor sector, 1 case concerned the manufacturing sector of electronic component, and 5 cases concerned the information technology service sector. In terms of the notification procedures, 25 cases adopted the simplified review procedures and 3 cases adopted non-simplified review procedures. In terms of transaction form, 18 cases concerned equity acquisition, 2 cases concerned asset and business acquisition, and 8 cases concerned establishment of greenfield joint ventures. In terms of the review results, 26 cases were unconditionally approved and 2 cases were approved with restrictive conditions.

(Ⅱ) Typical cases

1. Acquisition of equity in Orbotech Ltd. by KLA-Tencor

On 18 March 2018, KLA-Tencor Corporation (KLA-Tencor) and Orbotech Ltd. (Orbotech) entered into an agreement, pursuant to which KLA-Tencor would purchase all shares of Orbotech by cash payment and share swap, with the transaction value amounting to RMB 22.96 billion. Upon completion of the transaction, Orbotech would become a wholly-owned subsidiary of KLA-Tencor. On 28 April 2018, SAMR received the notification in relation to the Transaction, and accepted the notification and commenced its preliminary review on 26 June 2018. On 18 December 2018, when the extended further review period expired, the notifying parties applied to withdraw the case, to which SAMR gave its consent. On 20 December 2018, SAMR accepted the re-notified case.

This notification concerned the markets of semiconductor process control equipment and deposition/etching equipment, and the non-simplified review procedures were adopted. Upon review, it was found by SAMR that: first of all, the merged entity has dominant market position in the process control equipment market and has the ability to engage in vertical foreclosure and bundling / tie-in sales. As the market shares of the merged entity in both global and China markets of process control equipment are much higher than that of other competitors, it is difficult for those competitors to impose effective competitive constraints; manufacturers of deposition/etching equipment, manufacturers of semiconductor devices and packaging companies are highly reliant on KLA-Tencor in terms of equipment, which enables it to carry out vertical foreclosure or bundling sale; with barriers to market entry for process control equipment being high, potential competitors would find it hard to enter the market in the short term. Second, the merged entity has both the incentive and ability to eliminate or restrict competition in the deposition/etching equipment market. Compared with process control equipment market, deposition and etching equipment market is larger in terms of market size; the deposition/etching equipment for specialty application and advanced packaging has broad market prospects, and the merged entity will satisfy the prerequisites to expand in the deposition/etching equipment market. Third, the concentration may have the effect of eliminating or restricting competition in the deposition/etching equipment market. Post transaction, the merged entity will be not only an upstream supplier for deposition/etching equipment manufacturers but also a participant in the downstream market. By implementing vertical foreclosure measures, bundling and tie-in sales, or exchanging sensitive information, etc., Orbotech may obtain unique competitive advantages distinct from other competitors, thereby imposing adverse impact on market competition for deposition/etching equipment.

On 13 February 2019, SAMR approved this concentration with restrictive conditions. The specific conditions include: first, KLA-Tencor, Orbotech and the merged entity shall continue to stably provide semiconductor process control equipment and related services to deposition and/or etching equipment manufacturers in China in accordance with fairness, reasonableness and non-discrimination principles. Second, with respect to the semiconductor process control equipment and deposition and/or etching equipment supplied to the China market, KLA-Tencor, Orbotech and the merged entity, without justification, shall not conduct tie-in or bundling sales in any manner, nor shall they impose other unreasonable transaction conditions. Third, KLA-Tencor, Orbotech and the merged entity shall cooperate with the deposition and/or etching equipment manufacturer and their customers in the China market and safeguard the information collected from the deposition and/or etching equipment manufacturers in China market to ensure that Orbotech does not have access to such information. The above restrictive conditions shall remain effective for five years from the effective date of the decision and shall terminate upon expiration of such term.

2. Acquisition of Equity in Finisar Corporation by Ⅱ - Ⅵ Incorporated (see Chapter Ⅱ of the Report: Typical Cases in Anti-Monopoly Law Enforcement in 2019 for details).

(Ⅲ) Features of the cases and analysis of the main competition issues in the industry

1. Market concentration and barriers to market entry are both high, which are more likely to trigger competition concerns

The information and communications industry, especially the semiconductor sector, is highly capital-intensive and technology-intensive, and the relevant markets are typically highly concentrated. For example, in the notification concerning the acquisition of equity in Orbotech by KLA-Tencor, KLA-Tencor ranked first in both the global and China markets of process control equipment, with market shares of 50%~55% and 55%~60% respectively.

In the meantime, the market shares of the second player and third player are only around 10% respectively. In relation to the notification concerning the acquisition of equity in Finisar Corporation by Ⅱ - Ⅵ Incorporated, the market shares of Ⅱ - Ⅵ and Finisar in the global and China markets of wavelength selective switch are 30%~35% and 10%~15% respectively, with the combined market share of the merged entity reaching 45%~50% and the number of main competitors decreasing from three to two. In a highly concentrated market, there are still high barriers to market entry, where new entrants need to invest a large amount of funds and take great risks in terms of technology research and development. Therefore, market entry is very difficult to achieve. In the meantime, even if new entrants obtain the relevant patented technologies, they still need to invest capital and time in trial production to ensure high yield rates and to obtain recognition and acceptance from downstream customers, which takes a long period of time. Therefore, in general, potential competition can hardly impose sufficient competition constraints on the market incumbents. Under such circumstances, production and operation activities of market players are more capable to impact the market competition adversely, so it is necessary to attach great importance to competition compliance and protection and promotion of fair market competition.

2. Industry characteristics and development trends shall be fully considered when defining relevant product markets

The information and telecommunications industry is highly specialized. Even for different products within the same category, great distinctions in terms of their characteristics and intended uses can also be found. Therefore, it is necessary to accurately define relevant markets, which should be conducted on the basis of a comprehensive understanding of manufacturing processes, operating principles and practical uses for any specific products. For example, in the notification concerning the acquisition of equity in Finisar by Ⅱ - Ⅵ, the authority investigated the market of vertical-cavity surface-emitting lasers (VCSELs), and further segmented it into four relevant product markets by application area, namely, data communication VCSELs, proximity sensing VCSELs, flood illuminating VCSELs and dot projector VCSELs. In the meantime, due to the rapid technological progress in the information and communications industry, technological development should also be considered when defining relevant markets. For example, in the case concerning the acquisition of equity in Orbotech by KLA-Tencor, although the authority looked at the differences between cutting-edge applications, specialty applications and advanced packaging equipment related to semiconductor manufacturing and packaging technologies, the boundaries between these equipment were not static due to rapid technological upgrading, and these concerned product markets should not be artificially separated and defined. Considering this feature, and taking into account that the parties' market power would not be impacted no matter whether the relevant market was segmented, the law enforcement authority has also tested the potential impact of the transaction on the frontier application equipment market, in addition to their inspection on the special application and advanced packaging equipment markets.

3. Market competition for information and communications industry is highly globalized

The information and communications industry is featured by globalization in aspects of manufacturing process and technology, manufacturing equipment, procurement of raw materials, product sales, talent management, industrial organization, investment models and financing channels, etc. Market players are competing in the global markets. Therefore, the relevant geographic markets are mostly defined as the global markets. Among the 28 cases for concentration of undertakings concluded in 2019, 52 relevant product markets were defined in total, among which 39 relevant products concerned a global market, accounting for 75%. In the meantime, however, different countries and regions may be situated at varied stages of industrial development with their unique development characteristics. Therefore, the antitrust enforcement authorities also need to pay attention to the impact specific to the China market. In the case concerning the acquisition of equity in Orbotech by KLA-Tencor, semiconductor equipment has been supplied and procured on a global basis, equipment manufacturers have been competing globally, and there was no barrier that significantly impedes the cross-border trade of semiconductor equipment. Nevertheless, given China's demands for semiconductor equipment is highly reliant on imports with the import ratio exceeding 80%, the antitrust enforcement authority also focuses on the transaction's impact on China market in addition to investigating into the global market.

4. Hybrid M&A represented a relatively large proportion in concentrations of undertakings

From the perspective of concentrations of undertakings, major market competitors began to accelerate expanding in emerging markets and seeking new potentials in terms of business growth in narrower segments. Among the 28 cases concluded by SAMR in 2019, 12 cases concerned hybrid M&A deals, accounting for 46% in the total cases. Hybrid M&A deals focusing on semiconductor equipment, Internet of Things, automatic driving, data center and artificial intelligence have become increasingly frequent. For example, KLA-Tencor has entered the market of deposition and etching equipment by acquiring Orbotech, so as to obtain a broader market development spectrum; NXP Semiconductors Ltd. has acquired Marvell's wireless network logic IC business, so as to further expand into the market of the Internet of Things; ON Semiconductor acquired stake in Quantenna Communications so as to integrate their Bluetooth and WiFi chips businesses. In a case concerning a hybrid M&A deal, the number of complementary products provided by the same supplier may increases, and great attention shall be paid to the risk of eliminating and restricting competition in the relevant markets through bundling sales and refusal to supply by the merged entity.

Ⅷ. Port and Related Industries

(Ⅰ) Total number and type of cases throughout the industry

In relation to sectors of port, shipbuilding, shipping and supporting logistics, antitrust enforcements in 2019 focused on review of concentration of undertakings and investigation on illegal implementation of concentration of undertakings without notification pursuant to applicable law. Market regulatory authorities concluded their review on 23 cases for concentration of undertakings with the total transaction value amounting to RMB 8,558 million. In particular, 22 cases were granted unconditional approvals and one case was cleared conditionally. In terms of notification procedures, 12 cases adopted simplified review procedures and 11 cases adopted non-simplified review procedures. Market regulatory authority also imposed penalties for two cases concerning illegal implementation of concentration of undertakings without notification pursuant to applicable law were subject to penalty according to law. In terms of relevant sectors, 14 cases concerned integration of ports, 3 cases concerned shipbuilding and related equipment, and 8 cases concerned shipping and ancillary logistics services. In terms of transaction form, 20 cases concerned equity acquisition, and 5 cases concerned establishment of greenfield joint ventures. In general, the number of cases related to integration of ports has reached a record, and cases adopting non-simplified review procedures accounted for a comparably large proportion of 47.8% in all concluded notifications for concentration of undertakings.

(Ⅱ) Typical cases

1. Acquisition of Certain Business of TTS Group by Cargotec Corporation

On 8 February 2018, an acquisition vehicle affiliated to Cargotec Corporation (***Cargotec***) signed an agreement with the TTS Group (TTS), under which Cargotec proposed to acquire certain TTS business for products and services concerning hatch covers, merchant ship ro-ro equipment, merchant ship cranes, merchant ship anchor winches and other related products. The transaction value amounted to RMB 676 million. On 15 June 2018, SAMR received the notification for concentration of undertakings in relation to the transaction, and accepted the case and commenced its review on 26 July 2018. On 11 January 2019, when the extended further review period expired, the notifying parties applied to withdraw the case, to which SAMR gave its consent. On 14 January 2019, the SAMR accepted the re-notified case submitted by the notifying party.

Upon review, SAMR found that the concentration has or may have the effect of eliminating or restricting competition in the China markets of hatch covers, commercial ship ro-ro equipment and ship cargo cranes. First, post transaction, the market shares of the merged entity in the three aforementioned markets would exceed 50%. The transaction would significantly increase the market power of the parties in the relevant markets and greatly raise up the levels of market concentration in the relevant markets. Second, the transaction would eliminate competition between the two parties who were close competitors in the relevant markets prior to the transaction, reducing the choices of downstream customers. Third, the transaction may lead to price rise of relevant products, jeopardizing downstream users' interests. Fourth, the concentrating parties have been widely recognized by the market with strong customer loyalty of downstream users. Although potential market entry into the relevant markets exists, such market entry cannot impose effective competition constraints on the merged entity.

On 5 July 2019, SAMR conditionally approved the transaction and imposed the following conditions: first, within two years following the announcement date of this decision, Cargotec and TTS shall remain independent of and continue to compete with each other with regard to their hatch cover business, merchant ship ro-ro equipment business and merchant ship crane business in China. The scope of such hold-separate requirements shall include, amongst others, the independence on management, finance, human resources, pricing, R&D design and manufacturing, sales and procurement. Second, within two years following the announcement date of this decision, for purpose of ensuring that the aforementioned businesses would remain independent of and continue compete with each other, Cargotec and TTS shall set up firewall measures in respect of the relevant personnel, competition sensitive information and office premises. Cargotec and TTS shall also formulate detailed manuals of guidelines on firewall measures and carry out training sessions, requesting the relevant personnel to strictly abide by their commitments under this decision. Third, within five years following the announcement date of this decision, the prices of hatch covers, merchant ship ro-ro equipment and merchant ship cranes sold by Cargotec in China shall not be higher than the average sales price of such products in the latest three calendar years since it begins to receive orders from China market. Fourth, within five years following the announcement date of this decision, Cargotec shall not refuse, restrict or maliciously delay its supply of relevant products without justifications. The restrictive conditions related to maintaining independence from each other shall be automatically terminated two years following the announcement date of this decision. Upon application for removal of conditions submitted by Cargotec after five years following the announcement date of this decision, SAMR would determine whether to lift the restrictive conditions requiring no price increase and no refusal of supply in light of market competition landscape.

2. A series of integration of coastal ports in Shandong Province

In 2019, SAMR has unconditionally approved five cases for concentration of undertakings successively, including the acquisition of equity in Weihai Port Group by Qingdao Port Group, the acquisition of equity in Qingdao Port Group by Shandong Port Group, the acquisition of equity in Rizhao Port Group by Shandong Port Group, the acquisition of equity in Yantai Port Group by Shandong Port Group and the acquisition of equity om Shandong Bohai Bay Port Group by Shandong Port Group. The transactions were carried out by way of gratuitous transfer of equities, where different parties entered into multiple transaction agreements that were not interrelated to consolidate the shareholding in major coastal ports of Qingdao, Rizhao, Yantai, Weihai, Weifang, Binzhou, Dongying and other cities of Shandong Province so that Shandong Port Group would hold all concerned stake and operate all concerned ports. Participating ports have horizontal overlaps in three markets of port services: container cargo, dry bulk and liquid bulk, with a market share of about 40% in certain markets. Based on comprehensive analysis on the competitive relationships among different ports within Shandong province, SAMR have particularly considered the interactions and overlaps of hinterlands of these ports and assessed the competitive relationships between the coastal ports within Shandong Province and the coastal port groups along the Bohai Sea and the Yangtze River Delta. It was found by SAMR that the above transactions would not have adverse impact on the competition in the relevant markets, and SAMR unconditionally approved this series of concentrations, creating a market environment with fair competition for the development of China's coastal port groups.

3. Acquisition of equity in Hainan Harbour & Shipping Holding Co., Ltd. by COSCO Shipping (Hong Kong) Co., Ltd.

On 18 May 2019, Hainan Provincial State-Owned Assets Supervision and Administration Commission (Hainan SASAC), China COSCO Shipping Corporation Limited (COSCO Shipping) and its affiliated entities entered into an agreement of gratuitous transfer, pursuant to which Hainan SASAC would transfer its 45% equity in Hainan Harbour & Shipping Holding Co., Ltd. (Hainan Harbour & Shipping) to a wholly-owned subsidiary of COSCO Shipping (Hong Kong) Co., Ltd. by way of gratuitous transfer. On 24 May 2019, SAMR received the notification for concentration of undertakings in relation to this transaction, and accepted the notification and commenced its preliminary review on 9 July 2019. Upon review, the transaction concerned a vertical integration of business where the downstream shipping companies intended to expand business into the upstream port business. As a major port operator in Hainan Province, the target Hainan Harbour & Shipping represented a market share of more than 50% in the container port service market in Hainan Province. COSCO Shipping operated the container liner routes to and from the ports in Hainan Province. Therefore, the parties had a vertical business relationship. After comprehensively reviewing the relevant route arrangements, market competition for different routes and data for origins of container goods, and taking into full account the different competition models between transit containers and local containers, the actual vertical relationship between the parties and the buyer bargaining power of downstream shipping companies, SAMR found that the concerned parties would not have the incentive and ability to impose any vertical foreclosures and this transaction would not adversely impact the competition in the relevant markets. SAMR has unconditionally approved the concentration on 28 August 2019.

(Ⅲ) Features of the cases and analysis of the main competition issues in the industry

1. Port industry is characterized by competition within specific regions with increased market concentration level

Port facilities are critical fundamental infrastructures for national economy and social development which function as key intersection of water transportation. From the perspective of demand substitutability, different ports in different geographical locations correspond to different economic hinterlands. It is most economically efficient to transport cargo in such hinterlands through local ports and different coastal ports compete mainly on cargo sources. Therefore, a certain area centering around a port is usually defined as the relevant geographic market. Review is focused on competition among groups of ports with similar water level conditions and overlapping hinterlands in a specific area to accurately reflect the competitive landscape faced by ports. In the relevant regions, as the port industry demonstrates stricter demands in terms of shoreline water level, infrastructure construction, capital investment and so on, in addition to its characteristics of significant scale economy and scope economy, market entry barriers are relatively high with relatively substantial market concentration. In 2019, market regulatory authorities reviewed seven cases for concentration of undertakings concerning the integration of coastal ports, all of which were reviewed under to non-simplified review procedures. According to these cases, the integration of coastal ports nationwide has been accelerating with regional market concentration level further increased. Market competition landscape featured as "one province, one port" has emerged, which has facilitated ports to evolve from decentralized competition to regional cooperation, strengthened the scale economy, improved the operation efficiency of ports, and speeded up the consolidation, intensification and modernization of port developments. For example, Liaoning Port Group has integrated the coastal port businesses in Dalian, Yingkou and so on, while Shandong Port Group has achieved unified management of coastal ports within the province through a series of transactions. As a result, a "three-pillared" market competition in the Bohai Rim region is formed among Liaoning Port Group, Tianjin Port Group and Shandong Port Group.

2. Cooperation between upstream and downstream players has been further promoted and vertical integration has become a new direction for development

Traditionally, in the field of container shipping, shipping companies have substantial bargaining power in the route setting of transit containers, which constitutes significant buyers' power and competition constraints against port companies. According to the concentrations of undertakings in 2019, vertical integrations of upstream and downstream players in the port industry is increasingly emerging. Local port groups have attached more importance to the cooperation with shipping companies and cargo owners and strengthened their business competitiveness by stabilizing and expanding cargo sources. For example, both the concentration between Zhanjiang Port and China Merchants Group and the concentration between Hainan Harbour & Shipping and COSCO Shipping are typical illustration of cooperation between regional coastal ports and large shipping companies. For such vertical concentrations reviewed in 2019, considering that a given port usually face relatively strong competition constraints from ports in other regions and the relevant shipping companies do not have comparably strong market power regarding major routes, no competition concern was identified concerning these concentrations and therefore the corresponding cases were all unconditionally approved.

3. Market structures concerning shipping transportation and port ancillary logistics services are relatively fragmented with sufficient competition

Among the cases concluded in 2019, the cases concerning shipping and port ancillary logistics services were mostly horizontal and vertical concentrations, including the vertical merger and acquisitions between shipping companies and freight agency service providers, the vertical merger and acquisitions between shipping alliances and regional ports, and the horizontal merger and acquisitions between large international freight agency service providers. From the perspective of competition, in the field of shipping businesses, the main container liner routes demonstrate the oligopoly market competition landscape with the world's major shipping companies and shipping alliances being the most important competitors; the regional market structure for bulk cargo and liquid bulk cargo routes is relatively fragmented and market competition is comparably sufficient. In the field of marine freight forwarding business and ancillary logistics services, shipping companies and international freight forwarding service providers pay more attention to the integration of cargo sources and transport resources through mergers and acquisitions. There are various competitors in the national markets, with fragmented market structure and sufficient competition.

4. Integration of major competitors in shipbuilding and ancillary equipment fields has accelerated, which may give raise to competition concerns

For the cases concluded in 2019, the cases relating to ship and ancillary equipment manufacturing industries mainly concern horizontal concentration, where major shipbuilding players across the world carried out integration in terms of ship ancillary equipment, whole ship manufacturing and ship sales channels through mergers and acquisitions, joint ventures, etc. In terms of shipbuilding, major shipbuilding players worldwide cooperated on shipbuilding businesses through mergers and acquisitions or joint ventures. In terms of shipbuilding ancillary equipment, the global ship ancillary equipment industry has been in a recession as a whole, where major competitors were accelerating market integration, further increasing the market concentration which may have an adverse impact on the domestic market and downstream customers in China. In 2019, in accordance with China's market competition landscape, SAMR conditionally approved the acquisition of certain business of TTS Group by Cargotec Corporation with restrictive conditions, effectively maintaining the efficient competition landscape in China's ship ancillary equipment market and ensuring fair market competition.

Chapter Ⅳ
Competition Policies

Ⅰ. Theoretical Research on the Fundamental Role of Competition Policies was strengthened

The Central Economic Work Conference held in December 2018 called for strengthening the fundamental role of competition policies and creating an institutional environment for fair competition. The fourth plenary session of the 19th Central Committee of the Communist Party of China held in October 2019 further called for constructing a high-standard market economy and improving fair competition system; strengthening the fundamental role of competition policies, implementing fair competition review system, and strengthening and improving the antitrust law enforcement; and improving the antitrust review systems. SAMR has been adhering to the guidance of Xi Jinping Thought on Socialism with Chinese Characteristics for a New Era, resolutely implemented the decisions and plans made by the Central Committee of the Communist Party of China and the State Council, adhered to new development concepts, effectively deepened theoretical research on competition policies, and strengthened anti-monopoly legislation, which laid a solid foundation for strengthening the implementation of competition policies.

(Ⅰ) Evolution of China's competition polices

China's market economy system reform is a process during which competition is introduced, promoted, standardized and protected. With the continuous deepening of the market-oriented reform, the competition policy system of China has been continuously improved, with gradually improved institutional framework for competition policy implementation and constantly strengthened intensity and level of competition policy enforcement. The established and improved competition policies have become important forces for further deepening market-oriented reforms, with remarkable achievements especially in terms of improving business environment and maintaining market competition order. In general, the competition policies have experienced three stages in their formation and development.

1. Stage of Exploration (1978-2007): the concept of competition was introduced and took initial shape. At this stage, competition policies appeared in various reform fields progressively, continuously and on a scattered basis together with reform policies and measures. In 1980, the State Council promulgated the *Interim Provisions on Carrying out and Protecting Socialist Competition*, making provisions for competition for the first time; in 1987, the State Council promulgated the *Regulations on Price Administration*, aiming to prohibit the agreement of monopoly price among enterprises or trade associations; in 1992, the 14th National Congress of the Communist Party of China expressly stated for the first time the goal of China's economic system reform was to establish a socialist market economy system; in September 1993, the third session of the 8th Standing Committee of the National People's Congress deliberated and adopted the *Anti-Unfair Competition Law of the People's Republic of China*, which was the first time for China to encourage and protect fair competition in the form of law and therefore provided legal protection for regulating the competition behaviors of market participants and protected the legitimate rights and interests of undertakings and consumers; in November 2019, it was proposed at the third plenary session of the 14th Central Committee of the Communist Party of China that "to give play to the basic role of market mechanism in resource allocation, it is imperative to cultivate and develop market system, create an environment for equal competition, and develop a unified, open market with orderly competition". In 1997, the eighth Standing Committee of the National People's Congress adopted the *Price Law*, expressly stating that the country supports and promotes fair, open, and lawful market competition so as to maintain the normal price order. It was proposed at the third Plenary Session of the 16th Central Committee of the Communist Party of China held in 2003 that "the basic role of the market in the allocation of resources should be brought into greater play, and a unified, open modern market system with orderly competition should be established".

2. Stage of full development (2007-2018): competition policies were institutionalized, and implementation was accelerated. In 2007, the *Anti-Monopoly Law* was adopted by the 10th Standing Committee of the National People's Congress. Article 9 of the *Anti-Monopoly Law* clearly provides that the Anti-Monopoly Commission of the State Council shall be responsible for "studying and formulating relevant competition policies", and the competition policies were formally launched in the form of law. The *Anti-Monopoly Law* came into force on 1 August 2008. The *Anti-Monopoly Law* and antitrust law enforcement, as the core elements of and the tool for competition policies, provide for the protection and promotion of market competition in the form of law and represent the essential requirements of market economy. The *Anti-Monopoly Law* and antitrust enforcement help to break

institutional barriers, promote the optimization of resource allocation, and are of great and far-reaching significance to prevent and curb monopolistic behaviors, protect fair market competition, safeguard the interests of consumers and the public, and promote the healthy development of the socialist market economy. The promulgation and implementation of the *Anti-Monopoly Law* is an important milestone for the competition-related legislation of China, which lays a legal foundation for establishing the fundamental role of competition policies.

Since the 18th National Congress of the Communist Party of China, the Party Central Committee has been attaching greater importance to the position and role of competition policies. Both the Central Party Committee and General Secretary XI Jinping have repeatedly made important remarks on building a sound market economy system and giving play to the role of competition policies. It was pointed out at the third plenary session of the 18th Central Committee of the Communist Party of China held in November 2013 that "building a unified and open market system with orderly competition forms the basis for the market to play a decisive role in resource allocation", requiring competition policies to play a greater role in the reform of market economy system. It was clarified at the fourth plenary session of the 18th Central Committee of the Communist Party of China held in October 2014 that "efforts shall be made to strengthen macro-control and market regulation in accordance with applicable law, monopoly shall be prevented and fair competition shall be promoted so as to maintain the fair competition market order". In October 2015, the Central Committee of the Communist Party of China and the State Council issued the *Several Opinions on Promoting the Price Mechanism Reform*, explicitly stating that "the fundamental role of competition policies shall be gradually established". In October 2017, it was clearly stated in the report of the 19th National Congress of the Communist Party of China to "break administrative monopoly and prevent market monopoly".

At this stage, China established the fair competition review system, another important tool for competition policies. The fair competition review system represents a major decision and deployment made by the Central Committee of the Communist Party of China and the State Council for the purpose of deepening the economic system reform. Recent years have witnessed the gradually improved market economy system and optimized market competition environment. However, there are still some system-related and institutional obstacles, and administrative monopoly problems are still commonly seen in some regions and industries, which distort the allocation of market resources, raise institution-related transaction costs, restrain market vitality and reduce economic efficiency. In order to prevent and curb administrative monopoly from the root, General Secretary XI Jinping chaired the 23rd meeting of the Central Leading Team for Comprehensively Deepening Reform on 18 April 2016 to deliberate and approve the establishment of the fair competition review system in China. In June 2016, the State Council issued the *Opinions on Establishing the Fair Competition Review System in the Market System*, making comprehensive deployment for the establishment and implementation of the fair competition review system. Government departments were required to prevent the introduction of policies and measures eliminating or restricting competition and gradually sort out and abolish those provisions and practices obstructing the unified national market and fair competition. The fair competition review system provides the institutional arrangement for coordinating competition policies and industrial policies, and it is a key measure for China to establish and strengthen the fundamental role of competition policies.

3. Stage of strengthened implementation (from 2018 to present): the fundamental position of competition policies was strengthened. It was clearly requested in the Central Economic Work Conference held at the end of 2018 to "strengthen the fundamental role of competition policies and create a market environment for fair competition". It was stated at the fourth plenary session of the 19th Central Committee of the Communist Party of China held at the end of 2019 that the fundamental role of competition policies shall be strengthened, the fair competition review system shall be implemented, and the anti-monopoly and anti-unfair competition law enforcement shall be intensified and improved, representing a new stage for the implementation of China's competition policies. This stage can be further segmented to the following phases.

Firstly, antitrust law enforcement authorities were strengthened and optimized. As the result of the new round of reform of state institutions in 2018, SARM was established to undertake the unified function of antitrust law enforcement, thereby eliminating the issue of overlapping functions among the original three antitrust law enforcement authorities. Top-level design for antitrust regulation system and mechanism was further improved, and the uniformity of antitrust law enforcement was strengthened. The Anti-Monopoly Bureau was set up under SAMR to take charge of antitrust work.

Secondly, supporting laws and regulations were introduced or revised. After the institutional reform, SAMR actively promoted the revision of the *Anti-Monopoly Law* and introduced supporting antitrust laws and guidelines to provide clear guidance for law enforcement and compliance. In June 2019, by issuing the *Interim Provisions on the Prohibition of Monopoly Agreements*, the *Interim Provisions on the Prohibition of the Abuse of Dominant Market Position* and the *Interim Provisions on the Prohibition of the Abuse of Administrative Power to Eliminate or Restrict Competition*, SAMR integrated the original departmental rules, unified law enforcement procedures and standards, and actively responded to the new issues arising from market competition. Such move effectively eased the contradiction arising from the lagged legislation compare to the practice and further enhanced the fairness and standardization of antitrust law enforcement, making the legal system of competition policies further improved.

Thirdly, full implementation of fair competition review was promoted. Since the issuance of the *Opinions of the State Council on Establishing the Fair Competition Review System in the Development of the Market System* (Guo Fa [2016] No.34), with the joint efforts of all local governments and departments, the implementation of the fair competition review system has achieved positive results, mechanism construction has been proceeding on a fully basis, document review has been carried out in an orderly manner, thereby rendering the administrative behaviors continuously regulated and the fair competition protected. By issuing the *Implementation Rules for the Fair Competition Review System (for Interim Implementation)*, the *Implementation Guidelines for Third-party Assessment of Fair Competition Review* and other documents, and incorporating fair competition review in the *Regulations on Optimizing the Business Environment*, it was further emphasized that fair competition review should be conducted in accordance with the provisions of the State Council when formulating administrative regulations, rules and administrative normative documents closely related to the production and operation activities of market participants. By the third quarter of 2019, the fair competition review system had achieved a full coverage among governments at the national, provincial, city and county levels, a number of policies and measures in violation of review standards were discovered and corrected in a timely manner, the fair competition market order was effectively maintained, and the construction of a unified and open market system with orderly competition was promoted.

(Ⅱ) The theoretical framework to strengthen the fundamental role of competition policies was established and improved

In order to explore feasible approaches to intensify the implementation of competition policies, and to study and establish the competition policy framework in line with the development stage of China, in March 2019, the Anti-Monopoly Bureau of SAMR entrusted the Institute of Market Economy under the Development Research Center of the State Council to carry out the research on the topic regarding the overall framework for implementation of competition policies, so that the connotation of competition policies compatible with the development stage of China's economy could be clarified and scientific approaches and effective ways for China to strengthen the fundamental role of competition policies could be explored.

On top of the research on the topic of the overall framework for the implementation of competition policies, in order to effectively implement the spirit of the Central Economic Work Conference, clarify the connation of competition policies, study key and difficult issues in the course of implementation of competition policies, and to put forward policy-related suggestions on further strengthening the fundamental role of competition policies, in September 2019, the Anti-Monopoly Bureau of SAMR, in concert with relevant departments and bureaus of SAMR, publicly solicited applications from research institutes to carry out relevant research projects. Various domestic scientific research institutions and higher education institutions responded actively and a total of 26 applications were received. Upon review, it was determined that the Institute of Industrial Economics of Chinese Academy of Social Sciences would take charge of the research on ideas and safeguard policies for further strengthening the fundamental role of competition policies. The research would, on the basis of an in-depth study of the characteristics and needs of China's economic development, clarify the main tasks in connection with strengthening the fundamental role of competition policies in the new era. Relevant policy-related suggestions would also be proposed so as to lay a solid theoretical foundation for more scientific, responsive and effective implementation of competition polices in China.

Ⅱ. The practical exploration for the implementation of competition policies was strengthened

Competition policies are highly practical. In order to focus on main problems arising from market competition and the implementation of competition policies and explore approaches to implement competition policies suitable for China's economic development, SAMR conducted extensive and in-depth research into relevant departments, enterprises and regions, provided guidance for trial implementation of competition policies in the pilot free trade zone and strived to promote the implementation of competition policies.

(Ⅰ) The survey and research were carried out extensively by being problem-oriented

1. The field research was effectively strengthened

By focusing on key issues arising from strengthening the implementation of competition policies and the revision of the *Anti-Monopoly Law*, GAN Lin, Vice Minister of SAMR, carried out the field research in Guangdong, Yunnan, Jiangsu, Shandong, Shanghai, Shanxi and other places successively in June, July, August and November 2019. During the field research, symposiums were held to obtain an in-depth understanding of the work conducted by local market regulators and other relevant government departments to implement competition policies and listen to the opinions and suggestions on strengthening the fundamental role of competition policies.

2. The research on legislation of other jurisdictions was conducted

In May, August and September 2019, Vice Minister GAN Lin visited other countries including, amongst others, South Korea, Japan, the Philippines, Serbia, Morocco, Portugal, Russia and Belarus. During the visit, research was carried out on the implementation of competition policies, anti-monopoly legislation and law enforcement, which provided useful reference for revising and improving the *Anti-Monopoly Law* and strengthening the fundamental role of competition policies. In November, the Anti-Monopoly Bureau of SAMR, together with the Legal Affairs Department of SAMR, the Economic Law Division of Legislative Affairs Commission of the National People's Congress and other departments, conducted legislation-related research in the United States, Germany, the United Kingdom and Belgium, so as to understand and draw on their practices and experience in anti-monopoly legislation and law enforcement, further improve China's anti-monopoly regime, and effectively strengthen the implementation of competition policies.

3. The research was conducted on different categories of undertakings

In order to understand fair competition-related problems faced by undertakings in their production and operation, the Anti-Monopoly Bureau of SAMR, with the problem-oriented and goal-oriented focus, organized and held symposiums respectively for different market participants, and invited the representatives from dozens of private enterprises, state-owned enterprises and foreign-funded enterprises where their opinions and suggestions on the revision to the *Anti-Monopoly Law* and the implementation of competition policies were heard, so that a fair and impartial market competition environment could be created for the development of enterprises.

4. The opinions of experts and scholars were fully heard

By focusing on, amongst other issues, the main ideas for strengthening the fundamental role of competition policies, enriching the policy tools for implementing competition policies, and learning from other countries about their experience in implementing competition policies, the Anti-Monopoly Bureau of SAMR organized and held several meetings of the Expert Advisory Group of the Anti-Monopoly Commission of the State Council, so as to give full play to the intellectual support of the Expert Advisory Group, support and encourage experts and scholars to offer advice and suggestions on strengthening the implementation of competition policies.

(Ⅱ) The pilot implementation of competition polices was solidly promoted in free trade zones

At the 8th China Competition Policy Forum, Vice Minister GAN Lin pointed out that the functional positioning of the free trade zone was highly suitable for the implementation of competition policies. She also pointed out that exploring to implement competition policies in free trade zones on a broader and deeper basis would further promote the institutional innovation and development of free trade zones, help to explore ways to strengthen the fundamental role of competition policies, and drive a new round of comprehensive and in-depth reform in China.

In April 2019, SAMR approved the pilot program for intensifying competition policies in the China (Hainan) Pilot Free Trade Zone (Hainan Pilot FTZ) with the aim of giving full play to the role of Hainan Pilot FTZ as the pioneer and explorer, to start useful attempt in terms of overall implementation framework of competition policies and enriching competition policy tools. The pilot program for intensifying competition policies in the Hainan Pilot FTZ, by adhering to the principles of respecting market, prioritizing competition, considering overall situation, making overall plans, focusing on key points, implementing on a step-by-step basis, improving the mechanism, strengthening supervision when strengthening competition policies, and by focusing on the goal to build the free trade port with Chinese characteristics into a new core area in global fair competition arena, proposed the specific measures in 18 aspects. These measures include, amongst others, establishing the Anti-Monopoly Commission of China (Hainan) Pilot Free Trade Zone, setting up an Expert Advisory Group of the Commission, thoroughly sorting out and abolishing provisions and practices hindering unified market and fair competition, effectively relaxing industry access, strictly implementing the fair competition review system, uniformly implementing the evaluation system for fair competition review, accelerating the establishment of a mechanism to coordinate competition policies and industrial policies, strengthening fair competition law enforcement, formulating supporting regulations and rules, improving public awareness of fair competition, strengthening the recruitment and training of talents who are specialized in the competition law, and strengthening international exchange and cooperation.

Under the guidance of SAMR, Hainan Administration for Market Regulation, by focusing on strengthening organization and leadership construction, strengthening innovation of systems and mechanisms, strengthening the improvement of rules and systems, strengthening research and evaluation on special topics, and strengthening the application of self-review results, and by centering on the pilot program for strengthening competition policies, issued plans for intensifying competition policies throughout the province to promote on a comprehensive basis various work related to such pilot program. The status as regards the efforts to strengthen the implementation of competition policies and the fair competition review system were included as the indicator to assess the construction of the "government under the rule of law" in Hainan as well as in the performance appraisal for all departments at the provincial level and governments at the city and county levels, so as to ensure the effective implementation of the pilot program. The inspection and supervision over the abuse of administrative power to eliminate and restrict competition were arranged throughout the province, and efforts were made to accelerate the sorting-out and abolishment of provisions and practices impeding the unified market. The antitrust law enforcement was strengthened effectively, and a special campaign against the behavior to eliminate or restrict competition in the public utility sector was organized across the province. To enhance the awareness of fair competition, three province-wide trainings in respect of strengthening the implementation of competition policies, fair competition review and antitrust law enforcement were organized and carried out. Efforts were also made to carry out in-depth research on five topics including, amongst others, the overall idea of strengthening the pilot program for competition policies, approaches to carry out the pilot work, list of tasks for the pilot work, coordination between competition policies and industrial policies, and the optimization of business environment in Hainan, so as to strengthen the theoretical basis to implement competition policies.

In December 2019, the Anti-Monopoly Commission of China (Hainan) Pilot Free Trade Zone was established, whose director was the provincial leader in charge of the related work. The Anti-Monopoly Commission shall carry out the related work within the scope of its duties on behalf of the Hainan Provincial People's Government, lead the inter-departmental joint meeting system for fair competition review, make overall planning and coordination, provide guidance and promote the efforts to strengthen the implementation of competition policies and various work related to the inter-departmental joint meeting system for fair competition review.

In July 2019, it was required in the executive meeting of the State Council to carry out the pilot program to strengthen competition policies in the free trade zone so as to create a fair competition market environment. SAMR is presently expediting the pilot scheme for strengthening competition policies in the free trade zone in accordance with the requirements of the State Council. On the basis of the pilot program in Hainan and by taking into account regional economic conditions and development positioning, SAMR provided guidance to areas including, amongst others, Shandong Pilot Free Trade Zone, Shanghai Pilot Free Trade Zone, Guangdong-Hong Kong-Macao Greater Bay Area to develop and improve the implementation plans for the pilot program of intensifying competition policies. SAMR also promoted the pilot program of intensifying competition policies to be carried out in areas where conditions permitted, so as to further expand the scope of the pilot program, support the free trade zone to take new steps to strengthen the implementation of competition policies, and explore more replicable experience.

(Ⅲ) Assessment of market competition conditions was organized

Assessing the market competition conditions is an important duty vested in the Anti-

Monopoly Commission of the State Council by the *Anti-Monopoly Law*, which is also an important basis for studying and formulating competition policies, anti-monopoly legislation and guidelines, carrying out antitrust law enforcement and competition advocacy. The assessment of market competition conditions includes the assessment of the overall market competition conditions (***overall evaluation***) and the assessment of the market competition conditions of major industries (***industry assessment***). Since the establishment of the Anti-Monopoly Commission of the State Council till the end of 2018, the Office of the Anti-Monopoly Commission of the State Council had carried out overall assessment twice, and successively assessed eight key industries, namely, Internet, electric power, motor vehicle, steel, semiconductor, pesticide, communication equipment and medium and high-end medical equipment. In 2019, the Office of the Anti-Monopoly Commission of the State Council conducted assessment of four major industries, namely civil aviation transportation, aviation manufacturing, insurance, and active pharmaceutical ingredients. The assessment of market competition conditions included, amongst others, industry overview, relevant market definition, evaluation and analysis of market structure, evaluation and analysis of market entry, analysis and evaluation of high-risk competitive behaviors, analysis and assessment of concentration of undertakings, comparative studies on other jurisdictions, main conclusions, and policy-related suggestions, which provided useful reference for the antitrust law enforcement and market-oriented reform in relevant industries.

Ⅲ. The fair competition review system was fully implemented

In June 2016, the State Council issued the *Opinions on Establishing the Fair Competition Review System in the Development of the Market System* (Guo Fa [2016] No.34), symbolizing the official introduction of the fair competition review system. This is another important institutional arrangement made by China on fair competition after the enactment of the *Anti-Monopoly Law*, which is of great and far-reaching significance to the correct handling of the relationship between government and market, ensuring that market play a decisive role in the allocation of resources and better playing the role of the government. Since the establishment of the fair competition review system, the antitrust law enforcement authority has actively taken the lead in performing their duties. The joint meetings at all levels have given full play to the role of overall planning and coordination which have promoted the in-depth implementation of the system and brought about a favorable situation featuring government promotion, departmental coordination and social supervision. Currently, the fair competition review work has been fully implemented nationwide, covering all government departments at four levels. The review rules have been constantly improved, and supporting documents such as implementing rules and third-party assessment guidelines have been issued to provide clear guidelines for the review work. The effect of such review has gradually appeared. During the past three years or more, a total of 680,000 newly issued documents have been reviewed and issued nationwide, more than 2,600 documents suspected of violating the review standards have been revised and adjusted, more than 820,000 existing documents have been abolished, and more than 20,000 documents involving, amongst others, requiring its counterparty to solely transact with it or the entities designated by it, local protection and market barrier have been abolished or revised, effectively promoting the construction of a unified, open and modern market with orderly competition.

The year of 2019 was an extremely important year for the development of the fair competition review system. At the fourth plenary session of the 19th Central Committee of the Communist Party of China, the *Decision on Major Issues Concerning Upholding and Improving the System of Socialism with Chinese Characteristics and Advancing the Modernization of China's Governance System and Capacity* was issued, explicitly stating that "the fair competition review system shall be implemented". Over the past year, under the overall planning and coordination of the Inter-Ministerial Joint Meeting for Fair Competition Review (Joint Meeting) and with vigorous promotion by the Office of the Joint Meeting, all regions and departments have resolutely implemented the decisions and arrangements of the Central Party Committee and the State Council. A full coverage of the fair competition review system among governments at the national, provincial, municipal and county levels was realized by carrying out scientific planning, reform and innovation, and vigorous implementation. Fair competition review was conducted for a total of 250,000 newly issued policies and measures nationwide, among which more than 300 have been revised and improved. Such move prevented and corrected in a timely manner a number of policies and measures hindering unified market and fair competition. It further improved the review authority and efficiency, and provided strong support for optimizing the business environment, promoting high-quality development, and advancing the modernization of China's governance system and capacity.

(Ⅰ) The top-level design was optimized, and the development direction was clarified

In 2019, SAMR attached greater importance to fair competition review, the study was conducted and the plan and deployment were made for the purpose of upholding and improving the system of socialism with Chinese characteristics. SAMR promoted the incorporation of fair competition review as an important element of the comprehensive deepening of reform and the modernization of China's governance system and capacity. By doing so, the top-level design was optimized, and the development direction of the regime was further clarified.

1. The fair competition review was included in the plan for promoting the modernization of China's governance system and capacity

In October 2019, the fourth plenary session of the 19th Central Committee of the Communist Party of China issued the *Decision on Major Issues Concerning Upholding and Improving the System of Socialism with Chinese Characteristics and Advancing the Modernization of China's Governance System and Capacity*, expressly stating to "strengthen the fundamental role of competition policies, implement the fair competition review system, and strengthen and improve anti-monopoly and anti-unfair competition law enforcement", thereby providing political guarantee and basic principle for the implementation of the fair competition review system.

2. The fair competition review was included in the overall work arrangement of the government

The 2019 *Government Work Report* stated that efforts should be made to "reform and improve the fair competition review and fair regulation system, and move faster to abolish various rules and practices hindering unified market and fair competition". In March 2019, Premier LI Keqiang chaired and convened an executive meeting of the State Council to study on the topic of fair competition review and deploy the fair competition review work. He stressed that "the abolishment and revision of relevant regulations and systems shall be accelerated, those policies or measures that hinder fair competition, obstruct the development of private enterprises or fail to treat domestic and foreign companies equally shall be corrected or abolished to the extent possible". It was also stressed that "a full coverage of the fair competition review system among governments at the national, provincial, municipal and county levels shall be achieved by the end of the year, and fair competition review shall be conducted for all enterprise-related regulations, normative documents and other policies or measures in the future", thereby promoting the in-depth implementation of the fair competition review system from a high level.

3. The implementation of the fair competition review system was promoted by being included as an important element of deepening reform

In August 2019, the General Office of the State Council issued the *Plan for the Division of Key Tasks Ascertained at the National Video and Telephone Conference for Deepening the Reform of "Delegating Power, Streamlining Administration and Optimizing Government Services" to Optimize the Business Environment* (Guo Ban Fa [2019] No.39), requiring to "revise the *Implementing Rules for the Fair Competition Review System (for*

Interim Implementation), organize all regions and departments to complete the special opening-up of existing documents, revise and abolish a number of policies and measures that are not conducive to fair competition, and speed up to study and formulate guidance on the implementation of competition policies". In December 2019, the Central Committee of the Communist Party of China and the State Council issued the *Opinions on Creating a Better Development Environment to Support the Reform and Development of Private Enterprises*, stressing to "strengthen the rigid restraints of the fair competition review system". It was also stressed to "attach equal importance to the abolishment of existing policies and measures and review of new ones, continue to sort out and abolish various provisions and practices that hinder unified market and fair competition, accelerate abolishing the provisions and practices relating to industry access, qualification standards and industry subsidies which will be granted or determined by taking into account the nature of enterprises". Another focus was to "promote the transformation of industrial policies from being differentiated and selective to being inclusive and functional, strictly review newly introduced policies and measures, establish a standard process and introduce the third party to carry out assessment and review." Moreover, it was also stressed to "establish a complaint reporting mechanism as well as a handling and response mechanism for violations of fair competition for various market participants, and promptly announce the handling status to the public", thereby fully promoting the implementation of the fair competition review system.

(Ⅱ) The full coverage was achieved by strengthening overall planning and coordination

In accordance with the State Council's requirement of "achieving full coverage among governments at the national, provincial, municipal and county levels by the end of 2019", SAMR, by working with relevant departments, made early plans and accurately targeted efforts to promote the 12 provinces (autonomous regions and municipalities directly under the Central Government) that had not yet achieved full coverage to complete the task with high quality by way of supervision and inspection, providing guidance upon field research and other means. In September 2019, all local governments at and above the county level across the country printed and distributed relevant documents, established the joint meeting system, and realized in advance the full coverage of fair competition review system among governments at the national, provincial, municipal and county levels. In Liaoning, Jiangxi, Ningxia and other provinces (autonomous regions), it was made clear that the person-in-charge of the government should serve as the convener of the joint meeting, making the coordination efforts further strengthened. In particular, the Anti-Monopoly Commission headed by the Vice Governor who is in charge of antitrust work was set up in Hainan to coordinate and provide guidance to the fair competition review work. After the institutional reform, all regions and departments rapidly adjusted their functions and ensured each work was transferred orderly and promoted steadily. By the end of 2019, 31 provincial joint meetings have been put in place in accordance with the institutional reform requirements, and the joint meeting of 26 provinces (autonomous regions and municipalities directly under the Central Government) have held their first plenary session since the adjustment.

(Ⅲ) The institutional foundation was strengthened by improving review rules

In order to better meet the actual needs of fair competition review, the review rules were further improved by timely learning the effective practices of all regions and departments and drawing on advanced international experience, thereby laying a solid foundation and providing important guarantees for the in-depth implementation of the fair competition review system.

1. The *Guidelines for the Implementation of Third-party Assessment for Fair Competition Review* was formulated and issued

In February 2019, upon deliberation and approval at the 2nd plenary session of the Joint Meeting, SAMR released the *Guidelines for the Implementation of Third-party Assessment of Fair Competition Review* (Announcement of SAMR [2019] No.6) to specify the application scope, procedures and approaches and the application of results of third-party assessment as well as the basic conditions of third-party organs. The Guidelines provided clear guidance for the introduction of third-party assessment for fair competition review and promoted the continuous improvement in review quality.

2. The *Notice on Further Promoting Fair Competition Review* was studied and formulated

In accordance with a series of decisions and arrangements made by the Central Committee of the Communist Party of China and the State Council with regard to reforming and improving the fair competition review system and strengthening the rigid constraints of the fair competition review system, SAMR, in concert with the National Development and Reform Commission, the Ministry of Finance, and the Ministry of Commerce, studied and formulated the *Notice on Further Promoting Fair Competition Reviews* (***Notice***), in order to further optimize systems and rules in respect of the review scope, review standards, review methods, etc., establish and improve working mechanisms relating to regular assessment and abolishment, random check of policies and measures, complaint handling and response, and supervision and performance appraisal, and accelerate the establishment of a review system with comprehensive coverage, complete rules, clear rights and responsibilities, efficient operation and effective supervision.

3. The revision to the *Implementing Rules for the Fair Competition Review System (for Interim Implementation)* was promoted

According to the arrangements made for relevant tasks by the Central Committee of the Communist Party of China and the State Council, and by taking into account practical needs of the work, the revision to the *Implementing Rules for the Fair Competition Review System (for Interim Implementation)* was solidly promoted. By being problem-oriented and goal-oriented, efforts were made to comprehensively identify the "difficulties", "blockade" and "pain" encountered in the current fair competition review work. To make the system more scientific and operable, the review scope was further defined, the review standards were refined, strict requirements were made for exception rules. In addition, the review procedures were standardized, procedural supervision was increased, and the weak points were practically strengthened. The revision has now achieved periodical results so far and is to be completed by the end of 2020.

(Ⅳ) The work efficiency was improved by attaching equal importance to review and correction

Over the past year, all regions and departments have actively innovated work mechanisms, steadily carried out and strengthened document review, and constantly improved the quality and effectiveness of review. Meanwhile, equal importance was attached to the abolishment of existing policies and measures and the review of new ones. SAMR, together with the National Development and Reform Commission, the Ministry of Finance and the Ministry of Commerce, jointly made arrangements for the comprehensive abolishment of existing policies and measures.

1. The review mechanism and process were constantly optimized

By taking into account the actual work, the review mechanism was innovated, and review process was improved, which made the review more standard and professional. An internal review mechanism was set up within SAMR, under which each department would carry out self-review, the Anti-Monopoly Bureau would provide professional support and the General Office would take care of the procedure-related issues. In addition, the document handling system was optimized by including fair competition review as a necessary procedure for issuing documents. The "fair competition review" option was added to the document issuance management system in the intranet of the National Development and Reform Commission, the Ministry of Finance, the Ministry of Commerce and the National Health Commission to strengthen the procedural control of document approval procedures. The Ministry of Industry and Information Technology established a dual review mechanism under which preliminary review would be conducted by the business department and the second-round review would be conducted by the Department of Industrial Policies and Regulations. It also formulated the *Measures for the Fair Competition Review of Policy Documents (for Trial Implementation)* and issued the *Fair Competition Review Workbook* in order to provide targeted guidance on the review work across the whole system of the departments. The Ministry of Transport, the State Taxation Administration, the National Radio and Television Administration incorporated fair competition review as a necessary step for document issuance and made it included in their respective administrative measures for the formulation of rules and normative documents. Anhui and Shandong established a mechanism for joint review of important documents, and documents released in the name of the provincial government should be jointly reviewed by the market regulation departments and document drafting departments. Jiangsu established the professional review assistance mechanism and the office of joint meeting would assist all regions and departments in reviewing complicated documents. Taiyuan of Shanxi established a filing system for review conclusions, requiring policy makers to submit the fair competition review conclusions to the office of the joint meeting at the same level for filing.

2. The in-depth rectification was carried out for key industries and fields

Special rectification was carried out for key industries and fields to improve the pertinence and effectiveness of the review. The National Development and Reform Commission and the Ministry of Finance conducted in-depth fair competition review in the fields of project bidding and government procurement and issued special rectification plans requiring strict fair competition reviews of relevant policies and measures. Special law enforcement actions against the abuse of administrative power to eliminate or restrict competition were arranged by SAMR, with focus being placed on the abuse of administrative powers to eliminate or restrict competition in medicine, construction, transportation, bidding, government procurement, official seal engraving and other fields. Zhejiang conducted a special campaign against the abuse of administrative power to eliminate and restrict market access, with the focus on the rectification of the abuse of administrative power to eliminate or restrict market access by provincial departments, and governments of city-level and county-level as well their subordinate departments.

3. Existing policies and measures were reviewed on a comprehensive basis

In December 2019, with the consent of the State Council, SAMR, the National Development and Reform Commission, the Ministry of Finance and the Ministry of Commerce jointly issued the *Notice on Abolishing the Policies and Measures Impeding Unified Market and Fair Competition* (Guo Shi Jian Fan Long Duan [2019] No.245), and plans were made for all regions and departments to comprehensively sort out the policies and measures introduced before 31 December 2019. Provisions and practices impeding equal market access and exit, restricting the free flow of product elements, implementing differential and discriminatory preferential policies in violation of laws and regulations, and improperly intervening in the production and operation of market participants should be abolished, so as to further optimize the business environment and accelerate the construction of a unified, open, modern market system with orderly competition. This campaign will be completed by the end of June 2020.

4. The third-party assessment was actively implemented

Third-party professional organizations were actively leveraged to assist in fair competition review so as to improve the quality and effect of review. SAMR invited external experts to analyze and discuss about the policy-related documents found by special inspection to be suspected of violating review standards. National Medical Products Administration gave full play to the role of government lawyers, strictly reviewed relevant documents, and entrusted third-party agencies to conduct post-evaluation of the effect of the policies and measures introduced in 2019. Zhejiang entrusted third-party agencies to carry out comprehensive assessment of the implementation status of the fair competition review system across the whole province. Assessment index system was also prepared to quantify and grade the performance of each city, and an assessment report was issued to strengthen the effect-related follow-up and the application of results. In Chongqing, the office of the municipal joint meeting entrusted third-party agencies to carry out external evaluation on existing and effective policies and measures issued by four municipal departments, and all municipal-level departments and all districts and counties were notified of the evaluation results. In Hainan, the Office of Law-based Governance under the Provincial Party Committee and the Department of Justice carried out third-party assessment of the implementation of competition policies and the fair competition review system by government departments at all levels across the province. Beijing Municipal Finance Bureau entrusted third-party agencies to evaluate and sort out the finance and tax-related policies of the city to effectively ensure the quality and results of such review. Wuhu of Anhui and Lishui of Zhejiang set up expert databases for fair competition review, and invited experts to review relevant policies and measures and provide written review suggestions.

(V) Supervision and performance appraisal were strengthened to reinforce the mandatory effect of the mechanism

Equal importance was attached to self-review and external supervision. The supervision, random inspection, notice circulation, appraisal and other means were used in combination when regulating and guiding policy-making bodies to carry out review, so as to constantly strengthen external supervision and enhance the mandatory effect of the mechanism.

1. The typical cases under the key supervision and inspection in 2018 were timely published

Status on key inspections conducted in 2018 was comprehensively summarized, and relevant local governments were urged to rectify 30 policy-related documents which were found in violation of the fair competition review standards in the inspection. A number of rules and practices hindering the unified market and fair competition including, amongst others, designating the review agency of the construction drawing by some local governmental departments, granting discriminatory subsidies to non-local robot products, and setting unreasonable access qualifications for hemodialysis institutions, were corrected and relevant information was disclosed to the public so as to give full play to the warning and education effect of typical cases and improve the deterrence and transparency of the fair competition review system.

2. The key supervision and inspection in 2019 were organized and carried out

Inspection of fair competition review was included into the 2019 comprehensive plan for appraisal and evaluation of market regulation, and on the basis of requiring all regions to conduct comprehensive self-review, key inspection was conducted in eight provinces (autonomous regions and municipalities directly under the Central Government), including Beijing, Shanxi, Anhui, Shandong, Hunan, Sichuan, Yunnan and Ningxia. The coverage of random inspection of documents was expanded, a total of 420 documents were selectively reviewed, and in-depth study was conducted and corrections were urged in respect of 12 policy-related documents suspected of requiring its counterparty to solely transact with it or the entities designated by it, setting unreasonable access conditions, and illegal granting of preferential policies to specific undertakings. Meanwhile, guidance was provided to all places in terms of conducting inspection so as to promote the implementation. Hebei, Shanxi, Inner Mongolia and Liaoning listed fair competition review as one of the subject matters of special inspection by the provincial government.

3. Vigorously efforts were made to include the fair competition review into relevant appraisal and evaluation system

Under the overall planning and coordination of the joint meeting, the Ministry of Justice and SAMR respectively integrated fair competition review into the demonstration index system and quality work assessment system for the construction of law-based government of cities and counties. Heilongjiang, Zhejiang, Anhui, Guangdong, Guangxi, Guizhou, Chongqing and Gansu included fair competition review into the appraisal and assessment system for law-based administration and law-based government. Liaoning added a special column for fair competition review to the "12315" complaint and report platform, further opening up the channels for complaints and reports and making public supervision strengthened. Hunan tried the interview mechanism for fair competition review, under which the provincial joint meeting office would interview relevant organizations violating the fair competition review system and would urge rectification.

(Ⅵ) Importance was attached to publicity and training to enhance capability

The fair competition review scheme, as a relatively new concept, was established for a short time with broad coverage. By taking into account these characteristics, efforts were made to strengthen publicity and training and speed up capacity building so as to constantly improve the professional level of the fair competition review force.

1. Efforts were made to strengthen policy publicity and interpretation

In April 2019, GAN Lin, the Vice Minister of SAMR, attended State Council Briefing, where a detailed introduction was given to the latest progress in implementing the fair competition review system and arrangements for the next step, and the system's influence was expanded. By publishing a series of articles titled "Focusing on the Fair Competition Review System", compiling and publishing the Reading Book on Fair Competition Review System and other means, the fair competition review system was interpreted so as to enhance social awareness and the review team's capability and create a good policy environment and working atmosphere.

2. The trainings were carried out in multiple forms

SAMR held training courses for key antitrust law enforcement officials across the country to provide in-depth training on the fair competition review system and enhance the understanding of policies of the entire antitrust law enforcement force. SAMR also provided active support to all local authorities for them to carry out training activities, relevant officials were sent to participate in the fair competition review training courses in 15 provinces (autonomous regions and municipalities directly under the Central Government) including, amongst others, Shanghai, Jiangsu to explain main rules, work requirements and typical cases for the purpose of enhancing review capability. Ministry of Industry and Information Technology, Ministry of Civil Affairs, Ministry of Commerce, National Health Commission, the People's Bank of China, the State-owned Assets Supervision and Administration Commission of the State Council, National Healthcare Security Administration, Civil Aviation Administration and other authorities incorporated fair competition review as the focus of systematic training so as to improve the understanding and awareness of the fair competition review system across the relevant authorities.

3. The international cooperation was deepened in terms of the fair competition review

The China-EU dialogue mechanism on fair competition review and state aid system was deepened, and the *Memorandum of Understanding on the Dialogue in the Area of the*

Fair Competition Review System and EU State Aid Control Regime and the *Directive on Establishing a Steering Group for the Dialogue Mechanism on Fair Competition Review System and EU State Aid Control System* was signed with the Competition Director-General of the European Commission. The second dialogue was successfully held, and two sessions of the China-EU competition week were jointly held. Communications and exchanges with the United Kingdom, the Organization for Economic Cooperation and Development, the World Bank Group, as well as with other countries and international organizations were further strengthened to deeply discuss international cooperation for fair competition review.

Chapter V

Development of Rule of Law

The *Anti-Monopoly Law* is an important policy tool for the government of countries with market economies to play its role. Since the implementation of the *Anti-Monopoly Law* on 1 August 2008, China has made great efforts to promote the rule of law in the antitrust field and has gradually established competition policies and the antitrust institutional system with Chinese characteristics. The State Council has issued the *Provisions on the Threshold for the Filing of Concentration of Undertakings*, and antitrust law enforcement authorities have issued 12 department regulations, 4 regulatory documents and 10 guidelines and guiding opinions such as the *Provision on Review of Concentrations of Undertakings*, the *Provisions against Price-Related Monopolistic Conducts, the Provisions on the Prohibition of Monopoly Agreements*, which have effectively improved the implementation of the law, promoted the full integration of antitrust work with the rule of law, and provided systematic guarantee for effective implementation of the law and administration in accordance with the law. The Anti-Monopoly Committee of the State Council has issued the *Guidelines on Definition of Relevant Market*, which reflect the enforcement framework and principles adopted by law enforcement authorities, share the law enforcement experience and provide undertakings with clearer guidance. Within the last 10 years, China has established a comprehensive legal regime under the *Anti-Monopoly Law*, for which Europe and US took decades or even hundreds of years to complete. The effective implementation of the *Anti-Monopoly Law* and its supporting rules has played an important role in protecting fair market competition, improving economic efficiency, safeguarding consumer interests and public interests, and promoting healthy development of the socialist market economy. The year of 2019 is the first year of China's antitrust law enforcement following the completion of the government institutional reform, and new achievements and progress have been made in the development of the *Anti-Monopoly Law*.

Ⅰ. Actively Promote the Amendment of the *Anti-Monopoly Law*

In September 2018, the legislative plan of the Standing Committee of the 13th National People's Congress included the amendment of the *Anti-Monopoly Law* in the tier two legislative projects. SAMR has attached great importance to the amendment of the *Anti-Monopoly Law*, and has established a drafting leadership group for amendment of the *Anti-Monopoly Law* (the Leadership Group) to actively promote the law amendments and has achieved the desired result at the current stage.

(Ⅰ) Necessity of amending the Anti-Monopoly Law

The *Anti-Monopoly Law* is one of the fundamental legal regimes for protecting fair market competition and ensuring that the market plays a decisive role in the allocation of resources. Since the implementation of the *Anti-Monopoly Law* in 2008, many pioneering achievements have been made, which have played an important role in preventing and restraining anti-competitive behaviors, protecting fair market competition, improving economic efficiency, safeguarding consumer interests and public interests, and promoting healthy development of the socialist market economy. With the rapid development of China's economy, the continuous deepening of economic system reform and the continuous enhancement of the level of opening up to the overseas economies, some provisions contained in the current law cannot fully meet the needs of high-quality economic development and participation in international competition. In order to comprehensively implement the spirit of the 19th National Congress of the Communist Party of China and the second, third and fourth plenary sessions of the 19th Central Committee of the Communist Party of China, it is necessary to make amendments to the current law.

First, it is the requirement of adhering to and improving the socialist legal system with Chinese characteristics. The fourth plenary session of the 19th Central Committee of the Communist Party of China called for the strengthening of legislation in important fields so as to ensure good governance with well-designed laws. The *Anti-Monopoly Law* involves deep intervention in economic life. It is closely related to economic development and needs to be adjusted promptly according to the economic development. Antitrust law enforcement authorities in other countries and regions have also adopted this approach. Since the implementation of the *Anti-Monopoly Law* 12 years ago, great changes have taken place in terms of economic size, economic structure and scale of enterprises in China. It is necessary to amend the *Anti-Monopoly Law* in a timely manner so as to better adapt to the needs of building a unified, open, competitive and orderly market system and promoting high-quality economic development. Meanwhile, it is also necessary to amend the law to perfect the authoritative and efficient enforcement mechanism of the legal system, enhance the deterrent effect and enforcement effectiveness of the legal system, improve the operability and predictability of the law, and further strengthen the enforcement of the system.

Second, it is the requirement of adhering to and improving the basic socialist economic system. The fourth plenary session of the 19th Central Committee of the Communist Party of China called for the construction of a high-standard market system and the improvement of fair competition system. The *Anti-Monopoly Law* is an important part of fair competition system. The adoption of legislative amendments could elevate the valuable experience gained since the implementation of the *Anti-Monopoly Law* to the institutional level, improve legal provisions, and consolidate the achievements of reform and opening up. It could also promote the further deepening of economic system reform, properly handle the relationship between the government and the market, and provide strong legal protection for building a high-standard market system and improving the socialist market economic system.

Third, it is the requirement of promoting high-quality economic development. The report of the 19th National Congress of the Communist Party of China pointed out that China's economy has evolved from the stage of rapid growth to the stage of high-quality development and it's in a critical period of transforming its development mode, optimizing its economic structure and converting its growth momentum. The core of market economy is fair competition, which is the fundamental premise to realize the effective allocation of resources and the survival of the fittest in the enterprises and to promote the high-quality development of economy. It is necessary to make amendments to the law to further improve the competition rules for market participants, create a market environment in which market participants of different ownerships are equally protected by the law, use resources and production elements equally in accordance with the law and compete openly and fairly, and stimulate the vitality of various market participants and the endogenous impetus of economic development, so as to promote high-quality economic development.

Fourth, it is the requirement of developing a new system of a higher-level open-up economy. As China has entered a new phase of opening up, the transition from the opening-up based on the movement of commodities and factors to that based on rules and other systems shall be accelerated. At present, competition policies and antitrust issues become increasingly prominent in the negotiations of bilateral and multilateral Free Trade

Agreements (FTAs). By amending the *Anti-Monopoly Law*, it is an inevitable requirement for building a new system of a higher level of opened up economy to further learn from and follow advanced international experience, create a more market-oriented, law-based and international business environment, and gradually promote the global competition governance system towards a more rational and effective direction.

(Ⅱ) The guiding opinions and fundamental principles of amendments

The amendment work is guided by Xi Jinping Thoughts on Socialism with Chinese Characteristics for a New Era, and comprehensively implements the guiding principles of the 19th National Congress of the Communist Party of China and the second, third and fourth plenary sessions of the 19th Central Committee of the Communist Party of China. It closely follows the overall layout of the "Five-sphere Integrated Plan" and the coordinated promotion of the "Four Comprehensives", adheres to the "Two Unwaverings", upholds the general work guideline of making progress while maintaining stability, adheres to the new development concept, enhances "Four Consciousnesses", strengthen "Four Confidences" and achieves "Two Maintenances". It further enhances the scientificity, pertinence and operability of the antitrust legal system, effectively protects fair market competition, improves the efficiency of economic operations, safeguards interests of consumers, and promotes healthy development of the socialist market economy. The following principles have been taken into account in the amendment process:

First, adhering to the fundamental standpoint of complying with national conditions. The amendment shall uphold the path, theoretical system and institution of socialism with Chinese characteristics as the fundamental principles for legal revisions, adhere to the fundamental national conditions of China, adapt to the continuous deepening of reform and opening up, take full account of the valuable experience gained since the implementation of the *Anti-Monopoly Law*, and improve the antitrust legal system that adapt to the current stage and level of economic development of China.

Second, adhering to the main goal of serving to China's development. The amendment of *Anti-Monopoly Law* shall treat the promotion of deepening the economic system reform and promoting high-quality economic development as the starting point as well as the ultimate goal. In-depth analysis of needs of China's reform, development and opening-up and the characteristics of economic development shall be conducted. The amendment work shall strength the basic position of the competition policies and lay a solid legal foundation for promoting changes in the quality, efficiency and dynamics of economic development, building an economic system with effective market mechanisms, energetic micro-entities and moderate macro-control, and enhancing the innovation and competitiveness of China's economy.

Third, adhering to the problem solving-oriented working methods. Extensive research shall be carried out on local market regulatory authorities, market entities of different types of ownership, etc., to comprehensively summarize the actual problems and difficulties faced in the implementation of enhanced competition policies and antitrust law enforcement. The most prominent and urgent issues and problems should be focused on, so as to solve them. The amendment work should also adapt to the characteristics of the diversity, variability and complexity of economic life, maintain appropriate flexibility of the law while regulating the discretionary power of law enforcement authorities, and enhance the scientificity and enforcement capacity of the legal system.

Fourth, adhering to an open attitude of taking in public opinions. The amendment work should strengthen the study of key issues concerned in the law amendment and reflect the latest results of theoretical antitrust research. Close communication with antitrust law enforcement authorities in other countries and regions shall continue, the communication on key issues of law amendment shall be strengthened, and the good practices and experiences of mature market economy countries shall be referred to reasonably, so that such practices and experience can be used for China's own benefit. The amendment process shall be open to the public, and shall fully take into account opinions of other government departments, market participants, experts, scholars and other parties, to effectively improve the quality of legislation.

(Ⅲ) Major amendment work

In 2018, the Standing Committee of the National People's Congress listed the amendment of the *Anti-Monopoly Law* in the tier two legislative plans. SAMR conscientiously implemented the decisions and arrangements made by the Central Party Committee and the State Council, and started the amendment work from 2019. In order to meet the requirements for scientific, democratic and law-based legislation, SAMR has entrusted experts of the Expert Consultation Group of the State Council to set up a research team and carry out the relevant research projects related to amendments of the *Anti-Monopoly Law*. Based on the research report and draft amendment of the *Anti-Monopoly Law* submitted by the research team, SAMR has prepared the revised amendment draft of the *Anti-Monopoly Law* after in-depth discussion of issues related to the revision of the law in the form of symposiums, field research and opinion solicitation and extensively absorbing opinions and suggestions from members of the Anti-Monopoly Committee of the State Council and local market regulatory authorities.

From January 2 to January 31, 2020, SAMR solicited public opinions on the *Draft Amendment of the Anti-Monopoly Law (Draft for Public Comment)* through its official website. During the consultation period, a total of 265 pieces of opinions from 75 sources were received. The opinions mainly focused on the legislative purpose, implementation of competition policies, fair competition review, monopoly agreements, abuse of dominant market position, anti-monopoly review for concentration of undertakings, abuse of administrative power to eliminate or restrict competition, investigations of suspected illegal activities and strengthening of the antitrust legal liability, etc. SAMR has carefully sorted out and studied the opinions collected and adopted most of the reasonable suggestions. SAMR will further revise and improve the draft amendments according to the relevant opinions, continue to promote the amendment of the *Anti-Monopoly Law*, and constantly improve the quality of legislative work.

Ⅱ. Improving the Anti-Monopoly Guidelines System

In January 2019, the Anti-Monopoly Commission of the State Council issued four anti-monopoly guidelines, including the *Guidelines on Anti-Monopoly for the Automobile Industry*, the *Anti-Monopoly Guidelines for the Intellectual Property Industry*, the *Guidelines on the Application of the Leniency Program to Cases Concerning Horizontal Monopoly Agreements*, and the *Guidelines for Commitments of Undertakings in Monopoly Cases*.

(Ⅰ) Anti-Monopoly Guidelines for the Automobile Industry

China is one of the important and fast-growing automobile markets globally. The Anti-Monopoly Commission of the State Council has formulated and issued the *Anti-Monopoly Guidelines for the Automobile Industry* (Guidelines for the Automobile Industry) in order to provide clear guidance for undertakings, balance the legitimate rights and interests of upstream, midstream and downstream undertakings in the automobile industry, reasonably define the boundaries of undertakings' freedom of contract and autonomy of will, effectively prevent and curb anti-competitive conducts in the automobile industry, reduce the costs for administrative law enforcement and undertakings' compliance efforts, and promote the formation of a unified and open automobile market with orderly competition. The *Guidelines for the Automobile Industry* fully consider the phases, conditions and characteristics of development that China's automobile market is currently facing. The *Guidelines for the Automobile Industry* have not only considered China-specific features, taking into account the development level and practical experience in law enforcement concerning China's automobile industry, but also paid attention to new technologies and new business models, as well as reasonably learning from the mature practices in relation to competition rules regulating automobile industry in developed European and American countries. Specifically, the main system design of the *Guidelines for the Automobile Industry* mainly includes the following aspects.

1. Definition of relevant market

The *Guidelines for the Automobile Industry* clarify a series of relevant concepts around the competition issues commonly existing in the automobile industry, and also clarify for multiple issues concerning the definition of relevant markets commonly encountered in the automobile industry. Key concepts as defined in the *Guidelines for the Automobile Industry* include motor vehicle suppliers, spare part suppliers, motor vehicle distributors, motor vehicle repair and maintenance service providers, end users, spare parts, and repair and maintenance technical information, etc. As for the definition of the relevant markets, as the value chain of automobile industry is comprehensive and business models at upstream, midstream and downstream levels vary, the general principles and methods specified in the *Anti-Monopoly Law* and the *Guidelines of the Anti-Monopoly Commission of the State Council concerning the Definition of Relevant Markets* shall be followed with the characteristics of automobile industry also taken into account in combination with the specific analysis on a case-by-case basis. The *Guidelines for the Automobile Industry*, based on the characteristics of the automobile industry, straighten out the thoughts on defining relevant product markets and relevant geographic markets, and analyze specific factors that need to be taken into account when defining the motor vehicle distribution and motor vehicle aftermarket.

2. Monopoly agreement

This is a key topic of the *Guidelines for the Automobile Industry*, which mainly includes three parts: the relationship between prohibition and exemption of monopoly agreements, horizontal monopoly agreements in the automobile industry, and vertical monopoly agreements in the automobile industry. As to regulating monopoly agreements, the *Anti-Monopoly Law* has established the basic legal framework of "prohibition plus exemption". More specifically, Articles 13 and 14 of the *Anti-Monopoly Law* prohibit several types of horizontal and vertical monopoly agreements that seriously restrict competition by way of enumeration. Meanwhile, undertakings are also prohibited from concluding other types of monopoly agreements as determined by the antitrust law enforcement authorities under the State Council by means of catch-all provisions. Where an undertaking is able to prove that the concerned agreement satisfies the requirements for exemption stipulated in Article 15 of the *Anti-Monopoly Law*, the prohibitive provisions in Article 13 or Article 14 shall not apply to such agreement. Taking into account the current competition landscape in the automobile industry, the *Guidelines for the Automobile Industry* specify the requirements for applying presumed exemption and typical conducts subject to such presumed exemption, and set out the market share thresholds for application of presumed exemption for horizontal agreements or vertical agreements that may generate efficiency and promote competition, and typical types of vertical agreements that undertakings may claim for individual exemption based on Article 15 of the *Anti-Monopoly Law*.

As for the horizontal monopoly agreements, the application of Articles 13 and 15 of the *Anti-Monopoly Law* in automobile industry does not significantly differ from that in other industries. Therefore, the *Guidelines for the Automobile Industry* does not elaborate on the competitive analysis of the horizontal monopoly agreements in the automobile industry. Regulating vertical agreements from antitrust perspective in the automobile industry is a key and difficult issue in major economies. The automobile market has a comprehensive value chain and high added value, and involves many interested parties in multiple phases from initial assembly, distribution and aftermarket of new motor vehicles to the distribution of used motor vehicles. In addition, motor vehicles, as a kind of durable goods with relatively high unit price, have a significant lock-up effect on customers after they are sold. Therefore, the application of Articles 14 and 15 of the *Anti-Monopoly Law* to vertical monopoly agreements in the automobile market usually involves complicated legal, economic and factual analysis, which makes them the focus of attention in the *Guidelines for Automobile Industry* and a major concern of all stakeholders in the drafting process.

As for the vertical monopoly agreements, the *Guidelines for the Automobile Industry* pinpoint that when analyzing and evaluating vertical monopoly agreements, it is necessary to first determine whether an agreement constitutes a monopoly agreement as prescribed in Article 14 of the *Anti-Monopoly Law*; secondly, it is also necessary to assess whether presumed exemption applies to the agreement according to Article 15 of the *Anti-Monopoly Law*. If the presumed exemption does not apply to this agreement, then it is necessary to assess whether individual exemption is applicable. Antitrust law enforcement practices show that territorial restrictions and customer restrictions with economic efficiency and justifications that are set up by undertakings in the automobile industry without significant market power generally meet the requirements of Article 15 of the *Anti-Monopoly Law* and the exemption prescribed in Article 15 can be presumably applicable. The *Guidelines for the Automobile Industry* also provide guidance on business activities that fail to meet the requirements of exemption directly, and help undertakings determine whether individual exemption would apply to their activities through self-assessment.

3. Abuse of market dominance

The *Guidelines for the Automobile Industry* focus on the production and distribution of motor vehicle spare parts and the abuse of market dominance in the motor vehicle aftermarket. Motor vehicle manufacturing is the core of the development of the automobile industry, with significant effects of scale economy and scope economy, and is the most critical part of the entire industrial chain. Therefore, an ecosystem with motor vehicle suppliers at the center has been formed in the automobile market. In such ecosystem, motor vehicle suppliers are naturally in the strong position, while motor vehicle distributors and spare part suppliers are in the subordinate position. At present, with competition in the sales market for new motor vehicles being more fierce, the lock-in effect and compatibility limitations in the motor vehicle aftermarket may restrict and weaken effective competition and damage the interests of consumers. The law enforcement practice and theoretical research show that the motor vehicle suppliers without market dominance in the sales market for new motor vehicle may be found having market dominance in its branded motor vehicle aftermarket.

Therefore, the *Guidelines for the Automobile Industry* explicitly indicate that the motor vehicle brand is an important factor to be considered when defining the motor vehicle aftermarket. According to Article 17 of the *Anti-Monopoly Law* which defines market dominance and Article 18 which lists factors to determine whether an undertaking has market dominance, an automobile supplier that does not hold a dominant position in the sales market of new motor vehicles may be found having a dominant position in its branded motor vehicle aftermarket. The *Guidelines for Automobile Industry* further elaborate on three types of common abuse of market dominance in the automobile industry, specifying that without justifications, motor vehicle suppliers shall not restrict spare part manufacturers from producing dual-label parts, or impose restrictions on distributors and repair and maintenance service providers preventing them from purchasing third-party aftermarket spare parts or selling aftermarket spare parts, or impose restrictions on the availability of aftermarket repair and maintenance technical information, testing instruments and maintenance tools.

Taking dual-label spare parts for example, the *Guidelines for Automobile Industry* stipulate that, except for spare parts produced in accordance with the Original Equipment Manufacturer (OEM) agreement, motor vehicle suppliers with the dominant position in their branded automobile aftermarket shall not restrict suppliers of components for the initial assembly of motor vehicles from producing dual-label parts without justifications. That is, motor vehicle suppliers shall not prohibit suppliers of components for the initial assembly of motor vehicles from affixing their own trademarks, logos and part codes on the relevant initial installation spare parts. The *Guidelines for the Automobile Industry* provide guidelines for the production of dual-label parts, aiming to improve the ability of consumers and maintenance suppliers to identify the performance of spare parts of equal quality and promote the effective competition in the motor vehicle aftermarket. However, it must be noted that regulation of production and distribution of dual-label parts involves the balance of antitrust and intellectual property protection, and the legitimate rights and interests of spare part suppliers and motor vehicle suppliers shall be protected. Therefore, the supplementary provisions of the *Guidelines for the Automobile Industry*, further elaborate on the identification of the Original Equipment Manufacturer (OEM) agreement and supplements provisions on dual-label parts.

As to the prohibition from restricting authorized distributors from purchasing external spare parts without justifications, the *Guidelines for the Automobile Industry* explicitly explain that motor vehicle suppliers may, in accordance with the law, require their authorized distributors to only use original and same-quality spare parts, and that authorized distributors shall ensure consumers' right to know and the traceability of spare parts according to the law. The *Guidelines for the Automobile Industry* pay attention to the balance among antitrust, protection of consumers' rights and interests, and civil rights, and pinpoint that motor vehicle suppliers may, in accordance with the law, require that authorized distributors may use remanufactured and recycled spare parts in their maintenance only when consumers know such approach and make explicit choices and the traceability of spare parts is guaranteed. The *Guidelines for the Automobile Industry* further stress that the above circumstances do not affect the civil liability of the authorized distributors, authorized repair and maintenance service providers and spare part suppliers.

4. Abuse of administrative power to eliminate and restrict competition

The *Guidelines for the Automobile Industry* emphasize that any administrative organ or organization empowered by a law or administrative regulation to administer motor vehicle distribution matters shall not violate the *Anti-Monopoly Law* to eliminate or restrict competition. The *Guidelines for the Automobile Industry* indicate that the abuse of administrative power to eliminate or restrict competition concerning motor vehicle trading hinders the healthy development of the automobile market and damages the interests of consumers. The *Guidelines for the Automobile Industry* enumerate the common types of abuse of administrative power to eliminate or restrict competition in the automobile industry, especially the abuses of administrative power to eliminate or restrict competition in the current second-hand car trades, such as restricting non-locally-registered vehicles from moving in. The *Guidelines for the Automobile Industry* explicitly point out that such abuse is not conducive to green recycling consumption and the sustainable development of the automobile market, and restrict the rights of motor vehicle owners to dispose of their property rights, extend the motor vehicle replacement cycle of consumers and indirectly affect the sales market of new motor vehicles.

5. Other competition issues

In terms of the antitrust review of the concentration of undertakings in the automobile industry, the *Guidelines for the Automobile Industry* indicate that there is no significant difference in terms of competition analysis of concentration of undertakings between the automobile industry and other industries, and the law enforcement authorities will deal with it in accordance with the *Anti-Monopoly Law* and other laws and regulations. In addition, the *Guidelines for the Automobile Industry* also explain for the assessment of the Original Equipment Manufacturer (OEM) agreement concerning spare parts, and put forward the relevant factors that shall be considered when assessing and identifying real Original Equipment Manufacturer (OEM) agreements to assist law enforcement authorities and undertakings with determination on anti-competitive behavior in the supply and distribution of spare parts, facilitating the identification of and assessment on the abuse of market dominance in the production and distribution of automobile spare parts.

(Ⅱ) Anti-Monopoly Guidelines for the Intellectual Property Industry

With the further development of knowledge economy and economic globalization, intellectual property has increasingly become a strategic resource for national development and a core element of international competitiveness. The Anti-Monopoly Commission of the State Council has formulated and issued the *Anti-Monopoly Guidelines for the Intellectual Property Industry* (the Guidelines for Intellectual Property) in order to provide explicit guidance for undertakings, effectively prevent and curb anti-competitive conducts in the intellectual property field, and reduce costs for administrative law enforcement and undertakings' compliance efforts. The *Guidelines for Intellectual Property* are drafted based on China's national characteristics strictly following the *Anti-Monopoly Law*, and have fully absorbed China's practical experience in terms of *Anti-Monopoly Law* and latest research results in the intellectual property field.

1. Overall analytical framework and considerations

The General Provisions stress that antitrust and the protection of intellectual property rights have the common goal of protecting competition and encouraging innovation, and clarify general issues such as the general principles, analytical framework and considerations in applying the *Anti-Monopoly Law* to the abuse of intellectual property rights to eliminate or restrict competition.

Firstly, the *Guidelines for Intellectual Property* clarify the purpose and basis of these guidelines. The *Guidelines for Intellectual Property* provide guidance on the application of the *Anti-Monopoly Law* to the abuse of intellectual property rights, and improve the transparency of antitrust law enforcement. These Guidelines are formulated in accordance with the *Anti-Monopoly Law* and the *Guidelines on the Definition of Relevant Markets*.

Secondly, the *Guidelines for Intellectual Property* explain the analysis principles for regulating matters related to intellectual property from antitrust perspective. First

of all, intellectual property rights and other property rights shall be treated equally. When determining whether the exercise of intellectual property rights violates the *Anti-Monopoly Law*, antitrust law enforcement authorities shall treat intellectual property rights and other property rights equally and apply uniform standards. Antitrust law enforcement authorities shall not impose special restrictions on the exercise of intellectual property rights due to the inherent exclusivity of intellectual property rights, nor slacken the relevant authority in the exercise of intellectual property rights due to the legal protection of intellectual property rights. **Furthermore**, an undertaking is not presumed dominant simply because it owns intellectual property rights. In other words, an enterprise is generally not deemed to have a dominant market position just because it owns intellectual property rights. **Third**, the characteristics of intellectual property rights shall be fully considered, and analysis shall be made taking into account specific case details and specific market conditions in specific practice.

Thirdly, the *Guidelines for Intellectual Property* establish the general analysis framework regulating intellectual property matters from antitrust perspective. First of all, onè should determine the possible types of conducts, analyze the characteristics and forms of the abuse of intellectual property rights that eliminates or restricts competition, and identify the relevant anti-competitive conduct. **Furthermore**, one should define the relevant market, follow the fundamental and general methods for defining the relevant market, and emphasize the particularity of intellectual property rights as a new type of property rights. **In addition**, one should analyze the competition impact of an activity, i.e. to considers the impact of eliminating or restricting competition by such the behavior according to market competition landscape. **Finally**, one should analyze the positive impact of behavior on innovation and efficiency.

Fourth, the *Guidelines for Intellectual Property* clarify issues on defining relevant markets related to intellectual property. Due to its nature, intellectual property essentially concerns technology market, but can also constitute a product market or a development and innovation market. To define the relevant market for intellectual property rights, it is necessary to consider which transaction activities may be affected by conducts related to intellectual property rights. Generally, one should define the relevant product market and the relevant geographic market, and it may be necessary to define a relevant technology market in special circumstances.

Fifth, the *Guidelines for Intellectual Property* refine the considerations for assessing competition effects. To analyze the eliminating and restrictive effect of concerned behavior on market competition, one should usually analyze the relevant market competition landscape first, and then analyze the impact of the concerned behavior specifically. The guidelines enumerate six considerations in detail for the assessment of market competition landscape and seven considerations for the analysis of competition effects of specific behaviors.

Sixth, the *Guidelines for Intellectual Property* identify the positive impact of behavior on innovation and efficiency of the elements. Five elements should be met at the same time, including the causal relationship, minimum damage, no serious harm to competition and innovation and sharing benefit by consumers.

2. Intellectual property rights agreements that may eliminate or restrict competition

In this chapter, the intellectual property rights related agreements, especially joint research and development, cross licensing and so on are explained in detail.

Firstly, the *Guidelines for Intellectual Property* describe the positive impact of agreements involving intellectual property rights, and it is clarified that if an agreement involving intellectual property rights has the effect of eliminating or restricting competition, Chapter Two of the *Anti-Monopoly Law* shall apply.

Secondly, the *Guidelines for Intellectual Property* briefly expound the contents of joint research and development, cross-licensing, sole grant-back, exclusive grant-back, no-challenge clause, standard-setting activities, etc. The *Guidelines for Intellectual Property* clearly specify agreements relating to intellectual property rights that may affect competition, and enumerate in detail the factors that can be taken into account in the competitive analysis of these five types of agreements concerning intellectual property rights.

Third, the *Guidelines for Intellectual Property* enumerate other restrictions that an undertaking may be involved in licensing intellectual property rights, such as restricting field-of-use, sales or distribution channels, and product quantity, etc. Generally, these restrictions are commercially reasonable, but are also likely to have the effect of eliminating or restricting market competition. Five considerations are enumerated for competition analysis of these restrictions.

Fourth, in order to improve the efficiency of law enforcement and with reference to international practice as well as China's law enforcement experience, the *Guidelines for Intellectual Property* set forth the safe harbor regime for agreements involving intellectual property rights, and listed the threshold for applying safe harbors rules. It is specified that if an agreement involving intellectual property rights reached by undertakings meets any threshold of applying safe harbor, such agreement shall generally not be deemed as a monopoly agreement. Examples include scenarios where the combined market shares of competing undertakings do not exceed 20%, or the market shares of an undertaking and its trading counterparties in any relevant market do not exceed 30%. The *Guidelines for Intellectual Property* facilitate the assessment by undertakings involved in agreements concerning intellectual property rights.

3. Abuse of market dominance

This Chapter elaborates on the abuse of a market dominance involving intellectual property rights.

Firstly, the *Guidelines for Intellectual Property* clarify that the abuse of market dominance involving intellectual property rights shall be subject to Chapter Three of the *Anti-Monopoly Law*.

Secondly, The *Guidelines for Intellectual Property* explain the analytical framework of antitrust law enforcement concerning these cases, i.e. to define the relevant market, analyze whether the market players have a dominant position in the relevant market, and then analyze the specific conduct on a case-by-case basis.

Third, the *Guidelines for Intellectual Property* clarify the relationship between intellectual property rights and dominant market position, which specifies that holding intellectual property rights by undertakings does not necessarily mean that the undertakings have dominant market position. Instead, analysis shall be made in accordance with the relevant provisions of the *Anti-Monopoly Law*. Other considerations for determination of dominant market position relating to intellectual property rights are elaborated in combination with the characteristics of intellectual property rights.

Fourth, the *Guidelines for Intellectual Property* enumerate five types of practices specifically, including licensing intellectual property rights at an unfairly high price, refusal to license intellectual property rights, tie-in sales involving intellectual property rights, imposing unreasonable terms in transactions involving intellectual property rights, and discriminatory treatments in transactions involving intellectual property rights. The connotations of these five types of conduct are briefly analyzed, and relevant factors that may be taken into account are listed in detail for determining whether any of these five types of conduct may constitute the abuse of market dominance to eliminate or restrict competition.

4. Concentration of undertakings

In this chapter, the particularity of the concentration of undertakings involving intellectual property rights is elaborated in detail.

First, the *Guidelines for Intellectual Property* explicitly indicate that Chapter Four of the *Anti-Monopoly Law* should apply to the concentration of undertakings involving intellectual property rights.

Second, the *Guidelines for Intellectual Property* clarify the special features of concentrations of undertakings involving intellectual property rights, which are mainly reflected in the forms of the concentration, considerations in the review process and imposition of restrictive conditions.

Third, the *Guidelines for Intellectual Property* specify that a transaction involving intellectual property rights where an undertaking acquires control over or is capable of exerting decisive influence on another undertaking may constitute a concentration of undertakings, and enumerate three factors that may be taken into account when determining whether the transaction constitutes a concentration.

Fourth, the *Guidelines for Intellectual Property* specify that in carrying out antitrust reviews on the concentration of undertakings involving intellectual property rights, antitrust law enforcement authorities should take into account both factors specified in Article 27 of the *Anti-Monopoly Law* and characteristics of intellectual property rights.

Fifth, the *Guidelines for Intellectual Property* elaborate that if a concentration of undertakings involving intellectual property rights shall be cleared with remedies, structural remedies, behavioral remedies, or hybrid remedies can be imposed. Meanwhile, this chapter also specifies the specific contents of structural remedies, behavioral remedies and hybrid remedies involving intellectual property rights, such as divestiture of intellectual property rights or business involving intellectual property rights, maintenance of independent operation of business relating to intellectual property rights, collection of reasonable royalty rates, etc., so as to provide useful reference for undertakings to determine when proposing remedies.

5. Other circumstances

This Chapter explicitly stipulates that some circumstances involving intellectual property rights may constitute different types of anti-competitive practices, and may also concern special subjects. Therefore, a case-by-case analysis in accordance with the *Anti-Monopoly Law* shall be conducted.

First, the *Guidelines for Intellectual Property* elaborate on three circumstances of patent pools, special issues concerning standard essential patents and collective administration of copyrights. Given that discussion on these circumstances are not suitable to be structurally incorporated into other chapters, they are elaborated and analyzed in this chapter.

Second, the *Guidelines for Intellectual Property* provide for the definition and the specific business model of patent pool and expound that patent pool can generally reduce transaction cost, improve license efficiency and promote competition. In the meantime, the *Guidelines for Intellectual Property* also put forward six factors that can be considered when analyzing whether patent pool eliminates or restricts competition, including market share, controlling power, substitutable technologies, licensing restriction of the undertaking and so on.

Third, the *Guidelines for Intellectual Property* enumerate in detail four factors that may be considered in identifying whether an undertaking which owns a standard essential patent has a dominant market position, including the market value, application scope and degree of the standards, whether there exists any substitutable standard or technology, and the industry's reliance on the relevant standard. The *Guidelines for Intellectual Property* specify that if a standard essential patent owner with a dominant market position applies for injunctive relief and forces the licensee to accept unfair high license fees or other unreasonable licensing conditions, it may also eliminate or restrict competition. This chapter lists five factors that may be considered in the specific analysis, such as the behaviors and genuine intentions of the negotiating parties, the licensing terms proposed by the negotiating parties, the impact of injunctive relief on the licensing negotiation, etc.

Fourth, the *Guidelines for Intellectual Property* straighten out the collective administration of copyrights, confirming that collective administration of copyrights usually has positive effect, and pointing out that collective administration of copyrights may also constitute the abuse of intellectual property rights to eliminate or restrict competition, which shall be determined by antitrust law enforcement authorities according to the characteristics and forms of such conducts.

(Ⅲ) Guidelines on the Application of the Leniency Program to Cases Concerning Horizontal Monopoly Agreements

Leniency regime has become an important way to deal with monopoly agreement cases in most jurisdictions around the world. The provisions on leniency program in Article 46 of the *Anti-Monopoly Law* mainly sets forth the fundamental principles. The Anti-Monopoly Commission of the State Council has formulated the *Guidelines on the Application of the Leniency Program to Cases Concerning Horizontal Monopoly Agreements* (Guidelines on the Leniency Program) in accordance with the *Anti-Monopoly Law*, in order to further strengthen and improve the antitrust law enforcement system, establish a more detailed and practicable leniency program, prevent and curb horizontal monopoly agreements, reduce the costs of administrative law enforcement, provide undertakings with clear guidelines, and improve the unity, standardization and efficiency of the work carried out by law enforcement authorities. The *Guidelines on the Leniency Program* are only applicable to horizontal monopoly agreement cases and provide a two-way guide by both specifying how undertakings may apply for leniency and how to cooperate with law enforcement authorities in their investigation, and also specifying how law enforcement authorities may apply the leniency program to endow mitigation or exemption to undertakings. In general, the *Guidelines on the Leniency Program* contain the following aspects.

1. Specifying the mitigation or exemption standards and encouraging undertakings to apply for leniency as early as possible

The earlier an undertaking confesses the illegal act to law enforcement authorities, the more likely it is to stop the violation of monopoly agreement and restore market competition. Therefore, the law enforcement authority encourages participants in horizontal monopoly agreements to voluntarily report their illegal practices to the enforcement authority after they become aware of such practices, so as to be granted opportunities for mitigated punishment or exemption of punishment. This has been reflected in various designs of the *Guidelines on the Leniency Program.*

First, it is shown by distinguishing the gradient of mitigation or exemption. The earlier an undertaking applies for leniency, the greater extent to which law enforcement authorities can grant mitigation at their discretion. For the first undertaking who applies for leniency, the enforcement authority may grant exemption from fines or reduction of fines by at least 80%. If the undertaking files an application prior to the case acceptance or initiation of investigation procedures by law enforcement authorities, such undertaking will be exempted from all fines by law enforcement authorities. The subsequent undertakings can be granted with fines reduction by up to 50%. "First come, first served" is the biggest feature of the leniency program.

Second, a marker regime is established. In particular, it refers to the regime where law enforcement authorities issue a written receipt to the undertakings after receiving the self-reports and important evidence on relevant information of anti-competitive practices submitted thereby, which specifies the time of receipt and list of materials received. This regime clarifies the obligations of the enforcement authority, enables a common understanding of the application date for leniency between the authority and the applicants and effectively protects the legitimate rights and interests of the applicants. In addition, the marker regime provides a "grace period" of up to 60 days for the first undertaking that applies for the leniency. That is to say, if the first undertaking that applies for leniency is able to provide a report that complies with the requirements, but is unable to provide all evidence for the time being, law enforcement authorities may mark the time that the undertaking submits the report for the first time as the formal time of its application for leniency, and give such undertaking a grace period to supplement the evidence. The grace period shall generally not exceed 30 days, and may be extended to 60 days under special circumstances. The regime encourages undertakings to report as soon as possible, providing institutional safeguards for those undertakings who are willing to confess earlier to gain opportunities for greater mitigation.

2. Clarifying the conditions for obtaining lenient treatment and refining the requirements for the self-report and critical evidence

According to the *Anti-Monopoly Law*, undertakings can obtain leniency only if they voluntarily self-report to law enforcement authorities and provide critical evidence. However, the criteria for determining the content of the self-report and critical evidence are not clearly defined. Both undertakings and law enforcement authorities may have different interpretations on the self-report and critical evidence, which increases the uncertainty for undertakings to obtain leniency. To this end, the *Guidelines on the Leniency Program* provide in detail for the time when undertakings may apply for leniency, information to be covered in the self-report, criteria for critical evidence, obligations to be performed by undertakings, and so on. The *Guidelines on the Leniency Program* provide clear guidance for undertakings and law enforcement authorities and enhance the transparency and feasibility. This is mainly reflected in Articles 4 to 10 of the *Guidelines on the Leniency Program*. Overall, the obligations that an undertaking has to perform to obtain leniency are:

Firstly, promptly applying for leniency. The *Guidelines on the Leniency Program* indicate that undertakings do not have to wait for formal case acceptance by a law enforcement authority for submitting the application for leniency. Application for leniency can be submitted before the formal case acceptance or even before an investigation is initiated. Undertakings may also submit the application after law enforcement authorities have identified the illegal acts and formally accepted the case, but no later than the time when law enforcement authorities issue the advance notice of administrative penalties. An undertaking may submit a leniency application orally or in writing. Before applying for leniency, undertakings may communicate anonymously or in real names with law enforcement authorities to improve their understanding.

Second, submitting self-reports and critical evidence relating to monopoly agreements as required. Articles 6 and 8 of the *Guidelines on the Leniency Program* set out the criteria for determining the material information and critical evidence required in the self-reports submitted by the first undertaking that apply for leniency and the subsequent applicants. On the one hand, the *Guidelines on the Leniency Program* stipulate the basic requirements for undertakings that apply for leniency to avoids any impairment of law enforcement efficiency due to unclear materials; on the other hand, it is conducive for undertakings to have a reference in preparing relevant for application for leniency. It should be noted that, for the first and subsequent applicants, the focuses of the self-reports and evidence are different. For the first applicant, it is emphasized on providing fundamental facts about the conclusion and implementation of the monopoly agreements as well as information about the participants, focusing on ensuring the completeness, timeliness and accuracy and providing information which is unknown to law enforcement authorities; while for the subsequent applicants, it is emphasized on requiring evidential materials with greater probative power and supplementary probative value.

Third, fully cooperating with law enforcement authorities during investigation. The *Guidelines on the Leniency Program* require that undertakings who apply for leniency shall, in addition to submitting relevant materials, fully cooperate with law enforcement authorities during the investigation in order to obtain leniency. In particular, these obligations include: cessation of alleged violations, no concealment, destruction or transfer of evidence, no provision of false materials or information, and no disclosure to the public. In accordance with the relevant provisions of the *Anti-Monopoly Law*, it is the obligation of any party concerned, interested parties, other relevant entities or individuals to cooperate with the enforcement authority during the investigation. The fact that the *Guidelines on the Leniency Program* considers the degree of cooperation of the undertaking with the investigation as a factor for obtaining leniency again highlights its importance on the one hand, and emphasizes the seriousness of the enforcement of the law while reflecting tolerance in law enforcement on the other hand.

3. Providing action guidelines for law enforcement authorities, and proposing general principles and reference standards

The leniency regime in nature enables law enforcement authorities to exercise discretion when determining the range of punishment. In order to improve the transparency of law enforcement, unify law enforcement criteria and standards, and protect the legitimate rights and interests of the concerned undertakings, the *Guidelines on the Leniency Program* propose general principles that should be followed by law enforcement authorities, major factors to be considered, and obligations of law enforcement authorities, which are mainly reflected in Articles 11 to 16 of the *Guidelines on the Leniency Program*.

First, the *Guidelines on the Leniency Program* set out the general principles. The *Guidelines on the Leniency Program* state that the leniency granted to undertakings should be commensurate with their contribution in assisting law enforcement authorities in investigating and dealing with cases involving horizontal monopoly agreements. That is to say, the extent of the undertaking's confession is closely correlated to the level of fines imposed. This principle provides the basis for law enforcement authorities to exercise discretion and to determine the specific extent of mitigation or exemption within the statutory range. The so-called "contribution" is mainly reflected in aspects such as the time for undertakings to self-report the situations related to monopoly agreements, the importance of the provided evidence and the degree of cooperation in the investigation. At the same time, because mitigation and exemption of penalties are discretionary in nature, the principle also provides a general constraint for law enforcement authorities when exercising their discretion.

Second, the *Guidelines on the Leniency Program* clarify the basis for determining the sequence for granting leniency. Since the leniency marker of undertakings will directly determine the extent of mitigation or exemption available, clarifications on the basis of relevant considerations helps to increase predictability and constrain the discretion exercised by law enforcement authorities. The *Guidelines on the Leniency Program* clarify that the only basis for determining the sequence for granting leniency is the time when an undertaking applies for leniency. Articles 6 and 8 of the *Guidelines on the Leniency Program* respectively clarify the obligations of undertakings with different markers in sequence in terms of provision of materials, so as to ensure the eligibility of undertakings with different sequential position. The fact that only application time is taken into account as the applicable standard, on the one hand, makes the judgment more objective and fairer and increases the transparency of law enforcement; on the other hand, it fully reflects the authority's attitude of encouraging undertakings to apply leniency as soon as possible.

Third, the *Guidelines on the Leniency Program* illustrate the specific investigation and review process. To grant leniency, law enforcement authorities shall follow general procedures: firstly, authority should determine upon investigation that a monopoly agreement has been established indeed; second, according to the seriousness of violations committed by the undertaking, authority should determine the amount of punishment to the undertaking factoring all circumstances except the application for leniency; third, authority should make decisions on whether to grant leniency treatment to the undertaking based on its cooperation with investigation; fourth, authority should determine the mitigation or exemption based on the sequence marker and degree of contribution of undertakings that meet leniency requirements. The *Guidelines on the Leniency Program* specify that under normal circumstances, the law enforcement authority may grant leniency to at most three undertakings in the same monopoly agreement case, and may consider granting leniency to more undertakings under special circumstances.

The above provisions provide a general reference standard for law enforcement practices by law enforcement authorities, and also enhance the predictability of undertakings on the possibility of obtaining leniency for their conducts and the corresponding mitigation of and exemption from penalties. In addition, the *Guidelines on the Leniency Program* also specify the duties of law enforcement authorities in terms of confidentiality and other aspects, which is conducive to effectively protecting the legitimate rights and interests of the concerned undertakings during the law enforcement process and alleviating the concerns of the concerned undertakings about voluntary confession.

(Ⅳ) Guidelines for Undertakings' Commitments in Monopoly Cases

Commitment is a regime widely used in the implementation of anti-monopoly law all over the world. It is an effective way for antitrust law enforcement authorities to resolve anti-competitive issues. Article 45 of the *Anti-Monopoly Law* only sets out the principle on the commitment regime. In order to provide undertakings with more practical guidance, improve the standardization and transparency of the antitrust work of law enforcement authorities, apply the commitment regime in law enforcement in a more accurate and standardized manner, and effectively enable the functioning of the commitment regime, the Anti-Monopoly Commission of the State Council has formulated and issued the *Guidelines for Commitments of Undertakings in Monopoly Cases* (***Guidelines on the Commitments***). The *Guidelines on the Commitments* includes the following four main aspects:

1. Clarifying the attitude of law enforcement authorities to encourage undertakings to voluntarily make commitments as soon as possible

Since one of the main purposes of the commitment regime is to save law enforcement resources and improve the efficiency of administrative law enforcement, law enforcement authorities encourage undertakings to make commitments as early as possible. This principle is reflected in a number of institutional designs in the *Guidelines on the Commitments*.

Firstly, the *Guidelines on the Commitments* provides for the communication before the commitment is made. The *Guidelines on the Commitments* encourage undertakings to make commitments as early as possible. Before the undertakings propose any commitment, necessary communications with the law enforcement authority may be carried out. The law enforcement authority may inform the undertakings of the basic facts of the suspected monopolistic conduct and the possible impacts, and may communicate with the undertakings. On the basis of communication, undertakings can voluntarily put forward commitments.

Second, the *Guidelines on the Commitments* specify when commitments can be submitted. Upon investigation and verification of an alleged monopoly act, where the enforcement authority deems that the act constitutes anti-competitive practices, it shall make a penalty decision pursuant to the law and shall no longer accept commitments made by the undertaking. The proposal of commitments shall be made before law enforcement authorities verify the suspected violations; if an undertaking proposes commitments after receiving the advance notice of administrative penalties, law enforcement authorities generally would not accept such commitments.

2. Further clarifying the requirements and procedures followed by law enforcement authorities for accepting commitments

The *Anti-Monopoly Law* stipulates the commitment system in principle. On this basis, the *Guidelines on the Commitments* refine and enhance the feasibility of the commitment regime, and provide a clear guidance for undertakings to make commitments.

First, the *Guidelines on the Commitments* prescribe the specific types of commitments. The committed measures can be structural, behavioral and hybrid. The committed measures shall be explicit, feasible and may be implemented independently. If the committed measures require the consent of a third-party before being implemented, the undertaking shall submit a written consent of the third-party. Structural measures include the divestiture of tangible assets, intangible assets including intellectual property rights or the relevant rights and interests; behavioral measures include adjusting pricing strategies, cancelling or changing all types of restriction terms on transactions, opening up access to infrastructures such as networks or platforms, and licensing of patents, know-how or other intellectual property rights.

Second, the *Guidelines on the Commitments* prescribe considerations for the analysis and review of the committed measures. In order to provide guidance for law enforcement authorities in reviewing the committed measures, and enhance transparency in law enforcement, the *Guidelines on the Commitments* specify the factors that may be taken into account by law enforcement authorities in reviewing the commitments made by undertakings, including undertakings' subjective attitudes towards suspected anti-competitive conducts, the nature, duration, consequences and social impacts of their suspected anti-competitive conducts, and the commitments made by undertakings and the expected effects thereof.

Third, the *Guidelines on the Commitments* prescribe the form of making commitments by undertakings and the items to be included. Undertakings shall make commitments in writing. Generally speaking, submission of commitments shall indicate the alleged anti-competitive conducts under investigation and the possible impacts, the specific commitment measures for eliminating the consequences of such conducts, the explanation that such specific commitment measures can eliminate the consequences of the concerned conducts, the timing and method for performance of the commitments and any other contents to be committed. After receiving the commitments of undertakings, law enforcement authorities shall issue a written receipt to the undertakings, specifying the time when the commitments are received and the list of submitted materials.

Fourth, the *Guidelines on the Commitments* prescribe the reporting and supervision mechanism for implementation of commitments. Undertakings shall report their performance of commitments in writing to law enforcement authorities as required by the written decision on suspension of investigation. Law enforcement authorities shall supervise the implementation of commitments by undertakings.

Fifth, the *Guidelines on the Commitments* prescribe the modifications of committed measures. During the fulfillment of commitments, undertakings may apply to law enforcement authorities for modification of commitments due to material changes in their own operational conditions or market competition landscape. The law enforcement authorities shall review the application for modifications of commitments, and shall notify the undertakings in writing of the results of whether the modifications of the commitments are approved.

Sixth, the *Guidelines on the Commitments* prescribe relevant procedures for law enforcement authorities to make decisions on termination or resumption of investigation. If undertakings perform their commitments, law enforcement authorities may decide to terminate the investigation, and prepare a written decision on termination of investigation. In case of any circumstance set forth in Item 3 of Article 45 of the *Anti-Monopoly Law*, law enforcement authorities shall resume the investigation into the suspected anti-competitive conducts. After the investigation is resumed by law enforcement authorities, no commitments made by undertakings shall be accepted. However, if the investigation is resumed pursuant to Paragraph 2, Item 3 of Article 45 of the *Anti-Monopoly Law*, law enforcement authorities may accept the commitments proposed by the undertakings on the basis of new facts.

3. Fully reflecting the normative and serious nature of commitment regime

Although the commitment regime is not an administrative penalty for anti-competitive practices of undertakings, it aims at eliminating the consequences of suspected anti-competitive practices by correcting undertakings' behavior, and should be taken seriously. The *Guidelines on the Commitments* fully reflect the restrictive conditions for the application of commitment regime, which is conducive to regulating the application of commitments in law enforcement practices and achieving the goal of the commitment regime.

First, the *Guidelines on the Commitments* specify the types of cases to which the commitment regime does not apply. The *Guidelines on the Commitments* provide that the commitment regime does not apply to hardcore cartels, which mainly include three types of horizontal monopoly agreements concluded by competing undertakings: fixing or changing product prices, restricting production output or sales volumes, and allocating the sales market or raw material procurement market. For the abovementioned monopoly agreements, law enforcement authorities shall not accept undertakings' commitments for investigation suspension.

Second, the *Guidelines on the Commitments* clarify the consequences of revocation of commitments. Before law enforcement authorities make a decision on suspension of investigation, undertakings may revoke their commitments. If undertakings revoke their commitments, law enforcement authorities shall terminate the review of commitments by undertakings, continue to investigate the suspected violations, and no longer accept the commitments proposed by the undertakings.

Third, the *Guidelines on the Commitments* clarify the consequences of failure to fulfill commitments. If the undertakings fail to fulfill their commitments, law enforcement authorities shall resume the investigation into the suspected violations, and after law enforcement authorities resume the investigation, no commitments made by the undertakings shall be accepted.

4. Fully considering the potential impact of committed measures on third-parties and the general public

Although the commitments are reflected as a consensus between antitrust law enforcement authorities and undertakings on the solution to a certain anti-competitive issue, whether the fulfillment of commitment measures can effectively eliminate the effect of eliminating or restricting competition that may be caused by undertakings' conducts needs to be considered within a broader scope. In order to fully protect the legitimate interests of third-parties and the general public, the *Guidelines on the Commitments* place emphasis on the participation of third-parties in the system design.

First, third parties can be invited to participate in the communication process. During the communication between undertakings and law enforcement authorities on the contents of commitments, third-party undertakings, relevant industry regulators, trade associations, experts and scholars may be jointly invited to participate in the discussion upon the consensus of law enforcement authorities and undertakings.

Second, public opinions may be solicited during the review of commitments. During the examination of undertakings' commitments, if law enforcement authorities consider that the suspected violations by undertakings have affected the legitimate rights and interests of other non-specific majority of undertakings or consumers or social public interests, they may solicit public opinions on the measures committed by undertakings. The period for soliciting opinions shall generally not be less than 30 days. Where law enforcement authorities deem it necessary to adopt the opinions raised by the public and other parties concerned, the authorities may suggest that the undertakings should amend or re-propose the committed measures. If the undertakings are unwilling to amend the committed measures and are unable to give reasonable explanations or propose feasible alternative plans, law enforcement authorities may terminate the review and communication procedures for undertakings, and continue to investigate the suspected violations.

Third, the opinions on the revised commitments may be solicited again. In case significant changes have been made to the nature or scope of the committed measures after the amendment, law enforcement authorities may solicit public opinions again.

Fourth, the third-party may propose to resume the investigation. After law enforcement authorities make a decision on suspension of investigation, if the competent departments of the industries, consumers or other undertakings consider that the circumstances arise where the investigation shall be resumed in accordance with the law, they may propose to law enforcement authorities to resume the investigation.

Ⅲ. Formulation of Accompanying Antitrust Rules and Regulations at the Department Level

Since the implementation of the *Anti-Monopoly Law* in 2008, China's antitrust law enforcement authorities have been faithfully performing their duties and effectively carrying out antitrust law enforcement, playing an important role in safeguarding fair market competition, protecting consumers' interests and promoting the sustainable and sound development of China's socialist market economy. In 2018, China's then three antitrust law enforcement authorities underwent an optimization and integration process by merging into one single antitrust law enforcement authority, SAMR. SAMR assumes the responsibility for unified antitrust law enforcement. Against this background, SAMR formulated the *Interim Provisions on the Prohibition of Monopoly Agreements*, the *Interim Provisions on the Prohibition of Abuse of Dominant Market Position* and the *Interim Provisions on the Prevention of Abuse of Administrative Power to Eliminate or Restrict Competition*, which became effective on 1 September 2019. They were formulated in order to fully reflect on the authority's law enforcement experience, adapt to the changes taking place in the domestic and foreign markets, meet the needs arising from the reform of the antitrust law enforcement system, and facilitate unified antitrust law enforcement. The promulgation of the three sets of regulations was an important milestone for the development and improvement of China's antitrust legal system, because they unified, clarified, and optimized the system for regulating monopoly agreements, abuse of dominant market position and abuse of administrative power to eliminate or restrict competition following the introduction of unified antitrust law enforcement.

(Ⅰ) Drafting process

SAMR started drafting the three sets of regulations in October 2018. They incorporated and integrated relevant provisions of the *Provisions on Anti-Price Monopoly* and the *Provisions on Administrative Enforcement Procedures for Anti-Price Monopoly* issued by the National Development and Reform Commission and the *Provisions of the Administration for Industry and Commerce on the Prohibition of Monopoly Agreements*, the *Provisions of the Administration for Industry and Commerce on the Prohibition of Abuse of Dominant Market Position*, the *Procedural Provisions of the Administration for Industry and Commerce on the Investigation of Cases Concerning Monopoly Agreements and Abuse of Dominant Market Position*, the *Provisions of the Administration for Industry and Commerce on the Prevention of Abuse of Administrative Power to Eliminate or Restrict Competition* and the *Procedural Provisions of the Administration for Industry and Commerce on the Prevention of Abuse of Administrative Power to Eliminate or Restrict Competition* issued by the former State Administration for Industry and Commerce. SAMR attached importance not only to preservation, but also to innovation, and considered practical needs of antitrust law enforcement when it formulated the first draft.

SAMR adhered to the principle of open-mindedness in the revision process and received comments from various parties through seminars, symposiums, written solicitation of opinions, amongst other ways. The parties involved including all divisions and bureaus of SAMR, provincial market regulatory authorities, the Expert Advisory Group of the Anti-Monopoly Commission of the State Council, higher education institutions and research institutes, trade associations and chambers of commerce, domestic and foreign law firms, and domestic and foreign enterprises. SAMR adopted the comments and prepared the draft for public consultation, and published the public consultation draft for comments in January-February 2019. SAMR also sought opinions of the Legislative Affairs Commission of the Standing Committee of the National People's Congress, the Supreme People's Court and the 13 member departments and organizations of the Anti-Monopoly Commission of the State Council. SAMR then considered these opinions, further revised and improved the public consultation draft, and hosted numerous meetings for evaluating and discussing the revised draft. On 26 June 2019, the three sets of regulations were published, which took effect on 1 September 2019.

(Ⅱ) Interim Provisions on the Prohibition of Monopoly Agreements

1. Structural design and changes in provisions

The *Interim Provisions on the Prohibition of Monopoly Agreements* consists of 36 articles. They cover a full range of substantive and procedural provisions, including delegation of authority and jurisdiction, finding of monopoly agreements, case acceptance, investigation, exemption, suspension of investigation, termination of investigation, resumption of investigation, penalties, leniency treatment, and public notice. In short, the structure of the *Interim Provisions on the Prohibition of Monopoly Agreements* can be summarized as including six sets substantive rules and 1 set of procedural rules. The substantive rules are delegation of authority (Article 2, 3, 17, 18, 19, 29, 31), finding of monopoly agreements (Articles 5 to 14), commitments (Articles 21 to 25), exemptions (Articles 26 to 28), penalties (Article 32) and leniency (Articles 33 and 34). The procedural rules are Articles 15, 16, 20, 30 and 35.

In general, the *Interim Provisions on the Prohibition of Monopoly Agreements* have the following seven major changes, as compared with the *Provisions on Anti-Price Monopoly* and the *Provisions on Administrative Enforcement Procedures for Anti-Price Monopoly* issued by the National Development and Reform Commission and the *Provisions of the Administration for Industry and Commerce on the Prohibition of Monopoly Agreements* and the *Procedural Provisions of the Administration for Industry and Commerce on the Investigation of Cases Concerning Monopoly Agreements and Abuse of Dominant Market Position* issued by the former State Administration for Industry and Commerce:

(1) Substantive and procedural provisions are unified

Prior to the institutional reform, the substantive and procedural provisions used by the former antitrust law enforcement authorities to regulate monopoly agreements were governed by different departments and the law enforcement procedures for monopoly agreements and abuse of dominant market positions were put in the same set of regulations, due to overlapping functions, customary practices and other reasons. Following the completion of the institutional reform, it was confusing to apply different substantive standards and procedural provisions to the same type of anticompetitive behaviors, making those provisions no longer suitable for unified antitrust law enforcement. Meanwhile, given that the law enforcement procedures for different types of anticompetitive behaviors and abuse of administrative power to eliminate or restrict competition under the *Anti-Monopoly Law* vary significantly, it was not sufficiently necessary and reasonable to have uniform procedures. For the purpose of regulating monopoly agreements in a systematic manner and removing doubts in law enforcement, SAMR, starting with and on the basis of types of anticompetitive behaviors, combined the substantive and procedural provisions on the regulation of monopoly agreements in the *Interim Provisions on the Prohibition of Monopoly Agreements*. The provisions provide rules that cover the entire process from filing complaints, accepting cases, conducting investigations to making penalty decisions and publishing public notice. As such, they have established a more focused and systematic procedural system that is easier for law enforcement authorities and market participants to implement and apply in practice.

(2) Equal treatment of all undertakings is emphasized

As China's antitrust law enforcement became increasingly active, especially when some foreign enterprises were investigated and penalized, there was a view around the globe that China's antitrust law was enforced only against foreign enterprises. In other words, China was engaging in the so-called "selective law enforcement" and was trying to protect trade and investment through antitrust law enforcement. Against this background, the *Interim Provisions on Prohibition of Monopoly Agreements* effectively respond to this concern by clarifying in Article 4 that "antitrust law enforcement authorities shall treat all undertakings equally in investigating monopoly agreements". This provision is not only necessarily required by the principle of administration by law, but also reaffirms and reflects the law enforcement principle of equal treatment of domestic and foreign investors, state-owned and private enterprises, and large and small- and medium-sized enterprises. It helps to remove external misunderstanding, strengthen the mutual trust between law enforcement authorities and all parties, and create a market environment with fair competition.

(3) Delegation of authority and jurisdiction is clarified

According to Article 10 of the *Anti-Monopoly Law*, antitrust law enforcement power is vested in the central government, and authorities designated by the State Council shall perform antitrust law enforcement duties. Such an arrangement helps ensure the uniformity of antitrust law enforcement and build a market system that is unified, open, orderly and competitive across the nation. Meanwhile, given that there are a huge amount of cases and the associated heavy workload, it is unrealistic for antitrust law enforcement authorities of the State Council to handle all cases on their own. The *Anti-Monopoly Law* also stipulates that antitrust law enforcement authorities of the State Council may, as needed, authorize relevant authorities of people's governments in provinces, autonomous regions and municipalities directly under the central government to take charge of antitrust law enforcement work. In this regard, the *Interim Provisions on the Prohibition of Monopoly Agreements* have provided further clarifications with respect to delegation of authorization and jurisdiction.

First, local market regulatory authorities have been fully motivated. There are a lot of cases concerning monopoly agreements, which bring about significant harmful effects and require front-line evidence collection. Provincial market regulatory authorities are better placed in law enforcement in such cases, because they are responsive, have local knowledge, and have sufficient capacity in law enforcement. In addition, they have gained a great deal of experience over the past decade. Meanwhile, it has been realized that the practice of "delegation of authority on case-by-case basis" adopted before the institutional reform was no longer suitable for law enforcement nowadays. Therefore, the *Interim Provisions on the Prohibition of Monopoly Agreements* explicitly provide that delegation of law enforcement authority in cases concerning monopoly agreements now becomes "general delegation of authority", which is consistent with the *Notice of the State Administration for Market Regulation on Delegation of Authority in Anti-Monopoly Law Enforcement* (Guo Shi Jian Fan Long Duan [2018] No.265) issued in February 2019. Provincial market regulatory authorities may investigate and punish on their own anticompetitive behaviors within a specified scope, and may further delegate law enforcement authority to lower-level market regulatory authorities (the latter shall, within the scope of authorization, carry out investigations on behalf of the delegating authority, and shall not further delegate such authorization). This provision helps reinforce law enforcement against monopoly agreements and increase antitrust law enforcement capacity. Meanwhile, it also fully mobilizes local law enforcement forces and encourages corresponding provincial authorities to be responsible for law enforcement and safeguard the fair competition market order within their respective administrative regions.

Second, the guidance to and supervision over antitrust work at the provincial-level have been strengthened. The two-level (namely the central level and local level) law enforcement system inevitably requires uniform law enforcement flexibilities and standards and the establishment of fair, open, and transparent market rules so as to resolutely prevent and eliminate local protectionism and market division. Therefore, the *Interim Provisions on the Prohibition of Monopoly Agreements* explicitly require that law enforcement authorities shall treat all undertakings equally when investigating and handling monopoly agreements. It also explicitly requires that provincial market regulatory authorities shall abide by relevant provisions of SAMR in investigating and handling monopoly agreements, and that SAMR shall strengthen the guidance to and supervision over the law enforcement work of provincial market regulatory authorities. The provisions also provide a reporting and filing system, and standardize the content of administrative penalty decisions. This provision helps to carry out in an orderly manner antitrust law enforcement against monopoly agreements and promote the establishment of a unified national market.

(4) Factors for finding a monopoly agreement are clarified and specified

Prior to the institutional reform, monopoly agreements were divided into two categories, namely price-related monopoly agreements and non-price-related monopoly agreements, due to the division of duties among the previous antitrust law enforcement authorities. But such division is not provided in Chapter II of the *Anti-Monopoly Law* on monopoly agreements. More importantly, most types of monopoly agreements contain both price and non-price elements, which are difficult to be separated in practice. Therefore, the definition of monopoly agreements and the factors for finding other coordinated behaviors in the *Interim Provisions on the Prohibition of Monopoly Agreements* are generally borrowed from the *Provisions of the Administration for Industry and Commerce on the Prohibition of Monopoly Agreements*, with only limited fine-tuning on the wording and format. Cases concerning price-related monopoly agreements and concerning non-priced monopoly agreements are distinguished. Further details are provided for the seven types of monopoly agreements listed in Articles 13 and 14 of the *Anti-Monopoly Law*, including monopoly agreements of fixing or changing prices and those of restricting production or sales volume, as well as for the factors used by antitrust law enforcement authorities of the State Council for finding other monopoly agreements. This has made the law easier to apply and mainly has the following features:

First, higher importance is attached to products and service of new technology. This clearly shows that the *Interim Provisions on the Prohibition of Monopoly Agreements* are formulated to adapt to the development of and changes in the current economic environment. Science and technology constitute the primary productive force, and innovation is the primary force to drive development. Technological strength is of vital importance to enhance the competitiveness of enterprises. In particular, in the new economy, pharmaceutical and other sectors which have attracted wide attention, analysis and consideration with respect to technological products and services are playing an increasingly important role. In practice, enterprises may engage in illegal horizontal monopoly agreement by adopting market division, purchase restriction and other means, in order to maintain for a long period of time their competitive advantages among peers or in specific fields. This may hinder the innovation and transmission of technologies and harm the market competition mechanism. These concerns are particularly reflected in Articles 9 and 10 of the *Interim Provisions on the Prohibition of Monopoly Agreements*.

Second, the enforcement experience in relation to horizontal monopoly agreements is included. Horizontal monopoly agreements constitute the majority of the antitrust cases investigated by China's antitrust law enforcement authorities and mainly include agreements for price-fixing and market division. Typical cases in this area include the case concerning a horizontal price-related monopoly agreement among 12 Japanese auto parts and bearings companies, the case concerning a monopoly agreement among 3 encryption device suppliers including Sunyard System Engineering Co., Ltd., and the case concerning a suspected agreement concluded and implemented by Jiangxi branches of 17 insurance companies for dividing sales market. The law enforcement experience gained in the cases mentioned above is reflected in the revision with respect to these two types of monopoly agreements.

Third, the law enforcement approach of "prohibition + exemption" for resale price maintenance is highlighted. Article 12 of the *Interim Provisions on the Prohibition of Monopoly Agreements* revised the provision in the *Provisions on Anti-Price Monopoly* that "undertakings are prohibited from reaching any of the following price-related monopoly agreements with their counterparties" to that "undertakings are prohibited from reaching any of the following monopoly agreements with their counterparties in relation to product prices". Meanwhile, details with respect to the types of behaviors that would constitute resale price maintenance are provided. The revision shows more clearly that the two types of resale price maintenance constitute monopoly agreements in themselves, and may be presumed to constitute monopoly agreements that eliminate or restrict competition as specified in Article 13 of the *Anti-Monopoly Law* in administrative law enforcement. Undertakings thus carry the burden of proving that the agreement does not "eliminate or restrict competition" or it falls within the circumstances for exemption. This approach, instead of categorically condemning resale price maintenance, takes into account both the illegality and reasonableness of agreements concerning resale price maintenance. Their general illegal nature is addressed by the categorical prohibition and their reasonableness are to be considered through the circumstances for exemption. This approach is also recognized by the Supreme People's Court in Hainan Yutai Technology Feed Co., Ltd. v. Hainan Price Bureau in relation to an administrative penalty.

Fourth, factors used for finding other monopoly agreements are added. Though Articles 13 and 14 of the *Anti-Monopoly Law* provide that the antitrust law enforcement authorities of the State Council may find "other monopoly agreements", this clause has been rarely applied in practice as it lacks detailed provisions. The *Interim Provisions on the Prohibition of Monopoly Agreements* has specified the factors to be considered in applying the *Anti-Monopoly Law* to find other monopoly agreements. They constrain the discretion of antitrust law enforcement authorities on the one hand, and provide clear guidance for undertakings to do business in compliance with laws on the other. Meanwhile, it is clarified that the authority to find other monopoly agreements captured by the catch-all provisions under Articles 13 and 14 of the *Anti-Monopoly Law* rests with SAMR, showing the prudence of the law enforcement authority in this regard.

(5) The procedures and restrictions of the commitment system are specified

The commitment system is a mature institutional design of antitrust legal systems in many countries. It aims to encourage undertakings violating the law to make commitments to correct their wrongdoings and voluntarily take measures to eliminate the resulting consequences, so as to reach a settlement with antitrust law enforcement authorities. Article 45 of the *Anti-Monopoly Law* provides for a commitment system by borrowing similar provisions in the United States, the European Union, Japan and other jurisdictions, and establishes the procedural rules in relation to negotiation and settlement for antitrust investigations in China. The *Interim Provisions on the Prohibition of Monopoly Agreements* provide details for Article 45 of the *Anti-Monopoly Law*, thereby providing clear guidance for investigated undertakings to make use of the commitment system and apply for suspension or termination of the investigation pursuant to applicable law.

First, further details are provided for the procedural requirements of the commitment system. Articles 21 to 25 of the *Interim Provisions on the Prohibition of Monopoly Agreements* have further clarified the "two-step" arrangement of the commitment system under the *Anti-Monopoly Law*. Specifically, in the first step, undertakings suspected of concluding or implementing monopoly agreements may first apply to have the investigation suspended. And after relevant conditions are satisfied, they may, in the second step, apply to have the investigation terminated. The final decision on whether or not to suspend or terminate the investigation without doubt remains with the antitrust law enforcement authority. In addition, the *Interim Provisions on the Prohibition of Monopoly Agreements* further specify that "if antitrust law enforcement authorities, after investigation and verification, have found the existence of a monopoly agreement, they shall make decisions in accordance with applicable law and no longer accept any applications filed by undertakings to suspend the investigation". This in fact effectively sets a clear requirement on the timing in the application of the commitment system, and encourages participants of suspected monopoly agreements to rectify and remove the adverse impact on market competition as soon as possible. This also shows the flexibility of antitrust law enforcement authorities in administrative law enforcement.

Second, the prudence in applying the commitment system to monopoly agreements is reflected. The commitment system helps save law enforcement resources and improve law enforcement efficiency. However, it can easily create problems such as using suspension of investigations to replace punishment. The *Interim Provisions on the Prohibition of Monopoly Agreements* specify that the commitment system does not apply to monopoly agreements of fixing prices, restricting production and sales volume of products and dividing market, suggesting that such monopoly agreements harm market competition so seriously that they are the "bottom line behaviors" of undertakings and should be strictly prohibited. From the perspective of the past law enforcement experience of China's antitrust law enforcement authorities, Shanghai Administration for Market Regulation applied the commitment system in a resale price maintenance case concerning Hydron and Horien in April 2019, in which it decided to suspend and terminate the investigation because the enterprises undertook commitments to rectify and remove the adverse impact. This also shows that no precedent has been created that the commitment system would apply to horizontal monopoly agreements that seriously harm market competition.

(6) Details are provided for the provisions on exemption

Exemption refers to the circumstance where the *Anti-Monopoly Law* would not be applied. Exemption system is a result of balance of interests. It compares economic effects arising from behaviors that eliminate or restrict competition against the nature and impact of such behaviors, and excludes the *Anti-Monopoly Law* from applying only if the advantages of such behaviors outweigh the disadvantages. Therefore, the exemption system is also referred to as "excluded application" or "excluded circumstances". Antitrust laws in the European Union and its member states, Japan, South Korea and other jurisdictions all provide for exemption systems for monopoly agreements. China borrowed the practice of the European Union in its legislation and set up the exemption system in Article 15 of the *Anti-Monopoly Law*. The *Interim Provisions on the Prohibition of Monopoly Agreements* provide details on what behaviors are qualified for undertakings to apply exemption in accordance with applicable law, and clarify the eligibility for applying exemption, the factors that antitrust law enforcement authorities would consider in finding the availability of the circumstances for exemption, and the authority of exemption decisions, among others. They have made the high-level exemption provision in the *Anti-Monopoly Law* easier to apply and are more helpful in protecting the legitimate rights of undertakings.

First, the jurisprudential logic of exemption is further clarified. The *Interim Provisions on the Prohibition of Monopoly Agreements* lists six types of behaviors in relation to monopoly agreement in Articles 7 to 12. If an undertaking concludes or implements any of the 6 types of behaviors, it shall be firstly presumed in accordance with Articles 13 and 14 of the *Anti-Monopoly Law* to have violated the law, and cannot be exempted from the application of the law unless it can prove in accordance with Article 15 of the *Anti-Monopoly Law* and the *Interim Provisions on the Prohibition of Monopoly Agreements* that the relevant behavior satisfies the circumstances for the grant of exemption. Although no published case involves successful application for exemption by undertakings in accordance with Article 15 of the *Anti-Monopoly Law* since its implementation, in the law enforcement practice, many undertakings proposed to apply for exemption, especially those in the aviation, shipping, insurance, tobacco and other special sectors. Thus, the excluded application provided in the *Anti-Monopoly Law* received particularly broad attention. The *Interim Provisions on the Prohibition of Monopoly Agreements* have made the exemption system easier to apply and provided more room for the practice of exemption of monopoly agreements.

Second, individual exemption under the *Anti-Monopoly Law* is established. Article 27 of the *Interim Provisions on the Prohibition of Monopoly Agreements* is a supplement to Article 15 of the *Anti-Monopoly Law*, and also clarifies that the exemption for monopoly agreements in China is individual exemption. Therefore, whether a relevant behavior meets the circumstances listed in Article 15 of the *Anti-Monopoly Law* should be evaluated on case-by-case basis, and the specific forms and effects, the causal relationship and necessary conditions should be evaluated. China's design of individual exemption borrowed the practice of the European Union, but also differs from the structure adopted by the European Union in that the latter uses both block exemption and individual exemption. The European Union has established a system that exempts certain types of monopoly agreements categorically from the application of the provisions of the Treaty on the Functioning of the European Union on the prohibition of monopoly agreements, creating block exemptions for certain types of agreements in industries and sectors including agriculture, transport, and insurance. However, the European Union is quite strict with the application of block exemptions. It still uses the general review procedures for reviewing agreements that have been granted block exemptions, and it has the power to withdraw exemptions that have been applied. Given China's *Anti-Monopoly Law* is rather new, and the law enforcement authorities have not had much law enforcement experience, it is more reasonable and prudent to adopt individual exemption without also adopting block exemption. This, on the one hand, can prevent monopoly agreements from not being caught and thereby harming competition, and on the other hand, can help China's antitrust law enforcement authorities to gain law enforcement experience by reviewing applications for individual exemption.

Third, abuse of the power to grant exemptions to monopoly agreements is effectively prevented. Article 28 of the *Interim Provisions on the Prohibition of Monopoly Agreements* provides that an exemption decision shall have the effect of terminating an investigation. Meanwhile, it specifies that "an investigation termination decision shall set out, amongst others, the basic information of the agreement, and the basis and reasons for the application of Article 15 of the *Anti-Monopoly Law*", and "where the investigated agreement no longer falls within the circumstances under Article 15 of the *Anti-Monopoly Law* as a result of a material change in circumstances, the antitrust law enforcement authority shall resume the investigation". This provision, on the one hand, makes public the basis and content of exemption decisions so that they will be subject to public scrutiny, on the other hand, it establishes a mechanism for monitoring the power to grant exemptions, and explicitly sets out the requirements for law enforcement authorities to resume investigations, which helps ensure the exemption system is effectively implemented.

(7) Details are provided for the provisions on the leniency program

Leniency program is a system under which an undertaking who is the first to voluntarily "surrender" itself to an antitrust law enforcement authority and cooperate with the investigation would be exempted from penalties, or subject to reduced penalties. Leniency program significantly promotes investigations in cases concerning monopoly agreements and encourages voluntary reports by internal members of monopoly agreements, which considerably reduces the difficulties of obtaining evidence in such cases. The United States was the first to adopt a leniency program. Since then, the European Union and many jurisdictions around the world have established leniency programs to facilitate investigations in cases concerning monopoly agreements. Article 46 of the *Anti-Monopoly Law* borrows this successful practice and establishes a leniency program. The provision is rather general and is not helpful in application in law enforcement. The *Interim Provisions on the Prohibition of Monopoly Agreements* add more details to the leniency program under the *Anti-Monopoly Law* in addition to including relevant provisions under the *Provisions on Anti-Price Monopoly*.

First, the meaning of "key evidence" is defined. The provision of key evidence is a prerequisite for granting leniency to wrongdoing undertakings. The *Interim Provisions on the Prohibition of Monopoly Agreements* include relevant provisions on key evidence in the

Provisions on Anti-Price Monopoly and the *Procedural Provisions of the Administration for Industry and Commerce on the Investigation of Cases Concerning Monopoly Agreements and Abuse of Dominant Market Position*, and add further details by defining "key evidence" as evidence that plays a key role in antitrust law enforcement authorities commencing an investigation or finding a monopoly agreement. Such key evidence includes, amongst other things, the undertakings participating in a monopoly agreement, the scope of product involved, the content of the concluded agreement, and the way in which the agreement was concluded, and the implementation state of the agreement. This definition is similar to that in the *Commission Notice on Immunity from Fines and Reduction of fines in Cartel Cases*, which includes the aims, activities and functioning of an alleged cartel, the product or service concerned, the geographical scope, the duration of and the estimated market volumes affected by the alleged cartel, and the specific dates, locations, content of and participants in the alleged cartel. The more detailed content in the *Interim Provisions on the Prohibition of Monopoly Agreements* provides clear guidance for undertakings and helps make the leniency program more appealing and promote its effective implementation.

Second, the levels of the exemption or reduction in the leniency program are further differentiated. Setting appropriate levels of penalty reduction or exemption of the leniency program can further incentivize reporting and voluntary surrender. The *Interim Provisions on the Prohibition of Monopoly Agreements* increase the number of undertakings to which leniency may be granted to three, and adjust the range of penalty reduction pursuant to applicable law, which helps to better play the positive role of the leniency program. The design of the leniency program in the *Interim Provisions on Prohibition of Monopoly Agreements* borrows the *Provisions on Administrative Enforcement Procedures for Anti-Price Monopoly*, allowing antitrust law enforcement authorities to exempt the penalty or reduce the penalty by no less than 80% for the first undertaking that applies for penalty reduction or exemption pursuant to with applicable law, to reduce the penalty by 30%~50% for the second applicant, and to reduce the penalty by 20%~30% for the third applicant.

2. Alignment and development

The Anti-Monopoly Bureau is one of the enforcement departments under SAMR, and antitrust law enforcement is an important part of the market regulation and law enforcement system. As a departmental regulation, the *Interim Provisions on the Prohibition of Monopoly Agreements* need to be aligned and coordinated with departmental regulations and shall be constantly improved in future practice of law enforcement.

(1) Alignment of procedures

Antitrust law enforcement authorities by their nature are administrative agencies, so the investigations in antitrust cases are also conducted according to administrative procedures.

As such, they are governed by the administrative procedure law and the administrative penalty law as well. The special rules of antitrust investigation procedure are subordinate to the *Administrative Penalty Law, Administrative Compulsion Law, Administrative License Law*, which are general laws. The *Interim Provisions on the Prohibition of Monopoly Agreements* are departmental regulations formulated pursuant to the *Anti-Monopoly Law*. Where no investigation and punishment procedures are provided in the *Interim Provisions on Prohibition of Monopoly Agreements* for cases concerning monopoly agreements, the provisions of the general laws mentioned above shall govern, and the provisions in the *Interim Provisions on Administrative Punishment Procedures for Market Supervision and Administration* shall also apply, except for the relevant provisions on statute of limitation, case acceptance and case jurisdiction. Where antitrust law enforcement authorities hold hearings for administrative punishment, the provisions of the *Interim Measures on Hearings for Administrative Punishment for Market Supervision and Administration* shall apply.

(2) "Safe harbor" clauses

During the drafting process, some provincial market regulatory authorities and experts and scholars proposed that "safe harbor" clauses for finding monopoly agreements should be added by borrowing relevant provisions of the European Union on block exemptions. It was proposed that "in the event that an agreement reached by competing undertakings is not for fixing or changing product prices, restricting the production or sales volumes of product, dividing the sales market or raw material procurement market, restricting the purchase of new technologies or new equipment or restricting the development of new technology or new product, and jointly boycotting transactions, and that the combined market share of the undertakings to the agreement in the relevant market does not exceed 15%, or in the event that an agreement reached between an undertaking and its trading counterparty are not for fixing the prices for resale to third parties or setting the minimum prices for resale to third parties, and that the market share of the undertakings to the agreement in the respective relevant markets does not exceed 25%, it can be presumed that the agreement will not eliminate or restrict competition, except to the extent that there is evidence showing that it eliminates or restricts competition". The above proposal was carefully considered. But given that the current *Anti-Monopoly Law* does not provide for the market share and other factors of "safe harbor" systems, the addition of any "safe harbor" clause would not be supported by upper level laws. SAMR will further study and evaluate this issue in its future work.

(3) Anti-Monopoly Guidelines

Based on the work plan of the Anti-Monopoly Commission of the State Council, the Anti-Monopoly Commission of the State Council will also release the Guidelines on the Application of the Leniency Program to Cases Concerning Horizontal Monopoly

Agreements and the Guidelines for Commitments by Undertakings in Monopoly Cases. The two guidelines will provide further details regarding the leniency program and the commitment program respectively, so as to provide clearer guidance for law enforcement authorities and more stable expectations for undertakings. The two guidelines will be well aligned with the *Interim Provisions on the Prohibition of Monopoly Agreements*, and further optimize and specify the structural arrangement for the two programs in the *Interim Provisions on the Prohibition of Monopoly Agreements*, thereby facilitating the release of the programs and making them effectively implemented.

(Ⅲ) Interim Provisions on the Prohibition of Abuse of Dominant Market Position

1. Structural design

The *Interim Provisions on the Prohibition of Abuse of Dominant Market Position* include 39 articles. They not only reflect the law enforcement experience, but also focus on addressing practical problems. The structure of the *Interim Provisions on the Prohibition of Abuse of Dominant Market Position* focuses on the following three aspects:

(1) Law enforcement mechanism is improved

Antitrust law enforcement belongs to administrative authority of the central government. In order to fully mobilize local law enforcement forces and adapt to practical needs, the *Interim Provisions on the Prohibition of Abuse of Dominant Market Position* make it clear that provincial market regulatory authorities are authorized to take charge of antitrust law enforcement against abuse of dominant market position within their respective administrative regions. Meanwhile, the *Interim Provisions on the Prohibition of Abuse of Dominant Market Position* clarify that provincial market regulatory authorities shall follow relevant provisions of SAMR in investigating and handling abuse of dominant market position, and provide that the supervision over law enforcement of provincial market regulatory authorities shall be strengthened by establishing a strict supervision mechanism, which helps carry out antitrust law enforcement against abuse of dominant market position in an orderly manner and establish a large market that is unified, open, orderly and competitive.

(2) Law enforcement procedures are clarified

Prior to the institutional reform, the substantive and procedural provisions used by the former antitrust law enforcement authorities to regulate abuse of dominant market position were governed by different departments and the law enforcement procedures for monopoly agreements and abuse of dominant market positions were put in the same set of regulations, due to overlapping functions, customary practices and other reasons. Following the completion of the institutional reform, it was confusing to apply different substantive standards and procedural provisions to the same type of anticompetitive behaviors, making those provisions no longer suitable for uniform antitrust law enforcement. Meanwhile, the law enforcement procedures for different types of anticompetitive behaviors and abuse of administrative power to eliminate or restrict competition under the *Anti-Monopoly Law* vary significantly. SAMR, starting with and on the basis of types of anticompetitive behaviors, provide rules that clarify procedural provisions including filing complaints, accepting cases, conducting investigations, making penalty decisions, proposing commitments, suspending investigations, resuming investigations, the content of administrative penalty decisions, and the requirement of publishing the decisions. This has further standardized antitrust law enforcement and increased its transparency.

(3) Details are provided for relevant considerations and specific circumstances

The *Interim Provisions on the Prohibition of Abuse of Dominant Market Position* provide details mainly for, amongst others, the factors to be considered in determining abuse of dominant market position, the specific circumstances that constitute abuse of dominant market position, and the penalties for abuse of dominant market position. The *Anti-Monopoly Law* has already covered these topics, but in a high-level way and such general terms make them hard to apply and less instructive. The I*nterim Provisions on the Prohibition of Abuse of Dominant Market Position* have taken into account the authority's law enforcement experience, and provide details on those topics so as to meet the practical needs of law enforcement. Meanwhile, the *Interim Provisions on the Prohibition of Abuse of Dominant Market Position* attaches importance to the alignment with other sets of rules such as those with respect to monopoly agreements and abuse of administrative power to eliminate or restrict competition, and delineates the boundary of undertaking' behaviors. This has made the provisions easier to apply, and provides guidance to law enforcement authorities, and market entities to comply with laws and regulations and strengthen self-discipline.

2. Changes in provisions

In general, the *Interim Provisions on the Prohibition of Abuse of Dominant Market Position* have the following seven major changes, as compared with the *Provisions on Anti-Price Monopoly* and the *Provisions on Administrative Enforcement Procedures for Anti-Price Monopoly* issued by the National Development and Reform Commission and the *Provisions of the Administration for Industry and Commerce on the Prohibition of Abuse of Dominant Market Position* and the *Procedural Provisions of the Administration for Industry and Commerce on the Investigation of Cases Concerning Monopoly Agreements and Abuse of Dominant Market Position* issued by the former State Administration for Industry and Commerce:

(1) Equal treatment of all undertakings is emphasized

As China's antitrust law enforcement became increasingly active, especially when some foreign enterprises were investigated and penalized, there was a view around the globe that China's antitrust law was enforced only against foreign enterprises. In other words, China was engaging in the so-called "selective law enforcement" and was trying to protect trade and investment through antitrust law enforcement. Against this background, the *Interim Provisions on Prohibition of Abuse of Dominant Market Position* effectively respond to this concern by clarifying in Article 4 that "antitrust law enforcement authorities shall treat all undertakings equally in investigating abuse of dominant market position". This provision is not only necessarily required by the principle of administration by law, but also reaffirms and reflects the law enforcement principle of equal treatment of domestic and foreign investors, state-owned and private enterprises, and large and small-and-medium sized enterprises. It helps to remove external misunderstanding, strengthen the mutual trust between law enforcement authorities and all parties, and create a market environment with fair competition.

(2) Mechanism for delegation of law enforcement authority and supervision is improved

According to Article 10 of the *Anti-Monopoly Law*, antitrust law enforcement belongs to administrative authority of the central government, and shall be carried out by authorities designated by the State Council to perform antitrust law enforcement duties. Such an arrangement helps ensure the uniformity of antitrust law enforcement and build a market system that is unified, open, orderly and competitive across the nation. Meanwhile, given that there are a huge amount of cases and the associated heavy workload, it is unrealistic for antitrust law enforcement authorities of the State Council to handle all cases on their own. The *Anti-Monopoly Law* also stipulates that antitrust law enforcement authorities of the State Council may, as needed, authorize relevant authorities of people's governments in provinces, autonomous regions and municipalities directly under the central government to take charge of antitrust law enforcement work. In this regard, the *Interim Provisions on the Prohibition of Abuse of Dominant Market Position* have improved the mechanism with respect to delegation of authority and supervision in law enforcement against abuse of dominant market position.

First, general delegation of authority is provided. The *Interim Provisions on the Prohibition of Abuse of Dominant Market Position* sets out systematic provisions on an antitrust law enforcement mechanism for abuse of dominant market position, and clarify the principle of general authorization, which is consistent with the *Notice of the State Administration for Market Regulation on Delegation of Authority in Anti-Monopoly Law Enforcement* (Guo Shi Jian Fan Long Duan [2018] No.265) issued in February 2019.

The *Interim Provisions on the Prohibition of Abuse of Dominant Market Position* establishes a two-level (namely the national level and provincial level) law enforcement mechanism, providing that SAMR shall be responsible for investigating and handling cases concerning abuse of dominant market position that involve multiple provinces/autonomous regions/municipalities directly under the central government, that are complex in facts, that have significant effects at the national level, or that SAMR deems it necessary to directly investigate and handle. Provincial market regulatory authorities shall be responsible for antitrust law enforcement against abuse of dominant market position within their respective administrative regions, and may further delegate lower-level market regulatory authorities to carry out investigations (the latter shall, within the scope of authorization, carry out investigations on behalf of the delegating authority, and may not further delegate such authorization). This provision helps reinforce law enforcement against monopoly agreements and increase antitrust law enforcement capacity. Meanwhile, it also fully mobilizes local law enforcement forces and encourages corresponding provincial authorities to be responsible for law enforcement and safeguard the fair competition market order within their respective administrative regions.

Second, the supervision over law enforcement is strengthened. Cases concerning abuse of dominant market position are highly harmful to market competition. They are usually complicated in facts and require high professional skills in law enforcement. The wrongdoing enterprises are usually market giants with strong market power. Although provincial market regulatory authorities are responsive and have sufficient capacity in law enforcement, they still face enormous challenges in terms of resistance, difficulty, and capability when enforcing the law against large enterprises and confronting their defenses. This requires law enforcement authorities at the central and local levels to work together in a more coordinated way and allocate the assignment so as to push the investigation forward. Therefore, the *Interim Provisions on the Prohibition of Abuse of Dominant Market Position* require provincial market regulatory authorities to follow relevant provisions of SAMR in investigating and handling cases concerning abuse of dominant market position and establish two systems, one for reporting before case handling, or the pre-case handling reporting system, and the other for filing after case handling, or post-case handling filing system. The pre-case handling reporting system requires provincial market regulatory authorities to report to SAMR before making a decision on the suspension or termination of an investigation or on an administrative penalty notice. SAMR will analyze and study the facts, legal basis, legal reasoning and conclusion to ensure consistent enforcement. Post-case handling filing system requires provincial market regulatory authorities to file a case for record within 7 business days from the date on which the case is accepted, so that SAMR can have a better understanding of the status of case investigation and handling across the nation and provide supervision and guidance. Provincial market regulatory authorities shall file for record with SAMR within 7 business days after serving an investigated undertaking with a decision to suspend an investigation, a decision to terminate an investigation, or an administrative penalty decision, so that SAMR can understand the status of a case and strengthen its supervision over law enforcement. These provisions help to carry out law enforcement against abuse of dominant market position in an orderly manner, ensure uniform standards for law enforcement and rules, and make law enforcement more reasonable and effective.

(3) Adaption is made to meet the needs for the supervision and development of new economy sectors

In recent years, competition issues in the Internet and other new economy sectors have been prominent and widely complained, and antitrust law enforcement authorities have been paying attention to these issues. Antitrust law enforcement experience in other countries shows that the fundamental institutional framework of modern antitrust law, including analysis and findings of abuse of dominant market position, also applies to undertakings in the Internet and other new economy sectors. However, the Internet and other new economy sectors are different from traditional economy sectors in that they are characterized by dynamic competition, innovation competition, and cross-sector competition, amongst others. In addition, the relevant markets in the Internet and other new economy sectors are usually double-sided or multi-sided and have significant network effects, thereby bringing about great challenges to the traditional antitrust law enforcement approaches and the factors used in conducting analysis. In light of the special features of the Internet and other new economy sectors and on the basis of law enforcement experience and research, the *Interim Provisions on the Prohibition of Abuse of Dominant Market Position* provide provisions in various articles as regards the issues relating to the Internet and other new economy sectors for the purpose of adapting to the needs of law enforcement. This is an important embodiment of the innovation in terms of law enforcement method.

The first is about the finding of dominant market position. Article 6 of the *Interim Provisions on the Prohibition of Abuse of Dominant Market Position* firstly expands the factors used to determine market shares, providing that "the percentage represented by other indicators in the relevant market" may be considered in addition to the sales value and sales volume, thereby providing a basis to determine the market share of undertakings in the Internet sector. More importantly, Article 11 of the *Interim Provisions on the Prohibition of Abuse of Dominant Market Position* lists the factors that may be considered in finding the dominant position of undertakings in the Internet and other new economy sectors. They include "the competition features of the relevant industry, operation model, number of users, network effects, lock-in effects, technical features, market innovation, ability to possess and process relevant data and the undertaking's market power in the related market, amongst other factors". The *Interim Provisions on the Prohibition of Abuse of Dominant*

Market Position have included the judgments of Chinese courts in litigation cases in the Internet sector, including the monopoly dispute between Qihoo and Tencent. Meanwhile, they have also borrowed best practices in other jurisdictions in the Internet sector, such as the factors of "number of users" and "ability to possess and process relevant data". In cases such as the European Union case concerning Google's abuse of dominant market position and the finding by the German Federal Cartel Office of Facebook's abuse of dominant market position, both number of users and big data were a focus of law enforcement. The provisions mentioned above highlight the features of the Internet and other new economy sectors, and help to provide undertakings with clear guidance on predicting how antitrust law enforcement authorities will find the dominant market position of an undertaking in the Internet sector.

The second is about the determination of abuse of dominant market position through "predatory pricing". Item (2), Paragraph 1, Article 17 of the *Anti-Monopoly Law* provides provisions on abuse through "predatory pricing". In recent years, law enforcement authorities have realized that low-cost subsidies and dumping for the purpose of squeezing out competitors are becoming increasingly common in the Internet and other new economy sectors, which is detrimental to the sustainable and sound development of relevant industries and markets. And the overall well-being of consumers is harmed in the long run. Therefore, Article 15 of the *Interim Provisions on the Prohibition of Abuse of Dominant Market Position* provide that, where an undertaking sells products below their costs, and where it involves the for-free business model in the Internet or other new economy sectors, free products provided by the undertaking as well as relevant non-free products and other circumstances should be taken into account on a comprehensive basis. In recent years, the "double-sided markets" theory promoted by economists such as Evans and Tirole have achieved great progress in antitrust economics, especially in the Internet and other new economy sectors. This analytical approach and the consideration factors are also recognized and adopted by law enforcement authorities and courts in other jurisdictions such as Europe and the United States. Although the wording in the *Interim Provisions on the Prohibition of Abuse of Dominant Market Position* does not explicitly refer to "double-sided markets", it does reflect the underlying analytical approach and perspective of this economic theory, representing a full recognition and consideration of the operational features of the Internet and other new economy sectors.

(4) Details are provided for the factors used to find dominant market position

Articles 6 to 13 of the *Interim Provisions on the Prohibition of Abuse of Dominant Market Position* further elaborate on the factors set out in Article 18 of the *Anti-Monopoly Law* that are used to determine whether an undertaking has a dominant market position, thereby providing clearer guidance for law enforcement practice. Meanwhile, it should be clarified that although the *Interim Provisions on the Prohibition of Abuse of Dominant Market Position* provide a range of consideration factors, those factors are provided merely for indicating the scope of the consideration factors and may or may not be considered in their entirety in individual cases. Instead, the selection of factors to be considered in law enforcement depends on the specific circumstances of each case.

The first is about market control power. Market share, conditions of market competition, and ability to control the sales market or the procurement market are all indicators used to analyze an undertaking's market control power. Market share is the most important factor to reflect an undertaking's market control power. Article 6 of the *Interim Provisions on the Prohibition of Abuse of Dominant Market Position* provide that the indicators used to determine an undertaking's market share in the relevant market are sales value, sales volume or other indicators, and such "other indicators" include, amongst others, the undertaking's production capacity and number of users. This provision provides law enforcement authorities more dimensions to understand an undertaking's market share more accurately in individual cases. The assessment of the state of competition in the relevant market serves as the basis of finding an undertaking's market control power. In this regard, the *Interim Provisions on the Prohibition of Abuse of Dominant Market Position* provide a list of factors, mainly including the development status of the relevant market, the market structure, the degree of product differentiation, sales and purchase models. Meanwhile, the market reality and competition status are also to be considered. The provision has added factors such as "innovation and technological changes, sale and purchase models". The ability to control sales or raw materials directly is a direct indication of an undertakings' ability to control the market. The *Interim Provisions on the Prohibition of Abuse of Dominant Market Position* have expanded the notion of sales and raw materials to the "upstream and downstream markets in the industrial chain" and added factors such as "the ability to control other required inputs", making the provision more aligned with the market reality and the needs of law enforcement.

The second is about the market position of an undertaking. Financial capabilities, technical conditions and the degree of other undertakings' reliance all are indicators used to evaluate an undertaking's market position. Financial capabilities and technical conditions reflect an undertaking's overall strength and its competitiveness. Article 8 of the *Interim Provisions on the Prohibition of Abuse of Dominant Market Position* provides detailed factors that may be taken into account when determining an undertaking's financial capabilities sand technical conditions. With respect to financial capabilities, factors such as the asset scale, profitability, financing capabilities, and other existing and potential financial factors may be taken into account. With respect to technical conditions, factors such as research and development capabilities, technical equipment, technical innovation and application capabilities, proprietary intellectual property rights possessed may be taken into account. The fact that the provision has particularly added factors such as "and how and to what extent such financial capabilities and technical conditions can promote the undertaking's business expansion or consolidate or maintain its market position" indicates that law enforcement authorities will comprehensively consider how financial capabilities and technical conditions will translate into market power. An undertaking's market position, to some extent, is reflected by the degree of reliance on the undertaking by other undertakings. Article 9 of the *Interim Provisions on the Prohibition of Abuse of Dominant Market Position* provides detailed factors that may be considered when analyzing the degree of reliance. Those factors include the transactional relationship, the transaction volume, the duration of the transaction, and the difficulty in switching to other trading counterparties, with the core principle being analyzing to what extent other undertakings rely on the undertaking in their operation. The addition of the qualification "within a reasonable time" is based on law enforcement experience, which suggests that the central issue in switching to other trading counterparties is switching time. The longer the switching time, the costlier and more difficult the switching would be.

The third is about market entry. The difficultness of market entry determines the degree of stability of the market landscape and the possibility for potential competitors to participate in market competition. Generally, the more difficult the market entry, the more likely an incumbent undertaking has a dominant market position; otherwise, the incumbent undertaking would face significant competition constraints from potential competitors. Compared to the *Provisions on Anti-Price Monopoly* and the *Provisions of the Administration for Industry and Commerce on the Prohibition of Abuse of Dominant Market Position*, Article 10 of the *Interim Provisions on the Prohibition of Abuse of Dominant Market Position* has a major development in that it provide detailed factors to be considered when determining the difficultness of market entry, which include, amongst others, market access, the difficultness of access to necessary resources, control over procurement and sales channels, capital investment scale, technical barriers, brand reliance, switching costs for users, and consumption habits. Law enforcement practice shows that undertakings perform detailed analysis and evaluation of market entry, and law enforcement authorities consider market entry as an important consideration factor. Therefore, providing detailed factors for the evaluation of market entry will enable undertakings to have more settled expectation.

The fourth is about determining the dominant market position of undertakings in intellectual property-intensive fields. The fact that an undertaking possesses intellectual property rights does not necessarily mean it has a dominant market position. Article 12 of the *Interim Provisions on the Prohibition of Abuse of Dominant Market*

Position has included law enforcement experience, particularly the law enforcement experience obtained in the case concerning Qualcomm's abuse of dominant market position. It clarifies the special factors that may be considered when determining the dominant market position of undertakings in intellectual property-intensive fields. These factors include the substitutability of the intellectual property rights, the degree of reliance of downstream markets on the products provided by using the intellectual property rights, and trading counterparties' ability to constrain the undertakings. It is worth noting that analyzing the dominant market position of undertakings in intellectual property-intensive fields follows the same analysis framework, and the factors above are not to replace the factors specified in the *Anti-Monopoly Law* and the *Interim Provisions on the Prohibition of Abuse of Dominant Market Position* for finding the dominant market position of an undertaking. They instead are factors to be considered in light of the special features of intellectual property rights when analyzing the dominant market position of an undertaking.

The fifth is about the factors to be considered when determining collective dominant market position. Article 19 of the *Anti-Monopoly Law* sets out the market share thresholds used to presume the dominant market position of two or three undertakings, thus introducing the concept of collective dominant market position. However, in law enforcement practice, if the undertakings presumed to have dominant market position claim to the contrary, it would be difficult for antitrust law enforcement authorities to find their dominant market position through analysis, as the *Anti-Monopoly Law* does not provide how to determine dominant market position of two or more undertakings. Thus, the provisions in the Anti-Monopoly Law on presumed dominant market position were not easy to apply in practice, and market entities could not have a clear expectation in this respect. In order to make the rules easier to apply and provide clearer guidance to market entities, the *Interim Provisions on Prohibiting Abuse of Dominant Market Position* have included the law enforcement experience in the cases concerning isoniazid active pharmaceutical ingredients and chlorpheniramine active pharmaceutical ingredients. In addition, the provisions also borrowed relevant rules and practices in other countries around the world. The provisions provide that the factors to be considered when determining the dominant market position of two or more undertakings include market structure, transparency of the relevant market, the extent of homogenization of relevant products, and the coordination of the undertakings' conduct. According to economic theories and law enforcement practice, the more concentrated the market structure, the more transparent the market, the more homogeneous the products and the more concerted the conduct, the more likely that two or more undertakings have a dominant market position. It is worth noting that a different framework applies when analyzing the dominant market position of two or more undertakings. In addition to the factors specified in the *Anti-Monopoly Law* and the *Interim*

Provisions on the Prohibition of Abuse of Dominant Market Position, the specific factors mentioned above should also be considered.

(5) Details are provided for the factors used to determine fair prices

The determination of "unfairly high price" or "unfairly low price" has always been a thorny issue in antitrust law enforcement practice. SAMR learned from administrative law enforcement and judicial practice, including the cases concerning Qualcomm's abuse of its dominant market position and Huawei's litigation against InterDigital for the latter's abuse of dominant market position, and borrowed practices in other jurisdictions, which suggests that quantitative analysis of prices is difficult, and that quantitative analysis is not a prerequisite for qualitative analysis. In accordance with the spirit of the *Anti-Monopoly Law*, the focus of regulating "selling at an unfairly high price" or "purchasing at an unfairly low price" rests not only on "to what extent the price is higher" or "to what extent the price is lower", but also on whether the price is "unfair". Accordingly, Article 14 of the *Interim Provisions on the Prohibition of Abuse of Dominant Market Position* focuses on whether there is an "unfair" element in prices and lists the specific forms in which "unfairly high prices" and "unfairly low prices" can be found. Comparisons are mainly made from horizontal and vertical perspectives.

First, horizontal comparison. The so-called horizontal comparison means the comparison of the price of one undertaking with that of other undertakings in the same period, or the comparison of the price of one undertaking with the prices at which the same undertaking sells in other regions for the same period. The prices mentioned above are static, and the comparison a horizontal. Specifically, horizontal comparison takes two forms: (1) whether the sales price or the purchase price is obviously excessively higher or lower than the price of the same or comparable products sold or purchased by other undertakings under identical or similar market conditions; and (2) whether the sales price or the purchase price of obviously excessively higher or lower than the price of the products sold or purchased by the same undertaking in other regions with identical or similar market conditions. It is worth noting that both comparisons above stress that the price difference must be "obvious". In law enforcement practice, if the price difference is minimal or reasonable, it would generally not be deemed an "unfairly high price" or "unfairly low price", and a case-by-case analysis is required.

Second, vertical comparison. The so-called vertical comparison means analyzing whether the scope of price changes of one undertaking in different time periods is normal. The prices mentioned above are dynamic, and the comparison is to analyze the fairness of price changes. Specifically, vertical comparison takes two forms: (1) when the costs are stable, whether the sales price is increased or the purchase price is decreased beyond the normal range; and (2) whether the increase in the sales price of the products is significantly higher than the increase in the costs; or whether the decrease in the purchase price is significantly higher than the decrease in the costs of the trading counterparties. Similarly, the comparison above expressly requires that the price difference go beyond the "normal" level or the change be "significant". In law enforcement practice, if the price difference is normal or reasonable, it would generally not be deemed an "unfairly high price" or "unfairly low price", and a case-by-case analysis is required.

(6) "Cost" standards for finding predatory pricing is clarified

Article 17 of the *Anti-Monopoly Law* prohibits an undertaking having a dominant market position from selling products below costs without justifications. Although there is no enforcement precedent in practice, but the for-free business model and subsidy policy of enterprises in the Internet sector have attracted much attention from law enforcement authorities in recent years. Law enforcement experience suggests that the central issue of enforcing Article 17 is the determination of "cost". In finding the conduct of selling below-cost that constitutes abuse of dominant market position, such "cost" is the standard for determining whether the undertaking's conduct is legal. The economic concept of cost is very complex, which includes total cost, average cost, marginal cost, variable cost, amongst many other types. Article 15 of the *Interim Provisions on the Prohibition of Abuse of Dominant Market Position* has not only considered the situations in China, but also borrowed practices in other countries, stipulating that the key focus is whether the price is lower than the average variable cost. Average variable cost refers to the unit cost which varies with the change of the output of a product. In other words, it means the additional cost required to produce one more unit of the product. Average variable cost, as compared to average total cost, does not include average fixed costs (such as plant and machinery) that are amortized equally to each unit of a product. Fixed cost is the sunk cost undertakings have already invested and irrelevant to the production of a product, while variable costs include raw material costs, labor costs, and other costs. Such costs are the additional costs required for producing products.

The *Interim Provisions on the Prohibition of Abuse of Dominant Market Position* clarifies that whether an undertaking sells products below the average variable costs is used to determine whether such conduct constitutes abuse of dominant market position. The underlying reason is that selling a product below its average variable cost will incur losses for every additional unit of the product produced or sold by the undertaking. This is not economically rational, and the purpose is likely to squeeze out competitors from the market. On the other hand, selling the product above the average variable cost means the undertaking makes profit while recovering the average variable cost, and the purpose is likely to maintain the production of the product and the operation of the business, which is economically rational. Meanwhile, in light of possible cross-subsidy business models in double-sided or multi-sided markets in the Internet and other new economy sectors, free products provided by undertakings, relevant non-free products and other factors should be considered on a comprehensive basis.

(7) The "justifications" were specified to reflect the principle of science-based and prudent approach in determining abuse of dominance

In the law enforcement practice, it is a complex process to determine whether an undertaking's conduct constitutes the abuse of dominant market position. Some conducts are commercially reasonable and should not be regulated though they may appear to meet the requirements in determining the abuse of dominant market position. The *Interim Provisions on the Prohibition of Abuse of Dominant Market Position* specifies the "justifications" and therefore makes clear the principle adhered by the law enforcement authority in determining the abuse of dominant market position in a prudent manner by taking into full consideration the commercial reasonableness of relevant behavior. According to the provisions of the *Anti-Monopoly Law*, in addition to meeting the form requirements of the abusive behavior, the undertaking's behavior must be proved to be conducted without justifications in determining the abuse of dominant market position. The *Interim Provisions on the Prohibition of Abuse of Dominant Market Position*, by fully summarizing the experience from law enforcement, lists the possible justifications for the behaviors of abuse of dominant market position including, amongst others, selling at below-cost price, refusal to deal, exclusive dealing, tie-in or imposing unreasonable trading conditions, differential treatment, thereby making the provisions of the *Anti-Monopoly Law* more specific and improving the operability for law enforcement and market expectations.

The first is concerning refusal to deal. Article 16 of the *Interim Provisions on the Prohibition of Abuse of Dominant Market Position* basically follows those under the *Provisions of the Administration for Industry and Commerce on the Prohibition of Abuse of Dominant Market Position* and sets forth the behavior of refusing to deal which undertakings with dominant market position are not allowed to implement. Those provisions are provided from four aspects, namely, refusing to an existing deal, refusing to a new deal, refusing to deal in a disguised form, and refusing to provide necessary facilities. However, engaging in the above-mentioned behavior does not necessarily constitute abuse of dominant market position, and if justified, it would not constitute violation of laws. The *Interim Provisions on the Prohibition of Abuse of Dominant Market Position* enumerates the specific circumstances for justifications, including: 1. failure to carry out transactions due to force majeure and other objective reasons; 2. the trading counterparties have bad credit records or their business conditions deteriorate, which affect transaction safety; and 3. the interests of undertakings will be unduly impaired if the transaction is carried out. The above-mentioned justifications protect undertakings' normal commercial behaviors by fully considering the possible commercial reasonableness of their conducts in practice. It should be noted that in law enforcement practice, the above-mentioned justifications need to be proved by undertakings.

The second is concerning exclusive dealing. Article 17 of the *Interim Provisions on the Prohibition of Abuse of Dominant Market Position* provides for three circumstances of exclusive dealing by an undertaking, namely, forcing the trading counterparty to enter into transactions exclusively with it, forcing the trading counterparty to enter into transactions exclusively with undertakings designated by it, and excluding the trading counterparty from entering into transactions with specific undertakings. Such provision is basically consistent with the *Provisions of the Administration for Industry and Commerce on the Prohibition of Abuse of Dominant Market Position*, except for the addition of the wording of exclusive dealing in a disguised form. In the law enforcement practice, some undertakings act in a more covert way in that they do not directly ask to limit the trading counterparties. Instead, they achieve the purpose of exclusive dealing through technical means or contractual arrangement. Whatever the way of these disguised conducts, as long as they objectively affect the trading counterparty's free choice and substantially limit the trading counterparty, they would constitute the exclusive dealing. In terms of "justifications", the *Interim Provisions on the Prohibition of Abuse of Dominant Market Position* revises and specifies the *Regulations on Anti-Price Monopoly*, clarifying that justifications include those that are necessary to satisfy product safety requirements, to protect intellectual property rights, or to protect specific investments made for transactions. The aforesaid reasons fully consider the reasonableness of the exclusive dealing, reflecting the protection of product safety, intellectual property rights and investment promotion.

The third is concerning tie-in sales and imposition of other unreasonable trading terms. The *Interim Provisions on the Prohibition of Abuse of Dominant Market Position* provides for five circumstances of tie-in and imposition of unreasonable trading terms, which are basically consistent with the *Provisions of the Administration for Industry and Commerce on the Prohibition of Abuse of Dominant Market Position*, except that in terms of tie-in sales, the wording of "compulsorily" is deleted. However, the *Interim Provisions on the Prohibition of Abuse of Dominant Market Position* made substantial additions and improvements as regards "justifications" for tie-in sales and imposition of unreasonable trading terms, which require the acts concerned are, amongst others, in line with justified industry practice and transaction custom, necessary for satisfying product safety requirements, necessary for achieving certain technologies. Based on business practice and taking into full consideration the common practice of, amongst others, undertakings, industry and custom, such justifications recognize that tie-in sales or imposition of relevant trading terms may have reasonableness, thereby highlighting the principle to determine the abuse of dominant market position through a science-based and prudent approach.

The fourth is concerning differential treatment. Article 19 of the *Interim Provisions on the Prohibition of Abuse of Dominant Market Position* lists the four specific behaviors of differential treatment implemented by undertakings with dominant market position, which are basically consistent with the *Provisions of the Administration for Industry and Commerce on the Prohibition of Abuse of Dominant Market Position* and the *Regulations on Anti-Price Monopoly*. In accordance with the *Anti-Monopoly Law*, one important premise to constitute differential treatment is that trading counterparties present "same conditions". The *Interim Provisions on the Prohibition of Abuse of Dominant Market Position* specifies what constitutes "same conditions", i.e. there is no difference between trading counterparties in transaction safety, transaction cost, size and capability, credit status, stage of transaction, duration of transaction and other aspects that will materially affect the transaction. Similarly, the *Interim Provisions on the Prohibition of Abuse of Dominant Market Position* also substantially supplement the "justifications" for differential treatment. Firstly, differential treatment is based on the actual needs of trading counterparties and in line with proper transaction custom and industry practice. This mainly considers the situation of customized transactions, where undertakings provide different products and transaction conditions according to the needs of trading counterparties. Secondly, in terms of preferential activities conducted within reasonable period for the first transaction of new users, the requirements on new users, first transaction and reasonable period shall be simultaneously met.

3. Alignment and development

The Anti-Monopoly Bureau is one of the enforcement departments under SAMR. The antitrust law enforcement is an important part of the law enforcement system of market regulation. As a departmental regulation, the *Interim Provisions on the Prohibition of Abuse of Dominant Market Position* shall focus on the alignment and coordination with other departmental regulations and be developed and improved constantly in future law enforcement practice.

(1) Procedures

Firstly, the *Interim Provisions on the Prohibition of Abuse of Dominant Market Position* are basically consistent with relevant procedural provisions of the Interim Provisions on the Prohibition of Monopoly Agreements. The *Interim Provisions on the Prohibition of Abuse of Dominant Market Position* contains uniform provisions on the ways to discover illegal behaviors, requirements for written complaint and publicity, etc. In terms of the discovery of illegal behaviors, the antitrust law enforcement authorities may find the suspected monopoly behaviors *ex officio*, or through channels including, amongst others, complaint, assignment by superior authorities, transfer by other authorities, reporting by lower-level authorities, voluntary reporting by undertakings. The requirements for a written complaint generally include the basic information of the whistleblower, basic information of the party being complained against, the relevant facts and evidence of the alleged illegal act, and whether the same matter has been complained to other administrative authorities or filed a lawsuit with a People's Court etc. In terms of information publicity, after an antitrust law enforcement authority makes an administrative decision, it shall make public such decision according to applicable law, and the information on administrative penalties shall be made public through the National Enterprise Credit Information Publicity System.

Secondly, the *Interim Provisions on the Prohibition of Abuse of Dominant Market Position* is in line with other procedural rules of SAMR. The investigation into antitrust cases shall follow the administrative procedures and be subject to the uniform rules of the administrative procedure law and the administrative penalty law. As the *Interim Provisions on the Prohibition of Abuse of Dominant Market Position* are departmental regulations formulated in accordance with the *Anti-Monopoly Law*, the procedures for investigation and punishment of monopoly agreement activities not stipulated in the *Interim Provisions on the Prohibition of Abuse of Dominant Market Position* shall follow the provisions and requirements under general law, as well as the *Interim Provisions on the Procedures for Administrative Penalties in Market Supervision and Administration*, except for the provisions on time limit, case filing and case jurisdiction. If an antitrust law enforcement authority organizes a hearing regarding administrative penalties, the *Interim Measures on Hearings for Administrative Penalties in Market Supervision and Administration* shall apply.

(2) Commitment regime

Under the commitment regime, when an antitrust law enforcement authority investigates a suspicious monopolistic conduct, if the undertaking concerned commits to correct its own conduct and voluntarily takes measures to eliminate the consequences of its conduct, and the antitrust law enforcement authority believes that the undertaking's commitment can eliminate the damage that may be caused by the conduct to market competition, the antitrust law enforcement authority may decide to accept the undertaking's commitment and suspend the investigation. Because most cases of abuse of a dominant market position are complicated, influential, technically complicated, and difficult to investigate, the commitment regime can be widely applied in the cases of abuse of a dominant market position. Commitment regime is widely used in the anti-monopoly laws all over the world. It can save the law enforcement resources, improve the efficiency of law enforcement, eliminate the adverse consequences caused by the suspected monopoly and protect the fair competition of the market.

There are several cases in which the commitment regime was applied in China's law enforcement practice for the abuse of dominant market position including, amongst others, the suspension of investigation by the National Development and Reform Commission into the alleged abuse of dominant market position by IDC, the suspension of investigation by the Administration for Industry and Commerce of Inner Mongolia into the alleged abuse of dominant market position by China Mobile. The commitment regime has played an active role in law enforcement, but at the same time issues such as lack of standardization in procedures, ineffective supervision of commitment performance and replacement of punishment with suspension have been exposed. In order to standardize the application of the commitment regime, unify the law enforcement standards, and enhance the operability of the regime, Articles 29 to 33 of the *Interim Provisions on the Prohibition of Abuse of Dominant Market Position* specify provisions on the scope of application of the commitment regime in cases of abuse of dominant market position, the application and determination procedures for commitment regime, supervision over commitment, circumstances where investigation is terminated or resumed. Compared with the *Interim Provisions on the Prohibition of Monopoly Agreements*, there is no "red line behavior" to which the commitment regime does not apply in the field of abuse of dominant market position. This is consistent with international experience and practice, and fully reflects our law enforcement experience over the past decade.

(3) Legal liability

In terms of legal liability, the *Interim Provisions on the Prohibition of Abuse of Dominant Market Position* strictly follow the provisions of the *Anti-Monopoly Law* without any groundbreaking provision, which reflects the science-based and prudent legislative attitude and regulatory principle. Article 37 of the *Interim Provisions on the Prohibition of Abuse of Dominant Market Position* specifies that antitrust law enforcement authority shall take into account factors including, amongst others, the nature, circumstances, degree and duration of an illegal activity when determining the specific amount of fines. More importantly, supplementary provisions on legal liability in exceptional circumstances are added. China's experience in antitrust law enforcement over the years indicates that undertakings' abuse of dominant market position is caused by administrative monopoly on some occasions. As regards how undertakings will be held legally liable under such circumstances, the *Interim Provisions on the Prohibition of Abuse of Dominant Market Position* specifies that: firstly, under normal circumstances, undertakings shall bear the same legal liabilities, and the law enforcement agencies shall order them to stop their illegal acts, confiscate the illegal gains and impose a fine of not less than 1% but not more than 10% of the sales of the previous year; secondly, under special circumstances, the punishment imposed against an undertaking may be lighter or mitigated, provided that the undertaking can prove its abuse of dominant market position is caused by passive compliance with an administrative order. The supplementary provisions on legal liability under special circumstances fully reflect the regulatory approach of combining punishment with leniency and the law enforcement attitude of seeking truth from facts, as well as the basic principle of impartial punishment under the administrative law.

(Ⅳ) Interim Provisions on the Prevention of Abuse of Administrative Power to Eliminate or Restrict Competition

1. Structural design

The *Interim Provisions on the Prevention of Abuse of Administrative Power to Eliminate or Restrict Competition* consists of 25 articles, which contain comprehensive and systematic provisions on law enforcement procedures and substantive rules for preventing the abuse of administrative power to eliminate or restrict competition and mainly include the following four aspects:

Firstly, the law enforcement regime is optimized. The *Interim Provisions on the Prevention of Abuse of Administrative Power to Eliminate or Restrict Competition* contains systematic provisions on the antitrust law enforcement regime for preventing the abuse of administrative power to eliminate or restrict competition, and clarifies the principle of general authorization. It establishes a two-level (national and provincial) law enforcement regime, and provides that the market regulatory authorities at the provincial level are responsible for the antitrust law enforcement in respect of the abuse of administrative power to eliminate or restrict competition within their respective administrative regions. SAMR is responsible for investigating and punishing the abuse of administrative power to eliminate or restrict competition which are implemented by provincial people's governments with nationwide impact, and are complicated or deemed necessary to be directly investigated and punished. Meanwhile, the *Interim Provisions on the Prevention of Abuse of Administrative Power to Eliminate or Restrict Competition* also specifies regimes such as designated jurisdiction, delegated investigation, assisted investigation, reporting and record-filing, and stipulates that SAMR shall strengthen the guidance to and supervision over provincial market regulatory authorities. The provincial market regulatory authorities shall investigate and handle relevant cases in strict accordance with the relevant provisions of SAMR, so as to unify law enforcement standards and improve case handling quality while fully mobilizing the initiatives of law enforcement authorities at the central and local levels.

Secondly, the law enforcement procedures are clarified. The *Interim Provisions on the Prevention of Abuse of Administrative Power to Eliminate or Restrict Competition* specifies, in light of the main stages of the antitrust law enforcement for preventing the abuse of administrative power to eliminate or restrict competition and the actual needs, amongst others, the procedural provisions on complaint, case acceptance and filing, investigation and case handling. It also clarifies the content generally included in written complaint, and provides how the market regulatory authorities below the provincial level shall handle upon the receipt of complaint materials or discovery of case clues, and specifies the matters that shall be stated in administrative proposals. Meanwhile, the *Interim Provisions on the Prevention of Abuse of Administrative Power to Eliminate or Restrict Competition* grants the investigated entities and individuals the right to state their opinions, and antitrust law enforcement authorities shall verify the facts, reasons and evidences provided by the investigated entities and individuals. The antitrust law enforcement authorities will make public according to applicable law any practices that they believe constitute the abuse of administrative power to eliminate or restrict competition, so as to further improve the standardization and transparency of administrative monopoly law enforcement.

Thirdly, the acts of abuse of administrative power to eliminate or restrict competition are specified. Articles 32 to 37 of the *Anti-Monopoly Law* in a relatively general way set forth those behaviors that constitute the abuse of administrative power to eliminate or restrict competition, which includes, amongst others, exclusive dealing, impeding the free flow of products, imposing improper restrictions in tendering and bidding, restricting investment or establishment of branches, forcing undertakings to engage in monopolistic practices, and formulating provisions with contents eliminating or restricting competition. In order to further enhance the operability of the law, the *Interim Provisions on the Prevention of Abuse of Administrative Power to Eliminate or Restrict Competition* specifies the relevant provisions under the *Anti-Monopoly Law* one by one on the basis of summarizing the law enforcement experience and fully absorbing and referring to the existing rules. This is conducive to guiding the market regulatory authorities to handle cases in accordance with applicable law, improving the transparency and predictability of law enforcement, providing guidance for the administrative authorities and the organizations with the function to administer public affairs authorized by the law and regulation so that they could exercise law-based government administration and avoid the abuse of administrative power to eliminate or restrict competition.

Fourthly, how to handle the abuse of administrative power to eliminate or restrict competition is stipulated. The *Interim Provisions on the Prevention of Abuse of Administrative Power to Eliminate or Restrict Competition* specifies as to how to deal with the abuse of administrative power to eliminate or restrict competition and sets out four different ways to handle such abuse under different circumstances. Specifically, if a party concerned has, during the investigation period and before a case is accepted, taken measures to cease the relevant conduct and eliminate the relevant consequences, the case may not be accepted. If, upon investigations, the antitrust law enforcement authorities find that relevant acts constitute abuse of administrative power to eliminate or restrict competition, they may issue opinions to upper-level authorities on handling such abuse pursuant to applicable laws. The antitrust law enforcement authorities may terminate the investigation if the parties involved have proactively taken measures to cease relevant acts or remove relevant consequences. If the antitrust enforcement authorities find upon investigation that relevant acts do not constitute abuse of administrative power to eliminate or restrict competition, they shall terminate the investigation. In addition, the *Interim Provisions on the Prevention of Abuse of Administrative Powers to Eliminate or Restrict Competition* specifies that the investigation and handling refer to investigating and putting forward proposals for handling the case, it also specifies the way to deal with the circumstance in which the parties concerned do not cooperate in the investigation.

2. Changes in provisions

The *Interim Provisions on the Prevention of Abuse of Administrative Power to Eliminate or Restrict Competition* inherits the original regime, draws on the existing law enforcement experience, and strengthens the institutional innovation with a view to meeting the needs of antitrust law enforcement practice under the new situation. Based on the *Anti-Monopoly Law*, it improves the relevant regimes and provides a clear basis for the antitrust law enforcement of preventing the abuse of administrative power to eliminate or restrict competition. Compared to the *Regulations on Anti-Price Monopoly* and the *Provisions on the Administrative Procedures for Law Enforcement of Anti-Price Monopoly* issued by the National Development and Reform Commission, as well as the *Procedural Provisions of the Administration for Industry and Commerce on Procedures for the Prevention of Abuse of Administrative Power to Eliminate or Restrict Competition*, the *Provisions of the Administration for Industry and Commerce on the Prevention of Abuse of Administrative Power to Eliminate or Restrict Competition* issued by the former State Administration for Industry and Commerce, the five key changes of the *Interim Provisions on the Prevention of Abuse of Administrative Power to Eliminate or Restrict Competition* are as follows:

Firstly, the substantive provisions and procedural provisions are integrated. Before the institutional reform, both the National Development and Reform Commission and the former State Administration for Industry and Commerce provided for the substantive and procedural rules concerning the prevention of the abuse of administrative power to eliminate or restrict competition respectively. In order to form a more comprehensive, complete and unified systematic regime, the *Interim Provisions on the Prevention of Abuse of Administrative Power to Eliminate or Restrict Competition* makes the substantive provisions and procedural provisions combined, which is more conducive for the antitrust law enforcement authorities and those regulated by the *Interim Provisions on the Prevention of Abuse of Administrative Power to Eliminate or Restrict Competition* to implement and understand the regime in practice.

Secondly, the scope of authorization and jurisdiction is unified. With regard to the investigation and handling of the abuse of administrative power to eliminate or restrict competition, the National Development and Reform Commission and the former State Administration for Industry and Commerce adopted general authorization and individual authorization respectively, while the *Interim Provisions on the Prevention of Abuse of Administrative Power to Eliminate or Restrict Competition*, makes the general authorization as an unified principle. As for the scope of jurisdiction of law enforcement authorities at the state and provincial levels, the regulations of the National Development and Reform Commission and the former State Administration for Industry and Commerce are different as well. As specified in the *Interim Provisions on the Prevention of Abuse of Administrative Power to Eliminate or Restrict Competition*, the provincial market regulatory authorities shall be responsible for the law enforcement within their administrative regions and SAMR shall be responsible for the law enforcement against the abuse of administrative power to eliminate or restrict competition with nationwide impact.

Thirdly, procedures relating to law enforcement and case-handling are improved. The *Interim Provisions on the Prevention of Abuse of Administrative Power to Eliminate or Restrict Competition* improves and expands the provisions issued by the National Development and Reform Commission and the former State Administration for Industry and Commerce on the enforcement procedures to prevent the abuse of administrative power to eliminate or restrict competition. It specifies that the antitrust enforcement authorities may discover suspected abuse of administrative power to eliminate or restrict competition ex officio or by other ways including, amongst others, complaint, delegation from higher-level authorities, transfer from other authorities, complaint by lower-level authorities. Moreover, it also specifies that market regulatory authorities below the provincial level may receive complaint materials or discover case clues, and improves the case acceptance procedure for the suspected abuse of administrative power to eliminate or restrict competition. In addition, it specifies that entities or individuals under investigation has the right to state their opinions, and stipulates four handling methods under different circumstances in the course of investigation, which helps to streamline the enforcement procedures and further improve the transparency.

Fourthly, more types of abuse of administrative power to eliminate or restrict competition are added. In addition to six types of abuse of administrative power to eliminate or restrict competition provided in the *Anti-Monopoly Law*, the *Interim Provisions on the Prevention of Abuse of Administrative Power to Eliminate or Restrict Competition*, by taking into account the law enforcement experience against the administrative monopoly and on the basis of existing rules, sets out more specific kinds of the abuse of administrative power to eliminate or restrict competition. These are more extensive and specific than those rules and regulations of the National Development and Reform Commission and the former State Administration for Industry and Commerce. It could help to accurately identify the abuse of administrative power to eliminate or restrict competition and further enhance the operability in law enforcement practice.

Fifthly, law enforcement supervision is strengthened. Having established the principle of general authorization, in order to strengthen the supervision of law enforcement by provincial market regulatory authorities, the *Interim Provisions on the Prevention of Abuse of Administrative Powers to Eliminate or Restrict Competition* specifies that provincial market regulatory authorities shall, in accordance with the relevant provisions of SAMR, investigate and handle the abuse of administrative power to eliminate or restrict competition, and report to SAMR for record-filing in a timely manner. It establishes a stricter supervision regime, which is conducive to orderly carrying out the antitrust law enforcement in relation to the prevention of the abuse of administrative power to eliminate or restrict competition and developing a new antitrust law enforcement pattern with comprehensively unified standards, procedures and criteria.

Chapter Ⅵ

International Cooperation

Since the implementation of the *Anti-Monopoly Law*, China's antitrust law enforcement authorities have actively engaged in international cooperation in the antitrust field and participated in global competition governance, to express views on behalf of China and contribute China's wisdom. SAMR has established various multilateral and bilateral mechanisms for cooperation on a regular basis, signed 53 cooperation documents, including memorandum of understanding and guidance on cooperation, with antitrust law enforcement authorities in 32 countries and regions, including the United States, the European Union, Russia, the United Kingdom, Japan, South Korea, Brazil, Canada and South Africa. SAMR has signed the *Memorandum of Understanding on Cooperation in the Field of Competition Law and Policy* with the other competition law enforcement authorities of the BRICS countries and issued along with them joint statements on various occasions. SAMR has included a dedicated chapter on competition policy and antitrust in bilateral free trade agreements with 8 countries, including Switzerland and South Korea, and in the agreement on trade and economic cooperation with the Eurasian Economic Union. SAMR is actively participating in negotiations over the issues of competition policy and antitrust law enforcement for multilateral and bilateral free trade agreements and pushing forward the negotiations over the issues of competition policy and antitrust law enforcement for multiple free trade agreements under negotiation, including those among China, Japan, and South Korea and between China and Norway, so as to provide rule-based safeguards for protecting the achievements of investment and trade liberalization. SAMR makes full use of multilateral forums such as the United Nations, the Organization for Economic Cooperation and Development and the Asia-Pacific Economic Cooperation to contribute to the study of best practices in the international antitrust community. SAMR has effectively reinforced the international cooperation and coordination in antitrust law enforcement, cooperated with the law enforcement authorities in other jurisdictions, including the United States, the European Union, Germany, Russia, Canada, India, South Africa, with respect to law enforcement in dozens of major cross-border merger and acquisition cases, monopoly agreement cases and abuse of dominant market position cases. SAMR has coordinated with the other law enforcement authorities with respect to enforcement standpoints, jointly addressed cross-border anticompetitive behaviors, and played an important role in safeguarding fair competition on the global market.

The fourth plenary session of the 19th Central Committee of the Communist Party of China asks to promote the establishment of an international macroeconomic policy coordination mechanism, develop a new economic system of higher-level opening-up and promote regime-based opening-up of rules, regulations, management and standards. Competition rules, which focus on antitrust law, constitute an important part of international economic and trade rules. Implementing broader, more expansive, and more extensive opening-up, establishing a new economic system of higher-level opening-up, and facilitating our country's transition to regime-based opening-up require stepping up effective coordination regarding international antitrust rules. In 2019, the institutional reform in the field of international antitrust cooperation achieved significant progress. The international communication and cooperation were carried out in a unified and efficient manner. The room for cooperation was further expanded. The level of cooperation was further enhanced. And greater achievements were made in the participation in the global competition governance and the realization of regime-based opening-up, including the opening-up with respect to rules.

I. Strengthen the Establishment of Cooperation Mechanisms

In order to adapt to the trend of economic globalization, the internationalization of enterprise competition and the internationalization of antitrust enforcement, China's antitrust law enforcement authorities attach great importance to the establishment of international antitrust cooperation mechanisms. In 2019, SAMR continuously strengthened its communication and cooperation on antitrust enforcement with the European Union, Japan, South Korea, the BRICS countries and countries along the "Belt and Road" Initiative, newly signed and updated 13 documents on antitrust cooperation, and effectively deepened the establishment of normalized and institutionalized mechanisms.

(I) New breakthrough achieved in the establishment of the antitrust cooperation mechanism between China and the European Union

On 7 April 2019, ZHANG Mao, the then Minister of SAMR, led a delegation to visit the European Commission, and, under the witness of the leaders of China and the European Union, executed jointly with Madam Vestager, the Commissioner for Competition of the European Commission, the new *Terms of Reference of the EU-China Competition Policy Dialogue* and the *Memorandum of Understanding on a Dialogue in the Field of the State Aid Control and the Fair Competition Review*. During the 8th China Competition Policy Forum held in May 2019, Vice Minister, GAN Lin, signed on behalf of SAMR four cooperation documents with the European Union, namely, the *Agreement on Establishing a Joint Working Group under Terms of Reference of the EU-China Competition Policy Dialogue*, the *Memorandum of Understanding on Fair Competition Review and State Aid*, the *Practical Guidance for Cooperation on Reviewing Merger Cases between DG COMP and SAMR*, and the *Practical Guidance for Cooperation on Investigating Anti-Monopoly Cases between DG COMP and SAMR*.

China and the European Union are both major antitrust jurisdictions in the world. The two sides have established a high-level, normalized and pragmatic cooperation mechanism through their collective efforts. In particular, the *Terms of Reference of the EU-China Competition Policy Dialogue* is the most detailed and comprehensive bilateral cooperation agreement on law enforcement cooperation ever entered into by China. The provisions therein in respect of the content of communication, assistance in law enforcement and avoidance of conflict, amongst others, provide the basis for the antitrust law enforcement cooperation between both sides.

(Ⅱ) New progress achieved in the establishment of the antitrust cooperation mechanism among China, Japan and South Korea

In May 2019, during a visit of a delegation led by GAN Lin, Vice Minister of SAMR, she signed on behalf of SAMR the *Memorandum of Understanding on China-South Korea Competition Cooperation* with Kim Sang Jo, Chairman of the Korea Fair Trade Commission. This memorandum aimed to promote the cooperation and coordination between both sides and enhance the effective cooperation between both sides in the field of competition policy and antitrust law enforcement. It mainly covered holding joint dialogues on a regular basis, carrying out the cooperation in law enforcement skills, reporting and consulting on individual cases, and coordinating law enforcement, amongst others. During a visit to Japan, The Vice Minister GAN Lin signed on behalf of SAMR the *Memorandum on China-Japan Antimonopoly Cooperation* with Kazuyuki Sugimoto, Chairman of the Japan Fair Trade Commission. This memorandum aimed to promote the effective implementation of the antitrust laws of both sides through further development of the cooperation. It mainly covered annual negotiations at the top level, communication on antitrust work, cooperation in law enforcement skills, and exchange of case information, amongst others.

The year of 2019 marked the 20th anniversary of the Trilateral Summit Meeting among China, Japan, and South Korea, with China being the host country. Over the past 20 years, the combined share of the three countries in the global economy has increased from 17% to 24%. China's antitrust law enforcement authorities have maintained close communication and cooperation with the antitrust law enforcement authorities in Japan and South Korea for a long period of time. Since the establishment of SAMR, China, Japan and South Korea have further strengthened their cooperation in the field of competition policy and antitrust law enforcement both globally and in Asia and jointly enhanced the voice of Asia in the international antitrust stage so as to create a fair competition market environment for promoting regional economic growth and leading the regional integration process.

(Ⅲ) New progress achieved in the establishment of the antitrust cooperation mechanism among the BRICS countries

The cooperation in the field of competition policy and antitrust among the BRICS countries is an important measure for the implementation of the Ⅶ *BRICS Summit Ufa Declaration*, which has been productive with the joint efforts of the antitrust enforcement law authorities of the five countries. In September 2019, Vice Minister GAN Lin led a delegation to Russia to attend the Ⅵ BRICS International Competition Conference, and executed, on behalf of China, the *Moscow Joint Statement of Head of BRICS Competition Authorities* jointly with the heads of the antitrust law enforcement authorities of the other BRICS countries, reaffirming the determination and willingness of the five countries to continue to strengthen the cooperation in the antitrust field, and announcing that the extension procedures under the *Memorandum of Understanding among the BRICS Competition Authorities on Cooperation in the Field of Competition Law and Policy* would be initiated in 2020.

(Ⅳ) New progress achieved in the establishment of antitrust cooperation mechanisms with countries along the "Belt and Road" Initiative

1. Establishment of the antitrust cooperation mechanism between China and the Philippines

The Philippines is an important country along the "Belt and Road" Initiative, and China and the Philippines have established a comprehensive strategic cooperative relationship. In May 2019, during the visit of a delegation led by Vice Minister GAN Lin to the Philippines, both sides negotiated on signing a memorandum of understanding on antitrust cooperation. In November 2019, the then Minister XIAO Yaqing led a delegation to visit the Philippines and executed, on behalf of SAMR, the *Memorandum of Understanding on the Anti-Monopoly Cooperation between the State Administration for Market Regulation of the People's Republic of China and the Competition Commission of the Republic of Philippines* with the Competition Committee of the Philippines. This memorandum was the first bilateral antitrust cooperation document signed by the Competition Committee of the Philippines. Both sides will cooperate through means such as joint dialogues on a regular basis, cooperation on professional skills, communication on enforcement experience, reporting before or after enforcement, and coordination of law enforcement activities, with a view toward establishing a bilateral cooperation mechanism in the field of competition policy and antitrust.

2. Establishment of the antitrust cooperation mechanism between China and Serbia

Serbia is China's first comprehensive strategic partner in Central and Eastern Europe. It is also an active participant of the "Belt and Road" Initiative and an important destination of the initiative in Europe. In July 2019, during the visit of a delegation led by Vice Minister GAN Lin to Serbia, she executed, on behalf of SAMR, the *Memorandum of Understanding on Anti-Monopoly Cooperation between the State Administration for Market Regulation of the People's Republic of China and the Commission for Protection of Competition the Republic of Serbia* with Miloje Obradović, President of the Commission for Protection of Competition of Serbia. This memorandum aimed to promote cooperation and coordination between both sides and strengthen both sides' communication and cooperation in the antitrust law enforcement field. It mainly covered holding joint dialogues on a regular basis, carrying out cooperation in law enforcement skills, reporting of and consulting on individual cases in law enforcement, amongst others, which has laid a solid foundation for deepening the antitrust cooperation and strengthening the communication in the field of competition policy between China and Serbia.

3. Establishment of the antitrust cooperation mechanism between China and Russia

In June 2019, President XI Jinping paid a state visit to Russia, and the leaders of the two countries elevated the bilateral relation to a comprehensive strategic coordination partnership in a new era between China and Russia. The China-Russia relation stands at a new historical starting point, with frequent high-level communication, and active development of the coordination between the Belt and Road Initiative and the Eurasian Economic Union. New important achievements were constantly made in the pragmatic cooperation between the two countries. In September 2019, while leading a delegation to attend the Ⅵ BRICS International Competition Conference, Vice Minister GAN Lin held a working meeting with Igor Artemiev, Head of the Federal Antimonopoly Service of Russia, and renewed the *Memorandum of Understanding on the Implementation of the Agreement on Cooperation and Communication in the Field of Anti-Monopoly and Anti-*

Unfair Competition between the Government of People's Republic of China and the Federal Government of Russia (2010-2021). Both sides stated that they would jointly implement the requirements in the *Joint Communique on the 24th Regular Meeting of Heads of Chinese and Russian Government* and expedite the negotiations on signing a new *Agreement on the Cooperation in the Field of Anti-Monopoly Law Enforcement and Policies between the Government of the People's Republic of China and the Federal Government of Russia.*

4. Establishment of the antitrust cooperation mechanism between China and Belarus

Belarus is a strategic fulcrum for China in Eurasia and of the westward expansion of the Silk Road Economic Belt, and a firm supporter in and an important participant of the joint establishment of the Belt and Road Initiative. In September 2019, Vice Minister GAN Lin led a delegation to visit Belarus, which was the first visit of the antitrust law enforcement authority of China to the Ministry of Antimonopoly Regulation and Trade of Belarus. Vice Minister GAN Lin held a working meeting with Vladimir Koltovich, Minister of the Ministry of Antimonopoly Regulation and Trade of Belarus, and executed the *Memorandum on Cooperation in the Field of Competition and Price Policy, Consumer Rights Protection and Regulation of Advertising Activities*. This memorandum addressed fields such as antitrust law enforcement, anti-unfair competition law enforcement, consumer protection and supervision on advertisements, and was of great significance for initiating and continuously expanding the China-Belarus pragmatic cooperation, jointly safeguarding fair market competition and protecting the interests of consumers in both countries.

Ⅱ. Actively Undertook Negotiations over Issues Concerning Competition Policy (Antitrust) for Free Trade Agreements

To speed up the implementation of the free trade zone strategy is an important part of a new round of opening-up of our country. The 18th National Congress of the Communist Party of China has decided to speed up the implementation of the free trade zone strategy, and the third and fifth plenary sessions of the 18th Central Committee of the Communist Party of China further called for speeding up the implementation of the free trade zone strategy with neighboring countries as the basis. On 17 December 2015, the State Council issued the *Opinions on Speeding up the Implementation of the Free Trade Zone Strategy* (Guo Fa [2015] No.69), which clearly request "speeding up the promotion of negotiations on new issues such as intellectual property protection, environmental protection, e-commerce, competition policy and government procurement", and "further promoting and improving the competition policy and legal environment of our country and building a law-based and international business environment through the establishment of free trade zones". Competition rules have officially become an important part of the regime-based opening-up of our country, opening a new chapter for regional cooperation on competition policies.

By the end of 2019, China had entered into 17 free trade agreements with 25 countries and regions, amongst which 9 free trade agreements with New Zealand, Singapore, Peru, Costa Rica, Switzerland, Iceland, Australia, South Korea and Georgia respectively and the *Agreement on Trade in Services of the Framework Agreement on Comprehensive Economic Cooperation between China and ASEAN* included competition policy and antitrust issues. To date, the negotiations on competition policy (antitrust) under the (upgraded) free trade agreement between China and New Zealand, under the free trade agreement between China and the Gulf Cooperation Council and under the Regional Comprehensive Economic Partnership (***RCEP***) have been substantially concluded, and the negotiations on competition policy (antitrust) under 7 free trade agreements with Japan and South Korea, Norway, Israel, Panama, Mauritius, Moldova and Peru (upgraded) are proceeding actively. In particular, a total of 23 direct negotiations were carried out in 2019 alone, demonstrating China's attitude and willingness of actively promoting the pursuit of opening-up on all fronts and firmly supporting free trade and economic globalization, which vigorously promoted the establishment and improvement of international competition rules. Overall, the negotiations on competition policy (antitrust) issues for free trade agreements in 2019 were broader in coverage, modernized, and of higher quality.

(I) Continued expansion of coverage

In 2019, the negotiations for free trade agreements promoted by our country involved 21 countries, and SAMR actively participated in the negotiations on competition policy (antitrust) issues. Those countries represented a large share of international trade, with the RCEP member countries alone accounting for nearly 30% of the world's GDP and 25% of the world's international trade. The main purpose of free trade agreements is to eliminate trade barriers, facilitate the free flow of goods and services across countries and regions, and promote economic integration. The restriction of anticompetitive behaviors on market competition will harm fair market mechanism relied upon by free trade. On the one hand, domestic anticompetitive behaviors restrict competition in the domestic market and harm a stable, transparent and predictable business environment; on the other hand, international anticompetitive behaviors restrict competition in the global market and harm the development of global economy and international trade. Along with the advancement of free trade, the flow of factors of production around the world becomes faster and wider than ever before, and the scope of such flow continuously expands. The globalization of competition among enterprises not only promotes multilateral and bilateral economic development, but also brings competition issues far beyond national borders, which makes strengthening the international coordination on competition policy a necessary guarantee for free trade. In order to effectively respond to the challenges of international anticompetitive behaviors and create a fair market environment for fair competition among countries, competition policy as the "economic and trade issue of the 21st century" has become a modern issue in free trade agreement negotiations. Prior to the State Council's issuance of the *Opinions on Speeding up the Implementation of the Free Trade Zone Strategy* (Guo Fa [2015] No.69), only 7 out of the then existing 14 free trade agreements entered into by China contained competition policy clauses, namely those with with ASEAN, Costa Rica, Singapore, New Zealand, Iceland, South Korea and Australia respectively, wherein the free trade agreements with ASEAN, Costa Rica, Singapore and New Zealand respectively contained competition clauses. The free trade agreement between China and Iceland, which came into effect on 1 July 2014, for the first time included a dedicated chapter on competition. Thereafter, the subsequent free trade agreements with South Korea and Australia both included competition policy and antitrust issues. Since 2016, the free trade agreement negotiations with other countries and regions have all incorporated competition policy (antitrust) issues. In 2019, following an overall plan, SAMR continuously followed up on the negotiations over competition policy (antitrust) issues with Moldova, Panama, Mauritius and Singapore, and held 23 rounds of negotiation over competition policy (antitrust) issues with Norway, Japan, South Korea, Israel, the Gulf Cooperation Council, the RCEP and other countries and regions, which expanded the coverage of competition policy under free trade agreements and vigorously promoted the further deepening of multilateral and bilateral free trade agreements.

(Ⅱ) Level of cooperation significantly enhanced

With the profound changes in international trade rules and trade activities, international coordination in competition rules is the cornerstone of free trade, which requires international cooperation in competition governance to be further upgraded and improved.

Before 2015, competition policy clauses were generally absent in the multilateral and bilateral free trade agreements entered into by China. While individual competition policy clauses were included in a limited number of free trade agreements, they were relatively general and principle-based and only provided in a general way that the parties to the agreements were to safeguard market competition and strengthen communication in the competition policy field. For example, in the *Framework Agreement on Comprehensive Economic Cooperation between China and ASEAN*, the text that came into effect on 1 July

2003 had no competition policy clauses. The 2007 supplemental agreement on trade in services included a clause on the standardization of the operational conduct of "monopoly and exclusive service providers" to ensure that "such providers do not abuse their monopoly position to engage in conduct in their territories in a manner inconsistent with such type of commitments".

Since 2015, our country has included competition policy (antitrust) issues into the free trade agreement negotiations, and the antitrust law enforcement authorities have more actively participated in the negotiations over competition policy (antitrust) issues, which is reflected by increasing presence of competition-related provisions in free trade agreements, higher levels of cooperation between antitrust law enforcement authorities and easier implementation of such provisions. The negotiations over competition policy (antitrust) issues promoted in 2019 included not only those with Norway, Moldova, Panama, Mauritius, Israel and others that had not resulted in executed free trade agreements, but also those with Peru and Singapore that involved upgrade of existing free trade agreements. All of these negotiations included separate topics for competition policy and antitrust, which mainly included clauses on principle, competition law and competition authorities, law enforcement principles, transparency, law enforcement cooperation, cooperation on professional skills, independence of competition law enforcement, dispute resolutions, and definitions. These clauses not only covered substantive contents such as the prohibition of monopoly agreement and abuse of dominant market position, and the review of concentration of undertakings, but also included procedural provisions for carrying out pragmatic cooperation such as mutual notification and information exchange. In addition, they clarified the principle and objective of competition policy, and established necessary coordination and consultation mechanisms.

(Ⅲ) The overall scheme of reform and opening-up policy was actively served

Firstly, the strategic synergy with the opening-up strategy of our country was strengthened. China's free trade zone strategy requires the gradual establishment of a network of free trade zones connecting neighboring countries, extending to the "Belt and Road" Initiative and open to the globe. The establishment of free trade zones along the "Belt and Road" Initiative is an important part of further optimizing the establishment layout of free trade zones of our country. At present, many countries involved in the free trade agreement negotiations are along the "Belt and Road" Initiative. The establishment of the network of free trade zones and the establishment of the "Belt and Road" Initiative have strong strategic synergy. In 2019, SAMR, while actively promoting negotiations for free trade agreements, increased antitrust enforcement cooperation with countries along the

"Belt and Road" Initiative, signed bilateral cooperation memoranda with countries along the "Belt and Road" Initiative such as South Korea, the Philippines and Serbia successively, organized the second training session for antitrust law enforcement officials of countries along the "Belt and Road" Initiative, and compiled and translated legal texts of antitrust laws of 15 countries along the "Belt and Road" Initiative. These efforts have furthered China's contribution to the development of regional competition rules through its antitrust legal system and made the associated positive effects more profound, and established a cooperation mechanism to align with new rules on international trade.

Secondly, the strategic synergy with the establishment of the domestic competition policy and legal system was strengthened. Establishing comprehensive domestic competition policy and legal system is an important basis for a fair international business environment. In 2019, SAMR actively promoted the revision of the *Anti-Monopoly Law*, formulated three departmental regulations, including the regulation on the prohibition of monopoly agreements, the regulation on the prohibition of abuse of dominant market position and the regulation on the prevention of abuse of administrative power to eliminate or restrict competition. In addition, SAMR guided the Hainan Pilot Free Trade Zone and others in the trial of intensified implementation of competition policy, and explored the establishment of a framework for the implementation of competition policy, which has effectively promoted the modernization of the competition governance system and laid a solid policy and legal foundation for the establishment of international free trade zones.

Ⅲ. Continued to Deepen Cooperation on Law Enforcement and Multilateral and Bilateral Communication

(Ⅰ) Law enforcement cooperation mechanisms were improved

SAMR continuously deepens its international cooperation by establishing mechanisms for cooperation in law enforcement and case handling. The memoranda of understanding on antitrust cooperation newly entered into with other jurisdictions such as the European Union, Japan and South Korea now include measures on deepening cooperation in case handling and coordination in law enforcement activities, whereby the mechanisms for antitrust communication and cooperation are further improved and the level of cooperation between both sides is enhanced. During the 8th China Competition Policy Forum, GAN Lin, Vice Minister of SAMR, and Carles Esteva Mosso, Deputy Director-General of the Directorate-General for Competition of the European Commission, jointly executed three cooperation documents, namely, the *Agreement on Establishing a Joint Working Group under Terms of Reference of the EU-China Competition Policy Dialogue*, the *Practical Guidance for Cooperation on Reviewing Merger Cases between DG COMP and SAMR*, and the *Practical Guidance for Cooperation on Investigating Anti-Monopoly Cases between DG COMP and SAMR*, which have established a normalized working mechanism for review of concentration of undertakings and investigation of antitrust cases, reduced possible trade and investment tension, and created a favorable business environment for enterprises of both sides. Under the framework of a memorandum of antitrust cooperation, SAMR engaged in law enforcement cooperation with antitrust law enforcement authorities such as the Directorate-General for Competition of the European Commission, the Department of Justice and the Federal Trade Commission of the United States, the Japan Fair Trade Commission and the Korea Fair Trade Commission, in a number of major cases, including the acquisition of Aleris by Novelis, the case concerning a monopoly agreement of Daimler, and the acquisition of certain business of TTS by Cargotec, which have played an important role in improving the quality of case review and safeguarding fair competition in the global market.

(Ⅱ) The ways of multilateral and bilateral cooperation and communication were diversified

In order to strengthen the antitrust communication and cooperation with the Europe, the United States, Japan, South Korea, the BRICS countries and countries along the "Belt and Road" Initiative, SAMR visited the antitrust enforcement authorities of the European Union, South Korea, Japan, the Philippines, Portugal, Serbia, Russia, Belarus and other countries in 2019, had high-level bilateral communication on competition policy and antitrust law enforcement, introduced the latest developments in competition policy and antitrust law enforcement, and signed or negotiated to sign memoranda of understanding on antitrust cooperation. During the 8th China Competition Policy Forum, Vice Minister of SAMR, GAN Lin and the Anti-Monopoly Bureau of SAMR held high-level bilateral talks and communication at the working level with the participating heads of antitrust law enforcement authorities in foreign countries such as the Directorate-General for Competition of the European Commission, the Korea Fair Trade Commission, the Department of Justice of the United States, and the Competition and Consumer Commission of Singapore, in which they shared the reform status of the market regulatory authorities in China and their achievements, and promoted bilateral cooperation in the antitrust field.

In September 2019, Vice Minister GAN Lin led a delegation to Russia to attend the Ⅵ BRICS International Competition Conference. More than 300 representatives from over 40 countries, regions and antitrust law enforcement authorities around the world attended the convention. The heads of the antitrust law enforcement authorities of the BRICS countries attended and delivered keynote speeches. Anton Siluanov, First Deputy Prime Minister and the Minister of Ministry of Finance of Russia, attended the opening ceremony and read a congratulatory letter on behalf of President Putin. Vice Minister GAN Lin attended the opening ceremony, and delivered a keynote speech on the topic of "Development of Competition Policy and Legislation in the BRICS Countries", proposing to strengthen the implementation of competition policy and the promotion of antitrust enforcement. She also participated in a closed-door meeting held by the BRICS Anti-Monopoly Policy Coordination Committee. On the closing ceremony, she delivered brief remarks, inviting representatives of the BRICS countries and the other participants to attend the Ⅶ BRICS International Competition Conference that is to be held in China in 2021. In addition to the ministerial delegation, the Chinese delegation attended 14 events, gave speeches on the competition issues in the fields of drugs, motor vehicles, food and digital economy as well as competition cooperation among the BRICS countries, cross-border mergers and acquisitions and the development of competition in the digital era, and shared China's practices and experience. At the second general session, WU Zhenguo, Director General of the Anti-Monopoly Bureau of SAMR, briefed the progress China made in terms of international cooperation in the competition field and made a proposal for further deepening the cooperation in the competition field among the BRICS countries. This was the first time since the BRICS International Competition Conference began in 2009 that the Chinese delegation sent representatives to speak at each and every session of the Conference, making it the most involved country except the host country Russia. The Chinese representatives actively promoted the achievements of the reform of the antitrust law enforcement authorities in China and put forward opinions and suggestions on issues of common concerns raised by many countries, which fully demonstrated China as a major country actively participating in the management of international competition affairs and taking the initiative to align and lead international competition rules.

In addition, due to the need to revise the *Anti-Monopoly Law*, delegations of the Anti-Monopoly Bureau of SAMR visited the United States, Germany, Belgium and the United Kingdom and had in-depth exchanges with the antitrust law enforcement authorities in those countries with respect to prominent issues faced in the ongoing revision of the *Anti-Monopoly Law*. The delegations learned about the latest research results in the international antitrust academia and the history and the latest developments of the antitrust laws in those countries, and listened to their opinions and suggestions regarding the revision of the *Anti-Monopoly Law*.

The Anti-Monopoly Bureau of SAMR has actively participated in multilateral international fora, such as the United Nations Conference on Trade and Development

(UNCTAD), the Organization for Economic Cooperation and Development (OECD), the Asia-Pacific Economic Cooperation (APEC), and international conferences such as annual meetings held by the American Bar Association (ABA), the International Conference on Competition Conference of Germany, the Competition Policy Forum of the Royal Institute of International Affairs of the United Kingdom, the St. Petersburg International Competition Forum, the International Competition Conference of Rabat, Morocco, the Hong Kong Summit Forum of Law Enforcement Officers and Scholars, annual meetings held by the Global Competition Review (GCR), annual meetings held by the Asian Competition Association. Through its participation, the Anti-Monopoly Bureau of SAMR has promoted the achievements of the reform of China's antitrust law enforcement authorities, and presented the image of sound, law-based and professional antitrust law enforcement in China. The Bureau also learned about the latest developments in international antitrust at multilateral fora, and actively participated in the study of the best practices in the international antitrust field. This has facilitated the integration of antitrust measures of different countries, and promoted the formation of fair and reasonable international competition rules.

By hosting the EU-China Competition Week and participating in the antitrust trainings organized by the OECD, George Mason University and other organizations, law enforcement officials of the Anti-Monopoly Bureau of SAMR and core enforcement officials of provincial market regulatory authorities throughout the country had multilateral and bilateral communication on professional skills in various forms with law enforcement officials from other jurisdictions. Such exchange and communication enhanced the understanding of antitrust law and professional skills of China's antitrust law enforcement officials, and played a positive role in the development of the capabilities of the antitrust law enforcement authorities in China.

Chapter Ⅶ

Competition Advocacy

Ⅰ. The 8th China Competition Policy Forum was Successfully Held

China Competition Policy Forum is an important platform for international communication in the competition policy field, and it has been successfully held for eight times since 2012. The forum has played a positive role in publicizing China's achievements in competition law enforcement, expanding China's influence in the international antitrust field, and promoting the effective implementation of the *Anti-Monopoly Law*. In order to further strengthen the fundamental role of competition policy and promote the establishment of China's free trade zones and free ports, the 8th China Competition Policy Forum was set to be held in Haikou, Hainan, from 7 May to 10 May of 2019, according to the 2019 work plan of the Anti-Monopoly Commission of the State Council, and was held successfully.

(Ⅰ) Basic information

The 8th China Competition Policy Forum was co-hosted by SAMR and Hainan Provincial People's Government, and the theme was "Higher Level of Opening-up and Competition Policy - from the Perspective of the Establishment of China's Free Trade Zones/Free Ports". The Forum consisted of 8 parts, including the opening ceremony, keynote speeches, 4 sub-forums, Hainan sub-forum, and the closing ceremony. Over 280 people attended the forum, including representatives from domestic and foreign law enforcement authorities, experts and scholars, government officials, enterprise representatives and lawyers.

GAN Lin, Vice Minister of SAMR and Secretary General of the Anti-Monopoly Commission of the State Council attended the forum and delivered the opening speech. SHEN Danyang, Vice Governor of Hainan Provincial People's Government, LANG Sheng, Head of the Expert Advisory Group of the Anti-Monopoly Commission of State Council, and LONG Guoqiang, Deputy Director General of the Development Research Center of the State Council, addressed at the opening ceremony. Senior officials from antitrust law enforcement authorities of the United States, the European Union, Japan, South Korea, Singapore and other countries delivered keynote speeches. With the focus on the topic of competition policy, the guests had in-depth exchanges and heated discussion about such trendy issues as high-quality development, the establishment of free trade zones, the digital economy, international cooperation, shared their wisdoms and reached a consensus. They offered advice and suggestions on the promotion of the implementation of China's competition policy and the establishment of free trade zones, which played a positive role in solving trendy and difficult issues in the global competition field. Representatives from the Anti-Monopoly Bureau of SAMR shared the achievements and experience of China's antitrust legislation and law enforcement.

(Ⅱ) Main features

1. Cutting-edge and trendy issues were discussed

The implementation of competition policy and the development of free trade zones are important decisions of the Central Committee of the Communist Party of China to promote reform, further the opening-up and achieve high-quality economic development. The forum adopted the theme of "Higher Level of Opening-up and Competition Policy - from the Perspective of the Establishment of China's Free Trade Zones/Free Ports". The participants focused on competition policy and the establishment of free trade zones, had in-depth exchanges that revolved around trendy and cutting-edge issues such as strengthening the implementation of competition policy and high-quality economic development, big data and antitrust law enforcement. The participants also extensively discussed the importance of intensifying the implementation of competition policy, studied the promotion of the fulfillment of competition policy, shared experience in the establishment of free trade zones, offered suggestions on measures for implementing competition policy, and provided forward-looking view on the development of free trade zones. All of these have been instrumental in promoting the reform and facilitating the opening-up policy.

2. High-profile guests were actively involved in the forum

Guests from SAMR, Hainan Provincial People's Government, the Development Research Center of the State Council and the head of the Expert Advisory Group of the Anti-Monopoly Commission of the State Council attended the forum and delivered speeches. Heads of antitrust law enforcement authorities in the United States, the European Union, Japan, South Korea and other major jurisdictions in the world attended the forum and delivered keynote speeches. The forum invited 280 domestic and foreign guests, including heads of antitrust enforcement authorities in various jurisdictions, members of the Anti-Monopoly Commission of the State Council and the Expert Advisory Group, guests from free trade zones and local governments, and involved domestic and foreign government authorities, experts and scholars, well-known enterprises and law firms and other sectors, with wide representation and influence.

3. The international antitrust cooperation was stepped up and productive

During the forum, Vice Minister GAN Lin, on behalf of SAMR, held bilateral talks with Carles Esteva Mosso, Deputy Director General of the Directorate-General for Competition of the European Commission, and signed the *Practical Guidance for Cooperation on Investigating Anti-Monopoly Cases between DG COMP and SAMR*, the *Practical Guidance for Cooperation on Reviewing Merger Cases between DG COMP and SAMR*, the *Agreement on Establishing a Joint Working Group under Terms of Reference of the EU-China Competition Policy Dialogue*,and the *Agreement on Establishing a Joint Working Group under the Memorandum of Understanding on Fair Competition Review and State Aid*, and held talks on strengthening bilateral cooperation in the antitrust field with Ji Chul-ho, Vice Chairman of the Korea Fair Trade Commission, which have deepened international cooperation in the competition policy field. WU Zhenguo, Director General of the Anti-Monopoly Bureau of SAMR, held talks with Roger Alford, Deputy Assistant Attorney General of the United States, and Toh Han Li, Chief Executive of the Competition and Consumer Commission of Singapore, respectively, on strengthening international cooperation in multilateral and bilateral competition policy and antitrust enforcement.

(Ⅲ) Major achievements

First, the achievements of China's antitrust law enforcement work were further publicized, which has enhanced the international influence of China's antitrust law enforcement. Second, the antitrust law enforcement authorities and all sectors of the society were brought together for communication, which has assisted people both domestically and overseas in understanding and supporting our antitrust work. Third, competition culture and policy were further promoted, which has played an important role in strengthening China's competition advocacy. Fourth, the promotion of trial and pilot implementation of competition policy in free trade zones was explored, which has further demonstrated the openness of the forum and has been instrumental in exploring effective paths to implement competition policy and strengthening the fundamental role of competition policy. Fifth, China's antitrust law enforcement officials had in-depth exchanges and cooperation with officials of foreign antitrust law enforcement authorities, experts and scholars, and enterprises, which has deepened and broadened international antitrust cooperation.

Ⅱ. Training on Antitrust Advocacy was Continuously Strengthened

(Ⅰ) The influence of antitrust work continued to increase

Since the implementation of the *Anti-Monopoly Law*, especially since the establishment of SAMR, the antitrust law enforcement authorities have paid great attention to the publicity of the antitrust regime to increase the social influence of the antitrust work. In 2019, the Anti-Monopoly Bureau of SAMR formulated working rules for news publicity and publicity plans and engaged in a series of publicity activities that focused on major antitrust tasks and important antitrust activities, for the purpose of creating favorable public opinions for the antitrust work.

1. The intensified implementation of competition policy was ranked among the top ten market regulation news in China in 2019

The fourth plenary session of the 19th Central Committee of the Communist Party of China asks to strengthen the fundamental role of competition policy, put the fair competition review system into action, and intensify and improve antitrust enforcement. SAMR has actively put into action and implemented the decisions and plans of the Central Committee of the Communist Party of China and the State Council, and pushed forward progress and new achievements of the antitrust work. SAMR's antitrust work has received widespread attention. In December 2019, the news titled "Competition Law Enforcement and Fair Competition Review Intensified, the Fundamental Role of Competition Policy Highlighted" was ranked as "Top 10 News of China's Market Regulation in 2019" by China Market Regulation News. The head of the Anti-Monopoly Bureau of SAMR attended the "Top 10 China Market Regulation News Release and Review Event" and introduced the progress and achievements of the antitrust work in 2019.

2. The influence of the China Competition Policy Forum continued to increase

From 6 May to 8 May of 2019, the 8th China Competition Policy Forum was held in Haikou, Hainan, and was hosted by SAMR and the Hainan Provincial People's Government. The forum received much attention and praise from domestic and foreign media. As of 12 pm on 13 May 2019, there were approximately 254 pieces of news by domestic media covering the event, out of which 117 pieces were from online media, including People's Daily Online, Xinhua Daily, Legal Daily Online, China Quality News Online, Hinews, Sina, and Sohu; 9 pieces from print media, including the People's Daily

Overseas Edition, Legal Daily, China Market Regulation News, China Quality News, China Consumer News, and Hainan Daily; 10 pieces from bulletin board systems and blogs; 35 pieces from APPs; 77 pieces from WeChat; and 8 pieces from Weibo. There were 43 foreign media that reported or reprinted news of the event, including Yonhap News Agency, Newsis News Agency, news1 News Agency, Aju Business Daily, Korea Daily News, the website of Korea Yonhap Television News, and the website of The Korean Herald.

3. Antitrust Work Conference of the National Market Regulation System received wide attention

From 9 May to 10 May of 2019, the Antitrust Work Conference of the National Market Regulation System was held in Haikou, Hainan. GAN Lin, Vice Minister of SAMR, attended the conference and delivered a speech. The conference was also attended by representatives from market regulatory authorities in all provinces, autonomous regions, municipalities directly under the central government, cities specifically designated in the state plan and sub-provincial cities, from the market regulatory bureau of the Xinjiang Production and Construction Corps, and from relevant divisions of SAMR. On 9 May 2019, the Antitrust Work Conference of the National Market Regulation System released ten typical cases of the antitrust law enforcement of SAMR in 2018. There was extensive media coverage for the conference. As of 12 pm on 13 May 2019, there were approximately 1,400 news reports covering the conference, which emphasized on the holding of the conference, focused on the ten typical antitrust cases, and looked ahead to the prospects of the antitrust work.

4. The newly issued antitrust departmental regulations were interpreted extensively

In order to carry out the spirit of the reform of the Party and State institutions, adapt to the need of unified antitrust law enforcement, and prevent and prohibit anticompetitive behaviors, SAMR, on 26 June 2019, issued three supporting regulations of the *Anti-Monopoly Law*, namely, the *Interim Provisions on Prohibition of Monopoly Agreements*, the *Interim Provisions on Prohibition of Abuse of Dominant Market Position*, and the *Interim Provisions on Prevention of Abuse of Administrative Power to Exclude or Restrain Competition*. On 30 August 2019, SAMR held a themed press conference, at which WU Zhenguo, Director General of the Anti-Monopoly Bureau of SAMR, introduced the main contents of the three regulations and the progress of the antitrust work, and answered questions of reporters. SAMR also highlighted the interpretation of the three supporting regulations through questions and answers regarding the three supporting regulations by, amongst other means, publishing articles dedicated on these regulations and illustrative Q&As. The publicity campaign of the three supporting regulations attracted wide attention from the entire society, which has facilitated the unification of antitrust law enforcement procedures and standards, the increase of the awareness of undertakings to legal compliance and the creation of a good market environment.

5. Targeted law enforcement campaigns against abuse of administrative powers to exclude or restrict competition were organized and carried out

In September 2019, SAMR organized all market regulatory authorities across the nation to launch targeted law enforcement actions against abuse of administrative powers to exclude or restrict competition so as to promote extensive law enforcement nation-wide. The focus was on the fields of transportation, construction, pharmaceuticals, official seal engraving, bidding and government procurement, where violations had occurred frequently. The Anti-Monopoly Bureau of SAMR newly added a section with respect to local law enforcement on the website of the Anti-Monopoly Bureau within the website of SAMR for the purpose of publicizing the law enforcement work of local market regulatory authorities. At present, this section has released the information on the targeted law enforcement actions in 6 provinces, including Jiangxi, Guangdong, Jilin, Yunnan, Sichuan and Hunan. This has provided good exemplary and guiding effect, and highlighted the determination of market regulatory authorities to prevent abuse of administrative power to exclude or restrict competition, promote the establishment of a unified, open market with orderly competition, and safeguard fair market competition and the legitimate rights and interests of consumers.

6. The publicity of the fair competition review system was effectively intensified

In April 2019, GAN Lin, Vice Convener of the Joint Inter-Ministerial Conference on Fair Competition Review and Vice Minister of SAMR, attended the State Council's regular policy briefings to introduce the progress on the implementation of the fair competition review system and the working plan for the next step, which has increased the influence of the fair competition review system. The Anti-Monopoly Bureau of SAMR published a series of articles under the title "Focus on the Fair Competition Review System" and compiled and published *Study Book on the Fair Competition Review System* to explain and interpret the fair competition review system, which has raised the awareness of the society of fair competition review and the professional skills of the fair competition review team, and created a favorable environment for policy implementation.

7. The transparency of antitrust law enforcement continued to improve

SAMR attaches great importance to improving the transparency of its antitrust law enforcement and discloses case information pursuant to the relevant provisions of the *Anti-Monopoly Law* and the requirement of transparency in government affairs. In 2019, SAMR imposed administrative penalties in 16 cases concerning monopoly agreements and abuse of dominant market position, and published the penalty decisions. It changed the frequency of publishing unconditional clearance cases from quarterly to weekly, published the announcements of 5 conditional clearance cases pursuant to applicable law, imposed administrative penalties in 18 cases concerning failure-to-file according to applicable law, and published the penalty decisions.

(Ⅱ) Training on antitrust law enforcement was intensified

In 2019, the reform of market regulatory authorities at the provincial level across the nation was substantially completed. They all have set up divisions taking charge of antitrust work and the law enforcement teams are in the integration process. The Anti-Monopoly Bureau of SAMR attaches great importance to training to antitrust enforcement officials. It has thoroughly implemented the decisions and plans of the Central Committee of the Communist Party of China and the State Council and the work requirements of SAMR, and pushed forward the integration of the law enforcement teams in a comprehensive and extensive manner, in order to effectively improve their capability and professional skills of antitrust law enforcement. Meanwhile, the Anti-Monopoly Bureau has taken the initiative to offer antitrust law training to enterprises to improve their awareness of antitrust law, participated in numerous training sessions organized by relevant authorities for antitrust law enforcement officials from other jurisdictions, which has increased the international influence of China's antitrust law enforcement work.

1. Training courses for key antitrust personnel from market regulatory authorities across the nation were offered

According to SAMR's training plan, the Anti-Monopoly Bureau offered training courses to key antitrust personnel from market regulatory authorities across the nation at Shenzhen Administrative College from 21 November to 29 November of 2019. Vice Minister GAN Lin attended the class opening ceremony and delivered a speech. Officials from market regulatory authorities of all the 31 provinces, autonomous regions, municipalities directly under the central government and from the market regulatory bureau of the Xinjiang Production and Construction Corps who were in charge of antitrust work participated in the training. This training had the following features:

First, the leaders of SAMR attached great importance to this training. This training was the first centralized training for antitrust personnel from provincial-level market regulatory authorities since the institutional reform of the Party and the State institutions. The leaders of SAMR attached great importance to it. Vice Minister GAN Lin attended the class opening ceremony and delivered a speech, requiring the participants to thoroughly study and implement the spirit of the fourth plenary session of the 19th Central Committee of the Communist Party of China, enhance the sense of responsibility and commitment of effectively carrying out antitrust work, and build antitrust law enforcement teams that were adapted to new situations, new tasks and new requirements.

Second, the coverage of the training was broad. Market regulatory authorities across the nation attached great importance to the training. Officials from market regulatory authorities of all the 31 provinces, autonomous regions, municipalities directly under the central government and from the market regulatory bureau of the Xinjiang Production and Construction Corps who were in charge of antitrust work participated in the training. Out of the 97 participants, 12 participants were department-level officials, 18 participants were division directors, and 49 participants were division-director-level officials.

Third, the training courses were carefully designed. The courses not only explained the fundamental principles and legal provisions of antitrust law, but also analyzed typical antitrust cases. It not only discussed situations in China, but also introduced practices and experience overseas. On the lecturer list were leading experts and scholars in the antitrust field, division directors of the Anti-Monopoly Bureau of SAMR who were highly experienced in handling antitrust cases, senior executives from state-owned enterprises and multinational corporations who were responsible for antitrust work, and antitrust lawyers from top-tier international law firms. The training was conducted in various means, including lectures, on-site visits, and seminars. The training has effectively improved the participants' capability and professional skills of antitrust law enforcement.

Fourth, the training imposed strict disciplines. Throughout the training period, the participants strictly abided by the rules and regulations of Shenzhen Administrative College, earnestly observed class disciplines and maintained a good culture of learning. Shenzhen Administrative College and the lecturers spoke highly of the participants, and appreciated that the disciplines were well followed during the training and that the classroom discussion was highly engaging.

The training has had remarkable achievements. First, the participants thoroughly studied and implemented the spirit of the fourth plenary session of the 19th Central Committee of the Communist Party of China, and deepened their understanding of the new situations, new tasks, and new requirements encountered in the current antitrust work, so that they have had a clearer view of the philosophy of law enforcement. Second, the responsibilities and tasks of antitrust law enforcement undertaken by local market regulatory authorities were clarified, and the responsibilities of law enforcement have been clearer. Third, the integrations of antitrust law enforcement philosophies and of antitrust law enforcement teams have been promoted, the level of law enforcement standardization has been improved, and the law enforcement standards have become more uniform. Fourth, key areas and difficult problems in the current antitrust work were clarified so that the law enforcement has become more targeted. Fifth, the participants learned about the status quo of and cutting-edge issues in antitrust law enforcement both domestically and overseas and have improved their understanding of antitrust theories. Sixth, the training covered analytical tools and methods for antitrust law enforcement, which has facilitated the improvement of the professional skills of law enforcement.

2. Training course on the *Anti-Monopoly Law* was provided

From 22 April to 26 April of 2019, the Office of the Anti-Monopoly Commission of the State Council and the State-owned Assets Supervision and Administration Commission of the State Council jointly provided a training course on the *Anti-Monopoly Law* in Hangzhou, which was attended by 100 participants from local market regulatory authorities and relevant state-owned enterprises. The training played a positive role in guiding the compliant operation of state-owned enterprises and enhancing the ability of the law enforcement teams of the market regulatory authorities.

3. Active participation in the EU summer antitrust training camp

Under the China-EU Competition Law Enforcement Cooperation Program, 23 officials at the division-director level from the Anti-Monopoly Bureau of SAMR and provincial market regulatory authorities visited Belgium in July 2019 for the "Dedicated Antitrust Training under the Framework of the New China-EU Strategic Partnership Program". They had in-depth learning and communication on the fundamental framework and law enforcement practices of the European Union's competition law and competition policy, and 5 antitrust experts from Fudan University and other famous higher education institutions also participated in the training. The training was productive, expanded the participants' horizons, improved their ability and enhanced communication.

4. Training for officials at provincial antitrust law enforcement authorities was highlighted

After the institutional reform, the demand of provincial market regulatory authorities for training on professional skills has been high. In 2019, the Anti-Monopoly Bureau of SAMR actively supported antitrust training sessions organized by market regulatory authorities and other units across the nation by actively sending staff to give lectures for a total of 19 shifts, including the antitrust law enforcement training sessions in September 2019 for the market regulatory authorities in Shanghai and Hunan, the antitrust law enforcement training sessions in October for market regulatory authorities in Sichuan, Fujian, Shaanxi and Hubei, the training session on fair competition review policy in October in Inner Mongolia Autonomous Region, the training session on antitrust law enforcement practice in November for Shanghai Administration for Market Regulation, and the training session for Qinghai Administration for Market Regulation on price-related law enforcement in December. The supports on training of local market regulatory authorities have laid a solid foundation for further developing the antitrust enforcement teams across the market regulatory authorities, improving the knowledge and professional skills of law enforcement officials, and promoting the unification of antitrust law enforcement.

Meanwhile, SAMR actively sent staff to attend training courses organized by other departments and organizations, including a seminar for intellectual property officials of French-speaking African countries, a seminar for senior officials on trade and investment facilitation and antitrust law enforcement in developing countries organized by the Ministry of Commerce, a seminar on "intellectual property and development" organized by the Department of WTO Affairs of the Ministry of Commerce, and an antitrust-related briefing for Korean enterprises held by the Korean Embassy in China, which has effectively increased the international influence of China's antitrust enforcement work and played a positive role in deepening China's international antitrust cooperation.

Ⅲ. The Development of Enterprises' Compliance Systems was Strengthened

The fourth plenary session of the 19th Central Committee of the Communist Party of China has explicitly called for strengthening the fundamental role of competition policy and intensifying and improving antitrust law enforcement. In order to further improve the antitrust legal system, strengthen the fundamental role of competition policy, maintain a market environment of fair competition, reduce the compliance costs of undertakings, and improve the efficiency and effectiveness of antitrust law enforcement, as required by the work plan of the Anti-Monopoly Commission of the State Council in December 2018, the Anti-Monopoly Bureau of SAMR prepared and drafted the *Anti-Monopoly Compliance Guidelines for Undertakings (draft for comments) (Compliance Guidelines)*. The *Compliance Guidelines* were drafted with the guidance of Xi Jinping Thought on Socialism with Chinese Characteristics for a New Era and domestic and overseas experience in mind. The *Compliance Guidelines* specify key compliance risks and establish a compliance management system, a compliance risk handling system and a compliance management supporting system.

(Ⅰ) Compliance management system

The *Compliance Guidelines* first emphasize the importance of undertakings establishing and effectively implementing an antitrust compliance management system, and highlight the main elements of the compliance management system, which include compliance commitments, compliance incentives, and a compliance management framework, among other things. The *Compliance Guidelines* also elaborate on the important function of the head for compliance management and on the specific duties of the compliance management department, and particularly stress the independence and authority of the compliance management department, encouraging senior executives of undertakings to lead or take charge of compliance management work.

(Ⅱ) Key compliance risks

This part mainly gives a brief explanation of key risks involved in the antitrust compliance management of undertakings. First, it explicitly provides, amongst other things, that undertakings are prohibited from reaching monopoly agreements and from abusing their respective dominant market positions and must implement concentrations of undertakings pursuant to applicable law. In order to help undertakings make better judgments with respect to specific behaviors, the *Compliance Guidelines* recommend undertakings to refer to departmental regulations such as the *Interim Provisions on the Prohibition of Monopoly Agreements* for a more informed conclusion. Second, the *Compliance Guidelines* clarify the obligations of undertakings to cooperate with investigations and the associated legal liabilities, alert undertakings not to refuse or obstruct investigations, and describe specific behaviors that amount to refusal or obstruction of investigations. Third, the *Compliance Guidelines* provide regulations for the commitment system and the leniency system as stipulated in the *Anti-Monopoly Law*, and effectively align with the *Commitment Guidelines* and the *Leniency Guidelines*. Fourth, the *Compliance Guidelines* remind that undertakings should effectively address possible legal risks in relation to foreign antitrust laws and that they may choose to report relevant situations to antitrust law enforcement authorities.

(Ⅲ) Compliance risk handling system

The *Compliance Guidelines* start off by providing a brief explanation of key risks involved in the antitrust compliance management of undertakings. First, the *Compliance Guidelines* provide that undertakings are prohibited from reaching monopoly agreements and from abusing their respective dominant market positions and must implement concentrations of undertakings pursuant to applicable law. Second, the *Compliance Guidelines* clarify the obligations of undertakings to cooperate with investigations and the associated legal liabilities, alert undertakings not to refuse or obstruct investigations, and describe specific behaviors that amount to refusal or obstruction of investigations. Third, the *Compliance Guidelines* provide regulations for the commitment system and the leniency system as stipulated in the *Anti-Monopoly Law*, and effectively align with the *Commitment Guidelines* and the *Leniency Guidelines* on the other. Fourth, the *Compliance Guidelines* remind that undertakings should effectively address possible legal risks in relation to foreign antitrust laws and that they may choose to report relevant situations to antitrust law enforcement authorities.

In addition, the *Compliance Guidelines* recognize that different types of undertakings and their employees face different antitrust law risks, and encourage undertakings to establish an appropriate mechanism based on their respective situations to identify and assess potential risks and alert their employees to the legal risks. Upon the identification and assessment, undertakings are encouraged to establish a sound and comprehensive handling mechanism to control and respond to relevant risks. The *Compliance Guidelines* particularly stress that undertakings should cooperate with antitrust law enforcement authorities.

(Ⅳ) Compliance management supporting system

In order to improve the effectiveness of undertakings' antitrust compliance management, the *Compliance Guidelines* encourage undertakings to implement supporting measures to supplement their antitrust compliance management. First, in terms of internal management, the *Compliance Guidelines* encourage undertakings to establish or improve a reward and punishment mechanism for employees' antitrust compliance behaviors and to clarify reporting policies for antitrust compliance. Second, in terms of the development of relevant antitrust compliance capability, undertakings are encouraged to establish a professional and highly skilled compliance management team, and to help and supervise employees to understand and comply with relevant provisions of the *Anti-Monopoly Law* through education, training or other means. Third, in terms of supporting facilities, undertakings are encouraged to devote more efforts on informatization and make use of such tools as big data to better monitor and analyze the legal compliance status of their operation and management behaviors.

Chapter Ⅷ

Antitrust Work at the Local Level

Beijing Municipality

Ⅰ. Set-up of Antitrust Law Enforcement Authorities

The Price Supervision & Inspection and Anti-monopoly Bureau of the Beijing Administration for Market Regulation is currently in charge of price-related antitrust law enforcement. The inspection division of the former Beijing Administration for Industry and Commerce is in charge of antitrust law enforcement for conducts other than price-related monopolistic behaviors. The Fair Competition Division of the Price Supervision & Inspection and Anti-monopoly Bureau is in charge of the fair competition review work.

Ⅱ. Main Antitrust Work in 2019

(Ⅰ) The antitrust investigation focusing on the sectors concerning people's livelihood conducted pursuant to applicable law. A decision was made to suspend the investigation into the suspected price-related monopolistic behaviors of Lenovo (Beijing) Co., Ltd. In accordance with applicable law, the Beijing Administration for Market Regulation carried out antitrust law enforcement in the sector of active pharmaceutical ingredients and carried out the investigation into a total of 13 pharmaceutical manufacturers and sellers and 2 large chain pharmacies.

(Ⅱ) The law enforcement in respect of the abuse of administrative power to eliminate or restrict competition strengthened to maintain competition order. Abuses of administrative power to eliminate or restrict competition were rectified, including, amongst others, the abusive conduct by the Dongcheng Administration for Market Regulation in the course of bidding work regarding engraving of seals for newly opened enterprises and the abusive conduct by the Tongzhou Construction and Administration Commission of the Central Area of New City in the course of management of communication network construction.

(Ⅲ) The implementation of the fair competition review system further promoted. The adjustment of the coordination mechanism of the fair competition review work was completed throughout the municipality. The review of newly issued policies continued to be rigorous. The training, publicity and investigation were strengthened. A good environment for the implementation of competition policies was fostered.

(Ⅳ) Competition policy advocacy strengthened and the awareness of competition improved. The training of Anti-Monopoly Law was conducted for enterprises and administrative authorities to raise their competition awareness and expand the influence of antitrust law enforcement.

Tianjin Municipality

Ⅰ. Set-up of Antitrust Law Enforcement Authorities

The Tianjin Administration for Market Regulation has established the Anti-Monopoly Division.

Ⅱ. Main Antitrust Work in 2019

(Ⅰ) The antitrust law enforcement solidly promoted. Firstly, based on the successful investigation and handling of the case of monopoly agreement of Tianjin Port

Storage Yard, the closure of the case was properly completed. The case was selected as one of the ten typical antitrust cases nationwide in 2019. The second is to focus on regulating anticompetitive behavior in the sector concerning public services, with the focus on the regulation of anticompetitive behavior that damage the competition order and infringe on consumers' legitimate rights and interests, which include, amongst others, the supply of water, electricity and gas, public transport and funeral and interment services. The case of abuse of dominant market position by Tianjin Tap Water (Group) Co., Ltd. was successfully investigated and handled and a fine of more than RMB 7 million was imposed. Thirdly, officials were designated to participate in the peripheral investigations of antitrust cases nationwide and of Tianjin organized by SAMR.

(Ⅱ) The fair competition review system further implemented in an effective manner. Firstly, conferences for promoting fair competition review work have been organized and held, fair competition review training for the whole system was carried out, and spot checks of normative documents formulated by some commissions and bureaus in Tianjin were done through inspection instead of training. Secondly, the joint conference system for fair competition review in Tianjin was adjusted to further define the main responsibilities and working rules. The adjusted joint conference system has included the municipal Bureau of Justice in the list of deputy conveners, and give full play to the function of the Bureau of Justice in filing normative documents of all departments. It has been made clear that the joint meeting office is composed of the convener and the liaison officials of the deputy convener to effectively enhance the authority of the joint meeting body. Thirdly, targeted review of fair competition within the Tianjin Administration for Market Regulation was carried out to improve the quality of fair competition review.

Hebei Province

Ⅰ. Set-up of Antitrust Law Enforcement Authorities

The Hebei Administration for Market Regulation has established the Anti-Monopoly and Anti-Unfair Competition Bureau.

Ⅱ. Main Antitrust Work in 2019

(Ⅰ) The antitrust law enforcement promoted solidly

The templates of documents for monopoly cases were formulated. Supplementary investigation on three monopoly cases including a case involving a company in Handan has been completed. Seven clues on monopolies in the active pharmaceutical ingredient sector passed on by SAMR and complaints from the public have been verified and timely feedback was provided. Special rectification of the abuse of administrative power to eliminate and restrict competition in the key sectors was carried out by seven departments including, amongst others, Hebei Development and Reform Commission and Hebei Finance Department. The correction was made on the abuse of administrative power to eliminate and restrict competition by the administrative authorities of Xingtai and Cangzhou. Hebei Administration for Market Regulation also coordinated with Hebei Public Security Department to jointly carry out special rectification in the sector of engraving of seal to tackle the issue from the source.

(Ⅱ) The fair competition review further promoted

The member departments and organizations of the fair competition review joint meetings of the provincial, municipal and country levels have been enriched and adjusted. The relevant systems have been revised, in order to establish and improve new working mechanisms. The publicity and advocacy for competition policies has been carried out, and over 3,000 personnel received training. A total of 28 member departments and organizations of the joint meetings were organized to conduct random inspections of the fair competition reviews in all cities and urge the rectification of the relevant problems. In accordance with the requirements of SAMR on supervision and inspection, self-examination and self-correction were required to be comprehensively carried out, guidance and scheduling were strengthened, and the fair competition review system throughout the province was effectively implemented. During the year, 1,8213 pieces of documents were reviewed and sorted out, 109 pieces were amended, and 93 pieces were abolished.

Shanxi Province

Ⅰ. Set-up of Antitrust Law Enforcement Authorities

The authorities of Shanxi Administration for Market Regulation that undertake the antitrust law enforcement function include the Anti-Monopoly and Anti-Unfair Competition Division and the Price Supervision & Inspection and Anti-Monopoly Bureau.

Ⅱ. Main Antitrust Work in 2019

(Ⅰ) The antitrust law enforcement solidly carried out

In 2019, special efforts were focused on the sectors concerning people's livelihood including, amongst others, engraving of official seals, building materials, public utilities, active pharmaceutical ingredients. 8 monopoly cases were accepted and investigated, including 5 administrative monopoly cases, 2 cases concerning the abuse of dominant market position, and 1 case concerning the monopoly agreement. In the meantime, pursuant to the arrangements of the Anti-Monopoly Bureau of SAMR, there were 5 cases for assisting the investigation and verification of clues, and 6 cases for assisting other provinces in carrying out antitrust investigations.

(Ⅱ) The fair competition review continuously promoted

At present, the formation and adjustment of the fair competition review joint meetings of governments at the provincial, municipal and county levels in the whole province have been completed, and the establishment of internal review mechanism has been substantially completed. In 2019, across the province, 3,313 pieces of documents were under fair competition review, 3,906 pieces of existing documents were sorted out, 107 pieces were abolished and 54 pieces were amended. Specifically, the Shanxi Administration for Market Regulation appointed officials to spot check 1,200 pieces of documents all over the province, discovered 68 pieces of problematic documents and urged the rectification. Moreover, the Shanxi Administration for Market Regulation also sent letters to 10 cities to urge the rectification on issues arising from the fair competition review.

Inner Mongolia Autonomous Region

Ⅰ. Set-up of Antitrust Law Enforcement Authorities

The Administration for Market Regulation of Inner Mongolia Autonomous Region has established the Price Supervision & Inspection and Anti-Unfair Competition Bureau (the Anti-Monopoly Bureau).

Ⅱ. Main Antitrust Work in 2019

(Ⅰ) Antitrust law enforcement

Since the institutional reform, the Administration for Market Regulation of Inner Mongolia Autonomous Region, on the basis of the integration of the law enforcement officials of the former Administration for Industry and Commerce of Inner Mongolia Autonomous Region as well as that of the former Development and Reform Commission of Inner Mongolia Autonomous Region, has sorted out the clues of existing cases, given play to their respective professional advantages, carried out analysis of cases from various angles, in order to find the best route to tackle the case and to vigorously promote the antitrust law enforcement. By 31 December 2019, 4 cases were accepted, 1 case was concluded, and 3 cases were under investigation. In another two administrative monopoly cases, the parties concerned voluntarily corrected their suspected illegal acts during the verification of clues and restored the competition order of relevant market.

(Ⅱ) Implementation of fair competition review system

The *2019 Work Priorities on Comprehensively Implementing the Fair Competition Review System* and the *Notice on Further Accelerating the Implementation of the Fair Competition Review System* were issued to urge and provide guidance for the comprehensive implementation of the fair competition review system, to achieve the objective of full coverage of fair competition review system for governments at three levels, namely, autonomous region, league/city, banner/county (county-level city and district). The Party committees and governments of the autonomous region included the implementation of the fair competition review system in the *2019 Annual Plan of the Inner Mongolia Autonomous Region for Supervision, Inspection and Assessment*, and completed the supervision, inspection and assessment.

Liaoning Province

Ⅰ. Set-up of Antitrust Law Enforcement Authorities

The Liaoning Administration for Market Regulation has established the Anti-Monopoly Division.

Ⅱ. Main Antitrust Work in 2019

(Ⅰ) The officials in charge of antitrust work in governments at the provincial, municipal and county levels acted as the conveners of fair competition review joint meetings

The second plenary session of the Fair Competition Review Joint Meeting of Liaoning was held. The adjustment to the composition of the joint meeting has been completed. A complaint reporting platform on fair competition review has been opened. The frequency of reporting fair competition review summaries and review results has been adjusted, and the third-party assessment of some key sectors concerning people's livelihood have been carried out. A total of 38,663 pieces of existing policies and measures were checked, a total of 254 pieces of policies and measures impeding the unification of market and fair competition were abolished, and a total of 1,469 pieces of newly issued policies and measures were reviewed.

(Ⅱ) The antitrust law enforcement in the sectors of active pharmaceutical ingredients, public utilities and transportation strengthened

A total of 4 cases were accepted, 2 were concluded, and efforts were made to combat the abuse of dominant market position and the abuse of administrative power to eliminate or restrict competition. A thorough check of monopolistic behaviors in the sectors including, amongst others, engineering construction, real estate development across the province has been carried out and 10 clues of monopoly cases have been collected. The targeted law enforcement actions against the abuse of administrative power to eliminate or restrict competition were carried out in 5 sectors including, amongst others, the engraving of official seals. The behaviors of the public security and administrative approval systems across the province were regulated.

(Ⅲ) The antitrust publicity and law enforcement training vigorously carried out

The fair competition review and antitrust law enforcement were publicized on the website of the Central People's Government, the Evening News of Liaoning TV, the front page of *Liaoning Daily* and the platform of *Xuexi Qiangguo*. Liaoning has established the first *Provincial Antitrust Law Enforcement Talent Pool*, with 77 law enforcement officials selected. The authority conducted 3 targeted training sessions and 9 on-site training sessions with 1,450 participants.

Jilin Province

Ⅰ. Set-up of Antitrust Law Enforcement Authorities

The Jilin Administration for Market Regulation has established the Anti-Monopoly Division.

Ⅱ. Main Antitrust Work in 2019

(Ⅰ) The fair competition review mechanism promoted by taking multiple measures

Implementation of the fair competition review mechanism was included in the local legislation, namely *Regulations of Jilin on Optimizing the Business Environment*, and the governmental performance appraisal to reinforce its mandatory effect. The fair competition review system was implemented among 70 governments at the municipal, county and district levels across the province, to enable comprehensive coverage to all three levels of government. In 2019, more than 300 documents were reviewed through spot check and a total of 7,518 newly issued documents were reviewed across the whole province. By the end of 2019, a total of 38,368 existing and newly issued documents were reviewed across the province.

(Ⅱ) The antitrust law enforcement strengthened pursuant to applicable laws and regulations

Law enforcement actions were carried out in sectors such as pharmaceutical and transportation. The authority investigated 59 government authorities, enterprises and public institutions in 9 cities and counties. The authority also reviewed more than 110 policies and measures, and rectified 4 cases concerning abuse of administrative power to eliminate or restrict competition in sectors such as the medical insurance. In implementing the authorization by SAMR, the authority focused on sectors concerning people's livelihood such as the active pharmaceutical ingredients and fuel gas and investigated 13 clues of suspected monopoly cases in these sectors. The rates for complaint acceptance and clue verification were 100%.

(Ⅲ) The rules and regulations established to lay a solid foundation for antitrust enforcement

The *Implementing Opinions on Maintaining Fair Competition Among Enterprises* was issued to strengthen the fundamental role of competition policies and the antitrust law enforcement. The authority established 4 institutional systems including, amongst others, the law enforcement procedures, the internal fair competition review provisions and the standard law enforcement documents. The regulations and policies and more than 300 cases have been compiled into a volume, and a study and discussion mechanism has been established. The authority organized the training and guidance covering more than 460 people across the province, and conducted more than 30 publicity campaigns through the media.

Heilongjiang Province

Ⅰ. Set-up of Antitrust Law Enforcement Authorities

The Heilongjiang Administration for Market Administration has established the Anti-Monopoly Division.

Ⅱ. Main Antitrust Work in 2019

(Ⅰ) The fair competition review carried out effectively with the focus on the business environment

The implementation of the fair competition review system has been included in the assessment of the construction of a law-based provincial government, and a notification system has been established to strengthen the supervision and safeguard mechanism for the fair competition review. According to the work promotion method of "unified deployment, unified guidance, unified promotion and unified implementation", the authority sorted out 1,443 pieces of existing policies and measures, retained 1,079 pieces, revised 16 pieces and abolished 348 pieces across the province. Moreover, the authority also reviewed 2,272 pieces of newly issued policies and measures, retained 2,191 pieces, revised 31 pieces and abolished 50 pieces.

(Ⅱ) Remarkable results with the focus on the combination of punishment and prevention achieved through the targeted law enforcement actions against the abuse of administrative power to eliminate or restrict competition

The targeted law enforcement actions against the abuse of administrative power to eliminate or restrict competition have been carried out in the sectors including, amongst others, transportation, construction, bidding, pharmaceutical and public security. The authority investigated and punished 8 cases concerning the abuse of administrative power to eliminate or restrict competition. Through these efforts, the improper interference by government was rectified, the market vitality was released, and the business environment in Heilongjiang was improved.

(Ⅲ) Remarkable results through insisting on integrating central and local efforts achieved through the publicity and training work

The authority intensified the publicity by making extensive use of several forms including, amongst others, official accounts, web portals, as well as the special columns on the antitrust and fair competition review. These efforts helped to create a favorable atmosphere for antitrust and fair competition review, with the government's attention, the integration of efforts from different departments, and the public's attention and participation. The authority also intensified the training efforts, and established a training system on antitrust and fair competition review with a full coverage across the province.

Shanghai Municipality

Ⅰ. Set-up of Antitrust Law Enforcement Authorities

The Shanghai Administration for Market Regulation has established the Anti-Monopoly and Price Supervision & Inspection Office, which is responsible for organizing and implementing antitrust enforcement in Shanghai. The law enforcement division of the Shanghai Administration for Market Regulation will establish the antitrust law enforcement detachment to undertake specific tasks of law enforcement.

Ⅱ. Main Antitrust Work in 2019

(Ⅰ) The institutional foundation strengthened

The authority formulated "one rule and two measures", namely, the *Shanghai Anti-Monopoly Law Enforcement Work Rules*, the *Shanghai Administrative Measures for Anti-Monopoly Law Enforcement Talent Pool* and the *Shanghai Administrative Measures for Anti-Monopoly Law Enforcement Expert Pool*, to effectively standardize the work process and strengthen the intellectual support from experts. Nearly 30 sessions for systematic antitrust training were organized throughout the year to improve the law enforcement capacity of the team.

(Ⅱ) Sustained efforts made

Throughout the year, 4 antitrust cases were closed and administrative penalty totaling RMB 24.378 million was imposed. Moreover, 12 accepted cases were under investigation and 28 clues were newly verified. The fair competition review system was fully implemented, and third-party assessments were actively organized and implemented. These efforts contributed to safeguard the unified national market and strengthen the fundamental role of competition policies.

(Ⅲ) Efforts made to be pioneering and innovative

The top-level institutional design has been strengthened. The authority pushed for including implementation of competition policy and fair competition review in the regulations and normative documents of Shanghai such as the measures for optimizing the business environment and the implementation plans for deepening the construction of the business environment. The authority took the lead in establishing a coordination mechanism for antitrust law enforcement among the "three provinces and one city" in the Yangtze River Delta region" to enhance cross-regional law enforcement collaboration. The authority also formulated and issued the *Shanghai Anti-Monopoly Guidelines for Undertakings*, providing guidance on competition compliance for undertakings.

Jiangsu Province

Ⅰ. Set-up of Antitrust Law Enforcement Authorities

The Jiangsu Administration for Market Regulation has established the Anti-Monopoly Division.

Ⅱ. Main Antitrust Work in 2019

(Ⅰ) Efforts for antitrust law enforcement steadily intensified

Throughout the year, 19 monopoly cases were investigated, 22 clues of monopoly cases were verified and a total fine of RMB 89.667 million was imposed. Cases of significance in some key sectors such as the active pharmaceutical ingredients and public utilities were investigated, and the collusion in bidding in government procurement has also been investigated. The authority imposed the administrative penalty on the monopoly case of Toyota (China) Investment Co., Ltd. in accordance with applicable law, which had extensive impact in China and abroad.

(Ⅱ) Implementation of the fair competition review system gradually deepened

The fair competition review joint meeting was adjusted, and the implementation of the system has been included into the assessment of the government efforts to improve product quality across the province. Meanwhile, fair competition review has been included in work appraisals of government in many places. After a year of pilot implementation, an assistance mechanism for fair competition review has been officially established, and review opinions have been given on dozens of documents from the governmental departments. In 2019, all departments at the provincial level reviewed 1,963 pieces of newly issued documents and revised 7 pieces; the departments at the municipal and county levels reviewed 30,546 pieces of newly issued documents, and revised 6 pieces. In addition, 1,060 pieces of existing documents issued by departments at the provincial level were reviewed, and 70 pieces were revised or abolished. A total of 32,285 pieces of existing documents issued by departments at the municipal and county levels were reviewed, and 220 pieces were revised or abolished.

(Ⅲ) The foundation for antitrust law enforcement has been continuously strengthened

The authority placed emphasis on improving the procedural system, formulated and implemented the provisions on collective review of antitrust cases, and strictly regulated the law enforcement behavior. A system of expert hearing for cases with significant impacts has been established to gather the wisdom of all parties. The authority also conducted training on fair competition review and antitrust law enforcement to improve the quality of law enforcement.

Zhejiang Province

Ⅰ. Set-up of Antitrust Law Enforcement Authorities

The Zhejiang Administration for Market Regulation has established the Anti-Monopoly Division.

Ⅱ. Main Antitrust Work in 2019

(Ⅰ) Active antitrust law enforcement

In 2019, the Zhejiang Administration for Market Regulation actively investigated and punished anticompetitive behaviors on the market enforced and focused its antitrust law enforcement on sectors concerning public well-being (including active pharmaceutical ingredients, building materials, and public utilities). It carried out targeted antitrust enforcement in the building materials sector, and concluded 2 cases relating to monopoly agreements in the concrete industry, one in Quzhou and the other in Hangzhou. A total of 21 enterprises were involved, and the fine amounted to RMB 11.85 million. A province-wide admonition meeting against suspected anticompetitive behaviors in the express delivery industry was held on the eve of the Double Eleven, in which express delivery enterprises and trade associations were requested to comply with laws and regulations.

(II) Implementation of the fair competition review system in all aspects

Performance relating to the implementation of the fair competition review system has been included in appraisal for the goal of rule-based government and rule-based Zhejiang. Third-party assessment of fair competition review has been carried out. As a result, the fair competition review system is implemented by all governments at the provincial, city and county levels. In 2019, 11,873 newly formulated policy documents in the province were reviewed, out of which 317 documents were either revised or not promulgated upon examination; 17,722 existing policy documents were reviewed for the purpose of sorting out those that eliminate or restrict competition, out of which 832 documents were either abolished or revised. Targeted campaigns in the province against abuse of administrative power to eliminate or restrict market access were organized and carried out. The Zhejiang Administration for Market Regulation investigated and rectified abuse of administrative power to eliminate or restrict market access or fair competition against the private sector in 71 cases, and reported 9 cases. These efforts have promoted high-quality development of the private sector, and assisted and furthered the reform under the "one visit at most policy".

(III) Implementation of competition compliance policies for enterprises

The Zhejiang Administration for Market Regulation formulated the *Competition Compliance Guidance for Enterprises in Zhejiang*, implemented an antitrust counseling mechanism for key enterprises, and formulated the *Work Plan for Implementing Anti-Monopoly Counseling for Key Enterprises in Zhejiang*, through which it has counseled 790 key enterprises, assisting them in preventing and mitigating antitrust risks.

Anhui Province

Ⅰ. Set-up of Antitrust Law Enforcement Authorities

The Anhui Administration for Market Regulation has established the Anti-Monopoly and Anti-Unfair Competition Enforcement Bureau.

Ⅱ. Main Antitrust Work in 2019

(Ⅰ) Steady progress in antitrust law enforcement

In 2019, the Anhui Administration for Market Regulation concluded 1 non-administrative monopoly case, with the total fine and confiscation amounting to RMB 7,413,100; and investigated and handled (rectified) 2 cases relating to abuse of administrative power by administrative departments to eliminate or restrict competition. It newly accepted 8 monopoly cases, including 5 non-administrative monopoly cases and 3 cases relating to abuse of administrative power to eliminate or restrict competition. Meanwhile, the Anhui Administration for Market Regulation paid close attention to pharmaceuticals, cement, electricity, and other industries concerning national economy and people's livelihood, and organized antitrust symposium and admonition meetings for relevant trade associations and enterprises to effectively regulate the order of operation in those industries.

(Ⅱ) Faithful implementation of fair competition review

According to the institutional reform plan, the Anhui Administration for Market Regulation undertakes the fair competition review work to further facilitates the implementation of the system. In 2019, the Provincial Government and the governments in the 16 cities and 105 counties all rolled out documents on the implementation of the fair competition review system and established an inter-departmental joint meeting system. The Anhui Administration for Market Regulation promoted a series of measures to facilitate government departments at all levels to faithfully review and sort out relevant policies and measures, continuously standardize government decision-making process and practices, and continuously improve business environment at all places. The series of measures promoted included, amongst others, fair competition review publicity week, centralized review of government documents, supervision by deputies to people's congress, inclusion of fair competition review in relevant appraisal systems, centralized training, and introduction of third-party evaluation.

Fujian Province

Ⅰ. Set-up of Antitrust Law Enforcement Authorities

The Fujian Administration for Market Regulation has established the Anti-Monopoly and Anti-Unfair Competition Division.

Ⅱ. Main Antitrust Work in 2019

(Ⅰ) Antitrust law enforcement continued and effective

In 2019, the Fujian Administration for Market Regulation received a total of 12 clues, and sent 27 shifts to relevant provinces and cities for verification of the clues. In particular, the Fujian Administration for Market Regulation concluded investigation and provided feedback in 7 cases, accepted 1 case after clue verification, is still further verifying clues in 4 cases. As for the accepted case, a dedicated case team has been formed that consists of law enforcement officials at the provincial, city and county levels. And with support from local public security force and a professional accounting firm, the investigation has proceeded smoothly.

(Ⅱ) Progress in the fair competition review work achieved in all respects

Governments at all the provincial, city and county levels have rolled out relevant documents to promote the fair competition review work. The Provincial Inter-Departmental Office issued the *Letter on Extensively Implementing the Fair Competition Review System* to all local governments, putting forward opinions on the promotion of the fair competition review system from 8 perspectives. Efforts have been made to advance the review of new policies and documents and to sort out existing policies and documents, in order to prevent the elimination or restriction of competition from the very start. The General Office of the Provincial Government approved and forwarded the *Work Plan of Fujian for Sorting Out Policies and Measures that Eliminate or Restrict Competition in 2019*, and made a plan to sort out policies and documents across the province. The Fujian Administration for Market Regulation organized 3 training sessions on fair competition review to continually improve the ability of conducting fair competition review of all departments at all levels. The training sessions were conducted in various forms, including inter-departmental joint meetings, themed training, and themed lectures. A total of 2,650 people in the province attended the training.

Jiangxi Province

Ⅰ. Set-up of Antitrust Law Enforcement Authorities

The Jiangxi Administration for Market Regulation has established the Law Enforcement and Inspection Bureau (the Anti-Monopoly Bureau).

Ⅱ. Main Antitrust Work in 2019

(Ⅰ) Progress achieved in antitrust law enforcement

The Jiangxi Administration for Market Regulation commenced investigations of suspected monopoly agreements, abuse of dominant market position, and abuse of administrative power to eliminate or restrict competition in various industries, including pharmaceutical, water supply, real estate brokerage, education and food and groceries. The investigations have been productive with respect to all the three types of cases. It investigated more than 20 enterprises, sent law enforcement officials in over 200 occasions, and verified clues and conducted investigations in 12 cases, including 2 cases relating to monopoly agreements, 1 case relating to abuse of dominant market position, and 3 cases relating to abuse of administrative power to eliminate or restrict competition.

(Ⅱ) Steady progress in antitrust law enforcement

The goal of implementation of the fair competition review system by governments at all the provincial, city and county levels has been achieved. In 2019, a total of 3,995 policies and measures in the province were reviewed, of which 1,689 policies and measures were reviewed by relevant departments of the Provincial Government, 1,043 policies and measures were reviewed by governments at the city level, and 1,263 policies and measures were reviewed by governments at the county level.

Shandong Province

Ⅰ. Set-up of Antitrust Law Enforcement Authorities

The Shandong Administration for Market Regulation has established the Anti-Monopoly Bureau.

Ⅱ. Main Antitrust Work in 2019

(Ⅰ) Antitrust law actively enforced

In 2019, the Shandong Administration for Market Regulation focused on prominent issues in the sectors concerning public well-being, and accepted and investigated 3 cases relating to monopoly agreements (1 case concluded), 1 case relating to abuse of dominant market position, and 6 cases relating to abuse of administrative power to eliminate or restrict competition (all of which have been rectified). The number of cases reached a record high in Shandong, and various sectors were involved, including building materials, active pharmaceutical ingredients, refined oil, automobile exhibition and sales, "facilities of new residential communities", salt, government procurement, and ride hailing. The case handling has been improved through expert evaluation, third-party economic analysis, and application of tax-related big data, and other means. The level of law enforcement has improved also through the establishment of a provincial antitrust law enforcement talent pool.

(Ⅱ) Fair competition review promoted

The Shandong Administration for Market Regulation has pushed forward the implementation of the fair competition review system in all aspects, improved the working mechanism timely, strengthened training on professional skills and the supervision and guidance, and achieved the goal of having the fair competition review system implemented by governments at all the three levels. It has been required that policy documents of the Provincial Government be reviewed by the drafting department itself first, and then reviewed by the Provincial Inter-Departmental Joint Meeting Office if requested, so as to improve the quality of fair competition review. It has also been required that governmental departments establish an internal review mechanism that includes fair competition review in the document issuance process, so as to strengthen the implementation of the fair competition review system.

(Ⅲ) Antitrust compliance widely publicized

Competition compliance advocacy has been strengthened through, amongst other means, online promotion, publicity at individual enterprises, and distribution of manuals. The Shandong Administration for Market Regulation organized antitrust training for major cement clinker makers jointly with the Shandong Province Cement Association. It also included competition policy in more than 10 training sessions for new micro and small enterprises, guiding market participants to raise their awareness of competition compliance and prevent legal risks.

Henan Province

Ⅰ. Set-up of Antitrust Law Enforcement Authorities

The Henan Administration for Market Regulation has established the Anti-Monopoly Division.

Ⅱ. Main Antitrust Work in 2019

(Ⅰ) Solid antitrust law enforcement in highlighted key sectors

The Henan Administration for Market Regulation conducted verification and investigation in 3 cases under the supervision of SAMR relating to abuse of dominant market position. One of the cases concerned abuse of dominant market position in the sector of active pharmaceutical ingredients, which now is concluded. It verified clues and conducted investigations in cases relating to monopoly agreements in such sectors as milk power and automobile sales. Also, it investigated the suspected abuse of administrative power by the Zhengzhou Health Commission in a bidding process for the selection of drug delivery enterprises, and promptly urged and guided the Zhengzhou Health Commission to adopt measures to actively rectify its practice.

(Ⅱ) Solid progress in the implementation of the fair competition review system

Provincial Inter-Departmental Joint Meeting for Fair Competition Review was held. The *Work Priorities of Henan for Extensively Promoting the Implementation of the Fair Competition Review System in 2019* was issued and circulated, making plans for key assignments of the year. The Henan Administration for Market Regulation took the lead in adjusting and improving the *Fair Competition Review Inter-Departmental Joint Meeting System of Henan*, carrying out a thorough inspection of fair competition review across the province and making detailed records for the work. The fair competition review system has been established in all the 18 cities directly under province and 175 counties (cities and districts) of the province, so that governments at all the three levels (provincial, city, and county) have implemented the fair competition review system. In 2019, a total of 7,075 documents of Henan were reviewed, out of which 5 documents were amended upon review and 12 documents were subject to exemption rules.

Hubei Province

Ⅰ. Set-up of Antitrust Law Enforcement Authorities

The Hubei Administration for Market Regulation has established the Anti-Monopoly Division.

Ⅱ. Main Antitrust Work in 2019

(Ⅰ) Active antitrust law enforcement

The Hubei Administration for Market Regulation issued administrative penalty decisions against 3 motor vehicle safety technology inspection agencies in Xianning for concluding and implementing a price fixing agreement, with the total fine imposed and confiscations amounting to RMB 1.194 million. It accepted 2 cases concerning suspected monopoly agreements among relevant enterprises. It also investigated suspected abuse of administrative power to eliminate or restrict competition in 5 cases. The administrative departments involved have timely corrected their practices and abolished policies and measures that eliminated or restricted competition.

(Ⅱ) Fair competition review system implemented in all aspects

Mechanisms of expert consultation and evaluation and third-party assessment and review were introduced. In 2019, a total of 4,559 documents were reviewed, out of which 1,115 were new documents. A total of 3,444 existing documents were sorted out, in which 101 documents were revised and 301 documents were abolished.

(Ⅲ) Development of fundamentals strengthened

The *Measures on Anti-Monopoly Work in the China (Hubei) Pilot Free Trade Zone* were issued, which has improved the antitrust regulation system in the Pilot Free Trade Zone. The *Notice on Matters Related to Strengthening Anti-Monopoly Work* was issued and circulated, which has set up liaisons for antitrust work and a quarterly clue reporting mechanism. Two training sessions on professional skills were held, which has trained over 300 officials of the market regulatory authority to improve their legal knowledge.

(Ⅳ) Competition laws and regulations widely publicized

The Hubei Administration for Market Regulation made various efforts to further raise awareness of fair competition, including providing 3 group training sessions on competition laws and regulations to major enterprises, strengthening the study of competition conditions of some public utility companies, and printing and distributing nearly 400 copies of publicity materials to the public.

Hunan Province

Ⅰ. Set-up of Antitrust Law Enforcement Authorities

The Hunan Administration for Market Regulation has established the Anti-Monopoly Bureau.

Ⅱ. Main Antitrust Work in 2019

(Ⅰ) Faithful discharge of duties and increased level of case handling

The Hunan Administration for Market Regulation focused on hot issues in the society and issues concerning public well-being, and made great efforts in enforcing antitrust law in sectors concerning public well-being such as engraving of official seals, building materials, public utilities and active pharmaceutical ingredients. It organized, and provided guidance in, administrative admonition meetings on the issue of monopoly of public utility companies across the province. It also assisted in targeted investigations of SAMR and other market regulatory authorities with respect to relevant pharmaceuticals by inspecting all 39 active pharmaceutical ingredient manufacturers and 188 distributors in the province. It concluded a case against monopoly in the gas supply industry in Yongding District of Zhangjiajie, and imposed fine of RMB 412,800 in total. It also investigated and addressed abuse of administrative power to eliminate or restrict competition in 5 cases, and guided the correction of suspected practices of administrative departments that eliminated or restricted competition in 2 cases.

(Ⅱ) Efforts spent for creating a market environment of fair competition

The Hunan Administration for Market Regulation has improved the work mechanism for fair competition review of the province, standardized the review procedure, and intensified supervision. It advocated for third-party assessment within the fair competition review system, and took the lead in the pilot implementation of third-party assessment of the fair competition review done by the departments directly under the provincial government. It also promoted the inclusion of fair competition review in the appraisal for rule-based government and the performance appraisal in the province. It focused on local protectionism, designated transactions, and market barriers, amongst others, stressed on the review of existing policies and measures, and urged all regions and departments to complete the review work in a timely manner. It also supervised relevant administrative departments to amend or abolish 8 documents involving abuse of administrative power to eliminate or restrict competition.

Guangdong Province

Ⅰ. Set-up of Antitrust Law Enforcement Authorities

The Guangdong Administration for Market Regulation has established the Anti-Monopoly Division.

Ⅱ. Main Antitrust Work in 2019

(Ⅰ) Advanced implementation of competition policy in the Guangdong-Hong Kong-Macao Greater Bay Area actively promoted

The Guangdong Administration for Market Regulation drafted the *Implementation Plans of Strengthening the Fundamental Role of Competition Policy in the Guangdong-Hong Kong-Macao Greater Bay Area*, and held the "High-level Symposium on Competition Policy in the Guangdong-Hong Kong-Macao Greater Bay Area and Consultation Conference of the Competition Law Enforcement Authorities of Guangdong, Hong Kong, and Macao" under the guidance of the Anti-Monopoly Bureau of SAMR. The competition law enforcement authorities of Guangdong, Hong Kong and Macao agreed to establish a cooperation and exchange mechanism. The 21st Century Business Herald devoted an entire page to cover the topic in relation to the symposium.

(Ⅱ) Solid progress in antitrust law enforcement achieved

According to the deployment of SAMR, the Guangdong Administration for Market

Regulation organized targeted law enforcement against abuse of administrative power in such sectors as pharmaceutical procurement, engraving of official seals and live pig slaughtering, and against monopoly agreements and abuse of dominant market position in such sectors as active pharmaceutical ingredients, concrete, and motor vehicle inspection.

(Ⅲ) Further implementation of the fair competition review system promoted

The province and cities have adjusted themselves to establish inter-departmental joint meetings on fair competition review that are participated by both legislative body and administrative authorities. Evaluation, supervision, and training with respect to fair competition review have been strengthened. A big data screening system for fair competition review has been employed to comprehensively review existing documents.

(Ⅳ) Publicity and advocacy of competition ramped up

The Guangdong Province Law Society has established the Research Institute of Antitrust and Anti-Unfair Competition Law. Targeted publicity campaign on antitrust law compliance was carried out in industries such as pharmaceutical and insurance. The Promotional Film on the Interpretation of China's Anti-Monopoly Policy of Concentrations of Undertakings was produced and published. Special coverage on Guangdong's antitrust work was published in the Guangdong Market Regulation.

Guangxi Zhuang Autonomous Region

Ⅰ. Set-up of Antitrust Law Enforcement Authorities

The Administration for Market Regulation of Guangxi Zhuang Autonomous Region has established the Law Enforcement and Anti-Monopoly Division.

Ⅱ. Main Antitrust Work in 2019

(Ⅰ) Maintaining the market order of fair competition and achieved a good start in antitrust law enforcement focused on

In 2019, clues from complaints received in relation to suspected monopoly in sectors such as gas supply, pharmaceutical distribution and operations of active pharmaceutical ingredients were verified in 8 cases, out of which 7 cases were accepted. Also, 2 cases were concluded. The Administration for Market Regulation of Guangxi Zhuang Autonomous Region has verified and accepted a case concerning suspected monopoly in the sector of liquified gas and is working hard to push forward the investigation of the case.

(Ⅱ) Fair competition policy and expedited the implementation of the fair competition review system continued to promote

First, the *Report on the Progress of the Implementation of the Fair Competition Review System* was summitted to the government, which reflected that fair competition review work had been included in the performance appraisal system of people's government at all levels in the autonomous region. All the 14 cities and 111 counties and districts of the autonomous region has formulated and published documents on the fair competition review system. Second, the Administration for Market Regulation of Guangxi Zhuang Autonomous Region urged relevant departments and organizations to amend 8 documents with contents that eliminated or restricted competition. The fair competition review of new policies and measures was stepped up, and a total of 7,026 policy documents were reviewed in the entire autonomous region.

Hainan Province

Ⅰ. Set-up of Antitrust Law Enforcement Authorities

The Hainan Administration for Market Regulation has established the Anti-Monopoly Bureau.

Ⅱ. Main Antitrust Work in 2019

(Ⅰ) Pilot program of strengthening competition policy implemented

In April 2019, Hainan became the first province in China to implement the pilot program of "strengthening competition policy". It focused on the pilot program while pushing forward efforts in all aspects. It established the first anti-monopoly commission at the provincial level and the first competition policy research center that is set up jointly with government departments, hosted the first Hainan Competition Policy Forum, carried out research in relation to competition policy, and participated in the establishment of the first expert advisory group of provincial anti-monopoly commission. It also assisted SAMR in successfully hosting the 8th China Competition Policy Forum.

(Ⅱ) Antitrust law enforcement and fair competition review continued to strengthen

The Hainan Administration for Market Regulation planned targeted enforcement campaign in the public utility sector and against abuse of administrative power to eliminate or restrict competition as well as self-examination of fair competition review. It corrected administrative monopoly in 1 case, inspected 29 administrative departments and public organizations in the province, and abolished 32 documents that impeded unified market and fair competition. It organized province-wide fair competition review 3 times and antitrust law enforcement training for over 600 participants, and distributed nearly 1600 books and materials. It also completed investigations of 6 suspected monopoly cases that involved more than 50 enterprises in total, and verified clues received from SAMR and other departments about suspected monopoly that involved nearly 30 enterprises.

Chongqing Municipality

Ⅰ. Set-up of Antitrust Law Enforcement Authorities

The Chongqing Administration for Market Regulation has established the Anti-Monopoly and Anti-Unfair Competition Division.

Ⅱ. Main Antitrust Work in 2019

First, the Chongqing Administration for Market Regulation was among the first to issue the *Implementation Plan for Third-Party Evaluation of Fair Competition Review*, commissioned a third-party evaluation agency to evaluate the overall implementation of the fair competition review system by district and county governments and their affiliated departments as well as relevant departments at the city level, which finished evaluation of the implementation of the fair competition review system by 4 departments at the city level in 2019.

Second, with the working principle of "regulating an entire industry through investigating a batch of cases and establishing a long-term regulatory mechanism", it paid close attention to key industries such as building materials to strengthen the investigation of monopoly cases. It investigated and handled a case concerning a monopoly agreement among 9 sintered brick manufacturers in Yunyang County and imposed fine of RMB 3.86 million in total.

Third, it carried out a targeted enforcement campaign against abuse of administrative power to eliminate or restrict competition. It accepted and handled 4 cases involving abuse of administrative power to eliminate or restrict competition to regulate administrative behaviors. These cases included abuse of administrative power to eliminate or restrict competition by the Education Commission of Wushan County and the Wuxi County Development and Reform Commission.

Sichuan Province

Ⅰ. Set-up of Antitrust Law Enforcement Authorities

The Sichuan Administration for Market Regulation has established the Anti-Monopoly and Anti-Unfair Competition Division.

Ⅱ. Main Antitrust Work in 2019

First, the Sichuan Administration for Market Regulation drafted, and submitted to the General Office of the Provincial Government for publication, the *Work Plans of Sichuan for Regulating the Use of Administrative Power to Promote Fair Market Competition*, and urged all departments at all places to regulate their administrative behaviors.

Second, members of the Provincial Inter-Departmental Join Meeting of Fair Competition Review were adjusted, and the second plenary session of the Joint Meeting was held to review and adopt the *Guiding Opinions on Extensively Implementing the Fair Competition Review System*, in order to provide local authorities with the rules for reference in their establishing or improving their respective fair competition review systems. The Sichuan Administration for Market Regulation also organized fair competition review to sort out existing effective policies and measures in the province, and sorted out a total of 7,768 policies and measures and amended or abolished 101 policies and measures.

Third, the efforts to investigate and handle monopoly cases have been effectively intensified. In 2019, market regulatory authorities in the province verified 37 clues of suspected anticompetitive behaviors, accepted 4 cases, and rectified and prevented abuse of administrative power to eliminate or restrict competition in 5 cases.

Fourth, the Sichuan Administration for Market Regulation, in conjunction with relevant provincial departments, summoned representatives of 22 active pharmaceutical ingredients manufacturers in the province for an admonition meeting, to effectively enhance their awareness of competition compliance.

Fifth, training sessions were organized in various forms, including video training, to replace meetings to offer lectures on antitrust topics. A total of 3,500 participants were trained throughout the year.

Sixth, the telephone number for reporting monopoly clues has been disclosed to the public to keep clue sources from being blocked. The society has been widely mobilized to jointly supervise the efforts of government departments to regulate administrative behaviors.

Guizhou Province

Ⅰ. Set-up of Antitrust Law Enforcement Authorities

The Guizhou Administration for Market Regulation has established the Price Supervision & Inspection and Anti-Monopoly Division.

Ⅱ. Main Antitrust Work in 2019

(Ⅰ) Antitrust law enforcement continued to strengthen

The Guizhou Administration for Market Regulation actively adapted to the institutional reform and functional adjustment, and overcame difficulties such as weak law enforcement forces, and investigated and handled 1 non-administrative monopoly case and 3 administrative monopoly cases, with the total economic penalties amounting to more than RMB 3 million.

(Ⅱ) Implementation of the fair competition review system actively promoted

Government at all the provincial, city and county levels have fully implemented the fair competition review system and have set up a work mechanism for self-examination. A total of 31,439 new policies were reviewed, and 178 policies were published after amendment. A total of 29,516 existing policies were sorted out, out of which 305 policies were amended and 532 policies were abolished.

(Ⅲ) Trainings on selected topics actively organized

The Guizhou Administration for Market Regulation organized training on fair competition review, which was attended by 260 participants, including deputy secretaries-general (deputy directors) of governments at the city and county levels, and heads of relevant divisions and offices of all departments directly under the Provincial Government, and the market regulatory authorities. The training improved their understanding of the fair competition review system and their ability to conduct fair competition review. The Guizhou Administration for Market Regulation also organized training sessions on price law enforcement and antitrust law enforcement for market regulatory authorities in the province. In addition, first-line officials were drafted to participate in cases handled by the Guizhou Administration for Market Regulation and trained through case handling instead of training sessions, so as to gradually establish a provincial antitrust law enforcement talent pool.

Yunnan Province

Ⅰ. Set-up of Antitrust Law Enforcement Authorities

The Yunnan Administration for Market Regulation has established the Anti-Monopoly and Anti-Unfair Competition Division.

Ⅱ. Main Antitrust Work in 2019

(Ⅰ) Antitrust law enforcement

The work against abuse of administrative power to restrict competition has been carried out faithfully. A total of 11 clues about monopoly cases were reported by market regulatory authorities at all levels throughout the province. The Yunnan Administration for Market Regulation accepted 6 cases regarding monopoly agreements and 1 case regarding abuse of dominant market position. It also accepted and investigated 2 cases regarding abuse of administrative power to eliminate or restrict competition, and corrected abuse of administrative power to eliminate or restrict competition in 2 cases.

(Ⅱ) Fair competition review

First, the fair competition review system has been implemented by governments at all the provincial, city and county levels. Second, the review of new documents was conducted faithfully. A total of 17,801 documents were reviewed, and 8 of them were amended upon review. Third, the Yunnan Administration for Market Regulation took the initiative to report to and communicate with the General Office of Provincial Government, and has incorporated fair competition review in the *Implementing Opinions of the General Office of the People's Government of Yunnan on the Extensive Implementation of the Legality Review of Administrative Normative Documents*, making fair competition review a necessary procedure and step for reviewing the legality of administrative normative documents in the province and forming a dual guarantee that consists of self-review by the drafting department and review by legal departments.

Tibet Autonomous Region

Ⅰ. Set-up of Antitrust Law Enforcement Authorities

The Administration for Market Regulation of Tibet Autonomous Region has established the Anti-Monopoly, Anti-Unfair Competition and Price Supervision & Inspection Office.

Ⅱ. Main Antitrust Work in 2019

(Ⅰ) Work arrangement of the entire year actively and solidly made

According to the requirements of relevant documents of SAMR and the plan made at a Tibet market regulation work meeting, the Administration for Market Regulation of Tibet Autonomous Region formulated and issued the *Notice on Properly Handling the Key Anti-Monopoly Tasks of 2019*, making plans for antitrust work in Tibet and clarifying the focus and priorities of the work.

(Ⅱ) Breakthroughs in the antitrust work in Tibet achieved

In October 2019, the Administration for Market Regulation of Tibet Autonomous Region accepted and investigated a case concerning "suspected administrative monopoly of the Bureau of Farming and Animal Husbandry of Changdu Jiangda County" reported by the Changdu Administration for Market Regulation, and issued an administrative opinion to the Changdu Jiangda County People's Government. This case marked the first antitrust case in Tibet. It provided valuable experience for market regulatory authorities of the autonomous region in handling similar cases in terms of investigation, evidence collection, legal procedures, determination on the law, legal documents and case closure.

(Ⅲ) Extensive implementation of fair competition review promoted

In November 2019, with the approval by the Government of the Tibet Autonomous Region, the Administration for Market Regulation of Tibet Autonomous Region organized the first meeting of the new session of the Inter-Departmental Joint Meeting for Fair Competition Review of the Tibet Autonomous Region. The *System of Inter-Departmental Joint Meeting for Fair Competition Review of the Tibet Autonomous Region*, the *Key Work of the Tibet Autonomous Region on Fair Competition Review in 2019* along with other documents were formulated. By 30 December 2019, the inter-departmental joint meeting system had been adopted by all seven cities in Tibet, and the 74 counties (districts) had successively established the inter-departmental joint meeting system.

Shaanxi Province

Ⅰ. Set-up of Antitrust Law Enforcement Authorities

The Shaanxi Administration for Market Regulation has established the Anti-Monopoly Bureau.

Ⅱ. Main Antitrust Work in 2019

(Ⅰ) Antitrust law enforcement solidly pushed forward in the sectors concerning public well-being

By adhering to the main principle of protecting fair market competition and safeguarding consumers' interests, the Shaanxi Administration for Market Regulation had accepted and investigated 4 monopoly cases, concluded 2 cases, and was working on 2 cases by the end of 2019. It pushed forward antitrust law enforcement in the sectors of production and distribution of building materials in the province so as to promote the sustainable and sound development of the building material industry in the province. It accepted and investigated the case concerning suspected monopoly of major cement manufacturers in the Guanzhong area, and imposed fine of RMB 4.92 million in total against 10 concrete manufacturers and distributors in Yan'an for their illegal anticompetitive behaviors of collectively negotiating to raise concrete prices.

(Ⅱ) Antitrust law enforcement against abuse of administrative power to eliminate or restrict competition continued to intensify

The Shaanxi Administration for Market Regulation focused on key sectors, and deployed targeted law enforcement actions against abuse of administrative power to eliminate or restrict competition. It accepted and investigated 2 cases concerning abuse of administrative power to eliminate or restrict competition, and verified more than 10 clues. The fair competition review system has been implemented by governments at all the provincial, city and county levels, providing a strong institutional guarantee for the regulation of government behavior from the very beginning. The Shaanxi Administration for Market Regulation also strengthened team building, and has commenced the development of provincial antitrust law enforcement talent pool.

Gansu Province

Ⅰ. Set-up of Antitrust Law Enforcement Authorities

The Gansu Administration for Market Regulation has established the Anti-Monopoly Bureau.

Ⅱ. Main Antitrust Work in 2019

(Ⅰ) Investigation and handling of suspected monopoly cases actively promoted

By the end of December 2019, the Gansu Administration for Market Regulation had finished the investigation of 1 case concerning abuse of dominant market position; was investigating 1 case concerning suspected monopoly agreement, and had received 9 clues regarding suspected monopoly and verified 8 clues.

(Ⅱ) Law enforcement actions targeted at abuse of administrative power to eliminate or restrict competition intensified

Law enforcement actions targeted at abuse of administrative power to eliminate or restrict competition in the province were carried out from 10 September 2019 to 31 January

2020. During the targeted law enforcement actions, 4 clues were received regarding suspected abuse of administrative power to eliminate or restrict competition, which were corrected after investigation and verification.

(Ⅲ) Fair competition review adopted by governments at all the three levels

The role of the system of the Inter-Departmental Joint Meeting of Gansu for Fair Competition Review has been given full play. Under the guidance of SAMR and the Gansu Provincial People's Government, fair competition review work has been promoted in a coordinated fashion. By 28 October 2019, governments of the 14 cities (prefectures) and 86 counties (districts) across the province and the Lanzhou New Area Administration Committee all had implemented the work requirements of fair competition review, and achieved goal of having fair competition review implemented by governments at all the three levels.

Qinghai Province

Ⅰ. Set-up of Antitrust Law Enforcement Authorities

The Qinghai Administration for Market Regulation has established the Price Supervision and Anti-Monopoly Bureau.

Ⅱ. Main Antitrust Work in 2019

First, the Qinghai Administration for Market Regulation issued the *Notice of the Qinghai Administration for Market Regulation on Issuing and Circulating the Plan for Targeted Law Enforcement Against Abuse of Administrative Power to Eliminate or Restrict Competition* (Qing Shi Price Supervision [2019] No.210) and the *Work Plan of the Qinghai Administration for Market Regulation on Targeted Inspection of Enterprise-related Fees Charged in Violation of Regulations and Abuse of Administrative Power to Eliminate or Restrict Competition*. It initiated antitrust investigations against 9 provincial administrative departments, including the Provincial Department of Public Security, the Provincial

Housing and Construction Department and the Provincial Department of Transportation, as well as 15 trade associations. It also investigated abuse of administrative power to eliminate or restrict competition, such as restricting the installation of intelligent devices in taxis, designating taxi companies and designating telecommunication operators and monitor facility installation companies.

Second, the Qinghai Administration for Market Regulation investigated and handled 3 cases concerning abuse of administrative power to eliminate or restrict competition, convened a provincial Inter-Departmental Joint Meeting for Fair Competition Review, and organized 2 training sessions for antitrust and fair competition review across the province.

Third, 95 policies and measures (including 1 regulation, 62 normative documents and 32 other policies and measures) involving the economic activities of market participants underwent fair competition review. The Collection of Work Materials on Fair Competition Review of Qinghai was formulated and printed. Governments at all the provincial, city, and county levels have adopted the fair competition review system.

Ningxia Hui Autonomous Region

Ⅰ. Set-up of Antitrust Law Enforcement Authorities

The Administration for Market Regulation of Ningxia Hui Autonomous Region has established the Price Supervision & Inspection and Anti-Unfair Competition Bureau (Anti-Monopoly Bureau).

Ⅱ. Main Antitrust Work in 2019

(Ⅰ) Case sources actively sought

The Administration for Market Regulation of Ningxia Hui Autonomous Region intensified the inspection in the sectors concerning the national economy and people's livelihood. Also, it, in conjunction with a special crackdown against organized crimes, organized targeted enforcement actions against complaints in the society regarding used car trading, rules of ride hailing, and administrative monopoly.

(Ⅱ) Law enforcement intensified and market order effectively maintained

The Administration for Market Regulation of Ningxia Hui Autonomous Region accepted and investigated 12 cases concerning monopoly agreements in used car trading. It concluded 1 case concerning suspected abuse of dominant market position. It also urged the rectification of the issue of eliminating or restricting competition in the *Implementing Rules for the Administration of Ride Hailing Services in Yinchuan (for Trial Implementation)* promulgated by Yinchuan City and policies issued by the People's Government of Helan County and the Headquarter of the Construction of the Lingwu Baitugang Farm.

(Ⅲ) Fair competition review focused on

Adjustment and improvement were made to the responsibilities on fair competition review. The 27 cities, counties and districts all have adopted the system of inter-departmental joint meeting for fair competition review. A total of 3,880 policies and documents were reviewed, among which 30 were amended, and 138 abolished. A total of 15 training sessions on practical skills of fair competition review were organized, and 700 people attended such trainings.

Xinjiang Uygur Autonomous Region

Ⅰ. Set-up of Antitrust Law Enforcement Authorities

The Administration for Market Regulation of Xinjiang Uygur Autonomous Region has established the Anti-Monopoly and Anti-Unfair Competition Division.

Ⅱ. Main Antitrust Work in 2019

(Ⅰ) The working mechanism improved

A monthly reporting and registration mechanism for clues to monopoly cases has been established to timely sort out monopoly clues in the region. A recording system for the implementation of the fair competition review system in the region has also been established, and guidance has been provided to local administrations for them to complete the adoption of the fair competition review system at the city and county levels on time.

(Ⅱ) Antitrust law enforcement strengthened

The Administration for Market Regulation of Xinjiang Uygur Autonomous Region overcame the difficulties of insufficient law enforcement force, and finished the verification and evidence collection work as assigned by SAMR. It stopped and rectified the abuse of administrative power to eliminate or restrict competition engaged in by the Road and Transportation Bureau of the Autonomous Region in promoting the use of motor vehicle driving time recording and training management information system platform. It carried out targeted law enforcement actions to rectify the prominent problems of unfair competition and anticompetitive behavior of public utility enterprises, and held an admonition meeting for Xinjiang Medical University and some of its affiliated hospitals, asking them to regulate their operations.

(Ⅲ) The fair competition review system strengthened in all aspects

A plenary session of the inter-departmental joint meeting was held. The fair competition review system has been adopted by governments at all the provincial, city and county levels. In 2019, the numbers of cities and counties that adopted the fair competition review system increased by 50% and 90% respectively. The work of sorting out and reviewing documents were carried out faithfully. A total of 64,718 existing documents were reviewed, and sorted out 196 documents, out of which 139 documents were abolished and 57 documents were amended. A total of 5,736 new documents were reviewed, out of which 4 documents were subject to exception rules and 4 documents were amended.

Xinjiang Production and Construction Corps

Ⅰ. Set-up of Antitrust Law Enforcement Authorities

The Administration for Market Regulation of Xinjiang Production and Construction Corps has established the Price Supervision & Inspection, Anti-Monopoly and Anti-Unfair Competition Division.

Ⅱ. Main Antitrust Work in 2019

(Ⅰ) Antitrust law enforcement

The Administration for Market Regulation of Xinjiang Production and Construction Corps accepted 1 case concerning abuse of dominant market position, and the investigation is ongoing.

(Ⅱ) Fair competition review

The Administration for Market Regulation of Xinjiang Production and Construction Corps established an inter-departmental joint meeting system for fair competition review, and issued and circulated the *Notice on Implementing the Opinions of the State Council on Establishing the Fair Competition Review System in the Development of the Market System*. It convened the first joint plenary session of the inter-departmental joint meeting system for fair competition review of the Corps, provided an in-depth interpretation of the *Implementing Rules for Fair Competition Review (for Interim Implementation)* and the *Work Plan of the Corps on Sorting Out Policies and Measures that Eliminate or Restrict Competition*, so as to promote the extensive implementation of the fair competition review system.

Chapter Ⅸ

Anti-Monopoly Authority

China's anti-monopoly authorities are set up at two levels: the upper level refers to the Anti-Monopoly Commission of the State Council, which is in charge of organizing, guiding and coordinating anti-monopoly work; the lower level refers to anti-monopoly law enforcement authorities, which are in charge of antitrust enforcements. The Anti-Monopoly Commission of the State Council was established in August 2008. For the period between 2008 and the institutional reform in 2018, antitrust enforcement was divided among the National Development and Reform Commission, the Ministry of Commerce and the former State Administration for Industry and Commerce. The National Development and Reform Commission was responsible for investigating price-related monopolistic activities; the Ministry of Commerce was responsible for reviewing anti-monopoly notification for concentrations of undertakings; the former State Administration for Industry and Commerce was responsible for antitrust enforcement in respect of monopoly agreements, abuse of market dominance, and abuse of administrative power to eliminate and restrict competition (excluding price-related monopolistic activities). Post the institutional reform in 2018, SAMR is in charge of the unified antitrust enforcement, integrating the respective antitrust enforcement responsibilities of the three former anti-monopoly authorities.

Ⅰ. The Anti-Monopoly Commission of the State Council

Pursuant to Article 9 of the Anti-Monopoly Law, the Anti-Monopoly Commission of the State Council mainly performs the following responsibilities: (1) studying and drafting relevant competition policies; (2) organizing surveys and assessment on the overall landscape of market competition and publishing assessment reports; (3) formulating and publishing anti-monopoly guidelines; (4) coordinating administrative antitrust enforcement; and (5) other responsibilities as prescribed by the State Council.

The incumbent chairman of the Anti-Monopoly Commission of the State Council is State Councilor WANG Yong. Members of the Anti-Monopoly Commission of the State Council include: the National Development and Reform Commission, the Ministry of Industry and Information Technology, the Ministry of Justice, the Ministry of Finance, the Ministry of Transport, the Ministry of Commerce, the People's Bank of China, the State-owned Assets Supervision and Administration Commission of the State Council, the State Administration for Market Regulation, the National Bureau of Statistics, the China Banking and Insurance Regulatory Commission, the China Securities Regulatory Commission, the National Energy Administration, and the State Intellectual Property Office.

After the completion of the institutional reform, the General Office of the Anti-Monopoly Commission of the State Council is situated at SAMR and undertakes daily work of the Anti-Monopoly Commission of the State Council.

Ⅱ. State Administration for Market Regulation

In 2018, SAMR was established pursuant to the *Decision of the Communist Party of China Central Committee on Deepening the Reform of Party and State Institutions* and the *Plan on Deepening the Reform of Party and State Institutions* reviewed and adopted at the third plenary session of the 19th China Communist Party Central Committee as well as the *Decision of the First Session of the 13th National People's Congress on the Institutional Reform Plan of the State Council*. SAMR is responsible for unified antitrust enforcement.

In accordance with the *Provisions on Functional Allocation, Internal Institutions and Staffing for the State Administration for Market Regulation*, SAMR is in charge of unified antitrust enforcement. SAMR coordinates and promotes the implementation of competition policies and provide guidance on implementation of the Fair Competition Review System. It conducts anti-monopoly reviews for concentrations of undertakings pursuant to applicable laws and takes charge of antitrust enforcement in relation to activities concerning, amongst others, monopoly agreements, abuse of dominant market position and abuse of administrative powers to eliminate or restrict competition. SAMR provides guidance to undertakings for responding to antitrust lawsuits overseas. It also undertakes daily work of the Anti-Monopoly Commission of the State Council.

The Anti-Monopoly Bureau is set up within and under SAMR and is in charge of proposing anti-monopoly regimes, measures and guidelines, organizing and implementing antitrust enforcement, and providing guidance to undertakings for responding to antitrust lawsuits overseas. The Anti-Monopoly Bureau organizes and guides the fair competition review, undertakes mandates related to international cooperation and exchange in respect of antitrust enforcement, and takes charge of daily work of the Anti-Monopoly Commission of the State Council.

The Anti-Monopoly Bureau of SAMR consists of 11 divisions, namely: the General Office, the Competition Policy and International Cooperation Division, the Investigation Division for Monopoly Agreements, the Investigation Division for Abusive Practices, the Investigation Division for Administrative Monopoly, Division Ⅰ for Review of Concentrations of Undertakings, Division Ⅱ for Review of Concentrations of Undertakings, Division Ⅲ for Review of Concentrations of Undertakings, the Supervision and Law Enforcement Division, the Fair Competition Review Division, and the Antitrust Coordination Division.

Ⅲ. Local Market Regulatory Authorities

For purpose of strengthening and optimizing antitrust functions of government and enhancing antitrust enforcement capabilities, and pursuant to paragraph 2, Article 10 of the Anti-Monopoly Law which provides that "the antitrust enforcement agency under the State Council may, as needed by its work, authorize corresponding agencies of the people's governments of provinces, autonomous regions and municipalities directly under the Central Government to take charge of relevant antitrust enforcement work in accordance with this Law", SAMR issued the *Notice on the Authorization of Antitrust Law Enforcement* (Guo Shi Jian Fan Long Duan [2018] No.265) in December 2018, authorizing the market regulatory authorities of people's governments of all provinces, autonomous regions and municipalities directly under the Central Government to take charge of the antitrust enforcement within their respective administrative regions. At present, all provincial-level market regulatory authorities have set up relevant functional divisions in charge of antitrust enforcement. For further details, please refer to Table 1 below.

Table 3: Antitrust functional divisions in provincial-level market regulatory authorities

No.	Provinces/ Autonomous Regions/ Municipalities	Antitrust divisions
1	Beijing	Fair Competition Division, Price Supervision & Inspection and Anti-Monopoly Bureau, the Former Inspection Team of Beijing Administration for Industry and Commerce (in the process of institutional reform)

continued

No.	Provinces/ Autonomous Regions/ Municipalities	Antitrust divisions
2	Tianjin	Anti-Monopoly Division
3	Hebei	Anti-Monopoly and Anti-Unfair Competition Bureau
4	Shanxi	Anti-Monopoly and Anti-Unfair Competition Division, Price Supervision & Inspection and Anti-Monopoly Bureau
5	Inner Mongolia	The Price Supervision & Inspection and Anti-unfair Competition Bureau (the Anti-monopoly Bureau)
6	Liaoning	Anti-Monopoly Division
7	Jilin	Anti-Monopoly Division
8	Heilongjiang	Anti-Monopoly Division
9	Shanghai	Anti-Monopoly and Price Supervision & Inspection Office
10	Jiangsu	Anti-Monopoly Division
11	Zhejiang	Anti-Monopoly Division
12	Anhui	Anti-Monopoly and Anti-Unfair Competition Enforcement Bureau
13	Fujian	Anti-Monopoly and Anti-Unfair Competition Division
14	Jiangxi	Law Enforcement and Inspection Bureau (the Anti-Monopoly Bureau)
15	Shandong	Anti-Monopoly Bureau
16	Henan	Anti-Monopoly Division
17	Hubei	Anti-Monopoly Division
18	Hunan	Anti-Monopoly Bureau
19	Guangdong	Anti-Monopoly Division
20	Guangxi	Law Enforcement and Anti-Monopoly Division
21	Hainan	Anti-Monopoly Bureau
22	Chongqing	Anti-Monopoly and Anti-Unfair Competition Division
23	Sichuan	Anti-Monopoly and Anti-Unfair Competition Division
24	Guizhou	Price Supervision & Inspection and Anti-Monopoly Division

continued

No.	Provinces/ Autonomous Regions/ Municipalities	Antitrust divisions
25	Yunnan	Anti-Monopoly and Anti-Unfair Competition Division
26	Tibet	Anti-Monopoly, Anti-Unfair Competition and Price Supervision & Inspection Office
27	Shaanxi	Anti-Monopoly Bureau
28	Gansu	Anti-Monopoly Bureau
29	Qinghai	Price Supervision & Inspection and Anti-monopoly Bureau
30	Ningxia	Price Supervision & Inspection and Anti-Unfair Competition Bureau (Anti-Monopoly Bureau)
31	Xinjiang	Anti-Monopoly and Anti-Unfair Competition Division
32	Xinjiang Production& Construction Corps	Price Supervision & Inspection, Anti-Monopoly and Anti-Unfair Competition Division

Chapter X

Chronicle

Ⅰ. 2007-2018

On 30 August 2007, the *Anti-Monopoly Law* was adopted at the 29th Session of the Standing Committee of the Tenth National People's Congress.

On 1 August 2008, the *Anti-Monopoly Law* became effective.

On 1 August 2008, the *Provisions of the State Council on the Notification Thresholds for Concentrations of Undertakings* were adopted at the 20th executive meeting of the State Council (Decree of the State Council No.529), which came into force on 3 August 2008.

On 18 November 2008, the Ministry of Commerce approved with restrictive conditions the acquisition of interests of Anheuser-Busch Companies, LLC by Inbev N.V./S.A.

On 18 March 2009, the Ministry of Commerce prohibited the Coca-Cola Company from acquiring the interests of China Huiyuan Juice Group Ltd.

On 24 April 2009, the Ministry of Commerce approved with restrictive conditions the acquisition of interests of Lucite International Group Ltd. by Mitsubishi Rayon Co., Ltd.

On 24 May 2009, the Anti-Monopoly Commission of the State Council published the *Guidelines on the Definition of Relevant Markets*.

On 26 May 2009, the *Procedural Provisions of the Administration for Industry and Commerce on the Prevention of Abuse of Administrative Power to Eliminate or Restrict Competition* (Decree of the State Administration for Industry and Commerce No.41) were published, which came into force on 1 July 2009. (Repealed on 1 September 2019)

On 26 May 2009, the *Procedural Provisions of the Administration for Industry and Commerce on the Investigation of Cases Concerning Monopoly Agreements and Abuse of Dominant Market Position* (Decree of the State Administration for Industry and Commerce No.42) were published, which came into force on 1 July 2009. (Repealed on 1 September 2019)

On 15 July 2009, the *Rules for the Calculation of Turnover for the Notification of Concentrations of Undertakings in the Financial Sector* were published, which came into force 30 days thereafter.

On 28 September 2009, the Ministry of Commerce approved with restrictive conditions the acquisition of Delphi Technologies plc by the General Motors Company.

On 29 September 2009, the Ministry of Commerce approved with restrictive conditions the acquisition of Wyeth LLC by Pfizer, Inc.

On 30 October 2009, the Ministry of Commerce approved with restrictive conditions the acquisition of Sanyo Electric Co., Ltd. by Panasonic Corp.

On 21 November 2009, the *Rules for the Notification of Concentrations of Undertakings* (Decree of the Ministry of Commerce [2009] No.11) were published, which came into force on 1 January 2010.

On 24 November 2009, the *Rules for the Review of Concentrations of Undertakings* (Decree of the Ministry of Commerce [2009] No.12) were published, which came into force on 1 January 2010.

On 13 August 2010, the Ministry of Commerce approved with restrictive conditions the acquisition of Alcon Inc. by Novartis AG.

On 29 December 2010, the *Provisions on Anti-Price Monopoly* and the *Provisions on Administrative Enforcement Procedures for Anti-Price Monopoly* (Decree of the National Development and Reform Commission No.7) were published, which came into force on 1 February 2011. (Repealed on 1 September 2019)

On 31 December 2010, the *Provisions of the Administration for Industry and Commerce on the Prohibition of Monopolistic Agreements* (Decree of the State Administration for Industry and Commerce No.53) were published, which came into force on 1 February 2011. (Repealed on 1 September 2019)

On 31 December 2010, the *Provisions of the Administration for Industry and Commerce on the Prohibition of Abuse of Dominant Market Position* (Decree of the State Administration for Industry and Commerce No.54) were published, which came into force on 1 February 2011. (Repealed on 1 September 2019)

On 31 December 2010, the *Provisions of the Administration for Industry and Commerce on the Prevention of Abuse of Administrative Power to Eliminate or Restrict Competition* (Decree of the State Administration for Industry and Commerce No.55) were published, which came to force on 1 February 2011. (Repealed on 1 September 2019)

On 2 June 2011, the Ministry of Commerce approved with restrictive conditions the acquisition of Open Joint Stock Company Silvinit by Open Joint Stock Company Uralkali.

On 29 August 2011, the *Interim Provisions on the Assessment of the Competitive Effects of Concentrations of Undertakings* (Decree of the Ministry of Commerce [2011]

No.55) were published, which came into force on 5 September 2011.

On 31 October 2011, the Ministry of Commerce approved with restrictive conditions the acquisition of Savio Macchine Tessili S.p.A. by Penelope Co., Ltd.

On 10 November 2011, the Ministry of Commerce approved with restrictive conditions the establishment of a joint venture between GE (China) Co., Ltd. and China Shenhua Coal to Liquid and Chemical Co., Ltd.

On 7 December 2011, the *Interim Measures on the Investigation and Handling of Concentrations of Undertakings without Notification Pursuant to Applicable Law* (Decree of the Ministry of Commerce [2011] No.6) were published, which came into force on 1 February 2012.

On 12 December 2011, the Ministry of Commerce approved with restrictive conditions the acquisition of the hard disk drive business of Samsung Electronics Co., Ltd. by Seagate Technology plc.

On 9 February 2012, the Ministry of Commerce approved with restrictive conditions the establishment of a joint venture between Henkel HK Holdings Ltd. and Tiande Chemical Holdings Ltd.

On 2 March 2012, the Ministry of Commerce approved with restrictive conditions the acquisition of Hitachi Global Storage Technologies, Inc. by Western Digital Corp.

On 19 May 2012, the Ministry of Commerce approved with restrictive conditions the acquisition of Motorola Mobility LLC by Google Inc.

On 15 June 2012, the Ministry of Commerce approved with restrictive conditions the acquisition of Goodrich Corp. by United Technologies Corp.

On 13 August 2012, the Ministry of Commerce approved with restrictive conditions the acquisition of Niuhai Holdings Ltd. by Wal-Mart Corp.

On 4-5 December 2012, the Expert Advisory Group of the Anti-Monopoly Commission of the State Council hosted the 1st China Competition Policy Forum.

On 6 December 2012, the Ministry of Commerce approved with restrictive conditions the establishment of a joint venture by ARM Holdings plc, Giesecke & Devrient GmbH and Gemalto N.V.

On 16 April 2013, the Ministry of Commerce approved with restrictive conditions the acquisition of Xstrata plc by Glencore International plc.

On 22 April 2013, the Ministry of Commerce approved with restrictive conditions the acquisition of 100% interests of Gavilon Holdings LLC by Marubeni Corporation.

From 31 July to 1 August 2013, the Expert Advisory Group of the Anti-Monopoly Commission of the State Council hosted the 2nd China Competition Policy Forum.

On 7 August 2013, the National Development and Reform Commission issued administrative penalty decisions against nine milk powder makers, including Health and Happiness International Holdings Ltd. and Mead Johnson & Company LLC, for implementing a monopoly agreement that included vertical price restrictions, with the total fines amounting to RMB 670 million.

On 8 August 2013, the Ministry of Commerce approved with restrictive conditions the acquisition of Gambro AB by Baxter International Inc.

On 26 August 2013, the Ministry of Commerce approved with restrictive conditions the acquisition of MStar Semiconductor, Inc. (Cayman) by Media Tek. Inc.

On 14 January 2014, the Ministry of Commerce approved with restrictive conditions the acquisition of Life Technologies Corp. by Thermo Fisher Scientific Inc.

On 8 April 2014, the Ministry of Commerce approved with restrictive conditions the acquisition of the equipment and service business of Nokia Corp. by Microsoft Corp.

On 30 April 2014, the Ministry of Commerce approved with restrictive conditions the acquisition of AZ Electronics Materials S.A. by Merck KGaA.

From 21 to 23 May 2014, the Expert Advisory Group of the Anti-Monopoly Commission of the State Council hosted the 3rd China Competition Policy Forum.

On 6 June 2014, the revised *Guiding Opinions on the Notification of Concentrations of Undertakings* were published for implementation.

On 17 June 2014, the Ministry of Commerce prohibited the establishment of a network center by A.P. Møller - Maersk A/S, MSC Mediterranean Shipping Company S.A. and CMA CGM S.A.

On 2 July 2014, the Ministry of Commerce approved with restrictive conditions the proposed establishment of a joint venture by Hunan Corun New Energy Co., Ltd., Toyota Motor (China) Investment Co., Ltd., Primearth EV Energy Co., Ltd., Changshu Xin Zhong Yuan Venture Capital Co., Ltd. and Toyota Tsusho Corp.

On 15 August 2014, the National Development and Reform Commission issued administrative penalty decisions in the case concerning a horizontal monopoly agreement among 12 Japanese auto parts and bearings companies, including Mitsubishi Electric Corp., with the total fines amounting to RMB 1.235 billion.

On 18 August 2014, the former Hubei Price Bureau issued administrative penalty decisions against a vertical monopoly agreement through which FAW Volkswagen restricted the sales prices of complete vehicles and against a horizontal monopoly agreement concluded and implemented by certain dealers of Audi vehicles to restrict service and maintenance prices, with the fine imposed on FAW Volkswagen amounting to RMB 248 million and the total fines imposed on its dealers amounting to RMB 29.96 million.

On 2 December 2014, the Ministry of Commerce issued an administrative penalty decision in the case concerning the acquisition of interests of RDA Microelectronics, Inc. by Tsinghua Unigroup Co., Ltd. without notification pursuant to applicable law, and imposed a fine of RMB 300,000 on Tsinghua Unigroup Co., Ltd.

On 2 December 2014, the Ministry of Commerce imposed a fine of RMB 300,000 on Western Digital Corp. for breaching the decision of antitrust review of concentrations of undertakings that approved the acquisition of Hitachi Global Storage Technologies, Inc. by Western Digital Corp. with restrictive conditions.

On 4 December 2014, the *Provisions on the Imposition of Restrictive Conditions for Concentrations of Undertakings (for Trial Implementation)* (Announcement of the Ministry of Commerce [2014] No.6) were published, which came into force on 5 January 2015.

On 6 January 2015, the Ministry of Commerce lifted part of the restrictive conditions imposed in the concentration of undertakings regarding the acquisition of Motorola Mobility LLC by Google Inc.

On 9 February 2015, the National Development and Reform Commission issued an administrative penalty decision against Qualcomm Inc. for abusing its dominant market position to engage in charging unfairly high patent royalties, tie-in and other anticompetitive behaviors, and imposed a fine of RMB 6.088 billion.

On 7 April 2015, the *Provisions on the Prohibition of Abuse of Intellectual Property Rights to Eliminate or Restrict Competition* (Decree of the State Administration for Industry and Commerce No.74) were published, which came into force on 1 August 2015.

On 20 April 2015, the former Jiangsu Price Bureau issued an administrative penalty decision against a vertical monopoly agreement through which Mercedes-Benz restricted the sales prices of complete vehicles and against a horizontal monopoly agreement concluded and implemented by certain dealers of Mercedes-Benz vehicles to restrict service and maintenance prices, with the fine on Mercedes-Benz amounting to RMB 350 million and total fines on its dealers amounting to RMB 7.87 million.

On 27 August 2015, the Guangdong Development and Reform Commission issued an administrative penalty decision against a vertical monopoly agreement through which Dongfeng Nissan Passenger Vehicle Company restricted the sales prices of complete vehicles and against a horizontal monopoly agreement concluded and implemented by certain dealers of Dongfeng Nissan vehicles to restrict the retail prices of complete vehicles, with the fine on Dongfeng Nissan Passenger Vehicle Company amounting to RMB 123 million and the fines on its dealers amounting to RMB 19.12 million.

On 16 September 2015, the Ministry of Commerce issued an administrative penalty decision in the case concerning the establishment of a joint venture between BesTV New Media Co., Ltd. and Microsoft Corp. without notification pursuant to applicable law, and imposed a fine of RMB 200,000 on each party.

On 16 September 2015, the Ministry of Commerce issued an administrative penalty decision in the case concerning the acquisition of 35% interests of Shenzhen Chino-E

Communication Co., Ltd. by Fujian Electronics & Information (Group) Co., Ltd. without notification pursuant to applicable law, and imposed a fine of RMB 150,000 on Fujian Electronics & Information (Group) Co., Ltd.

On 16 September 2015, the Ministry of Commerce issued an administrative penalty decision in the case concerning the acquisition of 35% of the interests of Suzhou Erye Pharmaceutical Co., Ltd. by Shanghai Fosun Pharmaceutical Industry Development Co., Ltd. without notification pursuant to applicable law, and imposed a fine of RMB 200,000 on Shanghai Fosun Pharmaceutical Industry Development Co., Ltd.

On 16 September 2015, the Ministry of Commerce issued an administrative penalty decision in the case concerning the establishment of a joint venture between CRRC Nanjing Puzhen Co., Ltd. and Bombardier Transportation Group (Sweden) Ltd., and imposed a fine of RMB 150,000 on each party.

On 19 October 2015, the Ministry of Commerce revised the restrictive conditions imposed in the concentration of undertakings regarding the acquisition of the hard disk drive business of Samsung Electronics Co., Ltd. by Seagate Technology plc.

On 19 October 2015, the Ministry of Commerce revised the restrictive conditions imposed in the concentration of undertakings regarding the acquisition of Hitachi Global Storage Technologies, Inc. by Western Digital Corp.

On 19 October 2015, the Ministry of Commerce approved with restrictive conditions the acquisition of interests of Alcatel-Lucent S.A. by Nokia Corp.

From 22 to 23 October 2015, the Expert Advisory Group of the Anti-Monopoly Commission of the State Council hosted the 4th China Competition Policy Forum.

On 28 October 2015, the former Chongqing Administration for Industry and Commerce issued an administrative penalty decision in the case concerning the abuse of dominant market position by Chongqing Qingyang Pharmaceutical Co., Ltd., and imposed a fine of RMB 439,300.

On 25 November 2015, the Ministry of Commerce approved with restrictive conditions the acquisition of all interests of Freescale Semiconductor Ltd. by NXP Semiconductors N.V.

On 27 November 2015, the *Monitoring Trustee Engagement Agreement (Model Text)* was published.

On 21 April 2016, the Ministry of Commerce issued an administration penalty decision in the case concerning the establishment of a joint venture between Beijing CNR Investment Co., Ltd. and Hitachi, Ltd. without notification pursuant to applicable law, and imposed a fine of RMB 150,000 on each party.

On 21 April 2016, the Ministry of Commerce issued an administrative penalty decision in the case concerning the acquisition of 50% of the interests of Jilin Sichang

Pharmaceutical Co., Ltd. by Dade Holdings Ltd. without notification pursuant to applicable law, and imposed a fine of RMB 150,000 on Dade Holdings Ltd.

On 21 April 2016, the Ministry of Commerce issued an administrative penalty decision in the case concerning the establishment of a joint venture between New United Group Co., Ltd. and Bombardier Transportation Group (Sweden) Limited without notification pursuant to applicable law, and imposed an administrative penalty on New United Group Co., Ltd. in the form of a fine of RMB 300,000, and an administrative penalty on Bombardier Transportation Group (Sweden) Limited in the form of a fine of RMB 400,000.

On 30 May 2016, the Ministry of Commerce lifted the restrictive conditions imposed in the concentration of undertakings regarding the acquisition of 33.6% interests of Niuhai Holdings Ltd. by Wal-Mart Corp.

On 1 June 2016, the State Council issued and circulated the *Opinions on Establishing a Fair Competition Review System in the Development of the Market System* (Guo Fa [2016] No.34).

On 22 July 2016, the National Development and Reform Commission issued administrative penalty decisions against a monopoly agreement concerning estazolam active pharmaceutical ingredients, with the total fines amounting to RMB 2.6038 million.

On 29 July 2016, the Ministry of Commerce approved with restrictive conditions the acquisition of the interests of SABMiller plc by Anheuser-Busch InBev S.A./N.V.

On 31 August 2016, the Ministry of Commerce issued an administrative penalty decision in the case concerning the establishment of a joint venture by Continental Automotive Holding Co., Ltd. and Huayu Automotive Systems Co., Ltd. without notification pursuant to applicable law, and imposed a fine of RMB 200,000 on each party.

On 31 August 2016, the Ministry of Commerce issued an administrative penalty decision in the case concerning the acquisition of the interests of Prestolite Electric (Beijing) Ltd. by Zhongshan Broad-Ocean Motor Co., Ltd. without notification pursuant to applicable law, and imposed a fine of RMB 150,000 on Zhongshan Broad-Ocean Motor Co., Ltd.

On 18 September 2016, the former Anhui Administration for Industry and Commerce issued an administrative penalty decision against a monopoly agreement among encryption device suppliers, including Sunyard System Engineering Co., Ltd., with the total fines amounting to RMB 410,600.

On 27-28 October 2016, the Expert Advisory Group of the Anti-Monopoly Commission of the State Council hosted the 5th China Competition Policy Forum.

On 9 November 2016, the former State Administration for Industry and Commerce penalized Tetra Pak International S.A. for abusing its dominant market position by engaging in tie-in and other anticompetitive behaviors, and imposed a fine of RMB 668 million.

On 7 December 2016, the National Development and Reform Commission issued an administrative penalty decision against Medtronic plc, for a monopoly agreement that included vertical price restraints, and imposed a fine of RMB 118 million.

On 16 December 2016, the Ministry of Commerce issued an administrative penalty decision in the case concerning the acquisition of all interests of Toshiba Medical Systems Corp. by Canon Inc. without notification pursuant to applicable law, and imposed a fine of RMB 300,000 on Canon Inc.

On 19 December 2016, the former Shanghai Price Bureau issued an administrative penalty decision against a vertical monopoly agreement involving SAIC General Motors Corp. Ltd., and imposed a fine of RMB 201 million.

On 22 December 2016, the General Office of the State Council issued and circulated the *Letter on Approval of the Establishment of the Inter-Ministerial Joint Meeting System for Fair Competition Review* (Guo Ban Han [2016] No.109).

On 30 December 2016, the Ministry of Commerce approved with restrictive conditions the acquisition of the interests of St. Jude Medical Inc. by Abbott Laboratories.

On 9 January 2017, the Ministry of Commerce issued an administrative penalty decision in the case concerning the establishment of a joint venture between Cummins (China) Investment Co., Ltd. and Xiangyang Kanghao Mechanical & Electrical Engineering Co., Ltd. without notification pursuant to applicable law, and imposed a fine of RMB 150,000 on each party.

On 21 April 2017, the Ministry of Commerce issued an administrative penalty decision in the case concerning the acquisition of all interests of Tokuyama Malaysia Sdn. Bhd. by OCI Co., Ltd. without notification pursuant to applicable law, and imposed a fine of RMB 150,000 on OCI Co., Ltd.

On 29 April 2017, the Ministry of Commerce approved with restriction conditions the merger between the Dow Chemical Company and E.I. du Pont de Nemours & Company.

On 5 May 2017, the first plenary session of the Inter-Ministerial Joint Meeting for Fair Competition Review was held, which looked back at the implementation of the fair competition review system since its introduction, analyzed the problems that existed at the time, reviewed relevant supporting documents, and clarified the focus of the next phase of the work.

On 5 May 2017, the Ministry of Commerce issued an administrative penalty decision in the case concerning the acquisition of all interests of PanAust Ltd. by Guangdong Rising H.K. (Holding) Ltd. without notification pursuant to applicable law, and imposed a fine of RMB 150,000 on Guangdong Rising H.K. (Holding) Ltd.

On 5 May 2017, the Ministry of Commerce issued an administrative penalty decision in the case concerning the acquisition of the interests of Ciming Health Checkup

Management Group Co., Ltd. by Meinian Onehealth Healthcare (Group) Co., Ltd., Shanghai Tianyi Assets Management Co., Ltd., and Shanghai Weitu Investment Center successively without notification pursuant to applicable law, and imposed a fine of RMB 300,000 on Meinian Onehealth Healthcare (Group) Co., Ltd.

In June 2017, during the 19th China-EU Summit, China's antitrust law enforcement authorities and the European Commission signed the *Memorandum of Understanding on a Dialogue in the Area of the State Aid Control and the Fair Competition Review*, establishing a dedicated cooperation mechanism in the field of fair competition review. In November of the same year, the two sides held their first dialogue in Beijing.

On 11 July 2017, the Ministry of Commerce issued an administrative penalty decision in the case concerning the establishment of a joint venture between Svitzer Asia Pte Ltd. and Binhai County Binhai Port Investment Development Co., Ltd. without notification pursuant to applicable law, and imposed a fine of RMB 150,000 on each party.

On 11 July 2017, the Ministry of Commerce issued an administrative penalty decision in the case concerning the establishment of a joint venture between Wuhu Construction Investment Co., Ltd., Chery New Energy Automotive Co., Ltd. and Yaskawa Electric Corp. without notification pursuant to applicable law, and imposed a fine of RMB 150,000 on each party.

On 22 August 2017, the Ministry of Commerce approved with restrictive conditions the acquisition of the interests of Brocade Communications Systems, Inc. by Broadcom Ltd.

From 30 to 31 August 2017, the Expert Advisory Group of the Anti-Monopoly Commission of the State Council hosted the 6th China Competition Policy Forum.

On 22 September 2017, the National Development and Reform Commission convened a meeting, in which it required the 39 coastal ports nationwide to conduct self-examination and self-correction against the issues identified in an antitrust investigation, correct the issues in an effective manner, and regulate the business behaviors of the enterprises associated with these ports.

On 25 September 2017, the National Development and Reform Commission issued an administrative penalty decision against a monopoly agreement concerning polyvinyl chloride (PVC), and imposed fines of RMB 457 million in total.

On 5 October 2017, the Ministry of Commerce approved with restrictive conditions the acquisition of certain business of Samsung Electronics Co., Ltd. by HP Inc.

On 23 October 2017, the National Development and Reform Commission, the Ministry of Finance, the Ministry of Commerce, the former State Administration for Industry and Commerce, and the former Legislative Affairs Office of the State Council jointly issued and circulated the *Detailed Rules for the Implementation of the Fair Competition Review System (for Interim Implementation)* (Fa Gai Jia Jian [2017] No.1849).

On 6 November 2017, the Ministry of Commerce approved with restrictive conditions the merger of Agrium Inc. and Potash Corporation of Saskatchewan Inc.

On 7 November 2017, the Ministry of Commerce approved with restrictive conditions the acquisition of the interests of Hamburg Süd Group by Maersk Line A/S.

On 24 November 2017, the Ministry of Commerce approved with restrictive conditions the acquisition of the interests of Siliconware Precision Industries Co., Ltd. by Advanced Semiconductor Engineering Inc.

On 5 December 2017, the National Development and Reform Commission, the Ministry of Finance, and the Ministry of Commerce jointly issued and circulated the *Work Plan for Reviewing the Existing Policies and Measures that Eliminate or Restrict Competition (2017-2018).*

On 27 December 2017, the Ministry of Commerce approved with restrictive conditions the merger of Becton, Dickinson and Company and C.R. Bard, Inc.

On 10 January 2018, the Ministry of Commerce issued an administrative penalty decision in the case concerning the acquisition of 100% interests of Sichuan Ganghong Investment Neoteric Stock Co., Ltd. by Grand Baoxin Auto Group Ltd. and its subsidiary Beijing Yanbao Automobile Services Co., Ltd. without notification pursuant to applicable law, and imposed a fine of RMB 300,000 respectively on Grand Baoxin Auto Group Ltd. and Beijing Yanbao Automobile Services Co., Ltd.

On 10 January 2018, the Ministry of Commerce imposed a fine of RMB 150,000 on Thermo Fisher Scientific Inc. for breaching the decision of antitrust review of concentrations of undertakings that approved the acquisition of Life Technologies Corp. by Thermo Fisher Scientific Inc.

On 19 January 2018, the Ministry of Commerce issued an administrative penalty decision in the case concerning the acquisition of part of the interests of International Paper & Sun Cartonboard Co., Ltd., Shandong International Paper Sun Paperboard Co., Ltd, and Shandong International & Sun Food Packaging Material Co., Ltd. by Shandong Sun Holdings Group Co., Ltd. without notification pursuant to applicable law, and imposed a fine of RMB 300,000 on Shandong Sun Holdings Group Co., Ltd.

On 19 January 2018, the Ministry of Commerce issued an administrative penalty decision in the case concerning the establishment of a joint venture between Yihai Kerry Investment Co., Ltd. and CJ CheilJedang Corp. without notification pursuant to applicable law, and imposed a fine of RMB 150,000 on each party.

On 26 January 2018, the National Development and Reform Commission issued administrative penalty decisions against a monopoly agreement concerning natural gas in the Harbin, Daqing and Qiqihar Region, and imposed fines of RMB 84.06 million in total. This case was selected as one of the top ten exemplary antitrust law enforcement cases in

2018.

On 9 February 2018, the Ministry of Commerce lifted the restrictive conditions imposed in the concentration of undertakings regarding the acquisition of MStar Semiconductor, Inc. (Cayman) by Media Tek Inc.

On 9 February 2018, the Ministry of Commerce lifted the restrictive conditions imposed in the concentration of undertakings regarding the establishment of a joint venture by Henkel Hong Kong Ltd. and Tiande Chemical Holdings Ltd.

On 9 February 2018, the Shandong Administration for Market Regulation guided the Jinan Commission of Urban and Rural Development to correct its abuse of administrative power to eliminate or restrict competition. This case was selected as one of the top ten exemplary antitrust law enforcement cases in 2018.

On 28 February 2018, the third plenary session of the 19th Central Committee of the Communist Party of China adopted the *Decision of the Central Committee of the Communist Party of China on Deepening Reform of the Party and State Institutions*, requiring the strengthening and optimization of antitrust work of the government, breaking administrative monopolies, preventing market monopolies, and cleaning up and abolishing provisions and practices that obstruct market unification and fair competition.

On 13 March 2018, the Ministry of Commerce approved with restrictive conditions the acquisition of Monsanto Company by Bayer AG.

On 17 March 2018, the 1st Session of the Thirteenth National People's Congress reviewed and approved the *State Council Institutional Reform Plan*, deciding to consolidate the duties of the State Administration for Industry and Commerce, the duties of the General Administration of Quality Supervision, Inspection and Quarantine, the duties of the China Food and Drug Administration, the duties of the National Development and Reform Commission on price oversight and inspection and antitrust law enforcement, and the duties of the Ministry of Commerce on antitrust law enforcement regarding concentrations of undertakings and on the operation of the Office of the Anti-Monopoly Commission of the State Council, so as to establish SAMR. SAMR is set to undertake antitrust law enforcement in a unified manner. The Anti-Monopoly Commission of the State Council is retained, and specific tasks are undertaken by SAMR.

On 21 March 2018, the former Shandong Administration for Industry and Commerce issued an administrative penalty decision against a monopoly agreement concerning six shopping malls in Jinan, Shandong, with the total fines amounting to RMB 600,000.

On 21 March 2018, SAMR was established according to the *Decision of the Central Committee of the Communist Party of China on Deepening Reform of the Party and State Institutions*.

On 4 April 2018, SAMR issued an administrative penalty decision in the case concerning the establishment of a joint venture between China Merchants International Terminal (Qingdao) Co., Ltd. and Qingdao Port (Group) Co., Ltd. without notification pursuant to applicable law, and imposed a penalty of RMB 200,000 on each party.

On 4 April 2018, SAMR issued an administrative penalty decision in the case concerning the establishment of a joint venture between China Merchants International Terminal (Qingdao) Co., Ltd. and Qingdao New Qianwan Container Terminal Co., Ltd. without notification pursuant to applicable law, and imposed a fine of RMB 200,000 on each party.

On 26 April 2018, SAMR issued an administrative penalty decision in the case concerning the establishment of a joint venture between Tianjin Haiguang Advanced Technology Investment Co., Ltd. and Advanced Micro Devices, Inc. without notification pursuant to applicable law, and imposed a fine of RMB 150,000 on each party.

On 26 April 2018, SAMR issued an administrative penalty decision in the case concerning the acquisition of the interests of eight companies including Tianjin Yinrun Co., Ltd. by Yunnan Metropolitan Real Estate Development Co., Ltd. without notification pursuant to applicable law, and imposed a fine of RMB 150,000 on Yunnan Metropolitan Real Estate Development Co., Ltd.

On 19 June 2018, the General Office of SAMR issued an administrative opinion to the General Office of the People's Government of Inner Mongolia Autonomous Region in respect of the abuse of administrative power to eliminate or restrict competition of the Department of Public Security of Inner Mongolia Autonomous Region. This case was selected as one of the top ten exemplary antitrust law enforcement cases in 2018.

On 25 June 2018, SAMR issued administrative penalty decisions against a monopoly agreement concluded and implemented by 4 tugboat companies in Shenzhen, and imposed fines of RMB 12.86 million in total.

On 27 June 2018, SAMR guided the Beijing Traffic Management Bureau to correct its abuse of administrative power to eliminate or restrict competition. This case was selected as onc of thc top ten exemplary antitrust law enforcement cases in 2018.

From July to September 2018, SAMR, along with the National Development and Reform Commission, the Ministry of Finance and the Ministry of Commerce, carried out targeted inspections on the implementation of the fair competition review system in 8 departments and 5 provinces (autonomous regions), sampled 255 documents, and published 30 typical cases that involved violation of the review standards.

On 20 July 2018, SAMR issued administrative penalty decisions against two tally companies in Shenzhen for reaching and implementing a monopoly agreement, and imposed fines of RMB 3.163 million in total.

On 25 July 2018, SAMR approved with restrictive conditions the merger of Essilor

International S.A. and Luxottica Group S.p.A. This case was selected as one of the top ten exemplary antitrust law enforcement cases in 2018.

On 30 July 2018, SAMR issued an administrative penalty decision in the case concerning the acquisition of 100% interests of Eldorado Brasil Celulose S.A. by Paper Excellence BV without notification pursuant to applicable law, and imposed a fine of RMB 300,000 on Paper Excellence BV.

From 31 July to 1 August 2018, the Expert Advisory Group of the Anti-Monopoly Commission of the State Council hosted the 7th China Competition Policy Forum. In the forum, the ten most influential antitrust law enforcement cases by the tenth anniversary of the implementation of the *Anti-Monopoly Law* were released, namely: the case of the National Development and Reform Commission investigating and penalizing Qualcomm Inc. for its abuse of dominant market position, the case of the former State Administration for Industry and Commerce investigating and penalizing Tetra Oak International S.A. for its abuse of dominant market position, the case of the Ministry of Commerce approving with restrictive conditions the merger between Dow Chemical Company and E.I. du Pont de Nemours & Company, the case of the National Development and Reform Commission guiding government departments in 12 provinces, autonomous regions and municipalities under the central government to correct their abuse of administrative power to eliminate or restrict competition in the construction of power supply and distribution "facilities for new residential communities", the case of the National Development and Reform Commission investigating and penalizing 12 Japanese auto parts and bearings companies including Mitsubishi Electric Corp. for a horizontal monopoly agreement, the case of the Ministry of Commerce prohibiting the establishment of a network center by A.P. Møller - Maersk A/S, MSC Mediterranean Shipping Company S.A. and CMA CGM S.A., the case of the former Anhui Administration for Industry and Commerce investigating and penalizing encryption device suppliers including Sunyard System Engineering Co., Ltd. for a monopoly agreement, the case of the Ministry of Commerce prohibiting the Coca-Cola Company from acquiring the interests of China Huiyuan Juice Group Ltd., the case of the National Development and Reform Commission investigating and penalizing port operators including Shanghai Port, Tianjin Port and Dalian Port for their abuse of dominant market positions, and the case of the former Chongqing Administration for Industry and Commerce investigating and penalizing Chonqing Qingyang Pharmaceutical Co., Ltd. for its abuse of dominant market position.

On 22 August 2018, SAMR issued an administrative penalty decision concerning the acquisition of the interests of Chengdu Global Century Exhibition & Travel Group Co., Ltd. by Yunnan Metropolitan Construction Investment Group Co., Ltd. without notification pursuant to applicable law, and imposed a fine of RMB 300,000 on Yunnan Metropolitan

Construction Investment Group Co., Ltd.

On 22 August 2018, SAMR lifted the restrictive conditions imposed in the concentration of undertakings regarding a joint venture established by GE (China) Co., Ltd. and China Shenhua Coal to Liquid and Chemical Co., Ltd.

On 30 August 2018, SAMR issued an administrative penalty decision in the case concerning the purchase of 30% interests of Wuhan GHM Auto Parts Remanufacturing Co., Ltd. by GEM (Wuhan) Urban Mining Recycling Industrial Park Development Co., Ltd. without notification pursuant to applicable law, and imposed a fine of RMB 300,000 on GEM (Wuhan) Urban Mining Recycling Industrial Park Development Co., Ltd.

On 11 September 2018, SAMR issued an administrative penalty decision concerning the establishment of a joint venture between Linde Gas (HK) Limited and Shanghai Huayi Energy Chemical Co., Ltd. without notification pursuant to applicable law, and imposed a fine of RMB 300,000 on each party.

On 30 September 2018, SAMR approved with restrictive conditions the merger of Linde AG and Praxair, Inc.

On 10 October 2018, SAMR issued an administrative penalty decision concerning the establishment of a joint venture between Linde Gas (HK) Limited and Dahua Group Co., Ltd. without notification pursuant to applicable law, and imposed a fine of RMB 300,000 on each party.

On 16 November 2018, the Tianjin Development and Reform Commission issued an administrative penalty decision against a monopoly agreement concerning container yard at Tianjin Port, and imposed fines of RMB 45.1 million in total. This case was selected as one of the top ten exemplary antitrust law enforcement cases in 2018.

On 16 November 2018, SAMR decided not to prohibit the acquisition of interests of 21st Century Fox, Inc. by the Walt Disney Company. This case was selected as one of the top ten exemplary antitrust law enforcement cases in 2018.

On 16 November 2018, the State Council Information Office hosted a press conference for the tenth anniversary of the implementation of the *Anti-Monopoly Law*. GAN Lin, Vice Minister of SAMR, and WU Zhenguo, Director General of the Anti-Monopoly Bureau of SAMR, shared relevant information about the implementation of the *Anti-Monopoly Law* in the ten years since its implementation, looked forward to the future of the *Anti-Monopoly Law*, and answered questions raised by reporters.

On 21 November 2018, SAMR issued an administrative penalty decision concerning the acquisition of the interests of Sunrise Duty-Free (China) Co., Ltd. by China Duty Free Group Co., Ltd. without notification pursuant to applicable law, and imposed a fine of RMB 300,000 on China Duty Free Group Co., Ltd.

On 23 November 2018, SAMR approved with restrictive conditions the acquisition of the interests of Rockwell Collins, Inc. by United Technologies Corp. This case was selected as one of the top ten exemplary antitrust law enforcement cases in 2018.

On 4 December 2018, SAMR issued an administrative penalty decision in the case concerning the establishment of a joint venture between Linde Gas (HK) Limited and Guangzhou Iron & Steel Holdings Co., Ltd. without notification pursuant to applicable law, and imposed a fine of RMB 300,000 on each party.

On 5 December 2018, SAMR issued an administrative penalty decision against a monopoly agreement concerning glacial acetic acid active pharmaceutical ingredients, with the total fines imposed and illegal gains confiscated amounting to RMB 12.83 million. This case was selected as one of the top ten exemplary antitrust law enforcement cases in 2018.

On 21 December 2018, SAMR issued an administrative penalty decision concerning the acquisition of 100% interests of Henan Baijia Haoshengsheng Pharmacy Chain Co., Ltd. by Cowell Health Co., Ltd. without notification pursuant to applicable law, and imposed a fine of RMB 400,000 on Cowell Health Co., Ltd.

On 28 December 2018, SAMR issued and circulated the *Notice on Antitrust Law Enforcement Authorization* (Guo Shi Jian Fan Long Duan [2018] No.265).

On 30 December 2018, SAMR penalized Hunan Er-kang Pharmaceutical Co., Ltd. and Henan Jiushi Pharmaceutical Co., Ltd. for abusing their dominant market position in the market for paracetamol active pharmaceutical ingredients to sell products at unfairly high prices and refusing to deal, amongst other illegal behaviors, with the total fines imposed and illegal gains confiscated amounting to RMB 12.43 million. This case was selected as one of the top ten exemplary antitrust law enforcement cases in 2018.

II. 2019

On 2 January 2019, the Anti-Monopoly Commission of the State Council issued and circulated the *Notice of the Anti-Monopoly Commission of the State Council on Issuing and Circulating the 2019 Work Priorities of the Anti-Monopoly Commission of the State Council* (Guo Fan Long Fa [2019] No.1).

On 2 January 2019, the Anti-Monopoly Commission of the State Council issued and circulated the *Notice of the Anti-Monopoly Commission of the State Council on Issuing and Circulating Four Anti-Monopoly Guidelines Including the Anti-Monopoly Guidelines of the Anti-Monopoly Commission of the State Council for the Automobile Industry* (Guo Fan Long Fa [2019] No.2).

On 2 January 2019, the Anti-Monopoly Commission of the State Council issued and circulated the *Notice of the Anti-Monopoly Commission of the State Council on Issuing and Circulating Five Sets of Fundamental Rules Including the Work Rules of the Anti-Monopoly Commission of the State Council* (Guo Fan Long Fa [2019] No.3), and simultaneously repealed the *Measures of the Anti-Monopoly Commission of the State Council on Case Notification and Coordination*.

On 2 January 2019, the Anti-Monopoly Commission of the State Council issued and circulated the *Notice of the Anti-Monopoly Commission of the State Council on Issuing and Circulating the Measures for the Administration of the Expert Advisory Group of the Anti-Monopoly Commission of the State Council* (Guo Fan Long Fa [2019] No.4).

On 24 January 2019, the second plenary session of the Inter-Ministerial Joint Conference for Fair Competition Review was held.

On 12 February 2019, SAMR published the *Implementing Guidelines for the Third-Party Assessment of Fair Competition Review* (Announcement of SAMR [2019] No.6).

On 13 February 2019, SAMR approved with restrictive conditions the acquisition of the interests of Orbotech Ltd. by KLA-Tencor Corp.

On 14 February 2019, SAMR issued an administrative penalty decision in the case concerning the acquisition of the interests of Jiangsu Heshili New Material Co., Ltd. by Jiangsu Dewei Advanced Materials Co., Ltd. without notification pursuant to applicable law, and imposed a fine of RMB 300,000 on Jiangsu Dewei Advanced Materials Co., Ltd.

On 19 February 2019, the General Office of SAMR issued and circulated the *Notice on Further Urging Effective Anti-Monopoly Law Enforcement Regarding Active Pharmaceutical Ingredients* (Shi Jian Fan Long Duan Han [2019] No.332), requiring provincial market regulatory authorities to effectively carry out antitrust law enforcement regarding active pharmaceutical ingredients.

On 19 February 2019, SAMR issued an administrative penalty decision in the case concerning the acquisition of the interests of Weifang Sime Darby Liquid Terminal Co., Ltd. by Overseas Hong Kong Investment Ltd. without notification pursuant to applicable law, and imposed a fine of RMB 300,000 on Overseas Hong Kong Investment Ltd.

On 19 February 2019, SAMR issued an administrative penalty decision in the case concerning the acquisition of the interests of Shanghai Inad Advertising Co., Ltd. by Inly Media Co., Ltd. without notification pursuant to applicable law, and imposed a fine of RMB 200,000 on Inly Media Co., Ltd.

From 27 to 28 February 2019, SAMR held a meeting for evaluating three sets of supporting rules for the *Anti-Monopoly Law*, including the *Interim Provisions on Prohibition of Monopoly Agreements* with market regulatory authorities in all provinces.

From 13 to 20 March 2019, the Anti-Monopoly Bureau of SAMR visited Germany to attend the Nineteenth International Conference on Competition, and held work meetings with the Federal Cartel Office of Germany and the Office for the Protection of Competition of Czech.

On 14 March 2019, the Hubei Administration for Market Regulation issued administrative penalty decisions against 3 motor vehicle safety technology testing enterprises in Xianning, Hubei for a monopoly agreement, with the total fines imposed and illegal gains confiscated amounting to RMB 1,194,200.

On 20 March 2019, Secretary General of the Anti-Monopoly Commission of the State Council and Vice Minister of SAMR, GAN Lin, presided over a plenary session of the new Expert Advisory Group of the Anti-Monopoly Commission of the State Council. GAN Lin emphasized that the Expert Advisory Group should focus on the decisions and plans of the Central Committee of the Communist Party of China and the State Council, and adhere to the main principle of optimizing market competition environment and safeguarding consumers' interests. She also stressed that the Expert Advisory Group should serve the national economic development and the overall strategy, push forward the development of the antitrust law enforcement system, improve the level of antitrust law enforcement, and work together to promote antitrust work in a new era. In the meeting, experts of the Expert Advisory Group shared their comments and suggestions about antitrust work.

From 20 to 21 March 2019, the Anti-Monopoly Bureau of SAMR hosted seminars during the 18th China-EU Competition Week in Beijing. Over 70 antitrust law enforcement officials from provincial market regulatory authorities across the nation attended the seminars.

On 21 March 2019, Vice Minister of SAMR, GAN Lin, met with Deputy Director General of the Federal Antimonopoly Service of the Russian Federation, Andrey Tsarikovskiy, and his delegation. The two sides communicated and exchanged views on antitrust enforcement authorities, antitrust cooperation, and other matters of mutual concerns.

On 26 March 2019, Premier LI Keqiang convened and chaired an executive meeting of the State Council to listen to the work report of SAMR on the implementation of the Fair Competition Review System. Premier LI Keqiang made specific plans for the in-depth implementation of the fair competition review system, requiring that all policies and measures that impeded fair competition, restricted the development of private enterprises, or violated the principle of treating domestic enterprises and foreign enterprises equally should be amended or abolished to the extent possible. It was also required that by the end of this year, the fair competition review system should be implemented by all governments at the national, provincial, city, and county levels and that all rules, normative documents, and other policies and measures in relation to enterprises should be subject to fair competition review going forward.

From 26 to 30 March 2019, Director General of the Anti-Monopoly Bureau of SAMR, WU Zhenguo, led a delegation to the United States to attend the 67th Annual ABA Section of Antitrust Law Spring Meeting, and visited the United States Department of Justice and the Federal Trade Commission.

On 3 April 2019, SAMR issued and circulated the *Notice on Issuing and Circulating Document Templates Specifically for Anti-Monopoly Cases* (Guo Shi Jian Fan Long Duan [2019] No.72).

From 7 to 11 April 2019, ZHANG Mao, the then Minister of SAMR, led a delegation to visit the European Commission, and, under the witness of the leaders of China and the European Union, executed jointly with Madam Vestager, the Commissioner for Competition of the European Union, the new *Terms of Reference of the EU-China Competition Policy Dialogue* and the *Memorandum of Understanding on a Dialogue in the Field of the State Aid Control and the Fair Competition Review*. As a relevant activity for the Twenty-first EU-China Summit, the SAMR delegation and the Directorate-General of the European Commission held a dialogue on China-EU Competition Policy and a dialogue on the China-EU State Aid and Fair Competition Review.

From 7 to 11 April 2019, the Anti-Monopoly Bureau of SAMR visited Geneva, Switzerland, to attend the Ad-Hoc Expert Group Meeting on Competition Law and Policy held by UNCTAD and paid a working visit to the UNCTAD secretariat.

On 9 April 2019, Vice Minister of SAMR, GAN Lin, attended a regular policy briefing of the State Council to introduce the progress of the implementation of the Fair Competition Review System and relevant measures to further promote the implementation of the Fair Competition Review System.

On 15 April 2019, the General Office of SAMR issued and circulated the *Notice on Urging Effective Anti-Monopoly Law Enforcement Work in the Public Utilities Sector* (Shi Jian Fan Long Duan [2019] No.24), requiring local authorities to expedite the processing of suspected monopoly cases in the public utility sector that had been accepted, investigate clues already received as soon as possible, and form centralized antitrust law enforcement in the public utility sector nationwide.

On 24 April 2019, SAMR held a meeting to warn against anticompetitive behaviors in the building materials sector, in which it explained legal provisions, briefed the antitrust law enforcement, the features of antitrust cases involving trade associations and companies in the building materials sector, as well as typical cases in recent years, and arranged the attendees to carry out self-examination according to the *Anti-Monopoly Law*.

On 28 April 2019, SAMR issued an administrative penalty decision in the case concerning the establishment of a joint venture between Praxair (China) Investment Co., Ltd. and Nanjing Refinery Co., Ltd. without notification pursuant to applicable law, and imposed a fine of RMB 300,000 on each party.

From 7 to 8 May 2019, the 8th China Competition Policy Forum was held with the theme of "Higher Level of Opening-up and Competition Policy - from the Perspective of the Establishment of China's Free Trade Zones/Free Ports". The forum consisted of 8 parts, including the opening ceremony, keynote speeches, 4 sub-forums, Hainan sub-forum, and the closing ceremony. Over 280 people attended the forum, including representatives from domestic and foreign law enforcement authorities, experts and scholars, government officials, enterprise representatives and lawyers.

On 7 May 2019, Deputy Director General of SAMR, GAN Lin, met with Deputy Director-General of the Directorate-General for Competition of the European Commission, Carles Esteva Mosso, and signed four cooperation documents, namely, the *Practical Guidance for Cooperation on Investigating Anti-Monopoly Cases between DG COMP and SAMR*, the *Practical Guidance for Cooperation on Reviewing Merger Cases between DG COMP and SAMR*, the *Directive on the Establishment of a Joint Working Group for the Agreement under the Terms of Reference of the EU-China Competition Policy Dialogue* and the *Directive on the Establishment of a Guidance Group under the Memorandum of Understanding on a Dialogue in the Field of the State Aid Control and the Fair Competition Review*.

On 7 May 2019, Vice Minister of SAMR, GAN Lin, met with Ji Chul-ho, Vice Chairman of the Korea Fair Trade Commission.

On 8 May 2019, Director General of the Anti-Monopoly Bureau of SAMR, WU Zhenguo, held working talks with Toh Han Li, Chief Executive of the Competition and Consumer Commission of Singapore, and Roger Alford, Deputy Assistant Attorney General of the United States Department of Justice.

On 8 May 2019, the Zhejiang Administration for Market Regulation issued administrative penalty decisions against 8 companies including Zhejiang Quzhou Commodity Concrete Co., Ltd. for a monopoly agreement, and imposed fines of RMB 7,708,500 in total.

From 9 to 10 May 2019, the Antitrust Work Conference of the National Market Regulation System was held in Haikou, Hainan. Vice Minister of SAMR, GAN Lin, attended the meeting. GAN Lin pointed out that the third plenary session of the 19th National Congress of the Communist Party of China required the strengthening and optimization of the government's role in antitrust law enforcement and asked SAMR to undertake the responsibility for unified antitrust law enforcement, which marked the beginning of a new era in China's antitrust work. Market regulatory authorities must have a profound understanding of the new requirements imposed on antitrust work in the new era of socialism with Chinese characteristics, always maintain the work in the right direction, and properly address the relationships between government and market, between the details and the big picture, between current and long-term work, and between domestic affairs and international affairs. Market regulatory authorities must strive for strengthening the fundamental role of competition policy, improving the antitrust legal system, promoting the normalization and specialization of antitrust law enforcement, implementing the advocacy for competition culture, and increasing the level of international cooperation in competition policy and antitrust. Market regulatory authorities of all provinces, autonomous regions, municipalities directly under the central government, cities specifically designated in the state plan and sub-provincial cities, the market regulatory bureau of Xinjiang Production and Construction Corps, and relevant divisions and bureaus of SAMR participated in the meeting.

On 22 May 2019, SAMR issued an administrative penalty decision against Chang'an Ford Automobile Co., Ltd. for a vertical monopoly agreement that fixed the sales prices of complete vehicles, and imposed a fine of RMB 162.8 million.

On 23 May 2019, Vice Minister of SAMR, GAN Lin, held talks with Kim Sang Jo, Chairman of the Korea Fair Trade Commission in Seoul, South Korea, and signed on behalf of SAMR the *Memorandum of Understanding on Competition Cooperation between the State Administration of Market Regulation of the People's Republic of China and the Fair Trade Commission of the Republic of Korea.*

On 27 May 2019, Vice Minister of SAMR, GAN Lin, held talks with Kazuyuki Sugimoto, Chairman of the Japan Fair Trade Commission, in Tokyo, Japan, and signed on behalf of SAMR the *Memorandum of Understanding on Anti-Monopoly Cooperation between the State Administration for Market Regulation of the People's Republic of China and the Japan Fair Trade Commission.*

On 29 May 2019, Vice Minister of SAMR, GAN Lin, held talks with Arsenio Balisacan, Chairman of the Philippine Competition Committee, in Manila, Philippines.

On 12 June 2019, Vice Minister of SAMR, GAN Lin, presided over a special work meeting on antitrust law enforcement regarding active pharmaceutical ingredients in Guangzhou, and planned to carry out centralized antitrust law enforcement with respect to active pharmaceutical ingredients. The National Development and Reform Commission, the National Health Commission, the National Healthcare Security Administration, the National Medical Products Administration and other relevant departments and bureaus as well as 16 provincial market regulatory authorities joined the meeting.

On 25 June 2019, SAMR issued an administrative penalty decision in the case concerning the acquisition of the interests of Brightking Holdings Limited by Yageo Corporation without notification pursuant to applicable law, and imposed a fine of RMB 300,000 on Yageo Corporation.

On 26 June 2019, SAMR promulgated the *Interim Provisions on the Prohibition of Monopoly Agreements* (Decree of SAMR [2019] No.10), which came into force on 1 September 2019.

On 26 June 2019, SAMR promulgated the *Interim Provisions on the Prohibition of Abuse of Dominant Market Position* (Decree of SAMR [2019] No.11), which came into force on 1 September 2019.

On 26 June 2019, SAMR promulgated the *Interim Provisions on the Prevention of Abuse of Administrative Power to Eliminate or Restrict Competition* (Decree of SAMR [2019] No.12), which came into force on 1 September 2019.

On 3 July 2019, the Anti-Monopoly Bureau of SAMR held a symposium on strengthening and improving the review of concentrations of undertakings to listen to comments and suggestions on the review of concentrations of undertakings. Representatives of relevant industry associations and law firms attended the meeting.

On 5 July 2019, SAMR approved with restrictive conditions the acquisition of certain business of TTS Group ASA by Cargotec Corp.

On 17 July 2019, the General Office of SAMR issued and circulated the *Notice on Further Improving the Anti-Monopoly Law Enforcement Regarding Active Pharmaceutical Ingredients* (Shi Jian Fan Long Duan [2019] No.36), supervising and guiding provincial market regulatory authorities in their antitrust law enforcement regarding active pharmaceutical ingredients, and putting forward definite work requirements.

On 24 July 2019, Vice Minister of SAMR, GAN Lin, held talks with Miloje Obradović, President of the Commission for Protection of Competition of the Republic of Serbia in Belgrade, Serbia, and signed the *Memorandum of Understanding on Anti-Monopoly Cooperation between the State Administration for Market Regulation of the People's Republic of China and the Competition Protection Commission of the Republic of Serbia.*

On 29 July 2019, Vice Minister of SAMR, GAN Lin, reached an agreement with Driss Guerraoui, the current President of the Competition Council of Morocco in Rabat Morocco, on the fulfillment of the *Memorandum of Understanding on the Cooperation between the State Administration for Market Regulation of the People' Republic of China and the Competition Council of Morocco* signed in October 2018.

On 31 July 2019, Vice Minister of SAMR, GAN Lin, held talks with Margarida Matos Rosa, President of the Portuguese Competition Autority, in Lisbon, Portugal, and reached an agreement on signing the new *Memorandum of Understanding on Anti-Monopoly Cooperation between China and Portugal.*

On 31 July 2019, the Administration for Market Regulation of Inner Mongolia Autonomous Region issued administrative penalty decisions against a monopoly agreement concerning the catering industry in Bairin Left Banner, Chifeng, Inner Mongolia, and imposed fines of RMB 650,000 in total.

On 9 August 2019, the Chongqing Administration for Market Regulation issued administrative penalty decisions against a monopoly agreement concerning Chongqing Sinter Brick Producing and Operating Industry, with the total fines imposed and illegal gains confiscated amounting to RMB 3,374,300.

On 9 August 2019, the Shaanxi Administration for Market Regulation issued administrative penalty decisions against a monopoly agreement concerning concrete enterprises in Yan'an, Shannxi, and imposed fines of RMB 4,922,900 in total.

On 16 August 2019, SAMR issued an administrative penalty decision in the case concerning the acquisition of the interests of Anhui Hongda Power Supply Co., Ltd. by Tianneng Battery Group Co., Ltd. without notification pursuant to applicable law, and imposed a fine of RMB 300,000 on Tianneng Battery Group Co., Ltd.

On 22-23 August 2019, Vice Minister of SAMR, GAN Lin, went to Jiangsu to supervise the antitrust law enforcement work regarding active pharmaceutical ingredients, listen to the report by Jiangsu Administration for Market Regulation on the antitrust law enforcement regarding active pharmaceutical ingredients, and set out requirements for the next phase of the work.

From August to October 2019, the Anti-Monopoly Bureau of SAMR provided targeted supervision and guidance to 10 provincial market regulatory authorities, including market regulatory authorities in Beijing, Tianjin, Shanxi, and Liaoning, in their law enforcement regarding active pharmaceutical ingredients, and conducted on-site supervision for major cases and clue verification.

On 30 August 2019, SAMR hosted a special press conference attended by Director General of the Anti-Monopoly Bureau of SAMR, WU Zhenguo. In the conference, he explained the *Interim Provisions on the Prohibition of Monopoly Agreements*, the *Interim Provisions on the Prohibition of Abuse of Dominant Market Position* and the *Interim Provisions on the Prevention of Abuse of Administrative Power to Eliminate or Restrict Competition* together.

As of September 2019, all governments at or above the county level across the nation had issued their work plans for fair competition review, established a joint conference mechanism, carried out fair competition review work, and achieved in advance the goal of having fair competition review in all governments at the national, provincial, city and county levels.

On 2 September 2019, SAMR issued and circulated the *Notice of the General Office of the State Administration for Market Regulation on Launching a Targeted Law Enforcement Campaign against Abuse of Administrative Power to Eliminate or Restrict*

Competition.

On 3 September 2019, SAMR issued an administrative penalty decision in the case concerning the establishment of a joint venture between Harbin Electric Co., Ltd. and GE (China) Co. Ltd., without notification pursuant to applicable law, and imposed a fine of RMB 300,000 on each party.

On 5 September 2019, the Anti-Monopoly Bureau of SAMR held a work meeting on the prevention of abuse of administrative powers to eliminate or restrict competition, in which it arranged for launching a targeted law enforcement campaign to prevent abuse of administrative power to eliminate or restrict competition.

On 16 September 2019, SAMR issued an administrative penalty decision in the case concerning the acquisition of 100% interests of Harbin Dili Fresh Agricultural Produce Enterprise Management Co., Ltd. by Goshun Development Co., Ltd. without notification pursuant to applicable law, and imposed a fine of RMB 300,000 on Goshun Development Co., Ltd.

On 16 September 2019, SAMR issued an administrative penalty decision in the case concerning the acquisition of the interests of Guangxi Zhongjin Metal Technology Co., Ltd. by Guangxi Liuzhou Iron & Steel Group Co., Ltd. without notification pursuant to applicable law, and imposed a fine of RMB 350,000 on Guangxi Liuzhou Iron & Steel Group Co., Ltd.

On 16 September 2019, SAMR issued an administrative penalty decision in the case concerning the acquisition the interests of Chengdu Wolaila Grid Information Technology Co., Ltd. by China Post Capital Management Co., Ltd. without notification pursuant to applicable law, and imposed a fine of RMB 400,000 on China Post Capital Management Co., Ltd.

On 18 September 2019, SAMR approved with restrictive conditions the acquisition of the interests of Finisar Corp. by Ⅱ - Ⅵ Inc.

From 18 to 19 September 2019, Vice Minister of SAMR, GAN Lin, led a delegation to attend the VI BRICS International Competition Conference, delivered a keynote speech on the topic of "Development of Competition Policy and Legislation of the BRICS Countries", proposing to strengthen the implementation of competition policy and the promotion of antitrust law enforcement. She also joined a closed-door meeting held by the BRICS Anti-Monopoly Policy Coordination Committee, and signed on behalf of China the *Moscow Joint Statement of the Heads of the BRICS Competition Authorities*. GAN Lin also attended the closing ceremony and delivered brief remarks, inviting representatives of the BRICS countries and the other participants to attend the VII BRICS International Competition Conference that is to be held in China in 2021. During the conference, GAN Lin held bilateral talks with Igor Artemiev, Head of the Federal Antimonopoly Service of the Russian Federation, and renewed the *Memorandum of Understanding on the Implementation of the Agreement on Cooperation and Communication in the Field of Anti-Monopoly and Anti-Unfair Competition between the Government of People's Republic of China and the Federal Government of Russia (2010-2021).*

On 19 September 2019, Director General of the Anti-Monopoly Bureau of SAMR, WU Zhenguo, delivered a keynote speech on the topic of "Deepening the Cooperation Among the BRICS Countries in the Field of Competition to Jointly Tackle the Economic and Trade Challenges in the World" at the second plenary session of the VI BRICS International Competition Conference. He called on all countries to solidify the existing achievements in cooperation, continue to strengthen communication, facilitate the formation of international competition rules that were more favorable to emerging markets and developing countries, and jointly enhance the overall strength of the BRICS countries in the global economic governance.

On 23 September 2019, Vice Minister of SAMR, GAN Lin, held a work meeting with Minister of the Ministry of Antimonopoly Regulation and Trade of the Republic of Belarus, Vladimir Koltovich, in Minsk, Belarus, and signed the *Memorandum of Understanding on Cooperation between the State Administration for Market Regulation of the People's Republic of China and the Ministry of Antimonopoly Regulation and Trade of the Republic of Belarus in the Field of Competition and Price Policy, Consumer Rights Protection and Regulation of Advertising Activities.*

On 27 September 2019, SAMR issued an administrative penalty decision in the case concerning the establishment of a joint venture among BAIC Motor Corp. Ltd., Hyundai Capital Services, Inc. and Hyundai Motor Group (China) Ltd. without notification pursuant to applicable law, and imposed a fine of RMB 300,000 on each party.

On 29 September 2019, SAMR issued an administrative penalty decision in the case concerning the acquisition of the interests of Suzhou Jianshengyuan Pharmacy Chain Co., Ltd. by Suzhou Quanyi Health Pharmacy Chain Co., Ltd. without notification pursuant to applicable law, and imposed a fine of RMB 300,000 on Suzhou Quanyi Health Pharmacy Chain Co., Ltd.

On 29 September 2019, SAMR issued an administrative penalty decision in the case concerning the acquisition of the interests of Shanghai Huitong Energy Co., Ltd. by Tibet Dejin Enterprise Management Co., Ltd. without notification pursuant to applicable law, and imposed a fine of RMB 300,000 on Tibet Dejin Enterprise Management Co., Ltd.

On 14 October 2019, the Anti-Monopoly Bureau of SAMR communicated with the competition and investment team of the World Bank Group on competition policy and antitrust cooperation.

On 18 October 2019, Shandong Administration for Market Regulation issued an administrative penalty decision against the party concerned in the case of Shandong Heze Automobile Industry Association organizing the implementation of a monopoly agreement.

On 21-24 October 2019, the Anti-Monopoly Bureau of SAMR hosted the 19th China-EU Competition Week and the Fair Competition Review Forum in Beijing. More than 80 antitrust law enforcement officials from provincial market regulatory authorities across the nation attended the conference. The first meeting of the Joint Working Group was held during the conference.

On 31 October 2019, Vice Minister of SAMR, GAN Lin, presided over a plenary session of the leading group for the revision of the *Anti-Monopoly Law* for the study of the draft revision, set out work requirements on further revisions and improvements, and made plans on making solid progress in the revision work of the *Anti-Monopoly Law*.

On 31 October 2019, the fourth plenary session of the 19th Central Committee of the Communist Party of China adopted the *Decision of the Central Committee of the Communist Party of China on Some Major Issues Concerning How to Uphold and Improve the System of Socialism with Chinese Characteristics and Advance the Modernization of China's System and Capacity for Governance*. It calls for strengthening the fundamental role of competition policy, putting the fair competition review system into action, intensifying and improving antitrust law enforcement, and improving the antitrust review system.

On 1 November 2019, SAMR issued an administrative penalty decision in the case concerning the establishment of a joint venture between Pierburg Pump Technology GmbH and Shanghai Xingfu Motorcycle Co., Ltd. without notification pursuant to applicable law, and imposed a fine of RMB 350,000 on each party.

On 19 November 2019, during a visit to the Philippines, XIAO Yaqing, the then Minister of SAMR, signed the *Memorandum of Understanding on the Anti-Monopoly Cooperation Between the State Administration for Market Regulation of the People's Republic of China and the Philippine Competition Commission* with Arsenio M. Balisacan, Chairman of Philippine Competition Commission in Quezon, Philippines.

On 22 November 2019, Hunan Administration for Market Regulation issued administrative penalty decisions against seven bottled liquified petroleum gas suppliers in Yongding District of Zhangjiajie in a monopoly case, and imposed fines of RMB 413,000 in total.

From 28 November to 12 December 2019, SAMR published the *Anti-Monopoly Compliance Guidelines for Undertakings (Draft for Comment)* on its official website for comments.

On 29 November 2019, Director General of the Anti-Monopoly Bureau of SAMR, WU Zhenguo, met with Bae Yong-su, Policy Officer of the Korea Fair Trade Commission for the Improvement of Market Structure, and communicated on practical issues including antitrust review of concentrations of undertakings in China and South Korea.

From November to December 2019, SAMR, along with the National Development and Reform Commission, the Ministry of Finance and the Ministry of Commerce, carried out inspections of fair competition review. They went to 8 provinces (autonomous regions and municipalities) including Beijing and Shanxi for on-site inspections in addition to self-examination carried out across the nation, sampled 420 documents, and urged relevant departments to make rectification to 12 documents that had violated the review standards.

On 5 December 2019, Director General of the Anti-Monopoly Bureau of SAMR, WU Zhenguo, met with a delegation led by CHU Bo, Division Director of the Division of Policy, Law and Regulation of the General Administration of Sport, and communicated on matters relating to antitrust compliance in the field of sports.

On 6 December 2019, Jiangsu Administration for Market Regulation issued an administrative penalty decision against Toyota Motor (China) Investment Co., Ltd. in a monopoly case, and imposed a fine of RMB 87,613,100 in total.

On 9 December 2019, SAMR issued an administrative penalty decision in the case concerning the acquisition of the interests of Zhongshan Port and Shipping Group Ltd. by Guangzhou Port Co., Ltd. without notification pursuant to applicable law, and imposed a fine of RMB 300,000 on Guangzhou Port Co., Ltd.

On 9 December 2019, SAMR issued an administrative penalty decision in the case concerning the acquisition of 100% interests of Dalian Port Group Corporation Ltd. and Yingkou Port Group Co., Ltd. by Liaoning Port Group Co., Ltd. without notification pursuant to applicable law., and imposed a fine of RMB 350,000 on Liaoning Port Group Co., Ltd.

On 13 December 2019, SAMR issued an administrative penalty decision in the case concerning the acquisition of the interests of Xingyuan Environmental Technology Co., Ltd. by New Hope Investment Group Co., Ltd. without notification pursuant to applicable law, and imposed a fine of RMB 400,000 on the New Hope Investment Group Co., Ltd.

On 20 December 2019, SAMR approved with restrictive conditions the acquisition of the interests of Aleris Corporation by Novelis Corporation.

On 20 December 2019, SAMR issued an administrative penalty decision in the case concerning the acquisition of the interests of Shanghai Siyanli Industrial Co., Ltd. by MBK Partners Fund IV L.P. without notification pursuant to applicable law, and imposed a fine of RMB 350,000 on MBK Partners Fund IV L.P.

On 25 December 2019, SAMR, the National Development and Reform Commission, the Ministry of Finance and the Ministry of Commerce jointly issued and circulated the *Notice on the Sorting-out of Policies and Measures that Impede Unified Market and Fair Competition* (Guo Shi Jian Fan Long Duan [2019] No.245), making arrangements for all departments in all localities to sort out comprehensively policies and measures issued before 31 December 2019 and to abolish resolutely all provisions and practices that impeded unified market and fair competition.

Appendix

Ⅰ. Anti-Monopoly Guidelines for the Automobile Industry

(The Anti-Monopoly Commission of the State Council 4 January 2019)

Chapter Ⅰ General Provisions

Article 1 Objectives and Basis of the Guidelines

The automobile industry serves as an important pillar industry in the national economy and plays a critical role in the promotion of economic growth, technology innovation, employment and social development, amongst others. Fair competition is an important guarantee for enabling market to decide the allocation of resources, promoting sound development of the automobile industry, and safeguarding consumer interests and social public interest. For the purpose of preventing and curbing anticompetitive behaviors in the automobile industry, reducing costs of both administrative law enforcement and compliance of undertakings and promoting sound and effective antitrust regulation, and in accordance with the *Anti-Monopoly Law of the People's Republic of China* (AML), *Guidelines of the Anti-Monopoly Commission of the State Council on the Definition of Relevant Markets* (Guidelines on the Definition of Relevant Markets), *Provisions on the Notification Thresholds for Concentration of Undertakings* and other laws and regulations, the *Anti-Monopoly Guidelines for the Automobile Industry* (Guidelines) are hereby formulated.

Article 2 Relevant Definitions

1. "Motor vehicle" means a power-driven vehicle that is not supported by rails and has four or more wheels. Motor vehicles are mainly used for carrying people and/or goods, towing vehicles that carry people and/or goods, and for special purposes. Motor vehicles can be classified into two categories, i.e. passenger cars and commercial vehicles. Further segmentation of passenger cars and commercial vehicles can be found in relevant national standards (GB/T3730.1, *Terms and Definitions of Types of Motor Vehicles and Trailers*).

2. "New-energy vehicle" means a vehicle that uses a new type of power system and is entirely or mainly driven by new energy, including, amongst others, pure electric vehicles, plug-in hybrid vehicles (including extended range vehicles), and fuel cell vehicles.

3. "Used vehicle" means a vehicle traded for the transfer of ownership during the period from the completion of its registration until it meets the compulsory national retirement standard for motor vehicles.

4. "Motor vehicle supplier" means an undertaking that provides distributors with resources in relation to motor vehicles. Motor vehicle suppliers include motor vehicle manufacturers, undertakings that assume interests in the sale of motor vehicles from motor vehicle manufacturers and distribute motor vehicles, and undertakings that import motor vehicles from overseas.

5. "Spare part supplier" means an undertaking that makes or supplies components for the initial assembly of motor vehicles and spare parts for the motor vehicle aftermarket.

6. "Motor vehicle distributor" means an undertaking that engages in the distribution of motor vehicles and the provision of services for motor vehicles. In practice, a motor vehicle distributor may also serve as a motor vehicle repairer. However, motor vehicle sales and aftermarket services may also be separated from each other.

7. "Aftermarket service provider" means an undertaking that provides maintenance, repair and other services for motor vehicles.

8. "End user", as far as motor vehicles are concerned, means the owner of, and any other person who has the legitimate rights to the use of, a motor vehicle (e.g., a motor vehicle lessee). As far as spare parts and goods in the motor vehicle aftermarket are concerned, end users include: (i) the owner of, and any other person who has the legitimate rights to the use of, a motor vehicle who purchase such products; (ii) aftermarket service providers who use such products for the purpose of maintenance and repair rather than resale.

9. Spare parts for motor vehicles, if classified on the basis of intended use, brands, supply channels, and quality, among other standards, include components for the initial assembly, dual-label parts, aftermarket spare parts, original spare parts, same-quality spare parts, amongst others.

"Components for the initial assembly" mean the components used for the assembly of new motor vehicles.

"Dual-label parts" mean the components for the initial assembly and the aftermarket spare parts that have on themselves the trademarks, labels and part codes of both the motor vehicle manufacturer and the part manufacturer.

"Aftermarket spare parts" mean products that are to be installed in or upon a motor vehicle to replace its components for the initial assembly, including goods such as lubricants that are necessary for the use of a motor vehicle, with the exception of fuel.

"Original spare parts" mean aftermarket spare parts provided by a motor vehicle supplier or a third party designated by the motor vehicle supplier that are manufactured in accordance with the product standards and the specifications of components for the initial assembly of the motor vehicle and bear the brand of the motor vehicle supplier or a brand designated by the motor vehicle supplier.

"Same-quality spare parts", also known as quality-matching parts, mean the aftermarket spare parts with whose quality is not inferior to that of components for the initial assembly of the motor vehicle, with the exception of original spare parts.

10. "Repair and maintenance technical information" means the technical information and materials collectively required for the diagnosis, inspection, and repair and maintenance of a motor vehicle conducted during the course of the use of the motor vehicle, for the purpose of maintaining, or restoring to, its original technical conditions or working capabilities, extending its service life and ensuring that it meets the requirements for safety and environmental protection.

Article 3 Relevant Market

The motor vehicle industry has a long supply chain that consists of various types of businesses at the upstream, midstream and downstream levels. The definition of relevant product market and relevant geographic market shall follow the general principles and methods set out in the AML and the *Guidelines on the Definition of Relevant Market*, while also taking into account the features of the motor vehicle industry as well as the specific facts of each case.

1. Relevant Product Market

Substitutability analysis constitutes the main method for defining relevant product market in the motor vehicle industry. When defining relevant product market in a given case, factors including the products' characteristics, intended use and prices can be taken into account for demand-side substitutability analysis. Where necessary, supply-side substitutability analysis may be conducted. For example, distribution of motor vehicles has two aspects, namely wholesale (from motor vehicle suppliers to motor vehicle distributors) and retail (from motor vehicle distributors to end users). Based on the specific circumstances in each case, further segmentation may be necessary so that the motor vehicle wholesale market and the motor vehicle retail market constitute the relevant product markets respectively. The motor vehicle distribution market may be further segmented from the perspectives of demand-side substitutability and supply-side substitutability. The aftermarket for motor vehicles may be segmented into the aftermarket for the distribution of spare parts and the aftermarket for repair and maintenance services respectively, and it may also be further defined based on substitutability analysis.

2. Relevant Geographic Market

Similarly, substitutability analysis is also the fundamental method for defining the relevant geographic market in the motor vehicle industry. Taking passenger cars as an example:

From the perspective of supply-side substitutability, the market for the manufacture of passenger cars is globalized to a great extent. However, from the perspective of demand-side substitutability, the competition landscape varies considerably among different countries in terms of their technological and trade barriers, motor vehicle taxes, distribution systems, prices, the levels of market penetration of competitors, amongst others. Therefore, the market for the manufacture of passenger cars may be defined as nation-wide.

With regard to the market for the distribution of passenger cars, motor vehicle suppliers generally carry out their wholesale business across the country and therefore, the geographic market for the wholesale of passenger cars may be defined as nation-wide. At the retail level, due to various restrictions on motor vehicle license plates, traffic policies for motor vehicles, aftermarket service and warranty terms and other items, combined with cost factors such as the time and transportation needed for vehicle shopping, end users may not be able to purchase vehicles from other places far away. Therefore, the retail market for passenger cars may be defined as provincial or regional.

3. The Role of Market Definition in Various Types of Monopoly Cases

Due to differences in the natures of cases and assessment approaches, market definition has varying roles in different types of monopoly cases. Cases concerning monopoly agreements and abuse of dominant market position both focus on anticompetitive behaviors that have already occurred. Where competitors have already concluded horizontal monopoly agreements such as price fixing, market allocations or output limitations, it is generally not necessary to explicitly define a relevant market. However, for cases concerning abuse of dominant market position, defining a relevant market is generally the first step in finding abuse of dominant market position.

In addition, the role of market definition in the assessment of cases concerning horizontal monopoly agreements and vertical monopoly agreements shall be recognized. When an undertaking argues that an agreement is not subject to Article 13 or Article 14 of the AML pursuant to Article 15 of the AML, it needs to prove that the agreement has satisfied the circumstances set forth in Article 15. Except for the circumstance of "safeguarding the legitimate interests in foreign trade and foreign economic cooperation", Article 15 requires that "proving the agreement concluded will not substantially restrict competition in the relevant market". Therefore, defining a relevant market becomes a necessary step for an undertaking to prove that its agreement can be statutorily exempted.

Chapter Ⅱ Monopoly Agreements

Article 13 of the AML prohibits horizontal monopoly agreements. Article 14 of the AML prohibits vertical monopoly agreements. Article 15 sets out circumstances and conditions where monopoly agreements can be exempted. An undertaking that argues in accordance with Article 15 of the AML that neither Article 13 nor Article 14 of the AML applies to an agreement shall first prove that the agreement falls under one of the circumstances specified in Paragraph 1, Article 15. Then, except for monopoly agreements that are reached "for the purpose of safeguarding the legitimate interests in foreign trade and foreign economic cooperation" and that belong to "other circumstances as stipulated by law and the State Council", the undertaking shall additionally prove that the agreement will not significantly restrict competition in the relevant market and can allow consumers to share the benefits arising therefrom.

In order to prove that the agreement will not significantly restrict competition in the relevant market, the undertaking may evaluate its market power in the relevant market. The factors listed under Article 18 of the AML can be referred to when evaluating the market power of an undertaking.

For the purpose of assessing whether an agreement can allow consumers to share the benefits arising therefrom, the following factors may be considered: price decrease, product quality improvements, technology innovation, technology upgrade, more options of products and services and other factors.

Article 4 Exemption

1. Presumptive Exemption

In order to reduce the administrative costs of law enforcement and the compliance costs of undertakings, the Guidelines set out various circumstances where vertical territorial restrictions and customer restrictions imposed by an undertaking without significant market power are presumed to have satisfied requirements under Article 15 of the AML. Law enforcement practices and theoretical studies show that territorial restrictions and customer restrictions in such circumstances can improve the quality of distribution services, enhance distribution efficiencies, and strengthen operational efficiencies and competitiveness of small-to-medium distributors, and allow consumers to share the benefits arising therefrom without substantially restricting competition in the relevant market, so that the requirements set forth under Article 15 of the AML can be met.

Using a fixed market share threshold standard to evaluate whether an undertaking has significant market power is necessarily reasonable and scientific. However, in assessing vertical agreements, for example, law enforcement practices and theoretical studies show that an undertaking with a market share of less than 30% in the relevant market can be presumed to have no significant market power.

However, the market share threshold shall not be adopted in a rigid manner. Subject to the specific circumstances of each case, if there should have any evidence showing that the conduct of an undertaking does not comply with the requirements set out in Article 15 of the AML, the antitrust law enforcement authority under the State Council (the enforcement authority) can still apply Article 14 of the AML to the conduct.

2. Individual Exemption

In addition to the circumstances set out in the Guidelines where Article 15 of the AML is presumed to apply, if an undertaking argues that Article 15 of the AML is applicable to an agreement, the undertaking shall prove that the agreement has satisfied the statutory requirements set out in Article 15 of the AML based on the specific circumstances of the case so as to determine whether or not the agreement can be exempted on an individual basis.

Article 5 Horizontal Monopoly Agreements in the Motor Vehicle Industry

1. Certain types of horizontal agreements, such as research and development agreements, specialization agreements, technology standardization agreements, joint production agreements and joint procurement agreements, can enhance efficiency and promote competition in general as well as increasing consumer welfare. For instance, horizontal agreements concluded for the research and development and production of new-energy vehicles can enable the undertakings to share investment risks, enhance efficiency and promote social public interests. Therefore, undertakings in the motor vehicle industry conclude such horizontal agreements, which can enhance efficiency and promote competition, may argue, in accordance with Article 15 of the AML, that Article 13 of the AML should not apply to the agreements.

2. The competition assessment of horizontal monopoly agreements in the motor vehicle industry is not considerably different from the assessment of horizontal monopoly agreements in other industries and therefore, the Guidelines do not further elaborate in this regard. The enforcement authority will regulate horizontal monopoly agreements in the motor vehicle industry in accordance with the AML and other applicable laws and regulations.

Article 6 Vertical Monopoly Agreements in the Motor Vehicle Industry

When analyzing and assessing a vertical monopoly agreement, the first step is to determine whether the agreement is prohibited by Article 14 of the AML. Then, the next step is to assess whether the agreement can be presumably exempted pursuant to Article 15 of the AML. If the agreement cannot be presumably exempted, then further assessment is required to determine whether the agreement can be exempted on an individual basis.

1. Forms of Agreements

Vertical monopoly agreements can be formed as either direct restrictions (e.g., stipulating resale prices of distributors through contract clauses) or indirect restrictions (e.g., fixing profit margins and discount levels of distributors, withdrawing rebates to, refusing to provide supply to, or prematurely terminating the authorization to distributors who failed to follow the suggested prices as identified by price monitoring measures).

In the motor vehicle market in China, vertical monopoly agreements can not only take the form of distributorship agreements, but also be concluded through business policies, circulars, bulletins and notices, amongst other forms. In general, vertical monopoly agreements implemented by a single undertaking will restrict intra-brand competition and harm consumers' interests. Particularly, when the majority, or even all, of the undertakings active in a relevant market adopt similar vertical monopoly agreements and these various types of vertical restrictions form a network that comprehensively covers the relevant market, inter-brand competition can be significantly weakened. The cumulative effects arising from similar vertical agreements can significantly restrict competition in the relevant market and render the prices of relevant products and services supracompetitive, ultimately resulting in the losses of consumer welfare.

2. Fixation of Resale Prices and Restriction on Minimum Resale Prices

Article 14 of the AML expressly prohibits undertakings from fixing resale prices and restricting minimum resale prices. The adverse effects of resale price restrictions include, amongst others, that maintenance of high prices, facilitation of horizontal collusion, weakening inter-brand and intra-brand competition and exclusion of competitors.

Undoubtedly, if an undertaking can prove that such price restrictions will not substantially restrict competition in the relevant market and will allow consumers to share the benefits arising therefrom, it may, in accordance with Article 15 of the AML, argue for individual exemption for the fixation of resale prices and the restriction on minimum resale prices.

In practice, common circumstances involving resale price restrictions for which undertakings in the motor vehicle industry claim individual exemption in accordance with Article 15 of the AML include:

(1) Short-term restrictions on the resale prices of new-energy vehicles. In order to save energy, protect environment and avoid "free ride of services", it is necessary to fix the resale price and set the minimum resale price in the short term (currently it is less than 9 months starting from the date on which the motor vehicle supplier issues the first wholesale invoice for a specific model, the exemption period may be adjusted by taking into account the development of the new-energy vehicle industry and the technology) so as to incentivize distributors to promote the new energy products, strengthen the sale efforts, and increase the market demand for new products, thus promoting successful market launch of the new products and providing more options for consumers.

(2) Resale price restrictions in the course of sales imposed by distributors who only act as intermediaries. The sales by distributors who only act as intermediaries refer to sales in which motor vehicle suppliers directly negotiate with certain third parties or end users (i.e., employees of motor vehicle suppliers and distributors, key clients, target audience of advertisements and sponsorship, etc.) and reach an agreement on the sales price, while the distributors are only involved in the transaction process in relation to vehicles delivery, receipt of payments, issuance of invoices, amongst others. In such transactions, the distributors take only the role as intermediaries to assist in the completion of a transaction, which are different from distributors within the general meaning.

(3) Resale price restrictions in government procurement. In practice, government procurement projects usually require motor vehicle suppliers who participate in a joint bidding to align with their distributors so as to provide a uniform or fixed retail price quotation. For nation-wide procurement projects, government procurement departments sometimes approach motor vehicle suppliers directly. If the motor vehicle suppliers are not qualified to sell vehicles, they will need to reach an agreement on the retail price with certain distributors so that they can provide a quotation to the government procurement departments. Similar to the distributors who only act as intermediaries, the distributors in government procurement projects are different from distributors within the general meaning if they only assist in the completion of a transaction.

(4) Resale price restrictions in e-commerce sales imposed by motor vehicle suppliers. The AML and other laws and regulations apply to the pricing behaviors in e-commerce sales. However, in practice, certain motor vehicle suppliers sell vehicles via e-commerce platforms with a uniform price for a specified time period and directly enter into agreements with non-specific end users, during which distributors are involved only to assist with procedural matters such as vehicle delivery, receipt of payments and issuance of invoices, etc. In such circumstances, the distributors are different from distributors within the general meaning if they only act as intermediaries to help with the completion of a transaction.

3. Suggested Prices, Guiding Prices and Restricted Maximum Prices

Suggested prices, guiding prices and maximum prices set by motor vehicle suppliers for distributors and repair and maintenance service providers in relation to the resale of motor vehicles, aftermarket spare parts and goods and in relation to the labor costs charged for aftermarket services provided by distributors and repair and maintenance service providers, if implemented by the majority or all of the distributors as a result of pressure or incentives from one party to an agreement and if, in effect, amount to fixed resale prices or restricted minimum resale prices, may be found as such based on the specific situation in each case.

4. Territorial Restrictions and Customer Restrictions

Territorial restrictions refer to the situation in which a supplier undertakes to supply products to one or more distributors within a specific distribution area and the distributors undertake not to distribute to other areas. Customer restrictions mean the restrictions imposed by a supply that a distributor is allowed only to sell or not to sell to a specific customer.

Territorial restrictions and customer restrictions may weaken intra-brand competition, divide the market and give rise to price discrimination. Furthermore, the effective implementation of territorial restrictions and customers restrictions will make it difficult for other distributors to have the supply and impede the promotion of more efficient new distribution models, thus keeping the prices of products and services high. However, territorial restrictions and customer restrictions sometimes can improve distribution efficiency. For instance, territorial restrictions can generate significant efficiencies when distributors make specific investments in order to build and protect brand images.

(1) Territorial restrictions and customer restrictions imposed by undertakings with no significant market power in the motor vehicle industry that can generate efficiencies and have justifications generally satisfy the requirements under Article 15 of the AML and can be presumed to fall under Article 15. Such restrictions mainly include:

(i) To restrict a distributor to sell products on its business premises only, but not restrict passive sales nor cross-supplies among authorized distributors.

Passive sales refer to the delivery of products or services at the requests of individual customers without any active marketing. For instance, the purchase of a vehicle in Area B by a consumer from Area A constitutes passive sales for the distributor in Area B.

Compared with traditional sales models, e-commerce targets a wider and more diversified client base. If a customer visits the website of a distributor or a third party and approaches the distributor, which therefore results in a transaction, then such sales shall be regarded as passive sales. If a customer actively receives the information that is sent by a distributor via its website or a third party for non-specific audience (for example, online subscription of the promotional information of a distributor), and approaches the distributor on its own initiative, which consequently leads to a transaction, then such transaction shall be regarded as passive sales. However, if a distributor distributes advertisements or promotional information to specific audience, that conduct will constitute active sales.

(ii) To restrict active sales made by a distributor in an exclusive region or to a specific customer reserved by the motor vehicle supplier for another distributor.

(iii) To restrict direct sales by wholesalers to end users.

(iv) To restrict distributors from selling spare parts to customers who may, with such spare parts, produce the same products as those produced by the motor vehicle supplier.

(2) Article 15 of the AML cannot be presumed to apply to territorial restrictions and customer restrictions that will usually tend to restrict competition, lead to higher prices and reduce options for consumers. Such restrictions include but are not limited to the following:

(i) To restrict the passive sales by distributors.

(ii) To restrict the cross-supplies among distributors.

(iii) To restrict distributors and repair and maintenance service providers from selling to end users the spare parts necessary for the repair and maintenance services for motor vehicles.

5. Imposition of Indirect Vertical Restrictions on the Aftermarket for the Repair and Maintenance Services and the Aftermarket for the Distribution of Spare Parts by Way of Quality Warranty Clauses

For the repair and maintenance as well as replacement of spares parts covered by the warranty, motor vehicle suppliers usually require end users to have such repair and maintenance performed by their authorized repair and maintenance network with original spare parts. However, if motor vehicle suppliers reach agreements with distributors and repair and maintenance services providers that indirectly impose unreasonable vertical restrictions by way of warranty clauses, this may exclude independent repair and maintenance service providers, reduce the supply and distribution channels of spare parts, thus ultimately increasing the prices of motor vehicle repair and maintenance services.

The foregoing unreasonable vertical restrictions include but are not limited to the following:

(1) Motor vehicle suppliers condition the performance of their quality warranty obligations on that end users must have the repair and maintenance beyond the scope of warranty carried out by their authorized maintenance network;

(2) For spare parts beyond the scope of quality warranty, motor vehicle suppliers condition the performance of their quality warranty obligations on that motor vehicle distributors and repair and maintenance service providers use original spare parts;

(3) Without justifications, motor vehicle suppliers restrict their maintenance network from providing aftermarket repair and maintenance services to parallel-imported vehicles.

6. Other Vertical Restrictions in relation to the Sales and Service Capabilities of Distributors and Repair and Maintenance Service Providers

The following vertical restrictions implemented by motor vehicle suppliers through agreements and business policies may improperly restrict the sales and service capabilities of distributors and repair and maintenance service providers. If the relevant agreements and business policies result in the effects of eliminating or restricting competition, increasing the prices in the motor vehicle distribution and repair and maintenance channels and harming consumer' interests, such agreements and business policies may be deemed as vertical monopoly agreements subject to the regulation of the AML.

(1) Motor vehicle suppliers engage in compulsory tie-in sales of motor vehicles, aftermarket spare parts, accessories, consumables, maintenance tools, test instruments, etc. that are not ordered by distributors or repair and maintenance service providers, which may result in the obligations to exclusively purchase the tied product, therefore eliminating the competition in the market for the tied product.

(2) Motor vehicle suppliers force distributors or repair and maintenance service providers to accept unreasonable sales targets for motor vehicles or aftermarket spare parts and unreasonable inventory varieties and volume.

Suppliers and distributors may agree on the sales targets, inventory varieties and volume upon equal negotiation. However, suppliers unilaterally setting and forcing distributors to accept unreasonable sales targets or inventory varieties and volume may result in the obligations on distributors to exclusively purchase the contract products, therefore eliminating or restricting the competition in the relevant market.

(3) Motor vehicle suppliers force distributors to assume the expenses incurred in marketing and promotional campaigns such as advertising and auto exhibitions made on behalf of the motor vehicle suppliers or restrict the specific means or media used by the distributors for advertising and promotion at the distributors' own expenses.

Motor vehicle suppliers generally agree with distributors for joint promotion and marketing and require distributors to share reasonable expenses. In addition, in order to ensure the overall effects of brand promotion campaigns, motor vehicle suppliers usually establish reasonable quality-related standards for distributors in their media selection. However, requiring distributors to assume the expenses of advertising and promotion campaigns made in the name of the motor vehicle suppliers or restricting the means or media for distributors to conduct advertising and promotion campaigns at their own cost may restrict distributors' ability to make independent decisions in relation to the promotion and marketing activities, therefore indirectly increasing the cost of distribution and aftermarket channels and ultimately increasing the burden on consumers.

(4) Distributors and repair and maintenance service providers are required by motor vehicle suppliers to only use the paid service provided by specific design institutes or construction entities, or only use, amongst others, the required building materials, general-purpose equipment, IT management systems and office facilities from specific brands, suppliers or supply channels.

In order to guarantee brand image, motor vehicle suppliers generally agree or specify quality-related standards in relation to the design, decoration, office facilities of the business premises of distributors and repair and maintenance service providers through agreements or business policies. In addition, for the purpose of protecting intellectual property rights, motor vehicle suppliers usually designate the sources from which their motor vehicle brand logos will be purchased. However, in general, specifying that the design and office facilities of business premises can only use specific third-party brands, suppliers and supply channels is not necessary for ensuring the brand image of motor vehicles, and such restrictions may eliminate or restrict competition in the relevant market and indirectly increase the costs of distribution and aftermarket channels.

(5) Motor vehicle suppliers restrict distributors from distributing products of other suppliers.

Motor vehicle suppliers may conclude necessary agreements or put forward necessary service standards as regards the distribution by distributors of their products and provide relevant trainings and guidance. However, if motor vehicle suppliers restrict distributors from distributing the products of other suppliers or restricting distributors from selling the products of other enterprises or brands on their business premises (motor vehicle suppliers may require that a separate exhibition area be set up for their motor vehicles), it may render new entrants into the market or existing competitors unable to find alternative and desirable distribution channels and, as a result, the distributors would have to assume the obligations to exclusively purchase the contract products, thereby eliminating or restricting competition in the relevant market.

(6) Motor vehicle suppliers refuse to supply or prematurely terminate distribution agreements due to procompetitive conduct of distributors or repair and maintenance service providers.

When motor vehicle distributors or repair and maintenance service providers engage in procompetitive conduct (for instance, refusing to implement minimum resale prices set by motor vehicle suppliers, purchase original spare parts and same-quality spare parts for aftermarket repair and maintenance services from channels other than the motor vehicle suppliers, etc.), the motor vehicle suppliers must not refuse to supply products or prematurely terminate distribution agreements.

Chapter Ⅲ Abuse of Dominant Market Position

Article 17 of the AML prohibits abuse of dominant market position. Currently, the competition in the sales market for new motor vehicles in China are relatively intense. However, lock-in effects and compatibility issues in the motor vehicle aftermarket may restrict or weaken the competition in the aftermarket and harm the interests of consumers. The brand of motor vehicle is an important factor to be considered when defining the motor vehicle aftermarket in an individual case. Therefore, in accordance with the definition of the dominant market position specified in Article 17 of the AML and the underlying factors for determining the dominant market position of an undertaking specified in Article 18 of the AML, the motor vehicle supplier without dominant market position in the sales market of new vehicles may be deemed to have dominant market position in the aftermarket for the motor vehicles of its own brand.

For undertakings which do not meet the thresholds used to presume dominant market position under Article 19 of the AML, the vertical restrictions implemented by such undertakings in the course of their manufacturing, supply and circulation of aftermarket spare parts and the supply of maintenance technology information, test instruments and maintenance tools shall be assessed in accordance with Article 14 and Article 15 of the AML.

Article 7 Manufacturing of Aftermarket Spare Parts

In addition to the parts manufactured under the Original Equipment Manufacturer (OEM) Agreement, motor vehicle manufacturers with dominant market position in the motor vehicle aftermarket of their own brands shall not, without justifications, restrict spare part suppliers who produce components for the initial assembly of motor vehicles from manufacturing dual-label parts. In other words, motor vehicle manufacturers shall not prohibit spare part suppliers who provide them with components for the initial assembly from affixing their own logos, trademarks or spare part codes on the relevant components for the initial assembly. Dual-label parts are intended to enhance the abilities of both consumers and repairers to identify same-quality spare parts so as to promote the effective competition in the motor vehicle aftermarket.

For the determination of the OEM Agreements, please refer to Article 11 of the Guidelines.

Article 8 Supply and Circulation of Aftermarket Spare Parts

Motor vehicle suppliers with dominant market position in the motor vehicle aftermarket shall not, without justifications, restrict the supply and circulation of aftermarket spare parts, including:

1. Motor vehicle suppliers restrict distributors and repairers from externally outsourcing aftermarket spare parts, namely restricting the motor vehicle distributors and repairers from purchasing same-quality spare parts or purchasing original parts via other channels (including parallel-imported spare parts).

Imposition of exclusive procurement obligations by suppliers without dominant market positions on their distribution channels within a specified time period may improve the quality standards of the distribution network, help to build up and maintain brand images and enhance brand appeal to the end consumers, thus increasing sales volume. However, if there are significant entry or expansion barriers in the relevant market, exclusive procurement obligations may foreclose competing suppliers, weaken the innovation incentive mechanism, increase the product price in the distribution channel and restrict the choices for consumers.

In practice, when the motor vehicle suppliers with dominant market position in the motor vehicle aftermarket of their own brands set unreasonable target of sales volume for spare parts and inventory varieties and volume for the distributors, it is likely to substantially restrict the motor vehicle distributors and repairers from externally outsourcing spare parts.

However, motor vehicle suppliers may, pursuant to applicable law, require members within their authorized system to exclusively use original spare parts and same-quality spare parts, and members within such authorized system shall, pursuant to applicable law, guarantee consumers' rights of information as well as the traceability of the spare parts. Motor vehicle suppliers can also, pursuant to applicable law, require that members within the authorized system could use remanufactured spare parts and recycled spare parts in the course of their repair and maintenance only on the condition that consumers are informed and expressly choose the spare parts and that the traceability of spare parts are guaranteed.

Remanufactured parts refer to the parts and components of which the performance and quality meet the requirements of new prototype products after being manufactured by using remanufacturing technology and process.

Recycled parts refer to the parts and components which can still be of use after being dismantled from retired vehicles or being replaced from repaired vehicles.

2. Motor vehicle suppliers restrict spare parts suppliers, distributors and repairers from selling aftermarket spare parts externally, including:

(1) In addition to the spare parts manufactured in accordance with OEM Agreements, all spare parts are required to "return to factory", namely restricting spare parts suppliers from supplying spare parts under their own brands to after-sales channels;

(2) Cross-supply of aftermarket spare parts among distributors, among repairers and among distributors and repairers is restricted;

(3) Distributors and repairers are restricted from selling to end users the spare parts necessary for motor vehicle repair and maintenance service.

Article 9 Availability of Repair and Maintenance Technology Information, Testing Instruments and Repair and Maintenance Tools

After-sales repair and maintenance of motor vehicles shall generally be conducted by qualified technicians on the basis of technical information of specific brands of motor vehicles. Motor vehicle suppliers are, in most cases, the only source of all the repair and maintenance technology information in relation to the motor vehicles of their own brands. If repairers fail to obtain the technology information necessary for motor vehicle testing, repair and maintenance as well as the replacement of spare parts for motor vehicles, the repair and maintenance services they provide may result in risks such as, amongst others, dangerous driving, high-volume emission and air pollution; meanwhile, the market position of the repairers may be squeezed, leading to the decrease in repair channels, higher price for repair and maintenance and limited choices for consumers.

The availability of after-sales repair and maintenance technology information as well as the availability of testing instruments and repair and maintenance tools shall be ensured in order for the effective competition in the motor vehicle aftermarket. Therefore, motor vehicle suppliers with dominant market position in the motor vehicle aftermarket of their own brands shall not, without justifications, restrict the availability of repair and maintenance technology information, testing instruments and repair and maintenance tools, including:

(1) Restricting the rights for and channels of the repairers to obtain the repair and maintenance technology information for motor vehicles of a specific brand;

(2) Restricting suppliers of testing instruments, repair and maintenance tools or other equipment from selling testing instruments, repair and maintenance tools or other equipment to the distributors and repairers;

(3) Setting excessively high market price for repair and maintenance technology information, restricting the effective disclosure of repair and maintenance technology information, and constraining motor vehicle repairers from obtaining relevant technical information.

Chapter Ⅳ Concentration of Undertakings

In terms of competition analysis for the concentration of undertakings, there is no distinctive difference between the motor vehicle industry and other industries.

The antitrust review of the concentration of undertakings in the motor vehicle industry shall be conducted by the law enforcement authorities in accordance with the AML, the *Provisions on the Notification Thresholds for Concentrations of Undertakings* and other laws and regulations.

Chapter Ⅴ Abuse of Administrative Power to Eliminate or Restrict Competition

The AML prohibits administrative authorities and organizations empowered by laws and regulations with the function to administer public affairs from abusing the administrative power to eliminate or restrict competition. The abuse of administrative power to eliminate or restrict competition in the motor vehicle industry shall be handled by the law enforcement authorities in accordance with the AML and other laws and regulations.

Article 10 The abuse of Administrative Power to Eliminate or Restrict Competition in the Motor vehicle Industry

The abuse of administrative power to eliminate or restrict competition in the motor vehicle trading will impede the healthy development of the motor vehicle market and impair the consumers' interests. For instance, the abuse of administrative power to eliminate or restrict competition in the trading market for used vehicles will be detrimental to the green recycling consumption as well as the sustainable development of the motor vehicle market. Furthermore, such abuse restricts the rights of motor vehicle owners to dispose their property, extends the replacement cycle of consumers and thus indirectly affects the sales market of new motor vehicles.

Administrative authorities and organizations empowered by laws and regulations with the function to administer the circulation of motor vehicles shall not engage in the following conducts to eliminate or restrict competition in violation of the provisions under Chapter V of the AML, including but not limited to:

1. Formulating regulations which contain provisions restricting the sales and free circulation of motor vehicles;

2. Restricting or restricting in a disguised form the undertakings from operating motor vehicle business by setting, in relation to starting businesses, conditions or qualifications with the effects of eliminating or restricting competition;

3. Requiring or requiring in a disguised form the entities or individuals to purchase, rent or use the motor vehicle transaction systems, facilities and business premises provided by the undertakings designated by the authorities;

4. Restricting the relocation of used vehicles, namely imposing higher standards on the relocation of non-local used vehicles than those for existing local motor vehicles.

5. Restricting or restricting in a disguised form the trading place of used vehicles, namely requiring used vehicles be traded in the place where they are registered;

6. Requiring that the invoices related to the transactions of used vehicles shall be issued only by the used vehicle transaction market.

7. Restricting or restricting in a disguised form non-local motor vehicles (for instance, new-energy vehicles) from entering into local market, restricting or restricting in a disguised form consumers from purchasing non-local or a certain kind of motor vehicles (for instance, new-energy vehicles).

Chapter Ⅵ Supplementary Provisions

Article 11 Definition of OEM Agreements for Spare Parts

OEM Agreements, also known in practice as Commissioned Processing Agreements,

OEM Contracts, Contracts for Hired Works or OEM Processing Contracts, refer to the agreements under which the commissioning party agrees with the commissioned party that the former provides necessary technologies or equipment for the latter to manufacture products, provide services or complete relevant work on its behalf.

Commissioned processing arises out of the circumstance where the spare parts manufacturers manufacture motor vehicle parts in accordance with the requirements of the motor vehicle manufacturers and by utilizing the intellectual property rights owned by the motor vehicle manufacturers, and the agreement they have entered into is an OEM Agreement. An OEM Agreement differs materially from the spare parts supply agreement entered into between spare parts manufacturers using their own intellectual property rights and the motor vehicle manufacturers.

Whether an agreement constitutes a real OEM Agreement shall be assessed on a case-by-case basis. A decision shall be based on the evaluation of the substance of an agreement rather than the format of such agreement. In short, if the technologies or equipment provided by the motor vehicle manufacturer (the commissioning party) is indispensable for the spare parts manufacturer (the commissioned party) to manufacture the contractual products or provide the contractual services under reasonable conditions in accordance with the requirements of the motor vehicle manufacturer, then the spare parts manufacturer shall be deemed as an "original equipment manufacturer", rather than an independent spare parts supplier in the market.

However, when the motor vehicle manufacturer provides the spare parts manufacturer with tools, intellectual property rights or proprietary technologies, if such spare parts manufacturer already possesses such tools, intellectual property rights or proprietary technologies which can be used at its own discretion, or if such parts manufacturer is able to obtain such tools, intellectual property rights or proprietary technologies under reasonable conditions, then the technologies and equipment are not indispensable for the spare parts manufacturers to fulfill the agreement. For example, if the motor vehicle manufacturer only provides generally descriptive information for the products under the agreement, but restricts the spare parts manufacturer from supplying spare parts of its own brand to the aftermarket, then such motor vehicle manufacturer essentially deprives the spare parts manufacturer of the possibility to expand business in the relevant areas under the agreement, which eliminates or restricts the competition in the relevant market and will probably lead to higher prices and reduced choices for consumers.

When evaluating "the technologies or equipment indispensable for the manufacturing of contractual products or providing contractual services", the following factors can be taken into consideration, including but not limited to:

1. Intellectual property rights owned by the commissioning party or at its disposal,

including invention patents, utility model patents, designs or other intellectual property rights;

2. Manufacturing technique and other proprietary technologies owned by the commissioning party or at its disposal;

3. Research reports, plans and other documents which are prepared by the commissioning party and shall be used together with the information provided by the commissioning party.

Ⅱ. Anti-Monopoly Guidelines for the Intellectual Property Industry

(The Anti-Monopoly Commission of the State Council 4 January 2019)

Chapter Ⅰ General Provisions

Article 1 Objective and Basis of the Guidelines

The anti-monopoly regime and the protection of intellectual property rights share the same objective, namely to protect competition and incentivize innovation, improve economic efficiency, safeguard consumers' interests and public interests. According to *the Anti-monopoly Law of People's Republic of China* (the AML), the AML will not be applicable to the conduct of undertakings in exercising intellectual property rights in accordance with the laws and administrative regulations on intellectual property rights. However, the AML shall apply to the conduct of undertakings in regard to abusing of intellectual property rights to eliminate or restrict competition.

The undertaking's abuse of intellectual property rights to eliminate or restrict competition is not by itself a specific category of monopolistic conduct. During the course of exercising intellectual property rights or engaging in relevant conducts, if undertakings conclude or implement monopoly agreements, abuse their dominant market positions, or implement concentrations of undertakings which have or may have the effects of eliminating or restricting competition, such aforementioned activities may constitute the abuse of intellectual property rights to eliminate or restrict competition. For the purpose of providing guidance on application of the AML concerning the abuse of intellectual property rights and improving the transparency of the antitrust law enforcement work, the Guidelines are formulated pursuant to the AML, the *Guidelines of the Anti-Monopoly Commission of the State Council on the Definition of Relevant Market* (the Guidelines on the Definition of

Relevant Market) and other laws and regulations.

Article 2 Analytical Principles

The following basic principles shall be followed when analyzing whether an undertaking abuses intellectual property rights to eliminate or restrict competition:

i. Adopting the same regulatory standards for other property rights and complying with relevant provisions under the AML;

ii. Taking into account the characteristics of intellectual property rights;

iii. An undertaking shall not be presumed to have dominant market position in relevant market merely because it possesses intellectual property rights;

iv. Taking into account the positive impacts of relevant conducts on efficiency and innovation on a case-by-case basis.

Article 3 Analytical Approach

The following approaches shall be generally followed when analyzing whether an undertaking abuses intellectual property rights to eliminate or restrict competition:

i. Analyzing the characteristics and forms of the conduct

An undertaking's abuse of intellectual property rights to eliminate or restrict competition may be either the exercise of intellectual property rights or the conduct related to the exercise of intellectual property rights. Generally, potential monopolistic conducts may be analyzed on the basis of the characteristics and forms of the undertaking's conducts.

ii. Defining relevant markets

When defining the relevant market, the general principles and approaches for defining the relevant market will generally be followed, with the particularity of intellectual property rights taken into consideration.

iii. Analyzing the eliminative or restrictive effects on market competition

When analyzing the eliminative or restrictive effects of a conduct on market competition, it is generally necessary to analyze the specific conduct in question by taking into account the market competition landscape.

iv. Analyzing the positive impacts of the conduct on innovation and efficiency

An undertaking's conduct may have the positive effects on innovation and efficiency, including, among others, promoting the spread and use of technologies, improving the efficiency of resource utilization. When analyzing the positive impacts mentioned above, it is necessary to consider whether conditions prescribed in Article 6 of the Guidelines are satisfied or not.

Article 4 Relevant Market

Intellectual property rights may either be the direct subject matter of a transaction or may be used to provide goods or services (products). In general, the relevant market shall be defined in accordance with the Guidelines on the Definition of Relevant Market. If it is difficult to comprehensively assess the impact of a conduct on competition by merely defining the relevant product market, it may be necessary to define the relevant technology market. Factors including, among others, the impact of the conduct on innovation and research and development may also be taken into account on a case-by-case basis.

The relevant technology market refers to a market consisting of a group or a class of technologies considered by the customers to be relatively closely substitutable. The following factors may be taken into account when defining the relevant technology market: properties of the technology, purpose, license fee, compatibility, period of validity of the intellectual property rights concerned, and the possibility as well as the costs for users to switch to other substitutable technologies. Generally, if substitutable products can be provided by applying different technologies, such different technologies may be considered as substitutable. In considering the substitutability between a technology and the technology involved in the intellectual property rights, not only the current application fields of such technology but also its potential application fields shall be considered.

To define the relevant market, it is necessary to define the relevant geographic market and also take into account the regional feature of the intellectual property rights. Where the relevant transaction involves various countries and regions, the impact of transaction terms on the definition of relevant geographic market shall also be taken into consideration.

Article 5 Factors to be Considered when Analyzing the Eliminative or Restrictive Effect on Competition

i. In assessing the market competition landscape, the following factors may be taken into consideration: industry characteristics and industrial development status; major competitors and their market shares; level of market concentration; difficulty of market entry; market positions of trading counterparties and their degree of reliance on the relevant intellectual property rights; and updates, development trends, and research and development status of relevant technologies.

In the calculation of the market share of an undertaking in the relevant technology market, depending on the specific context of each individual case, the market share of products produced by applying such technology, the proportion of the royalty of such technology to the overall royalty income in the relevant technology market and the quantity of substitutable technologies may be taken into account.

ii. When analyzing a specific conduct, the following factors may be taken into consideration: the competitive relationship between undertakings; market shares of undertakings and their controlling power in the market; the period, scope and extent of the restrictions caused by the conduct on the output, region, consumers, and other aspects; the possibility for the conduct to create or increase the market entry barriers; the impediments created by the conduct to the innovation, dissemination and development of technologies;

the impediments created by the conduct to the industry development; the impact of the conduct on potential competition, etc.

The competitive relationship between the undertakings may be assessed, depending on the specific context of each individual case, by taking into account whether there is an actual or potential competitive relationship between the undertakings in the absence of such conduct.

Article 6 Conditions for Determining the Pro-Competitive Effects

In general, the following conditions shall be concurrently satisfied in order to conclude that an undertaking's conduct has a positive impact on innovation and efficiency:

i. There is a causal relationship between the conduct and the promotion of innovation and the improvement of efficiency;

ii. Compared to other conducts that promote innovation and improve efficiency and within undertakings' scope of the reasonable business choice, the conduct has less effects of eliminating and restricting market competition;

iii. The conduct will not eliminate or seriously restrict market competition;

iv. The conduct will not seriously obstruct the innovation of other undertakings;

v. Consumers can share the benefits generated from the promotion of innovation and improvement of efficiency.

Chapter Ⅱ Agreement Involving Intellectual Property Rights That May Eliminate or Restrict Competition

Agreements involving intellectual property rights, especially those in relation to joint research and development and cross-licensing, generally have the effects of stimulating innovation and promoting competition. Different types of agreements may generate different positive effects. However, the agreements involving intellectual property rights may also have the effect of eliminating and restricting market competition, in which case, Chapter Ⅱ of the AML shall apply.

Article 7 Joint Research and Development

Joint research and development refers to the conduct that the joint research and development of technologies, products or others as well as the utilization of the research and development achievements by undertakings. In general, joint research and development can save costs and improve efficiency for research and development activities, but it may also have the effect of eliminating or restricting market competition. The following factors may be taken into account when analyzing whether the conduct has effects of eliminating or restricting competition in the relevant market:

i. Whether undertakings are restricted from independently or jointly with a third party engaging in research and development in the fields irrelevant to the joint research and development;

ii. Whether undertakings are restricted from engaging in subsequent research and development upon completion of the joint research and development;

iii. Whether the ownership and exercise of the intellectual property rights involving in the new technologies or new products researched and developed by the undertakings in the fields irrelevant to the joint research and development are restricted.

Article 8 Cross Licensing

Cross licensing refers to the mutual licensing between undertakings of their own intellectual property rights. Cross licensing can generally reduce the licensing cost and promote the implementation of intellectual property rights, but it may also have the effect of eliminating or restricting market competition. The following factors may be taken into account when analyzing whether the cross licensing has the effect of eliminating or restricting market competition:

i. Whether the cross licensing is exclusive licensing;

ii. Whether the cross licensing constitutes a barrier for third parties to enter into the market;

iii. Whether the cross licensing eliminates or restricts the competition in the downstream market;

iv. Whether the cross licensing increases the cost of relevant product.

Article 9 Sole Grant-back and Exclusive Grant-back

Grant-back refers to the conduct that the licensee grants to the licensors its subsequent improvement based on the licensed intellectual property rights, or new achievements obtained through the application of the licensed intellectual property rights. Grant-back can generally promote the investment in and utilization of new achievements, but sole grant-back and exclusive grant-back may decrease the incentives of the licensees for innovation, therefore resulting in the effect of eliminating or restricting market competition. If only the licensors or the third parties designated by the licensors and the licensees are entitled to implementing such improvement or new achievements granted back by the licensees, such license is called sole grant-back. If only the licensors or the third parties designated by the licensors are entitled to implementing such improvement or new achievements granted back by the licensees, such grant-back is exclusive. Generally, exclusive grant-back is more likely to introduce the anti-competitive effect of eliminating or restricting competition than sole grant-back. The following factors may be taken into account when analyzing whether the sloe grant-back and exclusive grant-back has the effect of eliminating or restricting competition in the relevant market:

i. Whether the licensor provide substantive consideration for such grant-back;

ii. Whether the licensors and the licensees request for the exclusive grant-back or the sole grant-back mutually in the course of cross-licensing;

iii. Whether the grant-back results in concentration of the improvement and new achievements towards a single undertaking, which enables such undertaking to acquire or strengthen its control over the market;

iv. Whether the grant-back impacts the initiatives of the licensees for subsequent improvement.

If a licensor requires a licensee to transfer the above-mentioned subsequent improvement or new achievements to the licensor or a third party designated by it, the same factors mentioned above shall be taken into account when analyzing whether such conduct has the effect of eliminating or restricting competition.

Article 10 No-Challenge Clause

No-Challenge clause refers to such clause in an agreement concerning the licensing of intellectual property rights which prohibits the licensee from challenging the validity of the licensor's intellectual property rights. The following factors may be considered when analyzing whether the no-challenge clause has the effect of eliminating or restricting market competition:

i. Whether the licensor prohibits all licensees from challenging the validity of its intellectual property rights;

ii. Whether the intellectual property rights involved in the no-challenge clause are licensed on a royalty-bearing basis;

iii. Whether the intellectual property rights involved in the no-challenge clause may constitute a downstream market entry barrier;

iv. Whether the intellectual property rights involved in the no-challenge clause impede the exercise of other competing intellectual property rights;

v. Whether the intellectual property rights license involved in the no-challenge clause is exclusive;

vi. Whether the licensee may suffer significant losses if it challenges the validity of the licensor's intellectual property rights.

Article 11 Standards Setting Activities

For the purpose of the Guidelines, standard setting activities refer to scenario where undertakings jointly set up or participate in the process of setting up the uniformly implemented standards concerning intellectual property rights within a certain scope. Standard setting activities help to realize the interoperability among different products, reduce cost, improve efficiency and ensure product quality. However, competing undertakings jointly participating in standard setting may eliminate or restrict competition. The following factors may be considered in the specific analysis:

i. Whether other undertakings are excluded without justifications;

ii. Whether relevant proposals of specific undertakings are excluded without justifications;

iii. Whether it is agreed not to implement other competing standards;

iv. Whether there is any necessary and reasonable constraint mechanism for the exercise of intellectual property rights covered in the standards.

Article 12 Other Restrictions

The licensing of intellectual property rights by undertakings may also involve the following restrictions:

i. Restricting the fields where intellectual property rights are used;

ii. Restricting the sales or distribution channels, scope or customers of the products utilizing the intellectual property rights;

iii. Restricting the quantity of products provided by undertakings by applying the intellectual property rights;

iv. Restricting the undertakings from using competing technologies or providing competing products.

Abovementioned restrictions generally have commercial justifications, as they can improve efficiency and promote the implementation of intellectual property rights. However, they may also have the effect of eliminating or restricting market competition. The following factors may be taken into account when analyzing the effects of the above restrictions of eliminating or restricting market competition:

i. What are restricted, to what extent and how such restrictions are implemented;

ii. The characteristics of the products provided by applying the intellectual property rights;

iii. The relationship between the restriction and the licensing terms of intellectual property rights;

iv. Whether there are multiple restrictions;

v. If the intellectual property rights held by other undertakings involve substitutable technologies, whether such undertakings may impose same or similar restrictions.

Article 13 Safe Harbor Rules

The safe harbor rules are established for the purpose of increasing law enforcement efficiency and providing clear expectations for market players. Safe harbor rules mean that if an undertaking meets one of the following conditions, the intellectual property rights-related agreements it enters into generally will not be deemed as monopoly agreements subject to the regulation of Item (6), Paragraph 1, Article 13 and Item (6), Article 14 of the AML, except to the extent that there is evidence to the contrary demonstrating that such agreements have the effect of eliminating or restricting market competition:

i. The combined market share of the competing undertakings in the relevant market does not exceed 20%;

ii. The market share of the each of the undertakings and its counterparties in any single relevant market impacted by the intellectual property rights-related agreements does not exceed 30%;

iii. If the undertaking's market share in the relevant market is not available, or the market share cannot accurately reflect the market position of that undertaking, but there are at least four substitutable technologies in the relevant market which are independently controlled by other undertakings and can be obtained at reasonable costs, other than those under the control of parties to the agreement.

Chapter Ⅲ Abuse of Dominant Market Position Involving Intellectual Property Rights

Chapter Ⅲ of the AML shall apply when determining the abuse of dominant market position involving intellectual property rights. Generally, the first step should be defining the relevant market and determining whether the undertaking has a dominant position in the relevant market; secondly, specific analysis shall be conducted on a case-by-case basis to determine whether the conduct constitutes the abuse of intellectual property rights to eliminate or restrict competition.

Article 14 Intellectual Property Rights and Determination of Dominant Market Position

An undertaking's possession of intellectual property rights does not necessarily mean that the undertaking has a dominant market position. In order to determine whether an undertaking possessing intellectual property rights has a dominant position in the relevant market, analysis shall be conducted in accordance with the factors and circumstances to determine or presume an undertaking's dominant market position under Article 18 and Article 19 of the AML, in combination of the characteristics of the intellectual property rights; in addition, the following factors may also be specifically considered:

i. The possibility for the trading counterparties to switch to alternative technologies or products and the switching costs;

ii. The extent of the reliance by downstream market on the products provided by applying the intellectual property rights;

iii. The countervailing power of the trading counterparties against the undertaking.

Article 15 Licensing Intellectual Property Rights at an Unfairly High Price

An undertaking with a dominant market position may abuse its dominant market position by licensing intellectual property rights at an unfairly high price, which eliminates or restricts competition. When analyzing whether it constitutes abuse of market dominance, the following factors may be taken into consideration:

i. Royalty calculation method and the contribution made by the intellectual property rights to the value of relevant products;

ii. Commitments made by undertakings in relation to the licensing of intellectual property rights;

iii. Licensing history of the intellectual property rights or comparable royalty standards;

iv. Licensing terms which results in unfairly high prices, including collecting royalties outside the geographic scope or the product scope covered by the intellectual property rights, etc.;

v. Whether the licensor has charged royalty for expired or invalid intellectual property rights in the blanket license.

In order to analyze whether an undertaking charges unfairly high royalty for licensing a standard essential patent, the overall royalties borne by the products which comply with the relevant standards and the impact on the normal development of relevant industry may also be taken into consideration.

Article 16 Refusal to License Intellectual Property Rights

Refusal to license is a way for an undertaking to exercise its intellectual property rights. In general, undertakings are not obligated to transact with competitors or trading counterparties. However, an undertaking with market dominance refusing to license intellectual property rights without justifications may constitute the abuse of dominant market position to eliminate or restrict competition. The following factors may be taken into consideration in the specific analysis:

i. Commitments made by undertakings concerning the licensing of intellectual property rights;

ii. Whether the license of the relevant intellectual property rights is essential for other undertakings to enter the relevant market;

iii. The impacts of refusal to license relevant intellectual property rights on market competition and innovation by undertakings, as well as the extent of such impacts;

iv. Whether the rejected party lacks the willingness and capabilities of paying reasonable royalties, etc.;

v. Whether the undertaking has proposed any reasonable offer to the party being refused to obtain a license;

vi. Whether the refusal to license relevant intellectual property rights may damage consumers' interests or public interests.

Article 17 Tie-in sales Involving Intellectual Property Rights

Tie-in sales involving intellectual property rights refers to the licensing and transfer of intellectual property rights on the condition that undertakings accept the licensing and transfer of other intellectual property rights or other products. Blanket licenses of intellectual property rights may also be a form of tie-in sales. An undertaking with market dominance, without justification, may eliminate or restrict competition through the tie-in sales mentioned above.

When analyzing whether tie-in sales concerning intellectual property rights constitute abuse of dominant market position, the following factors may be taken into consideration:

i. Whether the tie-in sales contradict with the will of the trading counterparty;

ii. Whether the tie-in sales comply with transaction custom or consuming habit;

iii. Whether the tie-in sales disregard the differences in the nature and interrelationship of the relevant intellectual property or products;

iv. Whether the tie-in sales are reasonable and necessary, for instance, such tie-in sales are essential measures for achieving technology compatibility, product safety and product performance, etc.;

v. Whether the tie-in sales eliminate or restrict the transaction opportunities of other undertakings;

vi. Whether the tie-in sales restrict the right of consumers to choose.

Article 18 Imposing Unreasonable Terms in Transactions Involving Intellectual Property Rights

The imposition without justifications by an undertaking with a dominant market position of the following terms on transactions involving intellectual property rights may have the effect of eliminating or restricting competition:

i. Requesting for exclusive grant-back or sole grant-back;

ii. Prohibiting trading counterparties from challenging the validity of the intellectual property rights, or from bringing intellectual property rights infringement lawsuits against the undertaking;

iii. Restricting trading counterparties from exercising their own intellectual property rights, restricting trading counterparties from utilizing or researching and developing competing technologies or products;

iv. Claiming rights over expired intellectual property rights or those declared invalid;

v. Requiring trading counterparties to provide cross-licenses without paying reasonable consideration;

vi. Forcing trading counterparties to trade with third parties or prohibiting trading counterparties from trading with third parties, or restricting the transaction terms between trading counterparties and third parties.

Article 19 Discriminating Treatment in Transactions Involving Intellectual Property Rights

In transactions involving intellectual property rights, an undertaking with a dominant market position may impose without justification different licensing terms on the licensees that are substantially in the same positions to eliminate or restrict competition. When analyzing whether discriminating treatment applied by an undertaking constitutes abuse of market dominance, the following factors may be considered:

i. Whether the trading counterparties are substantially in the same positions, including, amongst others, the scope within which relevant intellectual property rights are utilized and whether the products provided by different trading counterparties by applying relevant intellectual property rights are substitutable among each other;

ii. Whether the licensing terms are substantially different in terms of, amongst others, quantity, territory and duration. In addition to analyzing the terms of a license agreement itself, it is also required to comprehensively consider the impacts of other commercial arrangements concluded between the licensor and the licensee on the licensing terms;

iii. Whether the discriminating treatment has a significant adverse impact on the licensee's participation in market competition.

Chapter Ⅳ Concentrations of Undertakings Involving Intellectual Property Rights

Concentrations of undertakings involving intellectual property rights have special characteristics to some extent in terms of, amongst others, the circumstances which constitutes the concentration of undertakings, factors to be considered during review and imposition of restrictive conditions. The provisions of Chapter Ⅳ of the AML shall be applicable to the review of concentrations of undertakings involving intellectual property rights.

Article 20 Circumstances Where Transactions Involving Intellectual Property Rights May Constitute Concentrations of Undertakings

If an undertaking acquires control, or the ability to exercise decisive influence, over other undertakings by way of transaction concerning intellectual property rights, such transaction may constitute concentration of undertakings. The following factors may be taken into consideration when analyzing whether the transfer or licensing of intellectual property rights constitutes concentration of undertakings:

i. Whether the intellectual property rights constitute a stand-alone business;

ii. Whether the intellectual property rights have generated independent and calculable turnover in the preceding fiscal year;

iii. The way to license the intellectual property rights as well as the duration of license.

Article 21 Review of Concentrations of Undertakings Involving Intellectual Property Rights

If an arrangement involving intellectual property rights constitutes a substantial part of the concentration or is of great significance to the achievement of the transaction objective, then the factors prescribed under Article 27 of the AML, as well as characteristics of intellectual property rights shall be taken into consideration during the review of concentrations of undertakings.

Article 22 Categories of Restrictive Conditions Involving Intellectual Property Rights

Restrictive conditions involving intellectual property rights include structural conditions, behavioral conditions and comprehensive conditions. In general, the imposition of restrictive conditions involving intellectual property rights shall be determined upon assessment of the proposals of restrictive conditions on a case-by-case basis addressing the anti-competitive effect of eliminating or restricting competition that the concentration of undertakings has or may have.

Article 23 Structural Conditions Involving Intellectual Property Rights

An undertaking may propose restrictive conditions to divest intellectual property rights or business involving the intellectual property rights. In general, an undertaking shall ensure that the transferee of the intellectual property rights has necessary resources and capabilities, and is willing to utilize the divested intellectual property rights or engage in the relevant business to participate in market competition. The divesture shall be effective, feasible and timely so as to avoid impacting the market competition conditions.

Article 24 Behavioral Conditions Involving Intellectual Property Rights

Behavioral conditions involving intellectual property rights shall be determined on a case-by-case basis. Proposals for restrictive conditions may involve the following:

i. Licensing of intellectual property rights;

ii. Maintenance of independent operation of the business involving intellectual property rights. The relevant business shall remain effectively competitive during a certain period of time;

iii. Imposing restrictions on licensing conditions of intellectual property rights, which include, amongst others, requiring the undertakings to comply with the obligations of fair, reasonable and non-discriminatory principles and refrain from the tie-in sales. It is generally necessary for undertakings to put in place specific arrangements to ensure the fulfillment of such obligations;

iv. Charging reasonable royalties. Undertakings generally shall, among others, provide a detailed explanation of the methods of calculating royalty rates, royalty payment methods, and fair negotiation conditions and opportunities.

Article 25 Comprehensive Conditions Involving Intellectual Property Rights

An undertaking may propose comprehensive restrictive conditions involving intellectual property rights by combining structural conditions and behavioral conditions.

Chapter V Other Circumstances Involving Intellectual Property Rights

Certain circumstances involving intellectual property rights may constitute different types of monopolistic conduct, or involve specific subjects. Analysis may be conducted and the relevant provisions under the AML shall apply on a case-by-case basis.

Article 26 Patent Pool

Patent pool refers to an arrangement whereby two or more undertakings jointly license their respective patents to a patent pool member or a third party. Parties to the patent pool usually entrust patent pool members or independent third parties to manage the patent pool. Specific methods of operation of a patent pool include, amongst others, concluding agreements, establishing a company or other entities.

The patent pool generally may reduce transaction costs, enhance licensing efficiency, and has the effect of promoting competition. However, a patent pool may also eliminate or restrict competition. The following factors may be taken into consideration in the specific analysis:

i. Market shares of undertakings and their controlling power in the relevant market;

ii. Whether patents in the patent pool involve substitutable technologies;

iii. Whether patent pool members are restricted from independently licensing patents or researched and developed technologies out of the pool;

iv. Whether undertakings exchange such information as, among others, product price and output through the patent pool arrangement;

v. Whether the patent pool is utilized by undertakings to engage in cross licensing, exclusive grant-back or sole grant-back, to impose no-challenge clauses and other restrictions;

vi. Whether the patent pool is utilized by undertakings to, amongst others, license patents at unfairly high prices, engage in tie-in sales, impose unreasonable transaction terms or implement discriminating treatments.

Article 27 Special Issues Concerning Standard Essential Patents

Standard essential patents refer to the patents that are essential for the implementation of certain standard. When determining whether or not undertakings holding standard essential patents have dominant market position, analysis shall be conducted in accordance with Article 14 of the Guidelines and the following factors may be considered as well at the same time:

i. The market value, application scope and application degree of the standards;

ii. Whether there is any substitutable standard or technology, including the possibility of applying alternative standards or technology and switching costs;

iii. The industry's reliance on the relevant standards;

iv. The evolution and compatibilities of the relevant standards;

v. The possibility for the relevant technologies that have been incorporated into the standards to be substituted.

Competition may be eliminated or restricted if a standard essential patent holder with a dominant market position forces its licensees to accept unfairly high royalty or other unreasonable licensing terms, by requesting the court or other relevant authorities to make or issue the judgement, ruling or decision that prohibits the use of relevant intellectual property rights. The following factors may be taken into consideration in the course of specific analysis:

i. The behaviors and true intentions of the negotiating parties in the course of negotiation;

ii. Commitments borne by the relevant standard essential patents;

iii. Licensing terms proposed by both parties in the course of negotiation;

iv. The impact on the licensing negotiation invited by requesting the court or other relevant authorities to make or issue the judgement, ruling or decision that prohibits the use of relevant intellectual property rights;

v. The impact on the competition and consumers' interests in the downstream market invited by requesting the court or other relevant authorities to make or issue the judgement, ruling or decision that prohibits the use of relevant intellectual property rights.

Article 28 Collective Administration of Copyrights

The collective administration of copyrights is usually beneficial for individual copyright holders to exercise rights, reduce costs for individuals to protect their rights and the costs for users to obtain authorization, as well as for the dissemination of works and protection of copyrights. However, the organization for collective administration of copyrights may abuse intellectual property rights to eliminate or restrict competition in the course of its activities. When conducting specific analysis to determine the possible monopolistic behavior, the characteristics and manifestations of relevant conducts may be considered and relevant factors may be analyzed.

Ⅲ. Guidelines on the Application of the Leniency Program to Cases Concerning Horizontal Monopoly Agreements

(The Anti-Monopoly Commission of the State Council 4 January 2019)

Article 1 Objective and Basis of the Guidelines

In accordance with Paragraph 2, Article 46 of the *Anti-Monopoly Law of the People's Republic of China* (AML), if an undertaking, on its own initiative, reports relevant information on the conclusion of monopoly agreements to the anti-monopoly law enforcement authorities of the State Council (enforcement authorities) and provides critical evidence, the enforcement authorities may, at their own discretion, grant immunity or a reduction of penalties to such undertaking (leniency program). For the purpose of providing guidance on the application of the foregoing provisions to cases concerning horizontal monopoly agreements, promoting transparency of the work by the enforcement authorities, and facilitating the application for leniency by undertakings, the Guidelines are formulated in accordance with the AML.

Article 2 Purpose of the Leniency Program

A horizontal monopoly agreement, which usually has the effect of materially eliminating or restricting competition, is highly confidential and relatively stable among the concerned undertakings, hence the proactive cooperation of the relevant undertakings will significantly lessen the difficulty for the enforcement authorities in identifying and investigating such agreements. Therefore, the enforcement authorities are of the opinion that, as regards undertakings that voluntarily report horizontal monopoly agreements, provide critical evidence, cease alleged illegal conducts and cooperate with the enforcement authorities' investigations, the enforcement authorities should grant immunity or a reduction of fines accordingly, which is conducive to improving the efficiency of detecting and investigating monopoly agreements, saving administrative costs of law enforcement and protecting consumers' interests. Meanwhile, the enforcement authorities also hold that the amount of leniency granted should be in proportion to the undertakings' contribution to the enforcement authorities' investigations of cases concerning horizontal monopoly agreements.

Article 3 Application Scope of the Guidelines

The Guidelines only apply to cases concerning horizontal monopoly agreement.

A horizontal monopoly agreement means the monopoly agreement as set out in the first paragraph of Article 13 of the AML which is entered into by competing undertakings.

All monopoly agreements under the Guidelines refer to horizontal monopoly agreements.

Article 4 When Undertakings Can Apply for Leniency

Undertakings to the monopoly agreements may submit leniency applications to the enforcement authorities prior to the formal case acceptance by the enforcement authorities or before the investigation procedures are initiated by the enforcement authorities in accordance with the AML. Undertakings may also apply for leniency to the enforcement authorities post the formal case acceptance by the enforcement authorities or after the investigation procedures are initiated by the enforcement authorities pursuant to the AML, but before the advance notice of administrative penalty is made.

Article 5 Advance Communication between Undertakings and the Enforcement Authorities

The enforcement authorities encourage undertakings to report relevant information regarding the monopoly agreements as early as possible. Undertakings may communicate, anonymously or with real names, with the enforcement authorities either in oral or written form before submitting leniency applications.

Article 6 Materials That Undertakings Shall Submit When Applying for Full Immunity from Penalties

The first undertaking who submits to the enforcement authorities a self-report on relevant information of the monopoly agreement and critical evidence can apply for full immunity from penalties.

The self-report shall contain express confession by the undertakings that it has been engaged in activities related to monopoly agreement that may have violated the AML, and explain in detail the conclusion and implementation of such monopoly agreement. The self-report shall include the following information:

(1) basic information of undertakings who participated in such monopoly agreement (including but not limited to names, addresses, contact information and representatives involved);

(2) information about such monopoly agreement (including but not limited to the time, place, content and specific participants for the concerned communications);

(3) key terms of such monopoly agreement (including but not limited to the concerned products or services, prices and quantities, etc.) and details on conclusion and implementation of such monopoly agreement by concerned undertakings;

(4) the geographic scope and size of the market affected by such monopoly agreement;

(5) the duration during which time the monopoly agreement was implemented; and

(6) explanations for submitted evidence;

(7) whether the undertaking has applied for leniency to other overseas enforcement authorities;

(8) other relevant documents and materials.

Critical evidence provided by the undertaking refers to:

(1) where the enforcement authorities have not yet obtained any clue or evidence of such case, the evidence that is sufficient for enforcement authorities to formally accept a case or commence investigation in accordance with the AML;

(2) where the enforcement authorities have already formally accepted a case or commenced investigation, the evidence submitted by undertakings of which the enforcement authorities are not yet aware and that can substantiate the existence of a monopoly agreement as stipulated in Article 13 of the AML.

Article 7 Registration for Undertakings' Application for Full Immunity from Penalties

After the first applicant for full immunity from penalties submits to the enforcement authorities the self-report on the monopoly agreement and critical evidence pursuant to Article 6 of the Guidelines, the enforcement authorities shall issue to such undertaking a written receipt specifying the time of when the submission is made and a list of submitted materials.

The enforcement authorities will not issue any written receipt if the self-report submitted by the first applicant for full immunity from penalties does not comply with the requirements pursuant to Paragraph 2, Article 6 of the Guidelines.

Where the self-report submitted by the first applicant for full immunity from penalties meets the requirements provided by Paragraph 2, Article 6 of the Guidelines, but no evidence is submitted or the submitted evidence is incomplete, the enforcement authorities may have such application registered. They will issue the written acknowledgement of receipt under paragraph 1 of this Article and ask the undertaking to supplement relevant evidence within a specified period. Such period shall be no longer than thirty (30) days but may be extended up to sixty (60) days under special circumstances. If the undertaking submits the relevant supplemental evidence within the time period specified by the enforcement authorities, the time when the enforcement authorities receive the report shall be deemed as the time of application for leniency; and if the undertaking fails to submit as required the relevant supplemental evidence within the specified period, its eligibility in terms of application registration will be cancelled by the enforcement authorities

After its eligibility in terms of application registration is cancelled, the undertaking who is the first to apply for immunity from penalties still can, if there is no other undertaking applying for leniency, have relevant evidence supplemented and apply to the enforcement authorities for exemption from penalties in accordance with paragraph 1 of this Article; if other undertakings have already applied for leniency before its reapplication for exemption from penalties, the undertaking who is the first to apply for exemption from penalties can apply for reduction of penalties.

In addition to the above-mentioned circumstances, where the registration eligibility of the undertaking who applies for exemption from penalties is cancelled, the undertaking who is the first to apply for reduction of penalties shall automatically become the applicant for exemption from penalties.

Article 8 Evidence That Shall Be Submitted If Undertakings Apply for Reduction of Penalties

Undertakings who, after the first applicant, submit a report on the monopoly agreement and critical evidence can apply to the enforcement authorities for reduction of penalties. The enforcement authorities will issue written acknowledgement of receipt to such undertakings, specifying the time they receive the report and evidence as well as a list for materials.

The report shall include the parties to the monopoly agreement, the products or services involved, the time when the agreement is concluded and implemented, and the territory concerned, etc.

The critical evidence provided by the undertaking refers to the evidence which has not been possessed by the enforcement authorities and has significant probative value for the ultimate finding of a monopoly agreement, including:

(1) evidence which has larger probative value or provides supplementary proof in terms of how the monopoly agreement was concluded or implemented;

(2) evidence which provides supplemental proof in terms of the content of the monopoly agreement, when the monopoly agreement was concluded and implemented, scope of the products or services involved, parties to the monopoly agreement, etc.; and

(3) other evidence with probative value which may represent and record the monopoly agreement.

Article 9 The Approach for Undertakings to Apply for Leniency

Undertakings may submit self-report for leniency application either in oral or in written form. If oral report is to be submitted, recordings will be made in the offices of the enforcement authorities and written notes will be taken, which shall be signed and confirmed by the designated individual authorized by the undertaking; written forms include submission by emails, by fax or with hard copies, etc., and the undertaking shall sign, seal or confirm the submission in other manners.

Article 10 Other Conditions Undertakings Shall Satisfy to Qualify for Leniency

An undertaking can be granted with leniency treatment provided that such undertaking submits self-report and evidence pursuant to the Guidelines and satisfies each of the following conditions:

(1) ceasing immediately all allegedly illegal conducts after applying for leniency, unless the enforcement authorities require the undertaking to continue with the aforesaid

conducts for the purpose of ensuring a smooth investigation. If an undertaking has made leniency applications to the law enforcement authorities in other jurisdictions and has been required to continue with the aforesaid conducts, it shall report such circumstance to the enforcement authorities;

(2) To promptly, continuously, fully and sincerely cooperate with the enforcement authorities during the investigation;

(3) To properly keep and provide evidence and information, and should not conceal, destroy or transfer any evidence or provide any false materials and information;

(4) Not to disclose externally its leniency application to the enforcement authorities without the consent of the enforcement authorities; or

(5) Not to engage in any other conduct that may obstruct the anti-monopoly enforcement and investigation.

The enforcement authorities will not grant full immunity to the undertaking who organizes or coerces other undertakings to conclude and implement monopoly agreements or prevents other undertakings from ceasing such illegal conducts. However, the enforcement authorities may reduce the penalties on such undertaking accordingly.

Article 11 Determination of Rankings of Submitted Leniency Applications by Undertakings

The enforcement authorities rank the undertakings in chronological order according to the time of submission of the leniency applications and determine the places of undertakings' leniency applications in the queue.

If an undertaking fails to perform the obligations set out in Paragraph 1, Article 10 of the Guidelines, the enforcement authorities will remove its marker in the queue. For the undertaking applying for full immunity from penalties, if its marker in the queue is removed, the rankings of subsequent undertakings would not be moved forward; For the undertaking who applies for reduction of penalties, if its marker in the queue is removed, subsequent undertakings may move forward in places in chronological order.

Article 12 Review by the Enforcement Authorities

If the enforcement authorities, upon investigation, determine that monopoly agreements are found, they will determine the amount of the penalties to be imposed on the undertakings according to the gravity of their illegal conducts and decide as to whether to grant to the undertakings any lenient treatment and levels of penalty reduction based on such undertaking's rankings for leniency applications and relevant requirements under Article 10 of the Guidelines.

Generally, the enforcement authorities may grant leniency to no more than three undertakings in the same case concerning monopoly agreements. However, in significant and complicated cases involving many undertakings, if the leniency applicants have indeed provided different pieces of critical evidence, the enforcement authorities may consider granting leniency to more undertakings.

If leniency is not granted by the enforcement authorities, the materials submitted by the undertakings shall not be used as evidence for determining that such undertakings have engaged in monopoly agreement activities.

Article 13 Immunity from or Reduction of Penalties Imposed on Undertakings by the Enforcement Authorities

As regards the first applicant in the queue, the enforcement authorities may exempt it from a penalty or grant a reduction of penalty of no less than 80%. If an undertaking applies for leniency prior to formal case acceptance or the commencement of investigation procedures in accordance with the AML by the enforcement authorities, and it is marked and determined to be the first applicant, the enforcement authorities will grant full immunity from all penalties, except for the circumstances under Paragraph 2, Article 10 of the Guidelines.

The enforcement authorities may reduce the penalties for the second applicant in the queue by 30% to 50%. For the third applicant, the enforcement authorities may reduce the penalties by 20% to 30%; For the subsequent applicants, the enforcement authorities may reduce the penalties by no more than 20%.

"Penalty" mentioned in the Guidelines refers to the fines which are to be imposed on the undertakings taking into account all circumstances and factors of the case comprehensively other than the leniency applications.

Article 14 Immunity from or Reduction of the Confiscated Illegal Gains of Undertakings

For the purpose of encouraging undertakings to voluntarily report the conduct concerning monopoly agreements and provide critical evidence, the enforcement authorities may, in addition to the immunity from or reduction of penalties, consider the treatment of the illegal gains of undertakings with reference to Article 13 of the Guidelines.

Article 15 Announcement of the Enforcement Authorities' Decisions

If the enforcement authorities decide to grant leniency to the undertakings, the enforcement authorities shall explicitly specify the decision and reasons in respect of the leniency granted to the undertakings, and shall publish such decisions to the public in a timely manner pursuant to applicable laws.

Article 16 Confidentiality Obligations of the Enforcement Authorities

For the reports, compiled documents and other materials submitted by the undertakings for the purpose of leniency application in accordance with the Guidelines, the enforcement authorities, without the consent of the undertakings, shall not make them public, and no other entities or individuals are entitled to access to the materials.

Ⅳ. Guidelines for Commitments of Undertakings in Monopoly Cases

(The Anti-Monopoly Commission of the State Council 4 January 2019)

Article 1 Objectives and Basis of the Guidelines

These Guidelines are formulated in accordance with the *Anti-Monopoly Law of People's Republic of China* (AML) for the purposes of guiding the application of commitments of undertakings and the procedures of suspending investigations and terminating investigations (mechanism of commitments of undertakings) during investigation processes of monopoly cases, and improving the transparency of anti-monopoly enforcement practices.

During investigations of monopoly cases, in accordance with Article 45 of the AML, the investigated undertakings may propose commitments and take specific measures to eliminate the consequences of their conducts, and the anti-monopoly enforcement authorities of the State Council (enforcement authorities) may accept commitments of undertakings and decide to suspend investigations and terminate investigations. This contributes to the improvement of anti-monopoly enforcement efficiency, saving administrative enforcement resources, as well as achieving effectively the goals of protecting fair competition in the market and preserving consumer interests and social public interests.

Article 2 Application Scope of the Mechanism of Commitments of Undertakings

With respect to cases concerning horizontal monopoly agreements between competing undertakings including fixing or modifying product prices, restricting production or sales volume, and allocating the sales market or raw material procurement market, the enforcement authorities shall not accept undertakings' proposed commitments or suspend investigations.

With regard to other monopoly cases, if the undertakings propose commitments on their own initiative, the enforcement authorities may decide the procedures of suspending investigations and terminating investigations.

Article 3 Legal Consequences of Decisions of Suspending and Terminating Investigations

The enforcement authorities' decisions of suspending investigations and terminating investigations are not to determine whether the undertakings' conducts constitute monopolistic conducts. The enforcement authorities may still investigate other similar conducts and impose administrative penalties in accordance with the laws. Decisions of suspending investigations and terminating investigations shall not be considered as evidence for conclusion on whether the conducts constitute monopolistic conducts either.

Article 4 Proposing and Revoking Commitments by Undertakings

If the enforcement authorities, after investigations and verifications, are of the view that the alleged monopolistic conducts constitute monopolistic conducts, the enforcement authorities shall render decisions in accordance with the laws and shall no longer accept commitments proposed by undertakings.

Undertakings are encouraged to propose commitments after the enforcement authorities have taken any measures prescribed in Article 39 of the AML, and before the issuance of the advance notice of administrative penalty; the enforcement authorities generally shall not accept commitments that are proposed by undertakings after the issuance of the advance notice of administrative penalty.

Before the enforcement authorities make the decisions of suspending investigations, the undertakings may revoke the commitments. If the undertakings revoke the commitments, the enforcement authorities shall terminate the review of the commitments of the undertakings and continue investigations of the alleged monopolistic conducts and shall no longer accept commitments proposed by the undertakings.

Article 5 Undertakings' Communications with the Enforcement Authorities Before Proposing Commitments

The enforcement authorities encourage undertakings to propose commitments as soon as possible. Prior to proposing commitments, undertakings may make necessary communications with the enforcement authorities.

The enforcement authorities may inform the undertakings of the preliminary facts and the possible impacts of the alleged monopolistic conducts, and may communicate with the undertakings. Based on the communications, the undertakings may propose commitments on their own initiative.

Article 6 Proposals of Commitments of Undertakings

Undertakings shall propose commitments in writing. Commitments normally specify the following items:

(1) the alleged monopolistic conducts under investigations and their possible impacts;

(2) specific measures committed to be taken to eliminate the consequences of the conducts;

(3) demonstrations that the specific measures committed to be taken are capable of eliminating the consequences of the conducts;

(4) time arrangements and methods of fulfilling the commitments; and

(5) other necessary commitments.

Upon receipt of the commitments submitted by the undertakings, the enforcement authorities shall provide the undertakings with the written receipt, confirming the time of such receipt of the commitments and the list of materials received.

Article 7 Measures Committed by Undertakings

Measures committed by undertakings may be structural measures, behavioral measures, or hybrid measures. The committed measures shall be explicit, feasible and independently implementable. If the implementation of committed measures is subject to third-party's consents, the undertakings are required to submit such third-party consents in writing.

The behavioral measures referred to in the previous Paragraph include adjusting pricing strategies, cancelling or changing all types of restrictive terms on transactions, opening up infrastructures such as networks or platforms, licensing patents, know-how or other IPRs, etc.; the structural measures include divestment of tangible assets, intangible assets such as IPRs or other relevant equities, etc.

Article 8 Communications Between Undertakings and the Enforcement Authorities

Undertakings and the enforcement authorities may communicate in relation to contents of the commitments, including specific statements of the facts, whether the committed measures are capable of eliminating the consequences of the alleged monopolistic conducts and whether the committed measures are limited to solving the competition concerns focused by the enforcement authorities, etc.

In the process of the communications, with mutual consents of the enforcement authorities and the undertakings, third-party undertakings, industry regulators, industry associations, experts and scholars, etc., may be invited to join the discussions.

Article 9 Solicitations of Public Opinions on Committed Measures and Amendments of Committed Measures

If the enforcement authorities are of the view that the alleged monopolistic conducts of the undertakings have already affected legitimate interests of the majority of other unspecified undertakings and consumers or social public interests, the enforcement authorities may solicit opinions from the public in relation to the measures committed by the undertakings. The time period for soliciting opinions shall generally be no less than 30 days.

If the enforcement authorities are of the view that the opinions collected from the public, amongst other parties, need to be adopted, the enforcement authorities may suggest the undertakings amend the committed measures or re-propose measures to be committed. If the undertakings refuse to amend the committed measures and fail to provide reasonable explanations or feasible alternative proposals, the enforcement authorities may terminate the review of the commitments of the undertakings and the communication procedures and continue investigations of the alleged monopolistic conducts.

If the nature or scope of the committed measures have significantly changed after amendments, the enforcement authorities may solicit opinions from the public again.

Article 10 Duration of Undertakings' Fulfillment of Commitments

The duration of undertakings' fulfillment of commitments shall be determined by the enforcement authorities on a case-by-case basis.

If the undertakings have fulfilled the commitments completely prior to the expiry of the duration of the commitments, or, due to material changes in the market competition conditions, it is no longer necessary to continue fulfilling the commitments, the undertakings may apply for advance termination of the investigations.

Article 11 Analysis and Review of Committed Measures

The enforcement authorities may consider comprehensively the following factors in reviewing commitments of undertakings:

(1) the undertakings' subjective attitudes in performing the alleged monopolistic conducts;

(2) the nature, duration, consequences and social impacts of the undertakings' alleged monopolistic conducts; and

(3) the measures committed by the undertakings and their prospective effects.

Article 12 Decisions of Suspending Investigations

If the enforcement authorities decide to suspend investigations, the enforcement authorities shall produce the Decision of Suspension of Investigations, which shall specify the following elements:

(1) the facts and impacts on competition or possible impacts of the alleged monopolistic conducts;

(2) the measures committed by the undertakings to eliminate the consequences of the conducts;

(3) the duration and methods of the undertakings' fulfillment of the commitments;

(4) the obligations of the undertakings to report to the enforcement authorities ongoing fulfillment of the commitment within the prescribed time period;

(5) the measures to supervise the undertakings' fulfillment of the commitments; and

(6) the legal consequences of failing to fulfill or partially fulfilling the commitments, etc..

Article 13 Report and Supervision of Undertakings' Fulfillment of Commitments

Undertakings shall report to the enforcement authorities for fulfillment of commitments in writing pursuant to the requirements of the Decision of Suspension of Investigations.

The enforcement authorities shall supervise undertakings' fulfillment of commitments.

Article 14 Modifications of Measures Committed by Undertakings

In the process of fulfilling commitments, undertakings may apply to the enforcement authorities for modifying committed measures due to material changes in their own operation conditions or market competition conditions, etc..

The enforcement authorities will review the undertakings' application for modifications of commitments and inform the undertakings of the decision in writing regarding whether the enforcement authorities approve the undertakings' modifications of the committed measures.

If the enforcement authorities are of the view that the undertakings' modifications of the committed measures may affect legitimate interests of the majority of other unspecified undertakings and consumers or social public interests, the enforcement authorities may solicit opinions from the public in relation to the committed measures to be modified by the undertakings.

Article 15 Decisions of Terminating Investigations

If the undertakings have fulfilled the commitments, the enforcement authorities may decide to terminate investigations and produce the Decision of Termination of Investigations.

The Decision of Termination of Investigations shall specify the following elements:

(1) the undertakings' alleged monopolistic conducts under investigations of the enforcement authorities;

(2) the measures committed by the undertakings to eliminate the consequences of the conducts;

(3) the undertakings' fulfillment of the commitments;

(4) supervision of the undertakings' fulfillment of the commitments; and

(5) the decision to terminate investigations of the alleged monopolistic conducts.

Article 16 Publication of Decisions of Suspending Investigations and Decisions of Terminating Investigations

The enforcement authorities shall timely publish decisions of suspending investigations and decisions of terminating investigations.

Article 17 Decisions of Resuming Investigations

The enforcement authorities shall resume investigations of the alleged monopolistic conducts if the circumstances prescribed in Paragraph 3 of Article 45 of the AML have occurred.

Industry regulators, consumers or other undertakings who are of the view that the above circumstances have occurred may submit suggestions of resuming investigations to the enforcement authorities, and the enforcement authorities shall then decide whether to resume investigations after review.

Article 18 Suspension of Investigations and Penalties after Resuming Investigations

After investigations have been resumed, the enforcement authorities shall no longer accept commitments proposed by undertakings. However, the enforcement authorities may accept commitments proposed by the undertakings based on new facts if the investigations are resumed in accordance with Item 2 of Paragraph 3 of Article 45 of the AML.

V. Interim Provisions on Prohibition of Monopoly Agreements

(Promulgated by No. 10 Decree of State Administration for Market Regulation on 26 June 2019)

Article 1 For the purpose of preventing and prohibiting monopoly agreements, pursuant to the *Anti-Monopoly Law of the People's Republic of China* (AML), the *Interim Provisions on Prohibition of Monopoly Agreements* (the Provisions) are hereby formulated.

Article 2 State Administration for Market Regulation (SAMR) shall be responsible for the antitrust law enforcement in relation to monopoly agreements.

SAMR authorizes, in accordance with Article 10(2) of the AML, market regulatory authorities of the people's government of each province, autonomous region or municipality directly under the Central Government (provincial market regulatory authorities) to take charge of the antitrust law enforcement in relation to monopoly agreements within their respective administrative regions.

For the purpose of the Provisions, the antitrust law enforcement agencies refer to SAMR and the provincial market regulatory authorities.

Article 3 SAMR is responsible for investigating the following monopoly agreements:

(1) monopoly agreements that involve different provinces/autonomous regions/municipalities directly under the Central Government;

(2) monopoly agreements where the facts are complicated or has significant nation-wide implications; and

(3) monopoly agreements which SAMR deems it necessary to directly investigate and handle.

SAMR may designate a provincial market regulatory authority to investigate and handle the aforesaid monopoly agreements.

When investigating and handling monopoly agreements, if the provincial market regulatory authorities finds that the case does not fall under their jurisdiction, or although the case falls within their jurisdiction, it is necessary for the case to be investigated and handled by SAMR, the provincial market regulatory authorities shall report to SAMR on a timely basis.

Article 4 When investigating and handling monopoly agreements, the antitrust law enforcement agencies shall treat all undertakings equally.

Article 5 Monopoly agreements refer to agreements, decisions or other coordinated behaviors that eliminate or restrict competition.

The agreements or decisions may be in written, verbal or in other forms.

Other coordinated behaviors refer to virtually existing coordinated conduct among undertakings despite a lack of expressly concluded agreements or decisions.

Article 6 The following factors shall be taken into consideration in the determination of other coordinated behaviors:

(1) whether the market behaviors of the undertakings are in coordination;

(2) whether there is meeting of minds or exchange of information among the undertakings;

(3) whether the undertakings can provide reasonable explanations for the coordination of their behaviors; and

(4) the structure, competition conditions and market changes in the relevant market, etc..

Article 7 Competing undertakings are prohibited from reaching any of the following monopoly agreements with respect to the price of products or services (collectively products):

(1) fixing or altering the price, price variation level, profit level or discount, commission fees and other fees;

(2) agreeing on a standard formula to calculate price;

(3) restricting the rights to independent pricing of the undertakings to the agreement; and

(4) fixing or altering the price by other means.

Article 8 Competing undertakings are prohibited from reaching the following monopoly agreements of limiting the output or sales volume of products:

(1) limiting the output of products or of specific kinds or types of products by, among others, limiting or fixing the output, or ceasing production;

(2) limiting the sales volume of products or of specific kinds or types of products by, among others, limiting the supply volume; and

(3) limiting the output or sales volume of products by other means.

Article 9 Competing undertakings are prohibited from reaching the following monopoly agreements of dividing the sales market or the procurement market for raw materials:

(1) dividing the sales regions, market shares, sales targets, sales revenue, sales profit or

the categories, volume or selling time of products;

(2) dividing the procurement regions, categories, volume, procurement time or suppliers of raw materials which includes, among others, raw materials, semi-finished products, spare parts and relevant equipment; and

(3) dividing the sales market or the procurement market for raw materials by other means.

Raw materials mentioned in the foregoing Paragraph shall also include technologies and services necessary for undertakings to carry out production and operation.

Article 10 Competing undertakings are prohibited from reaching the following monopoly agreements of restricting the purchase and development of new technologies and new equipment:

(1) restricting the purchase or use of new technologies or new processes;

(2) restricting the purchase, lease or use of new equipment or new products;

(3) restricting the investment in, and the R&D of new technologies, new processes or new products;

(4) refusing to use new technologies, new processes, new equipment or new products; and

(5) restricting the purchase of new technologies or new equipment, or the development of new technologies or new products by other means.

Article 11 Competing undertakings are prohibited from reaching the following monopoly agreements of boycotting transactions:

(1) jointly refusing to supply or sell products to specific undertakings;

(2) jointly refusing to procure from or sell the products of specific undertakings;

(3) jointly restricting specific undertakings from entering into transactions with competing undertakings; and

(4) jointly boycotting transactions by other means.

Article 12 Undertakings are prohibited from reaching the following agreement on product price with their trading counterparties:

(1) fixing the price, price variation level, profit level or discount, commission fees or other fees of products resold to third parties;

(2) limiting the minimum price of products resold to third parties; or limiting the minimum price of products resold to third parties by limiting the price variation level, profit level or discount, commission fees or other fees;

(3) fixing the resale price or limit the minimum resale price of products by other means.

Article 13 Other agreements, decisions or coordinated behaviors which do not fall under the circumstances set out in Article 7 to 12 of the Provisions shall be deemed as monopoly agreements and be prohibited if evidence shows that they eliminate or restrict competition.

The monopoly agreements stipulated in the foregoing Paragraph shall be determined by SAMR and the following factors shall be taken into account when determining whether such an agreement constitutes a monopoly agreement or not:

(1) the fact that undertakings reach and implement the agreement;

(2) the market competition conditions;

(3) the market shares of undertakings in the relevant market and their market control power;

(4) the impact of the agreement on, among others, the price, volume, and quality of products;

(5) the impact of the agreement on, among others, market entry and technological progress;

(6) the impact of the agreement on consumers and other undertakings;

(7) other factors relevant to the determination of monopoly agreements.

Article 14 Trading associations are prohibited from engaging in the following conducts:

(1) formulating or publishing, among others, articles of association, rules, decisions, notices, or standards which contain contents that eliminate or restrict competition;

(2) convening, organizing or facilitating undertakings in the industry to reach, among others, agreements, resolutions, meeting minutes, memorandum which contain contents that eliminate or restrict competition;

(3) other conducts organizing undertakings in the industry to reach or implement monopoly agreements.

For the purpose of the Provisions, trading associations refer to various associations, societies, chambers of commerce, federations, promotion associations and other legal entities of social organizations which are composed of economic organizations and individuals in the same industry and perform the functions of industry services and self-disciplinary management.

Article 15 The antitrust law enforcement agencies shall discover suspected monopoly agreements by exercising their duties and power, or by way of complaints, delegation by higher-level authorities, referrals by other authorities, reports by lower-level authorities, and voluntary reports by undertakings etc.

Article 16 Where the complaint is made in written form and relevant facts and evidence are provided, the antitrust law enforcement agencies shall conduct necessary investigation. Written complaint generally includes the following:

(1) basic information of the complainant;

(2) basic information of the complainee;

(3) relevant facts and evidence about the suspected monopoly agreement;

(4) whether the same facts have already been reported to other administrative authorities or legal actions has been brought before a people's court.

The antitrust law enforcement agencies may, based on the needs of their work, require the complainant to supplement the complaint materials.

Article 17 The antitrust law enforcement agencies decide whether or not to accept the case after necessary investigations into the suspected monopoly agreement.

Provincial market regulatory authorities shall file with SAMR for record within 7 business days as of the date on which the case is accepted.

Article 18 When investigating and handling a suspected monopoly agreement, SAMR may delegate a provincial market regulatory authority to conduct the investigation.

When investigating and handling a suspected monopoly agreement, a provincial market regulatory authority may delegate a lower-level market regulatory authority to conduct the investigation.

The delegated market regulatory authority shall conduct the investigation within the scope of the delegation and in the name of the delegating authority. They shall not further delegate the investigation to other administrative authorities, entities or individuals.

Article 19 When investigating and handling a suspected monopoly agreement, a provincial market regulatory authority may, based on its needs, request other relevant provincial market regulatory authorities to assist in the investigation. Such provincial market regulatory authorities shall provide their assistance.

Article 20 If the antitrust law enforcement agencies impose administrative penalties for a monopoly agreement, an administrative penalty decision shall be made in accordance with applicable laws.

The administrative penalty decision shall include the following:

(1) basic information of the undertakings, including, among others, the name or designation, and address;

(2) source of the case and the investigation process;

(3) facts about the violation of laws and relevant evidence;

(4) statements or defenses of the undertakings and whether or not such statements or defenses are admitted and the reasons;

(5) contents and basis of the administrative penalty;

(6) implementation method and time limit of the administrative penalty;

(7) the method and time limit for applying for administrative reconsideration or filing an administrative lawsuit, when the undertakings involved are not satisfied with the administrative penalty; and

(8) the name of the antitrust law enforcement agency that makes the administrative penalty decision, as well as the date on which such decision is made.

Article 21 Undertakings suspected of being involved in a monopoly agreement may, during the course of investigation, apply for suspension of the investigation and undertake to take specific measures to remove the impact of such agreement within the time limit recognized by the antitrust law enforcement agencies.

The application for suspension of the investigation shall be made in written form and shall be signed and sealed by the head of the relevant undertakings. The application shall set forth the following:

(1) facts about the suspected monopoly agreement;

(2) specific measures that the undertakings undertake to take to remove the impact of the monopoly agreement;

(3) the time limit for fulfilling the commitments;

(4) other matters that need to be committed.

If the antitrust law enforcement agencies find that the relevant agreement constitutes a monopoly agreement after investigation and verification, they shall make the decision in accordance with applicable laws and no longer accept the application for suspension of the investigation made by the undertakings.

Article 22 Based on the application for suspension of the investigation made by the undertakings under investigation, the antitrust law enforcement agencies shall decide whether or not to suspend the investigation after considering the nature, duration, consequences, social impact of their acts, as well as the measures that the undertakings undertake to take, the expected effects of such measures and other specific circumstances.

For suspected monopoly agreements which fall under Article 7 to 9 of the Provisions, the antitrust law enforcement agencies shall not accept any application for suspension of the investigation.

Article 23 If the antitrust law enforcement agencies decide to suspend the investigation, a decision on suspension shall be made.

The decision on suspension shall specify, among others, the facts that the undertakings under investigation are suspected of reaching the monopoly agreement, the specific contents of the commitments, the specific measures to remove the effects of the monopoly agreement, the time limit for fulfilling commitments, and legal consequences for failure to fulfill or partially fulfilling the commitments.

Article 24 Where the antitrust law enforcement agencies decide to suspend the investigation, it shall supervise the undertakings' fulfillment of the commitments.

The undertakings shall, within the specified time limit, submit a written report to the antitrust law enforcement agencies on the fulfillment of the commitments.

Article 25 Where an antitrust law enforcement agency determines that the undertakings have fulfilled the commitments, they may decide to terminate the investigation and issue a decision on termination of the investigation.

The decision on termination of the investigation shall set forth, among others, the facts that the undertakings under investigation are suspected of being involved in a monopoly agreement, the specific contents of the commitments, the fulfillment of the commitments, as well as the supervision of the fulfillment of the commitments.

The antitrust law enforcement agency shall resume the investigation under any of the following circumstances:

(1) where the undertakings fail to fulfill or partially fulfill the commitments;

(2) where material changes occur to the facts based on which the decision on suspension of the investigation was made;

(3) the decision on suspension of the investigation is based on incomplete or inauthentic information provided by the undertakings.

Article 26 Where an undertaking can prove that the monopoly agreement under investigation falls under the scenarios set out in Article 15 of the AML, the provisions under Article 7 to 13 the Provisions shall not apply.

Article 27 When determining whether or not the monopoly agreement under investigation falls under the scenarios set out in Article 15 of the AML, the antitrust law enforcement agencies shall take into account the following factors:

(1) the specific form and effect of the agreement to achieve the scenarios;

(2) the causal link between the agreement and the achievement of the scenarios;

(3) whether the agreement constitutes a necessary condition for the achievement of the scenarios;

(4) other factors that can prove that the agreement falls under one of relevant circumstances.

When determining whether the benefits arising from the agreement can be shared by consumers, the antitrust law enforcement agencies shall consider whether or not consumers can be benefited with respect to, among others, the price, volume and categories of products due to the reaching and implementation of such agreements.

Article 28 Where the antitrust law enforcement agency determines that the monopoly agreement under investigation falls under the scenarios set out in Article 15 of the AML, it shall terminate the investigation and make a decision on termination of the investigation. The decision on termination of the investigation shall specify, among others, the basic facts of the agreement, the basis and reasons for the application of Article 15 of the AML.

If the agreement under investigation no longer falls under the scenarios set out in Article 15 of the AML due to significant changes occurring after the decision on termination of the investigation is made, the antitrust law enforcement agencies shall resume the investigation.

Article 29 The provincial market regulatory authorities shall report to SAMR prior to issuing a decision on suspension or termination of the investigation or prior to notifying the administrative penalty.

The provincial market regulatory authorities shall file with SAMR for record within 7 business days of delivering the decision on suspension or termination of the investigation or the administrative penalty decision to the undertakings under investigation.

Article 30 The antitrust law enforcement agencies shall make the administrative decision public in accordance with applicable laws after such decision is made. In particular, administrative penalty information shall be disclosed to the public via National Enterprise Credit Information Publicity System in accordance with applicable laws.

Article 31 SAMR shall strengthen its guidance and supervision over the investigation and handling of monopoly agreements by the provincial market regulatory authorities and shall unify the law enforcement standards.

The provincial market regulatory authorities shall investigate and handle cases involving monopoly agreements strictly in accordance with the relevant regulations of SAMR.

Article 32 Where undertakings reach and implement monopoly agreements in violation of the Provisions, the antitrust law enforcement agencies shall order the undertakings to cease the illegal acts, confiscate the illegal gains and impose a fine of no less than 1% but no more than 10% of the sales revenue for the previous year; if the monopoly agreement reached has not been implemented, a fine of no more than RMB500,000 may be imposed.

Where trading associations organize undertakings within the industry to reach monopoly agreements in violation of the Provisions, the antitrust law enforcement agencies may impose a fine of no more than RMB500,000 on such trading associations. In serious circumstances, the antitrust law enforcement agencies may request the registration authority of social organizations to revoke the registration of such trading associations in accordance with applicable laws.

In determining the specific amount of the fine, the antitrust law enforcement agencies shall take into account, among other factors, the nature, circumstances, degree and duration of the illegal acts.

Where the undertakings conclude monopoly agreements due to abuse of administrative power by administrative authorities or organizations authorized by laws or regulations to administrate public affairs, they shall be dealt with in accordance with the foregoing Paragraph. If the undertakings can prove the reaching of monopoly agreements is a result of the passive compliance of administrative orders, a lighter or mitigated penalty may be imposed in accordance with applicable laws.

Article 33 Where an undertaking participating in a monopoly agreement voluntarily reports the relevant information on the reaching of the monopoly agreement and provides critical evidence, it may apply for a mitigated penalty or an exemption from penalty in accordance with applicable laws.

Critical evidence refers to the evidence which plays a critical role in commencement of investigation or in the determination of the monopoly agreement by the antitrust law enforcement agencies, including, among others, undertakings participating in the monopoly agreement, scope of the products involved, contents of the agreement and the way to reaching such agreement, and specific implementation of the agreement.

Article 34 Where undertakings make an application in accordance with Article 33 of the Provisions, the antitrust law enforcement agencies shall decide whether or not to impose a mitigated penalty or to grant exemption from the penalty based on, among others, the time sequence of the voluntary reports by the undertakings, the importance of the evidence provided, the relevant facts about the reaching and implementation of the monopoly agreement.

For the first applicant, the antitrust law enforcement agencies may exempt the applicant from the penalty or reduce the penalty by no less than 80%; for the second applicant, the penalty may be reduced by 30%~50%; for the third applicant, the penalty may be reduced by 20%~30%.

Article 35 Where there is lack in the Provisions of provisions in relation to the investigation of, or penalty procedures for monopoly agreements, the *Interim Provisions of Market Supervision and Administration on the Procedures for Administrative Penalties* shall apply, excluding the provisions in relation to time limit, case acceptance and jurisdictions.

Where the antitrust law enforcement agencies organize a hearing for administrative penalties, the *Interim Measures for Market Supervision and Administration for the Hearings for Administrative Punishments* shall apply.

Article 36 The Provisions shall come into force as of 1 September 2019. The *Provisions of the Industry and Commerce Administration Organs on the Procedures for the Investigation and Penalties of Monopoly Agreement Cases and Abuse of Dominant Market Position Cases* promulgated by to No. 42 Decree of the former State Administration for Industry and Commerce on 26 May 2009 and the *Regulations of Industry and Commerce Administration Organs on Prohibition of Acts Involving Monopoly Agreements* promulgated by No. 53 Decree of the former State Administration for Industry and Commerce on 31 December 2010 shall cease to be valid at the same time.

Ⅵ. Interim Provisions on Prohibition of Abuse of Dominant Market Position

(Promulgated by No. 11 Decree of State Administration for Market Regulation on 26 June 2019)

Article 1 For the purpose of preventing and prohibiting abuse of dominant market position, pursuant to the *Anti-Monopoly Law of the People's Republic of China* (AML), the *Interim Provisions on Prohibition of Abuse of Dominant Market Position* (the Provisions) are hereby formulated.

Article 2 State Administration for Market Regulation (SAMR) shall be responsible for the antitrust law enforcement in relation to abuse of dominant market position.

SAMR authorizes, in accordance with Article 10(2) of the AML, market regulatory authorities of the people's government of each province, autonomous region or municipality directly under the Central Government (provincial market regulatory authorities) to take charge of the antitrust law enforcement in relation to abuse of dominant market position within their respective administrative regions.

For the purpose of the Provisions, the antitrust law enforcement agencies refer to SAMR and the provincial market regulatory authorities.

Article 3 SAMR is responsible for investigating the following abuse of dominant market position:

(1) abuse of dominant market position that involves different provinces/autonomous regions/municipalities directly under the Central Government;

(2) abuse of dominant market position where the facts are complicated or has significant nation-wide implications; and

(3) abuse of dominant market position which SAMR deems it necessary to directly investigate and handle.

SAMR may designate a provincial market regulatory authority to investigate and handle the aforesaid abuse of dominant market position.

When investigating and handling abuse of dominant market position, if the provincial market regulatory authorities find that the case does not fall under their jurisdiction, or although the case falls within their jurisdiction, it is necessary for the case to be investigated and handled by SAMR, the provincial market regulatory authorities shall report to SAMR on a timely basis.

Article 4 When investigating and handling abuse of dominant market position, the antitrust law enforcement agencies shall treat all undertakings equally.

Article 5 Dominant market position refers to a market position where an undertaking has the ability to control the price, volume or other trading terms of products or services (collectively ***products***) in the relevant market, or to obstruct or affect other undertakings from entering the relevant market.

Other trading terms in this Article refer to factors, other than the price and volume of products, which can substantially affect market transactions including category of products, quality of products, payment terms, delivery methods, after-sale services, transaction choices and technical constraints, etc..

To obstruct or affect other undertakings from entering the relevant market in this Article refers to, among other circumstances, excluding other undertakings from entering the relevant market, delaying other undertakings from entering the relevant market within a reasonable timeframe, or resulting in situations where other undertakings can enter the relevant market, but the costs of entry is substantially increased such that they are unable to compete effectively with existing undertakings.

Article 6 In accordance with Article 18(1) of the AML, when determining the market share of an undertaking in the relevant market, the percentage represented by the sales value, sales volume or other indicators of a specific product of the undertaking in the relevant market within a certain time period may be taken into account.

When analyzing the competition conditions in the relevant market, factors including, among others, the development status of the relevant market, the number of existing competitors and their market shares, the degree of product differentiation, innovation and technical changes, sales and procurement models, and the existence of potential competitors may be taken into consideration.

Article 7 In accordance with Article 18(2) of the AML, when determining an undertaking's abilities to control the sales market or the procurement market for raw materials, factors including, among others, the undertaking's abilities to control the upstream and downstream markets in the industrial chain, its abilities to control the sales or procurement channels, its abilities to affect or determine the price, volume, contract term or other trading terms as well as the abilities to have priority in obtaining raw materials, semi-finished products, spare parts and relevant equipment as well as other required inputs for its production and operation, may be taken into account.

Article 8 In accordance with Article 18(3) of the AML, when determining the financial capabilities and technical conditions of an undertaking, factors including, among others, the undertaking's asset scale, profitability, financing capabilities, research and development capabilities, technical equipment, technical renovation and application capabilities and proprietary intellectual property rights, as well as how and to what extent such financial capabilities and technical conditions can promote the undertaking's business expansion or consolidate and maintain its market position, may be taken into consideration.

Article 9 In accordance with Article 18(4) of the AML, when determining other undertakings' reliance on an undertaking in transactions, factors including, among others, the transactional relationship, the transaction volume, and the duration of the transaction between such undertaking and other undertakings, as well as the difficultness of switching to other trading counterparties within a reasonable timeframe, may be taken into consideration.

Article 10 In accordance with Article 18(5) of the AML, when determining the difficultness for other undertakings to enter the relevant market, factors including, among others, market access qualification, the difficultness of access to necessary resources, control over procurement and sales channels, capital investment scale, technical barriers, brand reliance, switching costs for users, and consumption habits may be taken into consideration.

Article 11 In accordance with Article 18 of the AML and Article 6 to 10 of the Provisions, when determining whether an undertaking in new economy sectors (such as the internet sector) has dominant market position, factors including, among others, the competition features of the relevant industry, operation model, number of users, network effect, lock-in effects, technical features, market innovation, ability to possess and process relevant data and the undertaking's market power in the related market may be taken into consideration.

Article 12 In accordance with Article 18 of the AML and Article 6 to 10 of the Provisions, when determining whether an undertaking in the intellectual property field has dominant market position, factors including, among others, the substitutability of the intellectual property rights, the degree of reliance of downstream markets on the products provided by using the intellectual property rights, and trading counterparties' ability to constrain the undertakings may be taken into consideration.

Article 13 When determining whether two or more undertakings have dominant market position, in addition to the factors listed in Article 6 to 12 of the Provisions, factors including, among others, market structure, transparency of the relevant market, the extent of homogenization of relevant products, and the coordination of the undertakings' conduct shall also be taken into account.

Article 14 An undertaking with dominant market position is prohibited from selling products at unfairly high price or purchasing products at unfairly low price.

In determining unfairly high price or unfairly low price, the following factors may be taken into account:

(1) whether the sales price or the purchase price is obviously excessively higher or lower than the price of the same or comparable products sold or purchased by other undertakings under identical or similar market conditions;

(2) whether the sales price or the purchase price of is obviously excessively higher or lower than the price of the products sold or purchased by the same undertaking in other regions with identical or similar market conditions;

(3) when the costs are stable, whether the sales price is increased or the purchase price is decreased beyond the normal range;

(4) whether the increase in the sales price of the products is significantly higher than the increase in the costs; or whether the decrease in the purchase price is significantly higher than the decrease in the costs of the trading counterparties;

(5) other relevant factors that need to be taken into account.

In determining whether market conditions are identical or similar, factors including, among others, sales channels, sales model, supply and demand conditions, regulatory environment, transaction process, costs structure and transaction situations shall be taken into consideration.

Article 15 An undertaking with dominant market position is prohibited from selling products at a price that is below the cost without justification.

In determining whether products are sold at a price below the cost, the key consideration shall be whether the price is below the average variable cost. The average variable cost means the unit cost which varies with the change of the output of products. As far as the for-free model in the new economy sectors (such as the internet sector) is concerned, free products provided by undertakings, the relevant non-free products and other factors shall be comprehensively taken into account.

"Justifications" referred to in this Article shall include:

(1) disposal of fresh perishable products, seasonal products, products with an imminent expiry date or overstocked products at reduced prices;

(2) selling products at reduced price due to debt repayment, change of production or closure of business;

(3) promotion activities for marketing of new products within a reasonable timeframe; and

(4) other reasons that can justify the conduct.

Article 16 An undertaking with dominant market position is prohibited from refusing to deal with trading counterparties by the following means without justification:

(1) substantially curtailing the volume of current transactions with the trading counterparty;

(2) delaying or suspending current transactions with the trading counterparty;

(3) refusing to enter into new transactions with the trading counterparty;

(4) imposing restrictive conditions to make it difficult for the trading counterparty to deal with the undertaking; and

(5) refusing to allow the trading counterparty to use its essential facilities on reasonable terms during the trading counterparty's production and business operation.

When determining whether an undertaking abuses its dominant market position in accordance with the foregoing Paragraph 5, factors including, among others, the feasibility of investing in the construction of such facilities with reasonable investment separately or the feasibility of development and construction of such facilities separately, the degree of reliance on such facilities by the trading counterparty for its effective production and operation, the possibility for the undertaking to provide such facilities and the impact on its own production and operation shall be taken into consideration comprehensively.

"Justification" referred to in this Article shall include:

(1) transactions that cannot be conducted owing to objective reasons such as force majeure;

(2) the trading counterparty having bad credit records or deteriorated operation conditions and other situations, which may affect the safety of transactions;

(3) transactions with the trading counterparty which will result in undue loss of interests of the undertakings; and

(4) other reasons that can justify the conduct.

Article 17 An undertaking with dominant market position is prohibited from engaging in, without justification, the following acts of exclusive dealing:

(1) to force the trading counterparty to enter into transactions exclusively with it;

(2) to force the trading counterparty to enter into transactions exclusively with undertakings designated by it;

(3) to exclude the trading counterparty from entering into transactions with specific undertakings.

The above said exclusive dealing can be direct or disguised in the form of setting trading terms or by other means.

"Justification" referred to in this Article shall include:

(1) where it is required for the purpose of meeting the product safety requirements;

(2) where it is required for the purpose of protecting intellectual property rights;

(3) where it is required for the purpose of protecting the specific investment made for the transaction; and

(4) other reasons that can justify the conduct.

Article 18 An undertaking with dominant market position is prohibited from engaging in tie-in or imposing other unreasonable trading terms in the course of a transaction without justification, including:

(1) bundling or combing different products for sales against transaction practices, consumption habits or disregarding the functions of different products;

(2) imposing unreasonable restrictions on the duration of term of contracts, payment methods, transportation and delivery methods of products, or methods to provide services, etc.;

(3) imposing unreasonable restrictions on the sales region, sales targets, after-sales services of products, etc.;

(4) charging unreasonable fees in addition to the price in the course the transaction; and

(5) imposing trading terms which are irrelevant to the subject matter of the transaction.

"Justification" referred to in this Article shall include:

(1) compliance with proper industry practices and transaction habits;

(2) for the purpose of meeting product safety requirements;

(3) necessity of realizing specific technologies;

(4) other reasons that can justify the conduct.

Article 19 An undertaking with dominant market position is prohibited from implementing the following discriminatory treatment with respect to trading terms on trading counterparties that are in the same position without justification:

(1) implementing different transaction prices, volumes, categories and quality grades;

(2) implementing different preferential conditions such as discounts based on volume;

(3) implementing different payment terms and delivery methods;

(4) implementing different after-sales services terms including, among others, different service coverage and duration of warranty, different repairment coverage and time, different supply of spare parts and different technical guidance.

The same position means trading counterparties without differences that can substantially influence the transaction with respect to, among others, transaction safety, transaction costs, size and ability, credit status, transaction process concerned, and duration of transaction.

"Justification" referred to in this Article shall include:

(1) different trading terms being implemented based on the actual needs of the trading counterparties and in conformity with proper transaction habits and industry practices;

(2) promotion activities conducted within a reasonable timeframe targeted at new users in the first transaction;

(3) other reasons that can justify the conduct.

Article 20 When determining the "unfairly" as referred to in Article 14 and "justifications" as set out in Article 15 to 19 of the Provisions, the antitrust law enforcement agencies shall also take into account the following factors:

(1) whether the relevant conduct is prescribed by applicable laws and regulations;

(2) the impact of the relevant conduct on social public interests;

(3) the impact of the relevant conduct on economic operation efficiency and economic development;

(4) whether the relevant conduct is required for normal operation and realization of normal efficiency of the undertaking;

(5) the impact of the relevant conduct on business development, future investment and innovation of the undertaking;

(6) whether trading counterparties or consumers can be benefited from the relevant conduct.

Article 21 The determination of other abuse of dominant market position by SAMR shall meet all of the following conditions:

(1) the undertaking has dominant market position;

(2) the undertaking has implemented conduct that eliminates or restricts competition;

(3) the undertaking has no justification for implementing such conduct;

(4) the relevant conduct implemented by the undertaking has an effect of eliminating or restricting market competition.

Article 22 Undertakings in public utility sectors including water supply, electricity supply, gas supply, heat supply, telecommunications, cable television, postal services, transportation shall operate in accordance with applicable laws and shall not abuse their dominant market positions to harm the interests of consumers.

Article 23 The antitrust law enforcement agencies shall discover suspected monopoly agreement by exercising their duties and power, or by way of complaints, delegation by higher-level authorities, referrals by other authorities, reports by lower-level authorities, and voluntary reports by undertakings etc..

Article 24 Where the complaint is made in written form and relevant facts and evidence are provided, the antitrust law enforcement agencies shall conduct necessary investigation. Written complaint generally includes the following:

(1) basic information of the complainant;

(2) basic information of the complainee;

(3) relevant facts and evidence about the suspected monopoly agreement;

(4) whether the same facts have already been reported to other administrative authorities or legal actions has been brought before a people's court.

The antitrust law enforcement agencies may, based on the needs of their work, require the complainant to supplement the complaint materials.

Article 25 The antitrust law enforcement agencies decide whether or not to accept the case after necessary investigations into the suspected abuse of dominant market position.

Provincial market regulatory authorities shall file with SAMR for record within 7 business days as of the date on which the case is accepted.

Article 26 When investigating and handling suspected abuse of dominant market position, SAMR may delegate a provincial market regulatory authority to conduct the investigation.

When investigating and handling suspected abuse of dominant market position, a provincial market regulatory authority may delegate a lower-level market regulatory authority to conduct the investigation.

The delegated market regulatory authority shall conduct the investigation within the scope of the delegation and in the name of the delegating authority. They shall not further delegate the investigation to other administrative authorities, entities or individuals.

Article 27 When investigating and handling suspected abuse of dominant market position, a provincial market regulatory authority may, based on its needs, request other relevant provincial market regulatory authorities to assist in the investigation. Such provincial market regulatory authorities shall provide their assistance.

Article 28 If the antitrust law enforcement agencies impose administrative penalties for abuse of dominant market position, an administrative penalty decision shall be made in accordance with applicable laws.

The administrative penalty decision shall include the following:

(1) basic information of the undertaking, including, among others, the name or designation, address;

(2) source of the case and the investigation process;

(3) facts about the violation of laws and relevant evidence;

(4) statements or defenses of the undertaking and whether or not such statements or defenses are admitted and the reasons;

(5) contents and basis of the administrative penalty;

(6) implementation method and time limit of the administrative penalty;

(7) the method and time limit for applying for administrative reconsideration or filing an administrative lawsuit, when the undertaking involved are not satisfied with the administrative penalty; and

(8) the name of the antitrust law enforcement agency that makes the administrative penalty decision, as well as the date on which such decision is made.

Article 29 Undertakings suspected of being involved in abuse of dominant market position may, during the course of investigation, apply for suspension of the investigation and undertake to take specific measures to remove the impact of such agreement within the time limit recognized by the antitrust law enforcement agencies.

The application for suspension of the investigation shall be made in written form and shall be signed and sealed by the head of the relevant undertakings. The application shall set forth the following:

(1) facts about the suspected abuse of dominant market position;

(2) specific measures that the undertakings undertake to take to remove the impact of the abuse of dominant market position t;

(3) the time limit for fulfilling the commitments;

(4) other matters that need to be committed.

If the antitrust law enforcement agencies find that suspected abuse of dominant market position constitutes abuse of dominant market position after investigation and verification, they shall make the decision in accordance with applicable laws and no longer accept the application for suspension of the investigation made by the undertakings.

Article 30 Based on the application for suspension of the investigation made by the undertakings under investigation, the antitrust law enforcement agencies shall decide whether or not to suspend the investigation after considering the nature, duration, consequences, social impact of their acts, as well as the measures that the undertakings undertake to take, the expected effects of such measures and other specific circumstances.

Article 31 If the antitrust law enforcement agencies decide to suspend the investigation, a decision on suspension shall be made.

The decision on suspension shall specify, among others, the facts that the undertakings under investigation are suspected of abuse of dominant market position, the specific contents of the commitments, the specific measures to remove the effects of the abuse of dominant market position, the time limit for fulfilling commitments, and legal consequences for failure to fulfill or partially fulfilling the commitments.

Article 32 Where the antitrust law enforcement agencies decide to suspend the investigation, it shall supervise the undertakings' fulfillment of the commitments.

The undertakings shall, within the specified time limit, submit a written report to the antitrust law enforcement agencies on the fulfillment of the commitments.

Article 33 Where an antitrust law enforcement agency determines that the undertakings have fulfilled the commitments, they may decide to terminate the investigation and issue a decision on termination of the investigation.

The decision on termination of the investigation shall set forth, among others, the facts that the undertakings under investigation are suspected of abuse of dominant market position, the specific contents of the commitments, the fulfillment of the commitments, as well as the supervision of the fulfillment of the commitments.

The antitrust law enforcement agency shall resume the investigation under any of the following circumstances:

(1) where the undertakings fail to fulfill or partially fulfill the commitments;

(2) where material changes occur to the facts based on which the decision on suspension of the investigation was made;

(3) the decision on suspension of the investigation is based on incomplete or inauthentic information provided by the undertakings.

Article 34 The provincial market regulatory authorities shall report to SAMR prior to issuing a decision on suspension or termination of the investigation or prior to notifying the administrative penalty.

The provincial market regulatory authorities shall file with SAMR for record within 7 business days of delivering the decision on suspension or termination of the investigation or the administrative penalty decision to the undertakings under investigation.

Article 35 The antitrust law enforcement agencies shall make the administrative decision public in accordance with applicable laws after such decision is made. In particular, administrative penalty information shall be disclosed to the public via National Enterprise Credit Information Publicity System in accordance with applicable laws.

Article 36 SAMR shall strengthen its guidance and supervision over the investigation and handling of monopoly agreement by the provincial market regulatory authorities and shall unify the law enforcement standards.

The provincial AMRs shall investigate and handle cases involving abuse of dominant market position strictly in accordance with the relevant regulations of SAMR.

Article 37 Where an undertaking abuses its dominant market position, the antitrust law enforcement agencies shall order the undertakings to cease the illegal acts, confiscate the illegal gains and impose a fine of no less than 1% but no more than 10% of the sales revenue for the previous year.

In determining the specific amount of the fine, the antitrust law enforcement agencies shall take into account, among other factors, the nature, circumstances, degree and duration of the illegal acts.

Where the undertaking abuses its dominant market position due to abuse of administrative power by administrative authorities or organizations authorized by laws or regulations to administrate public affairs, they shall be dealt with in accordance with the foregoing Paragraph. If the undertaking can prove the reaching of monopoly agreement is a result of the passive compliance of administrative orders, a lighter or mitigated penalty may be imposed in accordance with applicable laws.

Article 38 Where there is lack in the Provisions of provisions in relation to the investigation of, or penalty procedures for abuse of dominant market position, the *Interim Provisions of Market Supervision and Administration on the Procedures for Administrative Penalties* shall apply, excluding the provisions in relation to time limit, case acceptance and jurisdictions.

Where the antitrust law enforcement agencies organize a hearing for administrative penalties, the *Interim Measures for Market Supervision and Administration for the Hearings for Administrative Punishments* shall apply.

Article 39 The Provisions shall come into force as of 1 September 2019. The *Regulations of Industry and Commerce Administration Organs on Prohibition of Acts Involving Abuse of Dominant Market Position* as promulgated by No. 54 Decree of the former State Administration for Industry and Commerce on 31 December 2010 shall cease to be valid at the same time.

Ⅶ. Interim Provisions on Prevention of Abuse of Administrative Power to Eliminate or Restrict Competition

(Promulgated by No. 12 Decree of State Administration for Market Regulation on 26 June 2019)

Article 1 For the purpose of preventing and prohibiting abuse of administrative power to eliminate or restrict competition, pursuant to the *Anti-Monopoly Law of the People's Republic of China* (AML), the Provisions are hereby formulated.

Article 2 State Administration for Market Regulation (SAMR) shall be responsible for the antitrust law enforcement in relation to abuse of administrative power to eliminate or restrict competition.

SAMR authorizes, in accordance with Article 10(2) of the AML, market regulatory authorities of the people's government of each province, autonomous region or municipality directly under the Central Government (provincial market regulatory authorities) to take charge of the antitrust law enforcement in relation to abuse of administrative power to eliminate or restrict competition within their respective administrative regions.

For the purpose of the Provisions, the antitrust law enforcement agencies refer to SAMR and provincial market regulatory authorities.

Article 3 SAMR investigates the following conduct of abuse of administrative power to eliminate or restrict competition and issues opinions on handling such abuse pursuant to applicable laws (investigate and handle):

(1) abusive conduct which has nation-wide implications;

(2) abusive conduct implemented by a provincial people's government;

(3) abusive conduct where the facts are complicated or which SAMR deems it necessary to directly investigate and handle;

SAMR may designate a provincial market regulatory authority to investigate and handle the aforesaid abuse of administrative power to eliminate or restrict competition.

When investigating and handling abuse of administrative power to eliminate or restrict competition, if the provincial market regulatory authorities find that the case does not fall under their jurisdiction, or although the case falls within their jurisdiction, it is necessary for the case to be investigated and handled by SAMR, the provincial market regulatory authorities shall report to SAMR on a timely basis.

Article 4 Administrative authorities or organizations authorized by laws or regulations to administrate public affairs shall not abuse their administrative power to force, openly or disguisedly, entities or individuals to operate, purchase, or use the products or services (***products***) provided by undertakings designated by said authorities:

(1) forcing, openly or disguisedly, the operation, purchase, or use of the products provided by designated undertakings by requesting explicitly or implicitly, refusal to grant or delay in granting administrative approvals, repetitive inspections, and refusal to provide access to platforms or networks, etc.;

(2) forcing, openly or disguisedly, the operation, purchase, or use of the products provided by designated bidders by imposing restrictions with respect to location, ownership form, organizational form of such bidders, etc.;

(3) forcing, openly or disguisedly, the operation, purchase, or use of the products provided by designated undertakings by, without legal or regulatory basis, setting up catalogs and directories, etc.;

(4) Other acts where entities or individuals are forced, openly or disguisedly, to operate, purchase, or use the products provided by designated undertakings.

Article 5 Administrative authorities and organizations authorized by laws or regulations to administrate public affairs shall not abuse their administrative power to implement any other measures which obstruct the free flow of products across regions:

(1) setting up discriminatory fee items, imposing discriminatory fee standards, or setting discriminatory prices, imposing discriminatory subsidy policies against non-local products;

(2) obstructing or restricting entry of non-local products into local market by setting up disparate technical requirements or verification standards different from those for the same kind of local products, or implementing repetitive inspections or certifications on such non-local products, etc.;

(3) obstructing or restricting entry of non-local products into local market by, without legal or regulatory basis, applying disparate administrative licenses or record filings specifically to non-local products, or setting up different conditions, procedures, or time limit when applying administrative licenses or record filings to such products, etc.;

(4) obstructing or restricting entry of non-local products into local market or local products from being transported to other regions by, without legal or regulatory basis, setting up checkpoints or by creating barriers via software or internet, etc.;

(5) other acts which obstruct the free flow of products across regions.

Article 6 Administrative authorities and organizations authorized by laws or regulations to administrate public affairs shall not abuse their administrative power by engaging in the following acts to exclude or restrict non-local undertakings from participating in local bidding and tendering activities:

(1) refraining from releasing information according to applicable laws;

(2) expressly stating that non-local undertakings are not allowed to participate in specific local bidding and tendering activities;

(3) setting up discriminatory qualification requirements or evaluation standards against non-local undertakings;

(4) restricting disguisedly non-local undertakings from participating in local bidding and tendering activities by setting up qualifications, technical, and commercial conditions which are not commensurate with the specific characteristics or actual needs of the tendered projects or irrelevant to the performance of the contract;

(5) other acts which exclude or restrict non-local undertakings from participating in local bidding and tendering activities.

Article 7 Administrative authorities or organizations empowered by laws and regulations with the functions to administer public affairs may not abuse administrative power by engaging in the following conducts to exclude or restrict non-local undertakings from investing locally or setting up branches:

(1) not allowing non-local undertakings to invest locally or to set up local branches;

(2) imposing, without legal or regulatory basis, restrictions on the size of making and the way to make local investment by non-local undertakings, or on the locations or business model of branches, etc.;

(3) imposing on non-local undertakings requirements that are different from those for local undertakings with respect to the investment, operation scale, business model, tax payment, etc. in relation to their local investment or setting up local branches; implementing discriminatory treatment with respect to safe production, energy-saving and environmental protection, quality standards, etc.;

(4) other acts which exclude or restrict non-local undertakings from investing locally or setting up branches.

Article 8 Administrative authorities or organizations empowered by laws and regulations with the functions to administer public affairs may not abuse administrative power by forcing, openly or disguisedly, undertakings to engage in monopolistic behaviors under the anti-monopoly laws.

Article 9 Administrative authorities shall not abuse administrative power by formulating or publishing, through means including provisions, measures, decisions, announcements, notices, opinions, and meeting minutes, rules, regulatory documents, and other policies on market access, industry development, investment attraction, bidding and tendering, government procurement, code of conduct for business operation and qualification standards involving economic activities of market participants that contain contents involving elimination or restriction of competition.

Article 10 The antitrust law enforcement agencies shall discover suspected abuse of administrative power to eliminate or restrict competition by exercising their duties and power, or by way of complaints, delegation by higher-level authorities, referrals by other authorities and reports by lower-level authorities, etc.

Article 11 Any entity or individual shall have the right to report the antitrust law enforcement agencies any suspected abuse of administrative power to eliminate or restrict competition and the antitrust law enforcement agencies shall keep the complainant confidential.

Article 12 Where the complaint is made in written form and relevant facts and evidence are provided, the antitrust law enforcement agencies shall conduct necessary investigation. Written complaint generally includes the following:

(1) basic information of the complainant;

(2) basic information of the complainee;

(3) relevant facts and evidence about the suspected abuse of administrative power to eliminate or restrict completion;

(4) whether the same facts have already been reported to other administrative authorities or legal actions has been brought before a people's court.

Article 13 The antitrust law enforcement agencies are responsible for accepting the cases under their jurisdiction. If complaint materials or case clues are received or discovered by market regulatory authorities below the provincial level, such market regulatory authorities shall submit the relevant materials to the provincial market regulatory authorities within 7 business days.

Where the complaint information is incomplete or the relevant facts are not clear, the authorities accepting the complaint may inform the complainant to supplement or correct in a timely manner.

Article 14 The antitrust law enforcement agencies decide whether or not to accept the case after necessary investigations into the suspected abuse of administrative power to eliminate or restrict competition.

The case may not be accepted if the parties involved have taken measures to cease relevant acts or remove relevant consequences during the course of the above-mentioned investigations.

The provincial market regulatory authorities shall file with SAMR for record within 7 business days as of the date on which the case is accepted.

Article 15 After the case is accepted, the antitrust law enforcement agencies shall conduct investigations on a timely basis, and shall pursuant to applicable laws make inquiries about the case from relevant entities and individuals and collect and consult evidence.

Article 16 When investigating and handling suspected abuse of administrative power to eliminate or restrict competition, SAMR may delegate a provincial market regulatory authority to conduct the investigation.

When investigating and handling suspected abuse of administrative power to eliminate or restrict competition, a provincial market regulatory authority may delegate a lower-level market regulatory authority to conduct the investigation.

The delegated market regulatory authority shall conduct the investigation within the scope of the delegation and in the name of the delegating authority. They shall not further delegate the investigation to other administrative authorities, entities or individuals to conduct.

Article 17 When investigating and handling suspected abuse of administrative power to eliminate or restrict competition, a provincial market regulatory authority may, based on its needs, request other relevant provincial market regulatory authorities to assist in the investigation. Such provincial market regulatory authorities shall provide their assistance.

Article 18 The investigated entities and individuals have the rights to state their opinions. The antitrust law enforcement agencies shall verify the facts, reasons and evidence provided by the investigated entities or individuals.

Article 19 If, upon investigations, the antitrust law enforcement agencies find that relevant acts constitute abuse of administrative power to eliminate or restrict competition, they may issue opinions to upper-level authorities on handling such abuse pursuant to applicable laws.

The antitrust law enforcement agencies may terminate the investigation if the parties involved have proactively taken measures to cease relevant acts or remove relevant consequences.

If the antitrust enforcement agencies find upon investigation that relevant acts do not constitute abuse of administrative power to eliminate or restrict competition, they shall terminate the investigation.

Article 20 If the antitrust law enforcement agencies issue opinions to upper-level authorities on handling the abuse pursuant to applicable laws, an administrative opinion letter shall be prepared. The administrative opinion letter shall set out the following:

(1) name of the reporting agencies;

(2) name of the investigated entities;

(3) facts about the violation of laws;

(4) statements of the investigated entities and whether or not such statements are

admitted;

(5) opinions on handling the abuse and the basis for such opinions;

(6) Name, official seal of the antitrust law enforcement agency as well as the date.

The opinions on handling the abuse as mentioned in the above Item (5) shall be specific and clear and may include: ceasing relevant acts, abolishing relevant documents and announcing the matter to the public, revising relevant content of the documents and announcing to the public details of such revision, etc..

Article 21 The provincial market regulatory authorities shall report to SAMR prior to issuing opinions on handling the abuse pursuant to laws or prior to terminating the investigation. The provincial market regulatory authorities shall also file with SAMR for record within 7 business days of issuing such opinions.

If the antitrust law enforcement agencies find that relevant acts constitute abuse of administrative power to eliminate or restrict competition, they shall announce such to the public in accordance with applicable laws.

Article 22 SAMR shall strengthen its guidance and supervision over provincial market regulatory authorities' investigation and handling of abuse of administrative power to eliminate or restrict competition and shall unify the law enforcement standards.

When investigating and handling abuse of administrative power to eliminate or restrict competition, the provincial market regulatory authorities shall strictly adhere to the relevant regulations of SAMR.

Article 23 In the course of the investigation by the antitrust law enforcement agencies, if the parties involved refuse to provide relevant materials or information, or provide false materials or information, or conceal, destroy and transfer evidence, or engage in other conduct to refuse or obstruct the investigation, the antitrust law enforcement agencies may report to upper-level authorities or to supervisory authorities.

Article 24 Any abuse of power, neglecting of duties, engaging in malpractices for personal gains by staff with the antitrust law enforcement agencies, or disclosure of state secrets and trade secrets of which such staff become aware in the course of the law enforcement, shall be dealt with in accordance with relevant regulations.

Article 25 This Regulation shall come into force as of 1 September 2019. The *Procedural Provisions of Industrial and Commercial Administration Organs on Prevention of Abuse of Administrative Power to Eliminate or Restrict Competition* promulgated by No. 41 Decree of the former State Administration for Industry and Commerce on 26 May 2009 and *Provisions of Industrial and Commercial Administration Organs on Prevention of Abuse of Administrative Power to Eliminate or Restrict Competition* promulgated by No. 55 Decree of the former State Administration for Industry and Commerce on 31 December 2010 shall cease to be valid at the same time.

图书在版编目(CIP)数据

中国反垄断执法年度报告. 2019 : 汉英对照 / 国家市场监督管理总局反垄断局编. -- 北京 : 法律出版社, 2020

ISBN 978 - 7 - 5197 - 5048 - 0

Ⅰ. ①中… Ⅱ. ①国… Ⅲ. ①反垄断法 - 行政执法 - 研究报告 - 中国 - 2019 - 汉、英 Ⅳ. ①D922.294.4

中国版本图书馆 CIP 数据核字(2020)第 200108 号

中国反垄断执法年度报告(2019)
ZHONGGUO FANLONGDUAN ZHIFA NIANDU BAOGAO (2019)

国家市场监督管理总局
反垄断局 编

策划编辑 解 锟
责任编辑 解 锟
装帧设计 李 瞻

出版 法律出版社
总发行 中国法律图书有限公司
经销 新华书店
印刷 天津嘉恒印务有限公司
责任印制 张建伟

编辑统筹 独立项目策划部
开本 710 毫米×1000 毫米 1/16
印张 37 **字数** 610 千
版本 2020 年 12 月第 1 版
印次 2020 年 12 月第 1 次印刷

法律出版社/北京市丰台区莲花池西里 7 号(100073)
网址/www.lawpress.com.cn
投稿邮箱/info@lawpress.com.cn
举报维权邮箱/jbwq@lawpress.com.cn
销售热线/400 - 660 - 8393
咨询电话/010 - 63939796

中国法律图书有限公司/北京市丰台区莲花池西里 7 号(100073)
全国各地中法图分、子公司销售电话:
统一销售客服/400 - 660 - 8393/6393
第一法律书店/010 - 83938432/8433 西安分公司/029 - 85330678 重庆分公司/023 - 67453036
上海分公司/021 - 62071639/1636 深圳分公司/0755 - 83072995

书号:ISBN 978 - 7 - 5197 - 5048 - 0 **定价**:198.00 元